T0177437

Christoph Negri (Hrsg.)

# Angewandte Psychologie für die Personalentwicklung

Christoph Negri (Hrsg.)

# Angewandte Psychologie für die Personalentwicklung

Konzepte und Methoden für Bildungsmanagement,
betriebliche Aus- und Weiterbildung

Mit 62 Abbildungen und 26 Tabellen

 Springer

**Christoph Negri**
Zürcher Hochschule für Angewandte Wissenschaften
Institut für Angewandte Psychologie IAP
Merkurstr. 43, 8032 Zürich
Schweiz

ISBN-13    978-3-642-12624-6    Springer-Verlag Berlin Heidelberg New York

Bibliografische Information der Deutschen Nationalbibliothek
Die Deutsche Nationalbibliothek verzeichnet diese Publikation in der Deutschen Nationalbibliografie;
detaillierte bibliografische Daten sind im Internet über http://dnb.d-nb.de abrufbar.

**SpringerMedizin**
Springer-Verlag GmbH
ein Unternehmen von Springer Science+Business Media
springer.de

© Springer-Verlag  Berlin Heidelberg 2010

Planung: Joachim Coch, Heidelberg
Projektmanagement: Michael Barton, Heidelberg
Lektorat: Angela Wirsig-Wolf, Wolfenbüttel
Umschlaggestaltung: deblik Berlin
Fotonachweis Überzug: © tabato/imagesource.com
Satz: Crest Premedia Solutions (P) Ltd., Pune, India

SPIN: 12513192

Gedruckt auf säurefreiem Papier        26/2126        5 4 3 2 1 0

# Geleitwort

Betriebliche Bildung, Bildungsmanagement und Personalentwicklung sind in vielen Unternehmen und öffentlichen Organisationen fest verankerte Organisationseinheiten. In Bildungsinstitutionen sind sie das eigentliche Kerngeschäft. Die in ihnen tätigen Personen sind es, die mit der Planung, Initiierung und Begleitung von Bildungsprozessen einen wichtigen Beitrag zum Unternehmenserfolg, zur individuellen Entwicklung und kontinuierlichen Entwicklung des Unternehmens leisten. Sie sind es, die das vorhandene Know-how, die Leistungsfähigkeit und Innovationskraft von Individuen, Gruppen und letztendlich ganzen Organisationsbereichen/Unternehmen ausbauen und nicht zuletzt auch die persönliche Weiterentwicklung und Employability der Mitarbeitenden fördern.

Mit der Entwicklung eines umfassenden und proaktiven Verständnisses der Personalfunktion in Unternehmen entstand vor einigen Jahrzehnten die Forderung, dass betriebliche Bildung und Personalentwicklung immer auch einen investiven Beitrag zum Erfolg der jeweiligen Organisation leisten können und sollen. Aufgrund vielfältiger eigener Erfahrungen in der Verantwortung für die Gestaltung des Management Development und der Personalentwicklung in der Praxis, im Austausch mit vielen Fachleuten der Weiterbildung und Beratung und als Forscherin zu verschiedenen Themen der Entwicklung in Organisationen bin ich überzeugt, dass die betriebliche Bildung und Personalentwicklung eine Schlüsselgröße für den Unternehmenserfolg und die Entwicklung der Unternehmensangehörigen ist.

Das vorliegende Buch beschäftigt sich mit diesen Herausforderungen und dem breiten Aufgabenspektrum der betrieblichen Bildung und Personalentwicklung. In den Beiträgen werden relevante aktuelle und neue Themen aufgegriffen und in Verknüpfung von Praxis und Wissenschaft diskutiert. Durch Bezüge zum Praxisalltag und anschauliche Beispiele dient es Bildungsfachleuten als Grundlagenlektüre und nützliches Nachschlagewerk.

Es freut mich besonders, dass Fachpersonen mit langjähriger Erfahrung in der betrieblichen Bildung, Personal- oder Organisationsentwicklung sowie der arbeits- und organisationspsychologischen Forschung als Autoren mitgewirkt haben, die mehrheitlich auch durch eine Dozierenden- und/oder Beratungsfunktion mit dem IAP in Zürich verbunden sind.

Getreu der Maxime, dass Bildung nicht vom Lesen, sondern vom Nachdenken über das Gelesene kommt (Carl Hilty), ist dadurch ein Buch entstanden, das keine endgültigen Lösungen präsentieren möchte, sondern im Sinne der dynamischen Entwicklung der betrieblichen Bildung und Personalentwicklung einen Rahmen bietet, der zu einer individuellen Auseinandersetzung anregt und es den Leserinnen und Lesern erlaubt, fundierte Entscheidungen zu treffen und kompetent umzusetzen. In dem vorliegenden Herausgeberband ist eine Vielfalt an Anregungen gebündelt, die allen Interessierten eine Chance bietet, sich kritisch mit neuen Trends und Instrumentarien auseinander zu setzen und eine zielgerichtete, systematische und begründbare Vorgehensweise zu wählen. Dadurch trägt es dazu bei, dass Bildungsfachleute ein klares Rollenprofil innerhalb des Human Resource Management und Change Management entwickeln und sich innerhalb ihrer Organisationen positionieren können.

Allen Leserinnen und Lesern wünsche ich hierbei eine interessante Lektüre!

**Prof. Dr. Daniela Eberhardt**
Leiterin des Instituts für Angewandte Psychologie (IAP) Zürich

# Vorwort

Dieses Buch ist entstanden aus einer über 25-jährigen Geschichte der berufsbegleitenden Weiterbildungen für Bildungsfachleute am IAP Institut für Angewandte Psychologie Zürich. Die intensive Zusammenarbeit einer Gruppe von erfahrenen Fachleuten aus dem Fachbereich »Betriebliche Bildung« am IAP Zürich hat dazu geführt, dass hier nun ein umfassendes Handbuch zu Bildungsmanagement entstanden ist. Das IAP Zürich hat in der Schweiz für die heute gültigen Standards in der Fachausbildung von Bildungsfachleuten auf den verschiedenen Stufen (SVEB-Zertifikat – eidg. Fachausweis Ausbilder/in – eidg. Diplomierte/r Ausbildungsleiter/in – MAS Ausbildungsmanagement) eine Vorreiterrolle eingenommen und prägt mit seinen Bildungsangeboten auch im Jahr 2010 weiterhin die Bildungslandschaft der Schweiz für Bildungsfachleute, Bildungsmanager/innen und Personalentwickler/innen. Das Buch lehnt sich an das Curriculum des Weiterbildungsmasterstudiengangs Ausbildungsmanagement am IAP Zürich an. Dieser Lehrgang ist international anerkannt, dauert 2 Jahre und wird jährlich von 25–30 Teilnehmenden abgeschlossen, darunter regelmäßig auch Teilnehmende aus den deutschsprachigen Nachbarländern. Der Studiengang richtet sich an Bildungsmanager/innen, Bildungsfachleute und Personalentwickler/innen mit erweiterten Verantwortungsbereichen, Schulleiter/innen und Bildungsprofis jeglicher Art. Die Teilnehmenden kommen aus allen Bereichen der Industrie, der Dienstleistung, Bildung und Verwaltung sowie aus sozialen Organisationen und dem Gesundheitswesen. In über 25 Jahren haben sich mehrere hundert Teilnehmende am IAP Zürich als Bildungsfachperson weiterqualifiziert.

Bei einem großen Teil der Autorinnen und Autoren handelt es sich um fest angestellte bzw. freie und ehemalige Mitarbeitende des IAP Institut für Angewandte Psychologie Zürich. Ergänzt wird dieser Autorenstamm durch Fachexpert(inn)en aus der Praxis und dem Hochschulumfeld des deutschsprachigen Raums. Die Mehrheit der Autor(inn)en sind zudem Dozentinnen und Dozenten im Weiterbildungsmasterstudiengang Ausbildungsmanagement am IAP.

Den vielen Autorinnen und Autoren möchte ich für ihre engagierte und fachlich äußerst wertvolle Mitarbeit danken. Ein großer Dank gilt den vielen Kundinnen und Kunden, welche durch ihre intensive und konstruktive Auseinandersetzung mit den verschiedenen Themen einen wesentlichen Beitrag zu den Inhalten des Buches geleistet haben.

Die Verwirklichung eines solchen Buchprojekts ist nur durch großes Engagement vieler helfender Personen machbar. An dieser Stelle sei besonders Barbara Moser für die intensive Unterstützung bei der Umsetzung des Buches gedankt.

Weiterer Dank gebührt Joachim Coch und Michael Barton als Verantwortliche und Projektleiter des Springer Verlags für ihre vielen konstruktiven Gedanken und Ideen und für die großartige Unterstützung und Geduld mit uns Autoren. Frau Wirsig-Wolf danke ich für ihr kompetentes Lektorat.

Ganz besonderer Dank gebührt meiner Frau Marlise und unserem Sohn Julien, die viele Entbehrungen ertragen mussten, aber auch immer unterstützend und motivierend zum Gelingen des Buches beigetragen haben.

**Christoph Negri**
Zürich, im Februar 2010

# IAP Institut für Angewandte Psychologie

Das IAP ist das führende Beratungs- und Weiterbildungsinstitut für Angewandte Psychologie in der Schweiz. Seit 1923 entwickelt das IAP auf der Basis wissenschaftlich fundierter Psychologie konkrete Lösungen für die Herausforderungen in der Praxis. Mit Beratung und Weiterbildung fördert das IAP die Kompetenz von

Menschen, Organisationen und Unternehmen und unterstützt sie dabei, verantwortlich und erfolgreich zu handeln. Im Zusammenspiel von Beratung, Weiterbildung, Forschung und Lehre befruchten sich neuste Erkenntnisse aus der Wissenschaft und langjährige Erfahrung in der Praxis gegenseitig. Das IAP bietet Weiterbildungskurse für Fach- und Führungskräfte aus Privatwirtschaft, Organisationen der öffentlichen Hand und sozialen Institutionen sowie für Psychologen/-innen und psychosoziale Fachpersonen. Das Lehrkonzept vermittelt Fach-, Methoden-, Sozial- und Persönlichkeitskompetenz. Für Unternehmen entwickelt das IAP maßgeschneiderte Weiterbildungsprogramme. Das Beratungsangebot des IAP umfasst Human Resources, Development und Assessment, Leadership, Coaching und Change Management, Verkehrs- und Sicherheitspsychologie, Berufs-, Studien- und Laufbahnberatung sowie Krisenberatung und Psychotherapie. Bei der Beratung liegt der Schwerpunkt auf den Soft Skills, die im persönlichen und wirtschaftlichen Umfeld erfolgsrelevant sind. Das IAP ist das Hochschulinstitut des Departements Angewandte Psychologie der ZHAW Zürcher Hochschule für Angewandte Wissenschaften.

# Inhaltsverzeichnis

# Autorenverzeichnis

**Braun, Birgitta**
Zürcher Hochschule
für Angewandte
Wissenschaften
IAP Institut für
Angewandte Psychologie
Merkurstr. 43, 8032 Zürich
Schweiz

**Dohne, Klaus-Dieter**
Psychologisches
Unternehmensmanagement
Wilhelm-Weber-Str. 21
37073 Göttingen

**Eck, Claus D.**
Zugerstr. 39, 8810 Horgen
Schweiz

**Götz, Klaus W., Prof. Dr.**
Universität
Koblenz-Landau
Institut für
Erziehungswissenschaft
Weiterbildungsforschung
und -management
Bürgerstr. 23, 76829
Landau

**Häfliger, Beat**
Dorfstr. 68 c, 5417
Untersiggenthal
Schweiz

**Hoffmann, Christoph**
Zürcher Hochschule
für Angewandte
Wissenschaften
IAP Institut für
Angewandte Psychologie
Merkurstr. 43, 8032 Zürich
Schweiz

**Hülshoff, Theo, Prof. Dr.**
Am Querenberg 5, 76887
Bad Bergzabern

**Hüther, Gerald, Prof. Dr.**
Psychiatrische Klinik
Zentralstelle für
Neurobiologische
Präventionsforschung
der Univ. Göttingen und
Mannheim/Heidelberg
v. Siebold Str. 5, 37075
Göttingen

**Kalt, Mirjam**
Zürcher Hochschule
für Angewandte
Wissenschaften
IAP Institut für
Angewandte Psychologie
Merkurstr. 43, 8032 Zürich
Schweiz

**Käter, Andreas**
Staltacherstr. 56, 82393
Iffeldorf

**Kiel, Volker**
Zürcher Hochschule
für Angewandte
Wissenschaften
IAP Institut für
Angewandte Psychologie
Merkurstr. 43, 8032 Zürich
Schweiz

**Künzli, Hansjörg, Prof. Dr.**
Zürcher Hochschule
für Angewandte
Wissenschaften
IAP Institut für
Angewandte Psychologie
Minervastr. 30, 8032 Zürich
Schweiz

**Küttner, Andrea**
Weidenweg 2, 75382
Althengstett

**Leidenfrost, Jana, Dr.**
Daimler AG, EMD/CA
HPC 096/Z 241, 70546
Stuttgart

**Lippmann, Eric, Prof. Dr.**
Zürcher Hochschule
für Angewandte
Wissenschaften
IAP Institut für
Angewandte Psychologie
Merkurstr. 43, 8032 Zürich
Schweiz

**Moser, Barbara**
Zürcher Hochschule
für Angewandte
Wissenschaften
IAP Institut für
Angewandte Psychologie
Merkurstr. 43, 8032 Zürich
Schweiz

**Negri, Christoph**
Zürcher Hochschule
für Angewandte
Wissenschaften
IAP Institut für
Angewandte Psychologie
Merkurstr. 43, 8032 Zürich
Schweiz

**Ottmayer, Siegfried**
Daimler AG
Jägerstr. 18, 72622
Nürtingen

**Schwalbe, Bärbel**
Im Loo 44, 8957
Spreitenbach
Schweiz

**Werkmann-Karcher, Birgit**
Zürcher Hochschule
für Angewandte
Wissenschaften
IAP Institut für
Angewandte Psychologie
Merkurstr. 43, 8032 Zürich
Schweiz

**Wicht, Gérard, Dr.**
Zürcher Hochschule
für Angewandte
Wissenschaften
IAP Institut für
Angewandte Psychologie
Merkurstr. 43, 8032 Zürich
Schweiz

**Würmli, Peter**
Sonneggweg 2 A, 8376
Fischingen
Schweiz

# Autorenportraits

**Birgitta Braun, Dipl.-Päd.**

studierte zunächst Sozialpädagogik und später Erziehungswissenschaften in Düsseldorf und Essen. Nach dem ersten Studium arbeitete sie 10 Jahre in sozialpädagogischen Berufsfeldern sowie in der Schulung und Beratung von sozialpädagogischen Fachkräften. Es folgte eine Tätigkeit als Personalentwicklerin für Führungskräfte der Metro AG, Düsseldorf. Seit 2002 lebt sie in Zürich und arbeitet dort am IAP Institut für Angewandte Psychologie im Zentrum Human Resources, Development, Assessment. Ihre Schwerpunkte lagen in den letzten Jahren in Training, Beratung und Coaching mit den Themen Didaktik, Methodik, Emotionale Intelligenz, Selbstmanagement.

**Dohne, Klaus-Dieter, Dipl.-Psych.**

ist als niedergelassener Psychotherapeut, Lehrtherapeut (SG & MEG) und selbstständiger Unternehmensberater in Göttingen tätig. Sein Interessenschwerpunkt liegt bei der Interaktion zwischen systemischen Strukturen und der Entwicklung und Wirkung individueller, exekutiver Frontalhirnfunktionen, vor allem im beruflichen Kontext. Für die Erfassung dieser sog. Metakompetenzen hat er den Wissensunabhängigen Kompetenz-Test (WuK-Test) entwickelt, welchen er in Zusammenarbeit mit Prof. Hüther kontinuierlich optimiert.

**Claus D. Eck**

war nach dem Studium der Theologie und Sozialwissenschaften (Frankfurt/M. und Lausanne) im Bereich HRM eines internationalen Konzerns in Lausanne tätig. Von 1966 bis 2003 arbeitete er am IAP Institut für Angewandte Psychologie Zürich als stellvertretender Direktor mit dem Schwerpunkt der Fachlichen Betreuung und Koordination. Langjähriger Lehrbeauftragter an den Universitäten Zürich (Gesprächsführung und Gruppendynamik) und seit 1989 in Aix-en-Provence (Organisationspsychologie) und Gründer mehrerer berufsbegleitender Diplomausbildungen (MAS) am IAP. Neben der Lehrtätigkeit Managementberatung in mannigfaltigen Projekten in der Schweiz und in Europa.

**Klaus Götz, Prof. Dr. phil.**
studierte Pädagogik, Psychologie und Philosophie in Eichstätt, Wolverhampton, Wien und Regensburg, danach war er von 1982 bis 2002 hauptberuflich in der Wirtschaft tätig (Personal, Bildung, Management). Seit 2002 ist er Professor für Weiterbildungsforschung und -management an der Universität Koblenz-Landau. Gastprofessuren an Universitäten in Österreich (Klagenfurt, Innsbruck, Graz), der Schweiz (Zürich), Russland (Murmansk), USA (Maryland), Tokyo (Japan) und Spanien (Valencia); Honorarprofessor an der Universität Bremen.

**Beat Häfliger, Dipl. Phil., Executive MBA HSG**
ist Geschäftsführer der SAQ-QUALICON AG in Kirchberg, Schweiz. Seine Kerntätigkeiten umfassen die Geschäftsführung eines Schulungs- und Beratungsunternehmens, die Verantwortung für ein Bildungszentrum, die Ausbildung und Beratung im Bereich Systematische Unternehmensentwicklung sowie die Beurteilung und Weiterentwicklung von Qualitätsmanagementsystemen.

**Christoph Hoffmann, Dipl. Psych. FH, Dipl. Ing. HTL**
arbeitete nach einer Weiterbildung in Erwachsenenbildung als Dozent an der Chiba Shoka Universität und am Goetheinstitut in Tokio. Langjährige Erfahrung als Schulleiter in Erwachsenenbildungsinstitutionen. Er ist Berater und Dozent im Zentrum Leadership, Coaching und Change am IAP Institut für Angewandte Psychologie der Zürcher Hochschule für Angewandte Wissenschaften ZHAW; seine Arbeitsschwerpunkte sind Führungskräfteentwicklung, Ausbildungsmanagement, Coaching und Teamentwicklung.

**Theo Hülshoff, Prof. Dr. phil.**
studierte im Hauptfach Philosophie an den Universitäten Münster und Würzburg, Forschungsaufenthalt an der Universität Austin (USA). Assistententätigkeit an den Seminaren für Philosophie und Pädagogik der Universität Würzburg und am, Akademischer Oberrat am Institut für Pädagogik/Wirtschaftspädagogik der Universität Mannheim. Seit 1973 Professor für Allgemeine Didaktik an der Universität Koblenz-Landau. Ab 1978 entwickelte er im Rahmen eines Forschungsprojekts der Bund-Länder-Kommission den berufsbegleitenden, weiterbildenden Studiengang Betriebs- und Führungspädagogik. Gründungsmitglied und Leiter der Akademie Führungspädagogik, die mit der Universität Koblenz-Landau kooperationsrechtlich verbunden ist. Seit 30 Jahren Unternehmensberater in Theorie und Praxis. Neben seiner hauptberuflichen

Tätigkeit an den Universitäten Würzburg und Mannheim war er 1962–1966 Forschungsdirektor des Zentrums für Berufliche Rehabilitation in Heidelberg, 1967–1975 didaktischer Leiter und wissenschaftlicher Berater des »Telekollegs« bei der ARD und insbesondere beim Südwestfunk in Baden-Baden.

**Gerald Hüther, Prof. Dr. rer. nat. Dr. med. habil.**
ist Professor für Neurobiologie und leitet die Zentralstelle für Neurobiologische Präventionsforschung der Universität Göttingen und der Universität Mannheim/Heidelberg. Wissenschaftlich befasst er sich mit dem Einfluss früher Erfahrungen auf die Hirnentwicklung, mit den Auswirkungen von Angst und Stress und der Bedeutung emotionaler Reaktionen. Er ist Autor zahlreicher wissenschaftlicher Publikationen und populärwissenschaftlicher Darstellungen.

**Mirjam Kalt, Dipl.-Psych. FH, Mediatorin SDM**
ist Studiengangleiterin, Dozentin und Beraterin am IAP Institut für Angewandte Psychologie der Zürcher Hochschule für Angewandte Wissenschaften in den Bereichen Bildung, Gruppendynamik, Konfliktmanagement und Mediation, Teamentwicklung und Coaching. Mehrjährige Tätigkeit in der Erwachsenenbildung, in der Jugendverbandsleitung, im Projektmanagement und in der interkulturellen Zusammenarbeit. Leitung von Integrationsprojekten mit ausländischer und einheimischer Bevölkerung in Gemeinden des Kantons Luzern.

**Andreas Käter, M.A.**
ist leitend tätig in einer Weiterbildungsorganisation und verantwortlich für das Marketingmanagement in der Lernenden Region Tölzer Land. Dozent am IAP Institut für Angewandte Psychologie der ZHAW Zürcher Hochschule für Angewandte Wissenschaften sowie an der PH Ludwigsburg (Institut für Bildungsmanagement) und freiberuflicher Trainer und Berater zu Bildungsmarketing und Führen in Netzwerken.

**Volker Kiel, Dipl.-Päd.**
sammelte nach Aus- und Weiterbildungen in Beratungsmethoden der Humanistischen Psychologie (BVPPT), Lösungsorientiertem Coaching (DBVC) und in systemischer Beratung (SG) langjährige Erfahrung als Personal- und Organisationsentwickler bei der Bayer AG in Leverkusen, anschließend tätig als Senior Berater beim Malik Management Zentrum Sankt Gallen. Arbeitsschwerpunkte sind die Konzeption und Durchführung von Programmen zur Führungsentwicklung, Architektur und Begleitung von Verände-

rungsprozessen, Teamcoaching und Coaching von Führungskräften. Am IAP Institut für Angewandte Psychologie ist er als Dozent und Berater tätig.

**Hansjörg Künzli, Prof.**

ist Dozent für Allgemeine Psychologie und Methodenlehre an der Zürcher Hochschule für Angewandte Wissenschaften (ZHAW), Departement Angewandte Psychologie. Langjährige Tätigkeit in der betriebswirtschaftlichen Erwachsenenbildung. Forschungs- und Entwicklungsprojekte an der Schnittstelle Qualitätssicherung und Wirksamkeitsforschung in den Bereichen Coaching, Berufs- und Laufbahnberatung, Training, Gesundheitsmanagement und Organisationsentwicklung.

**Andrea Küttner, Dipl.-Psych.**

ist freiberuflich tätig als Systemischer Coach und Trainer. Schon während ihres Studiums hat sie vielfältige Erfahrungen bei der Begleitung und Unterstützung von Menschen gesammelt, sowohl im klinisch-rehabilitativen Bereich als auch im Feld der Führungskräfteentwicklung der Daimler AG.

**Jana Leidenfrost, Dr.**

ist seit 1998 freiberuflich für die Führungskräfteentwicklung der Daimler Corporate Academy tätig. Lehraufträge und zahlreiche Weiterbildungen im systemisch-hypnotherapeutischen Bereich. Ihre Arbeit ist geprägt vom Lernen mit Kopf, Herz und Hand. Als ehemalige Leistungssportlerin favorisiert sie dabei eine ganzheitliche Vorgehensweise, bei der vitale Lernarchitekturen geschaffen werden. Leistung, Leidenschaft und Lebendigkeit fließen ineinander, gemäß dem Motto: »Wer Leistung will, muss Leben fördern!«.

**Eric Lippmann, Prof. Dr. phil.**

studierte Psychologie und Soziologie an der Universität Zürich. Nach der Ausbildung in Paar-/Familientherapie, Organisationsentwicklung, Supervision und Coaching folgte eine mehrjährige Tätigkeit in Jugend-/Familienberatung und Suchtprävention. Seit 1991 ist er am IAP Institut für Angewandte Psychologie Zürich als Trainer, Supervisor und Coach tätig. Leiter des Zentrums Leadership, Coaching & Change Management am IAP und Studienleiter im »Master of Advanced Studies (MAS) Supervision und Coaching in Organisationen«. Dozent an der ZHAW Zürcher Hochschule für Angewandte Wissenschaften.

### Barbara Moser, M Sc

studierte Motivationspsychologie an der Universität Zürich und ist Mitarbeiterin im Fachbereich »Human Resources, Development und Assessment« am IAP Institut für Angewandte Psychologie Zürich. Ihre Arbeitsschwerpunkte liegen in den Bereichen Betriebliche Bildung/Beratung sowie Lerntransfermanagement.

### Christoph Negri

ist als diplomierter Arbeits- und Organisationspsychologe und Sportpsychologe Ausbildungsleiter in einem Schweizer Detailhandelsunternehmen. Seit 7 Jahren ist er am IAP Institut für Angewandte Psychologie in Zürich tätig undleitet dort das Zentrum Human Resources, Development & Assessment. Er ist Studienleiter des Master of Advanced Studies (MAS) Studiengangs Ausbildungsmanagement und des Lehrgangs Psychologisches und mentales Training im Sport. Referent, Dozent und Berater zu verschiedenen Führungs- und Personalentwicklungsthemen sowie zu Themen der Sportpsychologie. Er hat Beratungsmandate sowohl in Profit- wie auch in Non-Profit-Organisationen inne und berät diverse Schweizer Spitzensportler/innen und Teams und unterstützt Projekte mit Sportverbänden. Mitglied der Schweizerischen Arbeitsgemeinschaft für Sportpsychologie (SASP) und des Schweizerischen Berufsverbands für Angewandte Psychologie (SBAP).

### Siegfried Ottmayer, Dipl.-Ing. (FH)

studierte nach einer Ausbildung zum Werkzeugmacher bei der Daimler-Benz AG, Stuttgart, Maschinenbau an der FHT Esslingen. Er war Konstrukteur bei der Firma Heller in Nürtingen und von 1987 bis 2001 Mitarbeiter in unterschiedlichen Bildungs- und Personalbereichen der Daimler-Benz AG. Kontakt-Studium an der PH Ludwigsburg. Seit 1998 ist er freiberuflich in Coaching, Organisationsentwicklung und Beratung tätig. Seit 2001 Leiter Personalentwicklung und Prozessberatung bei Mercedes-Benz Vans weltweit.

**Bärbel Schwalbe, Dipl.-Psych.**

studierte Psychologie, Soziologie und Pädagogischen Psychologie (Universitäten Hamburg, Wien, Bochum) und war tätig als Industriekauffrau, Autorin, Lektorin und Referentin im Fernschulbereich sowie Dozentin für Marketing. Weiterbildung in Themenzentrierter Interaktion und Gerontologie. Von 1987 bis 2004 arbeitete sie am IAP Institut für Angewandte Psychologie Zürich, davon 10 Jahre als Leiterin der Produktgruppe Betriebliche Bildung und Beratung. Seit 2004 ist sie freie Mitarbeiterin des IAP und Inhaberin einer AG für Training und Beratung.

**Birgit Werkmann-Karcher, Dipl.-Psych.**

studierte Psychologie und Verwaltungswissenschaften an der Universität Konstanz und bildete sich weiter in Organisationsentwicklung, Supervision und Coaching und in Konfliktmanagement. Mehrjährige Tätigkeit in der internen Personal- und Organisationsentwicklung und als freiberufliche Beraterin. Am IAP Institut für Angewandte Psychologie ist sie Studienleiterin des »Master of Advanced Studies in Human Resource Management« und Dozentin und Beraterin in den Bereichen HRM, Führungskräfteentwicklung, Teamentwicklung und Coaching.

**Gérard Wicht, Dr. phil.**

ist Berater und Dozent am IAP Institut für Angewandte Psychologie und an der School of Management and Law der Zürcher Hochschule für Angewandte Wissenschaften in Zürich. Studien in Literaturwissenschaft, Philologie und Sozialpsychologie in Fribourg (Schweiz), Saarbrücken, Gießen und Wien. Weiterbildungen im Coaching, Personalentwicklung und Didaktik des E-Learnings. Berufliche Erfahrung in der Erwachsenenbildung und betrieblichen Aus- und Weiterbildung. Er arbeitet und lehrt in den Bereichen Ausbildungsmanagement und Personalentwicklung.

**Peter Würmli**

studierte und lehrte Mathematik. Direktor der Schweizerschulen in Florenz und Neapel, leitende Funktionen in der Personal- und Organisationsentwicklung Migros Gemeinschaft, freischaffender Berater.

# Einleitung

*Christoph Negri*

**1**

**Bildungsfachleute werden zu Bildungsmanagern und Lernberatern**

Mit Blick auf die Themenvielfalt des Buches wird deutlich, dass sich Bildungsfachleute von heute und morgen in einem vielseitigen Aufgabengebiet bewegen. Ihre Tätigkeiten lassen sich in vielen Fällen nicht auf das Organisieren und Durchführen beliebiger Schulungen oder Seminare reduzieren. Bildungsfachleute sind gefordert, individuelle Bildungsbedarfe im Unternehmen frühzeitig zu erkennen, bedarfsorientierte Bildungskonzepte zu erstellen, Bildungs- und Veränderungsprozesse zu planen, begleiten und zu evaluieren. Vielfach sind sie auch in die Leitung und Führung ihrer Bildungsabteilung oder -institution eingebunden – und somit mehr Bildungsmanager als reine pädagogische Vermittler. Gefragt sind daher vermehrt prozessorientierte, Beratungs- und Begründungskompetenzen, die es ermöglichen, das eigene Handeln gegenüber Entscheidungsträgern zu begründen und ganzheitliche Konzepte des Organisationslernens in Zusammenarbeit mit allen Anspruchsgruppen zu entwickeln bzw. zu begleiten. Von zunehmender Bedeutung ist darüber hinaus, dass Bildungsfachleute unternehmerisch mitdenken und ihre Aktivitäten an den strategischen Zielen der Organisation ausrichten bzw. auch eine eigene, auf die Bedürfnisse der Organisation zugeschnittene Bildungsstrategie entwickeln.

Bildungsfachleute von morgen nehmen diese Herausforderung an, indem sie sich kritisch mit ihrem Rollenprofil als Bildungsverantwortliche auseinander setzen, eine Rahmentheorie für fundierte Entscheidungen und das eigene Handeln schaffen und sich die hierfür erforderlichen Handlungskompetenzen aneignen.

Das vorliegende Buch bietet Gelegenheit, sich mit diesen aktuellen und anspruchsvollen Fragestellungen der Bildung in Organisationen auseinander zu setzen. Herausgeber und Autorenschaft haben sich dabei zum Ziel gesetzt, ein auf die aktuellen Anwendungsinteressen von Fach- und Führungskräften der Aus- und Weiterbildung in Organisationen abgestimmtes und gleichzeitig an wissenschaftlichen Kenntnissen der Psychologie und ihrer Nachbardisziplinen ausgerichtetes Nachschlagewerk zusammenzustellen. Dabei griffen sie auf ein Fach- und Erfahrungswissen zu verschiedenen Aspekten der Bildung in Organisationen zurück, das über viele Jahre hinweg im Rahmen von Weiterbildungsgängen und Beratungsmandaten am IAP Hochschulinstitut für Angewandte Psychologie in Zürich gesammelt und weiterentwickelt wurde. Aufbauend auf dieser gemeinsamen Grundlage wird Bildung in Organisationen aus verschiedenen Perspektiven und mit einem ganzheitlichen Blick beleuchtet. Die vielfältigen Hintergründe und Aufgabenschwerpunkte der Autorinnen und Autoren tragen darüber hinaus dazu bei, dass theoriegeleiteten Ausführungen und praxisnahen Darstellungen Platz eingeräumt wird.

**Betrachtung von Bildung in Organisationen aus verschiedenen Perspektiven**

Das Resultat ist ein umfassendes Hilfsmittel, das eine Fülle an Informationen und Anregungen zu mikro- wie auch makrodidaktischen Aspekten der Planung und Durchführung von Bildungsmaßnahmen in Organisationen bietet.

Entsprechend dem Curriculum des Weiterbildungslehrgangs Master of Advanced Studies (MAS) Ausbildungsmanagement am IAP ist zunächst die Klärung von zentralen Begriffen wie Bildung und Didaktik Gegenstand des 2. Kapitels. Im Sinne eines Grundlagenkapitels soll zudem ein vertieftes Verständnis von Organisationen und ihrer Funktionsweise erarbeitet werden. Darauf aufbauend folgt eine Auseinandersetzung mit den verschiedenen Aufgaben- und Rollenprofilen von Ausbildungsfachleuten, die sich aus der Wechselbeziehung zwischen Person und Organisation ergeben. Darüber hinaus wird die Frage gestellt, über welche Kompetenzen Bildungsfachleute verfügen müssen, um diesen Rollen und Anforderungen gerecht zu werden. Der Schwerpunkt liegt dabei auf der Rolle des Bildungsmanagers, die zunehmend an Bedeutung gewinnen dürfte. Daran anschließend wird ein Modell zu Bildungsmanagement erläutert, das im Laufe der Jahre am IAP Institut für Angewandte Psychologie entwickelt wurde.

Nach diesen grundlegenden Aspekten zu Bildung in Organisationen werden im 3. Kapitel lernpsychologische und soziokulturelle Aspekte des Lernens thematisiert und Fragen gestellt wie: Was sind die Besonderheiten des Lernens von Erwachsenen? Gibt es Unterschiede in den Lernstilen von jüngeren und älteren Mitarbeitern? Lernen Frauen gar anders als Männer?

Gegenstand des 4. Kapitels ist ein Rück- und Ausblick auf Entwicklungsphasen, die Themenvielfalt, Methoden und Funktionen der Personalentwicklung, die mit der betrieblichen Bildung in einer engen Wechselwirkung steht.

Aufbauend auf den bereits erläuterten didaktischen Theorien und lernpsychologischen Konzepten wird in Kapitel 5 ein Modell zu curricularen Planungsphasen von Bildungsprozessen vorgestellt, das im Rahmen des MAS Ausbildungsmanagement am IAP und im Austausch mit Fachleuten aus der betrieblichen Praxis erarbeitet wurde.

Im Anschluss an die Grundlagen und konzeptionellen Überlegungen setzen sich mehrere Beiträge kritisch mit aktuellen Methoden und Trends zur Gestaltung von Bildungsveranstaltungen auseinander (Kapitel 6).

Mit Bezug auf Kenntnisse aus der Sozialpsychologie und Gruppendynamik wird im darauf folgenden Kapitel den Besonderheiten von gruppenbezogenen Lernprozessen Rechnung getragen.

Die Texte des 8. Kapitels betrachten Bildungsprozesse in ihrem Gesamtzusammenhang mit der Organisation. Es wird angesprochen, wie das Bildungsmanagement durch eine verstärkte strategische Ausrichtung einen entscheidenden Beitrag zum Unternehmenserfolg leisten und auch aufzeigen kann. Darüber hinaus wird thematisiert, wie die Bildungsabteilung Lernen im Unternehmen vorantreiben kann und die Qualität ihrer Angebote sicherstellt.

Das daran anschließende Kapitel befasst sich mit der Rolle des Lernberaters zur Unterstützung und Moderation von Lernprozessen, die sich gegenwärtig zu einem neuen Schwerpunkt von Bildungsfachleuten in Organisationen entwickelt.

**Grundlagen zu Bildung in Organisationen**

**Lernpsychologische und soziokulturelle Aspekte des Lernens Erwachsener**

**Curriculare Planungsphasen von Bildungsprozessen**

**Neue Entwicklungen und Trends**

**Bildungsmanagement-Prozesse**

**Bildungsfachleute als Lernberater**

**Besonderheiten des
Management Developments**

Die Besonderheiten der Entwicklung von Management und Führung werden Kapitel 10 erarbeitet. Dabei wird aufgezeigt, wie Entwicklungsmaßnahmen zielorientiert definiert und umgesetzt und Potenziale genutzt werden können, damit Senior Manager oder Executives ihren persönlichen Wirkungsgrad steigern können.

**Wandel in Organisationen**

Bildungsfachleute werden im Sinne eines Corporate Learning zunehmend auch zu Experten für die Gestaltung betrieblicher Veränderungsprozesse. Veränderung bedeutet Lernen, und Lernen führt zu Veränderungen. Unverzichtbar für diese Aufgaben erscheint eine systemische Sicht auf Wandel bzw. Veränderungsprozesse in Organisationen; das 11. Kapitel führt ausführlich in diese besondere Sichtweise ein.

Das letzte Kapitel schließlich wendet sich den bedeutenden gesellschaftlichen Aspekten des Lernens zu und versucht Antworten zu geben auf Fragen wie: Welchen Einfluss nehmen die aktuellen gesellschaftlichen und wirtschaftlichen Entwicklungen auf das Lernen in Organisationen? Wie gestaltet sich Lernen in der Wissensgesellschaft?

**■ ■ Hinweise für den Umgang mit diesem Buch**

**Aktive Auseinandersetzung
durch kollektives Lernen**

Wie bereits angesprochen, soll das vorliegende Buch Fachpersonen der Bildung in Organisationen als Nachschlagwerk dienen, das in bekannte und wichtige theoretische Konzepte sowie aktuelle Strömungen oder Entwicklungen auf diesem Gebiet einführen soll. Kurzzusammenfassungen am Ende jedes Kapitels, Beispiele sowie Hervorhebungen von wichtigen Aspekten im Text tragen hierbei zur Orientierung bei. Gleichzeitig möchte das Buch aber auch zur aktiven und kritischen Auseinandersetzung anregen, damit die erläuterten Inhalte auch in tatsächliches Handeln umgesetzt werden und somit ihren praktischen Nutzen entfalten können. Hierzu empfehlen wir, die Lektüre dieses Buches mit Formen des kollektiven Lernens zu unterstützen – eine Vorgehens- oder Lernweise, die auch in unsere Weiterbildungslehrgänge integriert ist und sich als äußerst gewinnbringend erweist.

**Austausch mit Lernpartnern**

Kollektives Lernen kann etwa in der Form eines regelmäßigen, kapitelweisen Austauschs mit einem oder mehreren Arbeitskollegen oder Lernpartnern über die Inhalte und deren konkrete Relevanz für den eigenen Arbeitsalltag erfolgen.

**Intervision:
Kollegiale Beratung**

Eine weitere Möglichkeit ist die kollegiale Beratung in Form einer inner- oder überbetrieblichen Intervisionsgruppe. Dabei werden gemeinsam Fälle aus der betrieblichen Praxis der beteiligten Gruppenmitglieder besprochen und entsprechende Lösungsansätze erarbeitet. Die kritische und reflektierte Lektüre der dem jeweiligen Fall entsprechenden Kapitel oder Abschnitte des Buches können dabei zur Vorbereitung oder der eigentlichen Fallbearbeitung dienen. An dieser Stelle verweisen wir gerne auf das Buch von Eric Lippmann (2004). Es bietet eine Fülle an Anregungen und Methoden zur Ausgestaltung kollegialen Lernens.

Wir wünschen unseren Lesern nun eine gewinnbringende, erkenntnisreiche und abwechslungsreiche Lektüre.

## Literatur

Lippmann, E. (2004). *Intervision. Kollegiales Coaching professionell gestalten*. Heidelberg: Springer.

# Grundlagen, Kompetenzen und Rollen

*Christoph Negri, Birgitta Braun, Birgit Werkmann-Karcher und Barbara Moser*

## 2.1    Grundlagen der Bildung und Didaktik – das Verständnis von Bildung am IAP

*Christoph Negri und Birgitta Braun*

Dieser Abschnitt gibt eine Begriffsklärung und einen Einblick in die lerntheoretische Didaktik, die als Grundlage für das Lernverständnis am IAP Institut für Angewandte Psychologie Zürich dient. Weitere grundlegende didaktische Modelle und wichtige didaktische Prinzipien werden kurz dargestellt. Im zweiten Teil des Abschnitts wird unser Lern- und Bildungsverständnis beschrieben. Unter Didaktik verstehen wir, wie auch Götz & Häfner (2005), die Wissenschaft vom Lehren und Lernen. Inhaltlich sind damit alle für die Organisation von Lehr- und Lernprozessen bestimmenden Faktoren gemeint, unabhängig davon, ob es um schulisches Lernen, Lernen in der Berufsaus- und Weiterbildung oder um Lernen in anderen organisierten Formen geht. Neuere Modelle beschränken sich im Didaktikverständnis nicht auf die Lehr- und Lernprozesse selbst, sondern erweitern dies in Richtung Mikrodidaktik (Durchführung von Lehr- und Lernprozessen) und Makrodidaktik (Planung und Evaluierung von Lehr- und Lernprozessen), vgl. Menck & Thoma, 1975; Luhmann, 2002; Götz & Häfner, 2005.

### 2.1.1    Begriff

**Didaktik = Lehre**

---
**Didaktik**

»Didaktik stammt von dem griechischen *didaskein* und heißt wörtlich Lehre« (Siebert, 2006, S. 1).
    Laut Nipkow (1968) wird Didaktik wie folgt definiert: »Didaktik befasst sich mit Theorien des Unterrichts im weitesten Sinn. Gemeinsames Ziel der einzelnen didaktischen Ansätze ist es – bei unterschiedlicher Gewichtung –, das Gesamt der den Unterricht bedingenden Faktoren zu ermitteln und das zwischen diesen Faktoren bestehende Interdependenzverhältnis zu berücksichtigen« (S. 201–202).

---

Gemeint sind damit nicht nur die Unterrichtstätigkeit von Lehrpersonen in Schulräumen, sondern alle Handlungen im Alltag, bei denen etwas mitgeteilt oder erklärt wird, z. B. die Mutter, die die Fragen ihres Kindes beantwortet (Siebert, 2006, S. 1).

**Didaktik im Kontext des Erwachsenen-Lernens ist eine Handlungs- und Planungstheorie für die Gestaltung von Lehr- und Lernsituationen**

In der Andragogik (Erwachsenen-Lernen) wird der Begriff Didaktik ganz unterschiedlich definiert und verstanden (vgl. Arnold, Krämer-Stürzl & Siebert, 2005). Das traditionelle Verständnis (bildungstheoretische Didaktik) stellt den Lerninhalt in den Mittelpunkt. Dem gegenüber stehen neuere Didaktikverständnisse, welche stärker auf das Zusammenwirken der unterschiedlichen Faktoren achten, die den Lehr-Lern-Prozess beeinflussen. Nach diesem Verständnis kann gesagt werden, dass Didaktik die theoretischen Beschreibungen des Zusammenhangs von Lehren und Lernen umfasst. Dieser Zusammenhang umfasst sowohl die Begründung (von Lernzielen und Lerninhalten) als auch das Design (Planung, Durchführung und Evaluation) und die personellen sowie institutionellen Konsequenzen (Arnold, Krämer-Stürzl & Siebert, 2005). Dies bedeutet, dass didaktische Theorien und Überlegungen sowohl inhaltliche Entscheidungen begründen als auch die Lernziele selbst präzise beschreiben. Bei didaktischen Überlegungen bekommen die Sache (Inhalte) sowie die Adressaten eine besondere Bedeutung. Dies zeigt die folgende Beschreibung nach Siebert (2006, S. 2): »Didaktik ist prinzipiell die Vermittlung zwischen der Sachlogik des Inhalts und der Psychologik der Lernenden. Zur Sachlogik gehört eine Kenntnis der Strukturen und Zusammenhänge der Thematik, zur Psychologik die Berücksichtigung der Lern- und Motivationsstrukturen der Adressaten/innen.« Didaktik im Kontext des Erwachsenen-Lernens ist somit eine Handlungs- und Planungstheorie für die Gestaltung von Lehr- und Lernsituationen.

Siebert (2006, S. 4) unterscheidet 3 Dimensionen des didaktischen Planens, die von Bedeutung sind:

- Eine curriculare, vorbereitende Planung als Auswahl von Lernzielen, Inhalten, Materialien, Methoden angesichts (der meist vorgegebenen) Lernzeiten, Lernorte, Prüfungsrichtlinien und Adressaten.
- Die Überlegung möglicher Alternativen und Varianten im Hinblick auf die Vorkenntnisse, Lernstile, Verwendungssituationen, Heterogenität und Größe der Teilnehmergruppe.
- Eine mentale Einstellung der Lehrenden gegenüber Überraschungen, d. h. Reaktionen auf ungewöhnliche Deutungen, auf unerwartete Zwischenfragen, auf Teilnehmervorschläge, die dem eigentlichen Konzept widersprechen, auf Teilnehmer, die aus der Rolle fallen, auf Zwischenfälle (z. B. Beamer funktioniert nicht).

Ein geweiteter didaktischer Blick lässt eine grundsätzliche Neuorientierung der Didaktik erkennen. Im Kontext von lebenslangem Lernen gilt es, tradierte pädagogische Formen von Unterricht zu überwinden und Lerngelegenheiten und Lernumgebungen in Bildungseinrichtungen, aber auch in der Arbeitswelt zu gestalten und individuelles, selbstgesteuertes Lernen zu unterstützen. Die Frage lautet: Was muss in einer Organisation an Lernprozessen stattfinden und wie verändert sich Lernen in Bildungssystemen?

Der Didaktikbegriff erfährt nicht nur eine Erweiterung, sondern wird auch mit dem Managementbegriff, beispielsweise Wissens- und Beziehungsmanagement, vernetzt. Siebert nennt dies »Entschulung« des Didaktikbegriffs. Aus seiner Sicht ist didaktisches Handeln nicht mehr vorrangig Unterrichten, sondern Kontextgestaltung, Beratung und Bildungshilfe. In diesem Sinne wäre nach einem modernen Verständnis die Didaktik auch ein Beitrag zur Organisationsentwicklung.

**Didaktisches Handeln ist nicht nur Unterrichten, sondern Kontextgestaltung, Beratung und Bildungshilfe**

**2**

Der schillernde, aber immer unscharf gebliebene Begriff Didaktik hat sich über viele Jahrhunderte, wie in ▶ Abschn. 2.1.2 erläutert, immer nah an der Schulpädagogik entwickelt.

### 2.1.2    Kurzer Ausflug in die Geschichte

Bei Comenius (1592–1670), Jean-Jacques Rousseau (1712–1778) und Pestalozzi (1746–1827) sind erste Begründungen der Pädagogik und Didaktik zu finden. Bei ihnen ist jedoch noch kein einheitlicher Ansatz vorhanden. Im 18. und 19. Jahrhundert werden von Schleiermacher, Herbart und Dilthey erste Schritte in Richtung einer einheitlichen Vorgehensweise bei der Unterrichtsplanung, -vorbereitung, -durchführung und -auswertung angewendet. Zwischen 1900 und 1915 wird durch Lay, Meumann und später auch Petersen experimentelles Denken hineingebracht. Mitte des 20. Jahrhunderts werden verstärkt von der Lerntheorie ausgehende psychologische Erkenntnisse in die Didaktik integriert. Vor allem die Erkenntnisse von Piaget und Gagné sind in diesem Zusammenhang von Bedeutung (vgl. Götz & Häfner, 2005). 1958 entstand Klafkis Veröffentlichung *Didaktische Analyse als Kern der Unterrichtsvorbereitung*, die eine wichtige Reflexionsgrundlage für viele Lehrerinnen- und Lehrergenerationen wurde. Seit den 60er-Jahren sind bis heute verschiedene Theorien und Modelle entstanden, die sich zum Teil aus der gegenseitigen Kritik weiterentwickelt, aber auch angenähert haben.

### 2.1.3    Didaktische Modelle

Die didaktische Kompetenz von Aus- und Weiterbildungsverantwortlichen wirkt sich unmittelbar auf die Qualität von Bildungsprogrammen aus. Bereits in der Planungsphase von Lehr-/Lernprozessen stehen komplexe didaktische Fragen im Raum, so dass ein theoretisch umfassendes Modell hilfreich sein kann. Allgemeindidaktische Modelle beschreiben den Rahmen, innerhalb dessen didaktisches Handeln begründet und strukturiert werden kann. In der Literatur findet sich nicht nur ein didaktisches Modell, das für alle Ausbildenden und Lehr-Lern-Arrangements sowie Lernkontexte brauchbar ist, sondern es gibt eine Vielzahl von didaktischen Modellen.

**Allgemeindidaktik/ Fachdidaktik**

Dabei hat die Allgemeine Didaktik den Unterricht grundsätzlich zum Gegenstand. Sie stößt an ihre Grenzen, wenn es um konkrete Aussagen zu fachspezifischen Fragen des Unterrichts geht. Demgegenüber sind Fachdidaktiker vertraut mit den Unterrichts- und didaktischen Traditionen des Faches und der fachwissenschaftlichen Leitdisziplin, so wie beispielsweise für das Schulfach Deutsch Germanistik die Leitdisziplin ist oder in der beruflichen Bildung die fachliche Orientierung durch die Berufsbilder gegeben ist (Jank & Meyer, 2008).

---

**Allgemeindidaktisches Modell**

Ein allgemeindidaktisches Modell ist ein erziehungswissenschaftliches Theoriegebäude zur Analyse und Modellierung didaktischen Handelns in schulischen und nichtschulischen Handlungszusammenhängen (Jank & Meyer, 2008).

---

In der folgenden Darstellung wird auf einige zentrale didaktische Ansätze und Modelle kurz eingegangen. Dabei beziehen wir uns sowohl auf ältere, traditionelle und neuere, aktuelle Varianten der verschiedenen didaktischen Ansätze. Wer auf eine gezielte und vertiefte Auseinandersetzung mit den verschiedenen didaktischen Ansätzen nicht verzichten möchte, kann entsprechende Erläuterungen bei Jank & Meyer (2008) finden.

## Bildungstheoretische Didaktik

Bildungstheoretische Modelle haben ihren Ursprung in den Geisteswissenschaften. In den 60er Jahren wurde dieser Ansatz maßgeblich von Wolfgang Klafki vertreten. Er entwickelte ein didaktisches Modell der Unterrichtsplanung, die sog. Didaktische Analyse, nach dem viele Lehrergenerationen ausgebildet wurden. Der Hauptfokus seines didaktischen Verständnisses richtete sich auf den Menschen mit kulturgeschichtlichem Hintergrund. Zusammengefasst liegen seine Schwerpunkte in der Reflexion der Sinngebung, den Inhalten und Strukturierungen sowie der Selbst- und Mitbestimmung. Dabei ging es dem Bildungswissenschaftler Klafki um das *Weglassen*, verbunden mit der Kernfrage, »ob sich das, was man Lernenden anzubieten hat, überhaupt lohnt«. Seine Grundidee ist nach wie vor aktuell, kennt doch jeder Bildungsverantwortliche die schwierige Aufgabe, angesichts der Stofffülle die *richtige* Auswahl zu treffen. Klafki entwickelte die Didaktische Analyse, mit dessen Hilfe der Lehrer klären sollte, welcher Bildungsgehalt in den Unterrichtsinhalten stecken könnte (Klafki, 1958). Sein anfänglich auf 5 Grundfragen festgelegtes Modell ergänzte er im Rahmen der kritisch-konstruktiven Didaktik um die Bedingungsanalyse und entwickelte es zu einem »(Vorläufigen) Perspektivenschema zur Unterrichtsplanung« (1980) mit einem Katalog von 7 Aspekten (vgl. ▶ Abschn. 5.1.3, Themenwahl, Inhalte). Die Bildungsdidaktik baut auf folgenden Grundlagen auf:

- Erziehung basiert auf Ethik.
- Pädagogik steht in Abhängigkeit von praktischer Philosophie und Psychologie.
- Veränderung des Menschen ist abhängig von seinem geschichtlichen Kontext.

Der bildungstheoretische Ansatz versteht Unterricht als Prozess der bildenden Begegnung. Es geht um die Anbahnung von Bildung durch Begegnung der Menschen mit Kultur (vgl. Terhart, 2009, S. 135). Dabei sind Inhalte zentral, nachgeordnet sind Fragen der konkreten

> Eine wichtige Kernfrage ist: Lohnen sich die Inhalte überhaupt für die Lernenden?

> Didaktische Analyse und Perspektivenschema

Sequenzierung, der medialen Unterstützung sowie Fragen der Feststellung des Lernerfolgs. Nach Siebert (2006, S. 77) verzichtet die bildungstheoretische Didaktik auf einen verbindlichen Kultur- und Bildungskanon, besteht jedoch auf der beharrlichen Auseinandersetzung mit öffentlichen Themen. Sie ist überzeugt, dass Bildung nondirektiv ist, d. h. Bildung kann nicht gelehrt werden, sondern ist prinzipiell Selbstbildung, die aber von außen unterstützt werden kann. Die bildungstheoretische Didaktik kann auf einen Lernbegriff nicht verzichten und verbindet instrumentelles Lernen mit reflexivem Lernen. Sie ist ohne Qualifizierungsanspruch nicht denkbar, ergänzt aber die benötigten technologischen Qualifikationen durch Fragen nach Sinn und Nutzen von Qualifizierung. Insgesamt hat sich die bildungstheoretische Didaktik als flexibel erwiesen. Im Laufe der Jahrzehnte sind ständige Aktualisierungen vorgenommen worden. Integriert wurden Aspekte der Lernpsychologie sowie der Interaktions- und Curriculumforschung.

### Lerntheoretische Didaktik

**Bedingungsfelder und Entscheidungsfelder**

Im Sinne der lerntheoretischen Didaktik, die ihren Ursprung in den 1960er Jahren hat, ist Unterricht nicht mehr die bildende Begegnung, sondern die zweckrationale und erfolgskontrollierte Organisation von Lehr-/Lernprozessen. Unterricht beruht auf Berücksichtigung sog. **Bedingungsfelder.** Darunter werden die Ausgangslage der Lernenden mit ihren individuellen Voraussetzungen (Anlagen, sozialer Hintergrund etc.) und die institutionellen Voraussetzungen (Gesellschaft, Bildungswesen etc.) verstanden. Auf diesem Hintergrund trifft der Unterrichtende seine didaktisch-methodischen Entscheidungen innerhalb der **Entscheidungsfelder** Ziele, Inhalte, Methoden und Medien. Der so konstruierte Unterricht erzeugt Wirkungen, die wiederum als Voraussetzungen in die weitere Planung eingehen (Terhart, 2009).

Die lerntheoretische Didaktik basiert auf Kenntnissen der Psychologie. Vor allem Erkenntnisse und Lernmodelle aus der **Lernpsychologie** (vgl. Piaget, Gagné) und der **Verhaltenspsychologie** – insbesondere dem Behaviorismus (vgl. Watson, Skinner, Bloom) – mit ihren Lernmodellen sind Grundlage lerntheoretischer didaktischer Überlegungen. Sie wollen den Lernprozess möglichst in allen Bedingungen und organisatorischen Notwendigkeiten beschreiben, analysieren und planbar machen (vgl. Berliner Schule Götz & Häfner, 2005, S. 39) oder als informationstheoretisch begründeten Regelkreis verstehen und eine Optimierung erreichen.

### Hauptfokus der lerntheoretischen Didaktik
- Blick auf den Menschen als psychisches Wesen
- Tendenz zu einer analytischen Betrachtung der Lernbedingungen

- Schwergewicht auf »formalen« Baugesetzlichkeiten von Lehr- und Lernvorgängen (Heimann, 1965, zit. nach Götz & Häfner, 2005, S. 46)
- Durch psychologische Kenntnisse wird der Lernprozess beschreibbar, analysierbar und planbar
- Ziel, Inhalt, Methode und Medien stehen in Beziehung zueinander und werden auf allen Stufen der Planung mit einbezogen
- Die Basis bildet die empirisch-analytische Wissenschaft

Das »Berliner Modell« (lerntheoretische Didaktik, 1965) und das darauf aufbauende »Hamburger Modell« (lehrtheoretische Didaktik, 1980) sind die wichtigsten Modelle des lerntheoretischen Ansatzes. Ihre bedeutenden Vertreter sind Heimann, Otto und Schulz (vgl. Götz & Häfner, 2005, S. 39ff.). Schulz und Otto entwickelten auf der Grundlage des Berliner Modells ein dynamisches Prozessmodell des Unterrichts, das sog. Hamburger Modell. Sie integrierten die Erkenntnisse der Themenzentrierten Interaktion (R. Cohn 1986) mit ihrer Balance zwischen Sachbezug (Es), Personenbezug (Ich) und Gruppenbezug (Wir). Die einseitige Lehrerzentriertheit, die bis dahin ausgehend vom Berliner Modell bestimmend war für den Unterricht, wurde zugunsten eines schülerzentrierten Unterrichts aufgehoben. Die 3 zentralen Anliegen des Hamburger Modells sind die Entwicklung von Kompetenzen, von Selbstständigkeit und von solidarischem Miteinander. Das Modell geht davon aus, dass Unterricht auf der Basis definierter Voraussetzungen und im Rahmen von Entscheidungen organisierbar ist. Diese Annahme ist vor allem von Kritikern infrage gestellt, die im Unterricht eine kommunikative Improvisation sehen (Götz & Häfner, 2005).

> Berliner Modell und Hamburger Modell

Nach unserem Verständnis sind die lerntheoretischen Modelle vor allem für die Unterrichtsprozesse hilfreich, bei denen Lernen nicht dem Zufall überlassen werden darf. Das trifft für alle Bereiche der betrieblichen Bildungsarbeit zu, denn sie sind häufig stark geprägt von wirtschaftlichen Zwängen.

Das didaktische Modell des Instituts für Angewandte Psychologie (vgl. ▶ Abschn. 2.1.5) orientiert sich am Berliner und Hamburger Modell als lerntheoretischen Ansätzen. Auch die Konstruktion von Curricula mit der Formulierung konkreter Lernziele, so wie bereits beschrieben, beabsichtigt die Lernprozesse möglichst organisierbar und planbar zu machen. Damit muss nicht zwangsläufig ein spontanes, situatives Handeln im Unterrichtsgeschehen ausgeschlossen sein.

## Curriculumtheoretische Didaktik

Curriculum bedeutet Lehr- und Lernplan (vgl. Siebert, 2006, S. 79). Der Begriff beinhaltet allerdings mehr als das Definieren von Zielen und Inhalten. Curricularer Unterricht soll dazu beitragen, erwartete

> Curriculum

Situationen bewältigen zu können. Als erster Schritt werden nach Häcker & Stapf (2009) deshalb Anwendungssituationen analysiert und entsprechende Qualifikationen definiert, die der Bewältigung erwarteter Situationen dienlich sind. Aufgrund dieser Analyse werden Inhalte ausgewählt, die die entsprechenden Qualifikationen vermitteln. Das erläuterte Konzept beruht auf Robinsohn (1972) und steht hinter jeder theoretisch begründeten curricularen Arbeit. In einer curricularen Weiterbildung sollen die Lerninhalte nicht aus einer abstrakten Bildungsidee abgeleitet, sondern aus einer Situationsanalyse empirisch ermittelt werden (vgl. Siebert, 2006, S. 78). Damit kommt man dem Lernen im Erwachsenenalter entgegen, weil Erwachsene besser an konkreten Situationen lernen. Ferner macht Tietgens (1992, zit. nach Siebert, 2006, S. 81) darauf aufmerksam, dass situationsspezifisches Lernen den Transfergehalt erhöht und deshalb wünschenswert sei.

Insgesamt ist die curriculare Didaktik eng verbunden mit der lerntheoretischen Didaktik und dem lernzielorientierten Ansatz nach Christine Möller. Die Zielformulierung von Lernprozessen steht im Mittelpunkt des Interesses. Alle Aspekte, die den Unterricht bestimmen, wie beispielsweise die Inhalte, Methoden und Medien, sind dem Interesse der Lernzielorientierung des Unterrichts zugeordnet. Christine Möller sieht ihren Ansatz in engem Zusammenhang mit der US-amerikanischen Lernpsychologie u. a. von Bloom (vgl. ▸ Abschn. 5.1.3, Zielbestimmung). In der Vergangenheit wurde in vielen Curriculumprojekten die Operationalisierung und Strukturierung überbewertet und aus dem Begründungszusammenhang isoliert (Siebert, 2006). Als Gegenmaßnahme wurden die Teilnehmenden an Lernzielentscheidungen im Rahmen von teiloffenen Curriculumkonstruktionen beteiligt.

In der aktuellen Diskussion werden starre curriculare Vorgaben zunehmend durch outcomeorientierte Kompetenzvorgaben abgelöst. Jedoch werden Unterrichtsinhalte nach wie vor in Kerncurricula festgelegt und auf das Wesentliche reduziert.

## Konstruktivistische Didaktik

Der konstruktivistische Ansatz bildet eine neuere, aber bereits etablierte Theorie in der allgemeinen Didaktik. Die Prämisse der traditionellen Didaktik lautet, dass der Mensch in der Lage ist, die Welt so zu erkennen, wie sie wirklich ist. Den meisten didaktischen Konzepten liegt ein solcher Realismus zugrunde. Der Lernende eignet sich die Welt an, indem er sie wie eine Kamera wahrheitsgetreu abbildet, widerspiegelt und verinnerlicht, wobei die Lehrenden diesen Aneignungsvorgang steuern und wenn nötig korrigieren. Diese Verinnerlichung wird in der Pädagogik vor allem behavioristisch geregelt, z. B. durch Imitationslernen, durch Reiz-Reaktion-Lernen sowie durch Verstärkung des gewünschten Verhaltens. Eine ganz andere Auffassung von Pädagogik vertreten die Konstruktivisten: Unsere Wahrnehmungen, unser Denken spiegelt keine äußere Welt wider, sondern wir erzeugen eine eigene Wirklichkeit. Diese Konstrukte sind nicht wahr oder falsch, sondern mehr oder weniger viabel, d. h. sie funktionieren, sie haben sich bewährt (Jank & Meyer, 2008).

Was bedeutet diese Ansicht für die didaktischen Ansätze und die Vorgehensweise im Unterricht? Unterrichtende im Sinne des radikalen Konstruktivismus können das Lernen nicht erzeugen, sondern nur anregen. Auch scheint das Beurteilen von Lernergebnissen auf der Basis von Richtig-falsch-Unterscheidungen nicht adäquat. Wichtige Vertreter dieses Ansatzes sind K. Reich und H. Siebert. Für die konstruktivistische Didaktik ist nach Siebert das Lernen als Konstruktion von Lebenswelten zu verstehen. Siebert – aus der Erwachsenenpädagogik kommend – hält an der Idee von »Bildung« ausdrücklich fest und schlägt 3 pädagogische Leitideen vor:

Konstruktivismus

- **Viabilität,** verweist auf pragmatische, brauchbare, bewährte Orientierungen hier und jetzt
- **Nachhaltigkeit,** beinhaltet eine Überprüfung der Zukunftsfähigkeit unseres Denkens und Handelns
- **Vernunft,** schließt die Verantwortung des Menschen für das Gemeinwohl, für Humanität und Gerechtigkeit ein (Jank & Meyer, 2008, S. 298)

Die konstruktivistischen Empfehlungen zur Gestaltung von Unterricht orientieren sich stark an alten und neuen reformpädagogischen Modellen wie beispielsweise dem Erfahrungslernen, dem entdeckenden Lernen, der Förderung der Selbstständigkeit. Darüber hinaus verbindet sich die konstruktivistische Didaktik mit den komplexen virtuellen Lernwelten informellen Lernens und netzbasiertem E-Learnings.

Die bekanntesten Modelle der Allgemeindidaktiken sind die in den 1960er- und 1970er- Jahren ausformulierte Bildungstheoretische und Lern-Lehr-Theoretische Didaktik. Es sind seit dieser Zeit nur wenige neue Modelle hinzugekommen, die auch eine Bedeutung in der Praxis gewonnen haben. Die konstruktivistische Didaktik stellt für sich den Anspruch, ein völlig neues, radikales subjektorientiertes Konzept entwickelt zu haben. Kritische Stimmen wiederum bezeichnen diesen Ansatz eher als so etwas wie alten Wein in neuen Schläuchen. Demgegenüber sind die Fachdidaktiken mit einem eigenständigen theoretischen Überbau und einer eigenen empirischen Lehr-Lern-Forschung prosperierend (Jank & Meyer, 2008).

Die hier vorgestellten 4 didaktischen Ansätze bzw. Modelle schließen sich nicht gegenseitig aus, sondern betonen unterschiedliche Schwerpunkte und Akzente der Bildungsarbeit. Auch zeigen sie die verschiedenen Strömungen des Zeitgeists der vergangenen 60 Jahre in der Allgemeinen Didaktik auf (vgl. Siebert, 2006, S. 88). Elemente jeder dieser Theorien sind auch in unserem didaktischen Verständnis enthalten.

### 2.1.4  Didaktische Prinzipien der Erwachsenbildung

In den vergangenen Jahren ist in der Allgemeinen Didaktik eine Vielzahl von grundlegenden Orientierungen aufgezeigt worden, wie beispielsweise die Teilnehmerorientierung. Solche übergreifenden Orientierungen können das didaktische Handeln bestimmen. Als handlungsleitende Prinzipien sind sie relevant für die konkrete Planung und Gestaltung des Unterrichts. In den folgenden Abschnitten werden einige Prinzipien der Didaktik vorgestellt, die mit der Erwachsenenbildung in Zusammenhang stehen und von Bedeutung sind.

#### Zielgruppenorientierung

Die Erwachsenenbildung unterscheidet sich von der Schul- und Hochschulausbildung primär durch eine stärkere Zielgruppenorientierung. In der Planungs- und Konzipierungsphase ist es wichtig, sich speziell auf die verschiedenen Zielgruppen mit ihren Bedürfnissen einzustellen. Das dahinter stehende didaktische Konzept nennt sich Zielgruppenarbeit und bezieht sich hauptsächlich auf die didaktische Planung einer Weiterbildung.

**Planungsphase =
Zielgruppenorientierung**

Die Zielgruppe klassifiziert Menschen und Gruppen, stellt ein oder mehrere Merkmale, beispielsweise »Alter« oder »alleinerziehend«, in den Vordergrund und vernachlässigt andere Persönlichkeitsmerkmale. Eine solche Reduzierung kann didaktisch und auch für die Betroffenen sinnvoll sein. Jedoch bedarf es einer gewissen Sorgfalt, damit die von uns vorgenommene Zuschreibung nicht zu einer Stigmatisierung wird. Problematisch ist beispielsweise, wenn in der Altenbildung die Teilnehmenden primär als »Alte« wahrgenommen werden und ihnen nur noch Themen des Alterns angeboten werden (Siebert, 2006).

Zielgruppenarbeit ist begrifflich der gesellschaftskritisch-reformerischen Erwachsenenbildung mit ihrem Ursprung in den 1970er Jahren zuzuordnen. Sie wendete sich an die »sozial benachteiligten Gruppen«, deren gemeinsame Merkmale die spezielle Problemlage und ihr Interesse, durch Bildungsarbeit ihre Situation zu verbessern, waren. Hier stand die Benachteiligung als vorrangiges Thema im Mittelpunkt des Bildungsprogramms (Siebert, 2006). Zusammengefasst lässt sich sagen, dass die Zielgruppenarbeit von einer kollektiven Lebenssituation und einem »Sozialcharakter« ausgeht (vgl. Siebert, 2006, S. 93–99). Zielgruppenarbeit kann durchaus berufsqualifizierende Ziele verfolgen, wie z. B. den Widereinstieg von Berufsrückkehrerinnen.

Als Abgrenzung zum Prinzip der »Zielgruppenorientierung« bezeichnet die »Adressatenorientierung« eine Gruppe, an die das Bildungsangebot von Seiten des Auftraggebers »adressiert« (vgl. ▶ Abschn. 5.1.1, Adressatenanalyse) ist. Die Gruppe kann sowohl homogen als auch heterogen sein (Siebert, 2006).

## Teilnehmendenorientierung (TNO)

Zielgruppenarbeit bezieht sich in erster Linie auf die Planungsphase, während das Prinzip der »Teilnehmendenorientierung« (TNO) in der Durchführung der Bildungsveranstaltung zum Tragen kommt. TNO ist während des Kurses anzustreben, indem das Individuum mit seinen individuellen Lerninteressen ins Zentrum gestellt wird. Das Spannungsverhältnis zwischen der Zielgruppen- und der Teilnehmendenorientierung wird offensichtlich. Auch die TNO ist genau genommen ein Konstrukt, das die Erwartungen und Unterstellungen über das beinhaltet, was die Teilnehmenden in der Weiterbildung wollen und bereits können. Eine TNO Didaktik sollte eine Passung zwischen den Lernanforderungen und den Voraussetzungen der Teilnehmenden zum Ziel haben. Demnach gibt es keine TNO, die durchgängig gilt, vielmehr muss sie auf jede Weiterbildung neu abgestimmt werden. Sie ist abhängig von den Lernerfahrungen und Bildungsbiografien der Beteiligten (vgl. Siebert, 2006, S. 99–106).

**Durchführungsphase =
Teilnehmendenorientierung**

## Selbstgesteuertes Lernen

Hinter dem Begriff »Selbstgesteuertes Lernen« verbirgt sich ein didaktisches Prinzip, das Mitte der 90er Jahre im Zusammenhang mit dem lebenslangen Lernen Aufschwung bekam. Es bedeutet das eigenständige Handeln eines Individuums, ohne dabei fremdgesteuert zu werden. Kaiser (2003, S. 17) differenziert die Determinierung des selbstgesteuerten Lernens, indem er es als Lernprodukt bezeichnet bzw. als Ergebnis einer Eigenleistung.

Damit selbstgesteuertes Lernen möglich ist, müssen einige Voraussetzungen gegeben sein. Neben angemessenen kognitiven braucht es gemäß Siebert (2006) auch motivational-emotionale Bedingungen. Zu den motivational-emotionalen Aspekten zählen die Selbstwirksamkeitsüberzeugung, die Frustrationstoleranz und die Anstrengungsbereitschaft einer Person. Der kognitive Aspekt beinhaltet Strategien der Informationsverarbeitung, der Erschließung von Ressourcen, der Lernkontrolle und der Beurteilung von Schwierigkeit und Komplexität von Lernaufgaben.

**Selbststeuerung erfordert
Bereitschaft zur Anstrengung**

Weiter spielt die metakognitive Ebene eine Rolle, die das Wissen über die eigenen Stärken und Schwächen wie auch über kognitive Stile und Techniken beinhaltet (Siebert, 2006, S. 110). Auch Kaiser (2003, S. 17) betont die Ebene der Metakognition. Nach ihm ist selbstgesteuertes Lernen als ein explizit metakognitiv gesteuerter Prozess anzusehen. Daraus ergeben sich Konsequenzen für die Bildungspraxis. Kaiser (2003, S. 220–225) erachtet den expliziten Umgang mit Lernprozessen als wichtigste Konsequenz. Auch bei hauptsächlich inhaltsorientierten Weiterbildungen sollten Techniken und Tools Raum erhalten, die die Prozessebene thematisieren. Eine Technik im Umgang mit Lernprozessen stellt der Abschluss eines Lernvertrags dar. Da die meisten Erwachsenen jedoch nicht an den erläuterten Umgang mit Prozessen gewöhnt sind, müssen sie entsprechende Kompetenzen erarbeiten. Eine hilfreiche Unterstützung hierbei bieten Lernberatungen und Lernbegleitungen.

## Handlungsorientierung

Das didaktische Prinzip der Handlungsorientierung wird ähnlich wie der Begriff Ganzheitlichkeit fast inflationär verwendet. Ganzheitliches Lernen umfasst das kognitive Lernen und andere Sinneserfahrungen auf körperlicher und emotional-sozialer Ebene. Das »Handeln« kann nicht pädagogisch veranlasst werden, sondern bleibt in der Verantwortung der Teilnehmenden. Handlungsorientierter Unterricht zeigt sich gleichzeitig im Ziel und in der methodischen Vorgehensweise. Zum einen richtet sich das Lernen auf Situationen außerhalb der Bildungsveranstaltung und zum anderen werden Lehr-Lern-Situationen hergestellt, z. B. in Form von arbeitsplatznahen Rollenspielen oder Simulationen, die möglichst viel Ähnlichkeit mit den Situationen am Arbeitsplatz aufweisen. Das Lernen wird mit den Anforderungen und Problemstellungen des Arbeitskontextes verknüpft, die unmittelbar aus dem Arbeitsalltag der Teilnehmenden erwachsen (Hallet, 2006).

**Lernen ist zugleich ein Handeln**

Daher ist das Prinzip der Handlungsorientierung in besonderer Weise für die betriebliche Aus- und Weiterbildung geeignet, da hier Problemstellungen aus dem Arbeitsalltag mit dem Erfahrungswissen der Teilnehmenden bearbeitet werden können.

## Metakognition

**Metakognition fördert Lernfähigkeit**

Metakognition ist ein didaktisches Prinzip zur Förderung der Lernfähigkeit, das bei dem reflexiven Lernen ansetzt. Es meint die »Selbstaufklärung« und »Selbstvergewisserung« der Lernenden, das Bewusstwerden der eigenen Lernbedürfnisse bis zu den eigenen Lernblockaden. Dieses »Sich-selbst-über-die-Schultern-Schauen« hilft, eigene Fähigkeiten zu verbessern und Lernbarrieren zu durchbrechen. Zur Selbststeuerung des Lernens gehört auch die Fähigkeit, den eigenen Lernprozess zu planen und zu koordinieren (Siebert, 2006).

Aus- und Weiterbildende können gezielt reflexive Lernphasen zu Beginn oder auch zum Abschluss ihrer Bildungsveranstaltungen einplanen. Darüber hinaus können metakommunikative Reflexionen auch als Zwischenbilanz in Form von »Blitzlichtern« oder schriftlichen Rückmeldungen (»Lerntagebüchern«) erfolgen. Dabei können Fragen gestellt werden wie z. B. »Was habe ich dazugelernt?«, »Was macht mir Spaß?«, »Was war für mich besonders wichtig?«, »Was habe ich noch nicht verstanden?« Diese Vorgehensweise unterstützt die Teilnehmenden, ihren eigenen Lernfortschritt zu reflektieren.

Es gibt noch weitere didaktische Prinzipien wie **Prozessorientierung, Perspektivverschränkung, Emotionalität und Humor etc.,** auf die an dieser Stelle nicht im Einzelnen eingegangen wird.

**Checkliste: Faktoren einer erfolgreiche Gestaltung von Erwachsenenbildung**
- Zielgruppenorientierung
- Teilnehmendenorientierung (TNO)
- Selbstgesteuertes Lernen
- Handlungsorientierung
- Metakognition
- Prozessorientierung
- Perspektivverschränkung
- Emotionalität
- Humor

## 2.1.5  Das didaktische Modell des IAP

Es ist entscheidend, ob von Bildung, Qualifizierung, Schulung oder Training die Rede ist. Mit diesen Begriffen sind jeweils unterschiedliche Menschenbilder sowie thematische und methodische Vorlieben verknüpft. Die vorangegangen Abschnitten gaben einen Überblick über verschiedene didaktische Theorien und Modelle. Im Folgenden gehen wir erneut auf die lerntheoretische Didaktik (vgl. ▶ Abschn. 2.1.3) ein. Sie bildet die Grundlage für das am IAP verwendete didaktische Modell. Die 3 Lehrgänge im Fachbereich Bildung in Organisationen [CAS Didaktik Methodik (CAS DM) – CAS Ausbilder/in in Organisationen (CAS AO) – Weiterbildungsmaster: Master of Advanced Studies Ausbildungsmanagement (MAS AM)] sind danach strukturiert. Das klassische lerntheoretische Modell mit seinen Bedingungs- und Entscheidungsfeldern wurde durch ein drittes Feld (Erfolg der Bildungsarbeit) ergänzt und vervollständigt (◘ Abb. 2.1).

**Klient, Angebot (Produkt)** Stehen im Zentrum der didaktischen Überlegungen und orientieren sich in der Regel an einem konkreten Bedarf.

**Bedingungsfelder** Das Angebot ist jeweils in das organisationale Gesamtsystem integriert und dadurch abhängig von verschiedenen Bedingungen, die die entsprechenden Bildungsmaßnahmen mitbestimmen. Solche Bedingungen sind z. B. organisationale Faktoren (Infrastruktur, Strategie, Prozesse usw.), finanzielle Aspekte, Rahmenbedingungen durch Berufsverbände, Betriebsrat usw., persönliche Bedingungen der Teilnehmenden (Ressourcen, Vorwissen, Kompetenzen usw.), gesellschaftliche Faktoren und Berufs- sowie Bildungspolitik (Gesetzgebung, Wirtschaftslage usw.). Alle diese Bedingungen prägen die Bildungs- und Personalentwicklungsmaßnahmen. Es gibt einige Rahmenbedingungen, die wir akzeptieren müssen und nicht beeinflussen können (z. B. Gesetzgebung), und andere Bedingungen, die

2

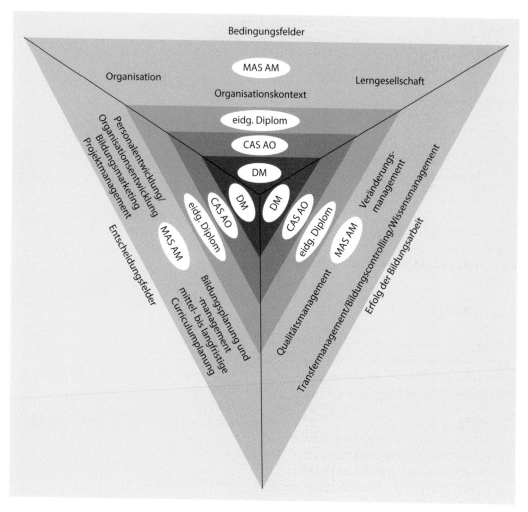

**Abb. 2.1** Didaktisches Modell des IAP

wir zu beeinflussen versuchen, um bestmögliche Lösungen zu finden (z. B. Finanzen, Infrastruktur usw.). Zusammengefasst kann gesagt werden, dass die Bedingungsfelder den Rahmen der Bildungs- und Personalentwicklungsmaßnahmen festlegen, innerhalb derer die notwendigen Entscheidungen getroffen werden.

**Entscheidungsfelder** Hier sind die Bildungsfachleute aktiv und können aufbauend auf ihr Wissen die notwendigen Entscheidungen treffen. Aufbauend auf theoretischen Grundlagen, auf dem Organisationswissen und den Grundlagen der Bedingungen werden entsprechende Interventionen geplant und umgesetzt. Personalentwicklungs- und Bildungskonzepte, abgestimmt auf die entsprechenden Zielgruppen, werden entwickelt und umgesetzt. In den Entscheidungsfeldern können die Kompetenzen der Bildungsfachleute genutzt werden; das vorhandene Wissen, die Methoden und Techniken und die Kreativität werden aktiv angewendet. Dies geschieht jedoch immer innerhalb der entsprechenden Bedingungen und im Austausch mit den verschiedenen Anspruchsgruppen.

**Wirkungen (Erfolg der Bildungsarbeit)** Hier zeigt sich das Ergebnis der entsprechenden Maßnahmen und Entscheidungen. Da sind die Fachleute bei der Qualitätssicherung und der Prozesssteuerung gefordert. Das Handeln der Beteiligten und die Wirkungen sowie Transferleistungen der Maßnahmen werden überprüft.

Die soeben beschriebenen Felder stehen in einer Wechselbeziehung zueinander und zur Umwelt und beeinflussen sich gegenseitig. Das Klientensystem und das Angebot stehen dabei immer im Zentrum. Es geht jeweils um die Qualität und die Entwicklung des Angebots, jeweils eingebettet in ein Gesamtsystem und in eine sich dauernd ändernde Umwelt.

## 2.1.6 Bildung

Bildung ist ein deutschsprachiger Begriff, der im englischsprachigen und asiatischen Sprachgebrauch nicht existiert. Im deutschen Sprachraum ist der Begriff in unterschiedlichen Varianten zu finden, weshalb auch keine einheitliche inhaltliche Begriffsdefinition existiert.

---

**Bildung**

Der bekannteste deutsche Bildungswissenschaftler Wolfgang Klafki definiert »Bildung« wie folgt (1993, S. 43): »Erschlossensein einer dringlichen und geistigen Wirklichkeit für einen Menschen, das heißt zugleich: Erschlossensein dieses Menschen für seine Wirklichkeit«. Bildung ist für ihn »… der Inbegriff von Vorgängen, in denen sich die Inhalte einer dringlichen und geistigen Wirklichkeit erschließen …«.

Götz & Häfner (2005, S. 31) konkretisieren Bildung wie folgt: »Bildung geschieht in der Auseinandersetzung des Menschen mit Objekten seiner jeweiligen Kultur … Bildung umfasst dabei den ganzen Menschen in seinen individuellen Bedürfnissen und seinem sozialen Kontext.«

---

Bildung ist demnach mehr als die Vermittlung und Aneignung von Wissen und Qualifikation. Bildung ist umfassender und beinhaltet alle Kompetenzbereiche (Fach-, Methoden, Sozial- und Selbstkompetenz; vgl. ▶ Abschn. 2.4). Bildung bedingt Selbstreflexion und die Bereitschaft, sich mit den eigenen Fragen und Themen wie auch mit politischen, gesellschaftlichen und sozialen Fragen auseinander zu setzen. Siebert (2006) bezeichnet Bildung als die Auseinandersetzung mit sich und der Umwelt, mit dem Ziel kompetenten und verantwortlichen Handelns.

Bildung sollte von folgenden Begriffen abgegrenzt werden (in Anlehnung an Siebert, 2006):

— **Training** meint die Einübung von »Skills«, z. B. Sitzungsleitung, Gesprächsführung usw. Bildung ist ohne Skills nicht denkbar, aber nicht alle Skills sind Bestandteil von Bildung.
— **Qualifizierung** ist die Befähigung für z. B. berufliche Aufgaben und Tätigkeiten durch Vermittlung psychomotorischer Skills sowie von Schlüsselqualifikationen.

In der betrieblichen Bildung braucht es alle Formen, so kann es z. B. sinnvoll sein, wenn in einer Führungsausbildung das Führen von schwierigen Gesprächen trainiert wird oder wenn z. B. die Mitarbeitenden für spezifische Aufgaben und Anforderungen zusätzlich qualifiziert werden. Wenn jedoch von Bildung gesprochen wird, sollten wir eher von einem ganzheitlichen und alle Kompetenzbereiche umfassenden Verständnis ausgehen. Bildung findet in der Regel formal, organisiert wie auch informell und unorganisiert statt. Lernsettings, welche Elemente teiloffener Curricula beinhalten, kommen einem umfassenden Bildungsverständnis am nächsten und ermöglichen am ehesten ganzheitliches, alle Kompetenzbereiche beinhaltendes Lernen. Dieses Verständnis wird in ▶ Abschn. 2.1.7 kurz beschrieben.

### 2.1.7 Lern- und Lehrverständnis in der Erwachsenenbildung

**Eine ermöglichungsdidaktische Vorgehensweise entspricht den Erwartungen von Erwachsenen an Lernsettings**

In den Weiterbildungsangeboten des traditionsreichen Instituts für Angewandte Psychologie IAP in Zürich begegnen Sie einem Lern- und Lehrverständnis, welches den Lernenden einen aktiven Part zuteilt. Das bedeutet für die Lehrenden, dass sie eine veränderte Haltung einnehmen können und Lernsettings kreieren, welche Lernen ermöglichen kann (Ermöglichungsdidaktik, s. Gegenüberstellung in ◘ Tab. 2.1). Die Lehrenden nehmen eher eine begleitende und partnerschaftliche Rolle ein und befinden sich weniger in der klassischen Expertenrolle (◘ Abb. 2.2). Eine ermöglichungsdidaktische Vorgehensweise entspricht den Erwartungen von Erwachsenen an Lernsettings. Erwachsene wollen als gleichwertige Partner wahrgenommen werden und ihr Vorwissen sowie ihre Erfahrungen aktiv einbringen können (▶ Abschn. 3.2).

Ermöglichungsdidaktische Arrangements beinhalten folgende grundlegende Aspekte (vgl. Arnold & Gomez Tutor, 2007, S. 177):

— Aufhebung der Trennung von Lehren und Lernen
— Reduzierung des Lernens im Gleichschritt
— Überwindung des einseitigen Methodenbesitzes im Lehr-Lern-Prozess
— Milderung des Vorrangs von Lerngegenständen bzw. -inhalten

❏ **Tab. 2.1** Vergleich der Erzeugungs- und Ermöglichungsdidaktik. (In Anlehnung an Schüssler & Arnold, 2001)

| | Erzeugungsdidaktik | Ermöglichungsdidaktik |
|---|---|---|
| Orientierung der Lehrenden und Lernenden | – Lehrende aktiv – Lernende passiv<br>– Lernende sind defizitär und müssen nach bestimmten Vorgaben geformt werden<br>– Schwache Wechselwirkung zwischen Lehrenden und Lernenden und zwischen den Lernenden | – Lehrende zurückhaltend – Lernende aktiv<br>– Starke Wechselwirkung zwischen allen am Lernprozess beteiligten Personen |
| Erschließung von Inhalten | – Weitergabe von Informationen<br>– Stellvertretende Erschließung durch die Lehrperson<br>– Kleinschrittige im Voraus festgelegte Darbietung der Informationen<br>– Hilfestellung beim Nachvollzug der »richtigen« (einzigen) Lösung auf einem eingefahrenen Lernweg | – Lernende beschaffen sich ihre Informationen selbst<br>– Selbsterschließung durch die Lernenden<br>– Beobachtung von Lernprozessen, Rückfragen, Abwarten<br>– Eigene Erfahrungen, Wege und Lösungen werden zugelassen (»Hilfe zur Selbsthilfe«)<br>– Hilfe zur Konstruktion, Rekonstruktion, Dekonstruktion |
| Vorrangiges Ziel | – Vermittlung und Nachvollzug von gefordertem Wissen<br>– Inhaltsfixierung | – Entwicklung und Konstruktion von reflexivem Wissen<br>– Kompetenzorientierung |
| Grundhaltung der Lehrperson | – Unterweisung von Lernenden<br>– Planungsdenken im Sinne der Realisierung von geplanten Lehrschritten<br>– Push-Haltung (Lernenden wird der Inhalt etc. zugeschoben | – Lernbegleitung<br>– Lernberatung<br>– Unterstützung von Selbsttätigkeit<br>– Pull-Haltung (Lernende rufen bei Bedarf die Inhalte, Hilfe etc. ab) |
| Zentrale Begriffe | – Lehren<br>– Vermitteln<br>– Führen | – Autonomes Lernen<br>– Aneignung<br>– Selbsttätigkeit |

❏ Tab. 2.1 zeigt die Unterschiede zwischen einer Erzeugungs- und einer Ermöglichungsdidaktik auf. Bei einer ermöglichungsdidaktischen Haltung ist für die Lehrenden eine Reihe von »neuen« Kompetenzen erforderlich. Lehrende sind für die Beratung, Reflexionshilfe, Informationsbereitstellung, Vermittlung von Arbeitstechniken, Moderation von Lernprozessen, Ermöglichung von Probehandlungen sowie Partnerschaft bei Bearbeitung und Lösung von Aufgaben zuständig und haben damit ein breites Aufgabenspektrum zu erfüllen.

Unser Lernverständnis am IAP orientiert sich an einer ermöglichungsdidaktischen Haltung und wird von uns in Richtung von offenen Lernfeldern definiert und wahrgenommen (❏ Abb. 2.2). Es geht darum, Lernsettings zu gestalten, die es ermöglichen, neue Erfahrungen und neues Wissen mit den bereits gemachten Erfahrungen und dem vorhandenen Wissen zu verknüpfen und zu integrieren. Lernen geschieht auf unterschiedlichen Ebenen. Handlungsorientiertes Ler-

**2**

| ... weg von ...<br>(traditionellem Lernen) | ... hin zu ...<br>(offenem Lernen) |
|---|---|
| Rolle »Unterweiser/in« | Rolle<br>»Lernberater/in«/»Lernbegleiter/in« |
| Rolle »Experte/in« | Rolle »Partner/in« |
| • Vertikale Beziehung, verborgene Botschaften, autoritäre Haltung | • Horizontale Beziehung, hohe Transparenz, interaktive Haltung |
| • Kontext spielt eine untergeordnete Rolle | • Einbezug vom Kontext, d.h. z.B. Organisation |
| • Vermittlung von Wissen im Mittelpunkt »Übermittlungs-Technik« | • Angebote machen z.B. TN befähigen, sich selber Theoriewissen anzueignen, Transferbegleitung |
| • Motivation durch Belohnung und Strafen | • Motivation durch innere Verstärker selbstgelenkt, Lernvertrag |
| • Widersprüchlichkeiten sind hinderlich | • Widersprüchlichkeiten sind Ausgangspunkt des Lernens |

◨ **Abb. 2.2** Lernverständnis des IAP

nen, das es ermöglicht, Neues in Handlungen zu integrieren und in den eigenen Berufs- und privaten Alltag zu transferieren, geschieht gleichzeitig in den 4 Kompetenzfeldern Fach-, Methoden-, Sozial- und Selbstkompetenz. Das heißt konkret, dass in den Ausbildungsgängen nicht nur Fach- und Methodenkompetenzen angesprochen und gefördert werden, sondern genauso intensiv die Persönlichkeitsentwicklung gestärkt und unterstützt wird. Lernen kann dann in konkrete Handlungen umgesetzt werden, wenn es gelingt, alle Kompetenzfelder anzusprechen und zu entwickeln.

### 2.1.8    Lernkultur: ein konkretes Beispiel

Am IAP Institut für Angewandte Psychologie Zürich wird ein Weiterbildungsangebot für Trainer/innen in Organisationen angeboten, welche sich zu didaktisch-methodischen Grundlagen weiterbilden wollen. Dieses Angebot, wie auch die anderen Weiterbildungsangebote am IAP, zeichnet sich durch eine bestimmte Lernkultur aus.

Der CAS Didaktik-Methodik (CAS DM) – als Lehr- und Lernraum betrachtet – kann auf 2 miteinander verwobenen Ebenen betrachtet werden: auf der Ebene des Kursgeschehens sowie auf einer Metaebene (W. Suter, überarbeitet von Negri, 2008).

# Worin unterscheidet sich die Lernkultur im CAS Didaktik Methodik von der in anderen Bildungsveranstaltungen?

Im Zertifikatskurs Didaktik-Methodik wird auf den 2 erwähnten verschiedenen Ebenen gearbeitet, die bewusst immer wieder angesprochen und reflektiert werden:

#### ■ ■ Ebene 1: Das Kursgeschehen

Die erste Ebene bildet das Kursgeschehen ab. Hier geht es beispielsweise um Informationsvermittlung, Unterlagen, Referate, Diskussionen, Lehrgespräche, Lehrübungen (praktische Umsetzung des eigenen Unterrichtsverhaltens), Diskussionen usw.

#### ■ ■ Ebene 2: Die Metaebene

Auf dieser Ebene wird über Prozesse nachgedacht; Prozesse werden aufgrund von Theorien und Erfahrungen analysiert und diskutiert. Es wird auch die Metakommunikation angesprochen. Dies beinhaltet folgende Aspekte und Fragen: Wie gehen wir miteinander um? Wie sprechen wir miteinander (verbales/nonverbales Verhalten, Feedback)?

Der Wechsel von einer Ebene in die andere ist oft recht anspruchsvoll, aber auch fruchtbar und hilfreich. Auf der Metaebene wird die Kompetenz, sich bewusst zu sein, auf welcher Ebene man sich bewegt, worum es im Augenblick geht, das Reflektieren des Geschehens geübt und erweitert.

> Die Ebene des Kursgeschehens sowie die Metaebene werden als Lernfelder genutzt

#### Das Arbeiten auf den 2 Ebenen

Ein Beispiel dafür, wie das konkret aussieht: Im Verlauf des Seminars wird ein Modell zur Planung und Durchführung von Unterricht erarbeitet. Auf der Basis dieses Modells bereiten alle Teilnehmer/innen eine Lektion vor und führen diese mit je einem Halbplenum durch (Lehrübung). Nach Abschluss der Lektion (1. Ebene, Kursgeschehen) reflektieren Teilnehmer/innen, die durchführende Person und die Dozentin/der Dozent gemeinsam die soeben erlebte Lektion und bringen sie in Verbindung mit theoretischen Grundlagen (2. Ebene, Metaebene).

Dem/der Gestalter/in der Lektion wird zurückgemeldet:

- Wie ist der Unterricht »angekommen«?
- Wie ist der Ablauf erlebt worden?
- Sind die Inhalte allen klargeworden?
- Wie hat der/die Unterrichtende gewirkt (Sprache, Augenkontakt, Gesten usw.)?
- usw.

Diese Rückmeldungen werden unter dem Stichwort »Auswertung mit Feedback-Aspekten« zusammengefasst. Sie geben dem/der Empfänger/in die Möglichkeit, das Selbstbild bezüglich der eigenen didaktisch-methodischen Kompetenz, des Unterrichtsverhaltens und der Wirkungen der eigenen Persönlichkeit mit dem Fremdbild der Teilnehmer/innen und der Dozentin/des Dozenten zu vergleichen und daraus ggf. Schlüsse zu ziehen. Die Unterrichtsteilnehmer/innen erleben verschiedene inhaltlich und didaktisch-methodisch lehrreiche Lektionsbeispiele, werden vor allem auf der didaktisch-methodischen Ebene sicherer und üben sich in der Beobachtung und im Geben von Feedback. Das Potenzial aller Teilnehmer/innen wird genutzt und steht allen zur Verfügung (W. Suter, überarbeitet von Negri, 2008).

**Zusammenfassung**

- Lerntheoretische Didaktik basierend auf Kenntnissen der Psychologie bildet eine erfolgversprechende Grundlage für das Lernen Erwachsener.
- Didaktische Modelle sind zweckbezogene Verkürzungen komplexer Zusammenhänge des Lehrens und Lernens. Sie müssen sich im konkreten Tun bewähren.
- Didaktische Prinzipien sind als handlungsleitende Orientierungen relevant für die konkrete Planung und Gestaltung des Unterrichts.
- Bildung ist mehr als die Vermittlung von Wissen und Qualifikation, sondern ein ganzheitliches Geschehen, welches alle Kompetenzbereiche anspricht und sowohl im formellen Rahmen wie auch im informellen alltäglichen Umfeld geschieht.
- Ermöglichungsdidaktik beteiligt die Lernenden und spricht sie als gleichwertige Partner an.
- Lernen wird dann in konkrete Handlungen umgesetzt, wenn es gelingt, alle Kompetenzbereiche anzusprechen und zu entwickeln.

## 2.2 Organisationsverständnis, Rollen in Organisationen und die Rolle der Bildungsfachleute in Organisationen

*Birgit Werkmann-Karcher, Christoph Negri und Barbara Moser*

Das Bildungsmanagement befasst sich gestaltend und steuernd mit Lernprozessen in Organisationen und den Kontextbedingungen von Arbeit in einer Organisation. Damit werden Grundlagen tangiert, die das Verständnis von Organisationen und der darin tätigen Menschen betreffen. Eine Auswahl dieser Grundlagen wird in diesem Abschnitt skizziert. So werden Bilder beschrieben, die als implizite Theorien über den arbeitenden Menschen zu verschiedenen Zeiten existierten und sowohl Spiegel gesellschaftlicher Entwicklungen als auch Quelle von Steuerungsmaximen in Organisationen sind. Wie Organisationen gedacht und verstanden werden können, wird aus systemischer Perspektive beleuchtet. Mit dem Konzept der Rolle wird beschrieben, wie in Organisationen aus Aufgaben Rollen und aus Personen Rollenträger werden.

## 2.2.1 Menschenbilder

Das Bildungsmanagement ist angesiedelt im Kontext von Mensch, Arbeit und Organisation und entwickelt sich eingebettet in und beeinflusst von Umwelt und Gesellschaft weiter. Es operiert mit einigen Grundannahmen, die mit dem Zeitgeist variieren.

Zu den wichtigsten Grundannahmen zählen die Überzeugungen über den Menschen in der Arbeit, seine diesbezügliche Motivation, Werte, Beschaffenheit. Wir sprechen also von Menschenbildern. Sie sind nicht stabil, sie verändern sich über die Zeit, und mit ihnen ändern sich die Konzepte und Theorien über Zusammenarbeit, geeignete Führung und geeignete Organisationsformen.

Im Folgenden werden die Menschenbilder in ihrer historischen Entwicklung beschrieben.

**Grundannahmen über Menschen in der Arbeit**

#### ▪▪ Der »Homo oeconomicus«/»Rational Man«

> **Rational Man**
>
> Maxime: Der Mensch entscheidet und handelt rational. Er möchte seinen Nutzen und Gewinn maximieren. Insofern ist er durch monetäre Anreize motivierbar.

Im frühen 20. Jahrhundert entstand Frederick W. Taylors Werk über die wissenschaftliche Betriebsführung (Taylor, 1911). Er ging bezüglich der industriellen Fertigung davon aus, dass es durch systematische Analyse u. a. in Form von Bewegungsstudien bei der Arbeitsausführung möglich sei, den »one best way« zu finden und festzulegen, wie Arbeit – einmal in Teilschritte zergliedert – optimiert werden könnte. Max Weber beschrieb 11 Jahre später (1922) für die Organisationsform der Bürokratie sowohl das Prinzip der Aufgabenspezialisierung als auch das verschriftlichte Regelwerk für alle Aktivitäten innerhalb einer streng hierarchischen Organisationsstruktur und begründete so die Amtsautorität. Noch in der Tradition der wissenschaftlichen Betriebsführung angelegt, wurden kurz darauf in den Hawthorne-Werken die unter gleichem Namen berühmt gewordenen Studien durchgeführt (beschrieben von Roethlisberger & Dickson, 1939). Diese sollten helfen herauszufinden, welche Variationen der Arbeitsbedingungen zu besseren Arbeitsergebnissen führen würden. Als man erkannte, dass nahezu jede Variation zu Produktivitätssteigerungen führte, suchte man nach Erklärungen hierfür. Man fand sie in der erhöhten sozialen Zuwendung, die den Fabrikarbeitenden während der Beobachtung, der begleitenden Interviews und den informellen Kontakten wohl vermittelt worden war.

Auch wenn diese Ergebnisse später aufgrund methodischer Mängel in Frage gestellt wurden, haben sie doch dazu beigetragen, zu einem erneuerten Verständnis des arbeitenden Menschen zu kommen, das der reinen Rationalität und monetären Motivation ein anderes Prinzip entgegensetzte:

▪▪ **Der »Social Man«**

> **Social Man**
>
> Maxime: Der Mensch ist mehr von sozialen als von materiellen Motiven geleitet. Er fühlt sich über seine sozialen Beziehungen der Organisation zugehörig, richtet sich nach den informellen Normen seiner Bezugsgruppe und ist motivierbar, indem man Kommunikation und Beteiligung bei Entscheidungen ermöglicht.

**Soziale Beziehungen und Zugehörigkeit**

Das Bild des Social Man passte als Gegenentwurf in die Zeiten spezialisierter und segmentierter Tätigkeiten, die Entwicklungsmöglichkeiten und Sinnhaftigkeit im Arbeitsalltag vermissen ließen. Im sozialen Motiv, der Zugehörigkeit zu einer Gruppe, lag Sinnpotenzial. Abgelöst wurde dieses Motiv in einer nächsten Phase, als das individuelle Streben nach Selbstverwirklichung zum dominanten Thema wurde:

▪▪ **Der »Self-actualizing Man«**

> **Self-actualizing Man**
>
> Maxime: Der Mensch sucht nach Selbstverwirklichung in der Arbeit, erlebt Motivation durch sinnhafte Arbeit und ist an Entwicklung seiner Fähigkeiten interessiert.

**Selbstverwirklichung**

Die Motivationstheorien von Maslow (1954), Herzberg, Mausner & Snyderman (1959) und Alderfer (1972) untermauern dieses Bild, in dem die Selbstverwirklichung als hohes oder gar höchstes anzustrebendes Arbeitsmotiv dieser Zeit beschrieben wurde.

Mit dem sich entwickelnden Bewusstsein für omnipräsente Komplexitäten erschien auch die Idee vom Menschen, der primär und ohne Ausnahme Selbstverwirklichung in der Arbeit sucht, zu vereinfachend. So synthetisierte schließlich Schein (1980) aus den bisherigen Menschenbildern ein wiederum neues:

▪▪ **Der »Complex Man«**

> **Complex Man**
>
> Maxime: Der Mensch ist komplex, er hat verschiedene Bedürfnisse, die variieren. Was ihn heute motiviert, kann morgen schon an Motivationskraft eingebüßt haben. Innerhalb der Organisation kann er durch verschiedene Zugehörigkeiten unterschiedliche Rollen einnehmen. Damit ist es ihm möglich, unterschiedliche Bedürfnisse zu befriedigen. Nicht nur die Motivlage entscheidet

> über Performanz, sondern auch Faktoren wie Fähigkeiten oder Aufgabencharakteristika. Was zu Leistung führt, muss also immer wieder aufs Neue geprüft und beantwortet werden.

Unterdessen haben das Fortschreiten der Technologisierung vor allem im Kommunikationsbereich und die Globalisierung tiefgreifende Veränderungen in den Arbeitswelten und ihren Strukturen hervorgebracht. Veränderte Lebenskonzepte und Wandel der Werte gehen damit einher. Das aktuelle Menschenbild beschreibt dies:

■ ■ Der »Postmodern Man«/»Wissensarbeiter«

> **Postmodern Man**
>
> Maxime: Der postmoderne Mensch sucht auch in seiner Arbeit Freiheit und Selbstverantwortung. Wissen ist die wichtigste Ressource in der neuen Arbeitswelt, und sie ist an ihn gebunden. Kontrolle über den Inhalt der Arbeit ist zunehmend schwierig, da Arbeit von spezifischem Wissen getragen wird, das aufgrund der Spezifität kaum noch von Vorgesetzten beurteilbar ist. Dies erfordert eine andere Gestaltung von Führung.

Dass in der Praxis heute häufig neben Leistung auch Kompetenzen und Potenziale beurteilt werden, fügt sich ins Bild vom postmodernen oder auch »flexiblen Menschen« (Sennett, 1998): Sein Wert bemisst sich nicht nur an erbrachten Leistungen, sondern setzt sich auch aus Leistungsversprechungen (Kompetenzen, Potenziale) in einer ungewissen Zukunft zusammen. Das Wissen, über das er dabei verfügen kann, hat zentrale Bedeutung.

In den Human-Resource-Trendthemen spiegelt sich dieses Bild: Das Halten von Wissensträgern wird unter dem Begriff Retention Management abgehandelt, das Binden von Wissen an die Organisation wird als Wissensmanagement diskutiert, und mit der Gewinnung neuer Wissensträger in Zeiten demografisch bedingter Verknappung ist das Human Resource Marketing und Employer Branding befasst.

Für weitergehende Ausführungen zu Menschenbildern und den zuzuordnenden Organisationstheorien sei auf Kirchler (2008) verwiesen.

## 2.2.2  Organisationsverständnis

Äquivalent zu den Menschenbildern existieren auch Bilder von Organisationen (vgl. Morgan, 2000), in denen implizite oder explizite Grundannahmen über die Beschaffenheit der Organisationswelt zum Ausdruck kommen. Zu den dominanteren Bildern zählt die Metapher

**Organisation als Maschine/ Organisation als Organismus**

**2**

der Organisation als Maschine. Dies entspricht einer mechanistischen Vorstellung, in der aus Input durch klare Ziele in klaren Strukturen und koordinierten Abläufen kontrollierbarer Output hergestellt wird. Das Gegenbild dazu ist die Metapher der Organisation als Organismus oder auch als Gehirn. In dieser Konstruktion wird die Organisation in biologischen Kategorien gedacht, in denen Erzeugung, Anpassung und Überleben bzw. Informationsverarbeitung und Vernetzung Leitkategorien sind.

Beide Bilder beschreiben Sichtweisen von Organisationen, die sich in Theorien spiegeln, wie die Maschinenmetapher in der wissenschaftlichen Betriebsführung nach Taylor oder die Organismusmetapher in der Systemtheorie. Wenn im Folgenden die Organisation als soziales System beschrieben wird, findet sich auch darin Bildergut der Organismusmetapher wieder.

### Die Organisation als soziales System

> **Organisation**
>
> Unter Organisation verstehen wir hier zunächst einmal ein strukturiertes soziales System, das aus Individuen und Gruppen besteht und sich in der Zusammenarbeit auf das Erreichen vereinbarter Ziele ausrichtet (vgl. Weinert, 2004).

In der schlichtesten Form lässt sich das Funktionieren einer Organisation als Black Box denken ( Abb. 2.3). Beobachtet werden kann der Zusammenhang zwischen Input (Material, Information, Energie) und Output (Produkte oder Dienstleistungen). Eingebettet ist das soziale System in die es umgebende Umwelt, aus der der Input kommt und in die der Output freigesetzt wird. Was dazwischen, im sog. Throughput oder Transformationsprozess innerhalb der Black Box passiert, ist zunächst ungewiss.

Organisationen als soziale Systeme

Gegenstück: technische Systeme

Im systemischen Verständnis geht man davon aus, dass Organisationen als soziale Systeme komplex sind. Die Vorgänge in der Black Box folgen keiner linearen Logik und sind daher nicht berechenbar. Die Funktionsweise eines sozialen Systems ist nicht in klaren Ursache-Wirkung-Zusammenhängen erklärbar, was die Prognostizierbarkeit der Wirkung und mithin des Erfolgs von Eingriffen (sei es Management oder Beratung) schwierig und retrospektive Erklärungen etwas leichter machen. Das Gegenstück dazu sind technische Systeme, die kompliziert sein können, aber dennoch berechenbar bleiben, da sie kausallogisch funktionieren.

Verschiedene Organisationstheorien erklären bzw. modellieren nun das, was in dieser Black Box passiert. Ein Modell wird im Folgenden dargestellt.

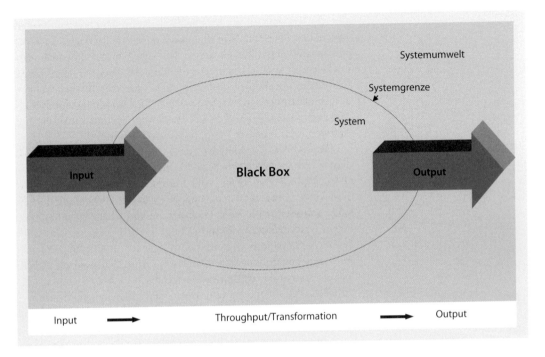

◘ **Abb. 2.3** Organisation als Black Box

## Die Organisation als soziotechnisches System

Das soziotechnische Systemverständnis geht zurück auf die Tavistock-Forschergruppe in England und gründet u. a. auf Ergebnissen von Arbeitsstudien in englischen Kohlebergwerken (vgl. Emery & Trist, 1969). So wurde beschrieben, wie mit dem Einsatz neuer mechanisierter Fördertechnologie im Kohleabbau Produktivitätssteigerungen ausblieben und stattdessen vermehrte Fehlzeiten, höhere Fluktuation, mehr Unfälle und vermehrt Spannungen innerhalb der Arbeitsgruppen zu verzeichnen waren. Diese Entwicklung war unerwartet und mithin erklärungsbedürftig. Die Erklärung fand man schließlich in der veränderten Arbeitsorganisation unter Tage, die infolge der neuen Technologie vorgenommen worden war und gravierende soziale sowie psychische Auswirkungen hatte (vgl. Trist & Bamforth, 1951): Aus ehemals komplexen Rollen, die innerhalb überschaubarer verlässlicher Arbeitsgruppen variabel gehandhabt worden waren, waren nun im sog. konventionellen System einfache Rollen mit starrer Zuteilung, wenig Tätigkeitsvielfalt und reduzierten sozialen Austauschmöglichkeiten geworden. Zudem waren die Arbeitsgruppen sehr groß und konnten nur wenig Verbundenheit und Vertrauen erzeugen.

Als man unerwarteterweise in einigen Bergwerken dann doch auf Arbeitsgruppen traf, die viele Merkmale ihrer früheren Arbeitsorganisation auf die neue Technologie adaptiert hatten, konnte man die Wirkungen beider Organisationsformen direkt vergleichen. Produktivität und Fehlzeiten belegten eindrücklich, dass das neue System der Arbeitsorganisation (»composite system«) dem konventionellen System klar überlegen war; die positiven Effekte umfassten auch die persönliche Zufriedenheit sowie den Gruppenzusammenhalt. Bemerkenswert war insbesondere die Tatsache, dass die Technologie selbst dabei unverändert geblieben war, so dass diese Verbesserungen der Anforderungs- und Tätigkeitsvielfalt, den Kommunikationsmöglichkeiten, der gegenseitigen Unterstützung, Verantwortlichkeit und Autonomie innerhalb der Gruppe zuzurechnen waren.

**Soziales Subsystem/ Technisches Subsystem**

Daraus wurde geschlossen, dass Organisationen aus 2 Komponenten bzw. Subsystemen bestehen, dem technischen und dem sozialen, die miteinander in enger Verbindung stehen (vgl. Emery & Trist, 1969, S. 284–285). Aufgrund dieser engen Verbindung müssen beide Subsysteme bei jeder Veränderung und jedem Organisationsentwurf gleichermaßen berücksichtigt werden. Zum sozialen Subsystem gehören die Organisationsmitglieder und -gruppierungen mit ihren Empfindungen, Bedürfnissen, Ansprüchen an die Arbeit, Kenntnissen und Fertigkeiten. Das technische Subsystem umfasst die Arbeitsmittel, -methoden und -prozeduren (Materialien, Maschinen, Prozesse), mit denen die Organisation aus Input Output herstellt, und das räumliche Gefüge, wo dies stattfindet.

Veränderungen im technischen Subsystem hatten in den beobachteten Arbeitsgruppen und bei den einzelnen Mitgliedern zu Störungen der Funktionsbasis des sozialen Systems geführt, seines Zusammenhalts, seines Vertrauens und der darin entstandenen Arbeitszufriedenheit.

Im soziotechnischen Systemverständnis wird also das technische Subsystem als eine Komponente gesehen, die Anforderungen und Restriktionen hinsichtlich möglicher Aufgaben und der Beschaffenheit der Arbeit setzt. Sie lässt allerdings Spielraum in der Art und Weise, wie sich die Gruppenmitglieder angesichts dieser Herausforderungen und Begrenzungen organisieren bzw. wie sie organisiert werden. Wie die Studien zeigten, sind Formen der Arbeitsorganisation, der Rollengestaltung und der Arbeitsprozesse eine Wahl, die das soziale Subsystem trifft, und nicht etwa eine technologische Determiniertheit. Entscheidend für die Arbeitseffektivität ist letzlich die Angemessenheit, mit der das soziale Subsystem mit den Aufgabenanforderungen wie auch den persönlichen Anforderungen, die aus den Arbeitsrollen und der Arbeitsorganisation resultieren, umzugehen weiß.

**Primary Task**

Bindeglied zwischen technischem und sozialem Subsystem und idealerweise zugleich Fokus ihrer gemeinsamen Ausrichtung ist die **Primäraufgabe,** die Primary Task (Rice, 1958/1970). Darunter wird die zentrale Aufgabe der Organisation verstanden, die deren Existenzgrund darstellt und deren erfolgreiche Erfüllung ihr Fortbestehen sichert. Die letztendliche Primäraufgabe einer Profitorganisation besteht im Geldverdienen, die einer Nonprofitorganisation einschließlich öffentlicher Verwaltungen im Bereitstellen einer Dienstleistung. Zum Zwecke der Erfüllung dieser Primäraufgabe müssen verschiedenste andere Aufgaben verfolgt und bewältigt werden; die Organisa-

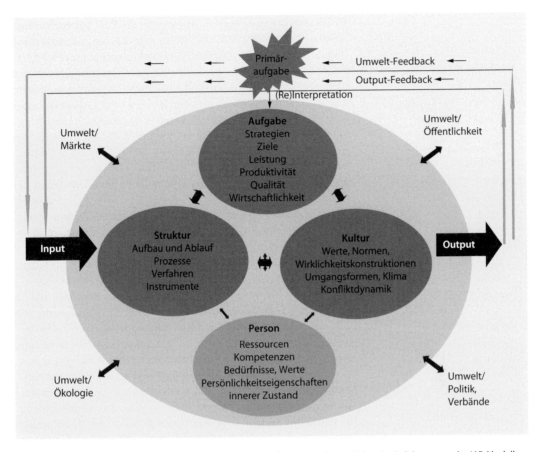

Primär-
aufgabe

Umwelt-Feedback

Output-Feedback

(Re)Interpretation

**Aufgabe**
Strategien
Ziele
Leistung
Produktivität
Qualität
Wirtschaftlichkeit

Umwelt/
Märkte

Umwelt/
Öffentlichkeit

**Input**

**Struktur**
Aufbau und Ablauf
Prozesse
Verfahren
Instrumente

**Kultur**
Werte, Normen,
Wirklichkeitskonstruktionen
Umgangsformen, Klima
Konfliktdynamik

**Output**

**Person**
Ressourcen
Kompetenzen
Bedürfnisse, Werte
Persönlichkeitseigenschaften
innerer Zustand

Umwelt/
Ökologie

Umwelt/
Politik,
Verbände

☐ **Abb. 2.4** Die Organisation als soziotechnisches System – Aufgabe – Struktur – Kultur. (In Anlehnung an das IAP-Modell nach Eck, 2001)

tion muss sich aufteilen. Ergo gibt es für jede Organisationseinheit bis auf die Ebene einer einzelnen Funktion bzw. Rolle wiederum eigene Primäraufgaben. Je klarer und präziser sie jeweils interpretiert und formuliert werden können, desto stärker wirken sie motivierend und orientierend.

So ergibt sich das in ☐ Abb. 2.4 dargestellte Bild von der Organisation als soziotechnisches System.

Im Dienste der organisationalen Existenzsicherung muss die Primary Task interpretiert – und unter Beachtung von Umweltbedingungen mitunter reinterpretiert – werden: Warum gibt es uns, und was müssen wir tun, um dieses Versprechen wirkungsvoll und erfolgreich einzulösen? Zur Erfüllung der Primäraufgabe werden Strategien, Ziele und eine Reihe von Aufgaben abgeleitet, Leistung wird erbracht. Strukturen, Prozesse und Verfahren sowie Instrumente zur Zielerreichung bilden sich aus. Sie können danach analysiert werden, wie gut sie für die Erfüllung der Primäraufgabe gestaltet sind. Es bilden sich bestimmte Annahmen und Überzeugungen darüber aus, wie

**Aufgabe – Struktur – Kultur –
Person und Rolle –
Kybernetische Konzeption der
Steuerung**

die für das System relevanten Ausschnitte der Welt beschaffen sind. Werthaltungen entwickeln und zeigen sich, Normen entstehen und wirken auf die Umgangsformen, kurz: Kultur entsteht und wird tradiert. Personen sind über ihre Rollen darin eingebunden und nehmen so gestaltenden Einfluss. Dies alles geschieht eingebettet in und im Austausch mit der Umwelt bzw. den für die Organisation relevanten Umwelten. Die kybernetische Konzeption der Steuerung über Rückführung von Informationen erklärt, wie Kontrolle über das Erreichen gewünschter Ergebnisse geschieht.

**Was passiert, wenn die Primary Task im Laufe der Entwicklung nicht überprüft wird?**

Zwei Absolventen eines Grafik- und Designstudiums eröffnen eine kleine Werbeagentur. Eine Werbeagentur ist dazu da, den Geschäftserfolg ihrer Kunden zu erhöhen, indem deren Produkte oder Dienstleistungen den Zielgruppen bekannter und kaufattraktiver gemacht werden. Das ist also ihre **Primäraufgabe.** Solange die Kunden daran glauben, dass Werbung und Geschäftserfolg positiv zusammenhängen und es sich also lohnt, Geld für Werbung auszugeben, um dadurch am Ende mehr Geld in der Kasse zu haben, wird diese Primäraufgabe existenzbegründend oder -sichernd sein, vorausgesetzt man findet Kunden und kann sie von der eigenen Leistung überzeugen. Die Jungunternehmer eröffnen also ein Büro und sind auch im Netz präsent. Damit sind sie auffindbar und abgrenzbar nach außen, d. h. jenseits der beiden Personen existiert nun die Agentur als ein von der Umwelt **abgrenzbares System,** dem man bereits Eigenschaften zuschreiben könnte. Die beiden Partner haben nach eingehender Beobachtung der Umwelten und aufgrund ihrer im Studium und in den Praxissemestern erworbenen Erfahrungen die Überzeugung aufgebaut, dass sie sich auf ein bestimmtes Kundensegment spezialisieren und diesem das ganze Servicepaket der Werbemaßnahmen anbieten müssen, um erfolgreich zu sein. Das ist ihre **Strategie,** die sie aus ihrem **Aufgabenverständnis** abgeleitet haben. Ihr Ziel ist es, keinen Auftrag ablehnen oder aufsplitten zu müssen und dem Kunden immer nur einen umfassend kompetenten Ansprechpartner zur Seite zu stellen. Was nicht selbst ausgeführt werden kann, wird in auftragsbezogener Kooperation mit Spezialisten erledigt. Das hat Einfluss auf die **Strukturen:** Man arbeitet in einem großen Netzwerk. Dies wiederum führt im **Ablauf** zu einem erheblichen Aufwand an Koordination, sowohl in der inhaltlichen Ausrichtung der Arbeit als auch im Zeitmanagement. Mit der Zeit werden einige der häufig nachgefragten Spezialisten schließlich angestellt, die Aufgaben und Zuständigkeiten werden neu besprochen und verteilt. Es bleibt aber dabei, dass die beiden Partner weiterhin die Kundenkontakte abwickeln, denn das hat sich bewährt. Die Umgangsformen in der Agentur sind unkompliziert, die Organisation erscheint chaotisch. Den Neuen fällt auf, dass es vorwiegend hektisch zugeht und es zur **Kultur** gehört, zuerst und zuletzt an den Kunden zu denken und alles für ihn möglich zu machen. Wer höchst beschäftigt wirkend bis in die Nacht hinein an Ideen für den Kunden arbeitet, wird am nächsten Tag sehr gelobt, selbst wenn die Ideen nicht realisierbar sein sollten. Es gehört zu den Spielregeln, dass man auch in Besprechungen Kundenanrufe entgegennimmt oder sie gar für kurzfristig notwendige Kundentermine ausfallen lässt. So entsteht ein Mangel an ungestörter Zeit für fachlichen Austausch und Weiterentwicklung wie auch für selbstkritische Prüfung der Stärken, Schwächen und Repositionierungsmöglichkeiten. **Rückmeldung** über die Kundenzufriedenheit mit dem Arbeitsergebnis wird gesucht und verwertet, Rückmeldungen über Veränderungen in Umwelt und Markt hingegen nicht. Eine interne Auswertung der Profitabilität vergangener Aufträge, vom Steuerberater angeregt, lässt Zweifel daran aufkommen, ob die bisher gewählte Strategie auch weiterhin das Überleben der Agentur sichern kann. Doch der Versuch einer Entwicklung von Profitabilitätskriterien scheitert letztlich an den beiden Partnern, die weiterhin ihrer Überzeugung treu bleibend jeden resultierenden Gedanken an Spezialisierung ablehnen.

Zu einem erweiterten, vergleichsweise abstrakteren Verständnis von Organisationen tragen systemtheoretische Betrachtungen bei, die ergänzend aufgeführt werden.

## Das systemtheoretische Organisationsverständnis

Die soziologische Systemtheorie stellt eine Reihe von Aussagen über komplexe soziale Systeme zur Verfügung. Sie empfiehlt sich daher für das Verständnis von Organisationen und hat in der zweiten Hälfte des letzten Jahrhunderts in den Sozialwissenschaften starke Verbreitung gefunden.

*Organisation im Verständnis soziologischer Systemtheorie*

Zu den wichtigsten Grundgedanken über das Funktionieren von Organisationen als soziale Systeme zählen die folgenden (vgl. Luhmann, 2006; Martens & Ortmann, 2006; Willke, 2006):

— Soziale Systeme bestehen aus **Handlungen (Operationen)** bzw. noch grundlegender aus **Kommunikation** und im Fall von Organisationen aus **Entscheidungen**. Nicht die Person als Träger einer Entscheidung ist die relevante Größe für das System, sondern die Entscheidung und der kommunikative Akt, in dem sie entsteht. So gesehen bestehen Organisationen letztlich aus der Kommunikation von Entscheidungen (Luhmann, 2006, S. 123). Manche Entscheidungskommunikationen sind materialisiert, z. B. als schriftliche Regelwerke, Arbeitsplatzbeschreibungen, Leitbilder usw.

— Kommunikation setzt sich zusammen aus **Selektion von Information, Mitteilung und Verstehen.** Gegenseitiges Verstehen ist nicht selbstverständlich, weil Verstehen an den Bezugsrahmen des jeweiligen Systems mit seinen darin enthaltenen Selektionskriterien gebunden ist. Die erste Unvorhersehbarkeit rührt daher, dass das System festlegt, was ihm als Information »gilt« und demnach ausgewählt wird. Die darauf folgende Unvorhersehbarkeit liegt darin, wie die Information in Rückgriff und Bezug auf frühere Erfahrungen und Muster verarbeitet wird. Dieser Rückgriff auf sich selbst wird als **Selbstreferenz** bezeichnet und zeigt sich in der Fähigkeit zur Selbstbeobachtung, zur Reflexion über sich selbst und zur Selbstbeschreibung. All dies findet notwendigerweise immer unter Bezugnahme auf vorhandene Erinnerungen und Erfahrungen statt, die im **Systemgedächtnis** vorhanden sind.

— Die Organisationsbasis sozialer Systeme ist **Sinnaufbau und -erhalt**. In Kommunikation wird Bedeutung und Sinn produziert und vermittelt. So entsteht Orientierung.

— Soziale Systeme stabilisieren sich durch **Grenzziehung**, sie schließen ein (neue Mitglieder, die selektioniert wurden) und schließen aus (die Nichtmitglieder). Der Einschluss, also die Aufnahme in Organisation, erfolgt allerdings nicht bedingungsfrei. Die Akzeptanz organisatorischer Regeln (pauschal: Autoritätsunterwerfung gegen Gehalt) ist Voraussetzung.

— In Folge der Grenzziehung zur Umwelt können soziale Systeme in **operativer Geschlossenheit** eine eigene Identität erzeugen und sich selbst aus den eigenen Operationen reproduzieren (Autopoiesis). Sie können sich **selbst organisieren** durch die internen Prozesse Kommunikation und Handlung. Da soziale Systeme **selbstreferenziell** sind und sich auf sich selbst beziehen in ihrer Weiterentwicklung, organisieren sie sich immer unter Bezugnahme auf das schon Vorhandene, weshalb sie zur Fortsetzung desselben tendieren.

— Die operative Geschlossenheit sozialer Systeme ist Voraussetzung dafür, dass sie zur **Umwelt** hin **offen** sind für die Aufnahme von materiellem Input und Information. Sie reagieren aber nicht grundsätzlich auf Umweltreize, sondern entscheiden, welche Informationen von außen überhaupt wahrgenommen werden. Auch die Verarbeitung der Informationen erfolgt im System autonom, nach den Regeln des Systems, die sich herausgebildet haben. Deshalb kann nicht vorhergesagt werden, wie Interventionen von innen oder von außen wirken werden. Interventionen können Systeme nur irritieren bzw. zu Informationsverarbeitung anregen, präzise steuern oder gezielt beeinflussen kann man sie nicht.

— Soziale Systeme sind **komplex**. Die darin vorhandenen Elemente nehmen selektiv Beziehung zueinander auf, was zu einer unüberschaubaren Anzahl von Relationen führt. Da Operationen im System aufeinander bezogen sind, entstehen nicht nur jetzt, sondern auch in der Vorausschau auf das Ergebnis viele potenzielle Handlungsmöglichkeiten, **Kontingenz** (im Sinne von Überzahl an Möglichkeiten) genannt. Aus dieser Vielfalt resultiert als permanente Aufgabe die Reduktion derselben. Sie ist nur durch immer wieder stattfindende Auswahl (Selektion) zu erreichen. Indem eine Entscheidung getroffen wird, wird eine andere Entscheidung nicht getroffen bzw. eine andere Option nicht realisiert. Gleichzeitig bedeutet Kontingenz ein notwendiges Sicheinlassen auf Risiken. Aus der handelnden Perspektive wird Kontingenz als Freiheit erlebt, aus der nichthandelnden als Ungewissheit.

▬ **Strukturen** im Sinne festgelegter Kommunikationswege dienen in Organisationen der Unsicherheitsabsorption; sie müssen eingehalten werden, um Akzeptanz für eine Entscheidung zu erhalten (Luhmann, 2006, S. 207 und 225). **Verändern** sich Kommunikationsmuster, verändern sich auch Kommunikationswege und damit Regeln und Strukturen.

▬ **Lernen** setzt eine Unterscheidung zwischen Erfolg und Misserfolg voraus, die systemintern getroffen wird. Erfolg oder Misserfolg sind wiederum Konstruktionen innerhalb des Systems, die je nach Misserfolgsbeeindruckbarkeit getroffen werden (Luhmann, 2006, S. 75).

Schwer nachvollziehbar erscheint die wiederholt genannte Personenunbezogenheit, da Menschen das System tragen und aufrechterhalten. Eine hilfreiche Unterscheidung zu der Doppelrolle, die den Personen im System automatisch zukommt, nimmt Baitsch (1993) vor: Demnach werden Arbeitsorganisationen zunächst durchaus von Menschen absichts- und planvoll erschaffen, werden dann aber über einige der oben genannten Prozesse und Phänomene zu dem System, das seine überpersönliche Wirkung entfaltet. Einerseits gestalten Menschen die Organisation, sind also Systemgestalter. Gleichzeitig unterliegen sie in der freien Entfaltung ihrer Handlungen den Einschränkungen, die ihnen das System durch das bereits Erschaffene entgegenbringt. Aus dieser Perspektive sind sie immer auch in der passiven Rolle der »Gestalteten« des Systems (Baitsch, 1993, S. 40).

**Menschen als Systemgestalter/ Menschen als »Gestaltete« des Systems**

■ ■ **Systemisches Denken in Organisationen**
Obwohl sich die Systemtheorien aufgrund ihrer fehlenden operative Rezepthaftigkeit gerade nicht dazu eignen, den Steuerungsaufgaben des Managements Anleitungen an die Hand zu geben, hat das systemische Denken in und über Organisationen dennoch Verbreitung gefunden. Systemisch denken bedeutet denken in Ganzheiten: Man fokussiert nicht die einzelnen Elemente eines Systems isoliert, sondern beschäftigt sich mit Wechselwirkungen zwischen den Elementen und mit deren Auswirkungen. Man versucht, in den Beziehungen zwischen den Elementen Muster zu erkennen, die dann »irritiert« werden können, um dem System einen Impuls zu seiner Neuordnung zu geben. Weiter geht man davon aus, dass jedes System sich und die Umwelt auf bestimmte Weise wahrnimmt und interpretiert, geprägt von der eigenen Geschichte bzw. Kultur. Es gibt keine linearen Ursache-Wirkung-Beziehungen in Systemen, was Erklärungen von Ereignissen ebenso begrenzt wie Wirkungsvorhersagen von Interventionen. Und schließlich bedeutet systemisches Denken, von der

**Wechselwirkungen Muster Beobachter als Konstrukteur der Wirklichkeit**

Existenz einer Wirklichkeit Abschied zu nehmen. Wirklichkeit gilt als individuell konstruiert, weshalb sie immer auch etwas (oder gar sehr viel) über den Beobachter selbst als Konstrukteur der Wirklichkeit aussagt.

### 2.2.3  Rollen in Organisationen

Die Arbeitsrolle bildet die Schnittstelle zwischen Person und Organisation. Als Begriff ist die »Rolle« tief ins Organisationsverständnis und den Sprachgebrauch eingedrungen. Man spricht von neuen Rollen, von schwierigen, von interessanten, von konflikthaften. Was ist damit gemeint?

**Soziale Rolle**
Aus Sicht der **soziologischen Rollentheorie** (vgl. Henecka, 2006, S. 104ff) besteht eine soziale Rolle aus einem Bündel von Erwartungen, die sich an das Verhalten von Positionsträgern knüpfen. Diese Erwartungen sind normiert und überindividuell. Sie sind also gebunden an die Rolle und richten sich zwar an die Person, die sie trägt, haften aber nicht an der Person selbst. Mit Verlassen dieser Rolle gehen dieselben Erwartungen an die nächste Person über, die dann Rollenträgerin wird. Die Redewendung »eine Rolle spielen« drückt diesen Unterschied zwischen Person und Rolle aus.

**Signifikante Andere/ Komplementäre Rollen**
In der Theatermetapher gesprochen, findet jeder Rollenspieler auf der Bühne auch Mitspieler (Rollensender, signifikante Andere, Bezugspersonen oder -gruppen) in komplementären Rollen vor. Komplementäre Rollen verleihen jeder Rolle ihren Sinn oder bilden sogar die Voraussetzung dafür, dass sie überhaupt gespielt werden kann. So braucht z. B. ein Dirigent ein Orchester, um mit ihm als ko- bzw. interagierende komplementäre Rolle überhaupt das Musikstück zur Aufführung zu bringen. Eine Staatsanwältin braucht als kontraagierende komplementäre Rolle die des Verteidigers – hier sind die Interessen gegenläufig, dennoch gibt es ein gemeinsames Stück. Für die Business-Partnerin im Human Resource Management sind komplementäre Rollen das zugeteilte Business und darin je nach Perspektive – oder je nach Inszenierung – die Gesamtheit der Humanressourcen oder die Führungskraft, deren Partnerin sie ist. Ebenso komplementär sind z. B. die anderen Business-Partner, die Service-Center-Kollegen, die Chefin.

**Soziale Kontrolle**
Da es zu jeder Rolle oft mehrere komplementäre andere Rollen gibt, übernommen von verschiedenen Bezugspersonen, existieren auch verschiedene Erwartungen an die Rolle. Diese Rollenerwartungen werden mit dem Mittel der sozialen Kontrolle zur Geltung gebracht bzw. durchgesetzt. Erleben die Bezugspersonen die Rollengestaltung als mit ihren Erwartungen übereinstimmend, also konform, werden sie positiv sanktionieren. Die Formen hierfür sind Zuwendung, Anerkennung, Kooperation, vielleicht finanzielle Belohnung. Erleben sie hingegen das Rollenverhalten als nonkonform, abweichend, stehen

negative Sanktionsmöglichkeiten wie Kritik, Missbilligung, Abwendung oder Entlassung zur Verfügung.

Strauss (1993) hat darauf hingewiesen, dass soziale Ordnungen nie einseitig festgelegt werden, sondern immer Gegenstand von Aushandlungen sind (»Konzept der ausgehandelten Ordnung«). Ergo können auch Rollen nicht einseitig durch die Erwartungen signifikanter Anderer normiert werden. Vielmehr kommen auch die Vorstellungen des Rollenträgers darüber, was innerhalb seiner Rolle getan und was nicht getan werden sollte, zum Tragen. Derlei Selbsterwartungen konstruieren sich aus dem Erleben und Bewerten von Modellen (die guten Rollenvorbilder, denen man nacheifert, und die schlechten, von denen man sich abheben möchte), eigenen Erfahrungen, Werten, Bedürfnissen und Ansprüchen. Sie werden in die rollenbezogenen Interaktionen mit eingebracht, so dass jede Rolle letztlich als auszuhandeln betrachtet werden kann – und dies geschieht nicht nur über Worte, sondern auch über Taten.

#### ▪▪ Prozess der Rollenübernahme in Organisationen

Spezifisch auf Organisationsrollen beziehen sich die Sozialpsychologen Katz & Kahn (1978, S. 43): Sie beschreiben Organisation als ein offenes System von Rollen und Rollen wiederum als ein Verhaltensmuster, das in einer bestimmten funktionalen Beziehung personenunabhängig einfach erwartet wird. Rollen werden darin übernommen und gestaltet ( Abb. 2.5).

- Wesentliche Schritte in diesem Prozess bestehen im »Senden« der Rolle (signifikante Andere kommunizieren ihre Erwartungen verbal oder nonverbal), im Interpretieren der Rolle (der Rollenträger nimmt die Fremderwartungen wahr und verbindet sie mit seinen eigenen Erwartungen zu einer Interpretation der Rolle) und im resultierenden Rollenverhalten. Persönliche Wahrnehmungsmuster und eigene Ansprüche fließen in die Interpretationsleistung ein.

- Die Organisation braucht und will nicht die ganze Person für die Rolle. Es lassen sich nur die Teile der Persönlichkeit integrieren, die zur Rolle passen (»partial inclusion«).
- Rollenambiguität liegt vor, wenn Unsicherheit darüber besteht, was in einer bestimmten Rolle getan werden soll.

- Rollen enthalten Konfliktpotenzial: Intersenderkonflikte entstehen aus unterschiedlichen Erwartungen verschiedener komplementärer Rollenträger, die unmöglich gleichermaßen oder gleichzeitig erfüllt werden können. Interrollenkonflikte bestehen, wenn mehrere Rollen miteinander Unvereinbares verlangen. Intrarollenkonflikte spielen sich innerhalb der Rollenträgerin als gefühlte Unvereinbarkeiten z. B. zwischen eigenen Ansprüchen und Werten ab. Von Person-Rolle-Konflikten spricht man, wenn die Anforderungen einer Rolle die Person in ihren Fähigkeiten überfordert (▸ Professions- versus Organisationsrolle).

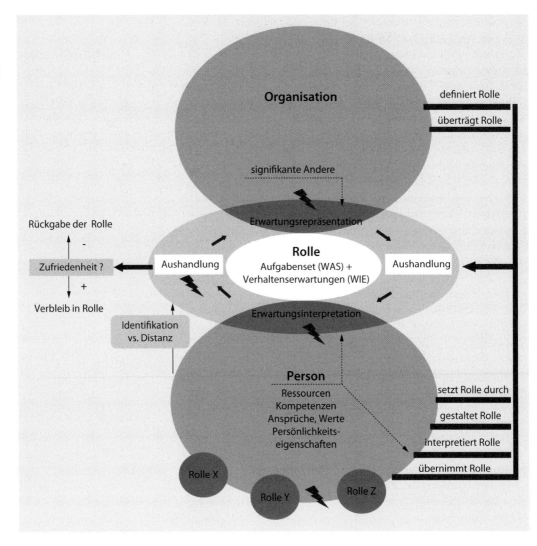

□ **Abb. 2.5** Rollenübernahme und -gestaltung in Organisationen

---

**Checkliste: Rollengestaltung**

Eine gut gelingende Rollengestaltung hängt davon ab,

- ob die **Rollenkonfiguration** (inhaltliche Konzeption, Positionierung zu anderen Rollen und damit ermöglichter Status) seitens der Organisation klar, eindeutig und möglichst spannungsfrei angelegt ist;
- ob die Organisation der Rollenträgerin genügend Mittel für die Durchsetzung der Rolle (Kompetenzen im Sinne des Dürfens und formale Autorität) und genügend Unterstützung z. B. durch kooperatives Handeln in komplementären Rollen oder durch Rollencoaching bietet;

## Professions- versus Organisationsrolle

Eigene Ansprüche an die Rollengestaltung resultieren immer auch aus dem Professionsfeld, dem man durch Aus- und Weiterbildung zugehörig ist, den darin vermittelten State-of-the-Art-Praktiken, ethischen Haltungen und Geltungsansprüchen. Nun überträgt die Organisation ihre Rollen zwar an Professionszugehörige, aber höchst selten erwartet sie, dass diese die reine Lehre ihrer Profession im Organisationssystem realisieren. Stattdessen möge sich doch Fachlichkeit mit Kooperationsnotwendigkeiten vertragen und auf allzu eckige Berufscredos und Ausführungsfinessen zugunsten von Pragmatik verzichtet werden. Je höher die Identifikation mit dem Berufsbild und -stand, desto konflikthafter kann die organisationsspezifische Ausgestaltung der Professionsrolle erlebt werden. Das Drei-Welten-Persönlichkeits-Modell von Schmid (2008) stellt die 3 Rollenwelten dar (◘ Abb. 2.6). Das folgende Beispiel beschreibt einen

Intrarollenkonflikt, der aus der Spannung zwischen Organisations- und Professionsrolle entsteht.

Eine Bildungsmanagerin coacht seit einiger Zeit eine junge Führungskraft, die einen schwierigen Start in ihrem neuen Verantwortungsbereich hatte und nun unterstützt werden soll. Diese Führungskraft hat sich für das interne Coaching gegenüber einem externen u. a. deshalb entschieden, um nicht alles neu erklären zu müssen. Die Diskretionsregelung »Verschwiegenheit in persönlichen Themen, Offenheit in strukturellen Fragen« gilt bei internen wie externen Coachs.

Im Laufe der Sitzungen verfestigt sich bei der Bildungsspezialistin der Eindruck, dass die junge Führungskraft den täglichen Anforderungen immer weniger gerecht werden kann und ein Burn-out droht. Schlafstörungen werden berichtet, ebenso Gedächtnisprobleme und resultierende Fehler, die

Mitarbeitende wie auch Kunden betreffen. Im Coaching spricht die Führungskraft sehr offen darüber. Die negativen Auswirkungen aufs Geschäft und die resultierende Notwendigkeit einer grundlegenden Veränderung – Gespräch mit dem Chef, vorübergehende Umschichtung der Aufgabenbereiche, evtl. Time-out – werden besprochen. Sie werden aber nicht angegangen. Die Bildungsmanagerin weiß, dass sie Verschwiegenheit in persönlichen Themen versprochen hat. Ihre Professionsrolle verbietet ihr, ohne Einverständnis des Coachees mit dessen Vorgesetzten oder der Business-Partnerin über dieses Problem zu sprechen. Gleichwohl ist sie davon überzeugt, dass nur über eine begrenzende Intervention aus der Linie eine Änderung zu bewirken sein wird. In ihrer Organisationsrolle fühlt sie sich verpflichtet, möglichen Schaden vom Betrieb abzuwenden, dessen Eintreten sie für zunehmend wahrscheinlich hält.

- ob die Rollenträgerin den Rollenerwartungen entsprechen wird hinsichtlich Verhalten, Verhaltensstil und Ergebnissen und umgekehrt der Gestaltungsspielraum und der Erfolg in der Rolle dauerhaft den Ansprüchen der Rollenträgerin entsprechen,
- ob sich die Rollenträgerin hinreichend mit der Rolle **identifizieren** kann, um sie durch ihre Persönlichkeit und sich in ihr zu beleben, und gleichzeitig das nötige Maß an **Distanz** zur Rolle aufrechterhalten kann, um im Handeln hinreichend variabel zu bleiben.

Eine Verständigung über Rollenerwartungen jenseits faktischer Aufgaben- und Verantwortungsgebiete ist wichtig. Diese beinhalten neben dem scharfen »Was« auch das unscharfe »Wie« und darin die Möglichkeiten des Mehr-, Weniger-, Neu- oder Anders-als-bisher-Tuns.

**Organisationsspezifische Ausgestaltung der Professionsrolle**

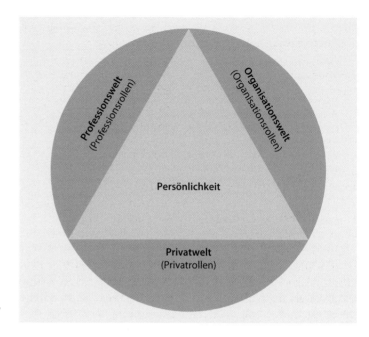

Professionswelt
(Professionsrollen)

Organisationswelt
(Organisationsrollen)

Persönlichkeit

Privatwelt
(Privatrollen)

☐ **Abb. 2.6** Rollen im Drei-Welten-Persönlichkeits-Modell. (Nach Schmid, 2008)

Die Klärung beginnt mit der **Rollendefinition,** die in der Selektionsphase stattfindet. Hier wird sich die Organisation durch ihre Vertreter mit dem präferierten Rollenträger über die Konfiguration der Rolle verständigen.

**»Role-taking«/**
**»Role-making«**

Wenn bei der Rollenübernahme die Erwartungen anderer im Vordergrund stehen, spricht man vom »role-taking« und betont damit das passive Element im Übernehmen der Rolle. Hingegen beschreibt »role making« das aktive Gestalten der Rolle, indem die Persönlichkeit des Rollenträgers in der Rolle zum Ausdruck gebracht wird. Manchmal ist es eine Funktion der Zeit, dass aus »role-taking« über das persönliche Aneignen der fachlichen und überfachlichen Anteile einer Rolle »role-making« wird.

Mit der offiziellen, formalen **Rollenübernahme** beginnt auch die Vielfalt rollenbezogener Interaktionen. Wechselseitige Erwartungen an das Verhalten der jeweils anderen werden ausgetauscht und ausgehandelt – so entsteht »ausgehandelte Ordnung«.

**Rollenidentifikation**
**oder -distanz**

Ob sich beim Rollenträger Rollenidentifikation oder -distanz einstellen werden, wird sich daran entscheiden, wie sehr die Persönlichkeit in der Rolle Platz finden kann und das Selbstbild mit den Rollenerfordernissen übereinstimmt. Wenn der Platz zu klein und die Übereinstimmung zu gering sind, ist die Rolle in anderen Worten »nicht wesensgemäß« (Schmid & Wengel, 2001, S. 87). So gehört z. B. das Kontrollieren als unverzichtbarer Aspekt zur Führungsrolle dazu. Wenn er vom Rollenträger nicht positiv besetzt werden kann, sondern als nicht passend oder uninteressant empfunden wird und sich auch kein positives Bild davon entwickeln lässt, dann ist das ein Beispiel für eine Rolle, die letztlich nicht wesensgemäß ist. Sie kann zwar übernommen werden – »role taking« –, ihre Gestaltung wird aber anstrengend und vielleicht nicht überzeugend sein.

Schließlich geht es bei einer übernommenen Rolle nicht nur um **Rollengestaltung**, sondern auch um **Rollendurchsetzung** – dem Handeln gemäß der Rollenkonfiguration und der eigenen Überzeugungen über Notwendigkeiten in der Rolle, das nicht auf Unterstützung der Mitspieler stößt und deshalb mitunter auch im Rückgriff auf formale Autorität realisiert wird.

Bestätigende oder korrigierende Rückmeldungen werden zu größerer Rollenklarheit führen. Wenn interne oder externe Veränderungen auf die Rolle einwirken, werden neue Aushandlungen und Klärungsschritte unter den Beteiligten nötig. Am Ende eines solchen Prozesses steht die Zurückgabe der Rolle bei Ausscheiden aus der Organisation oder bei horizontalen oder vertikalen Positionsveränderungen innerhalb der Organisation.

In ▶ Abschn. 2.2.4 wird die Rollen- und Aufgabenvielfalt betrieblicher Bildungsfachleute beschrieben. Dabei steht der Aufgabenbezug in der Rollenthematik deutlich im Vordergrund, zusammen mit der dahinterstehenden Frage nach der Positionierung. Der Erklärungswert der soziologischen und sozialpsychologischen Betrachtungsweise liegt im Wissen, dass Rollen nicht nur aus Aufgaben bestehen, die man einmal benannt, dann akzeptiert hat und die danach ungestört ausgeübt werden können – außer man trägt eine außerordentlich machtvolle Rolle, die nur noch dem Gesetz unterworfen ist. Vielmehr müssen sie in sozialen Interaktionen ausgehandelt und bestätigt werden. Das ist einerseits eine Funktion des Dürfens, der Legitimation, aber genauso ist es eine Funktion der Kompetenzen im Sinne des Könnens und dessen Zuschreibung. Auch darum geht es in ▶ Abschn. 2.2.4.

## 2.2.4 Rollen- und Aufgabenvielfalt betrieblicher Bildungsfachleute

Im Folgenden wird auf die Rollen und Aufgaben betrieblicher Bildungsfachleute eingegangen, welche im weitesten Sinn Aus- und Weiterbildungsprozesse in Organisationen und somit in Unternehmen, aber auch öffentlich bzw. privatwirtschaftlich finanzierten Institutionen sowie Non-Profit-Organisationen gestalten. Man spricht in diesem Zusammenhang auch von betrieblicher Bildungsarbeit. Wie die Rollen und Aufgaben der betrieblichen Aus- und Weiterbildung im Einzelnen aussehen, hängt mitunter ab von der Größe und Struktur der betreffenden Organisation. So lässt sich beobachten, dass große Organisationen und Unternehmen über eigene, spezialisierte Abteilungen für Aus- und Weiterbildung mit entsprechend hauptberuflichem Personal verfügen (z. B. Münch, 1995). Zudem kommt es hier häufig zu einer Zusammenarbeit zwischen Bildungs-, Personal- und Organisationsabteilung. In Klein- und Mittelbetrieben hingegen werden Bildungsaufgaben oftmals ausgelagert oder zusätzlich im Rahmen anderer betrieblicher Funktionen wahrgenommen (Wittwer, 2006). Wieder anders verhält es sich in Bildungsinstitutionen, in welchen Aus- oder Weiterbildung keine Unterstützungsprozesse sind, sondern das eigentliche Kerngeschäft bilden.

**Betriebliche Weiterbildung im Fokus betrieblicher Bildungsarbeit**

Diese unterschiedliche strukturelle Verankerung der betrieblichen Bildung spiegelt sich auch in uneinheitlichen Aufgabenprofilen der in ihr tätigen Personen wider. Das Hauptaugenmerk ihrer Arbeit richtet sich auf die betriebliche Weiterbildung, die sich in den letzten Jahren gegenüber der (Erst-)Ausbildung als eigentlicher Schwerpunkt betrieblicher Bildungsarbeit durchgesetzt hat (Münch, 1995), und umfasst somit »alle zielbezogen geplanten und in organisierter Form durchgeführten Maßnahmen der Qualifizierung von Personen oder Gruppen, die auf einer Erstausbildung (…) aufbauen« (Becker, 1999, S. 6).

**Betriebliche Weiterbildung im Spannungsfeld zwischen Interessen der Organisation und des Individuums**

Betriebliche Weiterbildung soll dem Wissens- und Kompetenzzuwachs der Mitarbeiter dienen, sie zu den erwünschten Leistungen befähigen, dem Unternehmen die benötigten Fachkräfte zur Erreichung der Organisationsziele bereitstellen sowie auch die berufliche Existenz der Mitarbeiter sicherstellen (z. B. Becker, 1999). Weiterbildung wird traditionell in Anpassungs-, Aufstiegs- und Umschulungsweiterbildung unterteilt, womit die Anpassung an aktuelle Stellenanforderungen, die Höherqualifizierung für erweiterte (Führungs-)Aufgaben oder die Korrektur einer Erstausbildung gemeint sind. Im Vordergrund steht heute mehr denn je die Anpassungsweiterbildung, die zudem nicht ausschließlich auf den Ausbau rein fachlich-funktionsbezogener Qualifikationen, sondern vermehrt auch auf die Erweiterung überfachlicher beruflicher Handlungskompetenzen abzielt (vgl. ▶ Abschn. 2.3). Betriebliche Weiterbildung bewegt sich dabei immer in einem Spannungsfeld zwischen den betriebswirtschaftlichen Interessen eines Unternehmens/einer Organisation auf der einen Seite und den individuellen, auf die persönliche und berufliche Entwicklung ausgerichteten Interessen der Mitarbeiter auf der anderen Seite.

**Betriebliche Bildungsarbeit als Kernelement der Personalentwicklung**

Betriebliche Bildung als Organisationseinheit steht in einem engen Wechselverhältnis zur Personalentwicklung, denn ein großer Teil der Personalentwicklungsmaßnahmen sind Bildungsmaßnahmen (Arnold & Gonon, 2006, S. 91). Personalentwicklung geht jedoch über die betriebliche Bildung hinaus und hat in Bezug auf einzelne Mitarbeiter aller Ebenen eines Betriebs »… Veränderungen ihrer Qualifikationen und/oder Leistung durch Bildung, Karriereplanung und Arbeitsstrukturierung zum Gegenstand« (Berthel, 1997, S. 226). Auch Becker (2005, S. 3) schließt in seinem weiten Verständnis von Personalentwicklung neben Maßnahmen der Bildung auch jene der Förderung und Organisationsentwicklung mit ein. Dies impliziert, dass Personalentwicklung ein über die Aus- und Weiterbildung hinausgehendes Instrumentarium beinhaltet (z. B. Job-Rotation, Arbeitsstrukturierung, Leistungsbeurteilung oder Karriereplanung).

Betriebliche Bildungsarbeit ist somit nicht mit Personalentwicklung gleichzusetzen (Münch, 1995, S. 16), stellt aber ein wichtiges Instrument oder auch Kernelement der Personalentwicklung dar (z. B. Döring & Ritter-Mamczek, 1999; Meifert, 2008). In der betrieblichen Praxis sind die Grenzen zwischen Personalentwicklung und betrieblicher Bildung jedoch mitunter fließend, da sie vielfach auch aus einer Hand wahrgenommen werden.

Im Rahmen der betrieblichen Bildungsarbeit ermitteln Bildungsfachleute Aus- und Weiterbildungsbedarfe, konzipieren entsprechende Konzepte, sind in die Durchführung und Evaluation von Schulungsmaßnahmen eingebunden und/oder beraten Mitarbeiter und Führungskräfte in Weiterbildungsfragen. Den unterschiedlichen Aufgabenschwerpunkten entsprechend vielfältig sind auch ihre Rollen und die damit verbundenen Funktionsbezeichnungen in der betrieblichen Praxis: Sie reichen vom »Trainer«, »Weiterbildungsbeauftragten«, »Betriebsausbilder«, »Bildungsmanager«, »Prozessberater«, »Coach«, »Personalentwickler« bis hin zum »staff developer«, »performance improvement consultant« oder »chief learning officer« (CLO) – um lediglich eine Auswahl zu nennen.

> **Bildungsfachleute in Organisationen sind unter vielfältigen Funktionsbezeichnungen anzutreffen**

Arnold & Müller (1992) bieten eine hilfreiche Unterscheidung von Rollenprofilen und Tätigkeitsschwerpunkten der in diesem Kernelement der Personalentwicklung tätigen Personen. Aus einer Untersuchung in 2 Großunternehmen leiten sie mit dem Trainer und Bildungsmanager 2 idealtypische »Stammrollen« ab, deren Aufgabenschwerpunkte entlang eines Kontinuums entsprechend ihrer Nähe zum Lehr-Lern-Prozess bzw. zu Leitungs- und Managementaufgaben differenziert werden. Darüber hinaus wird mit dem Seminarleiter eine »Derivatrolle« abgeleitet, die insbesondere bei der Zusammenarbeit mit externen Weiterbildungsdienstleistern von Bedeutung ist. Die Unterscheidung von Arnold & Müller (1992) dient in den folgenden Ausführungen als Ausgangspunkt für eine Einordnung von Rollen und Tätigkeitsschwerpunkten betrieblicher Weiterbildner.

Zu den Aufgaben von **Trainern** – mitunter auch als Referenten oder Dozierende bezeichnet – gehört gemäß den Autoren in erster Linie die Gestaltung und Durchführung von Weiterbildungsmaßnahmen. Manche Trainer übernehmen darüber hinaus auch die einer Maßnahme vorangehende Analyse des Bildungsbedarfs, die Gestaltung entsprechender Maßnahmen und/oder die abschließende Evaluation im Sinne einer Erfolgskontrolle. Trainer sind demnach mitunter auch in planerische, konzeptionelle und evaluierende Aufgaben innerhalb des Bildungsprozesses einbezogen, ihr Schwerpunkt liegt aber auf der Lehrtätigkeit (Arnold & Müller, 1992).

Gerade das Tätigkeitsprofil des Trainers hat sich in den vergangenen Jahren weiter ausdifferenziert. Gefragt sind nicht mehr nur die Wissensvermittlung im Rahmen der klassischen Unterrichtsform und eine daran anschließende Überprüfung der Lernergebnisse. Im Sinne einer Ermöglichungsdidaktik (▸ Abschn. 2.1.7) müssen Trainer heute vermehrt Aufgaben der Lernprozessbegleitung und -beratung

> **Lehrpersonen in der betrieblichen Aus- und Weiterbildung unterrichten, beraten, begleiten, moderieren und motivieren**

**2**

wahrnehmen und in dieser Funktion Lernsituationen so gestalten, dass eigenständiges, verantwortliches, aktives und selbstbestimmtes Lernen möglich wird. Es wird darauf abgezielt, dem Lernenden das eigene Lernen zu erleichtern, die Lernergebnisse zu verbessern, die eigene Lernkompetenz zu fördern und den Transfererfolg zu fördern (Negri, 2009). Trainer oder Ausbilder in der betrieblichen Bildung entwickeln sich daher immer stärker zu Prozessbegleitern (vgl. Götz, 2000) – und benötigen dementsprechend neben methodisch-didaktischen Kompetenzen auch die notwendigen Beratungskompetenzen (Negri, 2009). Da Weiterbildung heute nicht mehr nur hinter verschlossenen Seminartüren erfolgt und »Lernen am Arbeitsplatz« eine deutliche Aufwertung erfährt (Arnold & Gonon, 2006), kann die Lernberatung z. B. auch bei der Einführung computergestützter Lernprogramme, der Umsetzung von tutoriellem Lernen oder weiteren arbeitsnahen und arbeitsintegrierten Lernformen ins Spiel kommen. Wenn Trainer mit den Mitarbeitenden einer Abteilung einen Workshop zur Problemlösung oder Meinungsbildung durchführen, übernehmen sie zunehmend auch Moderatorfunktion zur Unterstützung der Zusammenarbeit zwischen den Beteiligten. Nicht zuletzt sind Trainer immer auch Motivatoren, indem sie lernförderliche Settings gestalten und Entwicklungsperspektiven aufzeigen. Bei dieser Fülle an unterschiedlichen und zunehmend auch beraterischen Aufgabenfeldern scheint es nicht mehr ausreichend, nur von »Trainern« oder auch »Dozierenden« oder »Referenten« zu sprechen. Für die vorliegenden Ausführungen wird der Begriff des »Trainers« daher durch »Lehrperson« ersetzt.

**Bildungsmanager** sind demgegenüber weniger in Lehraufgaben eingebunden, sondern nehmen in erster Linie – wie es die Bezeichnung »Manager« vermuten lässt – gestalterische, leitende und organisatorisch-konzeptionelle Aufgaben wahr (Arnold & Müller, 2001). Ergänzt werden diese Gestaltungsaufgaben durch eine Vielzahl an administrativ-verwaltenden Aufgaben, wie etwa der finanztechnischen Administration der Weiterbildungsabteilung oder der Personalverantwortung für die Mitarbeitenden (Arnold & Müller, 2001). Im Rahmen des modernen Bildungsmanagements erweitert sich die pädagogische Dimension der betrieblichen Bildungsarbeit um eine ökonomische (Euler, 2004, S. 37). Von Bildungsfachleuten wird heute mehr und mehr erwartet, dass sie nicht nur gute pädagogische Vermittler sind, sondern die betriebliche Aus- und Weiterbildung auch leiten, führen und steuern können – und so z. B. auch Entscheidungen über deren mögliche Ausgliederung treffen können. Wie unter ▶ Abschn. 2.4 eingehender beschrieben wird, werden Bildungsfachleute von heute vermehrt zu Bildungsbetriebs- und Bildungsprozessmanagern: Sie sind gefordert, individuelle Bildungsbedarfe frühzeitig zu identifizieren, bedarfsorientierte Bildungskonzepte zu erstellen, Bildungsprozesse zu planen, zu organisieren, durchzuführen und zu evaluieren. Gleichzeitig sind sie auch in die Leitung und Führung der Bildungsinstitution oder Bildungsabteilung eingebunden.

In ihrer Rolle als Bildungsmanager stehen Bildungsfachleute somit vor der Herausforderung, betriebswirtschaftliche Interessen der Organisation mit jenen der einzelnen Mitarbeitenden abzustimmen und somit gleichzeitig aktuellen Marktanforderungen wie auch der individuellen Kompetenzentwicklung gerecht zu werden (z. B. Euler, 2004). Für die Abstimmung dieser verschiedenen Interessen reicht es nicht aus, standardisierte Schulungen oder Kurse anzubieten. Bildungsfachleute sind heute mehr denn je gefordert, Aus- und Weiterbildungsmaßnahmen auf die Bedürfnisse der Mitarbeiter hin zu definieren und mit der Strategie, Struktur und Kultur ihrer betreffenden Organisation in Einklang zu bringen.

**Bildungsmanager übernehmen die Leitung und Führung eines Bildungsbetriebs bzw. planen, organisieren, gestalten und evaluieren Bildungsprozesse**

Neben Trainern und Bildungsmanagern beschreiben Arnold & Müller (1992) mit dem **Seminarleiter** eine »Derivatrolle«. Seminarleiter sind insbesondere bei der Zusammenarbeit mit externen Weiterbildungsdienstleistern von Bedeutung, da sie das Bindeglied zwischen dem auftraggebenden Unternehmen und dem externen Anbieter sind. Sie sind zuständig für die Planung, Organisation, Koordination und Betreuung einer Weiterbildungsmaßnahme, führen diese aber nicht selbst durch. Sie stellen lediglich die Realisierung vor Ort sicher und übernehmen die Administration (Arnold, Krämer-Stürzl & Müller, 1998). Mit anderen Worten fallen in erster Linie sämtliche nichtdidaktischen Aufgaben in ihren Zuständigkeitsbereich. Am IAP Institut für Angewandte Psychologie werden diese Aufgaben dem sog. Kursleiter zugeteilt. Dieser wird aber – im Unterschied zum Seminarleiter nach Arnold & Müller (1992) – mitunter auch zur Klärung didaktischer Fragen hinzugezogen.

**Seminar- und Kursleiter sind das Bindeglied zwischen der Organisation und dem externen Anbieter**

Ähnliche Unterscheidungen wie Arnold & Müller (1992) treffen auch Schick & Wittwer (1992) bzw. Münch (1995), indem sie die verschiedenen Aufgaben von Bildungsfachleuten in den Tätigkeitsprofilen »Schuler« bzw. »Aus- und Weiterbildner« einerseits und »Weiterbildner« bzw. »Personalentwicklungsmanager« andererseits zusammenfassen. Während Erstere vor allem mit der Lehre und nur ergänzend mit Managementaufgaben betraut sind, steht bei Letzteren wiederum die Steuerung des Weiterbildungsprozesses im Vordergrund. Döring & Ritter-Mamczek (1999, S. 62) machen ergänzend zum »Weiterbildungsmanager« und »didaktisch und fachlich qualifizierten Dozenten« auf einen weiteren Funktionsträger aufmerksam: den **Weiterbildungsbeauftragten.** Damit ist ein Beauftragter der betrieblichen Bildungsarbeit angesprochen, der in einer bestimmten Fachabteilung »vor Ort« präsent ist. Er konzentriert sich primär auf die Vermittlung zwischen dem betrieblichen Bildungssystem und der Belegschaft bzw. der Unternehmensführung und unterstützt mittels Analyse-, Informations-, Reflexions-, Beratungs- oder Planungstätigkeiten das Wirken der betrieblichen Weiterbildungsabteilung. Der Weiterbildungsbeauftragte ist in gewisser Weise der verlängerte Arm der Weiterbildungsabteilung, unterstützt beispielsweise die

**Weiterbildungsbeauftragte vermitteln zwischen betrieblicher Bildung, Belegschaft und Unternehmensführung**

**2**

**◖ Tab. 2.2** Überblick zu Rollen und Tätigkeitsschwerpunkten von Bildungsfachleuten in Orientierung an Arnold & Müller (1992) und Döring & Ritter-Mamczek (1999)

| Rolle | Bildungsmanager | Lehrpersonen (Dozierende, Trainer, Referenten) | Kursleiter | Weiterbildungsbeauftragter |
|---|---|---|---|---|
| Tätigkeitsschwerpunkte | Bedarfsanalyse<br>Kostenanalyse<br>Konzeption<br>Betriebsinterne Darstellung der Weiterbildung<br>Organisation<br>Administration<br>Strategische Ausrichtung<br>Führung des Bildungspersonals | Bedarfsanalyse<br>Bildungsberatung<br>Konzeption<br>Lehrtätigkeiten (Wissen vermitteln, prüfen, erziehen, moderieren, motivieren)<br>(Lern-)Prozessberatung<br>Materialerstellung | Programmplanung<br>Programmverwaltung<br>Konzeption<br>Auswahl von (internen und externen) Lehrpersonen<br>Erfolgskontrolle<br>Transfersicherung<br>Moderation<br>Materialerstellung | Bedarfsanalyse<br>Bildungsberatung<br>Transfersicherung |

Führungskräfte einer Fachabteilung bei der Schaffung eines weiterbildungsförderlichen Klimas, bringt abteilungsspezifische Wünsche in die Weiterbildungsabteilung, berät die Mitarbeitenden in Weiterbildungsanliegen oder versucht durch Follow-up-Maßnahmen den Praxistransfer zu fördern (Döring & Ritter-Mamczek, 1999).

Die bisherigen Ausführungen verdeutlichen, dass sich das Aktivitätsfeld von Bildungsfachleuten nicht auf die konkrete methodisch-didaktische Realisierung von Aus- und Weiterbildungsmaßnahmen (z. B. eines Seminars oder Kurses) reduzieren lässt. Die Implementierung einer betrieblichen Bildungsmaßnahme umfasst von der Bedarfsanalyse, der konzeptionellen sowie methodisch-didaktischen Gestaltung über die Realisierung bis zur Erfolgskontrolle verschiedene Aufgaben (z. B. Becker, 1999), in die Bildungsfachleute in Abhängigkeit ihrer konkreten Zuständigkeit teilweise oder vollständig miteinbezogen sind. Über das weitreichendste Aufgabenprofil verfügen Bildungsmanager. In ihrer Funktion als »Manager« sind sie neben der operativen Umsetzung auch für die strategische Ausrichtung betrieblicher Bildungsarbeit verantwortlich. Nicht zuletzt übernehmen Bildungsfachleute auch eine Vermittlerfunktion zwischen der betrieblichen Bildungsabteilung, der Belegschaft und der Unternehmensleitung, wann immer es um weiterbildungsbezogene Belange geht (Döring & Ritter-Mamczek, 1999).

◖ Tab. 2.2 gibt einen Überblick zu den verschiedenen Tätigkeitsschwerpunkten und Berufsrollen (in Anlehnung an Arnold & Müller, 1992; Döring & Ritter-Mamczek; 1999). Dabei ist zu beachten, dass es sich um eine idealtypische Zuordnung von Rollen und Tätigkeiten handelt. In der betrieblichen Praxis sind alternative Zuordnungen oder Überschneidungen zu beobachten. So wird der Kursleiter beispielsweise mitunter auch in didaktische Fragestellungen eingebunden oder übernimmt der Bildungsmanager nicht selten auch über seine Tätigkeitsschwerpunkte hinausgehende Aufgaben der Lehrpersonen, Kursleiter oder Weiterbildungsbeauftragten. Dabei stellt sich die Frage, über welche Kompetenzen Bildungsfachleute von heute verfügen müssen, um dieser Vielfalt an Aufgaben gerecht werden zu können. Der Frage wird in ▶ Abschn. 2.3 nachgegangen.

**Zusammenfassung**

- In Organisationen wandelt sich das Bild der darin arbeitenden Menschen mit der Zeit. Die Annahmen, die man über deren Motive und Bedürfnisse zugrunde legt, spiegeln den Zeitgeist. Sie beeinflussen auch die Praktiken, die man zur Leistungssicherung und -steigerung anwendet. Das ist das Thema des Human Resource Management.
- Wer professionell mit Organisationen befasst ist, braucht ein Organisationsverständnis. Organisationen können als soziotechnisches System verstanden werden. Darin wird das technische bzw. technologische Subsystem einer Organisation beschrieben und gleichzeitig ausgesagt, dass das soziale Subsystem damit vielfältig verwoben ist. Das eine kann nicht ohne das andere verstanden und auch nicht verändert werden. Weil Organisationen soziale Systeme sind, weisen sie darüber hinaus einige sehr spezielle Charakteristika auf, die der gezielten Beeinflussung von außen oder von innen Grenzen setzt und erklärt, warum Organisationen sich vorwiegend selbst treu bleiben, auch in wenig erfolgreichen Strategien.
- In der Gesellschaft und als deren Spezialfeld Organisation gibt es eine Menge an Rollen. Diese bestehen aus Verhaltenserwartungen relevanter Anderer und deren Interpretation durch die Rollenträger. Sie werden wirksam in einem Austauschprozess und sind von beiden beteiligten Seiten aus beeinflussbar. Rollen werden gestaltet und durchgesetzt, worin auch die Persönlichkeit – allerdings nur in Teilen – zum Ausdruck kommt. Sie werden auch von wahrgenommenen und zugeschriebenen Kompetenzen beeinflusst.
- Im Rahmen der Bildung in Organisationen finden wir in der heutigen Zeit eine Menge unterschiedlicher Rollen, denen in Abhängigkeit der Organisationsgröße und -struktur unterschiedliche Rollenbezeichnungen und Tätigkeitsschwerpunkte zugewiesen werden.

## 2.3 Kompetenzen von Bildungsfachleuten

*Barbara Moser und Christoph Negri*

Nachdem in die Grundlagen des Verständnisses von Bildung und Didaktik und in die organisationalen Rahmenbedingungen sowie die Rollenvielfalt der betrieblichen Bildung eingeführt wurde, befassen sich die folgenden Ausführungen mit den Kompetenzanforderungen, die an Bildungsfachleute von heute gestellt werden. Darüber hinaus interessiert, wie ihr Aufgaben- und Kompetenzprofil in naher Zukunft aussehen wird.

Zunächst wird erläutert, was unter dem Begriff »Kompetenz« verstanden wird. Unter Einbezug des am IAP Institut für Angewandte Psychologie entwickelten situativen tätigkeitsbezogenen Anforderungsprofils (STAP) werden dann aktuelle Kompetenzen von Bildungsmanagern abgeleitet. Den Abschluss bildet ein Ausblick in die Zukunft, der Herausforderungen von Bildungsfachleuten des Jahres 2015 skizziert und Überlegungen zu zukünftigen Kompetenzen anstellt.

### 2.3.1 Zum Kompetenzbegriff

Im Zuge der Entwicklung in Richtung einer Wissens- und Dienstleistungsgesellschaft (▶ Kap. 12) wird die berufliche Umwelt von heute zunehmend komplexer und schnelllebiger. Sie ist gekennzeichnet durch Internationalisierung, wachsenden Innovationsdruck, eine Zunahme an wissensbasierten Arbeitstätigkeiten und die Verbreitung erweiterter Formen der Zusammenarbeit infolge neuer Kommunikations- und Informationstechnologien. Der Einzelne muss mit diesen Entwicklungstrends Schritt halten können, ist herausgefordert, sich ein breites Kompetenzportfolio anzueignen, das Problemlösefähigkeit, Selbstständigkeit oder kommunikative Fähigkeiten einschließt sowie eine schnelle Anpassung an veränderte Formen des Unternehmensumfelds und der Arbeitsorganisation ermöglicht.

Für Bildungsfachleute ist der Begriff der Kompetenz in zweifacher Hinsicht von Bedeutung: In ihrer beruflichen Tätigkeit sind sie einerseits gefordert, Kompetenzen von Mitarbeitenden eines Unternehmens oder einer Organisation mittels geeigneter Maßnahmen aufzubauen oder weiterzuentwickeln. Gleichzeitig stehen sie immer auch selbst vor der Aufgabe, ihr eigenes Kompetenzportfolio zu reflektieren und fortlaufend entsprechend der wechselnden Themen und Anforderungen ihres Arbeitsumfelds zu aktualisieren. Schließlich kristallisieren sich die Kompetenzen der Weiterbildner als eine bedeutsame Komponente der Funktionsweise betrieblicher Weiterbildung heraus (Bäumer, 1999, S. 195).

Die vorliegenden Abschnitte befassen sich mit den Handlungskompetenzen betrieblicher Bildungsfachleute an, die diese zur Bewältigung ihrer aktuellen und zukünftigen Aufgaben benötigen. In einem ersten Schritt wird erläutert, was im Folgenden unter Begriffen wie Kompetenz oder beruflicher Handlungskompetenz zu verstehen ist.

Seit Mitte der 1990er Jahre wird der Kompetenzbegriff in verschiedenen Wissenschaftsdisziplinen diskutiert. Dies erklärt möglicherweise, weshalb bis anhin noch keine allgemein akzeptierte Definition von Kompetenz existiert (z. B. Kauffeld, 2006). In den folgenden Ausführungen wird unter Kompetenz die Fähigkeit verstanden, »… aufgabengemäß, zielgerichtet, situationsbedingt und verantwortungsbewusst betriebliche Aufgaben zu erfüllen und Probleme zu lösen, und zwar – je nach arbeitsorganisatorischen Gegebenheiten – entweder allein oder in Kooperation mit anderen« (Münch, 1995, S. 11).

In aktuellen Beschreibungen des Kompetenzbegriffs der deutschsprachigen Literatur wird zudem das Prinzip der Selbstorganisation in den Vordergrund gerückt (z. B. Bergmann, 1999, 2000; Erpenbeck, 1997; Erpenbeck & Rosenstiel, 2007; Kauffeld, 2006; Sonntag & Schaper, 2006). In Anlehnung an Konzepte der Selbstorganisationstheorie (vgl. Haken, 1990) wird Kompetenz dabei als Disposition verstanden, »in offenen, komplexen und dynamischen Situationen selbstorganisiert zu denken und zu handeln« (Sonntag & Schaper, 2006, S. 271). In Bezug auf die Bewältigung von Aufgaben im Arbeitskontext wird dabei von beruflicher Kompetenz oder beruflicher Handlungskompetenz gesprochen (Bernien, 1997; Kauffeld, 2006; Sonntag & Schaper, 2006). Ein »selbstorganisiert« handelndes Individuum setzt sich selbstständig Ziele zur Erfüllung betrieblicher Aufgaben oder zur Lösung von Problemen und erprobt Pläne und Strategien zur Verwirklichung dieser Ziele (Bergmann, 1999, S. 32). Es stützt sich auf fachliches und methodisches Wissen, lernt aus den dabei entstehenden Erfahrungen und weiß kommunikative und kooperative Möglichkeiten zu nutzen (Bergmann, 1999; Sonntag & Schaper, 2006). Damit dieses selbstorganisierte Lernen möglich wird, muss von Seiten der handelnden Person immer auch die Motivation oder Bereitschaft vorhanden sein, sich auf noch unscharf definierte Aufgaben einzulassen (Bergmann, 1999). Erst mit dem Vorhandensein dieser Bereitschaft, einem Sich-zuständig-Fühlen für neuartige Aufgaben, können selbstorganisierte Lern- und Erfahrungsprozesse in Gang gesetzt werden (Bergmann, 1999, S. 34).

---

**Kompetenz**

Kompetenz ist die Fähigkeit und Bereitschaft, in offenen, komplexen und dynamischen Situationen selbstorganisiert, aufgabengemäß, zielgerichtet, situationsbedingt und verantwortungsbewusst zu handeln. In Bezug auf die Bewältigung von Aufgaben im Arbeitskontext wird dabei von beruflicher Kompetenz oder beruflicher Handlungskompetenz gesprochen.

---

Der Bezug auf komplexe und dynamische Situationen macht deutlich, dass Kompetenzen besonders im Zusammenhang mit Handlungen von Bedeutung sind, deren Ausgangs- und Zielzustände nicht vollständig bestimm- und voraussehbar sind (Erpenbeck & von Rosenstiel, 2007; Erpenbeck & Heyse, 1999). Um auch in solchen, nicht der üblichen Routine entsprechenden, Situationen handlungsfähig zu sein, muss das vorhandene Wissen umkonstruiert und passfähig gemacht werden, damit neue, situationsspezifische Lösungen entwickelt werden können (Bergmann, 1999, S. 32). Dies ist z. B. dann

**Kompetenzen werden in der Handlung sichtbar**

der Fall, wenn eine Bildungsmanagerin vor der komplexen Aufgabe steht, einen Veränderungsprozess in ihrer Organisation oder Organisationseinheit zu begleiten. Kompetenzen werden als Dispositionen (d. h. Anlagen, Fähigkeiten, Bereitschaften) aufgefasst (Erpenbeck & Heyse, 1999). Damit ist angesprochen, dass sie an die »kompetente« Person gebunden und nicht direkt beobachtbar sind (Erpenbeck & Heyse, 1999; Kauffeld, 2006). Nach außen hin sichtbar werden sie erst in ihrer Anwendung und in Abhängigkeit der Anforderungen einer bestimmten Aufgabe oder Situation (Bernien, 1997; Erpenbeck & Heyse, 1999; Kaufhold, 2006) – sei es beim Begleiten von Veränderungsprozessen, Leiten von Projekten, Evaluieren von Prozessen oder Entwickeln eines Bildungskonzepts. Handlungskompetenzen können auch als *potenzielle* Handlungsleistungen betrachtet werden, die in konkreten Situationen, die kompetentes Handeln erforderlich machen, aktiviert werden können (Hülshoff, 1996).

**Berufliche Handlungskompetenzen sind nicht an Zertifikate gebunden**

Berufliche Handlungskompetenz wird häufig als Gegenbegriff zu Qualifikation aufgefasst (z. B. Bergmann, 1999; Kaufhold, 2006; Weinberg, 1996). Qualifikationen werden dabei beschrieben als Umfänge an Wissen, Fertigkeiten und Fähigkeiten, die – im Unterschied zu Kompetenzen – in Orientierung an ein zuvor definiertes Ausbildungsziel erworben werden (Bergmann, 1999). Die Aneignung einer Qualifikation ist an ein klar umschriebenes, gesellschaftlich festgelegtes und zeitlich begrenztes Curriculum gebunden (Bergmann, 2000; Gessler, 2006) und wird mit einem Zeugnis oder Zertifikat bestätigt (Weinberg, 1996). Eine solche formelle und zertifizierte berufliche Qualifikation – z. B. als Resultat des Besuchs eines Weiterbildungsseminars – kann eine Grundlage für die Entwicklung beruflicher Handlungskompetenz darstellen (Gessler, 2006; Kauffeld, 2006), ist aber für sich genommen noch kein Garant für selbstorganisiertes und kreatives Handeln (Erpenbeck & von Rosenstiel, 2007). Mit den Worten Weinbergs ausgedrückt (1996, S. 3): »Für die Beschreibung dessen, was ein Mensch wirklich kann und weiß, hat sich der Begriff Kompetenz eingebürgert.«

Berufliche Handlungskompetenz wird pragmatisch in die 4 Kompetenzklassen Fach-, Methoden-, Sozial- und Persönlichkeits-/Selbstkompetenzen untergliedert (Bergmann, 1999; Bernien, 1997; Erpenbeck, 1997; Hülshoff, 1996; Kauffeld, 2006; Sonntag & Schaper, 2006). Eine Taxonomie, die sich auch in der Praxis weitgehend durchgesetzt hat (Sonntag, 2002) – etwa in Zusammenhang mit der Erstellung von Kompetenzprofilen oder Maßnahmen zur Förderung von Kompetenzen. Dabei sei erwähnt, dass diese Unterteilung in 4 Kompetenzklassen als idealtypisch verstanden werden muss. Insbesondere die Differenzierung von Fach- und Methodenkompetenzen einerseits sowie Sozial- und Selbstkompetenzen andererseits ist in den Augen verschiedener Autoren nicht immer eindeutig (z. B. Erpenbeck & Rosenstiel, 2007; Gessler, 2006; Kauffeld, 2006). Man geht davon aus, dass die Kompetenzklassen hochgradig interdependent sind (Gessler,

**◻ Tab. 2.3** Beschreibung von Handlungskompetenz nach Hülshoff (1998); Beispiele nach Negri & Hülshoff (2006)

| Kompetenzklasse | Beschreibung | Beispiele |
|---|---|---|
| Fachkompetenz | Welches fachliche Wissen klärt die konkrete Handlungssituation? | Fachwissen zu didaktischen Theorien und Modellen, Arbeits- und Organisationspsychologie, aktuellen Entwicklungen der Arbeitsgesellschaft und Betriebswirtschaft |
| Methodenkompetenz | Wie interagiere ich mit der konkreten Handlungssituation? | Projektmanagement, Moderation/Präsentation, Prozessgestaltung, Bedarfs- und Wirkungsanalyse oder Lernberatung |
| Sozialkompetenz | Wie kommuniziere ich mit anderen in der konkreten Handlungssituation? | Kommunikationsfähigkeit, Kritik- und Konfliktfähigkeit, Verhandlungsfähigkeit oder Team- und Gruppenfähigkeit |
| Persönlichkeits-/Selbstkompetenz | Inwieweit lasse ich mich in der konkreten Handlungssituation von persönlichen Einstellungen, Überzeugungen und Werten leiten? | Selbststeuerung, Belastbarkeit, Selbstpräsentation, Eigenverantwortung oder Lernfähigkeit/Flexibilität |

2006), sich also gegenseitig bedingen und somit nicht klar voneinander abgrenzbar sind (Erpenbeck & Heyse, 1999).

Auch der vorliegende Beitrag orientiert sich bei der Beschreibung erfolgskritischer Handlungskompetenzen von Bildungsfachleuten an dieser Untergliederung. Dabei wird auf eine Aufteilung von Hülshoff (1996) zurückgegriffen, da sie die Grundlage oder den Ausgangspunkt des hier verwendeten »situativen tätigkeitsbezogenen Anforderungsprofils« von Bildungsfachleuten bildet (▶ Abschn. 3.1). Hülshoff (1996) beschreibt die 4 Teilkomponenten in Form von Fragen, die je nach der konkreten Tätigkeit konkretisiert und von den beroffenen Personen auf ihre Weise beantwortet werden. Aus der Beantwortung der jeweiligen Fragen resultieren dann die tätigkeitsspezifischen Kompetenzanforderungen. In ◻ Tab. 2.3 sind die Teilkompetenzen beschrieben sowie entsprechende Beispiele von Kompetenzen aufgeführt, die sich aus der Analyse des Anforderungsprofils von Bildungsfachleuten ergeben haben (▶ Abschn. 2.3.2). Im folgenden Abschnitt wird exemplarisch auf das Anforderungsprofil des Bildungsmanagers eingegangen.

> **Die Handlungskompetenz ergibt sich aus den Teilkompetenzen Fach-, Methoden-, Sozial- und Selbstkompetenz**

## 2.3.2 Kompetenzen von Bildungsmanagern am Beispiel des situativen tätigkeitsbezogenen Anforderungsprofils (STAP)

Als Ergänzung des in ▶ Abschn. 2.3.1 beschriebenen Konzepts der Handlungskompetenz folgt die Perspektive des Ganzheitlichen Lernens als Grundlage eines Kompetenzmodells für Bildungsmanager. Wir betrachten Lernen als Verinnerlichen von Handlungskompeten-

> **Lernen ist das Verinnerlichen von Handlungskompetenzen**

2

zen und gehen davon aus, dass Lernen ein ganzheitlicher Prozess ist. Ganzheitlich kann Lernen nur dann sein, wenn es die Entwicklung der erwähnten 4 Kompetenzen insgesamt fördert. Die individuelle Gestaltung von Lebens- und beruflichen Situationen setzt individuelle Handlungskompetenz voraus. Auch unter Kostengesichtspunkten ist es deshalb sinnvoll, das Konzept des Ganzheitlichen Lernens stärker als bisher zur Grundlage curricularer Planung und Organisation zu machen.

Diese Vorgehensweise wurde bei der Entwicklung des Master of Advanced Studies Ausbildungsmanagement (MAS AM) am Zürcher Hochschulinstitut für Angewandte Psychologie IAP gewählt (Ausbildungsmanagement und Bildungsmanagement werden synonym verwendet). Das Konstrukt der Handlungskompetenz gründet auf aufgaben- bzw. tätigkeitsbezogenen Anforderungsprofilen. Entsprechend baut das Konzept für den MAS Ausbildungsmanagement-Studiengang bei der Entwicklung des Curriculums nicht nur auf Theoriebestände von einzelnen Fachwissenschaften auf, sondern orientiert sich an dem Anforderungsprofil der Zielgruppe, den Bildungsmanagern in Organisationen. Dadurch leitet sich das Konzept konsequent aus dem Handlungskompetenzmodell ab und ermöglicht daher in idealer Weise die Verknüpfung zwischen Theorie und Praxis. Das Curriculum wird entsprechend aus einem situativen tätigkeitsbezogenen Anforderungsprofil für Bildungsverantwortliche in Organisationen entwickelt.

## Handlungskompetenzmodell und Anforderungsprofil

**Ausgangsfrage des situativen tätigkeitsbezogenen Anforderungsprofils: Was tut die betreffende Zielgruppe?**

Die Orientierung am Handlungskompetenzmodell als theoretische Grundlage für die Entwicklung von Anforderungsprofilen impliziert zudem spezifische Lehr- und Lernkonzepte: das schon erwähnte Ganzheitliche Lernen in Kombination mit einem Menschenbild und geisteswissenschaftlichen Ansatz – insbesondere dem Konzept der Pädagogischen Situation (Jaspers, Petersen), die in der Reformpädagogik zu Anfang des 19. Jahrhunderts entwickelt wurden). Fragen, Probleme und Situationen ergeben sich in der alltäglichen Lebenswirklichkeit jedes einzelnen Menschen und in dem Sinn auch für Bildungsmanager. Sie machen den Menschen zum Betroffenen, der selbst nicht den Grad seiner Betroffenheit bestimmen kann. Ganzheitliches, selbstgesteuertes Lernen umfasst Kopf, Hand, Herz und Bauch und führt über die 4 Urformen des Lernens – Gespräch, Arbeit, Feier und Spiel – zu den 4 Kompetenzbereichen (fachliche, methodische, soziale und Selbstkompetenz).

Bei der Entwicklung von Anforderungsprofilen geht es in einem ersten Schritt darum, sich zu überlegen, was die interessierende Zielgruppe typischerweise tut. Die Frage nach den Anforderungen und Handlungskompetenzen setzt dabei nicht beim abstrakten Festlegen von Beurteilungskriterien an, sondern bei tatsächlichen Tätigkeiten der Zielgruppe. Die daraus resultierenden Tätigkeiten werden in einem nächsten Schritt mit dem Handlungskompetenzmodell verbunden.

Hierzu wird für die einzelnen Tätigkeiten in jedem der 4 Kompetenzfelder eine Frage formuliert. Die Antworten auf diese Fragen zeigen schließlich auf, welche Anforderungen an die Zielgruppe in Bezug auf eine bestimmte Tätigkeit gestellt werden und über welche Kompetenzen diese zur Ausübung der Tätigkeit verfügen muss.

Auf diese Weise entstehen konkrete, praxisnahe und ganzheitliche Kompetenzbeschreibungen, die als Grundlage für Personalentwicklungs- und Bildungsmaßnahmen sowie Curricula dienen können. Dies soll im Folgenden am Beispiel des MAS Ausbildungsmanagement veranschaulicht werden.

### Wichtige Tätigkeiten von Bildungsmanager(inne)n

Um ein situatives, tätigkeitsbezogenes Anforderungsprofil (STAP) von Bildungsmanagern zu erarbeiten, wurden ca. 200 Führende aus dem Bildungsumfeld zu ihren Tätigkeiten befragt. Die genannten Tätigkeiten wurden danach zusammengetragen und verdichtet, woraus die 20 relevantesten Tätigkeiten von Bildungsmanagern als Grundlage für das entsprechende situative, tätigkeitsbezogene Anforderungsprofil resultierten (◻ Abb. 2.7).

Diese 20 Tätigkeiten wurden in einem nächsten Schritt mit dem Handlungskompetenzmodell in Verbindung gebracht. Für jede Tätigkeit wurden die 4 Kompetenzfelder in Form von Fragen beschrieben. In ◻ Tab. 2.4 ist ein entsprechendes Anforderungsprofil zur Ausübung einer typischen Tätigkeit von Bildungsmanagern aufgeführt. Ein Bildungsmanager wird demnach dann als »kompetent« in der Initiierung und Begleitung eines Veränderungsprozesses gelten, wenn er die »richtigen« und »passenden« Antworten auf die in ◻ Tab. 2.4 gestellten Fragen findet, d. h., wenn es ihm beispielsweise gelingt, auf bewährte Konzepte und Methoden von Veränderungsprozessen zurückzugreifen, diese auf die Situation und Rahmenbedingungen der betroffenen Organisation zu übertragen, den Mitarbeitern die Notwendigkeit des Veränderungsprozesses zu vermitteln und ihr Commitment für den Veränderungsprozess abzuholen (▶ Kap. 11). Aufbauend auf den tätigkeitsbezogenen Anforderungsprofilen und den damit verbundenen ganzheitlichen Kompetenzbeschreibungen wurde schließlich das entsprechende Curriculum für den Weiterbildungslehrgang MAS Ausbildungsmanagement entwickelt.

### 2.3.3　Aufgaben und Kompetenzen von Bildungsfachleuten im Jahr 2015

Wie die bisherigen Ausführungen zeigen, sind Bildungsfachleute von heute in eine Vielzahl an Aufgaben eingebunden, für die sie ein entsprechend breites Kompetenzportfolio benötigen. Darauf aufbauend soll abschließend in Richtung Zukunft geblickt werden: Was sind die zentralen Aufgaben, mit denen sich Bildungsfachleute der kommen-

2

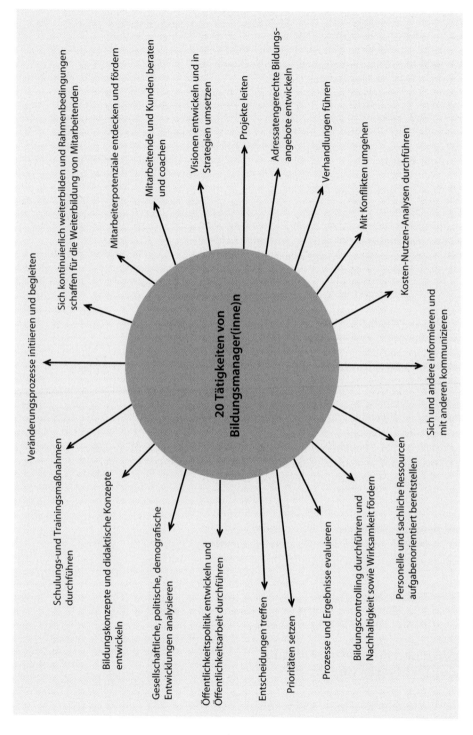

**20 Tätigkeiten von Bildungsmanager(inne)n**

Veränderungsprozesse initiieren und begleiten

Sich kontinuierlich weiterbilden und Rahmenbedingungen schaffen für die Weiterbildung von Mitarbeitenden

Mitarbeitende und Kunden beraten und coachen

Visionen entwickeln und in Strategien umsetzen

Projekte leiten

Adressatengerechte Bildungsangebote entwickeln

Verhandlungen führen

Mit Konflikten umgehen

Kosten-Nutzen-Analysen durchführen

Sich und andere informieren und mit anderen kommunizieren

Personelle und sachliche Ressourcen aufgabenorientiert bereitstellen

Bildungscontrolling durchführen und Nachhaltigkeit sowie Wirksamkeit fördern

Prozesse und Ergebnisse evaluieren

Prioritäten setzen

Entscheidungen treffen

Öffentlichkeitspolitik entwickeln und Öffentlichkeitsarbeit durchführen

Gesellschaftliche, politische, demografische Entwicklungen analysieren

Bildungskonzepte und didaktische Konzepte entwickeln

Schulungs-und Trainingsmaßnahmen durchführen

**▫ Abb. 2.7** Zwanzig Tätigkeiten von Bildungsmanager(inne)n. (Negri & Hülshoff, 2006)

**◻ Tab. 2.4** Anforderungsprofil für Bildungsmanager/innen am Beispiel der Tätigkeit »Veränderungsprozesse initiieren und begleiten«

| Persönliche Kompetenz | Soziale Kompetenz | Methodische Kompetenz | Fachliche Kompetenz |
|---|---|---|---|
| Inwieweit bin ich davon überzeugt, dass Veränderungsprozesse »natürliche Prozesse« sind? | Wie finde ich heraus, welche Emotionen Mitarbeiter mit Veränderungsprozessen verbinden? | Wie schaffe ich günstige Rahmenbedingungen, um Veränderungsprozesse zu initiieren und zu begleiten? | Welche theoretischen Konzepte gibt es, Veränderungsprozesse zu initiieren? |
| Inwieweit verändere ich meine eigene Lebensführung bewusst und zielorientiert? | Wie motiviere ich Mitarbeiter, sich an Veränderungsprozessen mitgestaltend zu beteiligen? | Wie setze ich Veränderungsvorhaben strategisch um? | Welche strategischen Konzepte und welche Methoden gibt es, den Veränderungsbedarf in Unternehmen und Organisationen zu ermitteln? |
| Inwieweit identifiziere ich mich mit notwendigen Veränderungsprozessen im Unternehmen? | Wie vermittle ich Mitarbeitern die Notwendigkeit von anstehenden Veränderungsprozessen in Unternehmen und Organisationen? | Wie gehe ich strategisch vor, um Mitarbeiter auf Veränderungsprozesse vorzubereiten? | Welches motivationstheoretische Wissen gibt es für die Gestaltung von Veränderungsprozessen? |
| Inwieweit begleite und unterstütze ich vorbildlich Veränderungsprozesse in Unternehmen und Organisationen? | Wie unterstütze ich die Motivation der Mitarbeiter während laufender Veränderungsprozesse? | Wie begleite ich den Veränderungsprozess strategisch und zielorientiert? | Welche Fallstudien gibt es zum Thema »Veränderungsprozesse in Unternehmen und Organisationen«? |
| Inwieweit beziehe ich die betroffen Mitarbeiter in Planung, Gestaltung und Organisation von Veränderungsprozessen ein? | Wie kommuniziere ich mit Mitarbeitern, um ihr Commitment in laufenden Veränderungsprozessen zu stärken? | Wie gestalte ich die informatorischen und kommunikativen Abläufe im Unternehmen, um die Veränderungsideen der Mitarbeiter zu dokumentieren? | Welche Möglichkeiten gibt es, um Veränderungsideen der Mitarbeiter zu erkunden? |

den Jahre beschäftigen werden, und welche Kompetenzen benötigen sie, um diese zu meistern?

Diese in die Zukunft gerichteten Fragen lassen sich an dieser Stelle nicht abschließend beantworten. Unter Berücksichtigung aktueller Diskussionen und Trendstudien dürften sich künftig jedoch folgende Herausforderungen der betrieblichen Bildung als prominent erweisen: der Ausbau von strategischem Denken, die Mitgestaltung einer organisationsweiten Lernkultur sowie die Weiterentwicklung von Lernarrangements. Diese Themen sind nicht gänzlich neu. Es ist aber zu erwarten, dass sie in den kommenden Jahren zusätzlich an Bedeutung gewinnen [vgl. z. B. die SCIL-Trendstudien zu zukünftigen Herausforderungen des Bildungsmanagements (Diesner, Euler & Seufert, 2006; Diesner, Seufert & Euler, 2008) oder eine am IAP Institut für Angewandte Psychologie durchgeführte Expertenbefragung (Hillmann, 2007)].

**2**

> **Checkliste: Zentrale zukünftige Herausforderungen von Bildungsfachleuten**
> - Ausbau von strategischem Denken
> - Mitgestaltung und Förderung einer organisationsweiten Lernkultur
> - Weiterentwicklung von lernpsychologisch und transferorientierten Lernarrangements

**Strategisches Denken in der betrieblichen Bildungsarbeit**

Eine Erweiterung des strategischen Denkens beinhaltet zunächst die Forderung, Bildungsmaßnahmen in enger inhaltlicher sowie zeitlicher Nähe zur unternehmensstrategischen Planung langfristig zu planen und vorzubereiten. Unter Berücksichtigung der strategischen Absichtserklärungen des Unternehmens soll und kann die betriebliche Bildung darüber hinaus ihr eigenes strategisches Vorgehen ableiten (z. B. Döring, 2008). Dadurch nimmt sie sich den Charakter des Zufälligen und Improvisierten (z. B. Becker, 2005) und schafft die Voraussetzung für eine systematische Bedarfsanalyse und Maßnahmenprüfung. Nicht zuletzt sollten von Bildungsfachleuten auch Impulse zur Strategieentwicklung des Unternehmens bzw. der Organisation ausgehen (z. B. Diesner, Euler & Seufert, 2006), da Lernen hinsichtlich des Unternehmenserfolgs eine wesentliche Schlüsselrolle einnimmt (z. B. Dulworth & Bordonaro, 2005). Inwiefern dies gelingt, dürfte jedoch in wesentlichem Maß vom Selbstverständnis der Bildungsfachleute und der Organisationsform der betrieblichen Bildung abhängen – und somit davon, ob sie sich selbst als strategischer Partner versteht und sich nahe der Geschäftsleitung positionieren kann (vgl. Diesner, Euler & Seufert, 2006). Festzuhalten gilt, dass sich Bildungsfachleute tendenziell verstärkt zu Bildungsmanagern entwickeln (▶ Abschn. 2.4, Bildungsmanagement).

**Der Beitrag betrieblicher Bildung an der Förderung einer organisationsweiten Lernkultur**

Neben dieser zunehmend strategisch orientierten Ausrichtung der betrieblichen Bildungsarbeit soll diese auch einen wesentlichen Beitrag zur Förderung einer unternehmensweiten Lernkultur leisten. Dies gelingt, indem Führungskräfte stärker in die Bildungsprozesse eingebunden werden – sei es zur direkten Unterstützung der Lernprozesse ihrer Mitarbeiter (z. B. durch vor- und nachbereitende Mitarbeitergespräche oder das Erarbeiten von Aktionsplänen) oder als Vorbilder und Multiplikatoren lernbezogener Werte, Erwartungen und Einstellungen im Unternehmen (Diesner, Euler & Seufert, 2006, Diesner, Seufert & Euler, 2008). Um die Führungskräfte bei der Erfüllung dieser auch für sie neuen Herausforderungen zu begleiten, übernehmen Bildungsfachleute vermehrt die Funktion von Lernberatern oder Learning Consultants (Becker, 2005; Diesner, Euler & Seufert, 2006), die »Lernen« innerhalb der Organisation und die Entwicklung hin zu einer »lernenden Organisation« selbst vorantreiben (Diesner, Seufert & Euler, 2008). Hierzu muss auch eine gewisse »Offenheit für die Notwendigkeit eines dauerhaften Lernens ...« (Diesner, Euler &

Seufert, 2006, S. 53) geschaffen werden. Lernen am Arbeitsplatz sollte zum »Normalfall« und von allen – Führungskräften und Mitarbeitenden – ermöglicht und respektiert werden (Diesner, Euler & Seufert, 2006). Es ist also anzunehmen, dass sich die früher dominierende Funktion der Vermittlung von Wissen noch weiter zugunsten einer die Lernprozesse unterstützenden, moderierenden bzw. beratenden Funktion reduziert (z. B. Schiersmann, 2000). Diese Beratungsfunktion ermöglicht es den Bildungsfachleuten, an konkreten betrieblichen Problemsituationen anzusetzen und maßgeschneiderte Lösungen zu entwickeln, welche die Effizienz von Lernprozessen erhöhen. In diesem Sinn werden Bildungsfachleute auch zu Experten für die Gestaltung betrieblicher Lern- und Veränderungsprozesse, die Abteilungen und Führungskräfte darin unterstützen, sich in Veränderungsprozessen mit neuen Herausforderungen auseinander zu setzen (z. B. Götz, 2000).

Weiterer Handlungsbedarf wird auch in der Anwendung lernpsychologisch begründeter didaktischer Standards und der transferförderlichen Ausgestaltung von Lehr-Lern-Arrangements gesehen (z. B. Diesner, Euler & Seufert, 2006; Diesner, Seufert & Euler, 2008; Döring, 2008). Der Einsatz eines adäquaten Methodenrepertoires sowie eines bewussten und konsequenten Transfermanagements ist dabei unabdingbar. Mit Transfermanagement ist die Planung und Umsetzung von Maßnahmen angesprochen, die darauf abzielen, das in einer Lernumgebung Erworbene (Wissen, Fähigkeiten, Handlungskompetenzen, Einstellungen) erfolgreich auf die Arbeitstätigkeit zu übertragen. Obwohl sich im Transfermanagement letztlich Erfolg und Misserfolg einer Bildungsmaßnahme entscheiden, ist es selbst für Bildungsfachleute häufig noch eine unbekannte Größe (Döring, 2008, S. 53). Die Einführung von Follow-up-Veranstaltungen oder von Vorgesetzten-Mitarbeiter-Gesprächen im Vorfeld und nach Abschluss einer Bildungsintervention wären erste Schritte in die richtige Richtung. Auch der Einsatz neuer, arbeitsnaher und arbeitsintegrierter Lern-Lehr-Methoden, wie Qualitätszirkel, Lerninseln, computergestützte Selbstlernprogramme oder Lernplattformen, versprechen einen höheren Lerntransfer (Arnold & Gonon, 2006).

Die vorangehenden Ausführungen machen deutlich, dass die Aufgaben betrieblicher Bildungsfachleute in naher Zukunft voraussichtlich noch vielfältiger und anspruchsvoller werden. Entsprechend erweitern sich auch die Anforderungen an ihre Fach-, Methoden-, Sozial- und Selbstkompetenzen. So wird es in Zukunft mehr denn je entscheidend sein, dass Bildungsfachleute neben klassischen pädagogischen Kompetenzen betriebswirtschaftliche Kenntnisse und ein differenziertes Managementwissen mitbringen. Im Zusammenhang mit strategischen Fragestellungen sind zudem ausgeprägte Verhandlungs-, Begründungs- und Vermittlungskompetenzen gefragt, damit auf professionelle Weise argumentiert und Akzeptanz auf allen Ebenen gesichert werden kann. Es geht hierbei auch darum, den strate-

**Lernpsychologisch und transferorientierte betriebliche Bildungsarbeit**

gischen Nutzen sowie den Wertschöpfungsbeitrag von Lernen in der Organisation herauszustreichen (Diesner, Seufert & Euler, 2008).

Diesner, Seufert & Euler (2008) machen dabei auf einen interessanten Trend aufmerksam: Sie gehen davon aus, dass sich der Fokus vom Nachweis eines »Return on Investment« in Zukunft auf den Beleg eines »Return on Expectations« (vgl. McLinden & Trochim, 1998) verlagern wird. Der Nutzen einer Bildungsmaßnahme würde demnach weniger an »harten Zahlen« gemessen, sondern an der Einschätzung der verschiedenen Stakeholder. Für Bildungsfachleute wird es daher unabdingbar sein, sich einen Zugang zu den Erwartungen dieser Stakeholder zu schaffen, sich innerhalb des Unternehmens oder der Organisation vernetzen zu können und in der Unternehmensleitung wie auch den Fachabteilungen präsent zu sein. Die zukünftig voraussichtlich an Bedeutung gewinnende (Lern-)Beratungsaufgabe erfordert zudem eine ausgeprägte Kommunikationsfähigkeit und Kenntnisse des Ablaufs von Veränderungs- und Beratungsprozessen sowie zu gruppendynamischen Prozessen. Nicht zuletzt wissen Bildungsfachleute, wie sie ihre methodisch-didaktischen Tools auf den neusten Stand bringen, ohne dabei gleichzeitig einer Trendversessenheit zu erliegen (vgl. Meifert, 2008).

Die systematische und effektive Verankerung von Bildung in Unternehmen und Organisationen erfordert somit eine hohe professionelle Kompetenz. Bildungsfachleute von morgen nehmen diese Herausforderung an und erfüllen in Form einer anforderungsorientierten und kontinuierlichen Weiterbildung auch für sich selbst, was sie von den Mitarbeitern ihrer Organisationen fordern.

### Zusammenfassung

- Betriebliche Bildungsfachleute müssen über vielfältige Fach-, Methoden-, Sozial- und Selbstkompetenzen verfügen, um auch in zunehmend komplexeren Arbeitssituationen selbstorganisiert, aufgabengemäß, zielgerichtet, situationsbedingt und verantwortungsbewusst handeln zu können.
- Die für eine bestimmte Tätigkeit erforderlichen Handlungskompetenzen können z. B. aus situativen tätigkeitsbezogenen Anforderungsprofilen abgeleitet werden.
- Bildungsfachleute von morgen werden gefordert sein, sich noch stärker strategisch auszurichten, einen Beitrag zur Förderung der Lernkultur in ihren Organisationen zu leisten und Lernarrangements lernpsychologisch und transferorientiert zu gestalten.
- Dafür benötigen sie zunehmend ausgeprägte Verhandlungs-, Begründungs-, Vermittlungs- und Beratungskompetenzen sowie betriebswirtschaftliche Kenntnisse und Managementwissen.

## 2.4 Das Verständnis von Bildungsmanagement am IAP

*Christoph Negri*

Um Bildungsmanagement beschreiben zu können, braucht es einerseits die Perspektive der Erziehungswissenschaften (Bildung, Didaktikverständnis) und anderseits die Perspektive der Managementlehre (Organisationsverständnis, Rolle und Management). Zu den Begriffen Bildung und »Didaktisches Verständnis« verweisen wir auf ▶ Abschn. 2.1. Wir orientieren uns bei den folgenden Überlegungen zu Bildungsmanagement an diesen Betrachtungen.

Im Mittelpunkt des andragogischen Handelns und Denkens steht der einzelne Mensch, den es nach seinen individuellen Entwicklungsmöglichkeiten zu fördern gilt. Andragogik hat die Aufgabe, zwischen den Anforderungen an das Individuum und den Ansprüchen des Individuums zu vermitteln. In der betrieblichen Bildung ist das andragogische Denken in besonderem Maße weiteren Einflüssen (den Bedingungen, vgl. unser didaktisches Verständnis in ▶ Abschn. 2.1) ausgesetzt. Ein Unternehmen investiert in der Regel in Bildung, weil es überzeugt ist, dass die Mitarbeitenden danach ihre Aufgaben besser, effizienter, kostengünstiger usw. erfüllen können. Es wird erwartet, dass die Bildung einen Beitrag zur Wertschöpfung leistet.

**Bildung soll einen Beitrag zur Wertschöpfung leisten**

Ein weiterer Aspekt, den es bei den grundlegenden Überlegungen zu Bildungsmanagement unbedingt zu beachten gilt, ist das Organisationsverständnis. Wie in ▶ Abschn. 2.2 ausführlich beschrieben wurde, haben wir ein soziotechnisches Organisationsverständnis. Eine Organisation ist ein lebendiges System und es gibt einen bestimmten Grund dafür, dass es die Organisation gibt (Primary Task). Das gilt sowohl für Bildungsabteilungen innerhalb von Organisationen, wie z. B. die Aus- und Weiterbildungsabteilung oder die Personalentwicklungsabteilung, als auch für Bildungsorganisationen, wie z. B. eine Sprachschule oder eine Hochschule. Jede Organisation bzw. soziotechnische Systeme können aus den in ▶ Abschn. 2.2.2 beschriebenen 3 Blickwinkeln – Aufgabe, Struktur und Kultur – betrachtet werden.

Ein bisher noch nicht erwähnter Begriff ist der Terminus »Management«. Management stammt von dem lateinischen Ausdruck »manum agere: an der Hand führen«. Im Italienischen wird daraus das Wort »manegiare: handhaben, bewerkstelligen, an der Hand führen« (ursprünglich auf Pferde bezogen) abgeleitet. Im englischen Sprachraum bedeutet »to manage« handhaben, bewerkstelligen, mit etwas zurechtkommen, im übertragenen Sinne: verwalten, bewirtschaften, leiten. Im Deutschen hat sich der Begriff nach 1945 für »führen und leiten« eingebürgert, vermutlich auch, um das belastete Wort »führen« zu vermeiden.

┌─ **Management** ─────────────────────────────────

Das Neue St. Galler Management-Modell (Dubs et al., 2004, S. 70) beschreibt Management als »ein System von Aufgaben, die sich … als Gestalten, Lenken (Steuern) und Weiterentwickeln zweckorientierter soziotechnischer Organisationen zusammenfassen lassen«.

Im Hinblick auf die Beschreibung von Bildungsmanagement ist wichtig, dass auch die Leitung innerhalb einer organisatorischen Einheit (z. B. Leitung einer internen Aus- und Weiterbildungsabteilung) betrachtet wird.

Mit den bisher beschriebenen Teilbegriffen »Bildung«, Didaktisches Verständnis«, Organisationsverständnis« und »Management« werden automatisch verschiedene Wissenschaftsrichtungen angesprochen. Mit diesem Spannungsfeld sieht sich das Bildungsmanagement konfrontiert und die Bildungsfachleute sind gefordert, sich zwischen Streben nach Effizienz und Wirtschaftlichkeit sowie der Förderung der individuellen Entwicklung der Mitarbeitenden zu bewegen.

**Bildungsmanagement kann sowohl ein Geschäfts- als auch ein Supportprozess sein**

Die Einführung von Begrifflichkeiten, Instrumenten und Denkweisen aus dem Managementbereich hat Im Bildungsbereich teilweise zu Irritationen geführt. Tatsächlich ist Bildung nicht ein klassisches Produkt, das einfach produziert, verkauft und konsumiert werden kann wie Autos, Schokolade usw. Bildung kann nur im Sinne von Dienstleistung gemanagt werden (Müller, 2007).

Bildungsmanagement kann in Anlehnung an das St. Galler Modell entweder ein Geschäftsprozess (z. B. in einer Bildungsorganisation wie in einer Sprachschule) oder ein Unterstützungsprozess (z. B. die Aus- und Weiterbildung in einem Unternehmen) sein. Bildungsmanagement beinhaltet gleichzeitig das Führen und Leiten einer Bildungsinstitution oder Bildungsabteilung sowie das Planen, Organisieren, Gestalten und Überprüfen von Bildungsprozessen. Bevor in den folgenden Abschnitten ein Modell zu Bildungsmanagement (in Anlehnung an das soziotechnische IAP-Modell und das St. Galler Modell) beschrieben wird, sollen die bisherigen Überlegungen mit einer Definition zu Bildungsmanagement nach Müller zusammengefasst werden.

┌─ **Bildungsmanagement** ─────────────────────────

»Bildungsmanagement bezeichnet die Gestaltung, Steuerung und Entwicklung von sozialen Systemen, die dem Zweck der Bildung von Menschen mit dem Ziel der Urteils- und Handlungsfähigkeit dienen« (Müller, 2007, S. 106).

### 2.4.1 Entwicklung eines Bildungsmanagement-Modells

Flechsig/Haller entwickelten in den 70er Jahren das Konzept des didaktischen Handelns.

Die Autoren verstehen didaktisches Handeln weiter gefasst als Unterrichten und bezeichnen damit alle Aufgaben, die auf die Gestaltung von Lehr- und Lernprozessen bezogen sind. Das bedeutet, dass nicht nur die Ausbildner/innen, Trainer/innen usw. didaktisch handelnd wirken, sondern auch die Tätigkeiten der Bildungsverantwortlichen, Bildungsmanager/innen, Kurs- und Studiengangsverantwortlichen usw. didaktisches Handeln beinhalten. Didaktisches Handeln umfasst in diesem Sinne Prozesse der unmittelbaren Einwirkung auf Lehr-/Lernprozesse (wie z. B. Seminare) und Prozesse der mittelbaren Einflussnahme durch die Gestaltung der Umfeld- bzw. Bedingungsfaktoren von Bildungsprozessen (Müller, 2007). Das in ▸ Abschn. 2.1.3 vorgestellte didaktische Modell des IAP mit der Unterscheidung von Bedingung- und Entscheidungsfeldern geht von ähnlichen Annahmen aus. Das soeben erwähnte didaktische Modell des IAP wird im Folgenden als didaktische Grundlage für ein Bildungsmanagement-Modell verwendet. Die Managementperspektive des Modells kann auf 3 Ebenen betrachtet werden. Dabei orientieren wir uns am Vorschlag von Müller (2007), der Management im Bildungsumfeld in 2 Handlungsebenen unterteilt:

- **Bildungsbetriebsmanagement:** Das beinhaltet die Ebene der Leitung und Führung einer Bildungsinstitution oder Organisationseinheit (z. B. Aus- und Weiterbildung in einer großen Organisation). Dazu braucht es sowohl Führungs- wie auch Managementkompetenzen.
- **Bildungsprozessmanagement:** Das beinhaltet die Planung, Organisation, Gestaltung, Überprüfung, Evaluation von Bildungsprozessen. Dazu werden in den ▸ Kapiteln 5, 6 und 8 entsprechende Ausführungen vorgenommen.

Die Einteilung von Müller ergänzen wir mit einer dritten Ebene, dem **Bildungsstrategie-Management.** Da die Entwicklung und Ausrichtung einer Bildungsstrategie an der Gesamtstrategie des Unternehmens weiterhin von zunehmender Bedeutung ist (vgl. auch Trendstudie von Diesner, Euler & Seufert, 2006, und Diesner, Seufert & Euler, 2008), definieren wir die Handlungsebene des Bildungsstrategie-Managements als eine eigene dritte Ebene, obwohl eine bedeutende Schnittmenge mit den beiden anderen Ebenen besteht.

Eine weitere Grundlage für die Entwicklung eines Bildungsmanagement-Modells bilden die Beschreibungen der Kompetenzen für Bildungsmanager/innen, die in ▸ Abschn. 2.3.2 mit der Beschreibung der 20 wichtigsten Tätigkeiten von Bildungsmanager(inne)n mit Hilfe des situativen tätigkeitsbezogenen Anforderungsprofils (STAP) nach Negri & Hülshoff (2006) erwähnt wurden. Die Grundlagen für die

**Konzept des didaktischen Handelns**

2

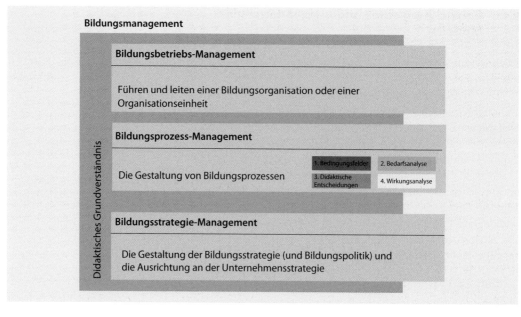

**Bildungsmanagement**

> **Bildungsbetriebs-Management**
>
> Führen und leiten einer Bildungsorganisation oder einer Organisationseinheit
>
> **Bildungsprozess-Management**
>
> Die Gestaltung von Bildungsprozessen
>
> 1. Bedingungsfelder  2. Bedarfsanalyse
> 3. Didaktische Entscheidungen  4. Wirkungsanalyse
>
> **Bildungsstrategie-Management**
>
> Die Gestaltung der Bildungsstrategie (und Bildungspolitik) und die Ausrichtung an der Unternehmensstrategie

Didaktisches Grundverständnis

**☐ Abb. 2.8** Bildungsmanagement-Modell. (In Anlehnung an Müller, 2007)

20 beschriebenen Tätigkeiten bildet das Handlungskompetenzmodell nach Hülshoff (2005). Damit kann eine ganzheitliche Perspektive verfolgt werden, und darauf aufbauend können Bildungskonzepte, Personalentwicklungsmaßnahmen usw. entwickelt und abgeleitet werden.

☐ Abb. 2.8 zeigt ein Modell, bei dem sowohl die didaktische Perspektive (in Anlehnung an das IAP-Modell aus ▶ Abschn. 2.1.5) wie auch die Managementperspektive mit den 3 oben beschriebenen Ebenen integriert werden. Gemäß dem soziotechnischen Verständnis einer Organisation befindet sich Bildungsmanagement in einer kontinuierlichen Auseinandersetzung mit der Umwelt.

■ ■ **Bildungsprozess-Management**

**Bildungsprozess-Management**  Dazu soll auf das in ▶ Kap. 5 beschriebene Phasenmodell des IAP hingewiesen werden, welches eine systematische Planung, Organisation, Durchführung, Steuerung und Evaluation von Bildungsprozessen beschreibt. Dieses Modell erweist sich als äußerst geeignet für das Bildungsprozess-Management und ist seit vielen Jahren in der Praxis mehrfach erprobt und umgesetzt worden.

■ ■ **Bildungsbetriebs-Management**

**Bildungsbetriebs-Management**  Wie schon erwähnt, bezieht sich das Bildungsbetriebs-Management auf die Leitung und Führung einer Bildungsorganisation oder Bildungsorganisationseinheit unter andragogischen und betriebswirtschaftlichen Aspekten. Dabei geht es um Fragen des organisationalen Aufbaus, Aufgaben der Führung, der Personalarbeit wie Rekrutierung, Beurteilung, Personalentwicklung sowie um die Gestaltung des Qualitätsmanagements, der Prozesse usw. Für die theoretische Grundlage eines Bildungsbetriebsmanagements braucht es nicht zwingend ein eigenständiges Führungsmodell für die Weiterbildung (Müller, 2007). Das neue St. Galler Managementmodell (vgl. Rüegg-Stürm, 2002) mit einem systemisch-konstruktivistischen Managementansatz versteht eine Organisation als ein komplexes System (von der Umwelt unterscheidbar), welches sich aus einer Vielzahl von Systemebenen zusammensetzt, zwischen denen wiederum vielfältige Beziehungen und Wechselwirkungen bestehen.

**■ ■ Bildungsstrategie-Management**
Es geht dabei vor allem um die Ausrichtung der Organisation (Organisationseinheit) und die Entwicklung einer langfristigen Strategie oder die Ausrichtung der Strategie von Aus- und Weiterbildung an der Gesamtstrategie der Organisation. Es wird auch in Zukunft eine der bedeutenden Hauptaufgaben des Bildungsmanagements sein und steht in enger Verbindung zum Bildungsbetriebs-Management.

Die dargelegten Überlegungen können als Grundlage für ein Rahmenmodell für Bildungsorganisationen bzw. -einheiten betrachtet werden, welches die erläuterten didaktischen und organisationalen Perspektiven umfasst und als Grundlage für Bildungsmanagement in Anlehnung an das neue St. Galler Managementmodell sowohl als Geschäfts- wie auch als Unterstützungsprozess betrachtet werden kann.

*Bildungsstrategie-Management*

*Bildungsmanagement als Geschäftsprozess (z. B. in einer Sprachschule) oder als Unterstützungsprozess (z. B. Aus- und Weiterbildung in einer Organisation)*

**Bildungsmanagement in einem Detailhandelsunternehmen**
In einem mittelgroßen Detailhandelsunternehmen mit einem gut ausgebauten Filialnetz gibt es eine zentrale Aus- und Weiterbildungsabteilung mit einem Leiter, einer Assistentin, einem Mitarbeiter, der für die gesamte Fach- und Verkaufsausbildung zuständig ist, einer Mitarbeiterin für den Bereich Führungskräfteentwicklung und Nachwuchsförderung sowie einem Mitarbeiter, der für die Lernenden verantwortlich ist. Dazu gibt es eine große Anzahl interner Fachtrainer/innen für die Fach- und Verkaufstrainings und an jedem Standort eine Verantwortliche für die Lernenden. Die Hauptarbeit des Ausbildungsleiters ist die Ausgestaltung der beschriebenen Managementebenen.

▬ **Bildungsprozess-Management:** Aus dieser Ebene konzipiert und entwickelt er zusammen mit seinem Team alle Bildungs- und Personalentwicklungsmaßnahmen (z. B. Führungstrainings, Nachwuchsförderungsprogramme, Verkaufstrainings usw.), die an der gesamten Unternehmens- und Bildungsstrategie, basierend auf einem didaktischen Grundverständnis, ausgerichtet sind.
▬ **Bildungsbetriebs-Management:** Als interner Dienstleister ist die Aus- und Weiterbildungsabteilung ein Supportbereich, der den Erfolg des Gesamtunternehmens unterstützen soll. Der Ausbildungsleiter leitet und führt die Abteilung und richtet sie an der Unternehmensstrategie aus. Er führt seine Mitarbeitenden, ist zuständig für die Personalentwicklung seiner Mitarbeitenden sowie

verantwortlich für die Gestaltung und Umsetzung der internen Prozesse.

▬ **Bildungsstrategie-Management:** Hier steht vor allem die kontinuierliche Ausrichtung der Bildungsstrategie an der Unternehmensstrategie im Vordergrund. Es gilt immer wieder die interne Bildungsstrategie und interne Bildungspolitik mit den entsprechenden Konzepten und Maßnahmen daran auszurichten und zu überprüfen.

Um die hier erwähnten Ebenen erfolgreich bewältigen zu können und die Themen intern gegenüber den unterschiedlichen Anspruchsgruppen vertreten und begründen zu können, braucht der Bildungsmanager neben didaktischer und methodischer Kompetenz eben auch eine versierte und in Bezug auf die 3 Ebenen differenzierte Managementkompetenz. Dies macht ihn handlungs- und begründungskompetent.

### Zusammenfassung

▬ Bildungsmanagement beinhaltet sowohl die Perspektive der Didaktik wie auch des Managements.

▬ Bildungsmanagement kann sowohl ein Geschäftsprozess (z. B. in einer Sprachschule) als auch ein Unterstützungsprozess (z. B. Aus- und Weiterbildung in einer Organisation) sein.

## Literatur

Alderfer, C. P. (1972). *Existence, relatedness and growth: Human needs in organizational settings.* New York: Free Press.

Arnold, R. & Gomez Tutor, C. (2007). *Grundlinien einer Ermöglichungsdidaktik.* Augsburg: Ziel.

Arnold, R., & Gonon, P. (2006). *Einführung in die Berufspädagogik.* Opladen: Budrich.

Arnold, R., & Müller, H. J. (1992). Berufsrollen betrieblicher Weiterbildner. *Berufsbildung in Wissenschaft und Praxis (BWP) 21, 5,* 36–41.

Arnold, R., & Müller, H.-J. (2001). Entwicklung der Berufsrollen im Bereich der betrieblichen Weiterbildung. Vortrag auf der »Professionspolitischen Konferenz der DGfE« vom 10.–11. Februar 1999 an der Universität Dortmund.

Arnold, R., Krämer-Stürzl, A., & Müller, H. J. (1998). Wie sollten Erwachsenenbildner im Arbeitsfeld der betrieblichen Weiterbildung weitergebildet werden? In S. Peters (Hrsg.), *Professionalität und betriebliche Handlungslogik.*

*Wissenschaft – Praxis – Dialog berufliche Bildung,* Bd. 7 (S. 133–141). Bielefeld: Bertelsmann.

Arnold, R., Krämer-Stürzl, A., & Siebert, H. (2005). *Dozentenleitfaden.* Berlin: Cornelsen.

Baitsch. C. (1993). *Was bewegt Organisationen? Selbstorganisation aus psychologischer Perspektive.* Frankfurt: Campus.

Bäumer, J. (1999). *Weiterbildungsmanagement. Eine empirische Analyse deutscher Unternehmen.* Mering: Hampp.

Becker, M. (1999). *Aufgaben und Organisation der betrieblichen Weiterbildung* (2. Aufl.). München: Hanser.

Becker, M. (2005). *Personalentwicklung. Bildung, Förderung und Organisationsentwicklung in Theorie und Praxis* (4. Aufl.). Stuttgart: Schäffer-Poeschel.

Bergmann, B. (1999). *Training für den Arbeitsprozess – Entwicklung und Evaluation aufgaben- und zielgruppenspezifischer Trainingsprogramme.* Zürich: vdf.

Bergmann, B. (2000). Arbeitsimmanente Kompetenzentwicklung. In B. Bergmann, A. Fritsch, P. Göpfert, F. Richter, B. Wardanjan & S. Wilczek (Hrsg.), *Kompetenzentwicklung und Berufsarbeit* (Bd. 11) (S. 11–39). Münster: Waxmann.

Bernien, M. (1997). Anforderungen an eine qualitative und quantitative Darstellung der beruflichen Kompetenzentwicklung. In Arbeitsgemeinschaft QUEM (Hrsg.), *Kompetenzentwicklung '97: Berufliche Weiterbildung in der Transformation – Fakten und Visionen* (S. 17–84). Münster: Waxmann.

Berthel, J. (1997). *Personal-Management.* Stuttgart: Schäffer-Poeschel.

Diesner, I., Euler, D., & Seufert, S. (2006). *SCIL-Trendstudie 2006: Ergebnisse einer Delphi-Stuide zu den Herausforderungen für das Bildungsmanagement in Unternehmen.* St. Gallen: Swiss Centre for Innovations in Learning (SCIL).

Diesner, I., Seufert, S., & Euler, D. (2008). *SCIL-Trendstudie 2008: Herausforderungen für das Bildungsmanage-*

ment in Unternehmen. St. Gallen: Swiss Centre for Innovations in Learning (SCIL).

Döring, K. W. (2008). Strategische Personalentwicklung – Vision und realistische Perspektiven. In M. T. Meifert (Hrsg.), *Strategische Personalentwicklung* (S. 45–65). Heidelberg: Springer.

Döring, K. W., & Ritter-Mamczek, B. (1999). *Weiterbildung im lernenden System* (2. Aufl.). Weinheim: Beltz.

Dubs, R., Euler, D., Rüegg-Stürm, J., & Wyss, C. (Hrsg.). (2004). *Einführung in die Management-Lehre.* 5 Bände. Bern: Haupt.

Dulworth, M., & Bordonaro, F. (2005). *Corporate Learning.* San Francisco: Pfeiffer.

Eck, C. D. (2001). *Die Unternehmung als sozio-technisches System.* Seminarunterlage im Studiengang Arbeits- und Organisationspsychologie, Hochschule für angewandte Psychologie/IAP Zürich.

Emery, F. E., & Trist, E. L. (1969). Sociotechnical systems. In F. E. Emery (Hrsg.), *Systems thinking.* Middlesex: Penguin.

Erpenbeck, J. (1997). Selbstgesteuertes, selbstorganisiertes Lernen. In Arbeitsgemeinschaft QUEM (Hrsg.), *Kompetenzentwicklung ´97. Berufliche Weiterbildung in der Transformation – Fakten und Visionen* (S. 310–316). Münster: Waxmann.

Erpenbeck, J., & Heyse, V. (1999). *Die Kompetenzbiographie. Strategien der Kompetenzentwicklung durch selbst organisiertes Lernen und multimediale Kommunikation* (Bd. 10). Münster: Waxmann.

Erpenbeck, J., & Rosenstiel, L. von (2007). Einführung. In J. Erpenbeck & L. von Rosenstiel (Hrsg.), *Handbuch Kompetenzmessung – Erkennen, verstehen und bewerten von Kompetenzen in der betrieblichen, pädagogischen und psychologischen Praxis* (2. Aufl.) (S. IX–XL). Stuttgart: Schäffer-Poeschel.

Euler, D. (2004). Bildungsmanagement. In R. Dubs, D. Euler, J. Rüegg-Stürm & C. Wyss (Hrsg.), *Einführung in die Managementlehre,* Bd. 4 (S. 31–55). Stuttgart: Haupt.

Gessler, M. (2006). Das Kompetenzmodell. In R. Bröckermann & M. Müller-Vorbrüggen (Hrsg.), *Handbuch Personalentwicklung. Die Praxis der Personalbildung, Personalförderung und Arbeitsstrukturierung* (S. 23–41). Stuttgart: Schäffer-Poeschel.

Götz, K. (2000). *Human resource development,* Bd. 2. München: Hampp.

Götz, K. & Häfner, P. (2005). *Didaktische Organisation von Lehr- und Lernprozessen,* 7. überarbeitete und ergänzte Aufl. Weinheim: Beltz.

Häcker, H. & Stapf, H. (Hrsg.). (2009). *Dorsch Psychologisches Wörterbuch,* 15. überarbeitete und erweiterte Aufl. Bern: Huber.

Haken, H. (1990). Synergetik. *Eine Einführung; Nichtgleichgewichts-Phasenübergänge und Selbstorganisation in Physik, Chemie und Biologie* (3. Aufl.). Berlin: Springer.

Hallet, W. (2006). *Didaktische Kompetenzen.* Stuttgart: Klett.

Henecka, H. P. (2006). *Grundkurs Soziologie* (8. Aufl.). Konstanz: UVK.

Herzberg, F., Mausner, B., & Snyderman, B. (1959). *The motivation to work.* (2. Aufl.). New York: Wiley.

Hillmann, V. (2007). *Dephi-Studie betriebliches Bildungsmanagement: Was tut ein/e Ausbildungsmanager/in im Jahr 2015?* Unveröff. Masterarbeit, Zürcher Hochschule für Angewandte Wissenschaften, Institut für Angewandte Psychologie.

Hülshoff, T. (1996). *Das Handlungskompetenzmodell.* Unveröff. internes Papier, Universität Koblenz/Landau, Akademie Führungspädagogik.

Hülshoff, T. (2005). *ALF: Arbeiten und Lernen im Fachbereich.* Mannheim: DaimlerChrysler AG, Business Unit Mercedes-Benz Trucks.

Jank, W. & Meyer, H. (2008) *Didaktische Modelle.* Berlin: Cornelsen.

Kaiser, A. (2003). *Selbstkompetenz.* München: Luchterhand.

Katz, D., & Kahn, R. L. (1978). *The social psychology of organizations* (2. Aufl.). New York: Wiley.

Kauffeld, S. (2006). *Kompetenzen messen, bewerten, entwickeln. Ein prozessanalytischer Ansatz für Gruppen.* Stuttgart: Schäffer-Poeschel.

Kaufhold, M. (2006). *Kompetenz und Kompetenzerfassung. Analyse und Beurteilung von Verfahren der Kompetenzerfassung.* Wiesbaden: VS.

Kirchler, E. (Hrsg.). (2008). *Arbeits- und Organisationspsychologie* (2. Aufl.). Wien: facultas.wuv

Klafki, W. (1958). Didaktische Analyse als Kern der Unterrichtsvorbereitung. *Die Deutsche Schule,* 10.

Klafki, W. (1993). *Neue Studien zur Bildungstheorie und Didaktik – Zeitgemäße Allgemeinbildung und kritisch-konstruktive Didaktik,* 3. Aufl. Weinheim: Beltz.

Luhmann, N. (2002). *Das Erziehungssystem der Gesellschaft.* Frankfurt: Suhrkamp.

Luhmann, N. (2006). *Kommunikation und Entscheidung* (2. Aufl.). Wiesbaden: Verlag für Sozialwissenschaften.

Martens, W., & Ortmann, G. (2006). Organisationen in Luhmanns Systemtheorie. In A. Kieser & M. Ebers (Hrsg.), *Organisationstheorien* (6. Aufl.). Stuttgart: Kohlhammer.

Maslow, A. H. (1954). *Motivation and personality.* New York: Harpers

McLinden, D., & Trochim, W. M. K. (1998). Getting to parallel: Assessing the return on expectations of training. *Performance Improvement, 37,* 21–26.

Meifert, M. T. (2008). Was ist strategisch an der strategischen Personalentwicklung? In M. T. Meifert (Hrsg.), *Strategische Personalentwicklung* (S. 3–27). Berlin: Springer.

Menck, P. & Thoma, G. (1972). *Unterrichtsmethode: Intuition, Reflexion, Organisation.* München: Kösel.

Morgan, G. (2000). *Bilder der Organisation* (4. Aufl.). Stuttgart: Klett-Cotta.

Müller, U. (2007). Bildungsmanagement – Skizze zu einem orientierenden Rahmenmodell. In G. Schweizer, U. Iberer, & H. Keller (Hrsg.), *Lernen am Unterschied. Bildungsprozesse gestalten, Innovationen vorantreiben.* Bielefeld: Bertelsmann.

Münch (1995). *Personalentwicklung als Mittel und Aufgabe moderner Unternehmensführung.* Bielefeld: Bertelsmann.

Negri, C. (2008). *Einführung in die Didaktik*. Textunterlage für CAS Didaktik Methodik am IAP Zürich.

Negri, C. (2009). Coaching im Rahmen der betrieblichen Bildung. In Lippmann (Hrsg.), *Coaching* (2. Aufl.) (S. 191–201). Heidelberg: Springer.

Negri, C., & Hülshoff, T. (2006). *Situatives tätigkeitsbezogenes Anforderungsprofil für Bildungsmanager/innen*. Unveröffentl. internes Papier, Zürcher Hochschule für Angewandte Wissenschaften, IAP Institut für Angewandte Psychologie.

Nipkow (1968). Didaktik. In H. O. Häcker & K. H. Stapf. *Dorsch. Psychologisches Wörterbuch*. (S. 201–202). Bern: Huber.

Rice, A. K. (1958/1970). *Productivity and social organization: The Ahmedabad experiment*. London: Tavistock.

Robinsohn, S. (1972). *Bildungsreform als Revision des Curriculum*, 3. Aufl. Neuwied.

Roethlisberger, F. J., & Dickson, W. J. (1939). Management and the worker. Cambridge: Harvard University Press.

Rüegg-Stürm, J. (2002). *Das neue St. Galler Management-Modell*. Bern: Haupt.

Schein, E. (1980). *Organizational psychology* (3. Aufl.). Englewood Cliffs: Prentice Hall.

Schick, M., & Wittwer, W. (1992). *Lehr- und Wanderjahre für Weiterbildner. Ein neues Bildungskonzept für berufliche Bildungsexperten*. Stuttgart: Klett.

Schiersmann, C. (2000). Beratung in der Weiterbildung. *Report 46*, 18–32.

Schmid, B. (2008). The role concept of transactional analysis and other approaches to personality, encounter, and cocreativity for all professional fields. *Transactional Analysis Journal*, 38, 1, 17–30.

Schmid, B., & Wengel, K. (2001). Die Theatermetapher. *Perspektiven für Coaching, Personal- und Organisationsentwicklung*. Profile 1, 81–90.

Schüssler, I & Arnold, R. (2001). Erwachsenendidaktik – theoretische Zugänge, Handlungsstrategien und neuere Entwicklungen. In *Grundlagen der Weiterbildung, Praxishilfen*. Loseblattsammlung. Neuwied: Luchterhand.

Sennett, R. (1998). *Der flexible Mensch. Die Kultur des neuen Kapitalismus*. Berlin: Berlin.

Siebert, H. (2006). *Didaktisches Handeln in der Erwachsenenbildung*. München: Luchterhand.

Sonntag, K. (2002). Personalentwicklung und Training. Stand der psychologischen Forschung und Gestaltung. *Zeitschrift für Personalpsychologie 2*, 59–79.

Sonntag, K., & Schaper, N. (2006). Förderung beruflicher Handlungskompetenz. In K. Sonntag (Hrsg.), *Personalentwicklung in Organisationen* (3. Auflage) (S. 270–311). Göttingen: Hogrefe.

Strauss, A. L. (1993). *Continual permutations of action*. New York: de Gruyter.

Taylor, F.W. (1911). *Grundzüge der wissenschaftlichen Betriebsführung*. München: Oldenbourg.

Terhart, E. (2009). *Didaktik. Eine Einführung*. Stuttgart: Reclam.

Trist, E.L., & Bamforth, K.W. (1951). Some social and psychological consequences of the longwall method of coal-getting. *Human Relations* 4, 3–38.

Weber, M. (1922). *Wirtschaft und Gesellschaft*. Tübingen: Mohr.

Weinberg, J. (1996). Kompetenzlernen. *QUEM-Bulletin 1*, 3–6.

Weinert, A. B. (2004). *Organisations- und Personalpsychologie* (5. Aufl.). Weinheim: Beltz.

Willke, H. (2006). *Systemtheorie I: Grundlagen. Eine Einführung in die Grundprobleme der Theorie sozialer Systeme* (7. Aufl.). Stuttgart: Lucius & Lucius.

Wittwer, W. (2006). Die Aus- und Weiterbildner in ausserschulischen Lernprozessen. In R. Arnold & A. Lipsmeier (Hrsg.), *Handbuch der Berufsbildung* (2. Aufl.) (S. 401–412). Wiesbaden: VS.

# Lernpsychologie

*Theo Hülshoff, Christoph Negri, Gerald Hüther, Klaus-Dieter Dohne,*
*Christoph Hoffmann und Mirjam Kalt*

## 3.1 Über den Zusammenhang von Lernen, Persönlichkeitsentwicklung und Führungskultur im betriebs- und führungspädagogischen Kontext

*Theo Hülshoff*

Die folgenden Ausführungen zeigen auf, dass Lernen als Prozess der Persönlichkeitsentwicklung verstanden werden kann, der im betrieblichen Umfeld in die Lern-, Führungs- und Unternehmenskultur eingebettet ist und unter den Kriterien arbeitsplatzbezogener Anforderungsprofile organisiert werden muss. Im Vordergrund steht dabei das Erkennen und Fördern von individuellen Potenzialen und der damit verbundene ganzheitliche Ausbau von Handlungskompetenzen. Auf der Grundlage eines Netzbilds werden darüber hinaus Komponenten aufgezeigt, welche die Entwicklung von Führungspersönlichkeiten beeinflussen.

Auf den ersten Blick könnte man vermuten, dass Lernen, Persönlichkeitsentwicklung und Führungskultur unterschiedliche Phänomenbereiche des Menschen kennzeichnen. Wenn man Menschen bittet, spontan das zu sagen, was ihnen einfällt, wenn sie an ihre Erfahrungen mit dem Lernen denken, so werden häufig Assoziationen genannt wie »Angst«, »Stress«, »Benotung«, »Zeugnisse«, Bestrafung«, »Langeweile«, »Frustration«, »Unlust«, »Mühe«, »Zwang«, »ungerechte Behandlung« etc. Seltener ist zu hören, dass Lernen »Freude« macht, etwas ist, das man aus starker Neugierde auf alles, was ist, aus einer existenziellen Selbstverständlichkeit als wesentliche Aufgabe menschlichen Seins betrachtet. Woran könnte das liegen? Ist es vielleicht die schulische Erfahrung, die uns zeigt, wie sehr das offiziell verordnete Lernen auf das Speichern von abfragbarem Wissen verkürzt wird, dass Lernen häufig nur noch als Einpauken prüfungsrelevanten Unterrichts- und Lernstoffs verstanden wird? Insoweit erscheint es nicht verwunderlich, dass ein Bedeutungszusammenhang von Lernen und Persönlichkeitsentwicklung verborgen bleibt, ja dass die Entwicklung der eigenen Persönlichkeit höchstens außerhalb der offiziellen schulischen Lernräume vorstellbar ist. Dies macht deutlich, wie sehr der Begriff des Lernens in unserem heutigen Bewusstsein verengt erscheint.

Wir wollen an dieser Stelle nicht untersuchen, welche Gründe es dafür geben mag, dass wir den Bedeutungsgehalt des Begriffs Lernen so sehr verkürzt haben. Der Begriff des Lernens steht in einem inhaltlichen Zusammenhang mit dem Begriff von Wissenschaft. Wenn nun in der neueren Zeit wissenschaftliches Arbeiten vornehmlich auf den beobachtbaren und messbaren Bereich von Wirklichkeit begrenzt wird, muss in vergleichbarer Weise auch der Begriff des Lernens auf Inhalte und Zielsetzungen eingeschränkt werden, die den gesetzten Kriterien und den von den Erkenntnis- und Wissenschaftstheoretikern vereinbarten Regeln entsprechen.

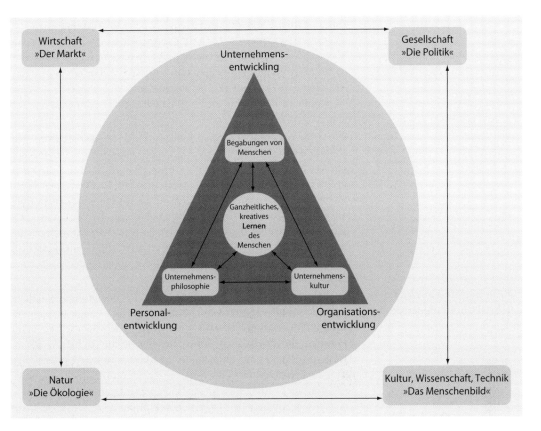

**Abb. 3.1** Lernen als notwendiger Prozess individueller Persönlichkeitsentwicklung

Alle theoretischen Konzepte, die Aussagen machen zur Entwicklung der Persönlichkeit, stellen das individuelle Lernen in den Mittelpunkt. Es ist jedoch zu fragen, welche Auffassungen vom Lernen sie vertreten. Dies hängt von dem bewusst entworfenen oder unbewusst angewandten Menschenbild ab.

Wir versuchen, die in der abendländischen philosophischen Tradition entwickelten Grundmotive und Erkenntnisse zum Ausgangspunkt zu wählen für Aspekte einer Theorie der Persönlichkeitsentwicklung, die das Lernen als ganzheitlichen, geistigen, kreativen und authentischen Prozess des Individuums betrachtet ( Abb. 3.1).

In diesem geistigen Entfaltungsprozess verwirklichen sich die in jedem Menschen vorhandenen individuellen Potenziale, seine besonderen Begabungen, Fähigkeiten, seine individuellen, ererbten Wissens- und Könnensbestände. In einer computerorientierten Sprache könnten wir sagen, dass jeder Mensch von Natur aus über beträchtliche Datenbanken verfügt, die er von Geburt an nutzen kann. In diesen Datenbanken ist einmal das stammesgeschichtliche Wissen, die »biologischen« und »kulturellen« Erfahrungen aus der geschichtlichen Entwicklung der Spezies Mensch enthalten, zum andern die im individuellen »Erbgut« gespeicherten Potenziale, die jeden Menschen

**Lernen als ganzheitlicher, geistiger, kreativer und authentischer Prozess der individuellen Persönlichkeitsentwicklung**

zu einer unverwechselbaren, einmaligen, originären Persönlichkeit ausformen können, wenn die zu durchlebenden pädagogischen Situationen, die kulturelle Lernumgebung in angemessener Weise fördernd hinzutreten. Wie hängen nun betriebliches Lernen und Unternehmens- bzw. Führungskultur zusammen?

Kultur ist die gelebte Philosophie eines Unternehmens. Wir alle kennen geradezu ideale Formulierungen von unternehmensphilosophischen Grundsätzen und Leitbildern, die in Hochglanzbroschüren, »Silberfischen«, abgedruckt und wie eine Visitenkarte dem Besucher überreicht werden. Man möchte damit, nicht ohne Stolz, zum Ausdruck bringen, dass in diesem Unternehmen ein moderner, menschen- und mitarbeiterfreundlicher Geist vorherrscht. Leider sieht die Realität oftmals anders aus. Es wird augenscheinlich, dass zwischen einer ausformulierten Soll-Vorstellung und der alltäglichen, betrieblichen Wirklichkeit, dem Ist also, ein beträchtlicher Unterschied besteht. Die gelebte Kultur stimmt mit den Unternehmensleitsätzen nicht überein.

**Führungskräfte als Träger der gelebten Unternehmenskultur**

Jedes Unternehmen hat »seine« Kultur. Es ist allerdings zu fragen, um welche Kultur es sich dabei handelt. Überall, wo Menschen miteinander arbeiten und längerfristig miteinander leben, entwickeln sich Kulturen, die jeweils auch von »heimlichen« Philosophien, d. h. unausgesprochenen und unformulierten »Leitsätzen« geprägt sind. Es sind die Führungskräfte, die in ihrem Reden und Handeln lebendige »Kulturträger« sind. Sie wirken als »Repräsentanten« der ausgesprochenen oder heimlichen Unternehmensphilosophie; denn sie sanktionieren und prägen, auf Grund ihrer Machtposition, die wesentlichen Bereiche und Handlungsfelder einer Unternehmenskultur: Die Art, wie man miteinander arbeitet, miteinander umgeht, miteinander kommuniziert, wie man miteinander Probleme oder gar Konflikte aufarbeitet, inwieweit man in der Lage und bereit ist, den ganzen Menschen in seiner individuellen Situation ernst und wahrzunehmen, ihn mitbeteiligt, insbesondere dann, wenn er selbst betroffen ist, und wie man im Unternehmen lernt oder zu lernen erlaubt.

**Führen ist pädagogisches Handeln**

Einer der wichtigsten Indikatoren für den Entwicklungstand der jeweiligen Unternehmenskultur ist die Lernkultur: Sage mir, welche Lernkultur ihr habt, und ich sage dir, welche Unternehmenskultur sich bei euch entwickelt hat. An der Lernkultur zeigt sich, ob die Führungskräfte bereit und in der Lage sind, die Potenziale der Mitarbeitenden zu entdecken, um sie durch Lernen zu fördern und dadurch einen wesentlichen Beitrag zum unternehmerischen Erfolg zu leisten. Individuelle Potenziale lassen sich jedoch nur dann in umfassender Weise entwickeln, wenn Lernen als der entscheidende Prozess der Persönlichkeitsentwicklung gesehen wird. Dieser Entwicklungsprozess muss im betrieblichen Umfeld unter den Kriterien von arbeitsplatzbezogenen Anforderungsprofilen, in denen Fach-, Methoden-, Sozial- und Persönlichkeitskompetenzen ihren Ort haben, organisiert werden. Diese Organisation des mitarbeiterbezogenen Lernens ist zentrale Führungsaufgabe. Denn Führen heißt, pädagogisch zu handeln, und pädagogisches Handeln heißt, Menschen zu führen. Die Führungskräfte sollten hierbei von Betriebspädagogen beraten und unterstützt werden.

### 3.1.1 Das Handlungskompetenzmodell: Ein grundlegendes betriebspädagogisches Konstrukt

In der gegenwärtigen politischen Diskussion steht die Frage im Mittelpunkt, wodurch die krisenhafte wirtschaftliche Situation, deren wichtigstes Phänomen eine außergewöhnlich hohe Arbeitslosenzahl ist, verursacht worden sei. Nicht nur die Verantwortlichen der politischen Parteien, auch die Vertreter wichtiger und einflussreicher Verbände und Interessengruppen verweisen bei dieser Frage in der Regel auf schuldhafte Versäumnisse der jeweils anderen. So wird an die vielen steuergesetzlichen Regelungen erinnert, die private und unternehmerische Initiativen behinderten, oder an die allzu hohen Lohnnebenkosten, die zum Abbau von Arbeitsplätzen führten. In den unterschiedlichen Lebenslagen außerhalb der Reichweite des eigenen persönlichen Umfelds nach Schuldigen zu suchen, kennzeichnet geradezu das moderne Lebensgefühl.

Auffallend ist, dass die Meinung, »die Politik« sei die bewegende Kraft, die die wirtschaftlichen und gesellschaftlichen Prozesse rational und kalkulierbar gestalten und zukünftige Entwicklungen und deren Ergebnisse vorausberechnen und zum Positiven wenden könne, zunehmend an Bedeutung gewinnt. Die Politiker unterstützen nicht selten dieses Meinungsbild. Seltener machen wir uns bewusst, dass wir es selbst sind, die es sich in den letzten Jahrzehnten in einem wachsenden Wohlstand bequem gemacht haben. Wir hatten uns bereits daran gewöhnt, auf unsere Ansprüche und Rechte zu pochen, anstatt selbst initiativ und eigenverantwortlich die individuellen Potenziale herauszufordern, um die zukünftige lebensgeschichtliche und berufliche Entwicklung, auch im unternehmerischen Kontext, entschieden mitzugestalten. Die jährlichen Steigerungsraten des Sozialprodukts suggerierten in regelmäßigen Abständen die bereits normierte Erwartungshaltung, der wirtschaftliche Erfolg unseres Landes sei geradezu eine Art naturgesetzlich vorgegebener Parameter unserer volkswirtschaftlichen Gesamtrechnung. Dieses »standortgebundene« Wahrnehmungsmuster unserer ökonomischen Situation hat den Blick so sehr verengt, dass viele von uns den raschen Wandel auf den Weltmärkten gar nicht oder zu spät entdeckten.

*Verengter Blick durch standortgebundene Wahrnehmungsmuster*

Die heutigen krisenhaften Entwicklungen in den traditionellen Kulturnationen Europas haben zudem eine tiefer liegende Wurzel. Es ist der im Zuge der Aufklärungsepoche des 17. und 18. Jahrhunderts grundgelegte, übestiegene »Glaube an die Vernunft« und zugleich der »Glaube an das empirisch Messbare«, der eine grenzen- und kritiklose Wissenschaftsgläubigkeit bedingte, einen tiefen Glauben an

*Wissensvermittlung steht im Vordergrund*

**3**

die Allmacht des Wissens, das nach vernunftgemäßen, positivistisch gesetzten Spielregeln wissenschaftstheoretischer Konzepte erworben, geordnet, vermehrt wurde. Auf der einen Seite entstanden hierdurch in vielen Lebensbereichen unübersehbare, ungeahnte, fortschrittliche, moderne, naturwissenschaftliche und technische Entwicklungsschübe in immer kürzer werdenden Zeiträumen. Auf der anderen Seite hat diese augenscheinlich faszinierende Faktizität des Fortschritts zu einer grenzen- und kritiklosen Wissensgläubigkeit geführt: Gebildet ist der Mensch in dem Maße, wie er wissenschaftlich legitimiertes Wissen im Kontext der jeweiligen Fachdisziplin reproduzierbar gedächtnismäßig verarbeitet hat. Schulen, insbesondere höhere Schulen, und Universitäten entwickelten sich folgerichtig und vornehmlich zu Institutionen der Wissensvermittlung. Sie »qualifizieren« Auszubildende, Schüler und Studierende für zukünftiges lebensgeschichtliches und berufliches Handeln dadurch, dass sie ihnen nach definierten wissenschaftlichen Regeln erarbeitetes Wissen über umgrenzte Ausschnitte von Wirklichkeit mit dem Anspruch höchster Aktualität didaktisch zu vermitteln suchen.

**Entwicklung von Handlungskompetenz durch Ganzheitliches Lernen**

Nun zeigen bereits einfache, geläufige Lebenssituationen, wie etwa das Fahrrad- oder Autofahren, dass ein noch so umfassendes, gedächtnismäßig abrufbares und wissenschaftlich legitimiertes »Wissen« über alle denkbaren und tatsächlichen Vorgänge und Abläufe in diesen Handlungsfeldern völlig unzureichend ist, um als »handlungskompetenter« Fahrrad- oder Autofahrer gelten zu können. »Handlungskompetenz« umfasst also neben dem »Wissen« (**fachliche Kompetenz**), das ich für eine bestimmte Tätigkeit benötige, auch die Fähigkeit, dieses »Wissen« in die »Tat« umsetzen zu können (**Methodenkompetenz**) (⬛ Abb. 3.2). Auf der Grundlage eines fachlichen Durch- und Überblicks handeln zu können, bedeutet jedoch, dass ich zudem fähig und bereit bin, mit anderen zusammenzuarbeiten, mit andern zu kommunizieren (**soziale Kompetenz**). Selbst dieses Wissen (**fachliche Kompetenz**), dieses Umsetzenkönnen (**Methodenkompetenz**) und dieses Umgehenkönnen mit anderen (**soziale Kompetenz**) reicht noch nicht aus, um eine Tätigkeit »handlungskompetent« ausüben zu können: Dazu bedarf es in meinem Ich- oder Selbstkonzept einer mich prägenden und orientierenden Identifikation mit grundlegenden Werten und Überzeugungen, der **persönlichen Kompetenz**. Diese ist geradezu das Fundament aller übrigen Kompetenzen. Es kann beispielsweise jemand ein noch so guter Fachmann in einem Handlungsbereich sein, fehlt es ihm an einer starken Verinnerlichung von ethischen Grundwerten und Überzeugungen, wird er trotz seines fachlichen Expertentums nicht davor geschützt sein, in konkreten Situationen verantwortungslos oder unzuverlässig zu sein. Dem Konzept der Handlungskompetenz folgt das Konzept des Ganzheitlichen Lernens. »Ganzheitlich« kann ein Lernen nur dann genannt werden, wenn es die Entwicklung der 4 Kompetenzen insgesamt fördert. Die individuelle Gestaltung von Lebens- und beruflichen Situationen setzt individuelle Handlungskompetenz voraus. Auch unter Kosten-

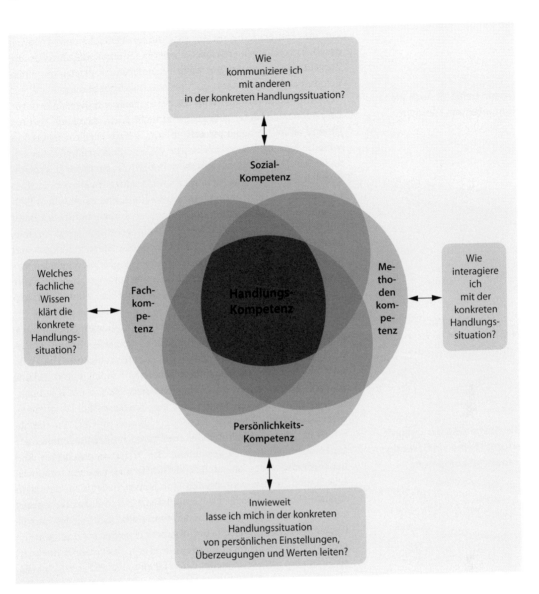

**Abb. 3.2** Die 4 Dimensionen der Handlungskompetenz

gesichtspunkten ist es deshalb sinnvoll, das Konzept des Ganzheitlichen Lernens stärker als bisher zur Grundlage curricularer Planung und Organisation zu machen.

Hier könnte eingewandt werden, dass das Ganzheitliche Lernen nicht notwendigerweise als ein in sich geschlossener Prozess verstanden werden muss, dass das »Wissen« (die Fachkompetenz) über etwas zumindest dem Anwenden des Wissens (der Methodenkompetenz) nicht nur zeitlich, sondern auch logisch vorausgehen müsse. Diese nicht selten vorgetragene Annahme hält einer sorgfältigen Nachprüfung im alltäglichen Leben nicht stand: Es ist das praktische

**Wissen befähigt noch nicht zu kompetentem Handeln**

Tun und Handeln, die »Erfahrung« durch »Versuch« und »Irrtum«, das »Lernen aus Fehlern«, die »correctio fraterna«, die »brüderliche Zurechtweisung« durch vertraute Freunde und Kollegen, die einen tiefgreifenden Lernprozess im Menschen auslösen können.

Inwieweit konkretes menschliches Handeln zur eigenen und zur Zufriedenheit anderer gelingt, hängt nicht allein davon ab, wie viel jemand an Wissen über ein angemessenes individuelles Handeln in seinem Gedächtnis gespeichert hat: Wissen allein befähigt uns noch nicht zum Handeln. Obschon diese Erkenntnis geradezu jedermann offenliegt, haben wir der Quantität und Qualität des Wissens in allen Lebensaltersphasen und schulischen Institutionen einen hohen Stellenwert verliehen. Bildungsabschlüsse korrespondieren in der Regel mit definierten, in entsprechenden Prüfungsordnungen dokumentierten und hierarchisierten Wissensbereichen. Berechtigungen und Privilegien werden an ritualisierte Nachweise des individuellen Reproduzierenkönnens von Wissensbeständen geknüpft.

Wissen meint systematische Erkenntnisse über einen Wirklichkeitsbereich. Werden diese geordneten und in sich schlüssigen Erkenntnisse als Wissensbestände unter einer Fragestellung zusammengefasst, sprechen wir von einer Theorie. Hierbei kann unberücksichtigt bleiben, ob es sich um »Alltagstheorien«, »subjektive Theorien« oder »wissenschaftlich begründete Theorien« handelt. Die systematische Verbindung unterschiedlicher Theorien, die sich auf einen definierten Ausschnitt von Wirklichkeit beziehen lassen, konstituiert eine wissenschaftliche Disziplin.

**Die Gestaltung der Zukunft erfordert eine umfassende Handlungskompetenz**

Es hängt vermutlich mit der stark gewachsenen Bedeutung der Einzelwissenschaften, insbesondere der Naturwissenschaften und der mit naturwissenschaftlichen Methoden arbeitenden Geisteswissenschaften, in den vergangenen 300 Jahren zusammen, dass dem »Schaffen« von »Wissen« (Wissenschaften) ein so hoher Stellenwert zuerkannt wurde. Blieb doch der augenscheinliche Erfolg des Spezialwissens für den »Fortschritt« in vielen Bereichen des gesellschaftlichen und privaten Lebens nicht aus. Begriffe, die in einer dialektischen Beziehung zum »Wissen« stehen wie »Glaube«, »Praxis«, »Tätigkeit«, »Handeln« und »Tun« mussten deshalb in den Entwicklungsphasen des aufgeklärten, modernen Bewusstseins zunehmend an Bedeutung für das Erringen eines gesellschaftlichen Ansehens und für den Aufbau eines gesellschaftlich anerkannten »Images« des Menschen verlieren. Wert und Ansehen des Menschen stehen in einem direkten Zusammenhang mit der Quantität seines Wissens, beziehungsweise der vorzuweisenden Legitimationen, die im Rahmen offizieller Vermittlungsinstitutionen des Wissens erworben wurden. Es ist an der Zeit, sich in unserer europäisch geprägten Kultur wieder auf den Grundsatz von »ora et labora«, auf den ganzheitlichen, sinnstiftenden, kreativitätsfördernden Zusammenhang von geistig-spiritueller Orientiertheit und umfassender Handlungskompetenz zurückzubesinnen, um die Zukunft gerade angesichts der Globalisierung der Märkte gestalten zu können.

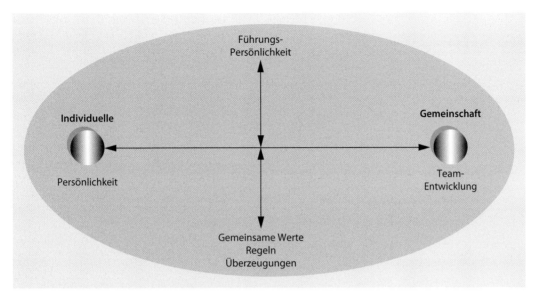

### 3.1.2 Die Entwicklung von Führungspersönlichkeiten im Spannungsfeld zwischen Individuum und Gemeinschaft

Das in ◘ Abb. 3.3 dargestellte Netzbild zeigt das Spannungsfeld individuums- und gemeinschaftsbezogener Komponenten auf, in dessen Rahmen sich die Entwicklung von Führungspersönlichkeiten ereignet. Es stellt ein grundlegendes Konzept des betriebspädagogischen Denkens von Hülshoff dar.

**22 Thesen zum Netzbild des lernenden Unternehmens**

1. Jeder Mensch wird als Individuum, als nicht mehr weiter aufteilbares, als einzigartiges, einmaliges, unverwechselbares Lebewesen geboren. Es gibt von keinem von uns einen echten »Doppelgänger«. Jeden Menschen gibt es nur einmal. Selbst eineiige Zwillinge sind unterschiedliche Menschen.

2. Jedes Individuum trägt in sich unermessliche Potenziale. Potenziale sind Anlagen, stammesgeschichtliche und individualgenetische Erbgutträger, die auf Entfaltung hin angelegt sind (*potentia* = realistische Möglichkeit, die auf Verwirklichung hin ausgerichtet ist).

3. Der griechische Philosoph Aristoteles spricht von einer »Entelechie« des Individuums, einer im individuellen Menschsein verwurzelten Strebekraft, die auf das Erreichen der »Glückseligkeit« gerichtet ist.

3

4. Die individuelle Persönlichkeit zu entwickeln bedeutet, die individuellen Potenziale, die individuellen Anlagen zu entfalten. Dieser Prozess beginnt bei der Zeugung und endet mit dem Tod des Menschen.

5. Der Prozess der Entfaltung der individuellen Persönlichkeit ist als umfassender, ganzheitlicher Lernprozess zu kennzeichnen. »Lernen« umfasst den individuellen Bildungs- und Erziehungsprozess.

6. Seine Persönlichkeit zu entfalten heißt, seine Ich-Identität im schwebenden Gleichgewicht aufzubauen zu versuchen, heißt, immer mehr »Ich-Selbst« zu sein, mit sich selbst übereinzustimmen. Dieses lebenslange Bemühen wird sich in Raum und Zeit nicht vollenden lassen.

7. Kinder, Jugendliche und Erwachsene sind auf eine vertrauensvolle, freundschaftliche und kreative Beziehung zu einer oder mehreren »starken« Persönlichkeiten angewiesen, um sich selbst und somit ihre individuellen Potenziale entfalten zu können.

8. Es sind die »Pädagogischen Situationen«, in denen ein Problem, ein Thema, eine Frage, eine Erfahrung oder ein Gedanke, eine Aufgabe, ein Ziel oder eine Sache plötzlich im Mittelpunkt einer Gemeinschaft von Lehrenden und Lernenden steht. Dann »steht« und »fällt« die erzieherische und bildende Wirksamkeit der »Pädagogischen Situation« mit der Stärke und authentischen Identitätskraft der Lehrerpersönlichkeit.

9. Die Identitätsstärke der Persönlichkeit erscheint häufig als »charismatische Geisteskraft«, die die geistigen Potenziale anderer zu ihrer Entfaltung verhelfen kann.

10. Die zentrale Aufgabe der Lehrerbildung sollte darin bestehen, geeignete Rahmenbedingungen dafür zu schaffen, damit sich individuelle, authentische, kreative, unverwechselbare pädagogische Persönlichkeiten entwickeln können. Leider wird in der Lehrerbildung – in einseitiger Weise – zu viel Wert darauf gelegt, die wissensmäßigen, theoretischen, pädagogischen und didaktischen Voraussetzungen für den Lehrerberuf zu vermitteln.

11. Der Mensch ist von Natur aus ein Gemeinschaftswesen. Er wird durch die Gemeinschaft von Mann und Frau gezeugt, wächst in der familiären Gemeinschaft auf und lebt selbst als individuelle Persönlichkeit in vielfältigen Ich-Du-, Ich-Wir-Beziehungen, in Gemeinschaften.

12. Die problematische Existenz eines Egozentrikers oder die Tragik eines vereinsamten Menschen zeigen im Modus der Verneinung den existenziellen Sinn von Gemeinschaft für den Menschen.

13. Ein Kind ist nur dann existenzfähig, wenn es Liebe erfährt. Der Erwachsene kann seine Ich-Identität nur dann lebendig erhalten, seine einmalige und einzigartige Persönlichkeit nur dann weiterentwickeln, wenn er sich in Liebe und Freundschaft mit anderen verbunden fühlt.

14. Das Fasziniertsein und innere Betroffensein von der Schönheit der sich offenbarenden Seele des anderen und die damit verbundene und uns oft erschütternde Wahrnehmung des eigenen Selbst ist Ausdruck von Liebe.

15. Lieben heißt, sich vertrauensvoll in Gemeinschaft mit dem oder den anderen zu öffnen, das sorgfältig verhüllte Ich ohne die gewöhnliche Angst vor Enttäuschung zu entschleiern.

16. Liebe ist das geistige, kraftvolle Band, das alle Mitglieder von Gemeinschaft verbindet. Es ist Medium, in dem sich die geistigen Potenziale des Individuums entfalten können.

17. Während eine »Gruppe« Aufgaben verfolgt, die sie »arbeitsteilig« erarbeitet, findet eine »Gemeinschaft« ihren Sinn in sich selbst.

18. Als Mitglieder von »Arbeitsgruppen« oder »Lerngruppen« bringen die Menschen häufig nur Teile ihrer Potenziale und geistigen Kräfte in das Gesamtergebnis ein. Als Mitglieder von Gemeinschaften sind sie ganzheitlich und existenziell verbunden.

19. Gemeinschaft entsteht nur dann, wenn jedes Mitglied sich in Freiheit zum Leben in der Gemeinschaft immer wieder erneut entscheiden kann. Umgekehrt besteht eine Gemeinschaft nur so lange, wie sie die Freiheit jedes einzelnen Mitglieds als unveräußerbaren Wert in sich respektiert.

20. Gemeinschaft entwickelt sich zwischen Menschen, wenn uns andere sympathisch und interessant erscheinen, wenn sie eine »Ausstrahlungskraft« auf uns ausüben, wenn wir den Eindruck haben, dass wir uns etwas »zu sagen« haben.

21. Aus dieser Anfangssituation ergeben sich immer wiederkehrende »Konsensfindungsprozesse« hinsichtlich der Frage, welche gemeinsamen Werte, Überzeugungen und »Spielregeln« das Leben der Gemeinschaft kennzeichnen sollen.

22. Das höchste pädagogische Ideal besteht in der lebendigen Gemeinschaft von Lehrenden und Lernenden. Es sind nicht selten die äußeren Rahmenbedingungen und die eigenen Unzulänglichkeiten, die uns daran hindern, diesem pädagogischen Ideal näher zu kommen.

**Zusammenfassung**

▬ Die Organisation des betrieblichen Lernens bzw. einer unternehmensweiten Lernkultur ist eine zentrale Führungsaufgabe, die es ermöglichen soll, individuelle Potenziale und Handlungskompetenzen entwickeln zu können.

▬ Dies setzt voraus, dass Lernen als ganzheitlicher Prozess der Persönlichkeitsentwicklung betrachtet wird und in einer lebendigen Gemeinschaft von Lehrenden und Lernenden erfolgt. Betriebspädagogen stehen den Führungskräften dabei beratend und unterstützend zur Seite.

## 3.2   Lernen Erwachsener

*Christoph Negri*

**Erwachsene lernen nicht im luftleeren Raum**

Interesse ist eine Voraussetzung für nachhaltige Lernprozesse. »Alte Leute wissen alles, worum sie sich Sorgen machen (…). Nur eifriges Interesse braucht weiterzuwirken, dann bleiben die Geisteskräfte im Alter erhalten« (Cicero, 100–43 v. Chr.). Wer Lernprozesse vor allem für Erwachsene erfolgreich gestalten will, muss sich auch mit den Ergebnissen der Lernforschung und ihren Auswirkungen auf die praktische Arbeit in der Weiterbildung beschäftigen. Besonders entscheidend für den Erfolg und die Qualität einer Bildungsmaßnahme ist eine erwachsenengerechte Vorgehensweise. In diesem Abschnitt werden dazu folgende Fragestellungen bearbeitet:

▬ Was verstehen wir unter »Lernen«?

▬ Wie lernen Erwachsene?

▬ Was braucht ein erwachsenengerechter Unterricht?

▬ Was macht guten Unterricht aus?

▬ Welche Kriterien für nachhaltiges Erwachsenenlernen gibt es?

▬ Was zeichnet gute Ausbilder/innen aus?

### 3.2.1   Lernen

Der Begriff »Lernen« ist meistens positiv konnotiert, tatsächlich ist er jedoch neutral. »Falsches«, unerwünschtes Lernen ist genauso Lernen und geschieht auf die gleiche kognitiv-emotionale Art und Weise wie das »richtige«, erwünschte und erfolgreiche Lernen. Eine der entscheidenden Fragen ist also: Wer bestimmt, was und wie gelernt werden soll? Manchmal lernen wir eben genau das, was wir nicht lernen sollen: Geheimnisse, Tabus, Verbotenes – und manchmal lernen wir auch, was wir nicht lernen wollen.

---

**Lernen**

Nach dem heutigen Stand kann Lernen definiert werden als Verhaltensänderung in der Zeit, die zu einer Einheit von Kognition (Wissen als die Fähigkeit zu Unterscheidungen) und Handeln (Entscheidungen, Strategien) führt. Dabei ist ganz entscheidend, dass es zu einer gemeinsamen Entwicklung (Koevolution) kommen kann, denn solange sich diese nicht ergibt, kann auch kein effektives Lernen stattfinden (Negri, 2005)

---

In diesem Zusammenhang müssen wir uns als Aktoren der Personalentwicklung immer wieder die Frage stellen: Wie können wir mehr Zeitgleichheit in die organisationalen Lernprozesse bringen, und wie ist es möglich, dass alle Beteiligten nicht zu weit auseinander liegen.

Zur Veränderung der Lernfähigkeit und der Lernleistung im Erwachsenenalter liegt zwar umfangreiche Literatur vor. Es ist jedoch schwierig, verschiedene Untersuchungen zu vergleichen, da der Lernbegriff unterschiedlich definiert wird. Einige verstehen unter »Lernen« vor allem die Speicherkapazität und Funktionsfähigkeit des Gedächtnisses, andere untersuchen Einstellungsänderungen, und wieder andere messen Denkleistungen (Siebert, 2006). Für das didaktische Handeln sind lernpsychologische Erkenntnisse vor allem als Hintergrundwissen wertvoll: Wer ein Seminar leitet, kann die Lernfähigkeit aller Teilnehmenden ohnehin nicht exakt messen und testen.

### 3.2.2 Wie lernen Erwachsene?

Generell kann gesagt werden, dass sich altersbedingte »Gewinne« und »Verluste« der Lernfähigkeit beschreiben lassen. Aus der Entwicklungspsychologie ist uns folgende besondere »Alterskompetenz« bekannt: Mit dem Alter können wir die Stärken optimieren und die Schwächen kompensieren, so z. B. beim Tennisspiel. Mit dem Alter können wir uns auf dem Platz nicht mehr so schnell bewegen, dafür verbessert sich das Stellungsspiel, und damit kann die abnehmende Schnelligkeit kompensiert werden.

Im Verlauf des Lebens verändern sich die Lernanforderungen, die Lernsituation, die Lernmotive, die Lernstile und auch die Lerntechniken. Dabei ist es nicht alleine das biologische Alter, das sich auf das Lernverhalten auswirkt, sondern maßgeblich sind die Identität, das soziokulturelle Umfeld, der Beruf, die kritischen Lebensereignisse usw. Im Laufe des Lebens stellen sich uns unterschiedliche »Entwicklungsaufgaben« in der Familie, im Beruf und in der Gesellschaft, die durch Lernen bewältigt werden müssen.

Es kann gesagt werden, dass Lernen im Erwachsenenalter eher situationsbezogen und verwendungsorientiert ist und das schulische Lernen eher der Allgemeinbildung dient (vgl. Arnold, Krämer-Stürzl & Siebert, 2005).

> Mit dem Alter können Stärken optimiert und Schwächen kompensiert werden

Aus der **entwicklungspsychologischen Lernforschung** können zu Unterschieden zwischen jüngeren und älteren Menschen folgende Ergebnisse zusammengefasst werden (vgl. Arnold, Krämer-Stürzl & Siebert, 2005, S. 15):

- Individuelle Unterschiede innerhalb einer Altersgruppe sind meist größer als die Unterschiede zwischen 2 Altersgruppen aus einem Milieu.
- Unterschiede der Lernstile und Lerninteressen nehmen im höheren Alter noch zu.
- Das biologische Alter ist selten primäre Ursache für Lerndefizite, sondern Faktoren die altersabhängig sind (z. B. Krankheit, Verlust von Lernaufgaben und/oder berufliche und familiäre Rollen).
- Wichtige Faktoren für den Erhalt der Lernfähigkeit sind Lerntraining (kontinuierliches Üben) und Lerninteresse (Motivation).
- Die fluide Intelligenz nimmt im Alter ab. Das heißt, die Fähigkeit, neue Situationen und Aufgaben zu bewältigen, sich kognitiv und emotional auf Neues einzustellen (umzustellen), nimmt ab.
- Die Kapazität des Arbeitsgedächtnisses nimmt im Alter ab. Die Lernprozesse sind störanfällig, kurzfristig Gelerntes kann schlechter erinnert werden, im Gegensatz dazu sind früher gelernte Inhalte gut abrufbar.
- Das Lerntempo verringert sich mit dem Alter.
- Ältere Menschen verfügen über weniger Lerntechniken als Jüngere.
- Ältere haben vielfältige Erfahrungen gemacht und ein Lebenswissen erworben, das es ihnen erleichtert, zwischen wichtigen und unwichtigen Informationen zu unterscheiden.
- Erwachsene können neues Wissen in ihre Wissens- und Erfahrungsnetze integrieren.
- Allgemeine Arbeitseffektivität (Verlässlichkeit, Fleiß, Pflichtbewusstsein, Effektivität, Teamfähigkeit usw.) nehmen im Alter zu, physische Fähigkeiten und Anpassungsfähigkeit (schnelles Lernen, neue Konzepte verstehen, Veränderungen durchführen usw.) dagegen nehmen bei älteren Menschen ab (Dittmann-Kohli et al, 1997, S. 221)

**Konsequenzen für das Lernen mit Erwachsenen**
- Neue Lerninhalte müssen anschlussfähig sein.
- Die Lernenden entscheiden schlussendlich immer selber, was sie lernen wollen.
- Wir verarbeiten das, was in unser kognitives System passt, wofür wir kognitiv und emotional aufgeschlossen sind, was uns sinnvoll und brauchbar erscheint.

- Lernen ist ein aktiver Prozess.
- Anwendungsbezug hat eine wichtige Bedeutung.
- Kontextbezug ist entscheidend: Informationen und Fakten müssen für die Erwachsenen anschlussfähig sein.
- Wir sind geprägt durch unsere Lernbiografie.

### 3.2.3 Erwachsenengerechte Lernsettings

Erwachsenengerechter Unterricht sollte teilnehmerorientiert, ganzheitlich und handlungsorientiert sein. Das bedeutet, dass alle Kompetenzbereiche (Fach-, Methoden, Selbst- und Sozialkompetenz, vgl. ▶ Abschn. 2.3) angesprochen werden sollten und Möglichkeiten geschaffen werden, damit schon gemachte Erfahrungen und bereits vorhandenes Wissen mit den neuen Lerninhalten verknüpft und integriert werden können. Entwicklungs- und lernpsychologische Erkenntnisse bilden die Grundlage für eine erwachsenengerechte Vorgehensweise. In der ▶ Checkliste »Erwachsenengerechtes Lernen« werden einige relevante Kriterien für erwachsenengerechtes Lernen zusammengefasst (vgl. Arnold, 1996):

**Erwachsenengerechtes Lernen ist teilnehmerorientiert, ganzheitlich und handlungsorientiert**

**Checkliste: Erwachsenengerechtes Lernen**
- Lernziele/Lerninhalte/Lernthemen können von Teilnehmenden mitbestimmt werden
- Eigene Lernprojekte können von den Teilnehmenden eingebracht und bearbeitet werden
- Die Lernorganisation ist zeit- und methodenflexibel und lässt mehrere Lernwege offen
- Es werden gezielt Lern-, Aktivitäts- und Selbsterschließungsmethoden eingesetzt
- Es wird bewusst an Lebenssituationen und/oder Berufserfahrungen angeknüpft
- Die soziale und kommunikative Ebene des Lernprozesses wird bewusst gefördert
- Die Inhaltsauswahl ist curricular, didaktisch bzw. bildungstheoretisch begründet (»Warum soll etwas gelernt werden«)
- Angebotene Lerninhalte werden für die Teilnehmenden greifbar und fassbar reduziert
- Angebotene Lerninhalte können selbständig erarbeitet (erschlossen) werden
- Eigenaktivität wird gefördert
- Handlungsbezogene Frage- und Problemstellungen sind immer wieder Thema

Um die erwähnten Aspekte in der Erwachsenenbildung professionell einfließen zu lassen und kritisch zu reflektieren, braucht es grundlegende Kenntnisse der Erwachsenenpädagogik sowie der Didaktik und Methodik zum Lernen mit Erwachsenen.

### 3.2.4  Was macht gute Lernsettings für Erwachsene aus?

**Bei der Gestaltung eines Seminars geht es darum, ob wir gemeinsam als Lehrende und Lernende das Gewollte auf die gewünschte Art und Weise erreichen**

Gute Seminare sind nie allein eine Frage der guten Trainerin/des guten Trainers. Es geht darum, ob wir gemeinsam als Lehrende und Lernende das Gewollte auf die gewünschte Art und Weise erreichen. Guter Unterricht entsteht aus der Verbindung verschiedenster Elemente. So ist beispielsweise eine sinnvolle Methodenwahl noch lange kein Garant für ein gutes Seminar. Dasselbe gilt für das Klima innerhalb der Lerngruppe und die Eigenaktivität der Teilnehmenden. Eine zu hohe Aktivität kann z. B. zu Aktionismus führen und ein gutes Klima alleine genügt nicht, es braucht auch relevante Inhalte.

Folgende Aspekte beeinflussen gute Seminare (Sacher, 2000, überarbeitet von Negri, 2008):

- Guter Unterricht hängt immer auch mit der **Qualität der Beziehung zur Organisation** zusammen
- **Pädagogisch-didaktische Prinzipien** gilt es zu beachten, beispielsweise Bedeutsamkeit der Inhalte, Effizienz (Konzentration auf das Wesentliche, Selbsttätigkeit, Lernen durch Handeln am Gegenstand, Anschaulichkeit, Zielpassung und -erreichung) und positives Lernklima
- **Von der Stoffvermittlung zum selbständigen Lernen:** Transparente Lernziele, aktivierende Lernaufträge, Lernaufträge sind sinnvoll, lebensnah und interessant, eigene Fragestellungen können eingebracht werden
- **Wichtige, zentrale Perspektiven der Unterrichtsgestaltung:** Zielorientierter Unterricht, Reflexion der Beziehungsverhältnisse, Mut zur Lücke, Mitverantwortung der Lernenden, Gemeinschaftsbildung, Individualisierung, hilfreiche Strukturen, Flexibilität, Selbstständigkeit und Autonomie, Motivation und Betroffenheit
- Im Unterricht sollte eine gute Balance zwischen systematischer Wissensvermittlung und Phasen des selbstgesteuerten Lernens stattfinden

> **Checkliste: 10 Kriterien für einen guten Unterricht (Arnold, Krämer-Stürzl & Siebert, 2005, S. 64–65)**
> - Balance zwischen Psychologik, Sachlogik und Handlungslogik soll hergestellt werden

- Wissensvermittlung sollte auf das Notwendigste beschränkt werden und ist teilnehmerorientiert
- Respektiert die »Driftzonen« (Driftzonen sind die kognitiven, emotionalen Bandbreiten, innerhalb derer neues Wissen, neue Perspektiven, neue Lernanforderungen »anschlussfähig« sind) der Teilnehmenden
- Bietet Teilnehmenden Hilfe an (durch Beispiele, praktische Übungen, Rollenspiele, Beobachtungsaufgaben)
- Fördert die Lernfähigkeit. Dazu gehören Phasen der Metako-gnition und des reflexiven Lernens sowie die Vermittlung von Lernstrategien und Lernhilfen und Hinweise auf weiterführen-de Literatur und Vertiefungen
- Ist abwechslungsreich und humorvoll
- Fördert die Perspektivenvielfalt
- Dazu gehört Gelassenheit. Gelassenheit meint Aufmerksam-keit, die Fähigkeit zur Zurückhaltung und Zuhörenkönnen.
- Erfordert Offenheit für Kritik

Fankhauser (2005, S. 106) erwähnt eine Untersuchung, bei der 242 Personen (in deren Unternehmen es Aus- und Weiterbildungsmaß-nahmen für Mitarbeitende gibt) nach der Wichtigkeit von Merkma-len, die auf ein gutes Training zutreffen, befragt wurden (▸ Übersicht »Als wichtig eingeschätzte Merkmale eines Trainings«).

**Als wichtig eingeschätzte Merkmale eines Trainings**
- Praxisbezug, Mittelwert: 1,23 (auf einer Skala von 1 = sehr wichtig bis 5 = gar nicht wichtig)
- Zufriedenheit der Teilnehmenden, Mittelwert: 1,43
- Auftragsklärung, Mittelwert: 1,55
- Mündliches Feedback des/der Trainers/in (Instituts), Mittel-wert: 2,00
- Verwendete Unterlagen, Mittelwert: 2,02
- Schriftliches Feedback des/der Trainers/in (Instituts), Mittel-wert: 2,38

Aus den Rückmeldungen der Teilnehmenden unseres Weiterbildungs-gangs MAS Ausbildungsmanagement am IAP Institut für Angewandte Psychologie Zürich geht wiederholt hervor, dass die Teilnehmenden besonders von Lernsettings profitieren, die in einem deutlichen Bezug zu ihrem Arbeitsumfeld stehen und eine selbstgesteuerte Herangehens-weise erfordern. Beispiele sind die Bearbeitung und Reflexion eigener Praxisbeispiele innerhalb von Projektgruppen oder der individuellen Masterarbeit. Wir sind daher überzeugt, dass ein ständiger Praxis- und Handlungsbezug sowie Möglichkeiten des selbstgesteuerten Lernens den Lernerfolg und die Nachhaltigkeit des Lernens langfristig fördern – was nicht zuletzt auch den Organisationen der Teilnehmenden zugute kommt.

Zusammengefasst kann gesagt werden, dass **nachhaltiges Erwachsenenlernen** durch folgende Aspekte besonders gefördert wird:

- Aktive Beteiligung der Lernenden
- Praxisrelevanz und Praxisbezug
- Selbststeuerung der Lernenden
- Spezifisch und situativ: Lernen findet in spezifischen Kontexten statt. Jeder Lernprozess ist situativ
- Interaktion: Lernen ist immer auch ein sozialer Prozess

In diesem Sinne soll Lernen mit und für Erwachsene als **Ermöglichungsdidaktik** und nicht als Erzeugungsdidaktik konzipiert werden (▶ Abschn. 2.1.7). Es geht darum, Selbstlernprozesse zu ermöglichen, denn Lernen muss man immer selbst.

Peter F.E. Sloane (1999, S. 50 und 54) schreibt dazu treffend formuliert Folgendes: »(…) Lehren heißt v. a. dem Lerner Möglichkeiten zu schaffen. (…) Der Lerner wird zum Lehrer, und zwar indem der seinen eigenen Lernprozess steuert.«

### 3.2.5 Quintessenz der Lernpsychologie für die Erwachsenenbildung

**Lernprozesse sollen mit Arbeitsprozessen vernetzt werden**

Erfahrungsorientiertes Lernen, partizipatives Lernen, antizipatorisches Lernen, also Lernen nach dem Modell der Aktionsforschung mit seiner Reflexion des Lernens selbst, sind die andragogisch und methodisch-didaktischen Konzepte, die der Quintessenz der Lernpsychologie für Erwachsene am besten entsprechen. Zudem lernen Erwachsene dort am besten, wo ein Bezug zur Tätigkeit hergestellt werden kann. Lernprozesse sollen deshalb mit Arbeitsprozessen vernetzt werden.

Die Art und Weise, wie wir unsere Wirklichkeit konstruieren, beruht auf einem selbstreferenziellen Lernprozess: Wir rekurrieren auf vorausgegangenes Lernen und auf frühere Erfahrungen. Ob durch neues Lernen biografisch entstandene Konstrukte revidiert werden, ist die Entscheidung jedes Einzelnen.

Die spannungsvolle, bewusste Konzentration auf die Aufgabenstellung, auf das Problem ist eine entscheidende Voraussetzung für menschliches Lernen. Diese Konzentrationsleistung kann zu 2 Urformen des Lernens und Sich-Bildens führen. Einmal nimmt der »Mensch (…) die Spannungen in sich hinein und verarbeitet sie in sich, nimmt innerlich Stellung zu ihnen durch: Überlegen, Philosophieren, Anschauung, Empfindung, Wahrnehmung (…)«. Petersen (1971) nennt diesen Vorgang »Grundformen der Selbsterziehung«. Zum anderen wird der Mensch nach außen hin tätig mit anderen und zwar in folgenden 4 Urformen: Gespräch, Spiel, Arbeit und Feier (Petersen, 1971). Kennzeichnend für diese Spannungen ist, dass sie die Teilnehmenden betroffen machen. Das zeigt, wie entscheidend die Gestaltung der Lernsituationen ist. Gelingt es den Ausbildenden, die Lernsituation spannungsgeladen zu gestalten, läuft beinahe alles von selbst.

### 3.2.6  Was zeichnet gute Lehrende aus?

Wenn wir uns am Reglement der Schweizerischen Konferenz der kantonalen Erziehungsdirektoren über die Anerkennung von gymnasialen Maturitätsausweisen orientieren, finden wir für gute Bildungsfachleute folgende Kompetenzbeschreibungen (Sacher, 2000, überarbeitet von Negri, 2008):

- Vermittlungskompetenz: Lehren und Lernen, Informations- und Kommunikationstechnologien
- Ethische Kompetenz: Werte, bildungspolitische Kompetenz, Ausbildung und Gesellschaft
- Soziale Kompetenz: Psychologisch-pädagogische Kompetenz
- Fachkompetenz: Fachdidaktische Kompetenz und fachliches Wissen und Können
- Selbst- und Kommunikationskompetenz: Persönlichkeit, Haltung, Selbstverständnis
- Systemische Kompetenz: Evaluation, Schulentwicklung, reflektierte Praxis.

Bei einer in Österreich durchgeführten Befragung unter Personalfachleuten zur Frage »Was zeichnet eine gute Trainerin/einen guten Trainer aus?« haben 242 Personen (in deren Unternehmen es Aus- und Weiterbildungsmaßnahmen für Mitarbeitende gibt) bezüglich der Wichtigkeit von Eigenschaften, die auf eine gute Trainerin/einen guten Trainer zutreffen, die in der ▶ Übersicht aufgeführte Einschätzung vorgenommen (vgl. Fankhauser, 2005, S.74)

---

**Als wichtig eingeschätzte Eigenschaften eines Trainers**

- Fachliche Kompetenz, Mittelwert: 1,13 (auf einer Skala von 1 = sehr wichtig bis 5 = gar nicht wichtig)
- Fähigkeit, Inhalte transparent vermitteln zu können, Mittelwert: 1,28
- Flexibilität, sich auf die Gruppe einstellen zu können, Mittelwert: 1,38
- Begeisterungsfähigkeit, Mittelwert: 1,45
- Trainingserfahrung, Mittelwert: 1,66
- Methodenkompetenz, Mittelwert: 1,69
- Erfahrung in der Branche des Unternehmens, Mittelwert: 2,14

Diese Untersuchungen bringen zum Ausdruck, dass fachliche Kompetenz alleine nicht genügt, sondern dass das Zusammenwirken von fachlicher und sozialer Kompetenz entscheidend ist und in »Train-the-Trainer-Ausbildungen« unbedingt gefördert werden muss.

**Zusammenfassung**
Eine ganzheitliche Vorgehensweise nach den in diesem Beitrag beschriebenen Prinzipien für erfolgreiches Lernen mit Erwachsenen ermöglicht Lernsettings, in denen Erwachsene die für sie entsprechende Lernkultur vorfinden können und Lernen ermöglicht wird.

## 3.3    Voraussetzung für gelingende Lernprozesse aus neurobiologischer Sicht

*Gerald Hüther und Klaus-Dieter Dohne*

Aus neurowissenschaftlicher Perspektive ist der in Aus- und Weiterbildungen verwendete Lernbegriff zu eng gefasst, wenn nicht gar irreführend. Das menschliche Gehirn ist nicht für das Auswendiglernen von Sachverhalten und für die Aneignung von Wissen optimiert, sondern für das Lösen von Problemen. Lernen ist demnach ein Erkenntnis gewinnender Prozess, in dessen Verlauf eigene, bei der Lösung von Problemen gemachte Erfahrungen in Form bestimmter neuronaler Verschaltungsmuster im Gehirn gebahnt, stabilisiert und strukturell verankert werden.

### 3.3.1    Lernen als Erkenntnis gewinnender Prozess

**Ihre wichtigsten Lernerfahrungen machen Menschen während ihrer frühen Kindheit**

**Erfahrungen gehen mit einer Aktivierung emotionaler Netzwerke im Gehirn einher**

Ihre wichtigsten Lernerfahrungen machen Menschen während ihrer frühen Kindheit anhand der aus dem eigenen Körper zum Gehirn weitergeleiteten Signalmuster (Körpererfahrungen) und der Beziehung zu wichtigen Bezugspersonen und -objekten ihrer jeweiligen Lebenswelt (Beziehungserfahrungen). Erfahrungen zeichnen sich gegenüber allen auswendig gelernten Wissensinhalten dadurch aus, dass sie mit einer Aktivierung emotionaler Netzwerke im Gehirn einhergehen. Die gleichzeitige Aktivierung kognitiver (»Was habe ich erlebt?«) und emotionaler Netzwerke (»Wie ist es mir dabei ergangen?«) führt über Kopplung zur Verankerung der betreffenden Erfahrung in Form miteinander verbundener Verschaltungsmuster. Auch wenn wir uns dessen nicht immer bewusst sind, gibt es keinen Lerninhalt, der ohne eine solche Kopplung an die in der betreffenden Lernsituation aktivierten Gefühle im Gehirn verankert werden kann. Deshalb gelingt jede Aneignung neuen Wissens immer dann besonders gut, wenn dieses Neue von der betreffenden Person als bedeutsam (und damit emotional aktivierend) erlebt wird. Nur unter diesen Bedingungen kommt es über die Aktivierung emotionaler Zentren im Gehirn zu einer vermehrten Ausschüttung sog. neuroplastischer Botenstoffe (biogene Amine, wie z. B. Dopamin, Neuropeptide, z. B. Endorphine).

## 3.3.2 Möglichkeiten der Verankerung von Lernerfahrungen

Damit neue Wissensinhalte nachhaltig im Gehirn verankert werden können, müssen diese für die betreffende Person als bedeutsam bewertet und somit »emotional aufgeladen« werden. Das kann auf 3 verschiedene Weisen erfolgen.

### Erfahrungslernen

Die neurobiologische Verankerung eigener Erfahrungen (bei der Bewältigung von Herausforderungen, dem Lösen von Problemen, beim eigenen Handeln), ist die älteste und nachhaltigste Form des Lernens. Mit dem Bedürfnis, sich neues Wissen anzueignen und sich seine jeweilige Lebenswelt zu erschließen, kommt jeder Mensch bereits zur Welt. Die wichtigsten Lebenskompetenzen, Fähigkeiten und Fertigkeiten sowie das Verständnis von Zusammenhängen werden erfahrungsabhängig angeeignet. Diese Form des Lernens kann durch Misserfolgserlebnisse frustriert und damit mehr oder weniger stark unterdrückt werden.

*Älteste und nachhaltigste Form des Lernens*

### Imitationslernen

Menschen verfügen über besonders gute Fähigkeiten, Bewegungsmuster, Verhaltensweisen, Problemlösungsstrategien, sogar Einstellungen und Haltungen von anderen Menschen zu übernehmen. Grundlage dieser Fähigkeit sind die sog. Spiegelneuronensysteme im Gehirn, die immer dann aktiviert werden, wenn wir einen anderen Menschen, der für uns bedeutsam (emotional aktivierend) ist, dabei beobachten, wie er (und weshalb er) etwas tut.

*Spiegelneuronensysteme als Grundlage für die Übernahme von Verhaltensweisen, Einstellungen und Handlungsstrategien anderer, relevanter Personen*

### Dressurlernen

Die Androhung von Strafe oder das In-Aussicht-Stellen einer Belohnung führt ebenfalls zu einer emotionalen Aktivierung und kann daher benutzt werden, um Menschen dazu zu bringen, sich bestimmtes Wissen oder bestimmte Fähigkeiten anzueignen. Dieses sog. Dressurlernen ist das in unserem Kulturkreis gegenwärtig noch immer am häufigsten eingesetzte Lernverfahren. Die Kopplung des Lerninhalts an positive (Belohnung) oder negative Gefühle (Bestrafung) hat jedoch einen entscheidenden Nachteil: Das Motiv, sich den jeweiligen Lernstoff anzueignen, kommt dabei nicht »von innen«, sondern von außen. Deshalb wird der Lernprozess nicht vom Lernenden gestaltet, sondern muss vom jeweiligen Dompteur und der Effizienz seiner Dressurmethoden in Gang gehalten und immer wieder angestoßen werden. Der Lernende selbst wird so in seinem Lernverhalten nicht

*Kopplung des Lerninhalts an positive Gefühle (Belohnung) oder an negative Gefühle (Bestrafung)*

durch die Freude am Lernen, sondern durch die erlangte Belohnung bzw. vermiedene Strafe getragen. Letzteres führt zur Kopplung des Lernstoffs, des Bildungsangebots, des Lernkontextes und oft auch der jeweiligen Lehrperson mit einem Gefühl der Angst (Hüther, 2005). Dann wird der Stoff zwar gelernt, aber der Lernprozess selbst wird emotional negativ bewertet. Menschen mit solchen negativen Lernerfahrungen sind später kaum für neue Bildungsangebote zu gewinnen.

### 3.3.3  Neurobiologische Grundlagen von Lernerfahrungen

Neues Wissen kann nur dann im Gehirn verankert werden, wenn es an bereits vorhandenes Wissen (reaktivierbare Erinnerungsmuster) anknüpfbar, assoziierbar ist. Sachwissen, Fähigkeiten und Fertigkeiten werden auf diese Weise schrittweise in den verschiedenen Bereichen des assoziativen Kortex in Form sich erweiternder Netzwerkstrukturen aufgebaut (Hüther, 2004). Gleichzeitig kommt es auf einer Metaebene in der präfrontalen Rinde (PFC) zur Verankerung von wiederholt in ähnlicher Weise gemachten Lernerfahrungen als sog. Metakompetenzen bzw. exekutive Frontalhirnfunktionen. Hierzu zählen u. a. Planungskompetenz, Handlungskompetenz, Frustrationstoleranz, Impulskontrolle, Flexibilität und Fehlertoleranz. Sie sind entscheidend dafür, wie eine Person mit neuen Lerninhalten umgeht und wie sie bei neuen Lernaufgaben vorgeht (Hüther, 2001).

Auf einer noch komplexeren Ebene in dieser präfrontalen Rinde werden die aus eigenen Erfahrungen als Metakonzepte herausgebildeten Einstellungen und Haltungen in Form emotional-kognitiv gekoppelter Netzwerkstrukturen verankert. Diese im Lauf des Lebens gemachten Lernerfahrungen bestimmen die subjektiven Bewertungen von neuen Situationen, Aufgaben und Angeboten. Ob betriebliche Bildungsangebote von Mitarbeitern genutzt und angenommen werden, hängt also weniger von der Qualität des Angebots, sondern in erster Linie von der Bewertung einer solchen Maßnahme durch die betreffenden Mitarbeiter ab. Diese wiederum wird bestimmt durch die jeweilige innere Einstellung bzw. Haltung, also die Offenheit, Entdeckerfreude, Gestaltungslust, Lernbereitschaft, das Verantwortungs- und Zugehörigkeitsgefühl der Mitarbeiter. Entstanden sind diese inneren Einstellungen durch die bisher in der Schule, bei der Ausbildung, im Betrieb gemachten Lernerfahrungen (Hüther, 2009).

> Die als Metakonzepte verdichteten Lernerfahrungen bestimmen die subjektive Bewertung von neuen Situationen

#### ▪▪ Der präfrontale Kortex als Kontrollinstanz
Der präfrontale Kortex (PFC) übt eine kognitive Kontrollfunktion über seine ihm zugeordneten synaptischen Netzwerke aus. Dies geschieht durch ein neuronales Muster, das die Verarbeitung in anderen Strukturen modifiziert, so dass neuronale Eingangsgrößen letztlich in sichtbares Verhalten umgesetzt werden. Die Auswahl des jeweiligen

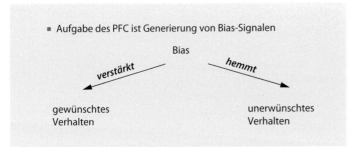

■ Aufgabe des PFC ist Generierung von Bias-Signalen

Bias

verstärkt hemmt

gewünschtes
Verhalten

unerwünschtes
Verhalten

**☐ Abb. 3.4** Bias

Verhaltens wird aufgrund des inneren und äußeren Kontextes durch sog. Bias-Signale (Miller & Cohen, 2001) bestimmt (☐ Abb. 3.4).

Damit stellt der PFC sozusagen eine Metaebene für bewusste Bewertungs- und Entwicklungsprozesse dar. Durch einen Abgleich zwischen internen und externen Rahmenbedingungen fungiert er als eine Art »Kontrollinstanz« und nimmt kontinuierlich Verhaltensanpassungen vor. Auf diese Weise werden Wahrnehmungs-, Entscheidungs- und Verhaltensprozesse komplex und flexibel gesteuert.

Je weniger dieser Kontrollmechanismus entwickelt ist, desto eher folgen Wahrnehmung, Entscheidungsverhalten und Handlungen von Menschen einem stereotyp bzw. automatisiert ablaufenden Muster. Charakteristisch dafür sind eine schnelle Auslösung sowie der Situation unangemessene Anpassung und Modulation. Im Arbeitsalltag führen solche Automatismen viel eher zu Fehlern, da eine notwendige Kontrollebene fehlt, die das eigene Verhalten mit der gegebenen Situation und bestimmten Zielen angemessen abgleicht.

Menschen, bei denen eine klinisch relevante Schädigung des PFC vorliegt, zeigen die in der ▶ Übersicht aufgeführten typische Merkmale.

> **Der PFC als Metaebene für bewusste Bewertungs- und Entwicklungsprozesse**

**Typische Merkmale von Menschen mit einer klinisch relevanten Schädigung des PFC**
Bezogen auf ihr Arbeitsverhalten:
— Impulsives, vorschnelles Handeln ohne Zielausrichtung
— Unzureichende Wahrnehmung und Informationsverarbeitung von relevanten Informationen
— »Klebenbleiben« an (irrelevanten) Details gepaart mit mangelhafter Umstellungsfähigkeit
— »Rationalisierung« und »Abgabe von Verantwortung«, wenn Fehler auftreten oder Aufgaben bzw. Lerninhalte als schwierig empfunden werden
— Wenig ausgeprägte Fähigkeit, aus Fehlern zu lernen
— Praktizierung von Regelverstößen
— Einsatz von planungsirrelevanten Routinehandlungen

**3**

Bezogen auf ihr Sozialverhalten:
- Geringe Aufmerksamkeit und erhöhte Ablenkbarkeit
- Mangelnde Impulskontrolle
- Verkennung der aktuellen Situation (Kontextvergessenheit)
- Verkennung des Zusammenhangs zwischen Erfolg und der Auswirkung des eigenen Verhaltens (Selbstwirksamkeit)
- Neigung zu übertriebener Belohnung oder Bestrafung
- Neigung, Schuld und Verantwortung zu externalisieren, d. h. anderen oder den äußeren Umständen zuzuschreiben
- Zeigen ein sprachliches Kommunikationsmuster, das bei Sachthemen Klarheit und Eindeutigkeit vermeidet.

**Interindividuelle Unterschiede in den exekutiven Metakompetenzen**

Das Arbeits- und Lernverhalten und die angewendeten Problemlösestrategien werden also durch die im PFC verankerten exekutiven Metakompetenzen bestimmt. Da diese sich sehr stark durch die Bedingungen im sozialen Herkunftssystem mit individuellen Beziehungserfahrungen ausbilden, unterscheiden sich die Mitarbeiter eben besonders in diesen exekutiven Metakompetenzen auch ohne nachgewiesene Frontalhirnstörung. Bezogen auf das Problemlösungsverhalten bzw. die Aufgabenbewältigung geht es letztlich immer darum, wie die beiden folgenden Vorgehensweisen gewichtet und miteinander in Beziehung gesetzt werden:
- Bewusst rational, steuerbare Muster (Kontrollierbarkeit), »rational und langsam«
- Intuitive, weniger bewusst und schnell ablaufende Muster (Automatik)

Für wirkungsvolle Problemlösungen und Lernprozesse gilt es, jeweils eine optimal ausbalancierte Mischung aus beiden Komponenten zu finden, um angemessen auf die Anforderungen »im Außen« zu reagieren. Je nach Situation gibt es Aufgaben, die ein stärker kontrolliertes Arbeiten erfordern, in anderen spielt Routine eine große Rolle.

### 3.3.4  Metakompetenzen, Einstellungen und Haltungen

Personalentwicklung orientiert sich traditionell an Defiziten, die Mitarbeiter/innen im Arbeitsalltag zeigen. Ein solcher Ansatz bestärkt Führungskräfte und Personalentwickler in ihrer Strategie, durch gezielte Schulungen diese »Schwächen« zu verbessern oder zu beseitigen, z. B. durch Qualifikationsmaßnahmen zu den Themen Zeitmanagement, Moderationstechniken, Verkaufsschulungen, Büroorganisation, Rhetorik oder Führungsverhalten (lineare Tools). Der Hauptfokus der dadurch eingeleiteten Lernprozesse liegt dabei auf der Vermittlung von spezifischen Faktenwissen bzw. solcher Techniken, von denen man annimmt, dass diese den Mitarbeitern in ihren Wissensspeichern (also in ihrem »Werkzeugkoffer«) noch fehlen.

Wenig Beachtung erhält dagegen der »Handwerksmeister« (hirnorganisch ist das der sog. präfrontale Kortex) mit seinen Motiven und Bedürfnissen. Denn dieser ist der eigentliche Akteur bzw. die »oberste Entscheidungsinstanz«, weil er jeweils passend zum Kontext, zur Situation bzw. zur Aufgabenstellung die aus seiner Sicht richtigen und nützlichen Werkzeuge aus dem vorhandenen Werkzeugkoffer auswählt.

Der Blick in die »Werkzeugkiste« und das Ausprobieren neuer »Werkzeuge« geschieht umso effektiver, je besser es einem Menschen gelingt, eine innere, aufgeschlossene und offene Beobachtungsposition zur jeweiligen Aufgabenstellung und den dazugehörigen Rahmenbedingung einzunehmen. Mit dieser Haltung gegenüber Lerninhalten und dem dazugehörigen sozialen (Beziehungs-)System, in dem das »Lern- und Entwicklungsspiel« und die Aufgabenbearbeitung (Problemlösung) stattfinden, gelingt der Zugriff auf die eigenen Ressourcen am besten. So entwickeln Mitarbeiter am besten die Fähigkeit, die relevanten Details für eine zielführende Problemlösung wahrzunehmen und angemessen zu verarbeiten. Sie unterliegen weniger der Gefahr, selektiv die eigenen Wahrnehmungen zu beschränken und Lerninhalte subjektiv zu verfärben. Voraussetzung für die Ausbildung einer solchen neutralen Beobachtungs- und Beschreibungsposition ist innere Ruhe.

Diese innere Ruhe und Offenheit ist umso größer, je mehr es einem Menschen gelingt, gegebene Lernangebote nicht als Bevormundung seiner eigenen Person oder als Abwertung seiner Kompetenz oder Fähigkeiten innerhalb seines Wertesystems bzw. seines sozialen Systems zu sehen. Denn solche negativen Bewertungen sind häufig assoziiert mit dem Verlust von Zugehörigkeit und der Wertschätzung durch andere.

Für viele Menschen sind die eigenen Lernerfahrungen von der Bewertung durch andere geprägt, insbesondere durch Bezugspersonen. Diese erlebten Erfahrungen sind als emotional gekoppelte Netzwerke im PFC angelegt und bestimmen die eigenen Einstellungen, Bewertungen, Wahrnehmungen und Handlungsmuster. Vereinfacht ausgedrückt: War der Leistungsanspruch an ein Kind besonders hoch, um Liebe, Anerkennung, Wertschätzung bzw. das Gefühl von Zugehörigkeit sowie autonome Entwicklungsfreiräume durch die Eltern zu erlangen, so wird diese Person auch im späteren Leben die »Messlatte« besonders hoch legen. Sie wird strenge Bewertungskriterien an die eigenen Leistungen legen und sich selbst als eher »mangelhaft« oder »ungenügend« erleben. Auf diese Weise werden das Selbstbild und die wahrgenommene Selbstwirksamkeit bei der Bewältigung von Aufgaben entscheidend geprägt. Ebenso wird so die Grundlage dafür gelegt, wie die Beziehung zu sich selbst und zu den Mitmenschen gestaltet wird. Menschen mit negativen Erfahrungen oder sogar Traumatisierungen entwickeln zwar ihre eigenen durchaus funktionieren-

**Der präfrontale Kortex steht als »oberste Entscheidungsinstanz« mit all seinen Motiven und Bedürfnissen im Mittelpunkt der Personalentwicklung**

**Eine innere, neutrale Beobachtungsposition ermöglicht einen sicheren Zugriff auf die eigenen Ressourcen**

**Erlebte Bewertungen durch andere prägen die eigenen Haltungen, Wahrnehmungen und nicht zuletzt das Selbstbild und die Selbstwirksamkeitseinschätzung bei der Bewältigung von Aufgaben**

**Ohne Feedback und Rückmeldung von anderen ist Professionalisierung kaum möglich!**

den Bewältigungsstrategien, werden aber immer versuchen, sich vor solchen negativen Bewertungserlebnissen zu schützen. Dies tun sie, indem sie sich der Bewertung durch andere entziehen bzw. solche Bewertungsprozesse möglichst zu unterbinden versuchen. Vor diesem Hintergrund lassen sich Verhaltensweisen bzw. Interaktions- und Kommunikationsmuster von Menschen als Problemlösestrategie beschreiben, angstbesetzte Bewertungen zu umgehen.

Dieses Motiv ist gerade für die Berufs- und Arbeitsplatzwahl ein nicht zu unterschätzendes Kriterium: Menschen, für die die Bewertung ihres eigenen Verhaltens durch andere angstbesetzt ist, werden Situationen, in denen sie z. B. durch Vorgesetzte oder Kunden beurteilt werden, eher vermeiden. Wenn sie innere Widerstände gegen Rückmeldungsprozesse entwickeln oder gegenüber Trainings- und Lernangeboten Abwehrverhalten zeigen, liegt dem häufig eine tiefe Angst vor Beschämung und Abwertung zu Grunde. Gleichzeitig neigen diese Personen dazu, ihrerseits andere sehr schnell zu bewerten und dabei besonders strenge Maßstäbe anzulegen.

Ein Lehrer an einer öffentlichen Realschule richtet sich ganz nach seiner über viele Jahre gleichbleibenden Unterrichtsmethode aus und erhält in dieser Zeit praktisch keine direkte Rückmeldung zu seinem eigenen Lehrverhalten. Stehen plötzlich, ausgelöst durch landespolitische Entscheidungen im Rahmen von Schulreformen, Unterrichtsbesuche und eine umfassende Evaluation des Unterrichtsverhaltens von Lehrern an, reagieren nicht wenige mit Panik- oder Angststörungen.

» Warum entspannen wir uns in der Natur so gut? Weil sie uns nicht bewertet! (Goethe) «

### Wie kann man die Haltung und Bewertung eines Menschen erfassen?

Für Bildungs- und Personalentwicklungskontexte wäre es natürlich optimal, wenn die im Laufe des Lebens durchlaufenen Lernerfahrungen transparent gemacht werden könnten. Dabei geht es insbesondere um solche Haltungen, subjektiven Bewertungen und inneren Einstellungen, die Menschen neuen Lerninhalten gegenüber zeigen.

Erkennen lassen sich diese verdichteten Lernerfahrungen und die damit verbundenen subjektiven Bewertungsprozesse auf der Ebene von sog. Metakompetenzen. Gerade diese Metakompetenzen bestimmen die Entscheidungs- und Handlungsmuster von Menschen. Würde es gelingen, diese individuellen Muster und deren »Logik« in einer konkreten Lern- bzw. Arbeitssituation zu erfassen und zu beschreiben, dann erhielte ein Mensch von »außen« Einblick in die eigenen Vorgehensweisen und Bewältigungsstrategien. Er könnte diese nicht nur beobachten, sondern auch reflektieren, welche Wahrnehmungen und dadurch ausgelösten inneren Bewertungsprozesse genau diese konkreten Entscheidungen bzw. Handlungsmuster bewirkt und ausgelöst haben. Dahinter verbergen sich die Erlebnisse eines Menschen, die ihm unter die Haut gegangen sind und welche er als bedeutsam erlebt hat.

## Potenzialentfaltung statt Ressourcennutzung

### ▪ ▪ Das wissensunabhängige Lern- und Kompetenzmodul (WUK)

In unserem wissensunabhängigen Personalentwicklungstool (WUK) beschreiben wir die exekutiven Metakompetenzen auf den im Folgenden genannten Dimensionen: Motivation, Flexibilität, Orientierung nach außen und nach innen, Impulskontrolle, Frustrationstoleranz und Problemlösungskompetenz. Jede Ausprägung der 6 Metakompetenzen wird in Beziehung zum »harten« Leistungsergebnis gesetzt. So lässt sich erkennen, mit welcher Ausprägung in den einzelnen Metakompetenzen sich die Person dieses Leistungsergebnis »erkauft« hat. Wird eine gute Qualität mit einer besonders hohen Impulskontrolle und einer geringen Frustrationstoleranz erzielt, dann hat das Auswirkungen auf unterschiedlichen Ebenen. Eine besonders gute Impulskontrolle hat den Nachteil, dass man dann wichtige Bedürfnisse nach Ausgleichsregulationen nicht oder verspätet wahrbzw. vornimmt. Geschieht dies über eine längere Zeitspanne, kann das zu einer Überbeanspruchung führen (Burnout) und sich in unterschiedlichen Symptomen (Psychosomatik) zeigen.

Neigen Mitarbeiter dazu, sich leicht durch von außen gesetzte Ansprüche und Wünsche zu aktivieren, ggf. diese noch zu übertreffen zu versuchen, dann besteht die Gefahr der Übermotivierung und -aktivierung mit der Folge ständiger Überforderung.

Bei der Bearbeitung von (Lern-)Aufgaben wird dann sichtbar, wie die intuitiv ablaufenden und zumeist unbewussten Bewertungsprozesse zu einer Aktivierung neuronaler Netzwerke führen. Diese bewirken eine Art »Kettenreaktion« und bestimmen schließlich das nach außen sichtbare Verhalten von Menschen. Gelingt es einer Person nicht, während des Ablaufs dieser vorschnellen, unbewussten Bewertungsprozesse und vor Auslösung einer Handlung innezuhalten, um auf einer neutralen Beobachtungsebene zu prüfen, ob die vorgenommenen Bewertungen der Situation angemessen sind und der Zielerreichung dienen, führt dies häufiger zu Fehlern und Auffälligkeiten im Verhalten.

Erfahrungen bei der Operationalisierung und der Messbarkeit von situationsangemessenen Problemlösungsstrategien wurden mit dem neuartigen diagnostischen Instrument WUK gemacht und werden im Folgenden kurz vorgestellt. Hier werden Menschen mit nonverbalen Problemlöseaufgaben und einer offenen Instruktion, die das Vorgehen bei der Bearbeitung betrifft, konfrontiert. Dabei ist es unmöglich, in der vorgegebenen Zeit alle Aufgaben richtig zu lösen. Damit wird für die Probanden eine Situation geschaffen, in der sie sich entscheiden müssen zwischen einer bewusst kontrollierten Vor-

Operationalisierung und Messbarkeit von situationsangemessenen Problemlösungsstrategien

3

gehensweise und einer intuitiv-schnellen, d. h. eher automatisiert ablaufenden Vorgehensweise. Die Probanden müssen hierbei letztlich eine für sich selbst stimmige Balance zwischen beiden Vorgehensweisen finden.

Die getroffene Entscheidung zwischen den beiden Verhaltensmustern »Bewusst« (= »rational und langsam«) und »Unbewusst« (= »schnell und automatisch«) ist zugleich eine Entscheidung zwischen Qualität und Quantität und wird die Handlungsstrategie eines Menschen bestimmen. Optimal wäre nach dieser Versuchsinstruktion, wenn beide Aufträge zu gleichen Teilen erfüllt würden (mittlere balancierte Ausprägung, »sowohl als auch«). Um das zu erreichen, ist es von großem Vorteil, nicht vorschnell eine Bewertung zugunsten einer Seite vorzunehmen und sich entsprechend »auf den Weg« zu machen und anzukommen, ohne genau zu wissen, ob man dort auch ankommen wollte.

In Untersuchungen haben wir dazu folgende Ausprägungen gefunden:
- Menschen mit einer ausgeprägten Qualitätsorientierung versuchen Fehler unter allen Umständen zu vermeiden.
- Sie versuchen immer ein hohes Maß an Qualität in ihren Arbeitsergebnissen zu erzielen, auch bei Vorhandensein von Ablenkungsimpulsen (Kontextautonomie). Dies geschieht dann allerdings auf Kosten der benötigten Zeit bzw. der Anzahl von Aufgaben.
- Menschen, die mehr auf Quantität orientiert sind, werden Fehler bei ihren Arbeitsergebnissen eher akzeptieren (Kontextabhängigkeit).
- Sie versuchen bei vorhandenen Ablenkungsimpulsen Defizite in der Qualität durch eine höhere Anzahl von Aufgaben und Handlungsgeschwindigkeit auszugleichen, frei nach dem Prinzip: Wenn schon nicht alles richtig, dann aber wenigstens schnell und viel geschafft. Dadurch steigt die Fehlerproduktion überproportional.

Zeigt man den Mitarbeitern den Zusammenhang zwischen ihrer vorgenommen Bewertung und den Ausprägungen ihrer Metakompetenzen, erkennen sie, wo sie Einfluss nehmen und ganzheitlich für sich selbstverantwortlich handeln und sich entwickeln können. Dabei kommt man den Mitarbeitern leicht sehr nah und sie werden emotional berührt, wenn sie in ihrer Lerngeschichte die Ursachen für ihr heutiges Verhalten erkennen. Dort liegt dann auch der besondere Vorteil für die Entwicklung der Mitarbeiter.

Das Leistungsergebnis in unserem Personalentwicklungstool wird erfasst durch
- die Gesamtanzahl richtig gelöster Aufgaben (Quantität),
- das Verhältnis von richtig gelösten Aufgaben zu bearbeiteten Aufgaben (Qualität).

Die Dimensionen der exekutiven Metakompetenzen, die sich im konkreten Vorgehen bei der Bearbeitung zeigen, werden beschrieben durch die Motivation, die Flexibilität, die Orientierung nach außen und nach innen (extrinsisch und intrinsisch), die Impulskontrolle, die Frustrationstoleranz und die allgemeine Problemlösekompetenz eines Menschen.

Es wäre wünschenswert, dass Personalentwicklung in Zukunft die Bedeutung der exekutiven Metakompetenzen ernst nimmt und durch geeignete Maßnahmen Entwicklungen in den beschriebenen Dimensionen von den Extremausprägungen (hoch–niedrig) zu einer »mittleren, balancierten« Ausprägung unterstützt. Nur so gelingt es bei Mitarbeitern die in der Checkliste »Potenziale, die es zu entwickeln und zu fördern gilt« aufgeführten Kompetenzen zu fordern und zu fördern.

> **Checkliste: Potenziale, die es zu entwickeln und zu fördern gilt**
> ▬ Vorausschauend denken und handeln (strategische Kompetenz)
> ▬ Komplexe Probleme durchschauen (Problemlösungskompetenz)
> ▬ Folgen des Handelns abschätzen (Handlungskompetenz und Umsicht)
> ▬ Aufmerksamkeit auf die Lösung fokussieren (Motivation und Konzentrationsfähigkeit)
> ▬ Fehler und Fehlentwicklungen rechtzeitig erkennen und korrigieren (Einsichtsfähigkeit und Flexibilität)
> ▬ Bei der Lösung nicht von anderen aufkommenden Bedürfnissen überwältigen lassen (Frustrationstoleranz und Impulskontrolle)
> ▬ Selbstständige Lösungen erarbeiten und nicht anderen die Schuld für eigene Ängste oder bei einem Scheitern zu geben (soziale Kompetenz und Empathiefähigkeit)

So kann der Mitarbeiter die Fähigkeit entwickeln, eine Aufgabe, eine Situation oder die Lerninhalte innerlich abzubilden, einen Lösungsweg vorauszuplanen, zeitnah Fehler zu erkennen und die Folgen seiner Entscheidungen vorauszusehen.

Ungünstige Lernerfahrungen gekoppelt mit negativen Beziehungserfahrungen können dann aufgelöst werden, wenn die Mitarbeiter den Zusammenhang mit ihren Handlungsmustern sehen und ihre eigenen Haltungen und Bewertungen hinterfragen. Dadurch werden sie mit ihrem Arbeitsverhalten in einem Beziehungskontext sichtbar und können wertschätzend erkennen, welche Motive und Motivation sie zu diesem Verhalten führt.

Interessierte Leser können unter www.screen-team.net ihre wissensunabhängigen Kompetenzen selbst erfassen.

» Eine andere Definition von Wahnsinn ist, immer wieder das Gleiche zu machen und ein anderes Ergebnis zu erwarten. (A. Einstein) «

**Fazit: Anforderungen an die Konzeption von Bildungsmaßnahmen aus neurobiologischer Sicht**

Aufgrund der hier skizzierten neurobiologischen Grundlagen von Lernprozessen lassen sich folgende Prädiktoren für den Erfolg einer betrieblichen Bildungsmaßnahme ableiten:

- Im Unternehmen müsste ein Klima, eine Atmosphäre, also ein Geist herrschen, der Mitarbeiter einlädt, ermutigt und inspiriert, sich in die betrieblichen Abläufe einzubringen, dazu erforderliches Wissen und dafür notwendige Kompetenzen zu erwerben, sich also weiterbilden zu wollen.
- Voraussetzung dafür ist eine von Achtung, Wertschätzung und Anerkennung der Mitarbeiter bestimmte Haltung des jeweiligen Vorgesetzten.
- Bildungsangebote müssten so beschaffen sein, dass sie das Interesse der Mitarbeiter wecken, weil sie an bereits vorhandene Kenntnisse und Kompetenzen anknüpfen und diese erweitern, für Mitarbeiter bedeutsames Wissen und Fähigkeiten vermitteln und ihnen praktisch nutzbare Gelegenheiten bieten, sich als kompetent und selbstwirksam zu erfahren, das Bedürfnis der Mitarbeiter nach Zugehörigkeit einerseits und nach Autonomie und Potenzialentfaltung andererseits stillen.
- Vorgesetzte müssten einschätzen können, wann das Selbstwertgefühl ihrer Mitarbeiter gefährdet ist und wie sie angesprochen werden müssten, um sich offen, neugierig und mutig auf neue Lerninhalte einlassen zu können, und sie sollten wissen, dass sie Bestandteil eines Lernkontextes sind, obwohl sie nicht unmittelbar dabei sein müssen.
- Der Lernkontext, das Ziel und mögliche Auswirkungen der Bildungsmaßnahme müssen transparent und offen von Beginn an beschrieben werden.

## 3.4    Unterschiedlichkeiten beim Lernen

### 3.4.1    Unterschiedliche Lernstile

*Christoph Hoffmann*

Im folgenden Abschnitt wird Lehrpersonen und Lernenden Basiswissen vermittelt, wie gemeinsam an einem erfolgreichen Lernsetting gearbeitet werden kann. Basierend auf einem konstruktivistischen Lernverständnis werden Gestaltungsmöglichkeiten für den eigenen Lernprozess aufgezeigt. Dabei wird die Bedeutung einer Lerntypenkategorisierung im Kontext einer ganzheitlichen, individuellen Förderung von Selbstlernkompetenz, Metakognition und der Beeinflussung der Lernumgebung betrachtet.

## Einleitung

Seit ungefähr 40 Jahren beschäftigt sich die Forschung sowohl theoretisch als auch empirisch mit Lernstilen. Da sich so viele unterschiedliche Disziplinen durch eine Vielzahl an Fragestellungen mit dem Thema beschäftigten, hat sich der Forschungsbereich fragmentiert. Die unzähligen, teilweise sehr praxisnahen Studien haben eine ganze Reihe an Modellen, Konzepten, Interpretationen und Tests hervorgebracht. Lernstile sind grundsätzlich ein theoretisches Gebilde und der Umgang mit dem Begriff wird in der Literatur aus ganz unterschiedlichen Perspektiven vorgenommen. Die Thematik der Lernstile wirkt daher für Lehrende und Lernende undurchschaubar. Lerntypentheorien wie beispielsweise die wahrnehmungsbasierte populärwissenschaftliche Darstellung von Frederic Vester sind erstaunlich weit verbreitet und finden sich selbst heute noch in Lehrerfortbildungskursen. Wer sich mit Lernstilen auseinandersetzt, kann dies nur unter Einbezug verschiedener Sichtweisen Gewinn bringend tun.

*Lernorientierte Persönlichkeitsmerkmale Selbstgesteuertes Lernen*

## Lernen und Lernstile

Lernende erzielen bei gleichen Lernsettings oft unterschiedliche Erfolge. Dies wird unter anderem darauf zurückgeführt, dass Lernende unterschiedliche Lernstile und intellektuelle Möglichkeiten haben. Doch diese Meinung greift zu kurz. Denn auch Lehrpersonen bevorzugen bewusst oder unbewusst eine Unterrichtsmethode, die nicht alle Lernenden gleich anspricht. Ebenfalls gesichert ist, dass alle Lernenden über unterschiedliche Merkmale des Wahrnehmens und Verarbeitens verfügen und daher nie gleich lernen werden. Für den Lernerfolg sind also die Kenntnis der Lernenden und Lehrpersonen über ihre lernorientierten Persönlichkeitseigenschaften und die eigene Art zu lernen von Bedeutung. Die Fähigkeit, sein Lernen selber steuern zu können, entscheidet nach Steiner (2006) über den Lernerfolg. Ein wichtiges Ziel jeder Bildungsarbeit, unabhängig von dem zu vermittelnden Stoff, ist die Förderung und Erhöhung der Bildungsfähigkeit. Wofür interessiert und motiviert man sich? Mit welcher Herangehensweise werden Informationen gesammelt? Auf welche Art und Weise werden sie verarbeitet?

*Lebendige Lernumgebung Selbstlernkompetenz Metakognition*

## Konstruktivistischer Zugang

Nach Paul Watzlawick ist der Konstruktivismus eine Weltanschauung, nach der wir Individuen unsere Wirklichkeit konstruieren, in dem wir auswählen, was wir anschauen, wie wir es anschauen und was für Schlüsse wir daraus ziehen. Daraus schließt Meyer (2005), dass das, was die Lernenden schließlich aus dem Unterricht mitnehmen, von

**3**

der Lehrperson nur bedingt beeinflusst werden kann. Hieraus ergeben sich 3 Konsequenzen:

**Lehrperson muss ihren eigenen Lernstil kennen**

- **Lebendige Lernumgebung schaffen:** Die Gestaltung der Inhalte und des Lernsettings stellt für Lehrpersonen eine besondere Herausforderung dar. Aus konstruktivistischer Sicht ist eine Kernaufgabe von Lehrpersonen, eine anregende Lernumgebung zu schaffen und vielfältige und lebendige Lernaktivitäten zu arrangieren.
- **Förderung der Selbstlernkompetenz:** Lehrpersonen sollen nebst der Vermittlung des Lernstoffs die Lernfähigkeit ihrer Lernenden fördern; nach Siebert (2008) besonders die Selbstlernkompetenz. Dazu müssen sich Lehrpersonen mit den Lerntypen, den lernspezifischen Persönlichkeitsmerkmalen und der Vorerfahrung der Lernenden auseinander setzen. Sie müssen die Lernenden in ihren Wahrnehmungs- und Lernaktivitäten genau beobachten. Diese Erkenntnisse müssen den Lernenden in geeigneter Form rückgemeldet werden, um so eine Reflexion des eigenen Lernstils einzuleiten. Das Wissen um individuelle lernspezifische Merkmale hilft, den Umgang mit heterogenen Gruppen didaktisch professionell zu gestalten.
- **Metakognition:** Lernende müssen bereit sein, sich nebst dem Lernstoff mit dem eigenen Lern-, Denk- und Verarbeitungsstil auseinander zu setzen. Dieses reflexive Lernen bezeichnet die Literatur als Metakognition.

**Ausstrahlung**
**Haltung**

■■ **Lebendige Lernumgebung schaffen**

Wesentlich für die Wahl der Unterrichtsmethoden und -werkzeuge ist die Erkenntnis, dass Lehrpersonen ebenfalls ihrem Lernstil entsprechend gewisse Werkzeuge bevorzugen. Es ist sinnvoll, dass Personen, die in der Bildung aktiv sind, sich ihres eigenen Lernstils bewusst sind. Daraus können sie ableiten, welche Stile sie ggf. vernachlässigen. Meyer (2005) führt in ihrem Buch (*Lehren kompakt,* S. 107 ff.) auf der Basis der Kolbschen Lernstile aus, welche konkreten didaktischen Schlussfolgerungen Lehrpersonen aus der Kenntnis ihres Lehrstils ziehen können. Nicht jeder Einsatz einer Gruppenarbeit gewährleistet einen selbstgesteuerten Lernprozess, und auch ein Lehrgespräch kann selbstständige Lernaktivität auslösen. Sicherlich ist die Fähigkeit einer gezielt eingesetzten Methodenvielfalt eine Schlüsselkompetenz. Mit welchen Methoden eine anregende Lernumgebung und vielfältige und lebendige Lernaktivitäten gestaltet werden können, befasst sich ▶ Kap. 6.

**Selbstreflexionskompetenz erhöhen**
**Bewusste Selbstregulierung des Lernprozesses**

■■ **Förderung der Selbstlernkompetenz**

Nach konstruktivistischem Ansatz können Lehrpersonen Lerninhalte nicht »vermitteln«; das ist unmöglich (Meyer, 2009). Lehrpersonen sind ein wesentlicher Teil des Inhalts. Sie verkörpern nach Siebert (2006, S. 19) »Wissen« und sind Vertrauenspersonen und Visionäre.

Eine Lehrperson, die für den Lernprozess lebt, die Vertrauen ausströmt und als Visionär und Moderator wahrgenommen wird, strahlt Sicherheit aus. Dieses Selbstverständnis und die Ausstrahlung, dass der Lernprozess für alle gelingt, ist eine Haltung. Gelingt es der Lehrperson, einen aktiven Auseinandersetzungsprozess mit dem Lernstoff, mit dem Lernenden und dessen Lehrstil zu erreichen, sind die Chancen für einen erfolgreichen Lernprozess hoch. Eine Sensibilität für die Lernenden als Individuen, ein professioneller Umgang mit Persönlichkeits- und Lernstiltests sind wichtige Voraussetzungen.

#### ▪▪ Metakognition

Mit Metakognition ist die Auseinandersetzung mit den eigenen Werten und Einstellungen zur Welt und zu sich selbst, den bevorzugten Sinneswahrnehmungen, dem kognitiven Zugang zu Inhalten, der bevorzugten Lernart, den Lerngewohnheiten usw. gemeint. Erzieherische, schulische und berufliche Sozialisation prägen das Lernverhalten von Erwachsenen. Auch die Wirklichkeitsbeobachtung (Wahrnehmung) und die daraus resultierenden (Vor-)Urteile sind geprägt von unserer Sozialisation. Eine wesentliche Lernkompetenz besteht also in der Bereitschaft, sich mit seiner Sozialisation und den daraus entstandenen Lernstilen auseinander zu setzen. Nach Arnold, Krämer-Stürzl & Sieber (1999, S. 56) bedeutet Lernfähigkeit fördern:

- Wahrnehmung der eigenen Lernstile und Problemlösungsstrategien
- Reflexion der Stärken und Schwächen dieser Denk- und Lernstile
- Erprobung neuer Stile und Techniken

Dazu gehören nach Siebert (2003, S. 137) auch Kenntnisse über die bewusste Regulierung der eigenen Lernprozesse, z. B. Detaillernen vs. Überblicklernen, alleine lernen vs. gemeinsam mit anderen, Verallgemeinerung vs. Spezialfall, Komplexität steigern vs. Komplexität reduzieren usw.

## Neue Lernorganisation

In diesem Verständnis von Lernen ist der Lernende nicht weiter Empfänger von Wissen, sondern gestaltet seine Lernfähigkeit aktiv mit und trägt wesentlich zu einer lebendigen Lernkultur bei. Das Lernverständnis geht weg vom traditionellen Lernen hin zu einem offenen, eigenverantwortlichen Lernen. Aus diesen konstruktivistischen Vorüberlegungen resultiert eine ganze Reihe von Gestaltungsmöglichkeiten für den eigenen Lernprozess.

*Tiefe und Komplexität des Lernstoffs festlegen Taxonomiestufen*

#### ▪▪ Aufgabenbezogene Gestaltungsmöglichkeiten

Sowohl Lehrpersonen als auch Lernende müssen sich vor Aneignung des Lernstoffs darüber klar werden, in welcher **Tiefe und Komplexität** ein neuer Lernstoff angeeignet werden soll. Wie komplex ist der Lernstoff? In welcher Tiefe soll ich den Lernstoff verarbeiten? Welchem

*Kognitive Voraussetzungen und Lernmotivation analysieren*

**3**

Verwendungszweck dient das Gelernte? Wie viel Zeit für die Aneignung und Verarbeitung brauche ich? Für den kognitiven Bereich der Lerninhalte bieten sich die Taxonomiestufen nach Benjamin Blum an. Die Taxonomie teilt Lernziele in ein 6-stufiges Klassifikationsschema mit steigender Komplexität ein (1. Wissen, 2. Verstehen, 3. Anwenden, 4. Analyse, 5. Synthese, 6. Beurteilung).

■■ **Selbstbezogene Gestaltungsmöglichkeiten**

**Eigenes Lernsetting gestalten**

Einerseits gehören dazu die Analyse der eigenen Stärken und Schwächen sowie eine kritische Auseinandersetzung mit den eigenen **kognitiven Voraussetzungen**. Andererseits ist die Reflexion über die **Emotionen** ein wesentlicher Faktor bei der Lernmotivation.

- Lerne ich freiwillig oder ist es ein notwendiger Akt?
- Fühle ich mich mit neuen Lerninhalten herausgefordert oder habe ich Angst davor?
- Begegne ich Lernhemmungen mit Ausdauer oder resignativ?
- Fühle ich mich im Lernprozess wohl?
- Wie gehe ich mit Enttäuschungen um?
- Wie ist mein Selbstwertgefühl in einem Lernprozess?

■■ **Organisatorische Gestaltungsmöglichkeiten**

**Alleine oder in Gruppen, mit Experte oder Prozessbegleiter lernen?**

Brauche ich eine Lernberatung oder kenne ich meinen eigenen Lern- und Denkstil? Habe ich Freude an neuen Lernmedien? Wie viel Präsenzunterricht braucht mein Lernen? Welche Infrastruktur braucht mein präferierter Lernort (Bilder, warme Farben, Sitzordnung etc.)? Wann lerne ich am besten (Lebensphasen, Wochentage, Zeiten etc.)? Wie gestalte ich Pausen? Setze ich mir Lernziele? Belohne ich mich beim Erreichen eines Ziels? Bevorzuge ich Seminare, Lerngruppen, Vorträge, Bücher, neue Medien?

■■ **Soziale Gestaltungsmöglichkeiten**

**Lernaktivität analysieren**

Wann lerne ich am effizientesten in Gruppen, wann alleine? Sind mir vertraute Gruppen lieber als anonyme? Schätze ich es, mit homogenen oder heterogenen Gruppen zu arbeiten? Wann brauche ich Diskussionen, um Lernstoff zu verarbeiten? Wer überprüft meine Lernfortschritte? Brauche ich einen Prozessbegleiter, Experten oder Dozenten für mein Lernvorhaben?

■■ **Aktionale Gestaltungsmöglichkeiten**

**Pädagogische Konzepte**

Mit welchen Aktionsformen lerne ich in welchen Lernsettings am sinnvollsten? Wie gelange ich an neuen Lernstoff? Durch schreiben, üben, lesen, ausprobieren, zuhören, diskutieren oder durch alleiniges Beobachten und nachdenken?

■■ **Pädagogische Gestaltungsmöglichkeiten**

Hierher gehören die didaktischen und pädagogischen Konzepte. Aber auch die Frage, ob man eine Lehrperson als Experten, Prozessbegleiter, Gesprächsleiter oder Organisator etc. wahrnimmt und akzeptiert, ist für den Lernprozess wichtig.

Eine Fachhochschule führt als Nachdiplomstudium für Führungspersonen eine praxisorientierte Ausbildung in Leadership durch. Am Anfang der Ausbildung setzen sich die Lernenden ganze 2 Tage nur mit dem Thema »Lernen« auseinander. Gestartet wird mit einem Lernbiografischen Fragebogen (Aufarbeitung von Lerngewohnheiten, Lernerfolgen, aber auch Lernängsten). Danach gibt der Einsatz eines Lerntypentests Einblick in die eigenen Problemlösungs-, Denk- und Lernstrategien. Als Abschluss der Lernsequenz müssen alle Teilnehmenden eine Erfahrung oder einen Lerninhalt aus dem Führungsalltag den anderen durch eine präferierte Lerntechnik vermitteln. Damit werden neue Lernmethoden erprobt, die Lehrperson erhält einen Einblick in die »Lernkompetenz« der Klasse und die Selbstlernkompetenz wird erhöht. Resultat: Nach anfänglichen Widerständen erkennen die Teilnehmenden zunehmend die Wichtigkeit der Auseinandersetzung mit dem eigenen Lernen. Die Eigenverantwortung der Gestaltung des eigenen Lernprozesses ist über die ganze Ausbildung, aber auch im Führungsalltag nachhaltig.

■■ Fazit

Es geht also beim Thema Lernstile nicht mehr um eine eindimensionale Art des Lernens. Vielmehr steht im Vordergrund das aktive Schaffen passender Lernorganisation und eines passenden Lernmilieus. Dies sollt nicht abgespalten von den Lernthemen in Kursen über das Lernen geschehen, sondern aktiv im entsprechenden Lernsetting angegangen werden. Dabei kommt der Lehrperson auch die Rolle zu, die Lernenden in der Gestaltung der Lernmilieus aktiv zu unterstützen.

**Lernstile nicht überbewerten**

## Lernstilfragebogen

Es gab in der Vergangenheit unzählige Versuche, Lerntypen und Lernstile zu bestimmen und mit Instrumenten zu messen. Allen Lerntypentests ist gemeinsam, dass sie versuchen, zeitlich stabile Faktoren des Lernens zu finden, die es mit den entsprechend passenden Lernformen ermöglichen, schneller, gezielter, nachhaltiger und dadurch mit mehr Motivation und Zufriedenheit zu lernen. Lernstile verändern sich und jede Lernsituation ist anders. Daher sind aus der Perspektive der individuellen Gestaltung eines Lernmilieus für ein bestimmtes Lernsetting diese Typologisierungen lediglich ein Faktor unter vielen weiteren. Der große Mehrwert dieser Tests ist es allerdings, dass Lernende beginnen, sich aktiv mit ihren Lernaktivitäten auseinander zu setzen.

In der Praxis gibt es mehr als 60 Lerntypentests, die alle mindestens 2 Lerndimensionen ermitteln. ◘ Tab. 3.1 gibt eine unvollständige Übersicht über die wichtigsten Lerntypologien und ihre Tests.

**Fragen zur Gestaltung von Lernprozessen stellen**

**▣ Tab. 3.1** Verbreitete Lernstiltypologien und ihre Tests

| Vertreter, Test | Lernstile | Verhalten | Bemerkungen |
|---|---|---|---|
| David Kolb, 1984; Learning Style Inventory (LSI) | Akkomodierer Divergierer Konvergierer Assimilierer | Jeder Lerntyp ist eine Mischung aus 2 Lernstilen: Konkrete Erfahrung Reflektierendes Beobachten Abstrakte Begriffsbildung Aktives Experimentieren | Die Erhebung des Lernstils kann dazu beitragen, einen Überblick über die Lernstiltypen einer Gruppe zu erhalten oder sich mit dem eigenen momentanen Lernverhalten zu befassen |
| Frederic Vester | Visueller Lerntyp Auditiver Lerntyp Haptischer Lerntyp Kognitiver Lerntyp | Vielfalt an Kanälen der Wahrnehmung erhöht nach Vester den Lernerfolg | Weit verbreitetes, aber überbewertetes und überholtes Kategoriensystem |
| MBTI Meyers Briggs Typen-Indikator | Sensitiver Lerntyp (S) | SJ-Stil | Ähnlich dem Kolb-Modell. Den Lernstilen entsprechend gibt es Hinweise für effektives Lernen |
| | Intuitiver Lerntyp (I) | NJ-Stil | |
| | Judger (J) | NP-Stil | |
| | Perceiver (P) | SP-Stil | |
| Peter Honey und Alan Mumford, 1982; Learning Style Questionnaire (LSQ) | Aktivist Reflektierer Theoretiker Pragmatiker | Lernzyklus: Erfahrungen werden reflektiert und bewertet, um Schlussfolgerungen zu ziehen | Generelle Verhaltenstendenzen, nicht nur lernspezifisch. Wer alle Lernstile in sich vereint und im Lernzyklus umsetzt, lernt nach Honey und Mumford am effektivsten |
| Richard M. Felder und Linda K. Silverman, 1978; Individual Learning Style (ILS) | Aktive vs. reflektive Lernende Induktive vs. schlussfolgernde Lernende Sensorische vs. intuitive Lernende Visuelle vs. Auditive Lernende Sequenzielle vs. globale Lernende | Test bietet Hinweise darauf, wie typisches Lernverhalten aussieht und mit welchen Strategien es optimiert werden kann | |
| Ned Herrmann, Herrmann-Dominanz-Instrument (H.D.I.) | Rationales Ich | Analysierend, logisch, realistisch, kritisch etc. | Allgemeine Denk- und Verhaltenspräferenzen, die sich gut für Lehr- und Lernprozesse eignen. Basiert auf den Erkenntnissen der Gehirnforschung |
| | Experimentelles Ich | Kreativ, spekulierend, neugierig, intuitiv etc. | |
| | Fühlendes Ich | Emotional, hilfsbereit, expressiv, bewegt etc. | |
| | Selbstbedürftiges Ich | Organisiert, zuverlässig, planend, strukturiert etc. | |

**▢ Tab. 3.1** Fortsetzung

| Vertreter, Test | Lernstile | Verhalten | Bemerkungen |
|---|---|---|---|
| Rita Dunn, Kenneth Dunn 1993; Dunn & Dunn Learning Style Model (LSM) | **Umweltbedingte** Faktoren wie Lärm-, Licht- oder Temperaturbelastung<br>**Emotionale** Faktoren wie Ausdauer, Motivation, Eigenverantwortung<br>**Soziale** Faktoren wie die Sozialform oder Lernen von Experten oder mit Coaches<br>**Psychische** Faktoren wie Wahrnehmung und Verarbeitung<br>**Psychologische** Faktoren wie globaler, analytischer oder reflektierender Stil | Bevorzugte Lernumgebung, Wahrnehmung und Verarbeitung (Denkstile) von Information werden analysiert | Dieses Lernstilinventar eignet sich unter kompetenter Begleitung von Lehrpersonen, um seine bevorzugten Lerngewohnheiten zu überdenken und aktiv zu optimieren und zu gestalten |

## Arbeiten im Unterricht

Lehrpersonen sind also angehalten, sich bei der Curriculumentwicklung bereits Gedanken zum Umgang mit individuellen Lernstilen in ihrer Klasse zu machen. Sie haben die Aufgabe, die Lernenden in der Auseinandersetzung mit dem eigenen Lernen zu begleiten und zu einem aktiven Gestalten zu ermuntern. Damit können, wie Reich (2002, S. 205) das fordert, Lehrpersonen einen Teil der Verantwortung für die Didaktik ihren Lernenden übertragen, so dass jeder seinen Lernprozess nach seiner spezifischen Lernsituation anpassen kann. Die in der Checkliste »Individuelle Gestaltung des Lernens« aufgeführten Fragen können Lehrpersonen in ihrem Vorhaben unterstützen, ihre Lernenden in die Frage der individuellen Gestaltung des Lernens zu involvieren.

**Checkliste: Individuelle Gestaltung des Lernens**
— Bin ich mir als Lehrperson bewusst, welche Lerngewohnheiten ich selber bevorzuge?
— Welche Rolle biete ich meinen Lernenden an?
— Kann ich mich mit dem Lernstoff identifizieren?
— Habe ich jedem Lernenden ermöglicht, einen Lernstilfragebogen auszufüllen und auszuwerten?
— Kennen die Lernenden Wege, ihr Lernverhalten bewusst zu steuern?
— Biete ich im Unterricht eine große Vielfalt an Lernmöglichkeiten an? Sind die Lernmethoden auf den eingesetzten Lernstilfragebogen abgestimmt?

3

> — Haben die Lernenden die Möglichkeit, ihre Lernumgebung aktiv zu gestalten?
> — Berücksichtige ich bei der Planung meines Unterrichts eine Reflexion der Lernstrategie jedes einzelnen Lernenden?
> — Können Lernende abschätzen, in welcher Tiefe sie einen Lernstoff verarbeiten wollen/müssen?
> — Haben die Lernenden Zugang zu Informationen über Lernstile, Lernstiltests und die Gestaltung von Lernprozessen?

**Zusammenfassung**

- Jeder Lernende konstruiert sich seine Wirklichkeit und trägt damit eine hohe Eigenverantwortung bei der Gestaltung des erfolgreichen Lernprozesses.
- Nebst dem Aufbereiten von Lerninhalten kommt der Lehrperson eine wichtige Rolle bei der Auseinandersetzung mit dem individuellen Lernstil zu.
- Damit lebenslanges Lernen lustvoll und erfolgreich ist, sind Kenntnisse der eigenen Wahrnehmung und Verarbeitung von Information, der lernrelevanten Persönlichkeitsmerkmale und der Möglichkeiten zur aktiven Gestaltung des eigenen Lernprozesses notwendig.

### 3.4.2  Unterschiede in Bezug auf Geschlecht und Herkunft

*Mirjam Kalt*

Interkulturelles Lernen als andragogische Antwort auf die globalen Herausforderungen ist kein Novum mehr. Durch die Rollenverschiebungen und Globalisierung in unserer Gesellschaft wie auch durch die Internationalisierungen in der Arbeitswelt, kommt der Interkulturalität und der Genderkompetenz auch in der Bildung eine wichtige Rolle zu. Wie in den vorigen Abschnitten beschrieben, wirken sich nicht nur das biologische Alter, sondern auch die eigene Sozialisation und die eigenen Lebenserfahrungen auf das Lernen aus. In diesem Abschnitt werden die Unterschiedlichkeiten im Lernen in Bezug auf Geschlecht und kulturelle Herkunft betrachtet.

**Jeder Mensch handelt wie alle Menschen, wie bestimmte Menschen und wie kein anderer Mensch**

Unser Verhalten ist durch die eigene kulturelle Sozialisation geprägt. Die Kultur wird dabei als sinngebendes Orientierungssystem verstanden, entsprechend dessen eine Person wahrnehmen, denken, fühlen und handeln wird und das sich in den Ausdrucksweisen, Lebensformen und Wertvorstellungen einer Gesellschaft zeigt. Kultur befähigt somit den Menschen, seine Umgebung als sinnvoll wahrzunehmen, sie schafft Bedeutung, reguliert das Verhalten und vermittelt das Gefühl von Zugehörigkeit und Sicherheit. Es wird eine kulturelle Identität geschaffen, welche vom Menschen im Laufe des Lebens erworben und gleichzeitig von ihm gestaltet wird. Die kulturelle Identität ist somit dynamisch und entwickelt sich aufgrund von individuellen und gesellschaftlichen Veränderungen weiter. Kultur macht sich nicht an regionalen oder nationalen Grenzen fest, sondern bezeichnet Zugehörigkeiten zu Religion oder Ethnie, Schicht oder Bildungsstand, Alter oder Geschlecht.

Jeder Mensch verfügt über ein komplexes, bewegliches Gefüge soziokultureller Prägungen, deren einzelne Elemente in unterschiedlichem Maß mit jenen anderer Menschen übereinstimmen oder von ihnen abweichen, jeder Mensch denkt und handelt also:

- wie alle anderen Menschen – bestimmte biologische und physiologische Abläufe des Menschen sind universell gleich und werden genetisch vererbt;
- wie bestimmte andere Menschen – kulturelle Aspekte sind einer bestimmten Gruppe von Menschen eigen, sie denken, fühlen und handeln ähnlich wie Menschen des gleichen Geschlechts, der gleichen Generation, der gleichen sozialen Schicht, der gleichen Ethnie oder Religion bis hin zur gleichen Unternehmenskultur;
- wie kein anderer Mensch – jeder Mensch ist in seiner Persönlichkeit, seinen Fähigkeiten und Interessen einzigartig.

> **Lernen wird durch soziokulturelle Faktoren bestimmt**

Diese 3 Ebenen widerspiegeln sich auch beim Lernen: Die neurobiologischen Prozesse, die zum Lernen führen, finden bei allen Menschen statt. Soziokulturelle Faktoren bestimmen das Lernverhalten unterschiedlich mit, und auf der individuellen Ebene entwickelt jeder Mensch seinen eigenen Lernstil. Beim Lernen darf also der Fokus nicht nur auf die individuellen, sondern muss auch auf die gesellschaftlichen und kulturellen Aspekte gelegt werden, es braucht einen Blick auf Unterschiede beispielsweise in Bezug auf die Herkunft oder das Geschlecht.

## Interkulturelles Lernen

Menschen der gleichen ethnischen, nationalen oder regionalen Gruppe verfügen über ein kollektives Orientierungs- und Wertesystem, welches den Umgang mit Raum und Zeit, Kommunikation und Konfliktregelung, zwischenmenschlicher Beziehungsgestaltung und weiterer Umgangsformen, den Umgang mit Macht und Status, Individualismus/Kollektivismus usw. beschreibt. Diese Dimensionen kultureller Unterschiede, wie sie von verschiedenen Autoren wie Hall, Hofstede, Trompenaars u. a. benannt werden, stellen Orientierungshilfen dar.

> **Kulturdimensionen prägen das Lernen**

Wenn nicht bekannt ist, aufgrund welcher kultureller Dimension man sich wie verhält, kann dies zu Irritationen führen, wie es folgendes Beispiel zeigt: Ich beschreibe in Kolumbien die Größe eines Knaben und untermauere dies mit der ausgestreckten Hand, Handfläche nach unten. Meine Gegenüber schauen mich verblüfft an und reagieren unwirsch. Ich bin verunsichert und wende mich danach fragend an eine vertraute Person. Diese erklärt mir, dass die Handfläche nach unten die Höhe eines Tieres anzeigt. Die Körpergröße eines Menschen wird mit der Kante der Hand nach unten gezeigt.

**Stolpersteine für Irritationen und Missverständnisse**

Solche kulturellen Unterschiede manifestieren sich auch beim Lernen. In Kulturen mit einer hohen Machtdistanz beispielsweise (vgl. Hofstede, 1993) werden die Bedeutung von Status höher gewichtet und Handlungsanweisungen eher übernommen als in Kulturen mit geringerer Machtdistanz. Im Bildungskontext könnte dies zur Folge haben, dass Menschen dieser Kulturen Lernen als eindimensionale Vermittlung von Wissen kennen und eher weniger vertraut sind mit erfahrungsunterstütztem Lernen und interaktiven und partizipativen Lernformen. Hingegen kann es auch sein, dass eine Person aus eben dieser Kultur in einem System sozialisiert wurde, wo flache Hierarchien und gemeinsame Entscheidungsfindungen im Vordergrund stehen, und sie sich somit mit einem selbstgesteuerten Lernsetting bestens vertraut fühlt. Die kulturelle Dimension gibt immer einen möglichen Anhaltspunkt über das Verhalten, kann aber auch durch die Individualität in den Hintergrund geraten, denn eine Person entwickelt sich immer im Spannungsfeld von gesellschaftlichen, kulturellen und individuellen Prozessen.

**Möglichkeiten der Verhaltensregulation**

Wenn Menschen unterschiedlicher Herkunftskulturen interagieren, kann es zu Irritationen, Missverständnissen und Konflikten kommen. Folgende Stolpersteine sind dafür verantwortlich:

- Wahrnehmungs- und Beurteilungsunterschiede
- Stereotypisierungen und Aufbau von Vorurteilen
- Annahme von Ähnlichkeiten und demzufolge Missverständnisse aufgrund eines anderen kulturellen Wertesystems oder anderer Umgangsformen
- Sprachbarrieren und nonverbale Missverständnisse

Die Balance zwischen der Bewahrung der eigenen kulturellen Identität und der offenen und flexiblen Auseinandersetzung mit neuen Werten gelingt dabei nicht immer. Folgende Möglichkeiten der Verhaltensregulation werden in der Literatur diskutiert (vgl. Thomas, 2003, S. 94):

- Beim **Dominanz- oder Separationskonzept** stehen die eigenen kulturellen Werte und Normen über denjenigen der fremden Kultur und setzen sich durch.
- Durch die **Assimilation** werden fremde kulturelle Werte übernommen und in das eigene Handeln integriert.
- Das **Divergenzkonzept** erkennt viele Aspekte beider Kulturen als wichtig an, einiges ist aber nicht kompatibel und führt zu Divergenzen.

- Beim **Synthesekonzept** gelingt die Integration wichtiger kultureller Elemente beider Seiten, woraus Neues entstehen kann.
- Das **Marginalisationskonzept** beschreibt die Identifikation weder mit der eigenen noch mit der neuen Kultur.

»Ich führte in meiner Klasse eine Pro-contra-Übung durch. Dabei kam eine Diskussion mit Argumenten und Gegenargumenten zustande, ohne dass ich mich dazwischenschaltete. Ich war die Moderatorin im Hintergrund. Plötzlich rief eine Kursteilnehmerin: ‚Wir streiten uns!' Es herrschte Totenstille, alle erschraken. Es wurde ihnen bewusst, dass sie etwas machten, was eigentlich in der indonesischen Kultur nicht üblich oder nicht erlaubt ist.« (Fremdsprachendozentin an indonesischer Universität)

Dieses Beispiel zeigt, dass in interkulturellen Situationen auch völlig unerwartet Irritationen entstehen können. Es ist angebracht, diese Situationen zu bearbeiten, indem kognitive wie auch emotionale Aspekte einbezogen werden, denn die eigenen Wahrnehmungs- und Deutungsmuster sind gekoppelt an die emotionalen Befindlichkeiten. Es müssen also die Abwehrhaltungen und Ängste thematisiert werden. Interkulturelles Lernen ist möglich, wenn die kulturellen Aspekte beachtet werden und ein wechselseitiger Verständigungs- und Integrationsprozess angestrebt wird. In Bildungsveranstaltungen, bei denen Menschen unterschiedlicher kultureller Herkunft gemeinsam lernen, ist es daher ein Ziel, die interkulturelle Kompetenz von allen Beteiligten, Lernenden und Lehrenden, zu fördern. Interkulturelle Kompetenz meint die Fähigkeit, Missverständnissen aufgrund kulturbedingter Irritationen vorzubeugen und interkulturelle Arbeits- und Lernsituationen und Beziehungen konfliktfreier zu gestalten. Um interkulturelle Kompetenz zu beschreiben, beziehe ich mich auf die 3 Kompetenzebenen, die in der ▶ Übersicht »Interkulturelle Kompetenz« beschrieben sind (vgl. Kalt, 2006).

**Interkulturelle Kompetenz**
- **Self and culture awarness: Kulturbewusstsein**
  - Bewusstsein über die eigene kulturelle Prägung
  - Sensibilisierung dafür, dass Werte und Normen differieren und dass ähnliche Verhaltensweisen andere Bedeutungen haben können
  - Bewusstsein über den eigenen Umgang mit dem Fremden und die eigenen Abwehrhaltungen, bewusster Umgang mit Stereotypisierungen
- **Culture Knowledge: Kulturwissen**
  - Kenntnis über die eigenen und fremden Kulturdimensionen und Orientierungssysteme
  - Kenntnis über die Verhaltensregulation in interkulturellen Überschneidungssituationen

3

> **━ Skills: Handlungskompetenz**
> - Widersprüche aushalten und das Verständnis für unterschiedliche Perspektiven entwickeln
> - Zwischen Wahrnehmung und Interpretation unterscheiden, Annahmen überprüfen
> - Eine nichtwertende Haltung und Ambiguitätstoleranz entwickeln
> - Unterschiede erkennen, respektieren und nutzen
> - Empathisch zuhören, Interesse und Respekt zeigen

Der Erfolg von interkulturellem Lernen hängt ab von der Haltung und den didaktischen Fähigkeiten der Bildungspersonen und dem Willen aller Beteiligten. Interkulturelles Lernen kann als positive Entwicklungsmöglichkeit, aber auch als Bedrohung erlebt werden, denn interkulturelles Lernen ist ein Prozess, der mit Veränderung zu tun hat.

### Gendergerechte Bildung

**Studien über Lernunterschiede bei Frauen und Männern**

Vielfältig sind die Diskussionen rund um Geschlechterunterschiede beim Lernen. Der Begriff »Gender« bezeichnet im Unterschied zum biologischen Geschlecht die sozialen und gesellschaftlichen Erwartungen und Rollen, die für eine Frau oder einen Mann in einer bestimmten Kultur als typisch angesehen werden. Geschlechtsspezifische Beobachtungen sind daher immer auf biologische **und** auf Sozialisationsprozesse zurückzuführen.

**Gendergerechte Bildung und Genderkompetenz**

Es gibt unzählige Studien über Verhaltens- und Lernunterschiede bei Frauen und Männern. Obwohl davon ausgegangen werden kann, dass die neurobiologischen Hirnfunktionen beim Lernen bei Frauen und Männern gleich verlaufen, gibt es Unterschiede aufgrund hormoneller Einflüsse. Gleichwohl sind die Sozialisierungsprozesse entscheidend für Verhaltensunterschiede, die sich ebenfalls auf Lernprozesse auswirken. Hannover & Kessels (2008) gingen der Frage nach, was und wie Frauen und Männer typischerweise lernen und welches Bild sie von sich als Lernende haben. Die Resultate verschiedener Studien zu diesen Fragen führen zur Erkenntnis, dass Frauen eher Lernangebote bekommen und nutzen, die dem Stereotyp einer Frau entsprechen (dasselbe gilt für Männer), und dass sie ihren Selbstwert höher einstufen, wenn die Inhalte feminin konnotiert sind. Gleichzeitig kristallisieren sich Unterschiede in Bezug auf Lernstrategien und Kommunikationsverhalten heraus, welche Baur & Marti (2000) ausführlich dargestellt haben. Um menschliches Verhalten zu verstehen und geschlechtsspezifische Unterschiede beim Lernen zu berücksichtigen, sind soziokulturelle Faktoren entscheidend.

Eine **gendergerechte Bildung** hat zum Ziel, für geschlechterbezogene Stereotypisierungen zu sensibilisieren und diese zu vermeiden, Geschlechterverhältnisse wie Hierarchisierungen und Machtungleichheiten in der Gesellschaft zu verstehen und diesbezüglich eine kritische Urteilsfähigkeit zu entwickeln. Dies ermöglicht die Erweiterung der Handlungskompetenzen von Frauen und Männer hin zu einer partizipatorischen Lerngesellschaft. Dabei geht es darum, die eigenen persönlichen Einstellungen zu reflektieren und konkrete Strategien zur Gleichstellung zu entwickeln und umzusetzen (vgl. Ramsauer & Ohlsen, 2008).

**Genderkompetenz** bedeutet das Wissen, dass sich im Verhalten und in den Einstellungen von Frauen und Männern soziale Zuschreibungen zeigen, und die Fähigkeit, beiden Geschlechtern adäquate Entwicklungsprozesse zu ermöglichen. Genderkompetenz in der Bildung zeigt sich gemäß Ramsauer & Ohlsen (2008) in einer geschlechtergerechten Didaktik und Haltung, welche eine fachlich-inhaltliche, didaktisch-methodische und sozial-kommunikative Dimension umfasst. Die Beiträge von Baur & Marti (2000), welche sich ebenfalls ausführlich mit der gendergerechten Didaktik auseinander gesetzt haben, fließen in die folgenden Ausführungen ein.

**Die fachlich-inhaltliche Dimension:** Es geht darum, die Genderfrage mit verschiedenen Themen zu verknüpfen und die Lebenswelten, Geschichten und Erfahrungen von beiden Geschlechtern ausgewogen einzubeziehen. Dabei können durchaus die traditionellen Geschlechterrollen kritisch beleuchtet und Beispiele von neuen Rollenbildern eingebracht werden. Die Inhalte müssen Gewinn bringend für die benötigten Schlüsselqualifikationen von Frauen und Männern ausgewählt werden.

**Die didaktisch-methodische Dimension:** Der Unterricht sollte subjektorientiert gestaltet werden. Die Entscheidung für Lernziele muss aufgrund der Voraussetzungen und Qualifikationen erfolgen, welche Frauen und Männer mitbringen und erreichen wollen. Lernziele können auch dialogisch und partizipativ mit den Beteiligten entwickelt werden, dies begünstigt die Mitverantwortung aller für das Gelingen der Lernveranstaltung. Lernformen müssen methodisch vielfältig gewählt werden und sollen eigenverantwortliches und interaktives Lernen sowie Reflexion und Erfahrungsaustausch ermöglichen. Bei Gruppenzusammensetzungen kann durchaus zwischen homogenen und durchmischten Gruppen abgewechselt werden.

**Die sozial-kommunikative und persönliche Dimension** ermöglicht eine Gesprächskultur, welche Reflexion, Interaktion und Perspektivenwechsel fördert. Frauen und Männer sollen motiviert werden, sich mit ihren Befindlichkeiten und Interessen einzubringen. Es geht darum, dass sich vielfältige Identitäten entwickeln können und die Lernbedürfnisse beider Geschlechter abgedeckt werden. Die Gesprächskultur ist geprägt dadurch, dass sich beide Geschlechter ausgewogen einbringen und Gesprächsleitungen übernehmen können. Ein wichtiger Aspekt ist zudem der geschlechtergerechte Sprachgebrauch.

**Bedeutung für Lehrpersonen**

Für Ausbilderinnen und Ausbilder, die das Lernen von Frauen und Männern professionell unterstützen wollen, braucht es einen geschärften Blick für die Wahrnehmung von Differenzen zwischen Frauen und Männern, eine Reflexion über die eigenen Bilder und eine Haltung, die der Entwicklung beider Geschlechter gerecht wird.

### Fazit

Die Grundsätze für nachhaltiges Lernen bei Erwachsenen, wie in ▶ Abschn. 3.2 beschrieben, gelten auch in Bezug auf interkulturellen und gendergerechten Unterricht: aktive Beteiligung und Selbststeuerung der Lernenden sowie erfahrungsorientiertes und reflexives Lernen usw. Zusätzlich besondere Bedeutung erfahren der Bezug zur Situation, Kultur und zum Geschlecht, die Berücksichtigung der unterschiedlichen Wahrnehmung und Bedeutungszuschreibung, die Förderung des Perspektivenwechsels und die Empathiefähigkeit. Lehrpersonen müssen sich noch viel stärker mit der eigenen Prägung und den soziokulturellen Zusammenhängen der Auszubildenden auseinander setzen.

Globales Lernen bezieht gemäß Helbling (2001) zudem die Frage nach Macht und Ohnmacht, nach GewinnerInnen und VerliererInnen, nach Beteiligten und Ausgeschlossenen mit ein. Es geht darum, die globalen Zusammenhänge unseres heutigen Lebens zu verstehen, die gewonnenen Erkenntnisse in aktives Handeln umzusetzen und eine persönliche Haltung des Respekts und Interesses am Gegenüber zu entwickeln. Wichtig dabei ist die »Entfaltung der kognitiven, sozialen und praktischen Kompetenzen, die wir brauchen, um auch unter komplexen Bedingungen einer zusammenwachsenden Welt ein erfülltes und verantwortungsbewusstes Leben zu führen« (Helbling, 2001, S. 14).

### Zusammenfassung

Der andragogische Ansatz, der die Differenzen zwischen Menschen – neben der intellektuellen Differenz auch die Geschlechterdifferenz, soziale Differenz und kulturelle Differenz – zum Gegenstand produktiver Auseinandersetzung macht, erlaubt keine Gleichgültigkeit und legt Wert auf eine menschenwürdige Entwicklung auf der Basis der sozialen Gerechtigkeit.

## Literatur

Arnold, R. (1996). Weiterbildung. *Ermöglichungsdidaktische Grundlagen.* München: Vahlen.

Arnold, R,. Krämer-Stürzl, A., & Siebert, H. (1999). *Dozentenleitfaden. Das Mobile. Planung und Unterrichtsvorbereitung in Fortbildung und Erwachsenenbildung.* Berlin: Cornelsen.

Arnold, R., Krämer-Stürzl, A, & Siebert, H. (2005). *Dozentenleitfaden.* Berlin: Cornelsen.

Baur, E., & Marti, M. (2000). *Kurs auf Gender Kompetenz. Leitfaden für eine geschlechtergerechte Didaktik in der Erwachsenenbildung.* Gleichstellungsbüro Basel-Stadt.

Cicero (1983). *Cato major – de senectute.* München:

Dittmann-Kohli, F., et al. (1997). *Beruf und Alltag – Leistungsprobleme und Lernaufgaben im mittleren und höheren Erwachsenenalter. Teil I.* In: F. E. Weinert & H. Mandl (Hrsg.), *Psychologie der Erwachsenenbildung. Enzyklopädie der Psychologie. Pädagogische Psychologie IV* (S. 179 ff.). Göttingen: Hohgrefe.

Fankhauser, K. (2005). *Handbuch der betrieblichen Weiterbildung.* Wien: facultas.

Hannover, B., & Kessels, U. (2008). Geschlechtsunterschiede beim Lernen. In: W. Schneider & M. Hasselhorn (Hrsg.), *Handbuch der Pädagogischen Psychologie.* Göttingen: Hogrefe.

Helbling, R. (2001). Globales Lernen – Lernen für die Zukunft. *Education permanente. Schweizerische Zeitschrift für Weiterbildung. SVEB.* 2001/2.

Hofstede, G. (1993). *Interkulturelle Zusammenarbeit.* Wiesbaden: Gabler.

Honey, P., & Mumford, A. (1992). *The manual of learning styles.* Berkshire: Maidenhead.

Hüther, G. (2001) *Bedienungsanleitung für ein menschliches Gehirn.* Göttingen: Vandenhoeck & Ruprecht.

Hüther, G. (2004) *Die Macht der inneren Bilder.* Göttingen: Vandenhoeck & Ruprecht.

Hüther, G. (2005) *Biologie der Angst.* Göttingen: Vandenhoeck & Ruprecht.

Hüther, G. (2009) *Männer – Das schwache Geschlecht und sein Gehirn.* Göttingen: Vandenhoeck & Ruprecht.

Kalt, Mirjam (2006). Interkulturelle Aspekte beim Coaching. In: E. Lippmann (Hrsg.), *Coaching. Angewandte Psychologie für die Beratungspraxis.* Springer: Heidelberg.

Meyer, R. (2005). *Lehren kompakt. Von der Fachperson zur Lehrperson.* (2. Aufl.). Bern: Hep.

Meyer, R. (2009). *Arbeitsunterlage Konstruktivismus.* http://www.arbowis.ch/material/lp/LL_Verstaendnis/Konstruktivistisch.pdf.

Miller, E. K., & Cohen, J. D. (2001) An integrative theory of prefrontal cortex function. *Annu Rev Neurosci* 24:167-202

Negri, C. (2005). *Erwachsene lernen nicht im luftleeren Raum.* In: Jahrbuch Personalentwicklung, S. 17. Neuwied: Luchterhand.

Negri, C. (2008). *Was macht guten Unterricht aus.* Textunterlage für CAS Didaktik Methodik am IAP Zürich.

Petersen, P. (1971). *Führungslehre des Unterrichts.* Weinheim: Beltz.

Ramsauer, N., & Ohlsen, I. (2008). Genderkompetenz in der Bildung und geschlechtergerechte Didaktik. *Zeitschrift PH Akzente,* Februar 2008.

Reich, K. (2002) *Konstruktivistische Didaktik.* Neuwied: Belz.

Siebert, H. (2003). *Vernetztes Lernen. Systemisch-konstruktivistische Methoden der Bildungsarbeit.* München: Luchterhand.

Siebert, H. (2006). *Didaktisches Handeln in der Erwachsenenbildung. Didaktik aus konstruktivistischer Sicht.* (5. überarb. Aufl.). Augsburg: Ziel.

Siebert, H. (2008). *Konstruktivistisch lehren und lernen.* Augsburg: Ziel.

Sloane, F. E. (1999). *Situationen gestalten. Von der Planung des Lehrens zur Ermöglichung des Lernens.* Teil II. Markt Schwaben: Ensl.

Steiner, V. (2006). *Exploratives Lernen. Der persönliche Weg zum Erfolg. Ein Arbeitsbuch für Studium, Beruf und Weiterbildung.* (10. Aufl.). München: Pedo.

Thomas, A. (2003). Interkulturelle Wahrnehmung, Kommunikation und Kooperation. In: A. Thomas, E.-U. Kinast & S. Schroll-Machl (Hrsg.), *Handbuch Interkulturelle Kommunikation und Kooperation. Band 1: Grundlagen und Praxisfelder.* Göttingen: Vandenhoeck & Ruprecht.

# Entwicklung der Personalentwicklung in Organisationen: Rück- und Ausblick

*Peter Würmli*

Die Organisation Personalentwicklung ist ein soziales System, das für ein übergeordnetes soziales System bestimmte Funktionen zu erfüllen hat. Die folgenden Betrachtungen laufen daher entlang des Musters der Entwicklungsphasen sozialer Systeme. Sie sind je nach Perspektive des Betrachters mehr ein Rück- oder mehr ein Ausblick.

## 4.1    Entwicklungsphasen der Personalentwicklung

### 4.1.1    Einführung

Über die Entwicklung von Organisationen lässt sich bekanntlich ein Muster typischer Phasen legen. Zum Beispiel: Pionier-, Wachstums-, Organisations-, Differenzierungs-, Restrukturierungsphase; oder: Pionier-, Wachstums-, Reife-, Wendephase.

Es ist naheliegend, dass die Entwicklung der Personalentwicklung (PE) stark mit jener der Organisation verwoben und von ihr abhängig ist. PE als Institution ist ein Kind der Arbeitsteilung. Sie tritt erst auf, wenn die Organisation ein bestimmtes Wachstum hinter sich hat und in eine Phase der Differenzierung übergeht. Der Zeitpunkt des Auftritts ist einerseits durch die Wachstumsrate der Organisation und andererseits durch die von Branche zu Branche unterschiedliche Differenzierungsdrift bestimmt. Mit ihrem Auftritt beginnt ihre Pionierphase; dieser werden – sofern das zur Entwicklung der Organisation passt – Phasen des Wachstums, der Differenzierung, aber auch der Wende folgen. Die PE entwickelt ihre eigene Dynamik, sie will wachsen und sie will sich behaupten, auch in der kritischen Phase der Wende.

### 4.1.2    Charakterisierung von Phasen

Die Namen im oben angeführten Phasenmodell sind abstrakt, konkreter sind die Charakterisierungen von Phasen in den beiden nachfolgenden Beispielen. Wenn die Phasen auch ganz anders etappiert sind, so ließen sie sich leicht auf das obige Phasenmodell abbilden. Die Beschreibungen sind ein Ausdruck der Empfindungen und der Beobachtungs-, Interpretations- und Beurteilungsmuster ihrer Erfinder.

**Beispiele für die Charakterisierung von Phasen**
Die Erinnerungen von Wolfgang Spörlein, der fast 30 Jahre Bildungsmanager in einem deutschen Großbetrieb war, veranschaulichen dies an seinem Beispiel (Orthey & Spörlein, 2006):

- 70er Jahre: Kundenzufriedenheit; je dicker das Programmheft, desto besser.
- 80er Jahre: Kosten-Nutzen-Denken; Bildungsmaßnahmen bedürfen einer ökonomischen Legitimation.
- 90er Jahre: Kosten runter, koste es, was es wolle; Streichung von Bildungsangeboten.

Bei einem großen Detailhandelsunternehmen in der Schweiz, bei dem ich über 20 Jahre leitende PE-Funktionen innehatte, könnten die Entwicklungsphasen rückblickend so charakterisiert werden:

- Entstehung der PE durch Zentralisierung von Aufgaben der Lehrlingsausbildung (1970–1975)
- Zentralisierung der Fachausbildung für Filialleiter (1975–1980)
- Erste Führungsausbildung für Filialleiter (1978–1980)
- Standardisierung in der Fach- und Führungsausbildung(1980–1983)
- Förderprogramme für den Führungsnachwuchs (1985–1990)
- Weiterbildung à la carte; je größer das Auswahlheft, desto besser die PE (1984–1992)
- PE schafft Führungskultur (1990–1995)
- PE nach Maß: Beratung, Coaching, Team- und Organisationsentwicklung (1992–1997)
- PE unter Legitimationsdruck (1995–2000)
- Reorganisation der PE: Reduktion des Angebots, des Budgets und der Stellen (1998–2002)
- Dezentralisierung und Auslagerung (2000–2006)

## 4.2 Entwicklung der PE-Aufgaben und -Angebote

Es bietet sich geradezu an, die Entwicklung der PE anhand des Auftretens neuer Aufgaben und Angebote zu strukturieren. Es sind einerseits in der Folge der Entwicklung der Organisation neue Bedürfnisse aufgetreten und anderseits hat die PE aus eigener Initiative neue Wert- und Nutzensteigerungen für bisherige und neue Bezugsgruppen im Unternehmen ausgemacht. Sie schafft sich neue Geschäftsfelder und erschließt sich neue interne Märkte, also typische Erscheinungen der Differenzierung.

### 4.2.1 Pionier- und Wachstumsphase

#### Meister und Geselle

Wer gute Arbeit vollbringen, exzellente Produkte erstellen, anspruchsvolle Kundenbedürfnisse befriedigen will, der muss in seinem Fach Meister werden. Der Geselle suchte sich einst einen geeigneten

Meister, der ihm beibringen sollte, was es zur wahren Meisterschaft brauchte.

Im Vordergrund stand die vorbereitende Entwicklung individueller Anlagen, um später eine bestimmte Aufgabe optimal erfüllen zu können. Die Vermittlung von Wissen, Können und Verhalten vom Meister zum Gesellen ist ureigentliche PE. Und: Es war, ist und bleibt eine Führungsaufgabe.

Die Vermittlung von Wissen, Können und Verhalten für Lehrlinge ist historisch die zuerst auftretende Aufgabe, die einer institutionellen PE zugeteilt wurde. In vielen Organisationen sind PE-Abteilungen gerade deshalb geschaffen worden. Die Vermittlung eines Teils von Wissen und Können für Lehrlinge ist zentralisiert und die Meister sind davon entlastet worden.

Damit beginnt die Pionierphase der PE. Die neu geschaffene Lehrlingsabteilung konzentriert sich auf ihr Nutzenpotenzial für Lehrlinge, allenfalls noch auf Nutzenpotenziale für Meister, kaum jedoch auf solche für die Organisation.

## Fachliche Aus- und Weiterbildung

Die fachliche (Zusatz-)Qualifizierung von Mitarbeiterinnen und Mitarbeitern für eine erfolgreiche Beherrschung organisationsspezifischer Prozesse ist in den meisten Fällen die zweite Aufgabe, die im Laufe ihrer Entwicklung an die institutionelle PE delegiert wird. Die PE beginnt zu wachsen.

Auch das war und ist eine Entlastung für die Vorgesetzten. Aber die PE-Funktion bleibt – bewusst oder unbewusst – grundsätzlich weiterhin bei den Vorgesetzten, denn über ihre Instruktionen, ihr Feedback und insbesondere über ihr Vorbild wird mehr an systemrelevantem Wissen, Können und Verhalten vermittelt, als in einer formell organisierten Aus- und Weiterbildung.

**PE ist Führungsaufgabe**

Es können ökonomische Gründe für die Delegation sprechen. Das Verhältnis von Aufwand und Nutzen ist bei einer zentral organisierten Vermittlung besser, als wenn jede Vorgesetzte oder jeder Vorgesetzte dies tun müsste. Die fachliche Qualifizierung an eine PE zu delegieren, kann aber auch mit der Absicht (oder Notwendigkeit) verbunden sein, Abläufe und Verhaltensmuster zu standardisieren sowie einheitliche Begriffsverständnisse zu schaffen. In einem solchen Fall geht es primär nicht um eine je nach Vorkenntnissen unterschiedliche Befähigung einzelner Individuen. Im Vordergrund steht die flächendeckende Qualifizierung ganzer Funktionsgruppen. Es geht primär auch nicht darum, Vorgesetzte zu entlasten. Die Standardisierung liegt in einem höheren unternehmerischen Interesse in der Folge einer zunehmenden Differenzierung der Gesamtorganisation.

## Aus- und Weiterbildung von Führungskräften

Wenn in einer Organisation der PE Aufgaben zur Qualifizierung der Führungskräfte übertragen wurden, dann stand i.d.R. die fachliche

Qualifizierung im Vordergrund. Vorherrschende Meinung war – und ist es in vielen Fällen immer noch: Führungskräfte sollen in erster Linie Managementprozesse beherrschen, also Methoden und Techniken. Die Entwicklung sozialer Kompetenzen, die die Erfüllung einer Führungsfunktion bedingen, mit Leistungen der PE zu fördern, war nicht explizit gefragt. Analog zur Fachausbildung hatte und hat die PE mit der Qualifizierung von Führungskräften die höheren Vorgesetzten zu entlasten. Andererseits kann beobachtet werden, dass der Zeitpunkt der Delegation, die zu einem neuen Geschäftsfeld der PE führt, in einer starken Wachstumsphase der Organisation liegt, weil der Bedarf an neuen Führungskräften außerordentlich groß ist und die Vorgesetzten ohnehin schon stark belastet sind. Sicher sprechen auch ökonomische Gründe für eine Delegation der Führungsausbildung an die PE.

Die Förderung sozialer Kompetenzen als eine Aufgabe der PE taucht im Rückblick leicht verschoben auf. Es liegt die Vermutung nahe, dass die Initiative eher auf der Seite der PE als im Management stand. Die Beobachtung, dass von Seiten der PE der Förderung sozialer Kompetenzen mehr Bedeutung und Gewicht verliehen wird, als es dem Management recht ist, bestärkt diese Vermutung.

Je nach Führungsanspruch oder Führungskultur kann es sein, dass der PE der Auftrag der Standardisierung bezüglich Führungsmittel, Führungsstil und Verhalten sowie Führungsverständnis übertragen wird, unabhängig davon, welche Entwicklungsphase die Gesamtorganisation durchläuft. Der Standardisierungsbedarf tritt jedoch fast immer auf, wenn die Organisation zu einer bestimmten Größe angewachsen ist oder wenn als Folge ihrer Differenzierung die Führungskultur kaum mehr »unter einen Hut« zu bringen ist. Ende der 70er Jahre stand die Migros auf dem Höhepunkt ihrer Differenzierung und der Bedarf an Standardisierung bezüglich Führung war so groß, dass der PE der Auftrag erteilt wurde, unternehmensweit die sog. Partizipative Führung zu vermitteln.

**Führungsverständnis der PE versus jenes des Managements**

## Kaderförder- und Trainee-Programme

Alle Organisationen setzen sich zum Ziel, einen bestimmten Anteil ihres Führungskräftebedarfs intern zu rekrutieren. Daher trifft sie auch Maßnahmen, ein entsprechend großes Potenzial an Nachwuchs zu schaffen. Infolge starken Wachstums und der Differenzierung ist der Bedarf an Führungsnachwuchs sehr groß; dies umso mehr, als mit dem Höhepunkt der Wachstumsphase eine Überalterung auf mittleren und insbesondere auf oberen Führungsebenen einhergeht. Bei großen Organisationen liegt es dann nahe, mit eigenen Assessment-Centern und Kaderförderungs- und Trainee-Programmen dem Problem Herr werden zu wollen.

## 4.2.2   Reifephase

Die Reifephase einer PE zeichnet sich an Phänomenen der Stabilisierung ab. In Bezug auf das Angebotsportfolio gehen die Bemühungen dahin, Geschäftsvolumen in den bisherigen Märkten zu halten und Versuche in neuen Geschäftsfeldern zu starten. Die Stabilisierung der bestehenden Geschäftsfelder geschieht einerseits mittels Diversifizierung der Sortimente und andererseits mittels Innovationen bei ausgewählten Produkten.

**Vielfalt der Methoden und neue Inhalte**

Das Sortiment von Angeboten zur fachlichen Qualifizierung ist z. B. dadurch vertieft worden, dass der Kunde die Wahl hatte, einen bestimmten Lerninhalt über verschiedene methodisch-didaktische Zugänge, in Form von Seminaren, Workshops, E- oder Blended Learning vermittelt zu bekommen. Eine Verbreiterung des Sortiments zeigt sich anhand der Führungsausbildung, indem neue Inhalte bei bestehenden Lernformaten angeboten wurden. Dies waren Inhalte, die übrigens oft nur sehr bedingt mit einem unternehmerischen Bedarf in Verbindung gebracht werden können, wie z. B. philosophische, gesellschafts- und wissenschaftspolitische, kulturelle Themen oder gar Themen und Methoden aus dem esoterischen Bereich.

Ganz im Sinne der Portfolio-Theorie ist in der Migros der Versuch mit neuen Angeboten gemacht worden. Beispiele sind: Coaching, Teamentwicklung, Organisationsentwicklung, Management-Development, Karriere- und Bildungsberatung.

## 4.2.3   Wende

Ende der 8oer Jahre war die PE der Swissair auf ihrem Höhepunkt. Sie war für die PE vieler anderer Organisationen in mehrerer Hinsicht Vorbild und sie war auch für viele PE-Abteilungen um einige Schritte voraus. Die Wende hat sie allerdings auch früher erreicht.

**Der überlebensfähige Kern**

In Bezug auf die Angebote hieß das Reduktion auf den überlebensfähigen Kern. Überlebensfähig für unsere PE war das, was die Organisation selbst als unbedingt zwingend zur Qualifizierung des Personals erachtet hatte. Unbestritten war die Lehrlingsausbildung. Das Angebot an Inhalten der Fach- und Führungsausbildung wurde allerdings auf unternehmensspezifische Inhalte reduziert. In der Führungsausbildung ist die Mehrzahl jener neuen Angebote, mit denen in der Phase der Reife ein neues PE-Profil gesucht wurde, wie z. B. Coaching, unters Messer gekommen.

Die Wende der PE korreliert meist zeitlich mit jener der Gesamtorganisation; sie geht ihr knapp voran. In der Reifephase einer Organisation, also wenn die Wachstumsraten zu stagnieren beginnen, sollen mit den bekannten Modellen, wie Substituierung, Standardisierung, Streichung, Auslagerung, die Kosten minimiert werden. »Nice to have« wird zum geflügelten Wort.

Selbstverständlich kann die Wende auch selbst hervorgerufen werden: wenn die PE in ihrer eigenen Dynamik »zu weit gegangen ist« und ein Korrektiv aus dem Management selbst provoziert.

Es gibt auch Gründe für die Wende der PE, die außerhalb der Organisation liegen, z. B. in der Entwicklung des externen Bildungsmarkts. Profunde Kenntnisse dieses Markts und gute Beziehungen zu ihren Akteuren eröffnen jedoch neue Chancen für die PE. Die PE wird als Bildungsbroker zum Business-Partner der Organisationseinheiten.

## 4.3 Funktionen der PE

Die PE gerät immer wieder mal unter Legitimationsdruck. Anderen Supportprozessen, wie z. B. Controlling oder PR, widerfährt es offensichtlich weit seltener, grundsätzlich in Frage oder in die Ecke von »Nice to have« gestellt zu werden. Da scheint etwas in der generellen Entwicklung der PE schief gelaufen zu sein. Neben den verschiedenen möglichen Mechanismen dieses Phänomens wie z. B. Konkurrenz zu HR oder zum Management will ich hier den Fokus auf mangelndes Bewusstsein für die Funktionen der PE legen. Die beiden folgenden Beobachtungen sollen diese Annahme illustrieren.

Erstens: PE-Leute reden viel über ihre Produkte, die Lernziele und Methoden sowie über ihre didaktischen Grundsätze und allenfalls über ihre Budgets, aber wenig über die Leistungen und Wirkungen der PE. Die Funktionen gar, die die PE für die Organisation zu erfüllen hat, scheinen gänzlich selbstverständlich zu sein.

Zweitens: In wohl den meisten Organisationen sind Funktionen der PE kein Thema im Management, außer allenfalls in Phasen der Reife und Wende, wenn Restrukturierungsmaßnahmen angesagt sind. Im Management treten in der Regel die Handlungen der PE-Leute und ihre Angebote ins Bewusstsein. Die Funktionen jedoch, die die PE für die Gesamtorganisation erfüllt, werden wie Schwäne auf weißem Hintergrund wahrgenommen.

### 4.3.1 Aufgabe, Leistung und Wirkung

Unter einer Aufgabe ist das zu verstehen, was konkret getan werden soll. Im Falle der PE gehören z. B. dazu: Lernende auf ihre Abschlussprüfung vorbereiten, Kurse für Staplerfahrer organisieren, für die Qualifizierung der Führungskräfte Programme und Coaching anbieten und durchführen, Designs zur Entwicklung von Teams und Organisationseinheiten konzipieren und diese dann dabei unterstützen und begleiten. Das ist eine Palette von Mitteln, die für mehr oder weniger explizit formulierte Zwecke eingesetzt werden. Um den Fokus von den einzelnen Angeboten näher an die Funktionen der PE zu lenken und damit eine Perspektive zu erlauben, von der aus eher der

Wald als die Bäume gesehen werden könnte, ist Mitte der 80er Jahre nachfolgende Übersicht der Leistungen einer PE entstanden.

**Leistungen der betrieblichen Aus- und Weiterbildung**
(Die Auflistung ist geordnet nach zunehmendem personellem und finanziellem Aufwand, der für die entsprechende Leistung erbracht wird; internes Papier der Ausbildung Migros Gemeinschaft, 1986.)

1. Zuwachs an Problembewältigung
2. Sensibilisierung für neue Probleme
   - Problemwahrnehmungsschärfe
   - Veränderung der Norm
3. Einstellung zur Problembearbeitung
4. Identifikationszuwachs
5. Motivationsschub
6. Zuwachs an Lernfähigkeiten und Veränderung der Lerneinstellung

Ich erinnere, dass diese Aufzählung als interessant beurteilt wurde, aber niemanden wirklich interessierte. Ein Dutzend Jahre später bekamen in besagter PE die Leistungen der PE folgende Bezeichnungen (Baumann & Würmli, 2001):
- Standardisierung von Prozessen, Begriffsinhalten und Verhalten
- Erhöhung der inneren Verbundenheit mit den Werten und Zielen des Unternehmens
- Unterstützung bei der Implementierung von strategischen Initiativen
- Überbrückung hierarchischer und funktionaler Strukturgrenzen
- Aufbau von Kompetenzen für aktuelle und kommende Aufgaben

Das sind zwar noch keine Bezeichnungen von eigentlichen Funktionen, aber es zeigt auf, dass in dieser PE darum gerungen wurde, Sinn und Zweck ihres Tuns auszudrücken. Offenbar ging es in dieser Entwicklungsphase der PE auch darum, die eigene Legitimität zu stärken und dem latenten Vorwurf, Wissen und Können sei mittlerweile auf dem externen Bildungsmarkt effizienter zu erwerben, den Wind aus den Segeln zu nehmen. Die Aufzählung von Nebeneffekten spricht für sich. Es ist ja auch ein offenes Geheimnis, dass das, was in den Pausen einer internen Lernveranstaltung an Erfahrungen ausgetauscht und an Beziehungen aufgebaut wird, für das Unternehmen oft den größeren Nutzen hat, als das, was zwischen den Pausen vermittelt wird.

### 4.3.2 Entwicklung von grundsätzlichen Funktionen für die Organisation

PE im Sinne von Qualifizierung von Individuen sowie ganzer Organisationseinheiten beginnt mit der Entstehung einer Organisation. Sie ist implizit immer da. Die Fähigkeiten der Individuen und der

Organisation wachsen mit den inneren und äußeren Herausforderungen; wenn nicht, dann kommt die Organisation in existenzielle Nöte oder löst sich gar wieder auf. So gesehen hat PE grundsätzlich eine existenzsichernde Funktion. In ▶ Abschn. 4.2 ist darauf hingewiesen worden, dass die Delegation von Bildungsaufgaben an eine institutionelle PE die Vorgesetzten entlastet. Die ursprüngliche Funktion einer PE-Abteilung ist somit Entlastung von Vorgesetzten. Wichtig scheint mir, diese Art der Wertschöpfung zu quantifizieren und auszuweisen, damit das Bewusstsein dafür sowohl bei der PE als Leistungserbringerin wie im Management als Kunde wächst.

Wenn in der Wachstumsphase einer Organisation der Arbeitsmarkt nicht über das notwendige Potenzial an geeigneten Arbeitskräften verfügt, dann sind diese in der und durch die Organisation selbst gezielt zu qualifizieren; wenn nicht, so ist das Wachstumspotenzial der Organisation eingeschränkt. PE hat somit die grundsätzliche Funktion, mit der Entwicklung des Produktionsfaktors Personal ein Wachstum letztlich zu ermöglichen.

Ist die Branche, in der die Organisation operiert, ebenfalls in einer starken Wachstumsphase, so nimmt die Wahrscheinlichkeit ab, geeignete Leute zu finden. Es sei denn, dass einzelne Organisationen sich entscheiden, mittels ihrer PE, in den Nachwuchs über den eigenen Bedarf hinaus zu investieren und so zum Talentbringer der Branche zu werden. PE hat in diesem Fall die Funktion, die Organisation im Arbeitsmarkt zu profilieren und damit Wettbewerbsvorteile zu erzeugen.

Am Ende der Wachstumsphase oder zu Beginn der Reifephase der Organisation tritt, wie oben ausgeführt, der Bedarf der Standardisierung auf. Die PE wird als ein Mittel zur Stärkung der Corporate Identity eingesetzt.

In der Wendephase der Gesamtorganisation kommt der PE die Funktion zu, den psychologischen Vertrag zwischen Mitarbeitenden und Unternehmen in der Weise substituierend zu erfüllen, dass sie einen Beitrag zur Employability jener Leute leistet, die in ihrer angestammten Funktion nicht mehr eingesetzt werden können.

**Wenn es die PE nicht gäbe, so müsste sie erfunden werden**

### 4.3.3 Die richtigen Leute haben

Es ist eine Binsenwahrheit. Und doch kommt man immer wieder darauf, dass der Erfolg einer Organisation – wie immer er auch definiert sei – davon abhängt, ob die Organisation über »die richtigen Leute« verfügt. Jim Collins ist aufgrund seiner Untersuchungen in den 90er Jahren bei großen Unternehmen in den USA gar zum Schluss gekommen, dass dies vor allen andern Erfolgsfaktoren der zentrale sei. In seinem Buch *Auf dem Weg zu den Besten* beschreibt er ein besonders plastisches Beispiel am Fall von Nucor, einem der erfolgreichsten amerikanischen Stahlunternehmen:

>> Bei Nucor war man der festen Überzeugung, dass man Farmern beibringen kann, Stahl herzustellen, aber dass man niemandem die Arbeitseinstellung eines Farmers beibringen kann. Und so errichtete Nucor seine Werke nicht an traditionellen Stahlstandorten wie Pittsburgh oder Gary, sondern in Indiana, Nebraska und Utah – Orten, an denen echte Farmer leben, die früh zu Bett gehen und mit den Hühnern aufstehen und sich ohne Murren an die Arbeit machen. (Collins, 2004, S. 72) <<

Diese Binsenwahrheit sagt zwar noch wenig aus, allerdings aber mehr als die grassierende Deklamation, Mitarbeiterinnen und Mitarbeiter seien das wertvollste Kapital. Die Antwort auf die Frage »Was macht die richtigen Leute aus?« ist entscheidend. Am Beispiel von Nucor war es in den 70er Jahren die Arbeitseinstellung. In seiner Untersuchung stellte Jim Collins auch fest, dass Unternehmen, die über viele Jahre sehr erfolgreich waren, bei der Definition der »richtigen Leute« mehr Wert auf charakterliche Eigenschaften legten. Bei Unternehmen mit weniger konstantem Erfolg standen jedoch Bildungsvoraussetzungen, Fachwissen und technische Fertigkeiten im Vordergrund.

**Die Kernfunktion der PE**

Die »richtigen Leute zu haben«, scheint anhand dieses Beispiels und der Untersuchungsergebnisse von Jim Collins auf den ersten Blick einzig das Ergebnis einer gut gewählten Rekrutierungsstrategie und – falls notwendig – einer rigorosen Entlassungspolitik zu sein. Allerdings stehen dahinter Annahmen, die es zu überprüfen gilt. Erstens entwickeln Menschen Fähigkeiten wie Haltungen. Zweitens verändern sich die Anforderungen und daher sind die entsprechenden Kompetenzen zu entwickeln. Drittens trifft es nur in einzelnen Branchen und für einzelne Funktionen zu, dass das zur Erfüllung einer Aufgabe erforderliche Wissen und Können a) für den Erfolg einer Organisation sekundär und b) einfach beizubringen ist. Eine Kassiererin in einem Detailhandelsunternehmen oder ein Rüster in einem Logistikunternehmen sind tatsächlich rasch angelernt. Für eine Anlageberaterin in einer Bank, einen Lehrer im Gymnasium, eine Softwareentwicklerin in einem IT-Unternehmen oder eine Führungskraft in der Werbebrache braucht es da aber schon mehr an Erfahrung und emotionaler Verbundenheit mit der Organisation, um sowohl den beruflichen als auch unternehmerischen Erfolg sicherzustellen.

Wie der Name sagt, ist die PE für die gezielte Entwicklung des Personals zuständig. Ich setze daher die Formel »Die richtigen Leute haben« der Kernfunktion der PE gleich.

### 4.3.4 Öl oder Sand im Getriebe

Die bisherigen Betrachtungen zur Funktion der PE sind utilitaristisch geprägt. Diese Betrachtungsweise ist notwendig, aber nicht hinreichend.

In meiner eigenen PE-Erfahrung sind jene Momente am stärksten in Erinnerung, in denen die PE einen eigenen Standpunkt jenseits ökonomischer Argumentation eingenommen hat. Auseinandersetzungen mit dem Management, in denen um grundsätzliche Fragen des Menschseins in einer Organisation gerungen wurde, waren zwar hart und emotional geprägt, aber haben letztlich die Position der PE immer gestärkt. Es ist zwar selbstverständlich, aber nicht immer akzeptiert, dass eine Arbeitsteilung zu widersprechenden Zielen und Haltungen führt und dass dies entscheidende Vorteile mit sich bringt. Jene von Management und PE sollten daher nicht in allen Fällen zur Deckung gebracht werden.

Ein Leiter einer Produktionseinheit hat seine Prozesse zu optimieren. Die PE unterstützt ihn mit Qualifizierungsmaßnahmen. Die PE sorgt – bildlich gesprochen – für das Öl im Getriebe; sie unterstützt den Produktionsleiter in der Erreichung seiner Ziele. Andererseits jedoch muss es der PE ein Anliegen sein, dass die Mitarbeitenden in ihrer physischen, psychischen und intellektuellen Begrenztheit ihres Menschseins respektiert, d. h. unterstützt, gefordert, geschützt und gefördert, aber nicht überfordert werden. Wie sie sich erfolgreich für ihre Interessen einsetzen und sich wehren können, wird ihnen in Lernangeboten vermittelt. Die PE wird zum Sand im Getriebe. Analog dazu verhält es sich mit der Entwicklung von vordergründig nicht gefragten Potenzialen. Initiativen der PE, Qualitätszirkel einzuführen und entsprechende Fähigkeiten zu vermitteln, scheiterten wohl meist darum, weil die Nutzbarmachung menschlicher Ressourcen von Mitarbeitenden den Zielen und Absichten der Vorgesetzten in die Quere kam, also Sand in ihrem Getriebe war.

Peter M. Senge postuliert in seinem Buch *Die fünfte Disziplin* (Senge, 1996), dass ein nachhaltiger Erfolg einer Organisation unter anderem nur dann möglich wird, wenn die Organisationskultur die Entwicklung von Personal Mastery nicht nur ermöglicht, sondern auch fordert. Das folgende Zitat aus dem erwähnten Buch soll zeigen, wie das gemeint ist:

>> Ein weiterer und ebenso wichtiger Grund, weshalb wir unsere Mitarbeiter in diesem Streben ermutigen, ist die Wirkung, die eine volle Entfaltung der Persönlichkeit auf das individuelle Glück hat. Wenn wir unsere Erfüllung nur außerhalb der Arbeit suchen und den großen Teil unseres Lebens ignorieren, den wir bei der Arbeit verbringen, beschneiden wir unsere Chance auf ein glückliches und erfülltes Leben. (Bill O'Brien, CEO Hanover Insurance, in Senge, 1996, S. 176) **<<**

Diese Haltung lässt sich nicht ökonomisch begründen. Sie muss schlicht gewollt sein, wenn nicht vom Management, dann von der PE.

**Die Entfaltung der Gesamtpersönlichkeit**

## 4.4   Organisationale Aspekte der Entwicklung einer PE

### 4.4.1   Die richtigen Leute

Auch der Erfolg einer PE hängt primär davon ab, in allen Phasen die »richtigen Leute« zu haben. In der Pionierphase sind das »Macher«, jedenfalls Praktiker, die aufgrund ihrer bisherigen Funktion das Unternehmen sehr gut kennen und ein Gespür für pädagogische Aufgaben haben. Das Wachstum mit neuen Aufgaben bedingt erste Schritte der Professionalisierung. Diese gehen in erster Linie in Richtung professioneller Produktgestaltung. Für den Erfolg und damit die Reputation der PE wird es unabdingbar, die einzelnen Angebote didaktisch und methodisch sauber zu gestalten. Zu diesem Zweck sind Lehrer und Leute mit höherer beruflicher Grundausbildung und andragogischer Weiterbildung rekrutiert worden. Der nächste Schritt der Professionalisierung geht in Richtung inhaltlicher Kompetenz. Das heißt, dass die PE über entsprechende Ressourcen verfügen muss, um glaubwürdig zu sein. Gegen Ende des Wachstums arbeiten in der PE neben andragogisch geschulten Leuten solche mit betriebswirtschaftlichem Hintergrund und solche mit solider Führungserfahrung. In der Phase der Reife mögen »Verwalter« die bisherigen Geschäftsfelder weiterhin erfolgreich halten.

**Veränderung der Rollenprofile**   Die neuen Produkte wie Coaching, Team- und Organisationsentwicklung leiten einen radikalen Wechsel bezüglich des Rollenprofils ein. In den bisherigen Geschäftsfeldern reagiert der Kunde auf das Angebot. Die Ausschreibung ist die Entscheidungshilfe, um auf das Angebot einzugehen oder nicht. In den neuen Geschäftsfeldern reagiert die PE auf potenzielle Bedürfnisse. Damit die PE diese erkennen kann, gehen ihre Leute auf den Kunden zu. Neben methodischen Fähigkeiten, die die neuen Produkte erfordern, tritt ein grundsätzlich neues Rollenprofil auf. Da »die Klinke zu putzen« nicht jedermanns Sache ist, wird die PE nicht umhin kommen, neue Leute mit dem notwendigen Know-how und Verkaufsinstinkt zu rekrutieren.

Die Veränderungen der Anforderungsprofile für leitende Funktionen in der PE verlaufen auch entsprechend der Entwicklungsphasen: In der Pionierphase sind es Generalisten, in der Wachstumsphase Manager, in der Reife Verwalter und in der Wende Sanierer. Das ist die Illusion einer idealtypischen Besetzung. Leider lässt sich z. B. beobachten, dass gestandenen Führungskräften, also solchen, die in ihrer individuellen beruflichen Entwicklung in Richtung »Verwalter« gehen, die Leitung der neu installierten PE übertragen wird. Oder es werden in Zeiten der Wende Leute des Typs »Manager« statt des Typs »Sanierer« in die Leitungsfunktion berufen.

### 4.4.2 Die relevanten Umwelten

Bei welchen Umwelten sind deren Entwicklungen zwingend zu beachten? Bei welchen darf man sie »ungestraft« unbeachtet lassen und bei welchen sollten sie nicht zu viel Beachtung erhalten? Die Antworten darauf können weder pauschal noch allgemeingültig erfolgen. Zur Illustration jedoch ein paar Beispiele.

Für die Lehrlingsausbildung gehören die Veränderungen der Verhaltensmuster und Haltungen der Lehrlinge zum Umfeld, das zwingend beachtet werden muss. Wer die Entwicklung der Erwartungen der Meister nicht beachtet, der macht sich nur das Leben schwerer als notwendig. Wer die Entwicklung der gesetzlichen Bestimmungen und des Verhaltens der Ämter, die die entsprechenden Umsetzungen zu kontrollieren haben, nicht beachtet, den bestraft das Leben. Werden jedoch diesen zu viel Beachtung geschenkt, dann mausert sich dieser Teil der PE zur Vollzugsinstitution. Es gibt aber auch Umwelten, die plötzlich relevant werden. Mit dem Ruf, das duale System habe ausgedient, beginnt z. B. staatliche Bildungspolitik zu einem Umfeld von Bedeutung zu werden.

Bei der fachlichen und methodischen Qualifizierung von Mitarbeitern und Führungskräften waren Entwicklungen auf dem externen Bildungsmarkt und in der Informationstechnologie lange Zeit praktisch vernachlässigbar. Aber auf einmal wurde zwingend, diese nicht nur zu beachten, sondern auch möglichst mit den eigenen Ansprüchen zur Passung zu bringen.

In der Reifephase der PE, in der ich lange Jahre tätig war, hatte die Entwicklung auf dem »Markt der Managementtheorien« die größere Beachtung als jene der Unternehmensbedarfe. Der Erfolg, gemessen an den Teilnehmerzahlen, gab uns zwar recht, aber letztlich hat dies unserer Glaubwürdigkeit eher geschadet.

Die Entwicklung der Haltungen und des unternehmerischen Selbstverständnisses im oberen Management ist bei der Führungsausbildung sowie der Nachwuchsförderung und im Management-Development das relevante Umfeld. Zumindest sollte es so sein. Doch ich habe wiederholt Situationen erlebt, als ob sich das Management als relevante Umwelt selbst verabschiedet hätte. Tatsache ist aber auch, dass sich die PE vom Management verabschiedet hatte und ihren Freiraum nutzte, bis sie die Kreise der oberen Führung störte oder bis sie die eigene Orientierung verloren hatte und nach bildungspolitischen Zielen oder nach einem institutionellen Bildungsrat rief.

Bezüglich der Beziehung PE–Umwelten wage ich noch eine Hypothese aufzustellen: Das Geschäftsmodell im Kerngeschäft der Gesamtorganisation spiegelt sich in jenem der PE. Ich will das hier nicht weiter ausführen, sondern die Überprüfung den Lesern überlassen. In der Migros jedenfalls war das Muster der Selbstbedienung auch in den internen Prozessen lange das durchgängige Muster.

*Beachten und beachtet werden*

### 4.4.3  Interne Aufbau- und Prozessstrukturen

**Funktional oder divisional?**
**Kosten oder Leistungen?**

Die Strukturbildung in der Wachstumsphase einer PE erfolgt i.d.R. nach funktionalen Kriterien. Es entstehen Abteilungen entlang der Wertschöpfungskette der PE. Es beginnt mit der Abgrenzung Produktion gegen Administration. Die einen konzipieren Lernangebote und führen sie durch oder lassen sie durchführen und die andern sind für die Unterstützungsprozesse verantwortlich. In weiteren Schritten kann es so weit gehen, bis selbst für Controlling und Qualitätssicherung eigene Abteilungen entstehen. Eine weitere funktionale Abgrenzung geht entlang der Angebotsgruppen. In vielen Organisationen kann eine geradezu klassische Gliederung in die Abteilungen Lehrlingsausbildung, Fachausbildung, Führungsausbildung, Kaderförderprogramme, Management-Development sowie Beratung und Organisationsentwicklung beobachtet werden. Es ist meist ein Zeichen eines zusätzlichen Wachstumsschritts oder bereits der Erreichung der Reife, wenn die PE einen Wechsel in der Gestaltung ihrer Strukturen von funktionalen zu divisionalen Strukturkriterien vollzieht. Die Verantwortlichkeiten werden nicht mehr dem Erfolg von Produkten und Produktgruppen, sondern jenem bei Kundengruppen oder in internen Märkten zugeordnet. Dieser strukturelle Wechsel birgt die Gefahr in sich, dass die Verantwortung für Entwicklung sowie für Qualitätssicherung von Produkten zwischen den Bänken, den divisionalen Abteilungen, untergeht oder dass mehrfacher Aufwand infolge von Doppelspurigkeiten und interner Konkurrenz betrieben wird.

In der Regel sind PE-Abteilungen in der Pionier- und Wachstumsphase finanziell als Kosten-Center geführt. Ein Übergang in die Form von Profit- oder Service-Center ist meist ein Zeichen dafür, dass die PE die Reifephase, eine Phase des Haltens und des Verwaltens erreicht hat. Damit verbunden sind auch Versuche, über Dezentralisierungen die PE als Organisation in der Organisation besser in den Griff zu bekommen.

In der Pionier- und am Anfang der Wachstumsphase der PE werden Unikate produziert. Standardisierungen von Produkten erfolgen erst, wenn aus der Gesamtorganisation in der Folge großen Wachstums die Nachfrage mit den vorhandenen Mitteln nicht mehr befriedigt werden kann. Professionalisierung in Bezug auf die Gestaltung interner Abläufe, wie Bedarfsklärung, Produktentwicklung, Prototyping, Produktion, Durchführung und Evaluation und Bildungscontrolling, sind in aller Regel erst bei PE in der Reifephase beobachtbar.

**Zusammenfassung**

Der PE stellt sich wie allen sozialen Systemen die Herausforderung, ihre eigene Entwicklung mit jener ihrer relevanten Umwelten zur Passung zu bringen. Das heißt, dass die Entwicklung der inneren, eigenen Dynamik wie jene in den Umwelten zu beachten und zu analysieren ist, um die Weichen für kommende Schritte möglichst günstig zu stellen.

## Literatur

Baumann, M., & Würmli, P. (2001). Betriebliche Aus- und Weiterbildung – Nice to have – oder mehr? *Schweizer Arbeitgeber* 17, 26.08.1999, 807–810.

Collins, J. (2004). *Der Weg zu den Besten* (2. Aufl.). München: dtv.

Orthey, F. M., & Spörlein, W. (2006). Bildungsmanagement bei laufendem Betrieb. In: B. Gütl, F. M. Orthey & S. Laske (Hrsg.), *Bildungsmanagement*. München: Hampp.

Senge, P. M. (1996). *Die fünfte Disziplin*. Stuttgart: Klett-Cotta.

# Curriculare Planungsphasen von Lehr-/Lernprozessen in der Aus- und Weiterbildung

*Birgitta Braun*

Die Organisation und Gestaltung von Lehr-/Lernprozesse ist eine verantwortungsvolle Tätigkeit, die eine sorgfältige, systematische und konzeptgeleitete Planung erfordert. Im Folgenden wird ein solches Konzept in Form eines Vier-Phasen-Modells (IAP-Planungsmodell) vorgestellt. Es dient als Planungsinstrument für die Organisation, Durchführung und Auswertung von Lehr-/Lernprozessen. Das IAP-Planungsmodell ist abgestützt auf die aktuelle Diskussion zu verschiedenen didaktischen Theorieansätzen und soll den wachsenden Ansprüchen an qualitativ hochwertige Veranstaltungen im Rahmen von Aus- und Weiterbildung gerecht werden. Vielfältige Erfahrungen mit Ausbildungssituationen in der wirtschaftlich orientierten Bildungsarbeit und die daraus hervorgegangenen didaktischen Überlegungen sind in das Modell eingeflossen. In der betrieblichen Bildungspraxis hat es sich überaus bewährt und als entwicklungsorientiert und flexibel erwiesen.

**IAP-Planungsmodell für die Organisation von Lehr-/Lernprozessen**

Das IAP-Planungsmodell mit seinen 4 curricularen Phasen (❑ Abb. 5.1), den Bedingungsfeldern, der Bedarfsanalyse, den Didaktischen Entscheidungen und der Wirkungsanalyse, basiert auf dem bildungstheoretischen Ansatz von W. Klafki und dem lehr-/lerntheoretisch ausgerichteten Modell der sog. Berliner Schule um Heimann, Otto und Schulz (vgl. ▶ Abschn. 2.1). Beide Ansätze haben ihre Wurzeln in den 1960er Jahren. Das didaktische Modell der Berliner Schule ist eine Struktur- und Reflexionshilfe für Lehr- und Lernprozesse. Es geht von 2 Feldern aus, in denen didaktisches Handeln stattfindet,

- den **Bedingungsfeldern,** damit gemeint sind individuelle und institutionelle Bedingungen und Voraussetzungen,
- den **Entscheidungsfeldern,** damit gemeint sind Entscheidungen im Hinblick auf die 4 Faktoren Ziele, Inhalte, Methoden und Medien. Diese didaktischen Entscheidungen werden wiederum auf der Grundlage der Bedingungsfelder getroffen (Götz & Häfner, 2005, S. 200–300).

**Curriculares Denken**

Für das betriebliche Bildungswesen, mit seinem zweckrational-pragmatischen Unterrichtsverständnis und ökonomischen Zwängen, eignet sich das Berliner Modell als theoretische Basis. Denn Bildungsarbeit in wirtschaftlichem Kontext verlangt mehr denn je eine pragmatische und erfolgskontrollierte Organisation von Lehr-/Lernprozessen (Terhart, 2009).

> **Curriculum**
>
> Ein Curriculum ist die systematische Anordnung von Informationen und Einsichten, die den Aufbau und Ablauf eines Lehr-/Lernangebots beeinflussen sollen. Es dient der Vorbereitung, Durchführung und Evaluation von Unterricht. Im Folgenden wird von Curriculum als Oberbegriff ausgegangen, der komplexe Be-

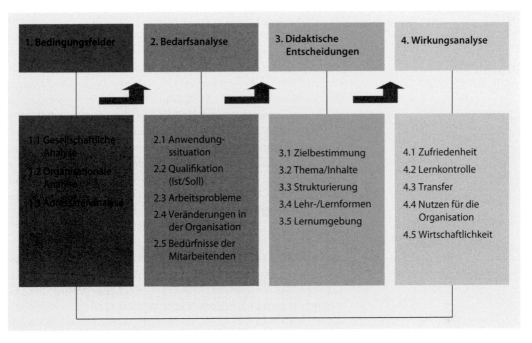

**⊡ Abb. 5.1** Curriculare Planungsphasen von Lehr-/Lernprozessen in der Aus- und Weiterbildung

dingungs- und Aktionszusammenhänge von Lehren und Lernen belegt (Kron, 2008). Unter dem Begriff Lehrplan, wird eine stark geschlossene Form verstanden. Er ist dem Begriff Curriculum untergeordnet.

## 5.1 Das IAP-Planungsmodell

Die ersten beiden Phasen des Planungsmodells (⊡ Abb. 5.1), die sog. Bedingungsfelder und die Bedarfsanalyse, gehören im eigentlichen Sinne nicht zur konkreten Unterrichtsplanung, sondern sind Teil eines umfassenden Bildungsmanagements. Unter den **Bedingungsfeldern** werden die gesellschaftliche Analyse, die organisationale Analyse und die Adressatenanalyse verstanden. Bestandteil der zweiten Phase des Planungsmodells ist die **Bedarfsanalyse** mit ihrer Analyse der Anwendungssituation, der individuellen Qualifikation, der Arbeitsprobleme, der Veränderungen in der Organisation und der Bedürfnisse der Mitarbeitenden. Insgesamt liefern diese Analysen – in sich zusammenhängend, kohärent – alle nötigen Informationen, damit darauf aufbauend die didaktisch-methodischen Entscheidungen getrof-

**Phase 1: Bedingungsfelder**
**Phase 2: Bedarfsanalyse**

5

fen werden können sowie die passende Form der Wirkungsanalyse gewählt werden kann. Die einzelnen zu bearbeitenden didaktischen Schritte sind die Zielbestimmung, Auswahl der Inhalte, Strukturierung, die Festlegung der Lehr-/Lernformen und die Lernumgebung. Die letzte Phase (Wirkungsanalyse) bezieht sich auf einzelne Evaluationsarten.

Zu den Grundsätzen des Modells gehört es, die Bedürfnisse der Adressatinnen/Adressaten ernst zu nehmen, ihnen ein maßgeschneidertes Curriculum zur Verfügung zu stellen und ihnen – wenn immer möglich – die Gelegenheit zur Mitgestaltung einzuräumen.

## 5.1.1    Bedingungsfelder

Weiterbildung im Rahmen des betrieblichen Bildungswesens orientiert sich stets an einem Bildungsbedarf. Dabei ist die Analyse der Bedingungsfelder für die Planungsarbeit von großem Wert, wie beispielsweise der Kontexteinfluss, der eine starke Wirkung auf das Geschehen in Lehr-/Lernsituationen hat. Aufgrund der gesellschaftlichen, organisationalen und adressatenbezogenen Analyse können schrittweise die Bedingungen und einzelnen Voraussetzungen für das Bildungsvorhaben ermittelt und geklärt werden. Bildungsarbeit ist geprägt und abhängig von der Primary Task (dem Hauptzweck des Unternehmens), der Struktur und Kultur des Unternehmens. Bei bildungsfreundlichen Unternehmen, die die Entwicklung ihrer Mitarbeitenden als solche sehr schätzen und aktiv fördern, kommt Weiterbildung auch im Leitbild zu Wort. So lassen sich sowohl förderliche als auch hinderliche Bedingungen für Bildungsarbeit antreffen. Je nachdem können Bildungsverantwortliche für ihre curriculare Planung und Umsetzung mit Unterstützung, Zurückhaltung oder auch Ablehnung rechnen.

### Gesellschaftliche Analyse

Gesellschaftliche Analyse

Mit gesellschaftlichen Bedingungen im weitesten Sinne sind historische, politische und kulturelle Gegebenheiten gemeint, die sich beispielsweise in Form von gesetzlichen Grundlagen zur Weiterbildung äußern, in Schul- und Bildungsreformen oder grundsätzlich die Gliederung des Bildungswesens betreffen. Insgesamt gesehen sind gesellschaftliche Voraussetzungen nicht veränderbar und insofern gilt es, sie zu ermitteln, da sie Bedingungen setzen (Götz & Häfner, 2005, S. 50–87). Beispielsweise hat der viel zitierte demografische Wandel unmittelbare Auswirkungen auf Weiterbildungsentscheidungen im Unternehmen. Die Gruppe der »älteren Mitarbeitenden«, die bisher bei der Planung von Weiterbildungsaktivitäten kaum berücksichtigt wurden, erfährt mehr Aufmerksamkeit mit zielgerichteten Programmen. Alle gesellschaftlich relevanten Phänomene wie beispielsweise die Globalisierung, die Zunahme an Mobilität, die Begegnung bzw. das Zusammenleben mit Menschen aus anderen Kulturen wirken sich auf Organisationen und auf das Individuum aus. Demzufolge lohnt es sich, auch organisationale und individuelle Voraussetzungen zu ermitteln, damit tragfähige Entscheidungen für die spätere didaktische Planung getroffen werden können.

## Organisationale Analyse

Organisationale Bedingungen können u. a. Faktoren der Lernumgebung wie z. B. Erreichbarkeit und Beschaffenheit (Ausstattung, Arbeitsmittel etc.) des Lernorts sein. Auch der zur Verfügung stehende zeitliche Rahmen und die finanziellen Mittel sind bedeutsame Voraussetzungen für Aus- und Weiterbildung im Kontext der Organisation. Die Klärung der in der Checkliste »Organisation eines Bildungsvorhabens« aufgeführten Fragen dient dazu, die eigene Organisation mit Blick auf das Bildungsvorhaben zu analysieren (IAP, 2009).

**Organisationale Analyse**

**Checkliste: Organisation eines Bildungsvorhabens**
- **Fragen zur Organisation**
  - Welches Menschenbild ist vor allem in der Organisation anzutreffen?
  - Auf welche Art und Weise werden Mitarbeitende behandelt?
  - Wie beeinflusst das gültige Menschenbild verschiedene Aspekte der Weiterbildung?
  - In welchem Rahmen steht die Veranstaltung?
  - Welche finanziellen und zeitlichen Ressourcen stehen zur Verfügung?
- **Fragen zu den Bildungsverantwortlichen**
  - Welches Menschenbild wird vertreten?
  - Welche Grundsätze des Lernens werden verfolgt?
  - Wie lautet der Auftrag?
  - Was ist die Funktion/Rolle in der Organisation?
  - Wie steht es um die eigene Qualifikation?
  - Wie ist der Bezug zum Thema?
- **Fragen zur Aus- und Weiterbildung**
  - Wie erfolgt die strukturelle Einbindung des Aus- und Weiterbildungsbereichs und welche Konsequenzen entstehen daraus?
  - Welchen Zweck und welchen Stellenwert hat die Aus- und Weiterbildung für die Organisation?
  - An welchen Stellen gibt es Übereinstimmungen, wo lassen sich Widersprüche, bezogen auf die eigene Rolle, aufzeigen und was sind mögliche Konsequenzen für die eigene Tätigkeit?
  - Welche curricularen Vorgaben, Ausbildungsvorschriften, Arbeitsplatzanforderungen oder institutionseigene Vorgaben wie pädagogische und fächerspezifische Konzeptionen (Selbstlernverfahren, Praktika etc.) gibt es?

Die Analyse der organisationalen Bedingungen kann durchaus zu Forderungen für das Ausbildungsvorhaben führen. Die Notwendigkeit zu selbst organisiertem Lernen kann sich beispielsweise aus dem Umstand ergeben, dass die Adressaten an dezentralen, länderübergreifenden Standorten arbeiten. Das kann zu der Forderung nach einer entsprechenden Ausstattung mit Materialien für das Selbststudium führen – seien es Bücher oder Hard- und Softwareausstattung für computergestütztes Lernen. Die organisationale Analyse mündet unmittelbar in den individuellen Voraussetzungen der Lernenden, wie beispielsweise Altersstruktur, Vorwissen, Qualifikationen, Lernmotivation und Handicaps. Diese Merkmale, die die Gruppe der Lernenden mitbringt, müssen sehr genau in Form einer Adressatenanalyse betrachtet werden.

## Adressatenanalyse

**Adressatenanalyse**

Die Adressatenanalyse soll Auskunft über die Menschen geben, mit denen die Aus- und Weiterbildenden eine gewisse, meist als sehr intensiv erlebte Zeit im Rahmen einer Ausbildungsveranstaltung zusammenarbeiten werden. Somit ist es sinnvoll, sich bereits vorab mit Einstellungen und Kontextbedingungen der zukünftigen Teilnehmenden zu beschäftigen. Zu diesem Zweck sollten Daten erhoben werden, die für die Planung unbedingt benötigt werden – nicht mehr und nicht weniger. Beispielsweise möchte man wissen, wer die Adressatinnen und Adressaten sind und welche Merkmale, Eigenschaften und Bedürfnisse sie haben. Für das weitere Vorgehen ist es auch wichtig, ob mit zugeschriebenen Bedürfnissen gearbeitet wird oder die Adressatinnen/Adressaten tatsächlich befragt werden. Dies hängt unmittelbar vom Menschenbild und Ausbildungsverständnis der Organisation ab (vgl. ▶ Abschn. 5.1.1, Organisationale Analyse).

**Merkmale der Adressaten**

Bei einem Seminar zum Thema »Familie und Beruf«, kann es sinnvoll sein, nach dem Familienstand, Anzahl und Alter der Kinder etc. zu fragen. Für eine IT-Schulung hingegen ist es wohl unwichtig, ob jemand verheiratet ist oder nicht. Grundsätzlich ist bei der Analyse der Adressaten der Datenschutz zu beachten. Es wirkt sich vertrauensbildend aus, wenn die Adressatinnen und Adressaten darüber informiert werden, wer Einblick in die Daten hat und was damit im Weiteren geschieht. Ob es sinnvoll ist, alle Adressaten/Adressatinnen zu befragen oder nur einzelne Subgruppen oder Schlüsselpersonen, hängt von den jeweiligen Umständen ab.

In ◻ Tab. 5.1 sind mögliche Erhebungsgegenstände beispielhaft aufgeführt.

**Methoden für die Adressatenanalyse**

Informationen über allgemeine Merkmale der Adressaten können Personaldossiers, Betriebsstatistiken und andere Personalunterlagen liefern. Um Aufschluss über individuelle Voraussetzungen zu erhalten, werden in vielen Fällen Eingangstests durchgeführt. Solche Tests können vor allem Merkmale wie Vorkenntnisse, allgemeine Leistungseigenschaften, verbale Ausdrucksfähigkeit etc. prüfen

◘ **Tab. 5.1** Mögliche Erhebungsgegenstände der Adressatenanalyse (Götz & Häfner, 2005, S. 50–87)

| | |
|---|---|
| Angaben zu den Personen | Gesamtzahl der Adressaten, Altersstruktur, Geschlecht, Familienstand |
| Bildungsstand | Schulbildung, berufliche Vorbildung, Kenntnisstand insbesondere hinsichtlich Qualifikationen am Arbeitsplatz |
| Kompetenzen | Sprachvermögen, Gedächtnis, schlussfolgerndes Denken |
| Allgemeine Leistungseigenschaften | Konzentration, Ausdauer, Aufmerksamkeit |
| Lerntyp | Allgemeine Lerngewöhnung, Präferenzen für Medien |
| Motivation | Interessen, Anspruchsniveau, Statusbedürfnis |
| Emotionaler Bereich | Selbstsicherheit, sozialer Bezug, emotionale Ansprechbarkeit |
| Umgebungseinflüsse | Familiensituation, soziale Struktur der Adressatengruppe, Betriebsklima |

(Götz & Häfner, 2005, S. 50–87). Zusätzlich können Aus- und Weiterbildende befragt werden, die schon mit dieser Zielgruppe gearbeitet haben, und ggf. kann man vorhergehenden Lektionen beiwohnen. Die Aussagen von Vorgesetzten mit einzubeziehen, kann vor allem wertvoll sein, wenn regelmäßige Bewertungs- und Fördergespräche Teil der Organisationsentwicklung sind (Götz & Häfner, 2005).

Grundsätzlich haben Befragungen (Interviews) – und dazu gehören auch Abnehmerbefragungen (Vorgesetzte, Kunden, Mitarbeiter/innen) – den Nachteil, dass sie zeitlich und wirtschaftlich aufwendig sind. Auch greifen Befragungen in betriebliche Abläufe ein und werden deshalb von Seiten des Betriebs eher abgelehnt. Bei der Ermittlung der Adressatenbedürfnisse stellen allerdings Interviews, vor allem Gruppeninterviews, ein praktikables Instrument dar. Einige weitere Methoden sind: Literaturstudium, Motivationsskala, Lehrpläne, Unterrichtsprotokolle usw.

Die gezielte Befragung einer Gruppe von Führungskräften zu Themen wie beispielsweise Arbeitstechniken und Zeitmanagement wird sicher auf größere Akzeptanz stoßen als die Befragung aller Mitarbeitenden im Unternehmen zu ihren Bedürfnissen im Bereich des betrieblichen Gesundheitswesens.

Grundsätzlich können sich die zur Verfügung stehenden Informationen aus der Adressatenanalyse auf zukünftige didaktische Entscheidungen auswirken, so wie im folgenden Beispiel beschrieben.

**Zusammenhang von Adressatenanalyse und didaktischen Entscheidungen**

Im Rahmen der Adressatenanalyse wurde ermittelt, dass die Adressaten/Adressatinnen verpflichtet werden, an dem Kurs teilzunehmen. Sie selbst können den Nutzen der Schulung für sich nicht erkennen. Ihre Motivation lässt sich dementsprechend als sehr gering bezeichnen. **Schlussfolgerung:** Die Einstiegsphase (»Motivationsphase«) der Schulung ist besonders sorgfältig zu planen, auch wenn sie mehr Zeit in Anspruch nimmt als gewohnt. Ängste, Befürchtungen und andere Gefühle sollten thematisiert werden. Für die Methoden- und Medienwahl sollte man sich von dem Prinzip »lustvoll« leiten lassen, damit weitere Demotivation verhindert wird. Insgesamt sollte für viel Abwechslung gesorgt und die Rhythmisierung des Unterrichts sorgsam auf die Teilnehmenden abgestimmt werden. Freiräume schaffen und Mitsprache ermöglichen ergänzen das didaktische Handeln.

## 5.1.2    Bedarfsanalyse

**Weiterbildungsbedarf ermitteln**

Nach Klärung der gesellschaftlichen, organisatorischen und individuellen Bedingungen stellt sich in der nächsten Planungsphase die Frage, wie der tatsächliche Bildungsbedarf erfasst werden kann.

Unter Bedarf sind die Erwartungen der Organisation (Arbeitgeber) und darin eingeschlossen die Bedürfnisse der Teilnehmenden (Arbeitnehmer/innen) zu verstehen. Die Bedarfsanalyse mit ihren 5 möglichen Einflussgrößen (vgl. ◘ Abb. 5.1) wird im Folgenden schrittweise vorgestellt.

Bildungsbedarf ergibt sich aus der Differenz zwischen Anforderung und Fähigkeit. Zur genaueren Diagnose sollten Ist-Zustand und Soll-Zustand beschrieben werden. Zunächst wird die Situation näher betrachtet, in der die potenziellen Teilnehmenden Alltagshandeln zeigen. Diese Analyse der Anwendungssituation (Situationsanalyse) ist die Beschreibung des Ist-Zustands. Ist-Beschreibungen werden dann entsprechenden Soll-Beschreibungen gegenübergestellt. Soll-Beschreibungen wiederum geben Auskunft darüber, wie die zur Diskussion stehende Situation idealerweise bewältigt werden müsste. Aus der Differenz zwischen **Ist** und **Soll** ergibt sich dann die Zielsetzung der notwendigen Bildungsmaßnahme.

### Analyse der Anwendungssituation

**Anwendungssituationen analysieren**
**Konkrete Vorgehensweise**

Die Analyse der Anwendungssituation (Situationsanalyse) soll Informationen darüber zusammentragen, in welcher Situation die Lernenden mit dem Thema, dem Problem, das in einer zukünftigen Weiterbildungsveranstaltung angegangen werden soll, unmittelbar konfrontiert sind. Es geht gezielt darum, jene Situation(en) zu analysieren, um die es später in der Weiterbildung gehen wird. Je genauer die Situation bekannt ist, desto eher ist es möglich, relevante, praxisnahe und transferierbare Lernziele und Lerninhalte zu definieren. Die Analyse der Anwendungssituation besteht aus 2 Aufgaben (◘ Tab. 5.2):

▣ **Tab. 5.2** Anwendungssituation und individuelle Qualifikationen. Beispiel aus dem Gesundheitswesen (IAP, 2009)

| Anwendungssituation: Tun | Individuelle Qualifikation(en): Können |
|---|---|
| Der Rettungssanitäter spricht mit dem Notarzt ab, in welches Spital die verunglückte Person eingeliefert wird. | Der Rettungssanitäter vermag die Art/Schwere/Lebensbedrohung der Verletzung zu beurteilen. Er weiß, welches Spital für welche Verletzung geeignet ist. Er weiß, welches Spital am nächsten liegt. usw. |
| Der Rettungssanitäter gibt einem Verletzten eine schmerzstillende Spritze | Der Rettungssanitäter weiß, in welchen Fällen er eine schmerzstillende Spritze verabreichen darf. Er kann eine Spritze aufziehen. Er weiß, wo die Spritze zu applizieren ist. Er kann die entsprechende Körperstelle desinfizieren. usw. |

— Beschreiben, was genau die Adressaten/Adressatinnen bei ihrer Arbeit tun (z. B. Aufgaben, Teilaufgaben, Tätigkeiten)
— Beachten, unter welchen Umständen sie es tun (z. B. Arbeitsplatz, Arbeit allein, in Gruppen)

Je nach Komplexität des Lerngegenstands (Problem/Thema), der Adressatengruppe und der Anwendungssituation(en) sind die notwendigen Analyseverfahren mehr oder weniger aufwendig. Eventuell muss die Komplexität der Fragestellung durch eine Beschränkung, beispielsweise nach dem Prinzip des Exemplarischen, reduziert werden. Als Nächstes stellt sich die Frage nach dem methodischen Vorgehen, wobei die Selbsteinschätzung der Betroffenen eine direkte Informationsquelle darstellt. Weitere aufschlussreiche Quellen können beispielsweise sein:

**Methoden zur Analyse der Anwendungssituationen**

— Funktionsbeschreibungen/Anforderungsprofile
— Beurteilungsgespräche/vereinbarte Ziele
— Befragungen (Interview, Fragebogen)
— Beobachtungen
— Neue gesetzliche Bestimmungen
— Fluktuationsstatistiken (und Aussagen von ehemaligen Mitarbeitenden beim Austrittsgespräch)
— Erhebungen über häufige Krankmeldungen
— Kundenfeedbacks

## Analyse der individuellen Qualifikation

Die Analyse der individuellen Qualifikation der potenziell weiterzubildenden Mitarbeitenden besteht aus 2 Aufgaben (▣ Abb. 5.2):

**Analyse der individuellen Qualifikation**

— Beschreiben, was die Adressatinnen/Adressaten bei ihrer Arbeit können müssen
— Darlegen, was sie heute können müssen und was sie künftig können müssen

**□ Abb. 5.2** Bildungsbedarf: 2 Betrachtungsweisen des Qualifikationsvergleichs

**Methoden zur Analyse der individuellen Qualifikation**

Die Ergebnisse aus der Analyse der Anwendungssituation bilden die Grundlage für die Frage nach den Qualifikationen oder Kompetenzen (Handlungsweisen, Fertigkeiten, Fähigkeiten, Techniken), die von den Adressatinnen und Adressaten in der Situation verlangt werden müssen (reaktiv, eher auf die Gegenwart oder Vergangenheit gerichtet) oder künftig erwünscht wären (proaktiv, auf die Zukunft gerichtet, künftige Strategien unterstützend). Bildungsbedarf kann sich grundsätzlich aus 2 unterschiedlichen Betrachtungsweisen der Qualifikationen ergeben (vgl. □ Abb. 5.2).

Die Fragen nach den individuellen Qualifikationen beziehen sich auf die wichtigsten Situationen, die in der Analyse der Anwendungssituation im Zentrum der Aufmerksamkeit standen. Auch bezüglich wünschenswerter Qualifikationen gilt es Prioritäten zu setzen und Qualifikationen zu schulen, die als Basis für den Erwerb weiterer geeignet sind (Schlüsselqualifikationen).

Die Analyse der individuellen Qualifikation führt jedoch kein Eigenleben. Sie bezieht sich auf die Analyse der Anwendungssituation, d. h. die in der Analyse der Anwendungssituation beschriebenen/analysierten Situationen müssen grundsätzlich lückenlos auch in der Analyse der individuellen Qualifikation in Bezug auf vorhandene und/oder erwünschte Qualifikationen wiederum analysiert werden. Umgekehrt soll in der Analyse der individuellen Qualifikation keine Situation in Bezug auf vorhandene und/oder erwünschte Qualifikationen analysiert werden, die in der Analyse der Anwendungssituation nicht berücksichtigt worden ist. Die beiden Analysen sind aufeinander bezogen, müssen jedoch unterschiedlich detailliert vorgenommen werden.

**■ ■ Methoden zur Analyse der individuellen Qualifikation**
Grundsätzlich können zur Analyse der individuellen Qualifikation die in ▶ Abschn. 5.1.2.1 erwähnten Methoden eingesetzt werden. Bei der Bedarfsermittlung werden zunehmend kommunikationsorientierte Verfahren bevorzugt, wie beispielsweise informelle Gespräche,

moderierte Workshops, Assessment-Center-Verfahren und Zielvereinbarungsgespräche. Es sollten Erhebungsmethoden bevorzugt werden, die es den Adressaten und Adressatinnen ermöglichen, direkt und ohne Beeinflussung Auskunft über ihre Ausbildungsbedürfnisse zu geben.

## Arbeitsprobleme

Bildungsbedarf kann auch aus unmittelbar am Arbeitsplatz auftauchenden Problemen hergeleitet werden. Dies können beispielsweise Fehler bei Produktionsabläufen sein, woraus mangelhafte Erzeugnisse entstehen. Die Folgen daraus sind das Nichteinhalten von Qualitätsstandards, Produktionsausfall und finanzielle Verluste. Derartige kritische Vorfälle (»critical incidents«) müssen eingegrenzt und mögliche Ursachen aufgedeckt werden. Bemerkenswert ist, dass kritische Vorfälle viel häufiger aufgrund mangelnder Qualifikation der Mitarbeiter oder aufgrund ungünstiger Organisationsstrukturen entstehen als wegen fehlender Motivation der Betroffenen (Götz & Häfner, 2005, S. 50–87). Andere kritische Zwischenfälle wie beispielsweise die fehlerhafte Dosierung von Medikamenten oder Kundenreklamationen können Hinweise auf Ausbildungsdefizite geben. Mit Hilfe von Schwachstellen- und Fehleranalysen kann hier Abhilfe geschaffen werden. Die Ergebnisse der Analysen können zur Planung von Unterrichtsveranstaltungen führen und somit zur Aufhebung der Fehlerquellen. »Critical incidents« sind Probleme, die Zuspitzung einer Situation, ein Verhalten einer Einzelperson oder einer Gruppe, die über das bloße Ereignis hinaus eine charakteristische, oft weichenstellende Bedeutung haben. Methoden zur Problemeingrenzung sind:
- Problembeschreibung durch Vorgesetzte und Betroffene
- Arbeitsbeobachtung
- Anforderungskatalog des Vorgesetzten mit Beschreibung des erwünschten Verhaltens im problemfreien Zustand
- Fehler erheben und Ursachen zuordnen in Form einer Datensammlung

## Veränderungen in der Organisation

Aus Sicht einer Organisation werden Bildungsangebote auch konzipiert im Zuge von Organisations- und Personalentwicklung. Dabei bestimmt der permanente Wandel den Alltag der meisten Unternehmen, die gezwungen, sind lern- und innovationsfähig zu bleiben. Aus- und Weiterbildungsverantwortliche begleiten diese Veränderungsprozesse, bei denen neues Wissen erworben oder das vorhandene Wissen aktiviert wird. Als Beispiel für Veränderungen im Rahmen der Organisationsentwicklung führt Götz die »Anwendung neuerer Technologien wie elektronischer Kommunikationssysteme, veränderter Werkzeugmaschinen oder auch die Aufnahme der Produktion veränderter Produktpaletten« an (Götz & Häfner, 2005, S. 50–87). Die Notwendigkeit der Rückmeldungen nach den Schulungen zeigt sich hier unmittelbar, denn in der veränderten Struktur der Organisation wird die Effizienz, werden aber auch zugleich die Fehlerquellen der durchgeführten Maßnahmen deutlich. An sog. »kritischen Vorfällen« verdeutlicht sich dann die Notwendigkeit, »Nachbesserungen« in Form von Einzelmaßnahmen durchzuführen. Aus- und Weiterbildung muss die Einführung neuer Technologien oder Systeme begleiten, damit nicht zusätzlich Widerstände gegenüber Innovationen erzeugt werden.

Bildungsangebote können auch auf Grund von aktuellen Erfordernissen entstehen. Zum Zeitpunkt der Entstehung dieses Kapitels befindet sich die Weltwirtschaft in einer finanziellen und ökonomischen Krise. Die Auswirkungen für die Unternehmen und ihre Mitarbeitenden sind erheblich und reichen im schlimmsten Fall von Betriebsschließungen über Personalentlassungen bis zu Kürzungen oder Streichung von Aus- und Weiterbildungsbudgets. Auch gesetzliche Bestimmungen, wie beispielsweise die Bologna-Reform im Bildungswesen, generieren Weiterbildungsbedarf.

Der Anstoß für Aus- und Weiterbildungsbedarf kann aus einer aktuellen gesetzlichen oder betrieblichen Verordnung hervorgehen, beispielsweise die Implementierung eines neuen Sicherheitssystems für die Durchführung der Personenkontrollen an Flughäfen. Die Umstellung des Systems zu einem fixen Zeitpunkt und die damit verbundenen Schulungen einer großen Anzahl Mitarbeitender dürften hier die Herausforderung sein.

Grundsätzlich lässt sich der Bildungsbedarf einer Organisation auch aus ihrem Leitbild und den strategischen Zielen generieren. Die daraus abgeleiteten Anforderungsprofile geben ebenso Hinweise auf Bildungsbedarf wie Schwachstellen- und Fehleranalysen.

## Bedürfnisse der Mitarbeitenden

Bedürfnisse der Mitarbeitenden

Aus- und Weiterbildungsveranstaltungen in Unternehmen sind immer Teil der Personalentwicklung. Die individuellen Erwartungen der potenziellen Teilnehmenden an Bildungsmaßnahmen müssen sich jedoch nicht unmittelbar auf arbeitsplatz- oder aufgabebezogene Maßnahmen reduzieren. Auch den Interessen der Mitarbeitenden an Weiterbildung sollte Rechnung getragen werden. So können beispielsweise Sprachkurse oder gesundheitserhaltende, sportliche Veranstaltungen zielgerichtet auf die Bedürfnisse von Mitarbeitenden eingehen. Auch für diese Bildungsangebote lässt sich der Bedarf mit folgenden Methoden ermitteln (Götz & Häfner, 2005):

- Statistische Erhebungen durch Fragebogen
- Datenerhebung aus Mitarbeiterinterviews
- Datenerhebung aus Interviews mit den Vorgesetzten

Nicht zuletzt weisen Bedürfnisse der Mitarbeitenden häufig auf Veränderungen der Marktsituation oder grundsätzlich auf neue Anforderungen in der beruflichen Praxis hin. Deshalb sollte der Ermittlung der Bedürfnisse ein fester Platz in der Aus- und Weiterbildung einer Organisation eingeräumt werden.

Aus der Laufbahnentwicklung eines jeden Mitarbeitenden ergeben sich mittelfristig planbare Ansprüche an notwendige Bildungsmaßnahmen. Die üblichen Erhebungsverfahren bestehen aus Beratungs- und Förderungsgesprächen mit den Mitarbeitenden durch ihre Vorgesetzten sowie Planungsunterlagen wie stellenbezogene Aufgabenbeschreibungen (Götz & Häfner, 2005, S. 50–87).

*Zusammenfassung der Phase 1 und 2*

### Fazit

Eine sorgfältige, zielgerichtete Bearbeitung der ersten beiden Phasen des IAP-Planugnsmodells liefert eine Fülle von Informationen, die es erlauben, die folgenden didaktischen Entscheidungen sowie die Wirkungsanalyse zu bearbeiten. Die Ergebnisse der Bedingungsfelder und der Bedarfsanalyse sind folgerichtig, logisch und nachvollziehbar in die nun folgenden komplexen didaktischen Entscheidungen umzusetzen. In sich logische, nicht zu breit und nicht zu schmal angelegte, systematische, einem Konzept folgende Grundlagen stehen nun zur Verfügung, um klar begründbare Entscheidungen zu fällen. Sollten Informationen fehlen oder sich Umstände während der Planung geändert haben, dann müssen, die fehlenden oder veränderten Bausteine gefunden und in die Planung einbezogen werden.

## 5.1.3  Didaktische Entscheidungen

Aus den Resultaten der Planungsphase 1 und 2 – Bedingungsfelder und Bedarfsanalyse – lassen sich konkrete Zielsetzungen für die weitere planerische Vorbereitung ableiten. Dazu gehören (vgl. ▪ Abb. 5.1)

*Phase 3: Didaktische Entscheidungen
Phase 4: Wirkungsanalyse*

-   Die didaktischen Entscheidungen (Zielbestimmung, Inhalte, Strukturierung, Lehr-/Lernformen und Lernumgebung)
-   Die Wirkungsanalyse (Zufriedenheit, Lernkontrolle, Transfer, Nutzen für die Organisation und Wirtschaftlichkeit)

Wer eine Bildungsveranstaltung auf der Grundlage von begründeten didaktisch-methodischen Entscheidungen plant, sieht sich mit zahlreichen Fragen konfrontiert wie beispielsweise:

-   Welche Inhalte soll ich auswählen und wie kann ich sie reduzieren?
-   Wie soll gelernt werden, mit welchen Methoden und Medien?
-   Wie schaffe ich eine förderliche Lernumgebung?

Die Didaktik als Theorie und Praxis des Lernens und Lehrens gibt Antworten auf diese Fragen.

*Didaktik–Methodik*

**Didaktisches Verständnis**

┌─ **Didaktik und Methodik** ─────────────────

▬ Zur Klärung der Begriffe »Didaktik« und »Methodik« können folgende W-Fragen beitragen (Siebert, 2008): Die **Didaktik** beantwortet die Frage nach dem *Was, Wozu, Wer, Warum, Wann* (= Inhalts-, Ziel-Adressatenfrage). Die **Methodik** beantwortet die Frage nach dem *Wie, Womit, Wo* (= Vermittlungs-, Lernortefrage) (Jank & Meyer, 2008).

Die weiteren Ausführungen beziehen sich auf ein didaktisches Verständnis, wie in ▶ Abschn. 2.1 ausführlich beschrieben. Grundsätzlich umfasst die Didaktik die theoretische und praktische Beschreibung des Zusammenhangs von Lehren und Lernen. Dabei werden Lernziele, Inhalte, Planung, Durchführung und Beurteilung der Bildungsmaßnahmen berücksichtigt. Didaktische Entscheidungen betreffen das Praxisfeld Unterricht. Unterricht, so wissen erfahrene Ausbildende nur zu gut, verläuft in den seltensten Fällen so, wie er ursprünglich vorbereitet ist. Das hängt mit der Einmaligkeit und Einzigartigkeit eines jeden Unterrichtsprozesses zusammen, der getragen und mitbestimmt ist von Lehrenden und Lernenden. Neben den didaktischen und methodischen Unwägbarkeiten lassen sich auch sozial-emotionale Aspekte nicht vorhersehen, die durch veränderte Bedingungen aus dem Umfeld einwirken. Obwohl die die Planung von Unterricht immer nur den Charakter von Vorläufigkeit hat, lässt sich nicht darauf verzichten. Profunde Planung ermöglicht flexibles Handeln im Unterricht und sorgt für hohe Qualität.

## Zielbestimmung

**Ziele bestimmen**
**Lernziele formulieren**

Zielentscheidungen für das Weiterbildungsvorhaben fallen aufgrund der Merkmale, Eigenschaften, Bedürfnisse, Vorwissen etc. der Adressaten/Adressatinnen, der wesentlichen Situationen (Anwendungssituation) sowie der gewünschten Qualifikationen für diese Situationen (Qualifikation Ist–Soll). Zusätzlich können Ziele auch bestimmt werden, indem festgestellt wird, wo in der Praxis hauptsächlich Fehler geschehen. Zur Beseitigung dieser Fehlerquellen kann sich dann ein Schulungsbedarf mit einer klaren Zielbestimmung ergeben.

Im Laufe der didaktischen Entwicklung lassen sich Ziele je nach Konkretisierungsniveau in verschiedene Hierarchiestufen (Richt-, Grob- und Feinlernzielen) unterteilen. Darüber hinaus ist die Trennung nach kognitiven, pragmatischen und affektiven Lernbereichen sinnvoll. Das Thema »Autofahren lernen« kann eine theoretische Orientierung über Verkehrsregeln (kognitiver Bereich, Wissen) beinhalten. Genauso ist eine Fokussierung auf den praktischen Umgang mit dem Fahrzeug, »den Motor anlassen« (pragmatischer Bereich, Handlung), möglich. Es kann auch die eigene bzw. die Sicherheit anderer Verkehrsteilnehmer im Vordergrund stehen (affektiver Bereich, Einstellung, Haltung). Grundsätzlich lassen sich alle Themen von den 3 Seiten angehen: kognitiv, affektiv und pragmatisch. Bereits Pestalozzi hebt bei seinen pädagogischen Reflexionen die »Ganzheitlichkeit« des Menschen in Erziehung und Bildung hervor. An Lerngeschehen ist immer die Gesamtperson mit allen 3 Komponenten, nämlich »Kopf, Herz und Hand« beteiligt.

In einem Reklamationsgespräch wird es nicht nur darum gehen, dass der/die Kundenberater/in über das notwendige Wissen (kognitiv) verfügt, die Reklamation sachgerecht zu bearbeiten, sondern vor allem mit dem Kunden eine Lösung sucht, bei der die kundenorientierte Einstellung (affektiv) der Beraterin/des Beraters zum Ausdruck kommt.

Für den Unterrichtsablauf sind die 3 Lernbereiche gleichberechtigt und von entscheidender Bedeutung hinsichtlich Motivation und Aktivierung der Lernenden einerseits, aber auch für das Behalten und Verstehen (Götz & Häfner, 2005, S. 91–112). Ein weiteres Unterscheidungsmerkmal der Ziele ist die Formulierung auf verschiedenen Ebenen. Lernzielorientierte didaktische Ansätze (R. Mager, C. Möller 1973) folgen einer klaren Operationalisierung von Lernzielen und der Beschreibung nach Abstraktionsgrad, d. h. Lernziele lassen sich allgemein, abstrakt und spezifisch, konkret formulieren (Leit-, Richt-, Grob- und Feinziele; Kron 2008). Operationalisierte Lernziele sind zugleich kontrollierbare Lernziele, d. h. sie enthalten eine exakte Formulierung über die Beschreibung des Verhaltens, das der Lernende zeigt, wenn er das Ziel erreicht hat (Götz & Häfner, 2005, S. 91–112). Es werden Begriffe verwendet wie beispielsweise erklären, identifizieren, rechnen, wiedererkennen, konstruieren, aufzählen, vergleichen. Das vollständig operationalisierte Lernziel enthält zusätzlich ein Leistungsmaß sowie die Bedingungen, unter denen das Verhalten gezeigt werden soll.

**Beispiele für die konkrete Beschreibung eines Feinlernziels**

— Die Pflegeschülerin erklärt die Durchführung der Handhygiene im Spital, indem sie 3 Punkte einer korrekten Händedesinfektion beschreibt.

— Der Flugverkehrsleiter buchstabiert innerhalb von 3 Minuten 3 europäische Flughäfen auswendig und fehlerfrei anhand des Flieger-ABC.

**Operationalisierte Lernziele**

Kognitive Lernziele lassen sich nach ihrer Komplexität einordnen (◘ Tab. 5.3). Eine solche Einteilung nach dem Schwierigkeitsgrad (Lernzieltaxonomie von Bloom) kann für Aus- und Weiterbildungsverantwortliche bei der Formulierung von Lernzielen eine hilfreiche Zuordnung sein.

Lernziele können nach verschiedenen Abstraktionsebenen (C. Möller) beschrieben werden. Sie können zunächst einmal globale Forderungen beinhalten, aus denen sich dann spezifischere Anforderungen ableiten lassen. Bezogen auf die Ausbildung kann ein Leit-

**Lernzielstufen**

**Lernziele abstrakt und/oder konkret**

◘ Tab. 5.3  Lernzielstufung (Siebert, 2003)

| 1. Kenntnisse | Fakten, Begriffe, Regeln |
|---|---|
| 2. Verstehen | Erklärung mit eigenen Worten |
| 3. Anwendung | Transfer einer allgemeinen Regel auf Einzelfälle |
| 4. Analyse | Zergliederung in einzelne Elemente |
| 5. Synthese | Zusammenhänge erkennen |
| 6. Bewertung | Beurteilung nach logischer Stimmigkeit und normativen Kriterien |

ziel das Ausbildungsziel sein. Das Richtziel kann eher ein allgemeines Fachlernziel und das Grobziel ein spezifisches Fachlernziel sein. Das Feinziel beschreibt exakt das gewünschte Endverhalten. Feinziele einzelner Unterrichtslektionen orientieren sich an Grobzielen mit mittlerem Abstraktionsgrad.

**Beispiel für Leit-, Richt-, Grob- und Feinziele für Lernende im Verkauf**

━ **Leitziel:**
  ━ z. B. Mündigkeit als oberstes (pädagogisches) Ziel
━ **Richtziel:**
  ━ Lernende besitzen kommunikative Fähigkeiten
━ **Grobziel:**
  ━ Lernende können Kundengespräche strukturieren
━ **Feinziele:**
  ━ Lernende gestalten den Gesprächsablauf anhand des Gesprächsleitfadens
  ━ Lernende reagieren sicher auf Einwände des Kunden
  ━ Lernende führen gezielt zu Verkaufsabschlüssen hin

**Vor- und Nachteile von lernzielorientiertem Unterricht**

Bei Lernprogrammen, die nach Lernzielen ausgerichtet sind, ist es vorteilhaft, sich an den verschiedenen Lernzielebenen zu orientieren. Die Formulierung von konkreten Lernzielen ist vor allem sinnvoll, wenn die Umsetzung auch überprüft wird. Lernzielkontrollen sind nicht nur in qualifizierenden Kursen angebracht. Auch in anderen Kursformen sind Teilnehmende daran interessiert, ihre Lernfortschritte zu ermessen. Schlussendlich spornt nichts so sehr zum Weiterlernen an, als die Rückmeldung über eigene Erfolge (Siebert, 2003).

■ ■ **Kritische Anmerkungen zum lernzielorientierten Unterricht**

Neuere Ansätze der konstruktivistischen Didaktik stellen weniger die Lernziele als die Lerninhalte in den Mittelpunkt. Die konstruktivistische Didaktik beschreibt Lernen als ein Konstruieren, das zwar im sozialen Kontext (Unterricht) stattfindet, aber doch jeder Einzelne für sich vollzieht. »Wir sind die Erfinder unserer Wirklichkeit« (Terhart,

2009). Das bedeutet, Unterricht kann Lernen nur wahrscheinlicher machen, nicht aber erzeugen, und ein Beurteilen von Lernergebnissen auf der Basis von Richtig-Falsch-Unterscheidungen kann nicht adäquat sein (Terhart, 2009).

Für qualifizierende, prüfungsorientierte Lehrgänge in der betrieblichen Weiterbildung lässt sich auf Lernzielformulierungen nicht verzichten. Auch wenn die Lernzieleuphorie (um 1970) mit ihrem starken Streben nach Operationalisierung in der Form kaum noch anzutreffen ist, so sind dennoch Lernziele – und nicht die Inhalte – nach wie vor das Entscheidende (Siebert, 2003).

Gleichwohl ist zu bedenken, dass lernzielorientierter Unterricht dazu führen kann, dass sich die Lehrenden zu sehr auf die im Lehrplan beschriebenen Ziele verlassen. Werden diese Ziele nicht genügend reflektiert und an die konkrete Unterrichtssituation angepasst, kann dies zur Oberflächlichkeit und Routine führen. Einige mögen in einer straffen Strukturierung des lernzielorientierten Unterrichts eine Gefahr sehen. Gerade Erwachsene in der Weiterbildung könnten dies als Gängeln erleben. Umso mehr muss zielorientierter Unterricht Freiräume vorsehen und darf an Lebendigkeit und Flexibilität nicht einbüßen. Es ist durchaus ratsam und sinnvoll, dass Lehrende und Lernende Ziele gemeinsam festlegen.

## Themenwahl, Inhalte

Aus- und Weiterbildende stehen vor der Aufgabe, aus der Fülle der verfügbaren Themen den für ihren Unterricht passenden Stoff auszuwählen. Generell orientiert sich die Auswahl von Unterrichtsinhalten an den zentralen Zielformulierungen, dem Adressatenkreis, der verfügbaren Zeit, den organisationalen Rahmenbedingungen (vgl. ▶ Abschn. 5.1.2).

**Inhalte auswählen**

Auswählen heißt, etwas bewusst wegzulassen und Prioritäten zu setzen. Gerade Fachexpert(inn)en tun sich mit diesen Entscheidungsprozessen manchmal recht schwer, denn sie wollen ihr Wissen möglichst detailliert einbringen. Es erfordert von Ausbildenden einen gewissen »Mut zur didaktischen Lücke«, wohl wissend, dass für den Lernenden vorerst ein Überblickswissen ausreicht. Die fachliche Konzentration und die Reduktion auf das Zentrale und Wesentliche eines Gegenstands ist für das geplante Lerngeschehen nur von Vorteil (Döring, 2008)!

**Schlüsselfragen zur Auswahl der Inhalte**

Planung von Unterricht verlangt immer eine systematische Vorgehensweise. Ein bekanntes Konzept zur Unterrichtsvorbereitung in Form eines »(Vorläufigen) Perspektivenschemas« hat W. Klafki (1991) im Rahmen seines kritisch-konstruktiven Ansatzes entwickelt (Kron, 2008). Klafki hat die bildungstheoretische Didaktik von den 1960er Jahren bis zur Gegenwart mit seiner »Didaktischen Analyse« als Kern der Unterrichtsvorbereitung maßgeblich geprägt (vgl. ▶ Abschn. 2.1.3, Bildungstheoretische Didaktik). In seinem neueren Perspektivenschema, das als Strukturierungs- und Reflexionsinstrument dient, weist er auf die notwendige Erfassung aller Vorausset-

**◨ Tab. 5.4** »Schlüsselfragen« in Anlehnung an das (vorläufige) Perspektivenschema zur Unterrichtsplanung (Terhart, 2009)

| | |
|---|---|
| Gegenwartsbedeutung | Welche Bedeutung hat der betreffende Inhalt/Stoff bereits im Leben der Lernenden? |
| Zukunftsbedeutung | Ist die an diesem Stoff zu gewinnende Erfahrung eine notwendige Voraussetzung für die zukünftige Bewältigung von Aufgaben der Lernenden? |
| Exemplarische Bedeutung | Welches Allgemeine lässt sich aus diesem Besonderen erschließen? |
| Thematische Strukturierung | Nach welcher Struktur ist dieser Gegenstand selbst aufgebaut? Als Folge logischer Zusammenhänge, die eine bestimmte Abfolge von Aneignungsschritten zwingend fordert? |
| Überprüfbarkeit/Erweisbarkeit | Welche Fähigkeiten, Erkenntnisse, Leistungen, Verhaltensweisen sollen sich zeigen (Überprüfbarkeit des Lernens)? |
| Zugang/Darstellung | Ist der Gegenstand in der »Eigenwelt« der Lernenden bereits anschaulich vorhanden oder geistig lebendig? |
| Lehr-/Lernprozessstruktur | Wie können die Inhalte methodisch strukturiert werden? |

zungen (Bedingungsanalyse) hin, unter denen der Lehr-/Lernprozess stattfinden soll. Die einzelnen Perspektiven des Planungsmodells sind als Fragestellungen zu verstehen, die bei der Vorbereitung einer Unterrichtseinheit oder eines Projekts eine unmittelbare Rolle spielen. Mittels dieser 7 »Schlüsselfragen« vermag der/die Ausbilder/in die ausgewählten Ziele und Inhalte sinnvoll zu begründen und die Gegenwarts- und Zukunftsbedeutung des Stoffs für die Lernenden zu erkennen. In ◨ Tab. 5.4 sind die 7 Fragen an den Lernstoff konkretisiert (Terhart, 2009).

Das Konzept zur Unterrichtsvorbereitung versteht sich als offener Entwurf, der zu flexiblem Unterrichtshandeln befähigt. Die Kursleitung kann mittels der Planung didaktisch begründet und flexibel im Unterricht handeln, um den Teilnehmenden erfolgreiche Lernprozesse zu ermöglichen.

## Strukturierung des Lernprozesses

**Ablauf des Unterrichts strukturieren**

**F I (b) I (v) T-Modell**

Der Erwerb neuer Verhaltensmöglichkeiten ist ein Prozess, der in einzelnen Lernschritten verläuft. Unterrichten als Organisieren von Lernprozessen bedeutet nun, solche Schritte bis zu einem gewissen Grad vorauszuplanen. In aller Regel ist es erforderlich, eine zeitliche, inhaltliche und prozessuale Struktur vorzusehen. Dies gilt sowohl für die einzelne Lerneinheit wie auch für größere Projekte wie beispielsweise eine Seminarwoche. Der Lernprozess gliedert sich in 4 Schritten mit spezifischen Zielen und Aufgabenschwerpunkten (◨ Tab. 5.5).

Innerhalb einer Unterrichtseinheit kann es durchaus sinnvoll sein, wenn sich einzelne Schritte wiederholen. Wichtig ist, dass die

**⬛ Tab. 5.5** Ablaufschema in 4 Schritten – F I (b) I (v) T-Modell

| | |
|---|---|
| F = Formulieren der Fragestellung/motivieren | Die Lernenden werden mit etwas Neuem konfrontiert. Menschen neigen dazu, auf diese offene und durch Routinestrukturen wenig gesicherte Situation zunächst mit Skepsis und Abwehr zu reagieren, doch fast gleichzeitig regt sich die Neugier, sich mit dem Unbekannten vertraut zu machen. Es gilt nun, diese Lernbereitschaft zu mobilisieren und die Motivation des Lernenden herzustellen. Das kann über den Aufforderungsgehalt des Lerninhalts erfolgen, indem die zu erwerbende Fähigkeit als bedeutsam erachtet wird. Das wirft wiederum konkrete Fragen an den Lerngegenstand auf. Ist das Interesse an den Inhalten nicht so groß, muss der/die Ausbilder/in den Teilnehmenden motivieren. |
| I = Informieren Informationen beschaffen | Bei den Lernenden sind nun Fragen aufgetaucht, zu deren Beantwortung sie sich Informationen beschaffen müssen. Im reinen Frontalunterricht werden diese Informationen beispielsweise von der Kursleitung präsentiert, oft ungeachtet dessen, ob sie wirklich den Fragestellungen der Adressatinnen und Adressaten entsprechen. Je mehr Wert die Kursleitung auf selbsttätiges Lernen legt, desto eher wird sie nach Lehr-/Lernformen suchen, bei denen die Teilnehmenden die Antworten auf ihre Fragen an den Lerngegenstand selbst erarbeiten können. |
| I = Informieren Informationen verarbeiten | Die gewonnenen Informationen müssen verarbeitet, d. h. in bisherige Denkweisen eingeordnet werden. Verarbeiten umfasst Tätigkeiten wie: verschiedene Aspekte einer Problemstellung zusammentragen, gegensätzliche Argumente sammeln, vergleichen und hinterfragen, Lösungsmöglichkeiten erarbeiten, Informationen (z. B. Medien, Handbücher, Befragungen von Mitarbeiterinnen) analysieren, neue Kenntnisse zu eigenen Erfahrungen in Beziehung bringen, Verhaltensmöglichkeiten ausprobieren etc. Dieser dritte Schritt ist der Wichtigste, da Informationen, die nicht verarbeitet sind, wenig Möglichkeit haben, dauerhaft gespeichert zu werden und Verhalten zu beeinflussen. |
| T = Training/Konsolidierung/Anwendung | Die Verfestigung der neu erworbenen Fähigkeiten und Verhaltensweisen geschieht in der Trainings- und Übungsphase. Geeignete Unterrichtsmethoden sollen Gelegenheit bieten, das Gelernte in verschiedenen Situationen anzuwenden. Oft entsteht jedoch die wirkliche Sicherheit (Routine) erst in der Berufspraxis der Lernenden. |

Unterrichtseinheit deutlich gegliedert und das Verhältnis der einzelnen Schritte zueinander ausgewogen ist (IAP, 2008).

## Lehr-/Lernformen (Methoden/Medien)

Das Wort »Methode« kommt aus dem Griechischen (»methodos«) und heißt »der Weg«. Unter Methode wird hier der Weg verstanden, den die Aus- und Weiterbildenden mit den Lernenden gehen möchten. Aus der Perspektive der Aus- und Weiterbildenden handelt es sich dabei um einen Lehrweg, aus der Perspektive der Lernenden um einen Lernweg (Becker, 2007).

**Methoden**

Der Stellenwert der Methodik gegenüber der Didaktik ist eindeutig. Die Methodik wird als Teildisziplin der Didaktik bezeichnet oder als Vehikel, um didaktische Inhalte zu transportieren. Damit wird auch die enge Verknüpfung deutlich. Methodische Entscheidungen können immer erst getroffen werden, wenn die didaktischen Fragen (vgl. Teilschritt 1–3) geklärt sind (Götz & Häfner, 2005, S. 91–112). Methoden beschreiben demzufolge Wege, die zu Lernzielen führen, und gleichzeitig helfen sie, den Unterrichtsprozess zu strukturieren.

**Methoden- und Medienentscheidungen**

Methoden- und Medienentscheidungen im Rahmen der curricularen Entwicklung berücksichtigen alle vorangegangenen Planungsphasen, d. h. Anwendungssituationen, Fähigkeiten, Erfahrungen und Vorkenntnissen der Adressaten. Die in der ▶ Checkliste aufgeführten Fragen können zu einer Klärung bei der Auswahl von Methoden und Medien beitragen.

> **Checkliste: Auswahl von Methoden und Medien**
> — Welche Erfahrungen, Einstellungen und Erwartungen konnten im Vorfeld der Schulung ermittelt werden oder werden vermutet?
> — Welche methodischen Präferenzen und Animositäten sind zu erwarten?
> — Welche Lerngewohnheiten haben die Adressaten? Sind Widerstände zu erwarten?
> — Welche Rahmenbedingungen sind vorhanden (Gruppengröße, Zeit, räumliche, materielle und mediale Ressourcen)
> — Wie vertraut ist der/die Lehrende selbst mit der Methode?

Die Abgrenzung des Begriffs »Medium« von dem Begriff »Methode« ist wenig eindeutig. Auch in der Literatur findet sich kaum Klarheit darüber. Eine didaktisch relevante Mediendefinition nach Kron rückt den Vermittlungscharakter der Medien im Rahmen der organisierten Lehr-/Lernprozesse ins Zentrum (Kron, 2008). Siebert verwendet einen umfassenden Methodenbegriff, der für das betriebliche Bildungswesen relevant ist. Demnach sind Methoden (Siebert, 2008):

- »Aktionsformen (z. B. lesen, üben, diskutieren, zuhören)
- Sozialformen (Einzelarbeit, Partnerarbeit, Kleingruppen)
- Organisationsformen (z. B. Vortrag, Seminar, Übung)
- Medien (z. B. Power-Point-Vortrag, Internet),
- Formen der Verständigung (z. B. über gemeinsame Lernziele, über die Zusammenarbeit und gegebenenfalls Konfliktregelungen in der Gruppe),
- Wirkungskontrolle und Prüfungen« (Siebert, 2008).

Die Frage nach *der* geeigneten Methode lässt sich nicht eindeutig beantworten, denn bekanntlich führen viele Wege nach Rom. Somit bleibt das methodische Handeln ein Ausprobieren, Kombinieren und

Variieren von zahlreichen Möglichkeiten. Entscheidend bei der Wahl von Methoden sind die didaktischen Prinzipien, an denen sich der Lehrende ausrichtet. So erfordern Prinzipien wie das selbstgesteuerte Lernen (»self directed learning«) oder die Teilnehmerorientierung einen höheren Aktivitätsgrad und zeitliche Flexibilität der Lernenden. Handlungsorientierte, aktivierende Methoden berücksichtigen, dass Erwachsene selbstgesteuert, eigensinnig, lernen. Bei der Grundhaltung »less teaching, more learning« halten die Lehrenden weniger Vorträge zugunsten des Selberdenkens der Lernenden. Je mehr kognitive, emotionale, motorische, sensorische Organe an dem Lernprozess beteiligt sind, desto intensiver und nachhaltiger ist das Lernen (Siebert, 2008). Mittels passend ausgesuchter Methoden können Teilnehmende motiviert und aktiviert werden. Ihre Bereitschaft zur Interaktion und Kommunikation wächst. Bei Methoden, die die Teilnehmenden ablehnen oder langweilig finden, kann das Lehr-/Lerngeschehen ganz anders verlaufen.

In vorangegangenen Schulungen wurde, ohne Wissen des Ausbildenden, die Methode Rollenspiel häufig und ohne erkennbaren Erfolg eingesetzt. Bei dem Vorschlag, das Thema mit der Unterstützung von Rollenspiel zu bearbeiten, wird die Teilnehmergruppe vermutlich ablehnend reagieren. Auch passiert es, dass es in bestimmten Branchen oder Berufsgruppen Methoden- und Medien repetiert werden und es zur Monotonie bzw. Lernfrust kommt. Dazu gehören die in letzter Zeit weit verbreiteten PowerPoint-Präsentationen, die sich als das universale Präsentationsmedium durchgesetzt haben (Döring, 2008). In der ersten Planungsphase (Adressatenanalyse) oder generell bei der Auftragsklärung können Vorlieben und Abneigungen bezüglich Methoden und Medien ermittelt werden.

**Definition der Begriffe »Methode« und »Medien«**

Für die Planung längerer Lerneinheiten erweist es sich als motivierend, wenn die Methoden im Verlauf eines Kurses wechseln. Vor allem ist eine vielseitige Gestaltung durch einen Wechsel im sozialen Miteinander zu unterstützen. Das jeweils spezifische einer Sozialform, wie beispielsweise das »Auf-sich-gestellt-Sein« in der Einzelarbeit und das »Konstruktiv-Zusammenarbeiten« in der Gruppe, sollte sich sinnvoll ergänzen. Auch wollen Lernende immer mal wieder Überraschungen erleben, denn Gleichförmigkeit kann zur Langeweile führen (vgl. vorangegangenes ▶ Beispiel).

Für die betriebliche Bildungsarbeit gibt es ein breites Spektrum an Lehr-/Lernformen. Davon zeugen die zahlreichen Angebote an Methodenbüchern. Auch bei der Anwendung von Methoden sind neben einer Fülle von traditionellen Methoden immer wieder Methodentrends anzutreffen, die im Zusammenhang mit gesellschaftlichen Veränderungen zu sehen sind. So, wie sich Methodenlandschaften verändern, sind auch Medien einem permanenten Wandel unterlegen.

Die Fortschritte der Informations- und Kommunikationstechnologie bieten große Chancen zur Unterstützung von Lernen. Schlagworte des neuen Lernzeitalters sind Blended Learning, webbasierte Lernelemente, virtuelle Lernwelten etc. Damit verbunden sind vor allem Medien, die individuelle Lernprozesse ortsunabhängig und passgenau unterstützen. Daraus entwickelte Lernszenarien sind in global ausgerichteten Unternehmen bereits seit geraumer Zeit Realität. Denkt man eher an klassische Unterrichtssituationen, so kommen neben Tafel und Kreide, die wohl zu den ältesten Unterrichtsmedien gehören, eine Vielzahl von Medien wie Bücher und Zeitungen (Fach-, Sach- und Lehrbücher, Tages- und Fachzeitschriften), Lehr- und Lernmaterialien (Plakate, Tafelbilder, Pinnkarten, Wandbilder, Overheadfolien, Arbeitsunterlagen, Manuskripte), reale Gegenstände (Formulare, Arbeitsgeräte, -materialien, Werkzeuge und Modelle), audiovisuelle Medien (Overheadprojektor, PowerPoint-Projektion, Filmprojektion, Computernutzung für CBT und Internet) zum Einsatz, um nur einige beispielhaft zu nennen.

---

**Medien**

Nach der allgemeinsten Definition von Medien im Lehr- und Lernprozess sind Medien alle (Lehr- und Lern-)Hilfsmittel, mit deren Hilfe sich Lehrende und Lernende über Ziele (Intentionen), Inhalte (Themen) und Verfahren (Methoden) des Unterrichts verständigen (Götz & Häfner, 2005, S. 91–112). Unterrichtliche Prozesse sind immer auf Medien angewiesen, wobei sie teilweise als Träger und/oder Vermittler von Informationen dienen.

---

Insgesamt sollte die Auswahl von Medien sich nach der inhaltlichen Qualität und dem didaktischen Ort im Lernprozess richten. Begründungen für den Einsatz von Medien sollten sich nicht nur an Abwechslung oder Unterhaltung orientieren.

## Lernumgebungen

**Lernumgebungen gestalten Räumliche und materielle Ressourcen**

Erforderten bisherige Planungsaufgaben in erster Linie didaktisch-methodische Kompetenzen der Aus- und Weiterbildungsverantwortlichen, sind mit dem Teilschritt »Lernumgebungen planen«, vielmehr organisatorische Fähigkeiten verbunden. Es geht um die Bereitstellung von sachlich-materiellen und personal-sozialen Bedingungen, um den Lernprozess in optimaler Weise zu fördern. Dies gilt immer dann, wenn der traditionelle Seminar- bzw. Klassenraum verlassen wird, und ebenso, wenn arbeitsbezogene Orte und Aktivitäten Teil des Lernens werden. Der Lernort will gut überlegt, begründet und geplant werden. Sämtliche Planungen und Maßnahmen müssen integriert, auf ein Ziel hin orientiert und in eine didaktisch sinnvolle Abfolge gebracht werden. Gerade mehrtägige Seminare oder materialintensive Workshops (halbe oder ganze Tage) bringen einen erheblichen Aufwand an Organisation mit sich. Um die ärgerlichen Überraschungen über den vergessenen Beamer, den Moderationskoffer oder die nicht reservierten Gruppenräume in Grenzen zu halten, empfiehlt es sich, mit Checklisten zu arbeiten, die bei der Vor- und Nachbereitung eingesetzt werden können. Das können je nach Erfordernissen Checklisten sein für die Kursleitung zur Durchführung, für Medien und Material und für die Hotelanforderungen.

Organisationsgeschick ist auch dann gefragt, wenn die üblichen Kursräume für die Lernaktivität ungeeignet sind und andere, spezielle Lernorte benutzt werden müssen. Dies können beispielsweise eigens eingerichtete multimediale Räume, Lernen an Simulatoren, Labor, Bibliothek, sein.

Einige Lernvorhaben sind verbunden mit einem erheblichen organisatorischen Aufwand, der vergleichbar ist mit der systematischen Planung in einem Projekt. Aber selbst mit der Durchführung von klassischen Schul- bzw. Kurslektionen sind organisatorische Aufgaben verbunden. Gerade bei offeneren Arbeitsformen wie beim Planspiel oder Schulungen, an denen mehrere Personen beteiligt sind, ist ein zeitlicher Rahmen unentbehrlich.

Einführungsprogramme für neue Mitarbeitende sind in größeren Unternehmen häufig anzutreffen. Den neuen Mitarbeitenden soll der Zugang zu unternehmensspezifischen Informationen erleichtert werden, damit sie möglichst schnell Sicherheit im Umgang mit Produkten und Kollegen aufbauen. Der Koordinationsaufwand bei diesen Schulungen kann erheblich sein, da Linienvorgesetzte, Personalverantwortliche, Fachexperten und Sicherheitsbeauftragte beteiligt sein können.

Neben der Auswahl der Lernorte gehören zur Gestaltung der Lernumgebung auch die Festlegung geeigneter Zeiten, der Sitzordnung sowie die Vorbereitung von Lektionsplänen (inhaltliche und zeitliche Struktur) und Materialien (z. B. Kursunterlagen, Folien).

### 5.1.4  Wirkungsanalyse

Welche Wirksamkeit haben Bildungsveranstaltungen? Was bringt Personalentwicklung dem Unternehmen? Infolge von hohem Wettbewerbs- und Kostendruck werden diese Fragen immer häufiger und dringlicher von Geschäftsleitungen gestellt. Aus- und Weiterbildungsverantwortliche stehen immer mehr unter Rechtfertigungsdruck, verlässliche Auskunft über den Erfolg ihrer Maßnahmen erteilen zu können. Diese 4. Phase der curricularen Planung, »die Wirkungsanalyse«, gewinnt an Bedeutung für die strategische Ausrichtung von Aus- und Weiterbildung.

**Wirkungsanalyse**

---

**Evaluation**

Evaluation bedeutet Auswertung, Bewertung, Erfolgs- und Wirkungskontrolle von Lehr-/Lernprozessen. Auf der Ebene der Organisation wird der Begriff »Evaluation« in die Nähe des Qualitätsmanagements gerückt und dementsprechend als systematische

**Definition »Evaluation«**

Sammlung von Informationen zur Steuerung von Qualitätsoptimierung beschrieben (Siebert, 2008). Die pädagogische Evaluation bezieht sich eher auf die Bewertung des Unterrichtsablaufs. Bei dem sog. Bildungscontrolling steht die betriebswirtschaftliche Sicht im Mittelpunkt.

Der folgende Abschnitt fokussiert auf die Unterrichtsevaluation als ein Teilgebiet des Qualitätsmanagements, das Thema »Bildungscontrolling« ist für das Gesamtverständnis erwähnt, wird jedoch nicht weiter ausgeführt. In jedem Evaluationsprozess gibt es verschiedene Beteiligte, die teilweise sehr unterschiedliche Interessen verfolgen. Auftraggebende, Vorgesetzte, Kolleginnen und Kollegen, Ausbildende und die Teilnehmenden haben auch etwas Gemeinsames. Sie alle wollen wissen, ob Auswirkungen der Schulung spürbar und beobachtbar sind, insbesondere in Hinblick auf die nächste Schulung. Evaluation ist also auch integraler Bestandteil der Planung und Implementierung von Schulungsprogrammen (Phillips & Schirmer, 2008). Die Evaluationsergebnisse fließen in einem Feedbackkreis in die nächste Durchführung oder Planung ein und ermöglichen laufende Anpassungen und Verbesserungen der Bildungsangebote. Die Evaluation von Ausbildung ist bezüglich Methodik und Strategie (Was will ich wie evaluieren, zu welchem Zweck?) ebenso sorgfältig zu planen und zu gestalten wie die Aus- und Weiterbildung selbst. Konkret formulierte Lernziele bilden eine tragfähige Basis dafür, wie und was evaluiert werden soll.

**Vier-Stufen-Plan zur Bewertung**

Als Grundlage für die Evaluation soll hier der von Kirkpatrick (1975) entwickelte Vier-Stufen-Plan zur Bewertung von Weiterbildung dienen (Phillips & Schirmer, 2008), der auch noch heute in den allermeisten Ausbildungsabteilungen Gültigkeit hat. Die Evaluationsstufen sind auf der Ebene der Kursdurchführung Zufriedenheit, Lernkontrolle, Transfer und Nutzen für die Organisation. Da mit Kirkpatricks Modell die Auswirkungen von Weiterbildung auf den Geschäftserfolg nicht deutlich genug herausgearbeitet werden können, wird eine fünfte Stufe nach dem »Return on Investment« (ROI) Modell von J. Philipps hinzugefügt (vgl. ▶ Abschn. 8.2). Kurz gesagt ist der ROI eine Kennzahl aus der Betriebswirtschaftslehre, die den erwirtschafteten Ertrag pro investiertem Kapital ausweist. Beim ROI im Bildungscontrolling geht man davon aus, dass eine solche Aussage auch in der Personalentwicklung möglich und als Indikator des Erfolgs notwendig ist. Ein einheitliches Konzept für Bildungscontrolling liegt bisher nicht vor. In der betrieblichen Praxis wird auch der »Value of Investment« (VOI), der »immaterielle Wert einer Weiterbildung« (Kellner, 2006), ausgewiesen. Dieser Wert schließt eine kritische Analyse der qualitativen Wertschöpfung ein und vermittelt dadurch das gesamte Spektrum der Auswirkungen von Weiterbildungsmaßnahmen« (Kellner, 2006).

Es gibt viele Aspekte von Bildungsmaßnahmen, die im Rahmen der Evaluation unter die Lupe genommen werden können. Die 5 Evaluationsstufen sind zentral wichtig und ausführlich in ▶ Abschn. 8.2 beschrieben.

## Wann ist eine Schulung erfolgreich?

Schulungserfolg hängt im Wesentlichen von den »richtigen« didaktisch-methodischen Entscheidungen der Kursleitung ab. Für diese anspruchsvolle Aufgabe sind umfassende didaktische Planungshilfen erforderlich. Sie machen es möglich, dass Inhalte lernfreundlich und erwachsenengerecht aufbereitet und Lernprozesse zielgerichtet gefördert werden. Dazu wird sowohl ein fundiertes theoretisches Know-how zu den Grundlagen der Didaktik (Lernziele, Inhalte, Lehr-/Lernformen, Lernumgebung) benötigt, als auch ein spontanes, situatives Handeln des Ausbilders/der Ausbilderin in der Schulungssituation, mit dem Ziel, Lernende zu aktivieren und zu motivieren.

Die Evaluation der Aus- und Weiterbildung ist ebenso unverzichtbar, gewinnt immer mehr an Bedeutung und ist bezüglich Methodik und Strategie ebenso sorgfältig zu planen und zu gestalten wie die Ausbildung selbst. Den bisherigen pädagogischen Evaluationen werden immer mehr betriebswirtschaftlich ausgerichtete Verfahren zur Seite gestellt, die auch quantitative Informationen zum Beitrag der Bildungsmaßnahmen am Unternehmenserfolg liefern. Stärken und Schwächen einer Bildungsmaßnahme werden so bestimmt und optimiert.

## Zusammenfassung

- Gelungene Weiterbildung ist kein Zufall.
- Aus- und Weiterbildungsverantwortliche in Bildungsmanagement, Personalentwicklung und Kursleitung sind Fachleute für die Organisation von Lehr-/Lernprozessen. Sie wollen Bildungsmaßnahmen fach-, methoden- und sozialkompetent gestalten. Notwendig ist dafür eine sorgfältige Planungsarbeit, die sich an den Teilnehmenden ausrichtet. Das beschriebene IAP-Planungsmodell mit seinem Aufbau in 4 Phasen orientiert sich an einem modernen Lernverständnis und bietet eine wertvolle und solide Arbeitsgrundlage.
- Das IAP-Planungsmodell ist anwendungsnah und praxisrelevant. Es verpflichtet sich einer passgenauen, an den strengen Bedarfsorientierungen von Organisationen ausgerichteten Bildungsarbeit. Dahinter stehen eine praxisnahe Planungsarbeit, auf dem die eigentliche Unterrichtstätigkeit gründen kann, sowie das ernsthafte Bemühen, durchgeführte Bildungsmaßnahmen zu evaluieren und fortwährend zu optimieren.
- Planung lohnt sich (»Erstens kommt es anders und zweitens als man denkt«).
- Planung gibt Sicherheit, Stolpersteine lassen sich reduzieren. Der Blick ist frei für die Teilnehmenden und ihre individuellen Bedürfnisse im sozialen Kontext der Gruppe. Fundierte Planung leistet einen Beitrag zu der verantwortungsvollen Tätigkeit der Aus- und Weiterbildenden.

## Literatur

Becker, G. E. (2007). *Unterricht planen. Handlungsorientierte Didaktik, Teil 1.* Weinheim, Beltz.

Döring, K. W. (2008). *Handbuch Lehren und Trainieren in der Weiterbildung.* Weinheim: Beltz.

Götz, K., & Häfner, P. (2005). *Didaktische Organisation von Lehr-Lernprozessen.* Weinheim: Beltz.

Jank, W., & Meyer, H. (2008). *Didaktische Modelle.* Berlin: Cornelsen.

Kellner, H. J. (2006). *Value of Investment. Neue Evaluierungsmethoden für Personalentwicklung und Bildungscontrolling.* Offenbach, Gabal.

Kron, F. W. (2008). *Grundwissen Didaktik.* München: Reinhardt.

IAP (2008). *IAP-interne Schulungsunterlagen,* erstellt von P. Sacher, vollständige Überarbeitung B. Braun.

IAP (2009). *IAP-interne Schulungsunterlagen,* erstellt von W. Suter, vollständige Überarbeitung B. Braun.

Phillips, J. J., & Schirmer, F. C. (2008). *Return on Investment in der Personalentwicklung. Der 5-Stufen-Evaluationsprozess.* Heidelberg: Springer.

Siebert, H. (2003). *Didaktisches Handeln in der Erwachsenenbildung. Didaktik aus konstruktivistischer Sicht.* München: Luchterhand.

Siebert, H. (2008). *Methoden für die Bildungsarbeit. Perspektive Praxis.* Bielefeld: Bertelsmann.

Thomann, G. (2008). *Ausbildung der Ausbildenden.* Bern: h.e.p.

Terhart, E. (2009). *Didaktik. Eine Einführung.* Stuttgart: Reclam.

# Gestaltung von Bildungsveranstaltungen: Aktuelle Methoden und Trends

*Bärbel Schwalbe, Gérard Wicht, Theo Hülshoff, Christoph Hoffmann und Christoph Negri*

## 6.1 Überblick zu aktiven Methoden und Methoden für komplexe Situationen

*Bärbel Schwalbe*

Dieser Abschnitt soll zunächst den Hintergrund klären, auf dem sich methodische Überlegungen und Entscheidungen für Bildungsveranstaltungen abspielen. Dabei wird von der grundsätzlich engen Verknüpfung von **Didaktik** und **Methodik** ausgegangen. Basierend auf diesem Grundsatz werden Begrifflichkeiten wie Methoden, aktive Methoden, komplexe Situationen, handlungsorientierter Unterricht und mögliche Kategorisierung von Methoden geklärt. Einige ausgewählte Beispiele von aktiven Methoden für komplexe Situationen schließen den Abschnitt ab.

### 6.1.1 Grundsätzliche Überlegungen

Hier soll also zunächst mit Nachdruck auf die grundlegende Verknüpfung und Interdependenz von **Didaktik** und **Methodik** hingewiesen werden. Einfach ausgedrückt heißt das, dass die Wahl der Methode erst getroffen werden kann, wenn die Frage nach dem Inhalt der Bildungsveranstaltung, allenfalls die Frage nach der Zielsetzung (Intention) mindestens auf der Ebene der Leit- und Richtziele, bestenfalls auf der Grob- und Feinzielebene beantwortet ist. Die Didaktik ist primär, die Methodik ist sekundär. Die didaktische Überzeugung des/der Lehrenden bestimmt die Methodik. Nicht die »Lieblingsmethode(n)« des Lehrenden sollte das methodische Vorgehen bestimmen, sondern die didaktische **Begründung** – und damit die Begründungskompetenz der Lehrenden – steht an erster Stelle. Die **curricularen Überlegungen** bezüglich organisationalem Kontext, Hauptaufgabe (Primary Task) und Bedarf der Organisation, bezüglich der Analyse der Anwendungssituation, der Analyse der individuellen Qualifikationen der Teilnehmenden, bezüglich der Adressatenanalyse und bezüglich der Entscheidung über die Lernziele sind vor der methodischen Entscheidung anzustellen.

Aus diesen Gründen kann ein sog. Methodenkoffer nur ein ideengebendes Nachschlagewerk und unterstützende Hilfe sein, nicht aber die begründete Entscheidung für irgendeine Methode liefern. Die Frage ist immer: »Warum gerade *diese* Methode für *diese* Situation und für *diese* Adressatinnen und Adressaten?« Insofern ist der Begriff der »Adressatenorientierung« hier angebracht. Allerdings sind sich Trainerinnen und Trainer wohl dahingehend einig, dass es die sog. Türklinkendidaktik auch gibt, bei der die Entscheidung für oder gegen eine bestimmte, vorher geplante Methode beim Betreten des Seminarraums – also beim Hinunterdrücken der Türklinke – noch einmal neu gefällt wird.

**Verknüpfung von Didaktik und Methodik**

**Curriculare Überlegungen zuerst anstellen**

**Der Weg selbst kann das Ziel sein**

Wenn nun das Didaktikverständnis die Grundlage der Methodik ist, dann ist die Methode nicht nur der Weg zum Ziel, sondern der Weg selbst kann Ziel oder Teilziel und Inhalt sein.

**Erweitertes Methodenverständnis**

Wenn das Kursziel die Verbesserung der kommunikativen Kompetenz im Rahmen der Gesprächsführung ist, dann sollte nicht nur die Methode des Frontalunterrichts zur Vermittlung der theoretischen Grundlage der Gesprächsführung zum Zug kommen, sondern die Methode des Rollenspiels ein Schwerpunkt sein, um die Kompetenz möglichst nah an der Realität zu üben, da die Methode hier direkt ein Beitrag zum Erwerb der kommunikativen Kompetenz im Gespräch ist. Einen Schritt weiter in diese Richtung geht man, wenn noch dazu das Gesprächsbeispiel aus der Praxis der Teilnehmenden stammt.

> **Methoden**
>
> Eine allgemeine Definition von Methoden kann nun also sein: Methoden sind didaktische Gestaltungselemente von Lernsituationen. Hier handelt es sich also um ein **erweitertes Methodenverständnis**, das auch für sog. **komplexe Methoden** (z. B. Planspiel) Gültigkeit hat.
> Eine sehr ähnliche Definition gibt Horst Siebert (2008, S. 11), die er als **systemisch-kontruktivistisch** (d. h. die subjektive Wahrnehmung aller Mitglieder des Systems »Unterricht« ist entscheidend) bezeichnet: »Methodik ist die Gestaltung organisierter Lehr-Lern-Situationen.«

Das heißt aber auch, dass sich durch Methoden allein Lehr- und Lernprozesse nicht steuern lassen, sondern dass diese »immer neu vereinbart und erprobt« werden müssen (Siebert, 2008, S. 11).

Methoden sollen also Teilnehmende **aktivieren,** ihr **Handeln** stimulieren und

- Selbsttätigkeit,
- Betroffenheit,
- Bewusstseinsbildung und
- Verarbeitungsmöglichkeit der Erfahrungen

bieten (Brühwiler, 1989, S. 5).

**Konstruktivistischer Unterricht,** wie er hier als didaktischer Hintergrund favorisiert wird, sollte das Handeln bestimmen und auslösen, bei Lehrenden und Lernenden, so dass von »**handlungsorientiertem Unterricht**« gesprochen werden kann (◼ Abb. 6.1).

> **Handlungsorientierter Unterricht**
>
> Meyer (1989b, S. 402) gibt folgende Definition:
> »Handlungsorientierter Unterricht ist ein ganzheitlicher und schüleraktiver Unterricht, in dem die zwischen dem Lehrer und

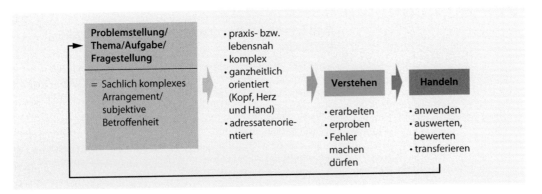

**Abb. 6.1** Handlungsorientierter Unterricht

den Schülern vereinbarten Handlungsprodukte die Organisation des Unterrichtsprozesses leiten, so dass Kopf- und Handarbeit der Schüler in ein ausgewogenes Verhältnis zueinander gebracht werden können.«

Diese Definition führt direkt zum Begriff »**aktive Methoden**«.

## 6.1.2    Aktive Methoden

Der Begriff »aktiv« soll kurz mit einem provokativen Gedanken illustriert werden (▶ Neil Postmans Kritik an »Unterricht als Unterhaltung«).

Hier kann, projiziert auf unsere gegenwärtige gesellschaftliche Situation, angeknüpft werden an Postmans Kritik: So, wie unsere Gesellschaft gegenwärtig auf dem Weg ist, sich von Spaß und individueller Verwirklichung zu entfernen und in Richtung **Beteiligung** und **Verantwortung** zu entwickeln, so stellt sich auch für die Ausbilderinnen und Ausbilder dringender denn je die Aufgabe, vor allem durch die Methodenwahl Beteiligung und Verantwortung der Teilnehmenden in Bildungsveranstaltungen zu erreichen.

Das heißt konkret, dass die Lehrenden die Lernenden möglichst **wenig steuern**, sondern dass die Lernenden ihr Verhalten, also ihr Handeln, möglichst **frei wählen** können. Es muss Raum bleiben für eigene Initiativen und Entscheidungen der einzelnen Lernenden, damit sie möglichst aus sich selbst heraus wachsen (intrinsische Motivation = aus eigenem Antrieb, aus eigenem Interesse, aus Interesse an der Sache selbst heraus).

Die Eigentätigkeit der Lernenden muss also eingeplant und angeregt werden, denn: ohne Selbsttätigkeit keine Selbstständigkeit!

**Gesellschaftliche Entwicklung in Richtung Beteiligung und Verantwortung**

**Selbsttätigkeit der Lernenden anstreben**

> **Neil Postmans Kritik an »Unterricht als Unterhaltung«**
>
> Schon 1985 beschreibt Neil Postman in seinem berühmt gewordenen Buch *Wir amüsieren uns zu Tode* unter der Kapitelüberschrift »Unterricht als Unterhaltung« den Erfolg der Sendung »Sesamstraße« und die Unterschiede zu realen Unterrichtssituationen: »Während der Spaß im Klassenzimmer immer nur Mittel zum Zweck ist, wird er im Fernsehen zum eigentlichen Zweck« (Postman, 1985, S. 176).
> Nach Postman ist ein Unterricht, der keine Voraussetzungen macht, keine Irritationen auslöst und ohne Erörterung (Diskurs) auskommt, eine Unterhaltung (Postman, 1985, S. 181).

— **Fragestellung:** Wie aktiviere ich als Trainerin/Trainer die Teilnehmenden, obwohl ich eine PowerPoint-Präsentation als Medium einsetze? Und obwohl ich auch Frontalunterricht einsetze?

— **Mögliche Antwort:** Ich schalte nach jeweils 2–3 Slides Fragen ein, für deren Erörterung ich (methodisch variiert von 3er-Gruppen im Plenum bis hin zu geleiteten 6er-Gruppen in Gruppenräumen) konsequent Zeit einplane und den roten Faden danach weiterziehe. Dabei müssen didaktische (inhaltliche) Verknüpfungen und möglichst wenige didaktische Brüche angestrebt werden, die Beteiligung und Betroffenheit der Teilnehmenden aber trotzdem im Zentrum stehen.

**Lehrende können nur Angebote machen**

Aktive Methoden zielen also ganz konkret gesprochen z. B. auf Langsamkeit, Wiederholung, Visualisierung und Umwege. Dabei können die Lehrenden nur **Angebote** machen, Angebote z. B. inhaltlicher Informationen, aber auch methodischer Informationen. Und dieses Informationsangebot kann **akzeptiert,** aber auch **abgelehnt** werden. So kann gefolgert werden, dass Lernen sich im Spannungsfeld zwischen Veränderung und Widerstand abspielt ( Abb. 6.2).

**Widerstand ermöglicht Lernen**

Indem im Unterricht mit und am Widerstand gearbeitet wird, wird Lernen ermöglicht. Typische Beispiele dafür, dass Aus- und Weiterbildung an solchen aktiven Methoden wohl kaum vorbeikommt, wenn sie Nachhaltigkeit des Lernens anstrebt, sind:

— Sprachen lernen
— Verhandlungstaktik verfeinern
— Beratungskompetenz erhöhen
— Zuhören können

Wie könnte die Unterrichtsmethode der Wahl in diesen einfachen Beispielen eine nichtaktive bleiben? Angeleitetes Üben der zu erlernenden Kompetenzen ist hier wohl unumgänglich, angemessen dosiertes Intervenieren der Lehrperson lässt viel individuelle Anpassung an die spezifische Unterrichts- und Gruppensituation zu, fordert damit gleichzeitig viel gruppendynamische Kompetenz von den Lehrenden.

Wenn also aktive Methoden gewählt werden sollen, so stellt sich die **strategische Frage**:

»Wie können wir die Zusammenarbeit so beeinflussen, dass Lernsituationen aufgenommen und gestaltet werden können?«

Dieser Gedanke führt direkt hinüber zu der Frage, was wir unter komplexen Situationen verstehen wollen.

❏ **Abb. 6.2** Wechselseitiger Zusammenhang zwischen Veränderung und Widerstand führt zu Lernen

### 6.1.3 Komplexe Situationen

Ziel der methodischen Entscheidungen ist also offenbar, der **Komplexität** von Situationen – in Praxis und Unterricht – gerecht zu werden. Bei Lern- und Veränderungsprozessen können verschiedenste Verhaltens- und Handlungsebenen (neu) gelernt werden, z. B.

- Umgang mit neuen Menschen
- Lernen neuer Inhalte
- neue Verhaltensweisen
- neue Methoden (neuer Handlungsablauf)
- neue Denkansätze
- neue Konzepte
- usw.

*Lernsituationen müssen aufgenommen und gestaltet werden*

Dabei lässt sich gut nachvollziehen, dass diese Ebenen miteinander kombiniert auftreten und ineinander greifen: Neue Verhaltensweisen gegenüber neuen Menschen auf der Grundlage eines neuen Konzepts zu lernen, bedarf der Berücksichtigung im Unterricht, dass hier verschiedene Ziele mit verschiedenen Methoden angestrebt werden müssen, also z. B. Planspiele, Fallbeispiele, Rollenspiele und andere aktive, komplexere Methoden zum Zug kommen und die Komplexität Schritt für Schritt von den Lernenden erfasst werden kann, wenn es gelingt, sie zu beteiligen und ihnen Verantwortung zu übertragen.

Es kommt noch eine weitere Ebene der Komplexität hinzu, nämlich die **Vielfalt der Lernenden** im Unterricht. Diese Vielfalt muss im Unterricht methodisch berücksichtigt werden, nur schon allein deshalb, weil dies ja auch ein Teil der Kompetenzen ist, die die Lernenden erwerben müssen, denn ihr Alltag in der Organisation besteht schließlich auch aus der Vielfalt der Mitarbeitenden, mit denen sie zusammenarbeiten müssen.

Eine mögliche Vielfalt der Lernenden ist z. B.:

- motivierte, kooperative Teilnehmende
- stille, nichts sagende Teilnehmende
- Störenfriede
- Widerstand zeigende Teilnehmende
- usw.

*Teilnehmende beteiligen und ihnen Verantwortung übertragen*

Jede dieser Teilgruppen muss unterschiedlich angesprochen und in den Unterricht integriert werden. Grundsätzlich kann hier der

*Methoden der Individualisierung anwenden*

Lehrende mit Methoden der **Individualisierung** reagieren, z. B. mit unterschiedlichen Gruppenaufgaben für unterschiedlich Interessierte, wobei die Teilnehmenden selber entscheiden, welcher Aufgabe sie sich zuordnen wollen. Es könnte dann z. B. auch allein Arbeitende geben, 2er-, 3er-, 4er-Gruppen, so dass auch Arbeits- und Sozialformen für unterschiedliche Lerngewohnheiten gewählt werden könnten.

**Veränderung der Rolle des/der Lehrenden**

Klar wird an diesem Beispiel, dass sich die **Rolle des Lehrenden** verändert, wenn mit stark aktiven Methoden gearbeitet wird. Er oder sie werden zunehmend **Moderationsaufgaben** in einer solchen Phase übernehmen. Überspitzt gesagt, wird sich der/die Lehrende zunehmend überflüssig machen. Dies auch aus der Erkenntnis heraus, dass es den sagenumwobenen »Nürnberger Trichter« nicht gibt und viel mehr gilt:

> **Bildung**
>
> Bildung ist Arbeit an der Beziehung.

**Arbeit an der Beziehung fordert gegenseitige Wertschätzung**

So ist es z. B. ganz wesentlich, dass die Unterrichtsatmosphäre geprägt ist von **Wertschätzung** zwischen den Lernenden und zwischen den Lernenden und dem Lehrenden. Ein Klima des Misstrauens, das z. B. dazu führt, dass Lernende Angst vor Fehlern haben, kann keine gute Basis für Unterricht mit aktiven Methoden sein. An der Beziehung zwischen Lehrenden und Lernenden muss in diesem Sinne laufend gearbeitet werden.

Zum Abschluss dieses Abschnitts zur Beschreibung von komplexen Situationen sollen noch einige Beispiele genannt werden, aus denen heraus in der Unternehmenspraxis Weiterbildungsbedarf entstehen kann. Das zentrale Kennzeichen der folgenden Beispiele ist also ihre Komplexität:

- Umstrukturierung des Unternehmens oder von Unternehmensteilen
- Übernahme neuer Rollen/Aufgaben, z. B. Führungsaufgaben
- Konflikte im Team oder zwischen Teams
- Veränderungswiderstände
- Fusions- und Übernahmesituationen
- Einführung neuer Mitarbeiter/innen
- Abbau von Arbeitsplätzen
- Verlust von Marktanteilen
- ungünstige Verhaltensweisen im Kundenkontakt
- usw.

Greift man einmal die Situation von »Konflikten im Team« heraus, so könnten die Teammitglieder im Rahmen eines Seminars oder Workshops folgende Aufgaben bewältigen:

- die theoretischen Kenntnisse eines Konfliktbewältigungsmodells erwerben, indem Schritt für Schritt der realistische Verlauf des eigenen Konflikts dem Modell zugeordnet wird;

- die jedem eigene Gefühle zusammentragen, die in den einzelnen Phasen des Konflikts auftauchten;
- die Bewältigungsstrategien kennen lernen, hinterfragen und auf die jeweiligen Teilsituationen anwenden;
- die jeweils eigene Rolle schildern und zum Konfliktthema in Beziehung setzen
- und Ähnliches mehr.

Methodisch gibt es zur Bewältigung solcher Aufgaben eine Fülle von Möglichkeiten, die zu einem sehr großen Anteil auf aktive Methoden zurückgreifen müssen. Beispiele hierfür finden sich im nächsten Abschnitt.

### 6.1.4  Beispiele für aktive Lehr- und Lernmethoden

Bevor hier auf konkrete Beispiele eingegangen wird. soll zunächst noch eine mögliche klassische **Kategorisierung** von Methoden aufgezeigt werden, um den Sprachgebrauch zu klären. Es ergibt sich ein **Strukturmodell methodischen Handelns,** mit dem der Unterrichtsprozess auf dreifache Art beschrieben werden kann, nämlich:

- Sozialformen
- Handlungsmuster
- Unterrichtschritte/Unterrichtsformen

**■ ■ Sozialformen**
- Frontalunterricht
- Gruppenarbeit (im Plenum, in Gruppenräumen)
- Partnerarbeit

**Methoden – Kategorien**

**1. Sozialformen**

(Meyer, 1989a, S. 124 ff).

Hier ist besonders darauf hinzuweisen, dass auch der Sitzordnung grundsätzlich eine nicht zu unterschätzende Bedeutung zukommt (z. B. Konzertbestuhlung/Sitzinseln im Plenum/U-Form/Kreisbestuhlung ohne Tische). Zu beachten sind hier Unterschiede in der Möglichkeit von Kontaktaufnahmen mit Lehrenden und mit anderen Teilnehmenden, aber auch die Möglichkeit, an einem Tisch sitzend zu schreiben oder nicht usw.

Spezialformen sind hier: Kreisgespräch, Expertengespräch, Team-Teaching, Großgruppen.

Die Übergänge zwischen all diesen Sozialformen können fließend sein, so ist z. B. ein sehr geeignetes methodisches Vorgehen bei biografischer Arbeit (z. B. Lernbiografie) die 4-Schritt-Methode, die beginnt mit der Einzelarbeit, dann den Austausch in der Paararbeit anschließt, aus den Paaren dann 4er-Gruppen bilden lässt und schließlich in einer Plenumsdiskussion mit eingefügter Pro-Contra-Diskussion abschließt.

Im Zentrum aller Sozialformen und der Entscheidung für eine Form steht immer die **prozesshafte Beziehungsstruktur** zwischen Lehrenden und Lernenden.

**2. Handlungsmuster**

■ ■ **Handlungsmuster**
- Lehrervortrag/Schülerreferat
- Unterrichtsgespräch/Lehrgespräch
- Rollenspiel/Planspiel/Stegreifspiel
- Wandzeitung/Collage
- Klausur/Test/Prüfung
- Geschichtenerzählen/Frage-Antwort-Spiele

Wenn diese Handlungsmuster sich verfestigen und sinnvoll ausgewählt und zusammengefügt werden, so entstehen **methodische Großformen** wie Lehrgang (Kurs/Trainingsprogramm), Praktikum (Exkursion), Projekt, Diskurs (z. B. Workshop).

**3. Unterrichtsschritte**

■ ■ **Unterrichtsschritte/Unterrichtsphasen**
- Einstieg/Fragestellung/Motivation
- Informationsbeschaffung/-erarbeitung
- Informationsverarbeitung/-vertiefung
- Übung/Anwendung/Training
- Kontrolle/Ergebnissicherung
- Evaluationen

Um sich an die methodische Entscheidung anzunähern, sollten sich die Aus- und Weiterbildenden **Fragen stellen.** Dies soll am Beispiel »Unterrichtseinstieg« verdeutlicht werden (▶ Checkliste).

---

**Checkliste: Mögliche Fragen zum Unterrichtseinstieg**
1. Welche Erfahrungen, Vorkenntnisse und Kompetenzen bringen die Adressatinnen und Adressaten für das Thema/die Unterrichtseinheit mit?
2. Welchen Orientierungsrahmen hinsichtlich des neuen Themas will ich den Adressatinnen und Adressaten vermitteln (grober Überblick/exemplarische Vertiefung/Ziel)?
3. Welches ist der methodische Ablauf der Unterrichtseinheit?
   - vom Allgemeinen zum Konkreten (deduktiv)
   - vom Konkreten zum Allgemeinen (induktiv)
   - von Plattform zu Plattform (inselbildend)
   - vom Vertrauten zum Fremden oder umgekehrt
   - vom Nahen zum Fernen oder umgekehrt

4. Wie ermögliche ich den Adressatinnen und Adressaten einen handelnden Umgang mit dem neuen Thema?
5. Welche Inszenierungstechniken setze ich beim Einstieg ein, welche die Adressatinnen und Adressaten?

- (ordnen, vergleichen, auswählen/zeigen, vormachen–nachmachen, vorspielen–nachspielen/dialogisieren, polarisieren/nahe bringen–fremdmachen, einfühlen/vergrößern–verkleinern, beschleunigen–verlangsamen/sammeln, collagieren)

Nach diesen beispielhaften Fragen folgen hier abschließend einige ausgewählte **Methodenbeispiele,** die stellvertretend stehen für viele weitere aktive Methoden und Methoden für komplexe Situationen. Ein umfangreicher Methodenkatalog würde den hier gegebenen Rahmen bei weitem sprengen.

### ▪▪ Fallbeispiel

Für eine Unterrichtssequenz von ca. 3 Stunden bereiten 3 Teilnehmende für 3 Teilgruppen je einen Fall vor, der dem geplanten Thema der kommenden Sequenz entspricht (z. B. Kündigungsgespräch). In der Sequenz bearbeiten die 3 Gruppen den Fall ihres Gruppenmitglieds nach einem vorgegebenen Schema (z. B. vereinfachter Problemlösungszyklus). Die Ergebnisse werden von den 3 Gruppen im Plenum möglichst kreativ präsentiert, abschließend vom gesamten Plenum gemeinsam zusammengefasst (z. B. Pinnwandkärtchen jedes Teilnehmenden, das die wichtigsten Phasen eines Kündigungsgesprächs enthält und am Schluss auf einer Pinnwand sichtbar gemacht wird).

### ▪▪ Rollenspiel

An Rollenspielen sind mindestens 2, aber möglicherweise auch mehr Personen beteiligt (zusätzlich 2–5 Beobachtende, die Feedback geben). Thematisch ist das klassische Beispiel das Führen von Gesprächen mit Gesprächsleiter/-in und Gesprächspartner/-in. Es ist aber auch möglich, eine ganze Kursgruppe von ca. 18 Teilnehmenden mit dem Planen, Vorbereiten Durchführen und Auswerten von Rollenspielen aus der eigenen Unternehmenspraxis zu beauftragen. Der Auftrag wird dann schriftlich mit Zeitangaben formuliert, was natürlich eine länger dauernde Vorbereitung für den/die Lehrenden bedeutet. Anschließend an die parallel laufende Vorbereitung der Rollenspiele in 3 Untergruppen werden dann die 3 Rollenspiele im Plenum nacheinander gespielt und jeweils gemeinsam ausgewertet. Die Rolle des Lehrenden ist die des Moderators/der Moderatorin. Wird eine Moderatorenrolle während der Rollenspieldurchführung von den Teilnehmenden übernommen, so kann auch für diese Rolle ein Feedback gegeben werden, was auch die Führungsfähigkeit zum Lerngegenstand macht, ebenso wird das Feedback-Geben und -Nehmen ausführlich geübt, was ja in der Praxis für Führende und Geführte wichtige Kompetenz ist. Neben der Förderung von Führungsverhalten dient die Methode Rollenspiel auch der Förderung von Kreativitäts- und Argumentationstechnik und zur Verbesserung von sozialem Verhalten. Um den

**Einige Beispiele aktiver Methoden**

Vorwurf der Künstlichkeit zu entkräften, lohnt es sich, Beispiele aus der Praxis der Teilnehmenden zu verwenden.

#### ■■ Planspiel

Am Planspiel kann eine größere Gruppe beteiligt werden. Die Inszenierung ist aufwändig und das Planspiel sollte auf die Zielgruppe ausgerichtet sein. Im Planspiel werden die unterschiedlichsten Rollen verteilt, die miteinander interagieren müssen. So können die Rollenträgerinnen und Rollenträger die abgebildete Realität sehr nah erleben, konflikthafte Situationen bewältigen und emotionale Betroffenheit wahrnehmen. Dies alles zeigt schon, dass ein Planspiel professionell begleitet werden muss, gruppendynamische Kompetenz ist bei den Leitenden eminent wichtig. In der Regel braucht es ein mehrköpfiges Leitungsteam. Betriebswirtschaftliche und personalwirtschaftliche Problembereiche können kennen gelernt werden, das Lösen komplexer Aufgaben kann geübt werden. Wegen der hohen Komplexität der Methode und der gespielten Situation braucht es eine gründliche Auswertung, für die genügend Zeit eingeplant werden muss. Auch beim Planspiel, wie beim Rollenspiel, ist die Rolle der Lehrenden im Prinzip die des Moderators, ergänzt durch einzelne gezielte Interventionen.

#### ■■ Gruppenpuzzle

Eine größere Seminargruppe soll ein breit gefächertes Thema erarbeiten oder auch mehrere Beispiele für das Seminarthema kennen lernen und diskutieren. Die Lehrperson muss als Vorbereitung z. B. Unterlagen bereitmachen für 5 Teilthemen bzw. die Teilnehmenden auffordern, ihre Beispiele mitzubringen oder einzusenden. Eine Seminargruppe von 20 Teilnehmenden wird nun aufgeteilt auf die 5 Teilthemen und erhält Zeit, diese Themen zu erarbeiten. In einer 2. Phase werden dann 4 neue Gruppen gebildet, wobei in jeder dieser neuen Gruppen 5 Teilnehmende sind, die jeweils aus einer der 5 Gruppen der 1. Phase stammen. Die neu zusammensitzenden Gruppenmitglieder erklären nun einander das in der 1. Phase Gelernte.

#### ■■ Strukturlegetechnik

Die Untergruppen einer Seminargruppe erhalten eine Anzahl (z. B. 25) Pinnwandkarten, auf denen Begriffe stehen, die zu einem bereits besprochenen Thema/Modell oder zu einem noch zu besprechenden Thema/Modell gehören (z. B. Führungsmodell, Beratungsmodell usw.). Die Gruppen erarbeiten nun jede für sich eine Struktur, die sie diesen Karten geben würden, und präsentieren anschließend ihre Struktur den anderen Gruppen. Hohe Selbsttätigkeit und Eigenaktivität zeichnet auch diese Methode aus. Der/die Lehrende ist Moderator und führt anschließend die Strukturen der Gruppen (wertschätzend!) zusammen.

■ ■ **Pro-Contra-Diskussion**

Ist die Diskussion in einer Seminargruppe an einem Punkt, wo sich 2 unterschiedliche Meinungen, Positionen, Überzeugungen heraus-kristallisieren (z. B. autoritäres Verhalten gegenüber demokratischem Verhalten, Einführung einer neuen Qualifikationsmethode ja/nein o.Ä.), so kann eine inszenierte Pro-Contra-Diskussion die Methode der Wahl sein. Pro-Teilnehmende und Contra-Teilnehmende bereiten getrennt in Gruppen ihre Argumente vor und wählen 3 Hauptvertreter und 3 Einflüsterungsvertreter für die Diskussion.

Die ca. 15-minütige Diskussion, bei der sich die Parteien auf Stühlen gegenübersitzen, wird moderiert (Kursleitung oder Teilnehmende/r), es gibt Spielregeln und anschließend wird ausgewertet (wichtige Argumente).

Weitere beispielhafte Methoden können z. B. in Sieberts Büchlein *Methoden für die Bildungsarbeit* (Siebert, 2008) und in *Spielbar I & II* (Rachow, 2004) sowie in *Methodensammlung für Trainerinnen und Trainer* (Dürrschmidt et al., 2005) nachgelesen werden, das Prinzip und die Wirkungsweise aktiver Methoden und komplexer Situationen sollte hier klar geworden sein.

### Zusammenfassung

Nachdem zu Beginn dieses Abschnitts auf die enge Verknüpfung von Didaktik und Methodik hingewiesen wurde, wurde eine grundsätzliche Definition für den Begriff »Methodik« im Unterricht angeführt: »Methodik ist die Gestaltung organisierter Lehr-Lern-Situationen«. Im systemisch-konstruktivistischen Sinne spielt hier die subjektive Wahrnehmung aller Systemmitglieder eine entscheidende Rolle und der Lehr- und Lernprozess muss immer wieder neu gestaltet werden. Unterrichtsmethoden sollen also Handeln anregen, Das bedeutet auch, Beteiligung und Verantwortung aller Teilnehmenden anzustreben, so dass sie über Selbsttätigkeit zu Selbstständigkeit kommen. In diesem Zusammenhang muss auch mit Widerständen gerechnet werden, und diese ermöglichen Lernen. Das führt auch zu einer veränderten Rolle des/der Lehrenden in Richtung Moderation.

Sozialformen, Handlungsmuster und Unterrichtsschritte sind Einteilungskriterien für die unterschiedlichen Methoden. Fallbeispiele, Rollenspiele, Planspiele, Gruppenpuzzles, Strukturlegetechnik und Pro-Contra-Diskussion wurden beispielhaft skizziert, um aktive Methoden für komplexe Situationen konkret fassbar zu machen.

## 6.2   E-Learning und Neue Medien in der betrieblichen Aus- und Weiterbildung

*Gérard Wicht*

» In den vergangenen 60 Jahren zogen die Menschen dorthin, wo die Arbeit war. In den kommenden 60 Jahren muss die Arbeit zu den Menschen kommen. Dr. Manmohan Singh, Indischer Ministerpräsident. (Soranno, 2009, S. 1) «

Über den Sinn und Unsinn von E-Learning in der betrieblichen Aus- und Weiterbildung ist in den letzten Jahren kontrovers diskutiert worden. Zustimmung auf der einen stehen Vorbehalte und Ablehnung auf der anderen Seite gegenüber. Dieser Beitrag geht den Einsatzmöglichkeiten von E-Learning in Betrieben aus einer pädagogischen Sicht nach. Die häufig genannten Argumente für E-Learning werden kritisch reflektiert und deren didaktischer Mehrwert wird erörtert. Außerdem werden die Voraussetzungen der Personalentwicklung im Unternehmen benannt, die eine Integration virtuellen Lernens erst ermöglichen und fördern. Ein Blended-Learning-Beispiel aus einem globalen Unternehmen und eines aus der Hochschule sollen die theoretischen Überlegungen veranschaulichen und ergänzen.

### 6.2.1   Eine Standortbestimmung oder ein kurzer Rückblick in die Gegenwart

Zuallererst einige quantitative Befunde: Gibt man in Google den Begriff »E-Learning« ein, so steht man 112.000.000 Treffern – sog. Hits – gegenüber, beim Begriff »Blended Learning« 969.000, bei den Begriffspaaren »E-Learning« und »Weiterbildung« sowie »E-Learning« und »angewandte Psychologie« 758.000 bzw. 73.800 Hits (Abrufdatum: 25. März 2009).

> **Blended Learning**
>
> Eine Kombination von reinem E-Learning und Präsenzveranstaltungen mit dem Ziel, die Vorteile der beiden Formen zu nutzen.

Den mit dem Gegenstand nur einigermaßen Vertrauten werden solche Zahlen wenig erstaunen: Von den Anfängen Mitte der 80er Jahre bis heute ist zum Bereich »E-Learning« im Allgemeinen und in Unternehmen im Speziellen viel nachgedacht und noch mehr ausprobiert, umgesetzt, verworfen und geschrieben worden. Als vor einigen Jahren der kontrovers geführte Diskurs um die sog. Neuen Medien noch um den Begriff des »Web 2.0« angereichert wurde, nimmt die Zahl der Publikationen fast exponentiell zu. Standortbestimmungen sind dabei mit einem sehr kurzen Verfallsdatum zu versehen und können deshalb nicht mehr sein als gleichsam ein Rückblick in die jeweilige Gegenwart.

Web 2.0 ist mittlerweile ein gesellschaftliches Phänomen und muss in diesem Abschnitt mit bedacht werden, lässt sich doch über E-Learning in Unternehmen heute kaum noch ohne Verweise auf Wikis, Blogs, Podcasts, Social Software usw. nachdenken. Eine kurze Umschreibung der Fachbegriffe findet sich im weiteren Verlauf des Textes in der Randspalte.

#### ▪▪ Der Rückblick …

Die Geschichte ist bekannt: Dem Hype der frühen 90er Jahre folgte in der Entwicklung des E-Learnings die Ernüchterung um die Jahrtausendwende: Nach der Phase der vornehmlich von IT-Spezialisten entwickelten »Learning-softwares« traten die Pädagogen auf den Plan und stellten die Frage nach dem didaktischen Sinn (und Unsinn) solcher Programme, die eher der technologischen Machbarkeit als den psychologischen Grundsätzen des Lehrens und Lernens verpflichtet waren. Die Antworten waren oft ernüchternd und förderten wenig didaktischen Mehrwert zu Tage. Hinzu kam die Erkenntnis, dass E-Learning nicht die behauptete Kostenersparnis erzielte, sondern im Gegenteil durch teure Produktionen maßgeschneiderter Computer Based Trainings (CBT) und Web Based Trainings (WBT) das Budget der Ausbildungsabteilungen erheblich belastete.

#### ▪▪ … in die Gegenwart

Als Folge dieser bewegten Entwicklung erstaunt es nicht, dass nach wie vor viele Ausbilder dem computerunterstützten Lernen mit Skepsis begegnen.

Das aktuelle Bild möglicher Formen von virtuellem Lernen ist vielfältig und bunt geworden. In den 90er Jahren beschränkte sich E-Learning zumeist auf das Lernen mit CBT und WBT, auf die Gestaltung von sog. Lernplattformen und auf die virtuelle Kommunikation in Foren (asynchroner, d. h. zeitversetzter Austausch von Informationen) und in Chats (synchroner, d. h. zeitgleicher Austausch).

Diese Lern- und Kommunikationsformen sind auch heute noch von Bedeutung, werden aber durch viele andere ergänzt: Studenten vervollständigen über ihren iPod ihre Englischkenntnisse, mit dem gleichen Medium bearbeiten sie zu Hause die auf Video aufgenommene Vorlesung ihrer Professorin in Bild und Ton. Sie erstellen mit ihren Kommilitonen mit Hilfe eines Wikis ihre Semesterarbeit. Mitarbeiter in einem Betrieb haben Zugriff auf weltweit verfügbare Wissensdatenbanken, die sie mit leistungsstarken Suchfunktionen erschließen können. Als Fachexperten tauschen sie sich in Communities of Practice mit Blogs aus und führen ihre Erkenntnisse über ihren Bildschirm in Web-Conferences mit Kollegen in anderen Erdteilen zusammen. – Der Fachjargon ist Programm: Wer nicht aufmerksam die neuesten Trends verfolgt, läuft Gefahr, den Anschluss zu verlieren.

**Computer Based Training (CBT)**
Lernsoftware (häufig CD-Roms), die fest auf dem Computer der Lerner installiert ist, d. h. nicht über das Netz (Web) betrieben werden kann

**Web Based Training (WBT)**
Ein im Gegensatz zum CBT webbasiertes Lernprogramm. Die Integration ins Internet oder ins Intranet einer Unternehmung ermöglicht weitere Funktionen wie z. B. die Online-Kommunikation mit Teletutoren oder Mitlernenden

**Chat**
Der Austausch von Informationen von 2 oder mehr Benutzern im Internet oder über einen Online-Dienst mit dem Ziel, in Echtzeit oder in rascher Abfolge der Beiträge zu kommunizieren

**Communities of Practice**
Eine meist im Unternehmen online kommunizierende Gruppe von Experten, die sich zu einem bestimmten Thema austauscht und weitgehend selbst organisiert. CoP sind zumeist ein Instrument des bewusst betriebenen Wissensmanagements

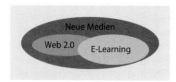

**◻ Abb. 6.3** Neue Medien, Web 2.0 und E-Learning

**Web 2.0 bietet heute eine Fülle von (kostenlosen) E-Learning-Möglichkeiten**

## Die Begriffe und ihre Definitionen

Die Bezeichnungen »Neue Medien«, »E-Learning«, und »Web 2.0« sind in ihrer Bedeutung nur ungenau voneinander zu unterscheiden und gehen zum Teil sogar ineinander über (◻ Abb. 6.3). Aus heuristischen Gründen soll trotzdem eine grobe Unterscheidung versucht werden.

Mit dem Oberbegriff »**Neue Medien**« bezeichnet man seit den 90er Jahren generell alle Medien, die digitalisiert sind und interaktiv genutzt werden (Beispiele: Internet, E-Mail, DVD, WBT). Die Bezeichnung »**Web 2.0**« taucht 2004 zum ersten Mal auf. Sie entstand in Abgrenzung an das World Wide Web (»Web 1.0«) und meint kollaborative Elemente, die die Benutzer – im Gegensatz zum WWW – selbst erstellen und bearbeiten können (z. B. in Form von Blogs, Wikis, Foren usw.).

---

**E-Learning**

Unter »E-Learning« werden im umfassenden Sinne alle Lehr- und Lernaktivitäten verstanden, die durch die Nutzung der »Neuen Medien« unterstützt werden (Synonyme: virtuelles Lernen, Online-Lernen, computerunterstütztes Lernen). In dieser Umschreibung haben somit viele Aktivitäten Platz:

- Der Einsatz einer CD-Rom als ergänzendes Selbststudium im Schulunterricht,
- die Integration eines WBT zur Produktschulung im Unternehmen, ergänzt durch einen E-Test zur Wissensabfrage,
- ein Chat zur Vorbereitung eines Präsenzworkshops,
- die Ablage von didaktischem Material auf einem Learning Management System (LMS) und
- das Recherchieren nach und der Einsatz von verwertbarem Material aus YouTube

und viele weitere mehr!

---

Will man eine weitere Unterteilung vornehmen, so machen folgende 3 Begriffe Sinn, die oft auch in der Literatur zu finden sind:
E-Learning (im weiteren Sinne):
- **E-Communication:** Die Weitergabe oder der Austausch von Informationen in E-Mails, Foren, Chats oder Videokonferenzen.
- **E-Documentation:** Die Ablage und Pflege von Dokumenten aller Art auf Datenbanken oder Learning Management Systemen.
- **E-Learning (im engeren Sinne):** Die Aneignung und Verarbeitung von Inhalten mit Hilfe Neuer Medien. Blended Learning (▶ Abschn. 6.2.2, Der Weg zum Blended Learning) soll in diesem Beitrag als Form von E-Learning verstanden werden und ist somit im Begriff E-Learning stets mit gemeint.

(Wird in diesem Abschnitt der Begriff E-Learning verwendet, so ist er im weiteren Sinne für alle 3 Bereiche zu verstehen.)

## 6.2.2 Didaktische Begründungen von E-Learning

Die Entwicklung und Ausweitung des E-Learnings sind eine Folge globaler, gesellschaftlicher Entwicklungen der letzten Jahre. Die wichtigsten Stichworte dazu sind die zunehmende Globalisierung und der dadurch erhöhte Anspruch an die Mobilität und Flexibilität der Beschäftigten. Spezialisierung in vielen Bereichen sowie beschleunigte Wissensproduktion konstituieren »Wissen« als 4. Produktionsfaktor. Beschäftigte müssen ständig Neues lernen, Altes verlernen, sich in schnell ändernden Kontexten zurechtfinden – mit einem Wort: sich kontinuierlich weiterqualifizieren. Dafür steht ihnen – und den Unternehmen – jedoch wegen des häufigen Kostendrucks immer weniger Zeit zur Verfügung. Qualifizierungsmaßnahmen müssen somit nicht nur mit immer mehr zu vermittelnden Inhalten und geforderten Kompetenzen fertig werden, sondern auch mit den Forderungen nach Effizienz und Effektivität.

### Argumente für den Einsatz von E-Learning

Hier sollen die in der Fachliteratur am häufigsten genannten Argumente aufgeführt und unter didaktischen Grundsätzen kritisch reflektiert werden. Im Vordergrund steht dabei das Lernen im unternehmerischen Umfeld.

### Die Orts- und Zeitflexibilität des Lernens

E-Learning ist vorerst klassisches Selbststudium – mit der Unterstützung von elektronischen Medien. Örtliche und zeitliche Ungebundenheit ist wohl der am häufigsten erwähnte Vorzug für den Einsatz von E-Learning im betrieblichen Kontext. »Learning anywhere and anytime«, »learning, when learning is needed« oder »learning just-in-time«, losgelöst von fixen Stundenplänen und Klassenverbänden, sind heute die Losungen, die bereits in vielen Betrieben Geltung haben.

Der Anteil von längeren Weiterbildungen, die auf Vorrat angeboten und absolviert werden, geht zurück zugunsten von kürzeren und kürzesten Lerneinheiten (»learning nuggets«), die im Arbeitsprozess unmittelbar umgesetzt werden können und oft auch »on the job« erarbeitet werden.

■■ Didaktisch zu beachten: Motivierende Gestaltung und sinnvolle
    Integration

Orts- und Zeitflexibilität ist vorerst ein Argument der Effizienz! Umso mehr ist darauf zu achten, dass die Lerneinheiten (netzunabhängige oder webbasierte Medien wie CD-Rom, DVD oder WBT) interaktive Elemente enthalten wie Audio- oder Videoanimationen, adressatengerechte Beispiele, verschiedene Anspruchsniveaus (Anfänger,

**CD-Rom**
**Ein Datenspeicher (Compact Disc), auf dem digitale Daten verfügbar sind. Diese Daten können lediglich gelesen, gesehen oder gehört werden (Read-Only Memory)**

Fortgeschrittene), Einsatz von Lernhilfen wie Suchbegriffsfunktionen, Links auf andere Seiten, evtl. Mehrsprachigkeit, Zwischen- und Schlusstests, Glossar usw.

### Die Individualisierung des Lernens

Das vermutlich stärkste didaktische Postulat für das E-Learning ist die dadurch ermöglichte Individualisierung des Lernprozesses: eine Selbststeuerung im Hinblick auf das Lerntempo, die Auswahl der Lerninhalte, des Lernniveaus und der Möglichkeiten, eigene, bedarfsgerechte Lernumgebungen zu gestalten. Ein gewichtiger lernpsychologischer Ansatz kommt hinzu. Unterschiedliche Lerntypen können angesprochen werden, da die Lerninhalte zumeist über verschiedene Kanäle aufgenommen werden können: Lesen, Audio, Video, Animation durch den Einsatz zusätzlicher visueller Gestaltungsmittel – und deren Verknüpfung.

#### ▪▪ Didaktisch zu beachten

Die Voraussetzungen dafür sind eine motivierende, ansprechende didaktische Aufbereitung der Inhalte und eine auf Lerngruppen und Lernziele ausgerichtete Modularisierung, die dem Lernenden auch wirklich eine Auswahl ermöglichen.

Die didaktische Qualität erhöht sich außerdem dann, wenn solche Module den Benutzer zum weiteren explorativen Lernen anregen, indem das Gelernte direkt auf konkrete Situationen umsetzbar ist oder sogar die Möglichkeit besteht, eigene Inhalte und Reflexionen in das Medium zu integrieren (Web 2.0!). Auf diese Weise können eigene, maßgeschneiderte Lernumgebungen konstruiert werden (konstruktivistische Auffassung vom Lernen).

Ausbilder sollten sich dabei bewusst sein, dass Lernende durch derartige Lernumgebungen und Wahlmöglichkeiten überfordert sein können, da sie oft noch in traditionellen Lernmustern (Lehrerzentriertheit sowie inhaltlich und didaktisch standardisierte Lernvorgaben) verhaftet sind (Schulmeister, 2001)!

**Learning Management System (Lernplattformen)**
Eine komplexe Software, die das Speichern, Austauschen und Bearbeiten von Online-Medien (u. a. CD-Roms, WBTs) und Dokumenten erlaubt. Außerdem bietet sie häufig Funktionen an wie Online-Kommunikation (Foren, Chat, Blogs) und Evaluationen (Umfragen, Kursbewertungen)

### Kontinuierliche Lernkontrolle und Verfügbarkeit der Inhalte

CBTs, WBTs, aber auch komplexere Blended-Learning-Programme weisen heute generell einen hohen inhaltlichen Strukturierungsgrad sowie (E-)Tests auf, die dem Lerner – und seinem Unternehmen – eine kontinuierliche Wissensüberprüfung ermöglichen. (Bearbeitete) E-Learning-Module können zudem in Learning Management Systemen (LMS) integriert werden, wo sie – zusammen mit anderen für das Lernen relevanten Unterlagen – stets als kleine Nachschlagewerke zur Verfügung stehen.

#### ▪▪ Didaktisch zu beachten

Formelle Evaluationen und regelmäßige Feedbackschlaufen sind im Lernprozess ein wichtiger Motivationsfaktor. Sie erlauben dem Lerner, seinen Wissensstand im Hinblick auf das Lernziel zu überprüfen. Bildungsexperten werden darauf achten, dass dabei nicht nur elektronisch kompatible Testformen wie Single bzw. Multiple Choice, Lückentexte sowie Ja- und Nein-Fragen zur Anwendung kommen, sondern auch elaboriertere Evaluationstechniken.

Auch die Unternehmen sind bei der aktuellen Wissenszunahme gerade bei der Fach- und Produktkompetenz darauf angewiesen, den jeweils aktuellen Ausbildungsstand ihrer Mitarbeiter zu kennen. Klar strukturierte und operationalisierte Jahresziele für die Beschäftigten, ein auf ein nachvollziehbares Kompetenzmanagement aufgebautes Beförderungssystem und klar kommunizierte (strategische) Jahresziele für das ganze Unternehmen (Stichworte: Balanced Scorecard bzw. Learning Scorecard) unterstützen dabei eine aktive Lern- und Feedbackkultur.

## Integration des Lernens in den Arbeitsprozess

Kürzere Lernmodule, die weitgehend im Selbststudium erarbeitet werden können, lassen sich gut in die tägliche Arbeit integrieren. Eine Verlagerung vom Off-the-job- zum On-the job-Lernen bis hin zum Verschmelzen von Arbeit und Lernen ist ein heute oft aufgestelltes Postulat im Corporate Learning. Die unmittelbare und zeitgenaue Anwendung des Gelernten am Arbeitsplatz ist dabei nicht nur ein Argument der Effizienz, sondern auch ein didaktisches Prinzip.

■■ **Didaktisch zu beachten**

Eine Voraussetzung für diese Zielsetzung ist, dass die Lernmodule auch wirklich praxisrelevant sind (und nicht, wie häufig, reines Lernen auf Vorrat!). Dies bedingt, dass die Inhalte regelmäßig aktualisiert werden, was dank der elektronischen Verfügbarkeit einfach zu bewerkstelligen ist. Von großer Bedeutung ist, dass für ein Lernen am Arbeitsplatz dafür auch die unabdingbaren Voraussetzungen geschaffen werden (▶ Abschn. 6.2.4, Eine neue Lernkultur im Unternehmen).

**E-Learning ermöglicht zeitnahes Lernen am Arbeitsplatz**

## Welche Lernziele eignen sich für E-Learning?

Nicht alles lässt sich im reinen Selbststudium lernen, auch dann nicht, wenn es elektronisch durch aufwändige Visualisierungen unterstützt wird. Es leuchtet ein, dass **affektive und soziale Kompetenzen** wie Empathie, Konflikt- oder Coachingfähigkeiten nicht online vermittelt werden können. Videosequenzen eines gelungenen Coachings können erfolgreiche Fragetechniken zwar nachvollziehbar machen, aber zu einem erfolgreichen Coach wird man dadurch nicht werden! Gleiches gilt für **(psycho)motorische Fertigkeiten**. Es gibt heute auf YouTube eine Vielzahl von (gut gemachten) Videos, die zeigen, wie man Bewegungsabläufe koordiniert: Gitarre lernt, mit dem Snowboard oder dem Gleitschirm umgeht – eine Garantie für eine geglückte Landung sind sie indessen nicht! Es ist jedoch wichtig anzufügen, dass die theoretischen Grundlagen von sozialen und motorischen Fertigkeiten (Beispiele: Grundsätze der Konflikteskalation, Grundlagen der

**◨ Abb. 6.4** Taxonomie der kognitiven Lernziele nach Bloom

Kurventechnik beim Snowboarden) sehr wohl mit E-Learning vermittelt werden können.

Die Stärke des E-Learnings liegt unbestreitbar in der Vermittlung bzw. Aneignung von **kognitiven Fähigkeiten,** d. h. der mentalen Aufnahme und Verarbeitung von Informationen. Den vielfältigen Möglichkeiten des Mediums entsprechend können hier durch Visualisierungen, Simulationen und Verknüpfungen der Inhalte auch komplexe Sachverhalte dargestellt werden.

Auch bei der Kognition ist aber zu differenzieren. Der Verweis auf die Bloom-Taxonomie der kognitiven Lernziele (Bloom et al., 1956) kann hier den Zusammenhang veranschaulichen (◨ Abb. 6.4): E-Learning kann man für Lernziele auf den Stufen des »Wissens« und »Verstehens« didaktisch sinnvoll einsetzen, während Lernprozesse in den folgenden 4 Stufen einen höheren Differenzierungs- und Vernetzungsgrad aufweisen und deshalb vermehrt die Kommunikation zu physisch anwesenden Mitlernern voraussetzen.

**Autorensysteme**
**Mit Autorensystemen kann man selbst (als Autor) interaktive Präsentationen, Texte inkl. Audio- und Videobestandteilen erstellen**

### Welche Themen kann man mit E-Learning vermitteln?

Im Rahmen der soeben vorgenommenen Differenzierung der Lernziele sind bei der Wahl der für E-Learning geeigneten Themen – oder in der Fachterminologie: beim Content – kaum Einschränkungen zu machen. Schaut man sich im Überblick die Themenvielfalt und die dabei angewendeten Medien an, die in den Unternehmen vor allem

**◻ Tab. 6.1** Die Themen von E-Learning

| Thema | Zeit | Medien |
|---|---|---|
| Reine Wissensvermittlung: Produktschulungen in Industrie und Dienstleistungen; Einführung neuer Produkte, IT-Anwenderkurse, Sprachkurse | Ca. ab 1980 bis heute | CD-Rom, WBT, zum Teil ergänzt mit Foren (asynchron) |
| Wissensvermittlung mit Lernbegleitung und Kommunikation Ausweitung auf fast alle Themen im Betrieb: IT-Security, Corporate Governance, Verkaufsschulungen | Ca. ab 1990 bis heute | WBT ergänzt mit Teletutoring, Chat (synchron), LMS |
| Integrierte Wissensvermittlung mit Kommunikation und Dokumentation: Alle Themen; Ausweitung auf das Wissensmanagement | Ca. ab 2000 bis heute | LMS, Autorensysteme, Communities of Practice, Web 2.0 (Podcasts, Blogs) |

vermittelt wird, so ergibt sich das in ◻ Tab. 6.1 gezeichnete Bild, das im Übrigen in nucleo auch die historische Entwicklung von E-Learning enthält.

## Vorbehalte gegenüber E-Learning

Bildungsexperten nennen in erster Linie gegenüber den folgenden Bereichen Vorbehalte:

— **Technik:** Der Umgang mit einer ständig zunehmenden Zahl von Medien und Tools muss erlernt werden. Manchmal ist die Integration dieser Tools in betriebsinterne IT-Systeme aufwändig und störungsanfällig. Außerdem werden Lerninhalte manchmal immer noch auf das technisch Machbare reduziert anstatt auf das didaktisch Wünschbare ausgerichtet.

— **Zeit:** Zeiteinsparungen ergeben sich, wenn Reisezeit an Kursorte reduziert wird. Auf Seiten der Lerner beanspruchen der Lernprozess selbst sowie die virtuelle Kommunikation weiterhin den erforderlichen Zeitaufwand. Die Kritik richtet sich in erster Linie an den Umstand, dass auf Seiten der Lehrer vor allem der Initialaufwand groß sei – was durchaus zutrifft. Auch eine qualitativ gute Betreuung der Lerner auf dem Netz kann zeitlich aufwändig sein.

— **Soziales Umfeld:** Der große Selbststudiumsanteil im E-Learning führe zu einer sozialen Isolation im Lernprozess, führen viele Skeptiker an. Ausbildung und Lernen solle nach wie vor ein Anlass zur Knüpfung sozialer Kontakte und zum Austausch von Lernerfahrungen sein. Aus dem klassischen Fernstudium wissen wir außerdem, dass Selbststudium auch ein hohes Ausmaß an Selbstdisziplin und Selbstlernkompetenz erfordert.

## Der Weg zum Blended Learning

Diese Vorbehalte haben dazu geführt, dass man seit den Anfängen des E-Learnings, vermehrt aber in den letzten Jahren bestrebt ist, die Schwächen des Online-Lernens mit Elementen aus dem Präsenzler-

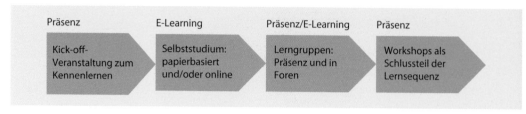

**◘ Abb. 6.5** Typische Lernsequenz im Blended Learning

nen aufzufangen. Das Ziel dabei ist, durch eine Verbindung der Stärken von Präsenz- und Online-Lernen eine Optimierung des Lernens zu fördern, die sowohl dem Lerner als auch organisationalen und finanziellen Überlegungen Rechnung trägt. Blended Learning (engl. »to blend«: mischen, integrieren) wurde so zum Losungswort für vielerlei »Mischformen« in größeren Lernsequenzen: Ein klassisches Beispiel ist die Abfolge in ◘ Abb. 6.5.

### 6.2.3  Blended Learning: 2 Beispiele

#### Die Grundausbildung in einem globalen Konzern der Finanzdienstleistung
#### Die Ausgangslage

Dieser Konzern aus dem Bereich der Assekuranz ist mit seinen ca. 11.000 Mitarbeitern in allen 5 Kontinenten tätig. Durch sein Kerngeschäft, der Absicherung von Gefahren und großen Risikopotenzialen sowie der Beratung seiner Kunden, genießen Fachwissen sowie ein hoher Ausbildungsstand der Mitarbeiter einen hohen Stellenwert. Neu eintretende Mitarbeiter müssen nach einheitlichen Vorgaben schnell und umfassend ausgebildet sowie weltweit miteinander vernetzt werden.

Mit einem ausschließlich auf lokal und zeitlich gebunden Präsenzveranstaltungen ausgerichteten Angebot stößt man dabei schnell an Grenzen. Zeitliche und örtliche Flexibilität und eine ständige Verfügbarkeit an Lehrmitteln und Betreuung sind hier unumgänglich: Mit folgendem Blended-Learning-Beispiel aus der Fachausbildung wurde versucht, diesen Forderungen gerecht zu werden.

Die Ausbildung findet innerbetrieblich und arbeitsbegleitend statt, dauert insgesamt etwa 80 Stunden und wird mehrheitlich in der Konzernsprache Englisch angeboten. Mit den Vorgesetzten wird vereinbart, dass den Mitarbeitenden davon wenigstens zwei Drittel an Arbeitszeit zur Verfügung steht.

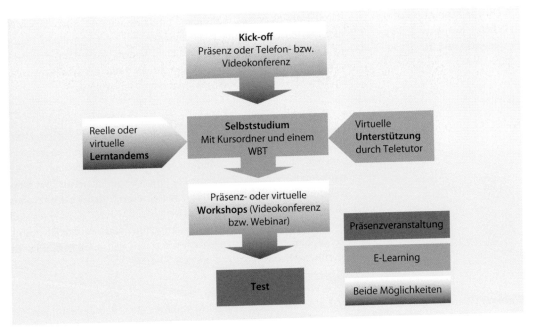

**□ Abb. 6.6** Aufbau und Struktur des Blended Learning eines globalen Finanzdienstleisters

## Aufbau und Struktur des Blended Learning eines globalen Finanzdienstleisters (□ Abb. 6.6)

▪▪ **Erörterungen**
▪ **1. Das Kick-off: 2 Stunden**

Je nach Standort kann der Start der Ausbildung als Präsenz- (größere Standorte mit mehr Teilnehmern) oder als virtuelle Veranstaltung (kleinere Standorte) angeboten werden. Die Sequenz wird in den großen Standorten monatlich durchgeführt, um neue Mitarbeitende rasch aufnehmen und ausbilden zu können.

Das Ziel des Kick-off ist, dass sich die Teilnehmer entweder im Seminarraum oder durch eine mit verschiedenen Standorten verbundene Videokonferenz oder auch – in seltenen Fällen – am Telefon kennen lernen können. Sie können hier auch entscheiden, auf welchen Zeitraum sie die Lernzeit verteilen (1, 2 oder mehr Monate) und mit wem sie ein Lerntandem bilden wollen. Außerdem wird hier den Teilnehmern diese für das Unternehmen neue Lernform und -methodik erklärt.

▪ **2. Das Selbststudium: ca. 60 + 4 Stunden**

Zwei Lehrmittel stehen für das ca. 64-stündige Selbststudium zur Verfügung: ein für das Selbststudium konzipierter Lernordner (mit didaktischen Lernhilfen wie expliziten Lernzielangaben, Fallbeispielen, Testfragen und Modellantworten dazu, Zusammenfassungen und Glossar; = klassisches Fernstudium!) und einem mehrsprachigen Web

**Asynchrone Kommunikation**
Zeitversetzte Online-Kommunikation (meistens per E-Mail) in Foren

**Synchrone Kommunikation**
In Echtzeit geführte Online-Kommunikation, häufig in Chats

Based Training von ca. 4 Stunden Lerndauer, das den Inhalt des Ordners mit weiteren Übungen, Übersichten und Fallbeispielen vertieft.

Die Teilnehmer können selbst entscheiden, wo und wann sie lernen wollen (in einem Sitzungsraum in der Nähe des Arbeitsplatzes, im Lernzentrum des Unternehmens oder auch zu Hause).

■ **3. Lerntandems**

Diese werden den Teilnehmern von den Ausbildern sehr empfohlen, damit sie das im Selbststudium Gelernte mit einem Kollegen am gleichen Standort oder standortübergreifend erörtern und vertiefen können. Virtuelle Tandems kommunizieren entweder über eine Kommunikationsplattform (asynchron), eine Videokonferenz oder übers Telefon.

Die Lerntandems sollen die Teilnehmer auch zusätzlich motivieren, Lernerfahrungen auszutauschen und den vereinbarten Lernrhythmus einzuhalten.

■ **4. Virtuelle Unterstützung**

Während der Dauer des Selbststudiums steht den Teilnehmern ein Fachcoach auf einer allen zugänglichen Kommunikationsplattform (asynchron) zur Verfügung, der Fragen beantwortet und zudem die Aufgabe hat, die Teilnehmer anzuleiten, bei Lernschwierigkeiten zu unterstützen und zu motivieren. Die hier gestellten Fragen und gegebenen Antworten werden nach Themen geordnet auf einer FAQ-Liste (»frequently asked questions«) zusammengefasst, damit die Teilnehmer eine weitere, für sie unmittelbar relevante, Wissensquelle erschließen können. Der Fachexperte ist durch die virtuelle Kommunikation nicht standortgebunden.

**Webinar (Webconference)**
Akronym aus den Begriffen Web- und Seminar;
eine virtuelle Form der Kommunikation, die über eine Telefonkonferenzschaltung (Ton) und über den individuellen Computerbildschirm (Bild) läuft

■ **5. Präsenz- oder virtuelle Workshops: 2-mal 6 Stunden**

Das Ziel dieser 2 1-tägigen Workshops ist, den Teilnehmern durch einen Fachcoach aus dem Unternehmen nochmals eine Zusammenfassung des Inhalts zu geben und vor allem die Fragen der Teilnehmer zu beantworten, die nach dem Selbststudium noch bestehen. Dabei soll der Referent auch einen Einblick in die Praxis geben, indem er die theoretischen Grundlagen mit aktuellem Marktwissen ergänzt.

Die Präsenz-Workshops finden in den größeren Standorten monatlich statt, was eine individuell zugeschnittene Lernzeit ermöglicht. Für die kleineren Standorte werden die Workshops in zeitlich größeren Abständen in Form von 3- bis 4-stündigen Videokonferenzen oder Webinars zwischen 2 bis maximal 4 Standorten (Zeitverschiebung!) durchgeführt. Ein Webinar (ein Akronym aus den Begriffen Web und Seminar) ist eine virtuelle Form der Kommunikation, die über eine Telefonkonferenzschaltung (Ton) und über den individuellen Computerbildschirm (Bild) läuft. Unterlagen jeder Art können auf diese Weise vom Arbeitsplatz aus präsentiert, gemeinsam besprochen und bearbeitet werden.

- **6. Test: 90 Minuten**

Der Schlusstest wird ganz bewusst auf konventionelle Weise an jedem Standort auf Papier geschrieben und nicht im virtuellen Modus, dies vorwiegend aus Gründen der Vertraulichkeit und der Datensicherheit. Die Auswertung erfolgt jedoch für die Qualitätssicherung zentral am Hauptsitz.

- **Schlussfolgerungen**

Aus den kurzen Ausführungen geht hervor, dass ein derartiges Blended Learning nur in größeren, global tätigen Unternehmen möglich ist, die über eine bestimmte Anzahl von Mitarbeitern und auch über entsprechende materielle und technologische Ressourcen verfügen.

Es ist noch anzufügen, dass hier eine Einschränkung von der reinen zeitlichen Flexibilität des E-Learnings vorgenommen wurde. Die Mitarbeiter konnten zwar die Dauer der Ausbildung selbst bestimmen, mussten sich jedoch an die monatliche Durchführung des Kick-off und der Workshops halten. Dies wurde von der Ausbildungsabteilung bewusst so organisiert, um den Mitarbeitern in der für sie neuen Lernform eine zeitliche Orientierung zu geben.

> E-Learning verspricht in Unternehmen dann Erfolg, wenn konventionelle Elemente (Präsenzteile) mit virtuellen kombiniert werden (Blended Learning)

## Die Projektmanagement-Ausbildung am Departement »Angewandte Linguistik« der Zürcher Hochschule für Angewandte Wissenschaften (ZHAW)

Blended Learning wurde in der internationalen Hochschullandschaft generell in den letzten 20 Jahren zu einem gewichtigen Faktor im Lehrbetrieb. Die Gründe dafür liegen in der großen Zunahme der Studentenzahlen, im Kostendruck an vielen Hochschulen, aber auch im Bestreben, die Studienzeit flexibler zu gestalten und die Qualität der Lehre zu steigern. So ist es heute üblich, dass Studierende Fachinhalte mit WBTs erarbeiten, untereinander und mit Dozierenden online Unterlagen austauschen und in Foren kommunizieren sowie auf Video aufgenommene Vorlesungen auf ihrem PC oder sogar Podcast zeit- und ortsunabhängig verfolgen können.

> **Podcast**
> Die Produktion und Verbreitung von Mediendateien (Audiopodcasts und Videopodcasts) über das Internet. Podcasts können über den Computer oder einen iPod abgespielt werden. Das Wort ist ein Akronym aus iPod und Broadcasting. Ein Beispiel sind Radio- und Fernsehsendungen, die kostenlos vom Internet heruntergeladen werden können

## Die Ausgangslage

Im Studiengang »Mehrsprachige Kommunikation« am Departement »Angewandte Linguistik« wird das Fach »Projektmanagement« als Blended Learning angeboten (◘ Tab. 6.2). Dem Auftrag der Fachhochschulen entsprechend soll der Anwendungsorientierung des Fachs Rechnung getragen werden, indem die Studierenden realiter ein Projekt erarbeiten. Dabei werden sie vom Dozenten im Klassenverband und in den Projektgruppen angeleitet und beraten. Da dieser Teil zeitlich viel Raum einnimmt, wird die reine Wissensvermittlung zu Technik und Methodik des Projektmanagements ins Selbststudium in Form eines Web Based Trainings verlagert.

**▣ Tab. 6.2** Aufbau und Struktur des Blended Learning im Fach »Projektmanagement« im Departement »Angewandte Linguistik« der ZHAW

| Taxonomie nach Bloom | Block 1 | Block 2 | Block 3 | Block 4 | Block 5 | Block 6 |
|---|---|---|---|---|---|---|
| Wissen | Wissensvermittlung mit WBT | Wissensvermittlung mit WBT | Wissensvermittlung mit WBT | Wissensvermittlung mit WBT | Wissensvermittlung mit WBT | Präsentation der Projekte im Klassenverband |
| Verstehen | Präsenzunterricht Vertiefung/Übung | Präsenzunterricht Vertiefung/Übung | Präsenzunterricht Vertiefung/Übung | Präsenzunterricht Vertiefung/Übung | Präsenzunterricht Vertiefung/Übung | |
| Anwenden | Entwicklung eigenes Projekt | Entwicklung eigenes Projekt | Entwicklung eigenes Projekt | Entwicklung eigenes Projekt | Entwicklung eigenes Projekt | |

**▪▪ Erörterungen**

Der Kursaufbau in den 2-wöchig stattfindenden Blöcken 1–5 ist 3-stufig: Die Studierenden erarbeiten im Selbststudium den Inhalt (pro Block ca. 3 Stunden), dann folgt ein Präsenzblock (3 Lektionen) mit dem Dozenten. Mit Hilfe seiner Anleitung wird im 3. Teil das Projekt in insgesamt etwa 20 Stunden in Gruppen entwickelt.

**▪▪ Die didaktische Logik**

Die didaktische Logik des Semesterkurses folgt der Taxonomie der kognitiven Lernziele nach Bloom: Als erstes wird die Theorie gelernt (Wissen), dann vertieft und eingeübt (Verstehen) und schließlich in die Tat umgesetzt (Anwenden). Für die reine Wissensvermittlung eignet sich das Selbststudium in der Form eines WBTs, für die Förderung des Verständnisses wurden Präsenzworkshops angeboten und für die Erarbeitung des Projektes in der Gruppe beide Formen (Gruppenarbeit und Coachings im Präsenzmodus mit der Möglichkeit, zwischen den Coachings in den Gruppen online zu kommunizieren).

**▪ Wissensvermittlung mit WBT**

Das Web Based Training wurde von der Fachhochschule mit einem externen Anbieter gemeinsam erarbeitet. Es enthält – in mehreren Sprachen – die Theorie des Projektmanagements und zahlreiche didaktische Elemente wie Lernzielangaben, Visualisierungen, Merksätze und Zusammenfassungen sowie kurze Tests nach jedem Kapitel. Videosequenzen aus Situationen von Projekten erhöhen den Praxisbezug.

Die Studierenden sind zeitlich flexibel und können – da der Online-Kurs webbasiert ist – von jedem PC aus auf ihn zugreifen. Der Dozent kann online jederzeit überprüfen, wo im Kurs sich die Studierenden befinden, wie sie die Tests lösen, und ihnen dazu eine Rückmeldung und zusätzliche Hinweise geben.

- **1. Präsenzunterricht**

Hier trifft sich der ganze Klassenverband, um den in der 1. Phase gelernten Inhalt zu vertiefen. Dies geschieht in Form von Diskussionen, von kurzen, ergänzenden Erläuterungen des Dozenten und von Übungen. Die dabei erörterten Fragestellungen werden stets im Hinblick auf die zu erarbeitenden Projekte reflektiert. Die einzelnen Gruppen präsentieren den jeweils erreichten Stand ihrer Projekte und geben sich dazu Rückmeldungen.

- **2. Entwicklung eigenes Projekt**

Im ersten Block des Kurses bilden die Studierenden Gruppen zu ca. 4–5 Mitgliedern, in der sie das Projekt ihrer Wahl bearbeiten werden. Sie konstituieren sich als Projektgruppe (Wahl der Projektleitung, Verteilung der Aufgaben, Terminabsprachen) und treffen sich nach ihren zeitlichen Möglichkeiten regelmäßig zu Koordinationssitzungen. Zwischen diesen Sitzungen können sie auf dem Forum des Learning Management Systems der Hochschule online kommunizieren sowie Dokumente speichern und austauschen. Ergänzt wird diese 3. Phase durch ein Präsenzcoaching des Dozenten zwischen dem 3. und 4. Block.

> **Forum**
> Eine virtuelle Kommunikationsplattform, die dem asynchronen Austausch von Informationen und der Speicherung von Daten dient

- **Schlussfolgerungen**

Ein wichtiges Ziel dieses Semesterkurses ist, die üblicherweise zeitlich aufwändige Wissensvermittlung aus der Präsenzveranstaltung ins Selbststudium zu verlagern, um auf diese Weise Zeit für die Auseinandersetzung mit dem Inhalt und für die kreative Arbeit der Projektentwicklung zu gewinnen.

Zugleich ist die Betreuung und Anleitung durch den Dozenten gewährleistet. Dazu dienen die Online-Kontrolle während des Selbststudiums, die Übungen und Hinweise während der 5 Präsenzblöcke sowie das Präsenzcoaching für alle Projektgruppen in der Mitte des Kurses.

## 6.2.4 E-Learning in Unternehmen

### In welche Unternehmen passt E-Learning?

Auf diese Frage gibt es heute 2 Antworten. Die erste ist hinlänglich bekannt: E-Learning passt – didaktisch und kostenmäßig – in größere Organisationen und Unternehmen mit einer großen Anzahl von Mitarbeitenden, die international oder national auf mehrere Standorte verteilt sind (s. Beispiel in ▶ Abschn. 6.2.3). In derartigen Organisationen lohnen sich auch maßgeschneiderte Investitionen ins E-Learning, weil sich der Kostensatz pro Mitarbeitender (Economies of Scale) reduzieren lässt.

**Open Source Software**
Lizenzen, deren Quellcodes öffentlich zugänglich sind. Durch diese freie und kostenlose Verfügbarkeit wird die Weiterentwicklung der entsprechenden Software gefördert

Die zweite Antwort: E-Learning kann auch in Betrieben kleinerer und mittlerer Größe integriert werden. Dafür sind vor allem 3 Gründe zu nennen:

- Im Internet ist immer mehr Open Source Software erhältlich. Programme zur Speicherung von Dokumenten, für die Erstellung von Wikis, von Umfragen, Tests sowie zur firmeninternen Kommunikation bis hin zu LMS sind heute weitgehend kostenlos zu haben (s. dazu das informative Buch von Häfele & Maier-Häfele, 2005).

- Auf dem Markt sind von spezialisierten Softwareherstellern immer mehr Standardprodukte erhältlich, die von verschiedenen Unternehmen mit einer Lizenz verwendet werden können. Beispiele dafür sind etwa das oben erwähnte WBT »Projektmanagement«, dessen Aufbau und Inhalt durch einen weltweit gültigen Standard in der Abwicklung von Projekten zertifiziert ist.

- Eine immer größere Anzahl von internationalen Vereinigungen, nationalen Körperschaften und Verbänden entwickeln und vertreiben für ihre Mitglieder E-Learning-Module zu moderaten Preisen. Beispiele aus Verbänden gibt es hier viele: Die Deutsche Versicherungsakademie (www.versicherungsakademie.de) und der Schweizerische Versicherungsverband (www.svv.ch), die deutschen Industrie- und Handelskammern (www.dihk.de) sowie der Schweizerische Verband der Maschinen-, Elektro- und Metallindustrie (www.swissmem.ch) entwickeln qualitativ sehr gute Standardmodule für die Aus- und Weiterbildung in kleineren Betrieben.

### Eine neue Lernkultur in Unternehmen: Vom Off-the-job-Training zum On-the-job-Lernen: Verbindung von Arbeit und Lernen

E-Learning ermöglicht die Verlagerung von Lernprozessen, die losgelöst von der eigentlichen Arbeit in institutioneller Form (inner- oder außerbetriebliche Kurse oder Lehrgänge) stattfinden, in Maßnahmen, die unmittelbar am Arbeitsplatz integriert werden können. (Auf das »Lernen am Arbeitsplatz« weisen bereits Bruns & Gajewski, 2000, in ihrem Grundlagenwerk *Multimediales Lernen im Netz* hin.) Neben Kostenüberlegungen darf man hier auch didaktische Gründe anführen: Wenn ein 30-minütiges WBT didaktisch gut aufgebaut und sein Inhalt praxisbezogen ist, wird es ein Mitarbeitender gerne bearbeiten, weil es seine Arbeit unmittelbar unterstützt. Zudem kann er die Zeit und den Ort der Bearbeitung selber wählen, ein nicht zu unterschätzender Vorzug auch für die zunehmende Zahl von Teleworkern! Wird dieses WBT in Online- (Foren, Chats, Webinars) und/oder in Präsenzformen der Kommunikation eingebettet, so erhält der Mitarbeitende zusätzlich die Möglichkeit, mit Kollegen sein Wissen auszutauschen und zu vermehren. Mit »Präsenzformen der Kommunikation« sind hier nicht nur Workshops oder Seminare gemeint, sondern auch kurze Diskussionsrunden, Qualitätszirkel, Expertenaustausch, Coachings usw., die bei der Entwicklung von neuen Produkten eingesetzt werden können. Hierbei entstehen Ansätze zur Verbindung von Arbeit und Lernen zu einem gelebten Wissensmanagement, einem weiteren Anspruch des heutigen organisationalen Lernens. Sauter (2004) spricht im Zusammenhang mit dem Wissensmanagement von der »vierten Welle des E-Learnings«.

Aus didaktischer und lernpsychologischer Sicht (Motivation!) ist hier noch ein entscheidender Faktor anzufügen: On-the-job-Maßnahmen werden nur dann wirklich greifen, wenn das Unternehmen die dafür notwendigen Ressourcen zur Verfügung stellt. An erster Stelle sind dabei die Zeit fürs Lernen und für den Wissensaustausch zu erwähnen sowie die Möglichkeit, bei Fragen schnelle tutorielle Unterstützung zu erhalten, evtl. auch infrastrukturelle Maßnahmen wie die Bereitstellung von arbeitsplatznahen Lernräumen (Lerninseln, evtl. Medienzentren).

In den letzten Jahren haben Unternehmen begonnen, **Web 2.0-Technologien** zu nutzen (s. dazu das lesenswerte Buch von Back, Gronau & Tochtermann, 2008). Viele verwenden dabei gerade unter dem Titel »Wissensaustausch und -management« Kommunikationsformen wie Wikis und Blogs. Bloggen ist für viele unter uns mittlerweile zu einem oft genutzten Medium des freien Informations- und Meinungsaustausches geworden. Im Kontext eines Unternehmens wird damit eine neue, offene Kommunikationskultur postuliert. Dass diese eine offene Lernkultur unterstützt, ist kaum zu bestreiten; inwieweit Unternehmen eine wirklich freie Kommunikation außerhalb der Grenzen der Corporate Communication zulassen, wird jeder Betrieb selbst bestimmen.

## Ausbilder und Auszubildende: Ein neues Rollenverständnis

Die bis anhin erörterten Aspekte des E-Learnings machen deutlich, dass damit ein neues Rollenverständnis der im Lernprozess Beteiligten einhergehen muss. Die postulierte Flexibilisierung und Individualisierung bedingen Auszubildende, die nicht mehr gemeinsam mit vielen anderen in einem festen Stundenplan vorgegebenen Stoff passiv aufnehmen, sondern eigenverantwortliche und selbst motivierte Lerner, die sich nach eigenem Bedarf mit einer Auswahl von Inhalten in verschiedenen Medien aktiv auseinander setzen müssen. Zeitmanagement und Lerntechniken sind gefragt, damit das passende Lernszenarium gestaltet werden kann.

Dem »neuen Lerner« steht ein »neuer Lehrer« gegenüber, der sich nicht mehr als allwissender Trainer an einem Durchschnittslerner orientiert, sondern ein zeitlich disponibler, auf individuelle Bedürfnisse eingehender, beratender Tutor und Coach ist. In diesem Zusammenhang ist der Begriff des Teletutors entstanden: ein »Community Manager«, der Online-Konferenzen und andere Gruppenprozesse festlegt und überwacht, ein Lernbegleiter und Moderator, der Expertenwissen zu koordinieren versteht, und evtl. ein »Content Provider«,

**Blog**
Journalähnliche kürzere oder längere Beiträge mit dem Ziel, Meinungen und Informationen weiterzugeben und auszutauschen. Es ist dabei dem Forum sehr ähnlich

**Wiki**
Wiki (hawaiianisch für »schnell, schnell«) ist ein Hypertextsystem, welches das gemeinsame Bearbeiten eines Textes erlaubt. Das System ermöglicht eine Versionierung und auf diese Weise die Einsicht in die Genese eines Textes (Wikipedia ist eine Sammlung von einzelnen Wikis)

**Content**
Inhalt eines virtuellen Datenträgers, der in erster Linie zu didaktischen Zwecken genutzt wird

der Inhalte online neu gestaltet. Ausbildungsabteilungen in Unternehmen haben diesem veränderten Rollenbild auch organisatorisch Rechnung zu tragen.

---

**Teletutor**

Ein Tutor, der online (Foren, Chats, E-Mail, Webinars) Lernende betreut und didaktisch anleitet.

---

### Braucht es eine neue (E-)Didaktik?

**Beim E-Learning wird der Ausbilder in Unternehmen zum Lernbegleiter und Wissensmanager**

E-Learning ist weniger eine neue Technologie des Lernens oder gar eine neue Methode, wie in der Literatur zuweilen postuliert wird, als vielmehr eine neue Strategie oder eine neue Form des Lernens.

Nachdem die Techniker das virtuelle Lernen »entdeckt« und die Pädagogen es auf seine didaktische Sinnhaftigkeit hin untersucht haben, sollten sich nun die Psychologen des Gegenstands annehmen. Diese Entdeckung steht noch weitgehend aus.

Die Didaktik muss nicht neu geschrieben werden, auch nicht unter dem Vorzeichen des E-! Auch das zuweilen postulierte »Neue Lernen« macht lernpsychologisch keinen Sinn. Gefordert ist jedoch eine Umkehr des klassischen didaktischen Prozesses von der Wissensvermittlung hin zu einer Didaktik der aktiven Wissensentwicklung und Wissensorganisation.

Stangl (2009, S. 3) hat den Begriff der »Didaktik der Verfügbarkeit« geprägt. Die zeitliche Implikation ist hier Programm: Es geht um eine Abkehr vom Lernen auf Vorrat, von herkömmlicher, reiner Kursdidaktik, in der ausschließlich fremdgesteuertes, standardisiertes Wissen in verdaulichen Dosen verabreicht wird. Wissen muss ständig »verfügbar«, Lernen bei Bedarf immer möglich sein und in Arbeitsprozesse kurzfristig integriert werden können. Gefordert sind Metakompetenzen wie die Fähigkeit, sich selber Wissen anzuzeigen, Informationen kritisch zu beurteilen, eigene, auf die jeweiligen Bedürfnisse ausgerichtete Lernstrategien und Lerntechniken zu entwickeln.

Was muss die Didaktik heute also in vermehrtem Maße fördern? In Anlehnung an Strzebkowski (1997) nennt Stangl (2009, S. 3) die in der Checkliste »Anforderungen an Didaktik« aufgeführten 7 Maßnahmen.

---

**Checkliste: Anforderungen an Didaktik**
- Einbettung des Lerngegenstands in authentische und komplexe Situationen
- Konfrontation mit mehreren Perspektiven und Kontexten eines Sachverhalts
- Vorwiegend explorative und assoziative Vorgehensweise bei der Erschließung neuer Informationen
- Anregung zum »Learning by Doing«

- Möglichkeit zur Konstruktion eigener Inhalte und Medienwelten
- Möglichkeit der Artikulation und der Selbstreflexion über die eigenen Lernstrategien
- Unmittelbare Anwendung des Gelernten auf lebensnahe Problemsituationen

Hier kommt eine konstruktivistische Auffassung vom Lernen zum Ausdruck, die für das E-Learning konstitutiv ist. Wissen vermehrt sich heute derart schnell, dass es nur noch beschränkt »vermittelt« werden kann. Die Neuen Medien bieten eine Möglichkeit, Wissen explorativ zu erkunden und zu ordnen. Es zu bewerten, ist gerade in den Betrieben eine große Herausforderung – auch deshalb, weil schulische und universitäre Sozialisation das aufklärerische Ideal des mündigen Lerners auch heute noch nur bedingt fördern.

Eine heutige Didaktik ist ohne das Bewusstsein einer durch das Internet ermöglichten globalen Lerngemeinschaft kaum noch denkbar. Das diesem Beitrag vorangestellte Wort des indischen Ministerpräsidenten dokumentiert die Sprengkraft einer gleichsam globalisierten Didaktik: Nicht nur die Arbeit wird zu den Menschen kommen, sondern auch das Lernen hat dort stattzufinden, wo die Menschen sind!

> E-Learning fördert ein neues Lehr- und Lernverständnis: weg von der konventionellen Wissensvermittlung, hin zu einer individuellen Konstruktion von Lerninhalten (Konstruktivismus)

## Zusammenfassung

Der Beitrag geht von der aktuellen Diskussion über den Einsatz von E-Learning und Neuen Medien in der betrieblichen Ausbildung aus und stellt dezidiert ein didaktisches Primat in den Mittelpunkt der Diskussion. E-Learning wird auf der Grundlage didaktischer Grundsätze kritisch diskutiert und seine Einsatzmöglichkeiten im Kontext von Unternehmen reflektiert. Vorbehalte gegenüber E-Learning werden ernst genommen, indem für eine behutsame, der Lernkultur entsprechende und in bestehende Angebote angepasste Integration neuer Lernformen (Blended Learning) plädiert wird. In 2 Fallbeispielen werden mögliche Ausprägungen von integriertem Lernen aufgezeigt.

Am Ende des Beitrags wird die Frage nach einem neuen Didaktikverständnis aufgeworfen, in welchem nicht mehr die Vermittlung vorgegebener Inhalte im Vordergrund steht, sondern die von den Lernern selbst verantwortete Konstruktion von erst zu definierenden Lernzielen und Inhalten (konstruktivistisches Lernen), die zudem in ein sich stets wandelndes Unternehmensumfeld eingepasst werden müssen.

## 6.3    Wissensmanagement konkret: Arbeitsplatznahes Lernen am Beispiel Didaktischer Datenbanken

*Theo Hülshoff*

Datenbanken sind elektronisch organisierte Medien, die dazu dienen, digitalisierte Informationen zu speichern. In diesem Sinne sind Datenbanken vorzügliche Speichermedien für multimedial verfasste Informationen. Als arbeitsplatznahe Lernmedien können Didaktische Datenbanken aber auch einen bedeutenden Beitrag zur Entwicklung und Förderung der Handlungskompetenzen von Menschen in beruflichen und außerberuflichen Aufgabenfeldern leisten. Inwiefern dies gelingt, hängt immer auch von der didaktischen Philosophie, den kreativen Kräften der an dem Lernprojekt Mitwirkenden ab. Im Folgenden wird erläutert, wie Didaktische Datenbanken als Lernmedium und als eine Form des Wissensmanagements »von unten« – aus der Perspektive der konkret Handelnden – genutzt werden können.

### 6.3.1    Was ist eine Didaktische Datenbank?

Zu Beginn stellt sich die Frage: Was sind Didaktische Datenbanken? Diese Frage lässt sich in folgenden Punkten zusammenfassend beantworten:

> **Didaktische Datenbanken**
>
> — Vernetzen Arbeits- und Lernprozesse. Arbeitsplätze werden zu Lernplätzen
> — Sind intelligente Medien ganzheitlicher Vermittlung beruflicher Handlungskompetenz
> — Sind Werkzeuge selbstgesteuerten und selbstverantwortlichen Lernens
> — Sind Schnittstellen zu anderen IT-Medien oder zu integrierten Modulen
> — Werden von den Ausbildern und Auszubildenden selbst entwickelt und aktualisiert
> — Verändern die Rolle des Ausbilders: Die Rolle des »Beibringers« verändert sich zur Rolle des »Coachs«
> — Sind »computergesteuerte Wissensmanagement-Systeme von unten«
> — Werden von den »Experten« vor Ort befüllt
> — Halten das »Know-how« im Unternehmen
> — Sind Medien, mit denen die natürlichen Formen des Lernens nicht abgeschafft, sondern unterstützt werden

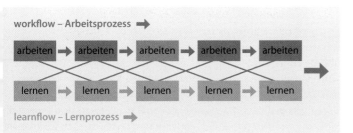

Menschen lernen am besten, indem sie handeln, und indem sie handeln, lernen sie. Dieser Grundsatz gilt in allen menschlichen Lebensphasen. So entwickeln Menschen, die über einen längeren Zeitraum komplexe berufliche Aufgaben bearbeiten, in der Regel eine zunehmende individuelle »Handlungskompetenz«.

In einer ersten Annäherung an die Bedeutung »Didaktischer Datenbanken« geht es darum, diese individuell erworbenen Handlungskompetenzen über das Medium einer »Datenbank« anderen zugänglich zu machen. Hierbei orientieren wir uns an den konkreten Arbeitsabläufen in bestimmten beruflichen Handlungsfeldern. Jeder Arbeitsprozess besteht aus einer zeitlichen Abfolge von einzelnen Arbeitsschritten, »Workflow« genannt. Arbeiten und Lernen sind bekanntlich 2 vernetzte Phänomene. Vor diesem Hintergrund liegt es geradezu auf der Hand, mit dem »Workflow« einen »Learnflow« systematisch zu verbinden. Diese systematische Phänomenkombination ist die entscheidende lernphilosophisch vermittelte »Architektur« der Didaktischen Datenbank (■ Abb. 6.7).

**Didaktische Datenbanken orientieren sich an den konkreten Arbeitsabläufen und vernetzen den Work- und Learnflow**

Die Idee von Didaktischen Datenbanken gründet sich auf 3 Säulen:
1. Mitarbeiterinnen und Mitarbeiter entwickeln am Arbeitsplatz ihre Handlungskompetenz systematisch und kontinuierlich weiter.
2. Sie nutzen ein elektronisches Medium in Sichtkontakt am Arbeitsplatz.
3. Sie evaluieren sich selbst in ihrem ganzheitlichen Lernprozess.

Die räumliche und strukturelle Anordnung Didaktischer Datenbanken folgt der räumlichen und strukturellen Anordnung und Organisation der jeweiligen Arbeitsprozesse. Über einen »Server« sind die arbeitsplatznahen Computer miteinander vernetzt. Der Arbeitende hält im Arbeitsprozess »Sichtkontakt« mit seiner Didaktischen Datenbank, aus der er alle notwendigen Informationen zum arbeitsplatzbezogenen »Work- und Learnflow« jederzeit situativ und anschaulich abrufen kann.

**Didaktische Datenbanken fördern selbstgesteuerte und selbstverantwortliche Lernprozesse**

Als Instrumente ganzheitlichen Lernens fördern Didaktische Datenbanken selbstgesteuertes, selbstverantwortliches Lernen. Das, was jemand an Handlungskompetenzen entwickelt hat bzw. benötigt, um die ausgewählten Tätigkeiten sachgerecht ausführen zu können, wird den einzelnen Arbeitsschritten visuell zugeordnet. Die relationale Struktur der Datenbank eröffnet den Nutzern flexible Möglichkeiten, alle denkbaren Arbeitsabläufe und die entsprechenden Handlungskompetenzen zu dokumentieren und fortlaufend zu ergänzen.

**Der »Experte am Arbeitsplatz« mit seinen individuell erworbenen Handlungskompetenzen steht im Mittelpunkt**

Das entscheidende didaktische Prinzip ist hierbei die präzise Kompetenzfrage, die den Nutzern der Didaktischen Datenbank die Chance eröffnet, die in der Datenbank bereits »gespeicherten« Informationen über tätigkeitsspezifische Vorgehensweisen durch eigene Vorstellungen und Erfahrungen zu ergänzen. Im Gegensatz zu vielen theoretischen und konzeptionellen Ansätzen im sog. »Wissensmanagement« steht bei der Entwicklung Didaktischer Datenbanken der »Experte am Arbeitsplatz« mit seinen individuell erworbenen »Handlungskompetenzen« im Mittelpunkt. Es handelt sich demnach um ein System von »Wissensmanagement«, besser: »Knowledgemanagement von unten«, d. h. aus der Perspektive der konkret Handelnden.

> Die Didaktische Datenbank verfügt über 3 Zugangsebenen:
> 1. »User« können alle Informationen nutzen und neue in dafür vorgesehene Datenfelder eingeben.
> 2. Führungskräfte können spezifische Veränderungen durchführen und aktuelle Informationen vermitteln.
> 3. Administratoren haben Zugriff auf alle Dokumente, Funktionen und Strukturen der Datenbank, um diese regelmäßig zu pflegen.

## 6.3.2  Die Lernkultur von Didaktischen Datenbanken

**Individuelles, begabungsorientiertes Lernen**

Didaktische Datenbanken sind Instrumente ganzheitlichen Lernens am Arbeitsplatz, dienen der Entwicklung individueller Handlungskompetenzen und fördern unternehmensspezifische Lernkulturen.

**Didaktische Datenbanken sind Instrumente des ganzheitlichen, arbeitsplatznahen Lernens**

Uns Menschen kennzeichnet die Fähigkeit, individuell, begabungsorientiert zu lernen, d. h. Handlungskompetenzen für konkrete Aufgabenstellungen zu entwickeln. Menschen sind also von Natur aus lernfähig, sie verfügen über alle Ressourcen, um komplexe Lernprozesse aufgaben- und situationsspezifisch zu initiieren und weiterzuentwickeln.

Das »dreidimensionale« didaktische, kulturübergreifende Grundmodell menschlichen Lernens besteht in dem handlungsorientierten Zusammenwirken dreier typisierter Lernrollen: Meister, Geselle, Lehrling. Dieses didaktische Konzept ist seit Menschengedenken das erfolgreichste in allen bedeutsamen Kulturen, die sich über Jahrhunderte hinweg über diesen Lernrollentypus erhalten konnten, indem sie ihre traditionellen, kulturspezifischen Handlungskompetenzen weitervermittelten. Eine entscheidende Voraussetzung für die Entwicklung von Didaktischen Datenbanken ist demnach die Organisation von Kleingruppenarbeit und Teamarbeit, um dieses »dreidimensionale« didaktische Konzept lernkulturell zu nutzen.

Neben dem begabungsorientierten Lernen und dem Zusammenwirken der 3 Lernrollen ist das Lernen aus Fehlern ein weiterer Bestandteil der Lernkultur Didaktischer Datenbanken. Wir Menschen lernen von Kindesbeinen an das meiste durch Handeln, bei dem wir in der Regel auch Fehler machen. So lernen wir Laufen durch Hinfallen, also gleichsam durch Fehler. Die im konkreten beruflichen Handeln entwickelte individuelle Handlungskompetenz, die individuellen Erfahrungen, werden über die Didaktischen Datenbanken gesichert und für andere verfügbar gemacht.

> Das Zusammenwirken der 3 Lernrollen Meister, Geselle und Lehrling als kulturübergreifendes Grundmodell menschlichen Lernens

> Lernen durch Handeln, aus Fehlern

### 6.3.3 Bedeutung der Kompetenzfragen

Das Handlungskompetenzmodell (▶ Abschn. 2.3 und 3.1.) ist die theoretische Grundlage für die Entwicklung von Anforderungsprofilen. Um angesichts konkreter Aufgabenstellungen und Tätigkeiten handlungskompetent zu sein, müssen in der Regel vierdimensional organisierte Lernprozesse durchlaufen worden sein. Diese fachlichen, methodischen, sozialen und persönlichkeitsbezogenen Kompetenzen stellen potenzielle Handlungsleistungen des jeweiligen Menschen dar, die er in konkreten Situationen, die kompetentes Handeln erforderlich machen, aktivieren kann.

Für die didaktische, pädagogische und konzeptionelle Planung von individuellen und ganzheitlichen Lernprozessen ergibt sich auf dieser theoretischen Basis die Möglichkeit, im Vornhinein Anforderungsprofile z. B. für bestimmte berufliche Aufgabenfelder zu entwickeln (▶ Abschn. 2.3.2).

Auf der Grundlage solcher tätigkeitsbezogener Anforderungsprofile werden dem Nutzer einer Didaktischen Datenbank Fragen zu den einzelnen Kompetenzen angeboten, um Gelerntes zu reflektieren. Fragen sind »natürliche« Anreize, individuelle Antworten zu finden. Das Finden von Antworten wird durch konkretes Ausprobieren und Handeln gefördert. Die Antworten können mit dem Lernbegleiter ausgewertet werden. Über diesen Weg entwickeln sich individuelle Handlungskompetenzen. Im Gegensatz zur sog. Lernzieldidaktik, bei der »Lernzielantworten« in Form von Aussagesätzen im Mittelpunkt stehen, sind tätigkeitsbezogene, situative Kompetenzfragen, die sich auf den jeweiligen Workflow beziehen, eine didaktisch-instrumentelle Säule im Rahmen der Organisation Didaktischer Datenbanken und deren Lernkultur.

> Tätigkeitsbezogene, situative Kompetenzfragen mit Bezug zum jeweiligen Workflow ersetzen »Lernzielantworten«

### 6.3.4  Die Ankerplatztheorie und Netzbild-Methode

#### Die Ankerplatztheorie

»Ankerplatz«: Wie wird eine Information in unserem Gedächtnis festgemacht bzw. etwas Neues »begreifbar«?

Der Schweizer Psychologe, Biologe und Philosoph Jean Piaget und der Amerikaner David Ausubel sind die geistigen Väter einer Theorie, die die Frage klärt, wie es gelingen kann, eine Information für andere Menschen verständlich zu machen. Schon der Begriff »Ankerplatz« weist auf den entscheidenden Punkt hin: Wie wird eine Information in unserem Geist, unserem Gedächtnis »festgemacht«, »verankert«? Unter welchen Bedingungen können wir überhaupt etwas Neues, uns bisher Unbekanntes »verstehen« und »begreifen«? Diese Frage ist für jeden, der Informationen zu vermitteln hat, von entscheidender Bedeutung. Der Erfolg seiner Bemühungen hängt davon ab, inwieweit es ihm oder den Lernenden selbst gelingt, neue Informationen im Gedächtnis zu verankern. Piaget und Ausubel kommen aufgrund ihrer intensiven Forschungsarbeiten, die in allen wichtigen Kulturen dieser Welt vornehmlich an der geistigen Entwicklung von Kindern überprüft wurden, zu dem Schluss, dass eine neue Information nur dann auf Dauer behalten und »verstanden« werden kann, wenn sie an einer bereits im Gedächtnis vorhandenen Information »verankert« werden kann.

Die ersten Ankerplätze des Menschen sind angeboren

Die ersten Ankerplätze des Menschen sind angeboren, sie begründen das, was wir die Lernfähigkeit des Kindes nennen. In den vergangenen 10 Jahren ist die Ankerplatztheorie in unerwarteter Weise durch Erkenntnisse und Ergebnisse der Gen- und Hirnforschung bestätigt worden. Das neugeborene Kind verfügt bereits über unzählige datenbankähnliche Informationsbestände, die bereits dem heranwachsenden Säugling als sinnvolle Orientierungs- und Verknüpfungspunkte dienen, wenn er beginnt, sich mit seiner Lebensumwelt lernend auseinander zu setzen. Wir lernen mit und in einem Medium, das wir in unserer Kulturgeschichte Geist nennen. Geist ist eine Kraft oder Energie, die von einem »Ordnungsprinzip« (vergleichbar mit einem »Betriebssystem«, der Steuerung eines Computers) geleitet wird.

Dieses, alle Verarbeitungsprozesse von Informationen steuernde »Regelwerk« des Geistes lässt sich in den folgenden 5 Punkten grob zusammenfassen:

1. Eine neue Information kann nur dann »verstanden«, »behalten« und im Gedächtnis auf Dauer verankert werden, wenn sie an einer bereits im Gedächtnis vorhanden Information »festgemacht« werden kann.

2. Die im Gedächtnis vorhandene Information, an der die neue fest »verankert« werden soll, muss mit dieser »sinnverwandt« oder »bedeutungsähnlich« sein. So kann z. B. der technische Ausdruck »Schiebe-Hebe-Dach« als Einrichtung eines Autos nur dann im Gedächtnis eines Menschen gespeichert werden, wenn dieser weiß, was folgende Begriffe bedeuten: »Schieben«, »Heben« und »Dach«. Mit diesen vorhandenen, »verankerten«

Vorstellungen kann der neue technische Fachausdruck »Schiebe-Hebe-Dach« »verknüpft« werden.

3. Jede »verankerte« Information kann selbst zukünftig Ankerplatz für neue »passende«, d. h. sinnverwandte oder bedeutungsähnliche Informationen sein. Der Aufbau des Gedächtnisses verläuft nach dem »Schneeballprinzip«: Je mehr Informationen im Gedächtnis sinnvoll in vorhandene Strukturen eingebunden wurden, desto umfassender können neue geistige Bedeutungselemente und Sinnzusammenhänge gegenwärtig und zukünftig neu erarbeitet werden.

4. Erkannte und begriffene Kenntnisse, Fertigkeiten, Fähigkeiten, Einsichten und Erfahrungen werden in der Eigendynamik des Geistes zu »Bedeutungsfamilien« zusammengefasst. Diese nennen wir auch geistige Strukturen oder vernetzte geistige Systeme des Menschen.

5. Diese geistigen Prozesse laufen nach natürlichen, dem menschlichen Geist angeborenen »Spielregeln« ab, die wir auch »logische« Regeln nennen können. So fasst unser Gedächtnis selbsttätig wie über Nacht verankerte Informationen zu Begriffen und Bedeutungsfamilien zusammen, die in höheren Ebenen unserer Vernunft in »Superzeichen« verdichtet werden. Denn unsere geistigen Aktivitäten verteilen sich über mehrere Ebenen: Im unteren Bereich befinden sich die »konkreten« Informationen, die in einer direkten Beziehung zur menschlichen Sinneswahrnehmung stehen. In den »höheren Etagen« werden die gespeicherten Informationen abstrakter. Sie verdichten geradezu alle die Bedeutungen und Vorstellungen, die von Kindesbeinen an »begriffen« wurden. Je höher eine »Bedeutungsfamilie« abgespeichert wird, desto wertvoller ist sie für unsere geistigen Aktivitäten insgesamt.

6. Dieser Prozess der »Verankerung« neuer Einsichten und Kompetenzen wird entscheidend dadurch gefördert, dass der lernende Mensch sich als ein handelnd Lernender versteht, der nach Maßgabe seiner angeborenen Grundgrammatik der Informationsverarbeitung und der Handlungskompetenz-Entwicklung sich von neuen Aufgaben situativ herausgefordert fühlt, um sie mit Aussicht auf Erfolg zu bearbeiten.

## Die Netzbildmethode: Lernen als anschauliches Strukturieren von Informationen

Die Ankerplatztheorie hat uns angeregt, eine Methode zu entwickeln und zu beschreiben, mit der wir Informationen so aufbereiten können, dass sie den bekannten logischen Spielregeln unseres Gedächtnisses entsprechen. Wir nennen dieses Verfahren »Netzbildmethode«.

Wenn Informationen didaktisch aufbereitet werden sollen, müssen wir Spielregeln zugrunde legen, nach denen unser Gedächtnis grundsätzlich Informationen verarbeitet, speichert, vernetzt, strukturiert, in Form von Netzbildern im Bewusstsein abbildet.

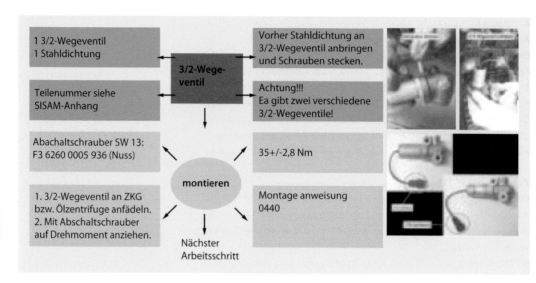

**Abb. 6.8** Beispiel eines Netzbilds aus der Automobilindustrie

**»Netzbildmethode« als Verfahren der bildlichen Darstellung von miteinander verbundenen, vernetzten, nach logischen Spielregeln strukturierten Informationen**

Die Netzbildmethode baut auf die von dem griechischen Philosophen Aristoteles in seiner »Logik« beschriebenen grundlegenden Denkformen des Menschen auf. Diese 6 Regeln des Denkens wurden in allgemeine bildliche Darstellungen überführt. Der Begriff »Netzbildmethode« meint also ein Verfahren der bildlichen Darstellung von miteinander verbundenen, vernetzten, nach logischen Spielregeln strukturierten Informationen. Wir nutzen diese bildlichen Darstellungen, um in Didaktischen Datenbanken Arbeits- und Lernprozesse anschaulich zu strukturieren.

Ein entscheidender Vorteil dieser Methode besteht darin, dass neben den abstrakten, logisch-analytischen Denkformen des Menschen auch die menschliche Fähigkeit zur geistigen Anschauung komplexer Zusammenhänge berücksichtigt wird. Auf der einen Seite wird der Lernstoff logisch, analytisch-sprachlich, auf der andern Seite bildlich, nichtsprachlich gestaltet, nach Formen und Farben dargestellt.

Den unterschiedlichen Zielgruppen kommen netzbildartige Darstellungen, die durch konkrete Strichzeichnungen oder professionell gestaltete Computergrafiken ergänzt werden, in ihrer natürlichen Wahrnehmungs-, Denk- und Lernstruktur zugute. Auffallend ist, dass die bildlich verfassten logischen Regeln unseres Denkens, die wir in typischen Netzbildformen abbilden können, weitgehend ohne ausformulierte sprachliche Sätze, also im Wesentlichen ohne Sprache, zur Anwendung kommen.

In ☐ Abb. 6.8 ist das Beispiel eines Netzbilds aus der Automobilindustrie dargestellt. Das Netzbild soll einem Facharbeiter in der Montagehalle bei der Montage der einzelnen Teile als Unterstützung dienen und stellt mit Hilfe von Bildern, kurzen Filmausschnitten und Texten alle wichtigen

Arbeitsschritte dar. Auf diese Weise hat der Facharbeiter jeweils direkt am Arbeitsplatz das Vorgehen auf dem mobilen Computer vor sich, indem er den entsprechenden Arbeitsschritt anklickt. Dadurch findet Lernen am Arbeitsplatz automatisch und situationsbezogen statt. Stellt ein Mitarbeiter während der Ausführung eines Arbeitsschritts Optimierungsmöglichkeiten fest, kann er diese direkt am Arbeitsplatz im Computer erfassen. Die Vorschläge werden regelmäßig und zentral von einem speziell ausgebildeten Werkmeister redigiert und allen Mitarbeitern der Montage zur Verfügung gestellt.

**Zusammenfassung**

Didaktische Datenbanken sind intelligente, arbeitsplatznahe Lernmedien, welche die natürlichen Formen des Lernens elektronisch unterstützen und unternehmensspezifische Lernkulturen fördern. Sie vernetzen Arbeits- und Lernprozesse, ermöglichen selbstgesteuertes und selbstverantwortliches Lernen, die ganzheitliche Vermittlung von Handlungskompetenzen sowie ein Wissensmanagement »von unten«, in dem der »Experte am Arbeitsplatz« im Mittelpunkt steht. Mit Hilfe der »Netzbildmethode« auf Grundlage der Ankerplatztheorie werden dabei miteinander verbundene, vernetzte und nach logischen Spielregeln strukturierte Informationen bildlich dargestellt und organisationale Arbeits- sowie Lernprozesse veranschaulicht.

## 6.4    Großgruppenveranstaltungen

*Christoph Hoffmann*

Im folgenden Abschnitt wird Moderatorinnen und Moderatoren Basiswissen für Großgruppenveranstaltungen vermittelt, das ihnen einen Überblick über die sinnvolle Anwendung und Auswahl von Methoden von partizipativen Lösungs- oder Entscheidungsfindungsprozessen ermöglicht. Um den sinnvollen Einsatz von Großgruppenmethoden abschätzen zu können, werden grundlegende Prinzipien der Großgruppenarbeit untersucht. Mit einer Auflistung ausgewählter Methoden untermauert mit konkreten Anwendungsbeispielen wird die Fokussierung auf einen möglichen Praxiseinsatz gewährleistet.

*Ganzes System berücksichtigen*

### 6.4.1    Grundlagen der Großgruppenmethoden

Die wirtschaftliche Globalisierung brachte mit Beginn in den 8oer Jahren große Veränderungen für Unternehmen. Die Wirtschaft wurde schneller, komplexer, dynamischer, der Konkurrenzkampf härter und aggressiver. Die bisherigen klassischen Organisationsberatungsansätze, die sequenziell und mit kleinen Gruppen arbeiteten, erwiesen sich plötzlich als zu langsam. Nicht mehr die Individuen standen im Vordergrund der Entwicklung, sondern das System »Organisation«.

*Wissensvernetzung
Partizipation
Repräsentation des Ganzen
Hohe Akzeptanz und Zufriedenheit*

Die Antwort der Organisationsentwicklung auf dieses neue Organisationsverständnis war die Erarbeitung von neuen Methoden, die Großgruppenmethoden, die das ganze »System« Organisation in einem Change-Prozess berücksichtigen.

**Gemeinsame Prinzipien aller Großgruppenmethoden**

**Was bringen Großgruppenveranstaltungen?**
- Viele Menschen arbeiten gleichzeitig an komplexen Themen oder Entscheidungen und können gleichzeitig informiert oder in einen Sachverhalt eingeführt werden.
- Partizipative Lösungs- oder Entscheidungsfindungsprozesse gehen schneller.
- Entscheidungen, die gemeinsam getroffen und getragen werden, sind nachhaltiger.
- Die Repräsentierenden des »Ganzen« erleben eine hohe Identität (»Ich gehöre dazu«), welche Sicherheit, Orientierung und Loyalität fördert.
- Die Qualität der »Lösung« wird durch die Beiträge aller Involvierten erhöht.
- Im Prozess einer Großgruppenveranstaltung liegt ein hoher Motivationsfaktor, der Umsetzungsenergie und Zufriedenheit fördert.

## 6.4.2 Grundlegende Prinzipien der Großgruppenarbeit

**Relevantes System berücksichtigen**

Sozialforscher und Berater beschäftigten sich mit der Frage, wie Veränderung und Entwicklung in sozialen und soziotechnischen Systemen wie Gemeinden, Verbänden, Behörden und Organisationen mit hoher Partizipation Zeit und Ressourcen schonend bearbeitet werden können. Es wurde eine Fülle unterschiedlicher Methoden mit unterschiedlichen Schwerpunkten entwickelt (z. B. zur Findung eines Zukunftsbilds, zur Schaffung neuer Strukturen und Kulturen oder zur Findung und Planung von Zielen). Allen Methoden liegen jedoch Gemeinsamkeiten zu Grunde. Folgende hier aufgeführte Prinzipien sind weder vollständig noch wissenschaftlich, geben jedoch einen guten Überblick über die Mechanismen von Großgruppenveranstaltungen.

### Das ganze System in einen Raum bringen

**Eigenverantwortung der Beteiligten**

Eines der wichtigsten Grundprinzipien von Großgruppenveranstaltungen ist es, das ganze System, d. h. alle relevanten und maßgebenden Beteiligten, einzubeziehen. Das können Beteiligte, Betroffene, Kritiker, Geldgeber, Meinungsmacher, Organisationen, Befürworter oder Gegner sein. Die entscheidenden Fragen lauten also: Welche Anspruchsgruppen repräsentieren das ganze System? Wie viele Personen sind notwendig, um das System in eine neue Richtung zu bewegen? Bei der Festlegung der Anspruchsgruppen ist davon auszugehen, dass

bei allen bereits Interesse, Problembewusstsein, Engagement, Betroffenheit oder Leidensdruck besteht.

## Selbstorganisation

Die Moderation in Großgruppenveranstaltungen hält für den Ablauf
einen geeigneten Rahmen bereit und sorgt dafür, dass sich die Beteiligten des Systems optimal austauschen können. Es werden den
Teilnehmergruppen in der Regel Selbststrukturierungshilfen und Vi-
sualisierungsmedien zur Verfügung gestellt. Die hohe Komplexität
des Systems und der Beziehungen verunmöglichen es jedoch, Verhalten des Systems vorherzusagen oder bewusst zu steuern. Die Beteiligten handeln eigenständig und eigenverantwortlich aus sich selbst
heraus. Inhaltliche Offenheit ist eine Grundvoraussetzung für den Erfolg. Eigenverantwortung führt zu einer Beteiligung und definiert die
Richtung des Prozesses. Darin liegt die große Chance, aber auch das
Risiko der Großgruppenmethoden. Es braucht Vertrauen und Respekt gegenüber der Selbstorganisation des Systems und Offenheit
gegenüber einem nicht vorhersagbaren Veränderungsprozess.

**Engagement**
**Qualität**
**Akzeptanz der Lösung**

## Partizipation

Eine Großgruppenveranstaltung lebt von der Partizipation jedes einzelnen. Die Perspektiven des Individuums stehen nicht im Vordergrund, sondern die Veränderung des ganzen Systems. Jede Person
stellt dem System seine Erfahrung, sein Wissen und seine Energie im
Veränderungsprozess zur Verfügung. Die Qualität der gefundenen
Lösungen ist abhängig vom Engagement seiner Systemelemente. Die
Mitwirkung der Beteiligten erhöht nicht nur die **Qualität** des Ergeb-
nisses, sondern erhöht auch die **Akzeptanz** der Entscheidung und
Umsetzung.

**Ressourcenorientierung**
**und Konsens**

## Ressourcenorientierung und Ausrichtung auf Gemeinsames

Den Großgruppenansätzen liegt das Prinzip zu Grunde, dass das
ganze System »klug« ist, die »Lösung« oder »Veränderung« also in
ihm selber liegt. Es kommen nur jene Vorschläge in eine gemeinsame Lösung, hinter denen das ganze System stehen kann. Das System
übernimmt daher die Verantwortung für positive, vertrauensbildende
und ressourcenorientierte Lösungen. Der Schritt, sich aus den vielen
unterschiedlichen Ideen und Vorschlägen auf die wesentlichen Aspekte einer gemeinsamen Zukunft zu einigen und eine positive Umsetzung einzuleiten, ist ein Kernprinzip von Großgruppenmethoden.
Es ist wichtig, Maßnahmen erst dann zu planen, wenn ein Konsens
über die gewünschte Zukunft erreicht ist.

**Zukunftsorientierung**

## Zukunftsausrichtung

Eng mit der Ressourcenorientierung hängt die Ausrichtung gemeinsamer Schritte in die Zukunft zusammen. Keine der Methoden hat
zum Ziel, die Vergangenheit aufzuarbeiten und zu analysieren. Wenn

**Ganzheitliche Sicht**

die Vergangenheit thematisiert wird, dann lediglich zum Zweck einer Ausgangssituation oder als Erkenntnis für Veränderung und der Arbeit an der und in die Zukunft. Seliger (2008) schreibt, dass irgendwann in den meisten strukturierten Methoden der Moment der »Wunderfrage« kommt, ein zentrales Element und auch ein emotionaler Höhepunkt bei Großgruppenveranstaltungen.

### Systemischer Ansatz

Der systemische Blick und das Erleben einer gemeinsam aktuellen Wirklichkeit sowie die kollektive Konstruktion von Veränderungsprozessen sind zentrale Paradigmen von Großgruppenmethoden. Nach Seliger (2008) erfahren die Teilnehmenden ihre Organisation als System, das eine Geschichte hat, das eine eigene Logik hat und sich unabhängig von den einzelnen Menschen verändert und entwickelt. Gerade bei der RTSC-Konferenz (**R**eal **T**ime **S**trategic **C**hange) steht der systemische Gedanke im Vordergrund. »Creating a common database« ist der erste Schritt bei der RTSC-Konferenz und spiegelt wider, wie wichtig der Einbezug aller relevanten Beteiligten ist, die eine möglichst ganzheitliche Sicht auf das System und seine Umwelten zulassen. Die Aufgabe einer Großgruppenmethode besteht also darin, eine Gesamtschau der Situation zu ermöglichen, also alle Perspektiven angemessen einzubeziehen.

### Prozessorientierung

Großgruppenmethoden setzen für die erfolgreiche Umsetzung einer Idee, eines Ziels oder einer Strategie einen längeren Prozess voraus (◘ Abb. 6.9). Für einen erfolgreichen Großgruppenprozess sollten mindestens 6–8 Monate eingeplant werden. In einer 1. Phase von ca. 2 Monaten konkretisiert eine **Spurgruppe** aus 5–7 relevanten Mitgliedern des Systems die von der Systemspitze formulierten Ziele, trägt mögliche Hintergründe, Zusammenhänge und Interessen des Gesamtsystems zusammen. Danach legen sie mit der Prozessbegleitung (Moderation) das Konzept und Drehbuch sowie die Teilnehmenden fest. Nach einer weiteren Phase der Information, Einladung und Durchführung der Großgruppenveranstaltung folgen das Auswerten der Resultate und das Kick-off der Arbeitsgruppen. Nach der Konsolidierung und Verdichtung in den Arbeitsgruppen mit gegenseitiger Abstimmung (Boxenstopp) erfolgt nach ca. 2–3 Monaten eine Ergebniskonferenz. (Follow-up). Zwar kann bereits die Großgruppenkonferenz einen starken Antrieb für die Umsetzung schaffen, doch darf die Zielerreichung nicht einfach wegfallen. Klassische Projektmanagement-Methoden helfen, diese Prozesse zu steuern. Die Führungsspitze hat die Aufgabe, den weiterführenden Prozess zu begleiten und vor allem die notwendigen Ressourcen zur Verfügung zu stellen.

Ablauf: Vorbereitung, Durchführung, Nachbereitung, Information

**Abb. 6.9** Ablauf einer Großgruppenmethode

## 6.4.3 Großgruppenmethoden

Der folgende Abschnitt beschreibt eine Auswahl an Großgruppenmethoden, die sich in der Praxis bewährt und durchgesetzt haben. Von diesen Grundformen gibt es eine Vielzahl von Variationen, die je nach Fragestellung und inhaltlichen Schwerpunkten angepasst werden können.

### Zukunftskonferenz (Future Search Conference)

**▪▪ Anwendung**
Die Methode ist ein ideales Instrument zur Planung der Zukunft einer Gemeinschaft, inklusive der Maßnahmen zur Umsetzung. Das kann die Zukunft einer Unternehmung, einer Gemeinde, einer Gesellschaft, eines Vereins, einer Region oder anderer privater oder öffentlicher Organisationen sein.

**▪▪ Struktur**
16–80 Personen können teilnehmen. Die Konferenz dauert 2–3 Tage. Es ist wichtig, dass eine repräsentative Menge aller Ansprechgruppen teilnimmt. Im Setting sind Gruppen zu jeweils 8 Personen; die Zu-

> Zukunftskonferenz
> bis 80 Personen, zur
> Entwicklung von Bottom-up-
> Veränderungsprozessen
> Ablauf in 5 Stationen

sammensetzungen der Gruppen sind für die Teilnehmenden nicht frei wählbar. Der Ablauf durch die verschiedenen Stationen ist hoch standardisiert.

■■ **Ablauf**

Es werden in den Gruppen in unterschiedlicher Zusammensetzung 5 Stationen durchlaufen:

1. Der Blick in die Vergangenheit
2. Der Blick in die Gegenwart
3. Der Blick in die Zukunft
4. Vereinbarung von Zielen
5. Ausarbeitung von Maßnahmen

Der Blick in die Vergangenheit ergibt eine Fieberkurve der Highlights und Tiefpunkte der vergangenen 10 Jahre. Der Blick in die Gegenwart wird mit einem Mind-Map als Blick von außen und mit einer Bewertung und Präsentation der jetzigen Situation aus der Innensicht festgehalten. Dem Blick in die Zukunft gilt das Hauptaugenmerk, er führt über die Wunderfrage (»Es geschieht ein Wunder, und alles wäre im perfekten, idealen Zustand!«) durch kreative »Spielmaterialien« zu den gemeinsamen Visionen. Diese Vision wird festgehalten. Die Ausarbeitung gemeinsamer Themen und der Planung von Maßnahmen erfolgt nach bekannten Techniken des Projektmanagements.

■■ **Chancen und Gefahren**

Bei Einhalten der standardisierten Schritte eignet sich die Methode hervorragend für alle Themen der Veränderung oder Neugestaltung in Organisationen und sozialen Systemen, die bottom-up neu zu erfinden oder zu planen sind. Entscheidend ist jedoch, ob die bestehende Hierarchie Entscheidungen und Veränderungen der Teilnehmenden »bottom-up« akzeptiert. Diese Frage gilt es im Vorfeld verbindlich zu klären.

Am 25 und 26. Februar führte das »Forum Lebendige Linthebene« mit 96 repräsentativen Personen aus dem Linthgebiet eine Zukunftskonferenz zum Thema »Wir gestalten unseren Lebensraum« durch. Das Ziel war es, dass alle Ansprechgruppen des Linthgebiets aktiv an der Gestaltung und langfristigen Entwicklung des Lebensraums mitarbeiten, um die Ebene als fruchtbares Kapital für die nächste Generation zu erhalten. Die Bereiche Wirtschaft, Ökologie, Soziales, Kultur, Jugend, Landwirtschaft und Freizeit&Tourismus waren vertreten. Resultat nach einer äußerst engagierten Konferenz und intensiver Nachbearbeitungen der Arbeitsgruppen ist ein differenzierter Wegweiser mit der Vision 2020 sowie einer Strategie mit Maßnahmen zur langfristigen Entwicklung (Brandenburger, 2009; http://www.forum-linthgebiet.ch/pdf/Wegweiser.pdf).

## World Café

### ■■ Anwendung

Die Großgruppenmethode World Café lässt sich ähnlich wie die Open-Space-Methode bei einer als relevant erachteten Fragestellung wie bei Problemlösungen, Veränderungsprozessen oder bei innovativer und kreativer Ideenfindung einsetzen. World Café ist eine lösungsorientierte Großgruppenmethode, die durch Caféhausgespräche und Visualisierungen der Gedanken aller Teilnehmenden kreative Lösungsansätze hervorbringt und »weiter«-entwickelt.

> World Café mit bis über 1000 Personen zur Ideenvernetzung oder zum Wissensaustausch Es resultieren keine konkreten Maßnahmen

### ■■ Struktur

Die Methode eignet sich für die Arbeit mit 12–1600 Personen, die für eine bestimmte Dauer (je nach Fragestellung 2 Stunden bis 1 Tag) freiwillig oder eingeladen ein Thema bearbeiten. Viele kleine Tischchen mit in der Regel 6 Plätzen mit einem beschreibbaren Tischtuch und vielen Schreibstiften bilden das Setting. Es wird in 3–4 Gesprächsrunden diskutiert und die Ergebnisse auf die Papiertischtücher gemalt, gekritzelt oder skizziert. Die Mitglieder der Gesprächsgruppe wechseln bei jeder ca. 30-minütigen Gesprächsrunde. Einfache, klare Spielregeln sowie ein Zeitablauf bilden den Rahmen der Struktur.

### ■■ Ablauf

- Gruppen von 4 oder 5 Personen sitzen an Caféhaustischen oder in kleinen Sesselkreisen im ganzen Raum verteilt.
- Jede Gruppe bearbeitet das Hauptthema (prägnante Fragestellung) oder sucht nach bedeutsamen oder strittigen Punkten.
- Die Teilnehmenden werden ermutigt, einander zuzuhören und alle Argumente visuell auf den Tischtüchern festzuhalten.
- Die Teilnehmer wechseln in mehreren Gesprächsrunden (Einstimmung, Vernetzung, Vertiefung, Innovation …) von Tisch zu Tisch und bringen ihre Schlüsselerkenntnisse, Themen und Fragen in neue Gespräche ein.
- An jedem Tisch bleibt ein Gastgeber sitzen, um die neuen Gäste zu empfangen und sie in die Schlüsselideen der Vorgruppen einzuführen. Alle Voten werden erneut visualisiert.
- Schließlich werden die Erkenntnisse und Entdeckungen im Plenum präsentiert.

### ■■ Chancen und Gefahren

Es ist wichtig, dass eine oder mehrere konkrete und genaue Fragestellungen die Methode eröffnen. World Cafés sind wenig auf Umsetzung ausgerichtet. Wenn konkrete Maßnahmenpläne erwünscht sind, sind nach dem Café weitere Schritte nötig. Die Methode eignet sich hervorragend zur Vernetzung von Ideen, um Wissen auszutauschen und innovatives Denken zu stimulieren. Es ist wichtig, dass der Gastgeber darauf achtet, dass die Diskussion visualisiert wird.

Die Kursleitung einer Fachhochschule möchte die 32 Teilnehmenden des MAS Lehrgangs für Führungskräfte für das Thema »Psychologie und Führungsaufgaben« sensibilisieren. Es wird ein World Café mit 3 Gesprächsrunden durchgeführt, eingerichtet an 5 Tischen. Um eine ungezwungene Atmosphäre zu erreichen, werden Kaffee und Brötchen bereitgestellt. Die für den Ablauf geltende Café-Etikette wird vor dem Start kurz erörtert und im Raum aufgehängt. Nach den 3 Runden präsentieren die Gastgeber kurz die Resultate und die »Tischtücher« werden an den Wänden aufgehängt. Die Teilnehmenden berichten davon, dass sie durch die Methode viele unterschiedliche Perspektiven der Psychologie im Führungskontext kennen lernten und dass der Austausch von Ideen sehr anregend, aber auch verbindend wirkte.

## Open Space

### ▪▪ Anwendung

Open Space bis mehrere 100 Personen zur Findung innovativer Ideen oder zur Bearbeitung komplexer Prozesse

Hohe Eigenverantwortung

Open Space ist die konsequenteste Methode bei der Umsetzung von selbstorganisiertem, organisationalem Lernen. Sie eignet sich dann, wenn ein Thema wirklich bewegt, es aber noch keine konkreten Lösungen, Strategien, Prozesse oder Ideen gibt. Open Space kann bei Problemlösungen, Veränderungsprozessen, Umsetzungsfrage, Strategieentscheidungen oder kreativer Ideenfindung eingesetzt werden.

### ▪▪ Struktur

An Open-Space-Konferenzen können 30–1000 Personen teilnehmen. Je nach Fragestellung dauert die Veranstaltung einen halben bis 3 Tage. Open Space beginnt und endet immer in einem Kreis, danach arbeitet die Gruppe autonom und selbstorganisiert an selbst gewählten Fragestellungen im Rahmen des Grundthemas. Die Moderation braucht eine hohe Konzentration bei gleichzeitiger Gelassenheit. Raum und Zeit sind wichtige Faktoren im Prozess.

### ▪▪ Ablauf

Es gibt keine vorgegebene Tagesordnung, nur ein Rahmenthema. Nach einer Einführung in das Thema der Veranstaltung und die Arbeitsweise sind alle Teilnehmer eingeladen, Themen zu nennen, zu denen sie andere in einem Workshop »einladen« wollen. Als Thema kommt (innerhalb des Rahmenthemas) alles in Frage, was unter den Nägeln brennt. Dann werden den Vorschlägen Zeiten und Arbeitsräume zugeordnet. Danach beginnen die Gruppen selbstorganisiert zu arbeiten.

— Jede Gruppe fasst ihre Ergebnisse und Vereinbarungen in schriftlichen Arbeitsberichten selbst zusammen. Diese Dokumentation wird noch vor Ort von allen gelesen und ist die Grundlage für Priorisierung und Zusammenführung verwandter Themen und die Basis für die Maßnahmenplanung (Action Planning): Neu gebildete Gruppen treffen sich zur Entwicklung von konkreten Umsetzungsschritten für die wichtigsten Vorschläge.

— Zuletzt gibt es eine Abschlussrunde zum Zweck der Reflexion oder des Feedbacks an Veranstalter und Teilnehmer. Traditionellerweise erfolgt dies mit einem Sprechstab (Talking Stick), den jener hält, der gerade am Wort ist.

■ ■ **Chancen und Gefahren**

Besonders wirkungsvoll lässt sich Open Space einsetzen, wenn es darum geht, konkrete Vorhaben ins Laufen zu bringen, komplexe Fragestellungen zu bewältigen oder innovative Lösungen zu entwickeln. Bei einem packenden und herausfordernden Thema, das die Teilnehmer wirklich bewegt, bei klaren und transparenten Vorgaben und Rahmenbedingungen und einer großen Vielfalt an freiwilligen Teilnehmenden entfaltet Open Space seine volle Kraft.

In der Primar- und Oberstufenschule einer mittelgroßen Gemeinde gibt es zunehmend Mobbing-Vorfälle unter den Schülerinnen und Schülern, und die Gewaltbereitschaft nimmt zu. Alle beteiligten Ansprechgruppen wie Schüler, Lehrpersonen, Eltern, Schulpflege, Gemeindeverantwortliche und die Öffentlichkeit sind besorgt. Die Schulpflege initiiert mit den Schulleitungen der entsprechenden Schulhäuser eine Open-Space-Konferenz und ruft alle Beteiligten auf, teilzunehmen. Es nehmen 170 Personen an der Veranstaltung teil. Zahlreiche innovative Workshops ergeben einen Maßnahmenkatalog von über 30 Maßnahmen in den Bereichen Prävention, Mediation, Anlaufstellen/Beratung, Öffentlichkeitsarbeit, Kooperationen, Umgang mit Stress und Umgang mit Gruppenphänomenen. Eine anschließende Schüler-Projektwoche konkretisiert die Vorschläge für den Schulalltag.

## Real Time Strategic Change (RTSC)

■ ■ **Anwendung**

Die Methode eignet sich besonders als großgruppenbasiertes Verfahren, wenn komplexe dynamische Systeme von schnellen Veränderungen oder Richtungswechseln betroffen sind und ein rascher, nachhaltiger Wandel eingeleitet werden soll (Kundenorientierung, interne Kommunikation, Unternehmensvision oder -strategie). Charakteristisch für RTSC ist, dass hier Top-down-Vorgaben mit partizipativen Ansätzen der Lösungsfindung aller Systembeteiligten verschmolzen werden.

RTSC bis mehrere 100 Personen zur Bearbeitung von raschen, nachhaltigen Richtungsänderungen Ablauf in 3 Phasen, die in Projekten und Programmen münden Vorbereitungsintensive Methode

■ ■ **Struktur**

24–1000 Personen können teilnehmen. Die Konferenz dauert in der Regel 3 Tage. Das Setting sind Gruppen zu jeweils 8 Personen; die Zusammensetzung der Gruppen ist für die Teilnehmenden nicht frei wählbar und wechselt je nach Aufgabe zwischen Gruppen gleicher Hierarchie oder Funktion und durchmischten Gruppen, die als Mikrokosmos die ganze Unternehmung repräsentieren. Der methodische Ablauf durch die verschiedenen Stationen ist sehr abhängig von der Zielsetzung.

■■ **Ablauf**

Die RTSC-Konferenz nimmt die Change-Formel von Beckhard als Grundlage:

$C = D \cdot V \cdot F > R$, wobei die 3 Faktoren größer sein müssen als der Widerstand gegen die Veränderung

━ C = Veränderung (»change«)

━ D = Unzufriedenheit mit aktueller Situation (»disatisfaction«)

━ V = Vision

━ F = Erste sichtbare Schritte Richtung der Vision (»first step«)

━ R = Widerstand gegen die Veränderung (»resistance«)

Der rote Faden des Ablaufs orientiert sich an 3 Phasen:

■ **Phase 1: Aufrütteln, gemeinsame Informationsbasis herstellen**

In dieser Phase soll erreicht werden, dass alle Teilnehmer beunruhigt, aber nicht verunsichert werden. Es können interne oder externe Experten, Kunden, Lieferanten oder eine Spurgruppe die Bedeutung einer Veränderung aufzeigen.

■ **Phase 2: Arbeit an Visionen und Strategie**

In dieser Phase geht es um die Identifikation mit den top-down vorgegebenen Zielen. Die Teilnehmer sollen die gemeinsamen Ziele, Werte oder Programme mittragen und entwickeln gemeinsam ein Bild der möglichen Umsetzung.

■ **Phase 3: Konsequenzen für das weitere Handeln**

Konkrete Maßnahmenpläne werden vereinbart. Sie münden in Projekte und Programme, für die die Führung Ressourcen bereitstellen muss.

■■ **Chancen und Gefahren**

Bei vielen Veranstaltungen wird explizit an der Verbesserung der Zusammenarbeit unterschiedlicher Teilsysteme (Bereiche, Abteilungen, Anspruchsgruppen etc.) gearbeitet. Die Grundlage dafür ist der Abbau von Stereotypen, Feedback und der Aufbau von Verständnis füreinander. Die Stärke dieses Verfahrens liegt in der Kombination der gezielten Arbeit an konkreten, auf die Zukunft bezogenen Veränderungsschritten mit emotionalen, kreativen Stärkungseffekten. RTSC-Veranstaltungen sind beraterisch und konzeptionell ziemlich anspruchsvoll und bedürfen einer seriösen Vorbereitung. Gerade für komplexe Organisationen sind sie in vielen Fällen jedoch der angemessenste Zugang.

In einer Großunternehmung im Techniksektor werden über 90% der Kundenaufträge mit Projektmanagement bearbeitet. Demnach hängt der Erfolg der Unternehmung stark von der Qualität der Projektabläufe ab. Hier jedoch gab es eindeutigen Verbesserungsbedarf. Die Geschäftsleitung stellte die Problematik in einer RTSC den 200 Beteiligten zur Diskussion mit dem Ziel, eine Projektmanagement-Charta zu erstellen. Eine Spur-gruppe hatte bereits wesentliche Stärken und Schwächen des Projekt-managements der Unternehmung analysiert. Sie dienten als Grundlage der Arbeit. Die RTSC-Konferenz wurde von der Geschäftsleitung und den Teilnehmenden im Nachhinein als sehr erfolgreich angesehen.

### Zusammenfassung

Großgruppenveranstaltungen werden in partizipativen Lösungs- oder Entscheidungsfindungsprozesse durchgeführt, welche durch das Erleben eine hohe Identität im ausgewählten System (»Ich gehöre dazu«) sowie Sicherheit, Orientierung und Loyalität fördern. Der Weg zur Lösungsfindung wird von allen Systembeteiligten gemeinsam be-schritten, ist in hohem Maße selbstorganisierend, ressourcenorientiert und zukunftsgerichtet. Großgruppenmethoden werden für die unter-schiedlichsten Ziele wie Problemlösung, Veränderungsprozess und nachhaltiger Wandel, Richtungswechsel, strategische Neuausrichtun-gen, Umsetzungsfragen, Strategieentscheidung, Ideenfindung, aber auch Planung der Zukunft eingesetzt.

## 6.5    Erlebnisorientiertes Lernen und Outdoor-Training

*Christoph Negri*

In der heutigen Zeit treffen wir überall Erlebnisse an, so z. B. Erlebnisgas-tronomie, Erlebniseinkauf, Erlebnispark usw. Den Klienten wird damit ein modernes Lebensgefühl vorgespielt und es kommen damit auch psycho-logische und soziologische Aspekte unserer Gesellschaft zum Ausdruck, die immer wieder die Neugierde der Forscher anziehen. Csikszentmihalyi (1990) hat zum Themenbereich psychisches Empfinden des Erlebens den Begriff »Flow« geprägt. Das entscheidende Kriterium an der Empfindung des Flows ist die totale körperliche und geistige Beteiligung an der zu bewältigenden Situation. Voraussetzung für die Entstehung eines Flow-Erlebens ist das Gleichgewicht zwischen den Anforderungen einer Situ-ation und den individuellen Fähigkeiten der Person. Die soziologische Perspektive beschreibt die Erlebnisorientierung als die moderne Suche nach Glück (vgl. Schulze, 1992). Damit wird versucht Erklärungen zu fin-den, wieso die Menschen in der heutigen Gesellschaft immer wieder nach neuen Erlebnissen suchen und dabei bereit sind, Risiken in Kauf zu nehmen, um den Kick und das ultimative Erleben zu finden.

Im Bereich der Weiterbildung ist in Deutschland seit 1988 ein nahezu linearer Anstieg der Anbieter von Outdoor-Trainings zu beobach-ten. So gab es 1996 in Deutschland über 30 Outdoor-Anbieter (Fahr, 1997). Dieser Trend dauert an und Outdoor-Trainings sind trotz teil-weiser Kritik weiterhin sehr beliebt. Eine mögliche Erklärung dafür könnte darin liegen, dass Erleben eine intensive Form des Lebens ist, die mit neuen Einsichten und Erfahrungen verknüpft ist. Auch ein eindrucksvolles Referat oder ein intensives Gespräch können Erlebnisse sein, die nicht vergessen werden. Die Erlebnispädagogik i.e.S. meint in der Regel gemeinsames Lernen in der Natur (»outdoor«). Erlebnisorientiertes Lernen soll die soziale Kompetenz (Zusammenarbeit, Kooperation, Solidarität usw.) sowie die Selbstkompetenz (Selbstvertrauen, Selbstsicherheit, Belastbarkeit usw.) fördern. Diese eher einseitige Ausrichtung auf »Outdoor-Aktivitäten« sollte in Zukunft zugunsten von »Indoor-Aktivitäten« erweitert werden, denn gerade in künstlerischen, musischen, kulturellen und auch technischen Bereichen gibt es vielfältige erlebnisorientierte Entwicklungs- und Gestaltungsmöglichkeiten.

Erlebnisorientiertes Lernen ist darauf ausgerichtet, die Teilnehmer/innen zu aktivieren und ihr Handeln zu stimulieren, und kann in diesem Sinn komplexen Methodenformen zugeordnet werden, wie z. B. auch Planspiele, Simulationen und Großgruppenmethoden. Bei komplexen Methodenformen versucht man nicht generell, nacheinander verschiedene Formen aneinander zu reihen, sondern miteinander zu verknüpfen.

Dieser Abschnitt soll die Entwicklung und den Stand von didaktisch überlegten erlebnisorientierten Lernsettings und von Outdoor-Training sowie die bedeutenden Kennzeichen beschreiben. Ein konkretes Beispiel und die Diskussion des Transfers und der Wirksamkeit runden den Abschnitt ab.

### 6.5.1    Entwicklung: von der Reformpädagogik bis heute

Verschiedene Einflüsse haben die Erlebnispädagogik bis zum jetzigen Zeitpunkt beeinflusst und spielen weiterhin eine wichtige Rolle in der aktuellen, modernen Erlebnispädagogik. Der folgende Abschnitt soll kurz die wichtigsten Meilensteine aufzeigen.

#### Geschichte und Entstehung der Erlebnispädagogik

**Rousseau: Vordenker der Erlebnispädagogik**

Die Erlebnispädagogik ist im deutschsprachigen Raum eine junge Teildisziplin der Pädagogik und der Erwachsenenbildung. Bei der Recherche nach den Ursprüngen der Erlebnispädagogik stoßen wir auf viele bekannte Persönlichkeiten, die diese Fachrichtung beeinflussten. Ein bedeutender Vordenker war sicher J.J. Rousseau (1712–1778), der unmittelbares Lernen über die Sinne vertritt. Rousseau setzt ein Bedürfnis nach Bewegung voraus, einen Tätigkeitsdrang: »erst durch Bewegung lernen wir, daß es Dinge gibt, die nicht wir sind« (Rousseau, 1975, S. 41). Rousseau empfiehlt Handlung, Erfahrung und Erlebnis auch als Unterrichtsprinzip: »Leben ist nicht atmen, leben ist handeln« (zit. nach Blättner, 1968, S. 107). Wer handelt, lernt besser und mehr, und wer gut handelt, wird ein guter Mensch, so die einfache

Logik von Rousseau (Heckmair & Michl, 2008). Mit seinen Gedanken hat Rousseau die Fundamente der Erlebnispädagogik geschaffen.

Weitere Persönlichkeiten, die einen bedeutenden Einfluss auf die Erlebnispädagogik hatten, sind Johann Heinrich Pestalozzi (Lernen mit Kopf, Herz und Hand), John Dewey (Learning by Doing), Minna Specht (entdeckendes Lernen), David Henry Thoreau (suchte Unabhängigkeit, Freiheit, Einfachheit und Einsamkeit in einer Blockhütte) und schließlich Kurt Hahn, der den Begriff der Erlebnispädagogik prägte und damit als Urvater der Erlebnispädagogik gilt.

## Kurt Hahn (1886–1974): Urvater der Erlebnispädagogik

Die von Kurt Hahn begründete Erlebnistherapie kann als eine Teilbewegung der Reformpädagogik angesehen werden. Zentrale Begriffe der Reformpädagogik (Zeitraum von 1890 bis zur Machtübernahme der Nationalsozialisten 1933) sind gemäß Heckmair & Michl (2008):

- Erlebnis,
- Augenblick,
- Unmittelbarkeit,
- Gemeinschaft,
- Natur,
- Echtheit und
- Einfachheit.

Diese Begriffe stellen die Grundannahmen der Reformpädagogik dar, welche sich für eine tief greifende Revision der traditionellen Pädagogik dieser Zeit einsetzte. Die Reformpädagogik orientiert sich an einem ganzheitlichen Bildungsverständnis mit Kopf, Hand und Herz (Witte, 2002) und fordert eine aktive Rolle der Lernenden im gesamten Lernprozess.

*Ganzheitliches Bildungsverständnis und Forderung nach einer aktiven Rolle der Lernenden*

Hahn bezeichnet das von ihm entwickelte Erziehungsmodell als »Erlebnistherapie«. Die Grundlage seines Modells bildet eine Diagnose der Gesellschaft. Er bezeichnete die Gesellschaft und dabei auch die Jugend als krank und hat folgende 4 »Verfallserscheinungen« diagnostiziert (Schwarz, 1968, S. 40 f.):

- »Mangel an menschlicher Anteilnahme«
- »Mangel an Sorgsamkeit«
- »Verfall der körperlichen Tauglichkeit«
- »Mangel an Initiative und Spontaneität«

Um diesen Verfallserscheinungen entgegenzuwirken, hat Hahn ein erlebnistherapeutisches Konzept mit 4 Standbeinen entwickelt:

- **Körperliches Training** mit Hilfe verschiedener Sportarten (Leichtathletik, Bergsteigen, Segeln, Kanufahren, Skifahren, Ballspielen und Übungen in speziellen Parcours)
- **Expedition:** eine mehrtägige Tour, meist in herausfordernden Naturlandschaften, der eine intensive Planungs- und Vorbereitungsphase vorausgeht

- **Projekt** soll als zeitlich und thematisch abgeschlossene Aktion handwerklich-technische bzw. künstlerische Anforderungen an die Teilnehmenden stellen
- **Dienst:** Der Dienst am Nächsten wurde von Hahn als wichtigstes Element der Erlebnistherapie bezeichnet (Hahn, 1958)

**Erlebnis ist nicht ein zufällig auftretendes Erlebnis, sondern hat einen pädagogischen Plan**

Hahns Erlebnistherapie verknüpft die beschriebenen Grundelemente miteinander und betrachtet ein Erlebnis nicht als ein zufällig auftretendes Ereignis, sondern als einen pädagogischen Plan.

Auf Grund des Krieges in Deutschland flüchtete Hahn nach England, wo er Mitbegründer der Outward-Bound-Bewegung wurde. Die Ziele der Outward-Bound-Kurzschulen sind die Förderung der Selbstverantwortung, des Selbstvertrauens, der Kreativität, der Spontaneität und die Ermutigung zur energischen Teilnahme. Die Bewegung hat sich in den 60er Jahren nach Amerika ausgedehnt und der Ansatz der Expedition wurde zu größeren Wildnisexpeditionen ausgebaut. Outward-Bound-Schulen wurden auch in Deutschland eröffnet und beeinflussten die heutige aktuelle Erlebnispädagogik. Neben den emanzipatorischen und basisdemokratischen Ansätzen der Reformpädagogik wurde die Erlebnispädagogik in ihren Ursprüngen auch von militärischem Denken beeinflusst (Kreszmeier & Hufenus, 2000). In der Wirtschaft wurden Anfang der 70er Jahre in den USA und in England erste Erfahrungen mit erlebnisorientiertem Lernen im Zusammenhang mit der Einführung von Gruppenarbeit gemacht, dabei wurden folgende Ziele verfolgt:

- Kommunikations- und Kooperationsfähigkeiten,
- Selbstvertrauen,
- Vertrauen zu anderen,
- Initiative und
- Übernahme von Verantwortung.

Seit Mitte der 80er Jahre erlebt die Erlebnispädagogik ein kontinuierliches Wachstum und ist in der Zwischenzeit auch in der Erwachsenenbildung und in der betrieblichen Bildung etabliert.

## Menschenbild und didaktische Annahmen der Erlebnispädagogik

Der Schulmeister der Erlebnispädagogik, Kurt Hahn, orientierte sich stark am von Pestalozzi geprägten ganzheitlichen Ansatz: Kopf, Herz und Hand. Hahn hatte ein Menschenbild voller Optimismus hinsichtlich der Macht der Erziehung (Weis, 2006). Er geht davon aus, dass der Mensch modellierbar und lernfähig über das Erleben des konkreten Handelns ist. Hahn wollte im Gegensatz zu den Behavioristen etwas gestalten und konstruieren und nicht nur rekonstruieren. Gerade diese Vorstellungen der Ganzheitlichkeit und der aktiven Gestaltung bilden auch in der heutigen Zeit in erlebnisorientierten Lernsettings eine wichtige Grundlage. Es geht darum, einen geeigneten Lernraum zu schaffen, der Erleben und Handeln möglich macht. Das erfordert von den für das Lernsetting verantwortlichen Personen eine gute und ausgeprägte Fähigkeit, auf den Lernprozess eingehen zu können und genaue, detaillierte Drehbücher loslassen zu können. Es braucht Vertrauen in die beteiligten Menschen und in das Gesamtsystem, dass Lernschritte möglich werden und zum Ausdruck kommen können. In dieser Hinsicht kommt ein Ermöglichungsdidaktischer Ansatz zum Ausdruck, der das Ziel verfolgt, Lernen möglich werden zu lassen (vgl. ▶ Abschn. 2.1.7). Wichtig in der Auseinandersetzung mit Erlebnispädagogik ist, dass nicht alle erlebnisorientierten Aktivitäten der Erlebnispädagogik zugeordnet werden können. Die Gestaltung einer erlebnisorientierten Lernsituation stellt einen didaktischen, komplexen Vorgang dar (vgl. Einleitung des ▶ Abschn. 6.5), der didaktisch und methodisch geplant werden muss (vgl. ▶ Abschn. 5.1) und nicht alleine durch die eingesetzten Medien steuerbar ist. Die Nutzung der Natur, eines Hochseilgartens usw. garantieren weder einen Lernerfolg noch das Stattfinden von Lernen überhaupt.

## 6.5.2 Begriffe und Abgrenzung

### Was ist Erlebnispädagogik und Outdoor-Training?

Gerade im deutschsprachigen Raum wird der Begriff »Erlebnispädagogik« unterschiedlich und sehr breit verwendet. Natursportliche Aktivitäten (z. B. Segeln), Arbeitseinsätze (z. B. Bau einer Wasserleitung für einen Bergbauern), Seilgärten, Töpferkurse und andere handwerkliche Aktivitäten und selbst Führungstrainings mit Outdoor-Elementen werden der Erlebnispädagogik zugeschrieben. Es ist daher schwierig, eine einheitliche Begriffsklärung vorzunehmen. Weit verbreitet ist die Annahme, dass die Erlebnispädagogik eine Art »natursportliche Erziehungshilfe« ist (Kreszmeier & Hufenus, 2000).

> **Erlebnispädagogik**
>
> Die amerikanische AEE (Association for Experiental Education) definiert Erlebnispädagogik ganz allgemein so: »Experiental education is a process through which a learner constructs knowledge, skill, and value from direct experiences«.

Erlebnispädagogik ist ein Prozess, durch den Lernende sich Wissen, Fertigkeiten und Werte über direkte Erfahrungen aneignen.

Kreszmeier & Hufenus (2000, S. 25) fassen Erlebnispädagogik auf folgende Weise zusammen:

- »Erlebnispädagogik ist eine aktive Unternehmung,
- meist, aber nicht ausschliesslich in der Natur,
- meist, aber nicht ausschliesslich mit Jugendlichen,
- meist, aber nicht ausschliesslich in einer Gruppe,
- meist, aber nicht ausschliesslich mit pädagogischen Zielen.«

**Outdoor-Training ist die Übersetzung der Erlebnispädagogik in die betriebliche Bildung**

Zusammengefasst kann gesagt werden, dass Erlebnispädagogik ein handlungsorientierter und bildungsbezogener Ansatz ist, der Körper, Raum, Gruppe und Bewegung methodisch geplant einbezieht. Wie bereits mehrmals angesprochen wurde, findet Erlebnispädagogik nicht nur in der Natur statt, sondern kann auch in Innenräumen umgesetzt werden. Nicht nur in der Pädagogik, sondern auch in der betrieblichen Bildung und in der Personalentwicklung werden handlungs- und erfahrungsorientierte Methoden regelmäßig eingesetzt. In der betrieblichen Bildung wird dafür häufig der Begriff »Outdoor-Training« benutzt. Salopp gesagt ist der Begriff »Outdoor-Training« die Übersetzung des Begriffs »Erlebnispädagogik« in die Sprache der betrieblichen Bildung. Das Outdoor-Training versucht, die beschriebenen Erlebnisse (z. B. mit Blick auf eine Teamentwicklung in Unternehmen) zu nutzen. Damit hat es eine ganzheitlichere Perspektive als viele andere Maßnahmen der betrieblichen Bildung und Ansätze der Personalentwicklung (König & König, 2005).

In der heutigen Zeit löst der Begriff »Outdoor-Training« unterschiedliche Assoziationen aus, von Abenteuer, Spaß, Kick-Erlebnis bis hin zur geplanten Bildungsmaßnahme. Dabei werden unterschiedliche Zielsetzungen verfolgt (König & König, 2005).

**Ziele bei Outdoor-Training als:**
- **Training:** Verstärkung von Verhaltensweisen und Erlernen neuer Verhaltensweisen
- **Kick-off:** Einen unterstützenden und förderlichen Kick für bevorstehende Veränderungen und Projekte erfahren
- **Event/Incentive:** Gemeinsam Spaß und Genuss erleben

## Unterscheidung zwischen Erlebnispädagogik und Outdoor-Training

Wie im vorherigen Abschnitt beschrieben wurde, hat dass Outdoor-Training seine Wurzeln in der Erlebnispädagogik. In Anlehnung an König & König (2005) wird im Folgenden eine kurze Differenzierung zwischen Erlebnispädagogik und Outdoor-Training vorgenommen. Die eingesetzten Methoden sind in der Regel in der Erlebnispädagogik sowie im Outdoor-Training vergleichbar (vgl. ▶ Abschn. 6.5.4). Der Hauptunterschied liegt in den Zielsetzungen und den Zielgruppen.

- ■ **Erlebnispädagogik**
- ■ **Zielthemen**

Sozialverhalten, Persönlichkeitsentwicklung, Aufbau von Selbstvertrauen, Gruppenbildung, Verminderung dysfunktionaler Verhaltensweisen, Übernahme von Verantwortung

- ■ **Zielgruppen**

Schüler, Studenten, Menschen mit Behinderungen, Teilnehmende sozialer Einrichtungen, Multiplikatoren

■■ **Outdoor-Training**
■  **Zielthemen**

Führungskompetenz, Projektmanagement, Teamentwicklung, Persönlichkeitsentwicklung, Cross-Culture, Entwicklung interkultureller Kompetenz, Optimierung von Kommunikations- und Kooperationsprozessen

■  **Zielgruppen**

Fach- und Führungskräfte, Nachwuchskräfte, Teams, Projektgruppen, Lernende, Trainees, Betroffene von Umstrukturierungen und Veränderungsprozessen, Projektmitarbeitende.

## 6.5.3 Modelle der Erlebnispädagogik als Grundlage der Konzeption

In der amerikanischen Outward-Bound-Bewegung wird der erlebnispädagogische Ansatz in 3 verschiedene Modelle (Bacon, 1987) unterteilt, die in der einschlägigen Literatur (Kreszmeier & Hufenus, 2000; Heckmair & Michl, 2008) immer wieder so beschrieben werden:

■■ **Das Modell »The mountains speak for themselves«**

Dieses Modell ist in den 60er Jahren in England entstanden und geht davon aus, dass die Erlebnisse und Erfahrungen so positiv, profund und kraftvoll sind, dass sie automatisch in das tägliche Leben der Teilnehmenden transferiert werden. Auswertungen und Reflexionen finden nicht oder allenfalls spontan statt. Diese Form der Erlebnispädagogik findet fast ausschließlich in Form von Abenteuer-Unternehmungen in der Natur statt. Die Rolle der Leitung beinhaltet vor allem die logistische und sicherheitsspezifische Unterstützung und noch das Krisen- und Konfliktmanagement. Im Mittelpunkt der Aktivität liegt das Erlebnis.

■■ **Das Modell »Outward Bound Plus«**

Diese zweite Generation (Ursprung in der Mitte der 70er Jahre) baut auf dem ersten Modell auf, geht jedoch davon aus, dass ein Erlebnis eine größere und nachhaltigere Wirkung zeigt, wenn dem Erlebten eine strukturierte und geführte Auswertung folgt.

Die Programme sind in der Regel klar geplant und es handelt sich häufig um Abläufe, die immer wieder in der gleichen Art durchgeführt werden. Der Transfer und die Nachhaltigkeit werden dadurch angestrebt, indem die Erfahrungen und Erlebnisse gerade nach wichtigen Ereignissen und Übungen reflektiert und ausgewertet werden. Häufig wird auch mit Follow-up-Anlässen gearbeitet, damit die Nachhaltigkeit stärker gefördert werden kann. Bei diesem Modell stehen die Auswertung und die Reflexion im Mittelpunkt.

#### ▪▪ Das »metaphorische Modell«

Bei dieser Vorgehensweise werden die Aktivitäten auf die persönlichen Ziele der Teilnehmenden bzw. die Ziele der Gruppe abgestimmt. Das bedeutet, dass die individuellen Ziele im Voraus formuliert und mit metaphorischen Bildern verknüpft werden. Das Programm wird auf die metaphorischen Bilder abgestimmt, damit der Transfer schon in der Erlebnisphase angeregt werden kann. Damit hat der Lernprozess einen großen Alltagsbezug. Ein wichtiger Schwerpunkt liegt bei diesem Modell im Vorher (»Frontloading«).

Gass, Goldmann und Priest orientieren sich bei der Konstruktion von Trainingsprogrammen für Wirtschafts- und Nonprofit-Organisationen an den Ausführungen von Bacon. Sie beschreiben 4 besondere Charakteristika, die ihre Konzepte auszeichnen: »context«, »continuity«, »consequences« und »care« (Gass et al, 1992, S. 35).

Unter »**context**« verstehen sie, dass das Setting in seinen Strukturen »parallel« zu den Strukturen des Arbeitsplatzes der Teilnehmenden zu entwickeln sei, um so »isomorphic connections« zu erreichen. »**Continuity**« steht für den individuellen Lernprozess der Teilnehmenden vor dem Hintergrund des Kontexts der Organisation bzw. des Unternehmens. »**Consequences**« betont die Ernsthaftigkeit der Situation, die nachhaltige Lernerfahrungen ermöglichen soll. »**Care**« umfasst die technisch-instrumentellen, fachlich-methodischen und pädagogischen Kompetenzen der Trainer/innen, den Grad der psychisch-physischen Belastungen der Teilnehmenden sowie die Sicherheitsmaßnahmen. Die Autoren betonen im Gegensatz zu Bacon die Bedeutung und Wichtigkeit des Debriefings.

**Sieben konstruktivistisch geprägte Thesen zur Erlebnispädagogik**

Heckmair und Michl haben die hier beschriebenen Modelle kritisch beleuchtet und daraus abgeleitet 7 interessante Thesen zu einer konstruktivistisch geprägten Erlebnispädagogik formuliert (Heckmair & Michl, 2008, S. 78):

- Ziele sind Arbeitshypothesen der Trainer/innen und nichts weiter.
- Nicht die Metaphern der Kursleiter/innen, sondern jene der Teilnehmenden stehen im Mittelpunkt.
- Wenn Gefühle unsere Kognitionen steuern, greifen Reflexionen über die Angemessenheit von Verhalten zu kurz.
- Das Handeln der Teilnehmenden und der Leitungspersonen kann nie falsch sein, höchstens unpassend.
- Die Frage des Transfers stellt sich nicht, da Fühl-, Denk- und Verhaltensprogramme von außen nicht zugänglich sind.
- Erlebnispädagog(inn)en tun gut daran, sich beim Beobachten zu beobachten, um sich ihrer eigenen »mentalen Modelle« bewusst zu werden.
- Prozesse sind nur begrenzt steuerbar. Für Interventionen gilt deshalb unter anderem: Weniger ist mehr.

### 6.5.4 Prinzipien von Outdoor-Trainings

Outdoor-Trainings bauen auf den folgenden 7 Prinzipien (in Anlehnung an König & König, 2005) auf, welche als Fundament für alle angebotenen Programme gelten sollten. Diese leisten einen wesentlichen Beitrag zum Lernen und zur Sicherheit der einzelnen Teilnehmer/innen.

#### ▪▪ Herausforderung und Grenzerfahrung
Erlebnisorientierte Ansätze ermöglichen in einer ungewohnten Umgebung und in ungewohnten Situationen Erfahrungen außerhalb der alltäglichen Handlungs- und Erfahrungsspielräumen zu machen. Die Teilnehmenden werden auf neue Weise herausgefordert, persönliche Grenzen und Selbstüberwindung werden erlebbar und es kommt dadurch zu neuen und auch außergewöhnlichen Erfahrungen. Für die Teilnehmenden entsteht die Möglichkeit, neue Stärken und Potenziale zu entdecken und für sich persönliche Lernfelder zu beschreiben.

#### ▪▪ Selbstverantwortung und Selbstbestimmung
Jeder einzelne entscheidet selbst, ob er die angebotene Herausforderung annehmen möchte, wie weit er gehen möchte und wann er Stopp sagt. In dieser Hinsicht sind vor allem auch die Trainerinnen und Trainer gefordert, denn sie haben dafür zu sorgen, dass diese Entscheidungen möglich sind und von der Gruppe akzeptiert und toleriert werden. Es gilt eine Arbeitsatmosphäre zu schaffen, welche Selbstverantwortung und Selbstbestimmung zulässt.

#### ▪▪ Ernstcharakter
Die Lernsettings sind inszeniert und trotzdem echt. Im Vergleich zu gewöhnlichen Lernsituationen in Seminaren und Trainings gibt es für die Teilnehmenden kaum »Fluchtmöglichkeiten«. Die Lernsituationen verlangen, dass die Teilnehmenden Entscheidungen treffen und sich auch positionieren. Gerade diese Faktoren führen zu mehr Ernsthaftigkeit, sei dies auf einer Bergtour, in Hochseilgärten, aber auch bei Settings, bei denen die Höhe keine Rolle spielt. Immer wieder werden Entscheidungen gefordert, braucht es strategische Überlegungen, klare Kommunikation, Durchhaltewille, Optimierung der Vorgehensweise, sorgfältigen Umgang in der Zusammenarbeit und mit den verschiedenen Stärken und Schwächen der Teammitglieder sowie Lernbereitschaft und Lernfähigkeit. Alle diese Faktoren geben neben weiteren anderen Aspekten den Outdoor-Trainings einen hohen Echtheitscharakter.

#### ▪▪ Ganzheitlichkeit und Vielfalt
Die Teilnehmenden werden auf verschiedenen Ebenen und ganzheitlich gefordert. Lernen erfolgt mit Kopf, Hand und Herz, und in der Regel bleiben bei den Lernenden Schlüsselerlebnisse durch das ganzheitliche Erleben nicht nur kognitiv, sondern eben auch emotional

gut »hängen« und können damit körperlich sowie mental verankert werden, was den Transfer in den Alltag fördert.

### ▪▪ Gruppenorientierung

Die anstehenden Aufgaben werden von der Gruppe gemeinsam bewältigt. Die körperlichen Ansprüche der Outdoor-Aktionen orientieren sich am Leistungsniveau der Gruppe. Der Entwicklungsstand der Gruppe wird bei der Auswahl und Gestaltung der Gruppe berücksichtigt und die Selbststeuerung und Selbstverantwortung der Gruppe sollen während der Aktivität möglichst zur Geltung kommen können.

### ▪▪ Prinzip von Aktion, Reflexion und Transfer

Die Reflexion hat im gesamten Prozess eine zentrale Bedeutung. Eine differenzierte und offene Reflexion fördert den Transfer der gemachten Erfahrungen und Erlebnisse in den Alltag sehr stark. Die Trainer/innen sind verantwortlich dafür, dass für die Reflexion genügend Raum und Zeit gelassen wird und dabei der Lernprozess für die Gruppe wie auch für das Individuum möglich wird. Weitere Aspekte zum Transfer und zur Wirksamkeit werden in ▶ Abschn. 6.5.8 beschrieben.

### ▪▪ Sicherheit

Oberstes Gebot bei allen Aktionen ist das Einhalten der Sicherheitsfaktoren. Entscheidend dabei ist, dass eine klare Trennung zwischen kompetenten Sicherheitsleuten (für Outdoor-Trainings zertifizierte Bergführer) und den Trainer(inne)n besteht. Die Trainer/innen sind für die Planung und Durchführung der Aktionen sowie für die Begleitung der Lernprozesse zuständig, die Sicherheitsleute für die gesamte Instruktion und Einhaltung der Sicherheit (▶ Abschn. 6.5.7).

---

**Checkliste: Aspekte, die es bei der Planung von Outdoor-Aktivitäten zu beachten gilt**

- Herausforderungen, Grenzerfahrung
- Selbstverantwortung, Selbstbestimmung
- Ernstcharakter
- Ganzheitlichkeit, Vielfalt
- Gruppenorientierung
- Prinzip von Aktion, Reflexion und Tranfer
- Sicherheit

**□ Tab. 6.3** Erlebnisorientierte Aktivitäten im Überblick, weiterführende Literatur Heckmair & Michl, 2008

| Aktivität | Charakteristik | Lern- und Erfahrungsmöglichkeiten |
|---|---|---|
| Bergtouren | Rhythmus des Gehens; Freiheit, überall hingehen zu können; Bezug zur Natur; ungewohnte Umgebung | Einsam und gemeinsam; eigenen Rhythmus finden; Gehen und Meditation; Naturbeobachtung, Zeit und Muße für sich, für andere und für die Natur entwickeln |
| Klettern und Abseilen | Vertrauen; Körperspannung; Beweglichkeit; natürliche Bewegung; Überwindung | Mut; Überwindung; Vertrauen in die eigene Leistungsfähigkeit und anderen gegenüber; eigene Grenzen erfahren; Selbstbestimmung, Entscheidungen treffen (nein sagen können); Muskelspannung erfahren; intensive Rückmeldungen der Tast- und Gleichgewichtssinne erleben |
| Kajak | »Spielerische« Einheit zwischen Körper, Boot und Wasser. Eher aufwendige Materialbeschaffung | Vorausschauendes Denken; Wahrnehmung und Denken eng miteinander verbunden; Einzelkämpfer; »Flucht nach vorn« |
| Schlauchbootfahren | Alle in einem Boot; gemeinsam bezwingt man die Wildnis des Wassers | Gemeinschaftsleistung; Rollenverteilung; Rhythmus zwischen Action und Ausruhen; Aufmerksamkeit; Rücksicht aufeinander |
| Segeln | Den Wind in den Händen halten; Zusammenspiel der Crew; gemeinsam auf engem Raum leben; aufwendig in der Umsetzung | Teamwork; Rollenverteilung; durchhalten; sich der Natur (Wind und Wetter) stellen; gegenseitige Rücksichtnahme; Toleranz auf engstem Raum; Entscheidungen treffen |
| Hochseilgarten (vgl. Beispiel in ▶ Abschn. 6.5.6) | Der Ernsthaftcharakter überwiegt; Konzentration und Überwindung sind notwendig; (Selbst-)Vertrauen und Verantwortung sind zentrale Themen; Balance und Gleichgewicht; die Situationen in den Griff kriegen und den Transfer zum Alltag herstellen | Herausforderungen annehmen; Risiko abschätzen; Entscheidungen treffen; Überwindung; Komfortzone verlassen; Mut; Vertrauen; Verantwortung gegenüber der Gruppe und sich selber; Körperwahrnehmung; komplexe Situationen; Strategien und Lösungen entwickeln; Kooperation und Abhängigkeit; Grenzerfahrungen erleben |
| Problemlösungsaufgaben (vgl. Beispiel in ▶ Abschn. 6.5.6) | Ernsthaft »spielend« über sich und andere etwas erfahren. Brauchen in der Regel wenig Material und sind überall (auch indoor) durchführbar | Sich auf einzelne Sinne konzentrieren; Strategien und Lösungsmöglichkeiten entwickeln; Zusammenarbeit |
| City Bound | Im Dickicht der Stadt; die Stadt neu entdecken; ungewöhnliche Perspektiven eröffnen und erleben (z. B. im Rollstuhl durch die Stadt, ohne Geld Essen und Getränke organisieren, Fassaden herunterklettern usw.), überraschende Ein- und Ausblicke wahrnehmen | Mit Tabus »spielen«, was man immer schon tun wollte und sich bisher noch nicht getraut hat; die Fassaden des Alltags durchschauen; Perspektivwechsel |

**□ Tab. 6.3** Fortsetzung

| Aktivität | Charakteristik | Lern- und Erfahrungsmöglichkeiten |
|---|---|---|
| Höhlenerkundung | Andere Wahrnehmung: Herausforderung der Sinne; ungewohnte Umgebung | Gruppe bedeutet Geborgenheit; Schulung der Wahrnehmung: Erleben und Sprechen über psychische und physische Belastung |
| Kreativität | Andere Sinne ansprechen und zum Ausdruck bringen; sich mit der Kultur, Geschichte und Region auseinander setzen; auf »andere« Weise darstellen, z. B. Film, Theater; Geschichten erzählen, Malen usw. | Perspektive wechseln; andere Sinne ansprechen und zum Ausdruck bringen; Kommunikation; Kooperation |

## 6.5.5　Kurze Übersicht zu verschiedenen Aktivitäten

Es gibt viele verschiedene erlebnisorientierte Aktivitäten mit unterschiedlichen Anforderungen an die Teilnehmenden und die Leitungspersonen. Entscheidend ist, dass die Leitung im Voraus eine ausführliche Auftragsklärung vornimmt und herausarbeitet, um was es gehen soll, und erst dann in einem zweiten Schritt festlegt, wie die Themen bearbeitet werden können.

In ◘ Tab. 6.3 werden verschiedene Aktivitäten kurz zusammengefasst. Es geht dabei vor allem darum, einen kurzen Überblick über einige häufig verwendete Aktivitäten zu geben.

**Zuerst das *Was* herausarbeiten (»Um was geht es?«) und dann das *Wie* (»Welche Aktion passt zur Fragestellung, zur Zielsetzung und zum Entwicklungsstand der Gruppe?«) festlegen**

## 6.5.6　Ein Beispiel aus der betrieblichen Bildung

### Outdoor-Trainingstag im Rahmen der Führungsausbildung

Im Rahmen einer Modularen Führungsausbildung für Nachwuchsführungskräfte in einem großen Telekommunikationsunternehmen findet ein Seminartag zum Thema Selbstmanagement auf einer Outdoor-Anlage in einer sehr natürlichen Umgebung statt – eingebettet in die Umgebung eines großen Bauernhofs.

**Die Grobinhalte dieses Tages sind:** Führen mit Zielen; Motivation unterstützen; Kommunikation; Delegation; ganzheitliches Denken; Konzentration; Aufmerksamkeit; Entscheidungen treffen; vorhandene Ressourcen nutzen; Grenzerfahrungen machen; Prozesse gestalten, steuern und optimieren sowie Umgang mit komplexen und dynamischen Situationen.

Die Gesamtgruppe umfasst 16 Führungskräfte. Am Vormittag wird jeweils mit der gesamten Gruppe gearbeitet und am Nachmittag zuerst in 2 Halbgruppen, bevor der Trainingstag mit einer Aktion abgeschlossen wird, bei der es um die eigene persönliche Grenzerfahrung geht. Der Fokus liegt insgesamt auf der Wirkung des Führungsverhaltens auf die Gruppe und auf die Selbstführung jedes einzelnen Teilnehmers.

Der Tag wird von 4 erfahrenen Trainer(inne)n begleitet, welche die Aufgaben stellen, begleiten, die Gruppen beobachten und die Reflexionen sowie Transferschritte zusammen mit den Gruppen besprechen.

◘ Tab. 6.4 zeigt das Programm, das entwickelt und durchgeführt wurde.

Das Ziel des Trainings ist es, die soziale, Persönlichkeits-, Führungs-, Handlungs- und Teamkompetenzen zu entwickeln. Das Outdoor-Training schafft dazu eine Mikrowelt vom Alltag der Teilnehmenden (König & König, 2005). So werden häufig Situationen aus dem Berufsalltag, die sonst mehrere Tage, Wochen und Monate dauern (z. B. Projekte) im Training auf wenige Minuten und Stunden reduziert. Viele grundlegende Themen im Berufsalltag, wie die ge-

**Outdoor-Training schafft eine Mikrowelt des Alltags der Teilnehmenden**

**Es entsteht ein kontinuierlicher Lernprozess für jede beteiligte Person sowie für die Gruppe**

**Tab. 6.4** Beispiel eines Tagesprogramms

| Zeiten | Inhalte |
|---|---|
| 8.30 | Begrüßung, Vorstellen der zusätzlichen Trainer/innen, Infos zur Anlage, Ablauf, Gruppeneinteilung, Sicherheit, Rolle der Trainer/innen und der Sicherheitsleute |
| 8.45 | **Lattenski**<br>Zurücklegen einer gewissen Strecke auf Lattenski (à 4–6 Personen). Die Aufgabe besteht darin, die Ressourcen für den Tag (in Form von Wasser) mit Hilfe von Wasserbechern in einem Eimer zu sammeln. Zusätzlich wird in der Mitte des Feldes eine Schnur gespannt, die überwunden werden muss.<br>15 min Einleitung – 30 min Durchführung – 15 min Reflexion mit Hilfe eines Arbeitsblatts<br><br>Kurze Pause |
| 10.00 | **Slogan der Firma schreiben** (in Anlehnung an Übung »more love«)<br>Die Gesamtgruppe wird in 4 Teilgruppen aufgeteilt. Jede Gruppe übernimmt in der Folge ein Wort.<br>Mit verbundenen Augen wird der Slogan aus Seilstücken auf dem Boden »geschrieben«. Eine Person hat jeweils die Augen nicht verbunden, darf aber während dieser Zeit nicht sprechen. Sie kann jedoch nach dem Wiedereinstieg in die Gruppe mit verbundenen Augen die Beobachtungen einbringen. Es stehen Seile mit unterschiedlicher Länge zur Verfügung.<br>Der Schriftzug soll im A4-Hochformat gemittet auf den Boden geschrieben werden. Die Buchstaben sollen gleichmäßig verteilt sein und auch dieselbe Größe haben.<br>15 min Einleitung – 60 min Durchführung – 30 min Reflexion in den Subgruppen und in der Gesamtgruppe (mit Hilfe von Skalierungsfragen) |
| 12.00 | Mittagspause auf der Anlage |
| 13.00 | Parallel in 2 Gruppen: Flying Bridge und Kombianlage<br>Sicherheitsleute werden vorgestellt und alle Teilnehmenden werden mit Sicherheitsmaterial ausgerüstet<br>**Flying Bridge** (90 min):<br>Eine Person überquert die hängenden Bretter, die von den restlichen Personen so stabilisiert werden, dass die Person möglichst komfortabel darüber gehen kann. Die Person bringt das Wasser von einer Seite auf die andere Seite. Es können pro Durchgang beliebig viele Becher transportiert werden. Ein weiteres Ziel ist, dass so viele Teilnehmende wie möglich über die Brücke gehen, wobei man sich vertreten lassen kann. Es wird bei der gesamten Aktion immer auch die Kunden-orientierung bewertet. Es wird jeweils beim Kunden (oben auf der Brücke) nach der Kundenzufriedenheit gefragt und dafür der Gruppe je nach Zufriedenheit ein Bonus vergütet.<br>15 min Einleitung – 45 min Durchführung – 20 min Reflexion (5 min individuell, 15 min in der Gruppe)<br>**Kombianlage** (90 min):<br>Es ist das Ziel, dass alle Teilnehmenden der Gruppe die gesamte Strecke auf dieser 5-teiligen Anlage mit unterschiedlichen Herausforderungen nach gewissen Regeln zurücklegen. Dabei werden Wasserbecher und weitere Gegenstände transportiert und in einem Eimer gesammelt. So können die Ressourcen vermehrt werden. Der Boden darf während der Aufgabe von keiner Person berührt werden.<br>15 min Einleitung – 45 min Durchführung – 20 min Reflexion (5 min individuell, 15 min in der Gruppe) |

**◻ Tab. 6.4** Fortsetzung

| Zeiten | Inhalte |
|--------|---------|
| 14.30 | Parallel in 2 Gruppen: Flying Bridge und Kombianlage |
| | Pause |
| 16.30 | Wahlweise Pfahllauf, Sprungturm oder V-Seil: Performance und Kick zum Schluss |
| | Den Teilnehmenden werden kurz diese 3 Varianten mit unterschiedlichen Anforderungen erklärt. Danach muss sich jede/jeder für eine Variante entscheiden und macht im Tandem mit einer anderen Person eine Zielsetzung für diese letzte Aufgabe und verankert das Ziel zusammen mit der Aktivität. |
| | Nach der Aktion Reflexion im Tandem (10 min pro Person) |
| 17.15 | Kurzer Tagesrückblick, Feedback der Teilnehmer/innen |
| 17.45 | Verabschiedung und Abschluss des Seminartags |

meinsame Planung, Führung, Strategieentwicklung, Entscheidungsfindung, Durchführung, Prozessoptimierung, Qualitätskontrolle usw.
werden auch im Outdoor-Training abgebildet. Diese Mikrowelten
bilden für die Teilnehmenden die Chance, Erfahrungen und Konsequenzen ihres Verhaltens und Handelns unmittelbar zu erleben und
dabei keine drastischen Konsequenzen zu spüren. Es besteht damit
auch die Möglichkeit, zu experimentieren und in einem geschützten
Rahmen Lernerkenntnisse zu machen und dann in seinen Alltag zu
transferieren.

Der Lernprozess wird dabei durch Lernschleifen unterstützt. Es
gibt eine Aktion, diese Aktion wird danach gemeinsam reflektiert
und die gewonnenen Erkenntnisse werden in eine neue folgende Aktion integriert. So entsteht ein kontinuierlicher Lernprozess für jede
beteiligte Person wie auch für die gesamte Gruppe. Wie das eben
beschriebene Beispiel zeigt, bestehen Outdoor-Trainings häufig aus
mehreren Lernschleifen, die aufeinander aufbauen. Damit kann das
Lernergebnis aus der vorangehenden Lernschleife geprobt, verfestigt
und weiterentwickelt werden (vgl. König & König, 2005).

### 6.5.7  Was es speziell zu beachten gilt

**Die 3 Säulen kompetenter
Outdoor-Trainer/innen**

Damit ein Outdoor-Training sowohl für die Teilnehmenden und für
die Organisation wie auch für die Trainer/innen eine lohnenswerte
Veranstaltung wird, gilt es einige Aspekte besonders zu beachten. Einige davon werden hier kurz beschrieben:

■■  **Anforderungen an die Trainer/innen**
Kurz zusammengefasst lässt sich festhalten, dass folgende 3 Säulen
kompetente Outdoor-Trainer/innen auszeichnen (Heckmair & Michl,
2008):
▬ **Technisch-instrumentelle Kompetenz:** Das sind die Kenntnisse
über die entsprechenden Aufgaben, Wirkungszusammenhänge,
den betreffenden erlebnispädagogischen Raum, Krisenmanage-
ment, projektspezifisches praktisches Wissen und Können usw.
▬ **Soziale, psychologische und pädagogische Kompetenz:** Damit
sind Wissen und Erfahrungen zu gruppendynamischen Faktoren, Führungskompetenz, didaktischen Modellen, usw. gemeint.
Besonders wichtig ist die Fähigkeit, Prozesse beobachten, lern-
prozessfördernde Rückmeldungen geben und den Gesamtprozess steuern zu können.
▬ **Persönlichkeit:** Dazu gehören Führungsfähigkeit in partnerschaftlichen Strukturen, positive Haltung gegenüber Land, Natur
und Einheimischen, Identifikation mit der Arbeit und dem Auftrag sowie natürlich Autorität.

■ ■ **Sicherheitsstandards**

Heckmair & Michl (2008, S. 262) erwähnen 5 Bedingungen, die zu erfüllen sind:

━ Die technisch-instrumentelle Kompetenz der Mitarbeitenden (Sicherheitsleute sowie Trainer/innen) muss gegeben sein.

━ Die Ausrüstung muss den in den Fachkreisen geltenden Kriterien entsprechen und regelmäßig überprüft und erneuert werden.

━ Während der Planung sollten alle sicherheitsrelevanten Fragen abgeklärt werden.

━ Die pädagogischen und psychologischen Fähigkeiten der Leitung sollten die »seelische« Sicherheit der Teilnehmenden garantieren.

━ Die Teilnehmenden sollten in der Lage sein, die physischen und psychologischen Anforderungen zu bewältigen

Ergänzend dazu sollte darauf geachtet werden, dass die Sicherheitsverantwortung nicht bei den Trainer(inne)n liegt, sondern dafür speziell ausgebildete Sicherheitsleute zuständig sind. In der Regel sind das ausgebildete Bergführer/innen, die zusätzlich mit Outdoor-Trainings vertraut sind und entsprechende Erfahrungen haben. Die Trainer/innen sollen sich auf den Lernprozess und die Durchführung der Aufgaben konzentrieren können.

> **Sicherheit und Rücksicht auf die Natur stehen an erster Stelle!**

■ ■ **Rücksicht auf die Natur**

Bei der Planung der Aktivitäten gilt es auf die Natur Rücksicht zu nehmen. Dazu braucht es neben Kenntnissen über die regionalen Gegebenheiten und Kenntnissen zur Naturschutzgesetzgebung eine Menge an gesundem Menschenverstand und Rücksichtnahme auf alle Gruppierungen, die sich in der Natur bewegen. Bei Aktivitäten, die irgendwo in der freien Natur durchgeführt werden, ist es sehr wichtig, dass im Vorfeld die gesamte Umgebung genau rekognosziert wird und bei Bedarf die Anwohner informiert werden (z. B. Bauern, Behörden usw.). Outdoor-Anlagen, die fest an einem Ort installiert werden, sollen der Natur und Umgebung angepasst und möglichst mit natürlichem Material konstruiert werden.

## 6.5.8 Wirksamkeit

Transfer ist nicht etwas, das nachher geschieht, sondern etwas, das im Prozess selbst geschehen muss. Dies gilt besonders für erlebnisorientierte Lernsettings. Es braucht eine kontinuierliche Reflexion auf der Ebene der Individuen wie auch der Gesamtgruppe. Auf diese Weise kann das Gelernte sofort mit dem Alltag verknüpft werden (▶ Abschn. 6.5.6).

> **Transfer geschieht im Prozess selbst**

Waider (2005) hat bei einer Einzelfalluntersuchung eines Trainings mit insgesamt 12 Teilnehmer(inne)n einige interessante Aspekte zum Transfer analysiert.

**▪ ▪ Transferhemmende Faktoren**

Bei den hemmenden Faktoren kann zwischen trainingsbedingten, intrapersonellen und externen Faktoren unterschieden werden.

Als trainingsbedingter transferhemmender Aspekt wird vorrangig die mangelnde Passung zwischen dem Training und den Gegebenheiten des beruflichen Alltags genannt. Dabei spielt vor allem eine Rolle, dass bei den Trainings die im realen Alltag vorhandenen Gegebenheiten, wie z. B. Hierarchien, zu wenig beachtet werden.

In Bezug auf die intrapersonellen Faktoren wird insbesondere die Erfahrung erwähnt. Eine ausgeprägte Erfahrung bezüglich der betriebsinternen Abläufe, Strukturen usw. wirkt in der Regel stark transferunterstützend. Eher transferhemmend sein kann einschlägige Vorerfahrung mit verwandten Settings, da unter Umständen Wirkungen zu wenig zum Ausdruck kommen und daher der Transfer nicht stattfinden kann.

Bei den externen Faktoren gilt es vor allem die betriebliche Situation zu erwähnen. Hohe Arbeitsbelastung und der in der Regel damit einhergehende Mangel an Zeit sowie Betriebskulturen, die eine Entfaltung neuer Ideen und die Umsetzung des Gelernten eher verhindert, wirken stark transferhemmend. Ein weiterer kritischer Punkt ist die Rolle der Vorgesetzten. Wenn Vorgesetzte das ihm Outdoor-Training Erarbeitete nicht vorleben oder mit den Beteiligten nicht nach Umsetzungsmöglichkeiten suchen, wird der Transfer in den betrieblichen Alltag stark gehemmt. Zum selben Ergebnis kommen übrigens auch Untersuchungen zur Wirksamkeit der berufsbegleitenden Masterstudiengänge, die am IAP Institut für Angewandte Psychologie, Zürich gemacht werden.

**▪ ▪ Transferfördernde Faktoren**

Neben den eben beschriebenen hemmenden Faktoren, die es unbedingt zu berücksichtigen gilt, wirken weitere Aspekte unterstützend auf den Transfer:

Ernsthaftigkeit der Aufgaben und des Trainings insgesamt, die Möglichkeit Bilder als mentale Ankerpunkte zu erarbeiten, Anschlussfähigkeit an vorhandenes Wissen und Erfahrungen und die Anwendbarkeit des Gelernten wirken förderlich auf die Transfermöglichkeit. Ein betriebliches Umfeld mit einem offenen Klima unter den Mitarbeitenden und den Vorgesetzten sowie einer Kultur, welche Experimente zulässt, wirkt ebenfalls unterstützend. Von Vorteil ist, wenn das Training einen gewissen Angebotscharakter hat und dennoch Verbindlichkeit geschaffen werden kann. Das ermöglicht den Teilnehmenden, Entscheidungen zu treffen und die Erfahrungen mitzunehmen, die in der Situation von besonderer Bedeutung sind.

Ein professionell durchgeführtes Outdoor-Training wirkt bei den Teilnehmenden als positives Ideal und bleibt auch bei Teilnehmer(inne)n, die keine direkte Umsetzungsmöglichkeit erkennen, als positives Erlebnis hängen. So kann mit einiger Wahrscheinlichkeit davon ausgegangen werden, dass die im Training gewonnenen Einsichten in den beruflichen Alltag mitgenommen werden.

---

**Checkliste: Faktoren, die den Transfer besonders unterstützen**

- Passung zwischen dem Training und den Gegebenheiten des beruflichen Alltags
- Erfahrung bezüglich betriebsinterner Abläufe
- Offene und unterstützende Unternehmenskultur
- Unternehmenskultur, die Experimente zulässt
- Modellwirkung der Vorgesetzten
- Bilder als mentale Anhaltspunkte erarbeiten
- Anschlussfähigkeit schaffen
- Trainings- und Angebotscharakter mit gleichzeitiger Verbindlichkeit
- Positive, ideale Erlebnisse schaffen

---

### Zusammenfassung

Zusammenfassend kann gesagt werden, dass ein seriös geplantes und professionell durchgeführtes Outdoor-Training im Zusammenhang mit entsprechend günstigen Rahmenbedingungen sowohl auf individueller als auch auf gruppendynamischer Ebene wertvolle Lernpotenziale aufweist. Aufgaben mit Ernsthaftigkeits- und Herausforderungscharakter und das für die meisten Teilnehmenden ungewöhnliche Setting bieten ein wertvolles und ganzheitliches Lernfeld, in dem soziale, methodische, persönliche und Führungskompetenzen vielseitig trainiert werden können.

Outdoor-Trainings werden in der Zwischenzeit nicht nur in der Erstausbildung mit den Lernenden und in der Führungsausbildung als wertvolle Lernfelder genutzt, sondern sind heute zu wichtigen Instrumenten der Team- und Organisationsentwicklung geworden, die auch oberste Führungsebenen und Vorstände mit einschließen.

Outdoor-Trainings geraten immer wieder in den Medien, bei einzelnen Teilnehmenden sowie Vorgesetzten in die Kritik. In der Regel entsteht die kritische Haltung aus schlechten Vorerfahrungen und Fantasien von Überlebensübungen. Es ist die Aufgabe der professionellen Anbieter, durch seriöse und ehrliche Arbeit dem entgegenzuwirken und aufzuzeigen, welches Lernpotenzial erlebnisorientiertes Lernen mit sich bringt, denn gut geplante und anschlussfähige Outdoor-Trainings können für alle Beteiligten bereichernd sein.

## Literatur

Back, A., Gronau, N., & Tochtermann, K. (Hrsg.). (2008). *Web 2.0 in der Unternehmenspraxis. Grundlagen, Fallstudien und Trends zum Einsatz von Social Software*. München: Oldenbourg.

Bacon, S. (1987). The Evolution of the Outward Bound Process. Greenwich.

Blättner, F. (1968). Geschichte der Pädagogik (13. Auflage). Heidelberg.

Bloom, B.S., et al (1956). *Taxonomy of educational objectives. The classification of educational goals (Handbook I. Cognitive Domain)*. New York: Longman.

Brandenburger, U. (2009). Forum Lebendige Linthebene. Konzept Moderation und Bericht zur Zukunftskonferenz Forum Lebendige Linthebene. http://www.branchenbuch.ch/portrait/files/raw/00077770-schlussbericht6.pdf.

Brühwiler, H. (1989). *Methoden in der Erwachsenenbildung*. Thalwil-Zürich: edition paeda media.

Bruns, B., & Gajewski, P. (2000). *Multimediales Lernen im Netz. Leitfaden für Entscheider und Planer*. 2. Aufl. Springer: Heidelberg.

Csikszentmihalyi, M. (1990). Flow: The psychology of optimal experience. New York.

Dürrschmidt, P. et al. (2005). *Methodensammlung für Trainerinnen und Trainer*. Bonn: Scriptor.

Fahr, H. (1997). Der Trend hält an – Studie zur Angebotssituation in Deutschland. In: Erleben & Lernen. Zeitschrift für handlungsorientierte Pädagogik, H.2, S. 14–15.

Gass, M., Goldmann, K., Priest, S. (1992). Constructing Effective Corporate Adventure Training Programs. In: The Journal of Experiential Education, May, S. 35.

Häfele, H., & Maier-Häfele, K. (2005). *Open-Source-Werkzeuge für e-Trainings*. Bonn: managerSeminare.

Hahn, K. (1958). Erziehung zur Verantwortung. Stuttgart

Heckmair, B. & Michl, W. (2008). Erleben und Lernen (6. Auflage). München: Ernst Reinhardt Verlag.

König, S. & König, A. (2005). Outdoor-Teamtrainings. Von der Gruppe zum Hochleistungsteam. Augsburg: Ziel

Kreszmeier, A. H. & Hufenus, H.-P. (2000). Wagnisse des Lernens. Bern: Haupt.

Meyer, H. (1989a). *Unterrichtsmethoden. I: Theorieband*. Frankfurt/Main: Scriptor.

Meyer, H. (1989b). *Unterrichtsmethoden. II: Praxisband*. Frankfurt/Main: Scriptor.

Postman, N. (1985). *Wir amüsieren uns zu Tode*. Frankfurt/Main: Fischer.

Rachow, A. (Hrsg.). (2004). *Spielbar I & II*. Bonn: Scriptor.

Rousseau, J.-J. (1975). Emilie oder über die Erziehung. (3.Auflage). Paderborn.

Sauter W. (2004). *Die vierte Welle des E-Learnings. Individuelles Lernen und Wissensmanagement wachsen zusammen*. http://www.athemia.com/media/gallery/vierte_welle.pdf (Abruf 24. April 2009)

Schulmeister R. (2001). *Virtuelle Universität – Virtuelles Lernen*. München: Oldenbourg.

Schulze, G (1992). Die Erlebnisgesellschaft. Kultursoziologie der Gegenwart. Frankfurt a.M.: Champs

Schwarz, K (1968). Die Kurzschulen Kurt Hahns. Ihre pädagogische Theorie und Praxis. Ratingen.

Seliger, R. (2008). *Einführung in die Großgruppenmethoden*. Heidelberg: Auer.

Siebert, H. (2008). *Methoden für die Bildungsarbeit*. Bielefeld: wbv.

Soranno S. (2009). *Das Internet verändert die Welt der Erziehung*. http://emagazine.credit-suisse.com/app/article/index.cfm?fuseaction=OpenArticle&aoid=255409&lang=DE (Abruf 24. April 2009)

Stangl, W. (2009). *eLearning, E-Learning, Blended Learning*. http://arbeitsblaetter.stangl-taller.at/LERNEN/Elearning.shtml (Abruf 24. April 2009)

Strzebkowski, R. (1997). Realisierung von Interaktivität und multimedialen Präsentationstechniken. In L. J. Issing & P. Klimsa (Hrsg.), *Information und Lernen mit Multimedia* (S. 269–304). Weinheim: PVU.

Vogel, M.-T. (2005). Outdoor-Trainings im Vergleich. Saarbrücken: VDM Verlag Dr. Müller

Waider, C. (2005). Evaluation von Outdoor-Trainings. In Lakemann, U.: Wirkungsimpulse. Augsburg: Ziel.

Weis, K. (2006). Menschenbilder der Erlebnispädagogik (S. 61 – 75). In: Fischer, T. (Hrsg.). Hochschule und Erlebnispädagogik. Hohengehren: Schneider.

Witte, M. D. (2002). Erlebnispädagogik: Transfer und Wirklichkeit. Möglichkeiten und Grenzen des erlebnis- und handlungsorientierten Erfahrungslernens. In: Zeitschrift für Erlebnispädagogik, H. 5/6.

### Weiterführende Literatur

Kuhnt, B. & Müller, N.R. (2006). Moderationsfibel Zukunftswerkstätten. verstehen, anleiten, einsetzen. Das Praxisbuch zur sozialen Problemlösungsmethode Zukunftswerkstatt. (3. Aufl.). Frankfurt: SPAK Bücher.

Maleh, M. (2001). Open Space: Effektiv arbeiten mit großen Gruppen. Ein Handbuch für Anwender, Entscheider und Berater (2. Aufl.). Weinheim: Beltz.

# Lernprozesse von Gruppen begleiten

*Mirjam Kalt*

In der Erwachsenenbildung ist das Lernen in Gruppen didaktisch sinnvoll, weil es darum geht, die einzelnen Erfahrungshintergründe einzubringen, sich über Problemfelder auszutauschen und interaktives, dialogisches Lernen zu fördern. Lernprozesse in Gruppen unterstützen neben kognitivem Wissen auch die Sozial- und Selbstkompetenz. In diesem Abschnitt werden Phänomene und Prozesse in Gruppen betrachtet und in Verbindung mit Lernprozessen in der Bildungsarbeit gebracht.

Im Bildungsbereich kommt Gruppen eine hohe Bedeutung zu. Viele Bildungs- und Lernprozesse werden in Gruppen gestaltet und es ist allgemein anerkannt, dass Gruppen hohe Synergieeffekte aufweisen. Jeder Mensch verfügt zudem über eine große Erfahrung mit Gruppen. Durch das Aufwachsen in einem familiären System, das Lernen in Schulklassen und das Spielen in Peergruppen wird bereits erlebt, wie Gruppen funktionieren und was Gruppen ausmacht. Natürlich ist dieses Erleben unterschiedlich konnotiert. Wenn ein Kind in der Schulklasse infolge seiner Leistungen weniger beliebt ist, in der Gruppe von Nachbarkindern aber wegen seiner kreativen Art gerne gesehen wird, können beispielsweise diese beiden Gruppen – die Schulklasse und die Peergruppe – unterschiedliche Befindlichkeiten auslösen. Die Rolle, welche eine Person im Gruppengefüge einnimmt, oder der Status, über welchen ein Gruppenmitglied verfügt, sind unter anderem bedeutende Faktoren für das affektive Erleben in Gruppen. Die Gruppe ist demzufolge ein System, wo soziales und emotionales Lernen stattfindet.

## 7.1    Gruppen in der Bildungsarbeit

In der Bildungsarbeit kennen wir viele unterschiedliche Gruppenformen: Kursgruppen, Seminarklassen, Lern- oder Supervisionsgruppen, virtuelle Teams, Projektgruppen usw.

**Klein- und Großgruppen**

> **Gruppen**
>
> Von Gruppen sprechen wir, wenn bestimmte Kriterien erfüllt sind (vgl. König & Schattenhofer, 2007, S. 15):
> - Gruppen haben 3 bis ca. 20 Mitglieder, wobei wir von Kleingruppen bei 3 bis ca. 8 Mitglieder und von Großgruppen ab ca. 20 Personen sprechen.
> - Die Gruppen bestehen über einen bestimmten Zeitraum,
> - verfügen über eine gemeinsame Aufgabe oder ein gemeinsames Ziel
> - und stehen miteinander in einer direkten (oder indirekten) Interaktion.
> - Darüber hinaus entwickeln Gruppen ein Wir-Gefühl der Zugehörigkeit,

- Werte und Normen als Grundlage der Kommunikation und
  Zusammenarbeit
- sowie ein System von formellen und/oder informellen Rollen.

Die Größe einer Gruppe spielt eine wichtige Rolle. Bei einer Kursgruppe mit 8 Personen werden aus didaktischen Gründen andere methodische Formen eingesetzt als bei einer Klasse von 50 Studierenden.
Die Durchführung von Gruppen- oder Projektarbeiten, erweiterten
Lernformen wie Lernwerkstatt, Großgruppenmethoden wie »Open
Space« oder Blended Learning ist bei Großgruppen angebracht. Zudem ist die Aufteilung in Subgruppen effizient und die Einführung
von Lern- oder Intervisionsgruppen sinnvoll. Bei kleinen Seminargruppen sind dialogische Formen in der ganzen Gruppe bestens
durchführbar: Lehrgespräche, Diskussionen, Rollenspiele usw. Die
lehrende Person ist bei Kleingruppen viel stärker in die Lernprozesse
der ganzen Gruppe eingebunden. Die gruppendynamischen Prozesse
verlaufen zudem unterschiedlich: Bei Kleingruppen sind in der Regel
die direkten Kontakte und die emotionalen Bindungen größer. Auch
sind Veränderungen bei Mitgliederwechsel spürbarer und gemeinsame, konsensorientierte Entscheidungen eher durchführbar. Großgruppen sind träger in der Entscheidungsfindung und brauchen kla-
rere Rahmenbedingungen und Rollenstrukturen. Die Anonymität ist
in Großgruppen größer. Es ist viel einfacher, sich in der großen Gruppe zu verstecken und sich der Gruppenmeinung anzuschließen.

**Lern- und Intervisionsgruppen**

**Lerngruppen** sind ein Beispiel für Kleingruppen und werden in
der Bildungsarbeit eingesetzt, um große Klassen für kürzere oder
längere Zeit in kleinere Einheiten zu unterteilen. Dabei kann es in
Lerngruppen darum gehen, Lerninhalte zu vertiefen, gemeinsame
Lernprojekte zu realisieren, zusätzliche Fachliteratur zu erarbeiten,
Erfahrungen zu bestimmten Lernzielen auszutauschen oder Praxis-
fälle und Problemfelder zu bearbeiten. Lerngruppen können auch Er-
fahrungsaustausch- oder Intervisionsgruppen sein.

Eine Form von Lerngruppen sind **virtuelle Teams.** Die Mitglieder
befinden sich an verschiedenen Orten und kommunizieren über Medien. Weil die persönlichen Kontakte dadurch begrenzt sind, braucht
es vertrauensbildende Maßnahmen, damit die Zusammenarbeit auch
über die Distanz funktioniert. Natürlich müssen auch alle Mitglieder
den Umgang mit den verwendeten Medien (z. B. Lernplattformen)
kennen. Bei interkulturell zusammengesetzten Gruppen sind die
sprachlichen und kulturellen Unterschiede eine erhöhte Herausforderung.

**Virtuelle Teams**

**Supervisionsgruppen** werden als Beratungsform für Probleme
und Fragen aus der Praxis eingesetzt. Dabei geht es einerseits darum,
die Zusammenarbeit und die Arbeitsfähigkeit in der Gruppe zu analysieren und zu verbessern, andererseits auch darum, konkrete Fragen

**Supervisionsgruppen**

oder Probleme aus dem Arbeitskontext zu besprechen. Supervisionsgruppen werden im Unterschied zu den Intervisionsgruppen durch eine professionelle Fachperson moderiert und begleitet.

**Gruppendynamische Trainings**

**Die gruppendynamischen Trainings (T-Gruppen)** bezwecken, dass die Gruppenmitglieder direkte Erfahrungen mit den Phänomenen der Gruppe und ihrer Dynamik machen und gleichzeitig Einsichten über das eigene Verhalten in Gruppen gewinnen. Die Aufgabe der Gruppe besteht darin, sich selbst zu erforschen. Dies geschieht im Hier und Jetzt und mittels Feedbacktechniken. Dabei wird von den TrainerInnen nur Ort und Zeit vorgegeben, nicht jedoch ein genauer Arbeitsplan. Die Gruppe gestaltet den Lernprozess selbst. Diese Form von Gruppenarbeit ist in speziellen gruppendynamischen Settings anzutreffen.

**Gruppe und Team**

In der Literatur weniger einheitlich wird der Unterschied zwischen **Gruppe und Team** behandelt. Wir sprechen von Team, wenn eine Aufgabe die Zusammenarbeit der Mitglieder von derselben Organisation für einen bestimmten Zeitraum erfordert. Dabei entsteht ein klares, aufgabenzentriertes Rollengefüge, welches zur Arbeitsfähigkeit und verbindlichen Zielerreichung einen entscheidenden Beitrag leistet. Das Team ist daher ein Arbeitsinstrument zur Erfüllung einer Aufgabe, jedoch auch ein soziales System. Im arbeitspsychologischen Kontext hat die Teamarbeit an Bedeutung gewonnen, im Bildungswesen ist die Team- oder Gruppenarbeit eine wichtige und effiziente soziale Lernform.

## 7.2    Gruppen am Anfang

Ein besonderes Augenmerk gilt der Gruppe in der Anfangszeit. Die Gruppenbildung und die Anfangssituation in Gruppen finden unter erschwerten Bedingungen statt.

### 7.2.1    Gruppenbildung

**Gruppenbildung ist geprägt durch Vorerfahrungen und Erwartungen**

Unter Gruppenbildung verstehen wir den Prozess, eine bestimmte Anzahl Personen zu einer Gruppe zu formieren. Dieser Prozess wird unter bestimmten Kriterien und aufgrund einer konkreten Zielfokussierung gesteuert. Bei der Gruppenbildung im Kontext der Bildungsarbeit geschieht die Steuerung entweder durch die Leitung oder die Institution (z. B. Bildung von Seminargruppen aufgrund der Anforderungskriterien) oder durch die Gruppenmitglieder selbst (z. B. Bildung von Lerngruppen).

Die gesteuerten Gruppenbildungsprozesse sind geprägt durch die Vorerfahrungen, welche die künftigen Gruppenmitglieder mitbringen. Vorerfahrungen beinhalten negative und positive Erlebnisse mit Gruppenbildung (Zugehörigkeit, Außenseitertum, Konkurrenz usw.) und sind verknüpft mit Fantasien, Befürchtungen und Ängsten und

**Tab. 7.1** Persönlichkeitstypen nach Riemann. (In Anlehnung an Riemann, 2002)

| Analogie | Bedürfnis des Menschen | Angstimpuls | Persönlichkeitstyp |
|---|---|---|---|
| Die Erde dreht sich um die eigene Achse | Bedürfnis nach Individualität | Angst vor Nähe und Abhängigkeit | Streben nach Distanz und Autonomie |
| Die Erde dreht sich um die Sonne | Bedürfnis nach Integration | Angst vor Verlassenheit und Isolierung | Streben nach Nähe und Vertrautheit |
| Schwerkraft auf der Erde | Bedürfnis nach Beständigkeit | Angst vor Veränderung und Unsicherheit | Streben nach Sicherheit und Ordnung |
| Fliehkraft auf der Erde | Bedürfnis nach Veränderung | Angst vor Begrenztheit | Streben nach Wechsel und Innovation |

mit dem Wunsch nach Anerkennung und Zugehörigkeit – wie es das folgende Beispiel zeigt – oder mit dem Wunsch nach Autonomie und Individualität.

Als Kind wurde ich im Turnunterricht immer als Zweitletzte oder Letzte in die Spielgruppe gewählt. Das war für mich jeweils schrecklich, denn es entstand bei mir das Gefühl, nicht nützlich und nicht beliebt zu sein. Bei vielen Gruppenbildungen in meinem späteren Leben wiederholte sich jeweils meine Befürchtung, nicht erwünscht zu sein und keinen Platz in einer Gruppe zu finden, so dass mir der Anfang in Gruppen eher Mühe bereitete.

Die psychodynamische Aufgabe einer Gruppe liegt in Anlehnung an 4 Persönlichkeitstypen nach Riemann (2002; **Tab. 7.1**) im Spannungsfeld zwischen Autonomie und Zugehörigkeit und zwischen Sicherheit und Innovation.

    Natürlich erscheinen diese 4 Persönlichkeitstypen selten in der beschriebenen, reinen Form. Meistens gibt es Mischformen und verschiedene Ausprägungen, welche je nach Anlage, Umwelteinflüssen und Sozialisation unterschiedlich entwickelt werden. Gleichwohl kann davon ausgegangen werden, dass die persönliche Einstellung gegenüber Gruppenbildungen durch diese Grundmuster mitgeprägt wird. Eine Person mit Streben nach Autonomie und Veränderung wird sich beispielsweise eher einer Gruppe zuordnen oder sich in einer Gruppe wohler fühlen, welche aus verschiedenen, eigenständigen Persönlichkeiten zusammengesetzt ist. Die Gruppenbildung wird zudem stark geprägt durch Sympathie und Antipathie. Sympathie und Antipathie sind positive oder negative Bewertungen einer Person, welche durch räumliche Nähe, soziokulturelle Ähnlichkeit oder physische Attraktivität entstehen.

    Oft werden bei Gruppenbildungen jedoch äußerliche Kriterien wie geografische Nähe, Geschlechter- oder Altersdurchmischung, berufliche Heterogenität oder Homogenität usw. erwähnt. Je nach Zielfokussierung und Dauer einer Gruppe macht es durchaus Sinn, die

**Gruppenbildung ist geprägt durch Persönlichkeitsmuster und Antipathie/Sympathie**

Gruppe entsprechend dieser Kriterien zusammenzustellen. Gleichwohl bin ich überzeugt, dass die vorher erwähnten Aspekte wie Vorerfahrungen, psychische Grundmuster oder Sympathie eine nicht zu unterschätzende Rolle für die Gruppenbildungsprozesse spielen.

> **Bedeutung für die Leitung**
> - Die Gruppenbildung ist der erste wichtige gruppendynamische Prozess und verdient Beachtung.
> - Eine Gruppe wird dann arbeitsfähig, wenn die neuen Gruppenmitglieder die Möglichkeit erhalten, in Beziehung zu treten. Sie müssen gemeinsame Interessen finden und es muss eine gewisse Sympathie und Identifikationsmöglichkeit mit den anderen möglich sein.

### 7.2.2    Anfangssituationen in Gruppen

» »Man kennt nur die Dinge, die man zähmt«, sagte der Fuchs. (…) »Du musst sehr geduldig sein. Du setzt dich zuerst ein wenig abseits von mir ins Gras. Ich werde dich so verstohlen, so aus dem Augenwinkel, anschauen und du wirst nichts sagen. Die Sprache ist die Quelle der Missverständnisse. Aber jeden Tag wirst du dich ein bisschen näher setzen können …« (de Saint-Exupery, 2004, S. 67) «

Feinfühlig zeigt uns die Geschichte vom kleinen Prinzen und dem Fuchs, wie sich die beiden langsam annähern und vertraut werden und wie stark neue Begegnungen von Neugier aufeinander, aber auch von Vorsicht und Unsicherheit geprägt sind.

**Jeder Anfang ist einmalig**

Jeder Anfang geschieht einmal und ist nicht wiederholbar, sei es der Anfang in einer Kursgruppe, der Beginn einer neuen Arbeitsstelle, die erste Begegnung mit einer noch unbekannten Person. Anfangssituationen in einer Gruppe finden dann statt, wenn sich eine Gruppe neu formiert, wenn es Neueintritte in eine bestehende Gruppe gibt, wenn sich gravierende Veränderungen in der Aufgaben- oder Rollenstruktur ergeben oder wenn die Gruppe nach langer Unterbrechung einen Neustart wagt. Es sind also immer Situationen, welche etwas Fremdes an sich haben.

**Anfangssituationen lösen unterschiedliche Gefühle aus**

Anfangssituationen können bei den Gruppenmitgliedern unterschiedliche Gefühle auslösen. Einerseits sind dies Neugier, Freude, Lust (z. B. »Ich freue mich auf die neuen Leute! Ich bin neugierig auf die Lerninhalte!«), andererseits auch Nervosität, Zurückhaltung und Angst (z. B. »Kann ich mich genügend einbringen? Werde ich akzeptiert?«). Diese Gefühle sind bei den Mitgliedern unterschiedlich stark ausgeprägt, sie sind jedoch immer vorhanden und schaffen ein Bedürfnis nach Orientierung.

> **Fragen, die bei den Gruppenmitgliedern in Anfangssituatio-**
> **nen im Vordergrund stehen**
> - Die Frage nach dem **Ich:** Wer bin ich? Wie soll ich mich ver-
>   halten?
> - Die Frage nach der **Gruppe:** Wer sind die anderen? Wer wird
>   hier welchen Einfluss haben?
> - Die Frage nach dem **Inhalt:** Was kommt auf mich zu? Werde
>   ich den Anforderungen entsprechen können? Werde ich be-
>   kommen, was ich erwarte?

Der Gruppen- oder Kursleitung kommt in dieser Phase eine wichtige
Aufgabe zu. Sie kann die Schwierigkeiten in Anfangssituationen be-
nennen und mögliche Gründe dafür aufzeigen. Sie kann auch eigene
Emotionen aussprechen, denn die Leitung erlebt diese Situation ganz
ähnlich. Dadurch wird es auch für die Teilnehmenden ansprechbar.
Die Leitung muss auf jeden Fall akzeptieren, dass in Anfangssituationen viel Energie für die Gruppenentwicklung eingesetzt werden muss.
Dabei kann sie sowohl auf emotionaler wie auch auf kognitiver Ebene
wichtige Orientierungen bieten und somit den Gruppenprozess in
Anfangssituationen fördern. Geissler (2005) beschreibt kreative und
ansprechende Methoden, den Anfang in Gruppen zu unterstützen.

Ein wichtiges Gefäß für die Orientierung in der Anfangsphase
sind **Arbeitsvereinbarungen.** Diese Kontrakte beinhalten in Kurs-
oder Lerngruppen Abmachungen bezüglich der Erwartungen, der
Beziehungsgestaltung, der Regeln der Zusammenarbeit und der
Rahmenbedingungen. Es ist evident, dass diese Kontraktarbeit umso
wichtiger ist, je länger die Bildungsveranstaltung dauert und je größer
der Zeitraum ist, über den die Kurs- und Lerngruppen gemeinsam
unterwegs sind.

**Arbeitsvereinbarungen**

Kontrakte bezüglich der Erwartungen finden dann statt, wenn mit
der Bedarfsanalyse die Bedürfnisse zu wenig genau geklärt werden
konnten. Wichtig dabei ist, die individuellen Erwartungen der Teilnehmenden wertschätzend entgegenzunehmen und dann zu klären,
worauf eingegangen werden kann und worauf nicht. Kontrakte bezüglich der Beziehungsgestaltung und der Art und Weise der Zusammenarbeit können Aspekte wie Offenheit, Umgang mit Kritik,
Kommunikations- und Feedbackregeln, Abmachungen bezüglich
Diskretion, Du-/Sie-Kultur, Umgang mit Konflikten usw. umfassen.
Die Regeln zu den Rahmenbedingungen beinhalten beispielsweise
Abmachungen zu Pünktlichkeit, Umgang mit dem Mobiltelefon und
Arbeitszeiten.

> **Bedeutung für die Leitung**
> - Anfangssituationen in Gruppen gebühren Aufmerksamkeit
>   und Zeit.

- Es braucht Gelegenheiten, welche es den Kursteilnehmenden ermöglichen, sich kennen zu lernen und in Beziehung zu treten.
- Es braucht Gefäße, um Erwartungen zu klären.
- Es braucht Orientierung und Transparenz in Bezug auf Ziele, Inhalte, Methodik, Abläufe, Zeiten und Rahmenbedingungen.
- Es braucht Vereinbarungen bezüglich des Umgangs miteinander und darüber, wie die Zusammenarbeit gestaltet werden will.
- Förderlich in Anfangssituationen ist eine Atmosphäre der gegenseitigen Wertschätzung, Offenheit und Transparenz. Die Leitung kann eine wichtige Vorbildfunktion einnehmen.

## 7.3    Gruppen und ihre Dynamik

### 7.3.1    Ursprünge und Definition der Gruppendynamik

**Ursprünge und Bedeutung der Gruppendynamik**

Die Ursprünge der Gruppendynamik gehen auf die Feldtheorie von Kurt Lewin (1890–1947) zurück. Er und sein Forscherteam haben das Kräftespiel und die Phänomene in und zwischen Gruppen analysiert und gaben Anstöße zur Gruppendynamik im Sinne der Selbsterfahrung. Ungefähr im gleichen Zeitraum entwickelte Jakob Moreno (1889–1974) die Soziometrie zur Diagnose von Beziehungen in Gruppen und trug damit viel zur Entwicklung der angewandten Gruppendynamik bei.

> **Gruppendynamik**
>
> Der Begriff Gruppendynamik hat heute verschiedene Bedeutungen:
> - **Die Gruppendynamik bezeichnet die Prozesse,** Kräftefelder und Muster in einer Gruppe. Dies umfasst die gesamte Entwicklung der Gruppe, die klassischen Phasen, die Verteilung der Rollen, die Bestimmung der Ziele und Aufgaben, die Bildung von Normen und Regeln, die Gestaltung der Kultur, die Verteilung von Macht.
> - **Die Gruppendynamik ist eine wissenschaftliche Disziplin,** welche Gruppenprozesse erforscht, und stellt somit einen Teil der Sozialwissenschaften dar. Durch diese Erforschung werden Theorien und Modelle entwickelt, welche die Dynamik in Gruppen erfassen und verständlich machen.
> - **Zudem ist Gruppendynamik eine Interventionsform,** welche soziales Lernen ermöglicht. Sie stellt Techniken zur Verfügung, um gruppendynamische Prozesse erfahrbar zu machen und

> um Vorgänge zu steuern. In der Erwachsenenbildung ist die Gruppendynamik eine anerkannte Methode, um Lern- und Veränderungsprozesse anzustoßen.

## 7.3.2    Die Sach- und Beziehungsebene in Gruppen

Das Geschehen in Gruppen ist geprägt durch 2 Ebenen. Es geht dabei einerseits um Themen, die von außen gegeben sind. Andererseits beschäftigen sich Gruppen immer auch mehr oder weniger stark mit dem inneren Gruppengeschehen. Schattenhofer (in Edding & Schattenhofer, 2009, S. 20 ff) unterscheidet Gruppen:

**Sach- und Beziehungsebene von Gruppen**

- bei denen die **Sachorientierung** und damit die äußere Umwelt im Vordergrund stehen – diese Gruppen legen ihren Fokus auf die von außen vorgegebene Zielerreichung. Sie sind für eine bestimmte Leistungserbringung zusammengestellt worden (z. B. Schulklassen, Steuerungsgruppen, Gremien) und orientieren sich an der Beurteilung durch das Außen;
- von jenen Gruppen, die sich mehr mit der **inneren Welt** beschäftigen und sich nicht gegen außen positionieren müssen. In diesen Gruppen haben Befindlichkeiten, Bedürfnisse und Wertvorstellungen, welche die einzelnen Gruppenmitglieder in die Gruppe einbringen, und das Beziehungsgefüge, welches in der Gruppe entsteht, einen wichtigen Stellenwert (z. B. Selbsterfahrungsgruppen, Therapiegruppen, gruppendynamische Trainingsgruppen).

Im Bildungswesen haben wir es meistens mit Gruppen zu tun, die irgendwo zwischen diesen beiden Polen anzusiedeln sind. Während sich eine Gruppe von angehenden Gruppenleitenden viel stärker mit den eigenen Erfahrungswelten und der Beziehungsgestaltung in der Gruppe auseinander setzen muss, ist die Fokussierung auf die sachliche Aufgabe und funktionale Seite der Teilnehmenden bei Computerfachkursen vordergründig.

Das Eisbergmodell (◨ Abb. 7.1) ist hilfreich für die Verdeutlichung der Sach- und Beziehungsebene.

Das manifeste Geschehen bewegt sich oberhalb der Wasseroberfläche und ist für alle Beteiligten besprechbar. Darunter liegt alles Verborgene, Tabuisierte, weniger gut Wahrnehmbare, worüber es eine spezielle Vereinbarung braucht, sollte es angesprochen werden können. Ansonsten führt es zu Irritationen und Konflikten. Bei Ausbildungsgruppen, bei denen die Beziehungsebene oder die soziodynamische Ebene ansprechbare und verhandelbare Themen sind, liegt die Wasseroberfläche tiefer als bei Gruppen, welche sich gemäß den Zielvorgaben der Bildungsveranstaltung vordergründig

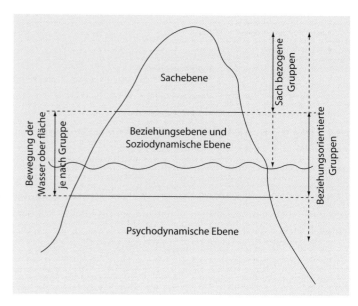

**Abb. 7.1** Die Sach- und Beziehungsebene im Eisbergmodell. (In Anlehnung an Oliver König/Karl Schattenhofer: Einführung in die Gruppendynamik, Carl-Auer Verlag, Heidelberg, 3. Aufl. 2008. Mit freundlicher Genehmigung des Carl-Auer-Verlags)

»nur« mit der Sachebene befassen. Das heißt jedoch nicht, dass die darunterliegenden Ebenen nicht wirken. Im Bildungsalltag gewinnen wir oft den Eindruck, dass es in der Gruppe noch um etwas anderes gehen könnte als beispielsweise »nur« um das Einüben eines professionellen, kundenorientierten Gesprächs am Telefon. Es geht plötzlich auch noch um Aspekte wie Konkurrenz und Macht (z. B. »Wer führt bessere Kundengespräche? Wer legt hier die Normen fest?«).

Diese Aspekte betreffen die weniger sichtbare Ebene, die Beziehungsebene oder die Ebene der sozialen Interaktionen, welche immer dann entsteht, wenn Menschen miteinander in einer Gruppe zusammenarbeiten. Es geht dabei um alles, was innerhalb der Gruppe geschieht: Zugehörigkeit und Ausgeschlossenheit, Rollendifferenzierungen, Entstehung von Normen, Umgang mit Konflikten und Widerstand etc. Meistens werden diese Geschehnisse nicht während der Bildungsveranstaltung thematisiert, sondern höchstens im informellen Rahmen wie in Pausengesprächen.

Die Ebene der Psychodynamik, die sich unterhalb der Beziehungsebene befindet, beschreiben König & Schattenhofer (2007, S. 30) als unbewusste Motive und Ängste, welche die Gruppenmitglieder aus ihren lebensgeschichtlichen Zusammenhängen in die Gruppe mitbringen. Dies kann zu einem bestimmten Verhalten führen, welches für die anderen Beteiligten nicht nachvollziehbar ist. Dazu gehören z. B. Übertragungen oder Fürsorgereaktionen aufgrund lebensgeschichtlicher Erfahrungen. Diese Ebene wird in den üblichen Bildungssituationen nicht angesprochen.

**Bedeutung für die Leitung**

— Die Sach- und Beziehungsebene wirken in Gruppen. Vertrauen und Sicherheit auf der Beziehungsebene sind eine wichtige Voraussetzung für eine effiziente und zielorientierte Sacharbeit. Die Beziehungsebene ist eine wichtige Quelle für Anerkennung, Zufriedenheit und Motivation. Dazu müssen Fach- und Sozialkompetenz entwickelt werden. Die Kursleitung ist Anwalt von beiden Ebenen.

— Spannungen in Gruppen haben oft den Ursprung auf der soziodynamischen Ebene und können dann angesprochen und verhandelt werden, wenn es ein Zustimmen der Beteiligten gibt. Gleichwohl ist die Bearbeitung dieser Spannungen sehr wichtig für das weitere Zusammenarbeiten.

— Die Auswertung der Arbeit in Gruppen sollte sich einerseits mit dem Arbeitsergebnis, aber auch mit der Arbeitsweise auseinander setzen. Das Arbeitsresultat ist auch ein Zeichen der funktionierenden Zusammenarbeit, welche durch soziodynamische Aspekte gefördert wird.

### 7.3.3 Die Dimensionen der soziodynamischen Ebene

Schattenhofer (in Edding & Schattenhofer, 2009) erwähnt 3 Hauptaufgaben, welche eine Gruppe auf der soziodynamischen Ebene zu bewältigen hat:

**Drinnen und draußen**

— Bei der **Dimension der Zugehörigkeit** geht es um die Frage, wer dazugehört und wer nicht, wer im Mittelpunkt steht und wer sich eher am Rande bewegt. Dabei geht es nicht um die formale Frage der Anwesenheit. Es geht viel mehr darum, inwiefern jemand mit seiner Einzigartigkeit akzeptiert wird oder nicht, ob jemand ausgeschlossen oder zum/zur Außenseiter/in wird und was eine Person tun muss, um dazuzugehören. Wie wir in ▶ Abschn. 7.2.1 gesehen haben, sind die Bedürfnisse nach Zugehörigkeit und Individualität unterschiedlich ausgeprägt. Für einige Menschen ist das Zugehören viel essenzieller als für andere, die es wiederum bevorzugen, eher in losem Kontakt mit der Gruppe zu stehen.

**Oben und unten**

— Die **Dimension der Macht und des Einflusses** beschreibt, wer was und wie viel zu bestimmen hat. Konkurrenz und Rivalität gehören dazu. Macht ist ein Begriff, der oft negativ konnotiert ist, da er Assoziationen auslöst wie: Eine Person ist die Mächtige, alle andern sind die Ohnmächtigen. Macht entsteht jedoch in einem Gefüge von Beziehungen (vgl. König, 2007). Die Macht einer Person kann noch so groß sein, sie ist immer verankert in einem Netz sozialer Kräfte. Das heißt, Macht ist an sich nicht schlecht, Macht gibt es. Die Frage ist, wie damit umgegangen

**Nah und fern**

wird. Erst wenn der Einfluss so dominant oder einseitig wird, dass es den Mitgliedern verunmöglicht wird, sich am Geschehen in der Gruppe angemessen zu beteiligen, ist Macht hinderlich. Macht dient der Reduktion der Komplexität in Gruppen. Schon bei Kleingruppen entsteht eine Vielzahl an möglichen Interaktionen und Beziehungsformen, so dass Macht notwendig wird für die Ordnung und Orientierung in Gruppen. Macht zeigt sich durch die Hierarchisierung – Kristallisation von Rollen und Entwicklung von Status als System einer Rangordnung um Anerkennung und Ansehen – und durch die Bildung von Normen. In den meisten Gruppen gibt es ausgeprägte formale Rollen und Regeln, auf der Hinterbühne entstehen aber auch informelle Rollen und Normen (▶ Abschn. 7.4).

▬ Die **Dimension der Intimität** meint die Differenzierung der Beziehungen. Dabei geht es um Nähe und Distanz, darum, wer wem gegenüber wie nahe steht. Es geht auch um die Frage, ob alle Beziehungen untereinander gleich sein müssen oder ob es in der Gruppe Unterschiede geben darf: sachlichere und persönlichere, warmherzigere und kühlere, distanziertere und engere Beziehungen. Daraus können auch Paarbildungen oder Untergruppen entstehen. Für die Differenzierung der Beziehungen spielen Sympathie und Antipathie eine wichtige Rolle.

### 7.3.4    Gruppenphasen

In der Literatur sind einige Prozessmodelle bekannt, welche die Gruppenphasen beschreiben. Die 3 häufigsten Modelle sind:

▬ »forming/storming/norming/performing ergänzt mit adjourning« von Tuckman (1965)
▬ »Abhängigkeit/Paarbildung/Kampf und Flucht« von Bion (1974)
▬ »Orientierung/Positions- und Rollenklärung/Vertrautheit und Intimität/Differenzierung/Trennung und Ablösung« von Antons (2000).

**Gruppenphasenmodelle**    Diese Modelle teilen den Gruppenverlauf in verschiedene Phasen ein, wobei nicht jede Phase gleich intensiv oder in bestimmter Reihenfolge durchlebt werden muss. Es kann eine Phase übersprungen oder beliebig wiederholt werden. Auch muss sich nicht die ganze Gruppe in der gleichen Phase befinden. Jede Gruppe hat ihre eigene Geschwindigkeit. Es kann sein, dass eine Gruppe nie das Stadium der differenzierten Arbeitsphase erreicht, bei anderen Gruppen finden kaum Konflikte statt. Eine Orientierung für Gruppenleitende gibt ◪ Tab. 7.2 mit den wichtigsten Prozessen der Phasen und Hinweisen für Interventionen in Anlehnung an das Modell von Antons.

Jede Gruppe erlebt die Phasen unterschiedlich, jedoch gibt es in allen Gruppen Höhepunkte, Krisen und Wendepunkte. Die Gruppen entwickeln sich abwechselnd in Richtung zu mehr Kohäsion und

**Tab. 7.2** Phasen des Gruppenprozesses. (In Anlehnung an Antons, 2000)

| | Orientierung | Positions- und Rollenklärung | Vertrautheit und Intimität | Differenzierung | Trennung und Ablösung |
|---|---|---|---|---|---|
| **Phänomene in der Gruppe** | Dilemma zwischen Annäherung und Ausweichen, zwischen Unsicherheit/Angst und Neugierde/Lust, Orientierungslosigkeit, erste konventionelle Aktivitäten und Suche nach dem Aufgabenverständnis und Ziel. Noch kein vertrauensvolles Klima, Atmosphäre der Nichtbezogenheit, konventionelle Umgangsformen zur Kontaktaufnahme. Suche nach ersten Verbindungsmöglichkeiten | Positionskämpfe zwischen Mitgliedern untereinander und der Leitung. Starkes Bedürfnis nach Führung, aber auch Widerstand dagegen. Leitungsautorität wird in Frage gestellt. Dilemma zwischen Autonomie und Gruppenmitgliedschaft. Abweichungen von den Rahmenbedingungen. Bildung von Normen. Macht und Rivalität. Bemühen um Status | Dilemma zwischen Autonomie und Zugehörigkeit ist zugunsten der Gruppe entschieden. Aufeinander-bezogen-Sein bis hin zur »Verliebtheit« in der Gruppe. Emotionale Nähe wird als tragende Kraft spürbar, Wir-Gefühl ist entwickelt. Persönliches hat Platz. Tendenz zum Sich-gegenseitig-Offenbaren. Verstärktes persönliches Engagement | Abgrenzung und Bezogenheit werden gelebt, Individuum und Gruppe im Gleichgewicht. Niemand muss um seinen Platz bangen, Rollen sind klar, Rollenwechsel möglich. Freude an der Zusammenarbeit, hohe Kooperation. Hohes Maß an Selbststeuerung. Gegenseitige Unterstützung erfolgt. Gute Kommunikation. Gruppennormen spielen wichtige Rolle. Gefahr von Routine | Leugnen der Trennung, Aufbegehren dagegen. Abwehrhaltungen, Entwertung der Gruppe, Enttäuschungen. Abwendung von der Gruppe oder Versuche, neue gemeinsame Aktivitäten zu entwickeln, Wunsch nach Wiedersehen. Energieabfall. Außeninteressen gewinnen an Bedeutung |
| **Interventionsansätze für die Leitung** | Distanz zulassen. Orientierung geben. Arbeitsregeln vereinbaren. Begegnungen und Kennenlernen ermöglichen. Vertrauensbildende Maßnahmen, um Fremdheit abzubauen | Autonomie unterstützen. Positionierungen erleichtern und klären helfen. Psychische Sicherheit aller gewährleisten. »Fels in der Brandung«, welcher differenzierte Meinungen und Verhalten zulässt. Regeln durchsetzen, Grenzen setzen. Normen klären. Suche nach Gemeinsamkeiten unterstützen | Dem persönlichen Austausch Raum geben, aber die Sprache vor zu viel Intimität schützen. Individuum und Gruppe in eine fruchtbare Balance bringen. Unterstützung der Gruppenentwicklung trotz Konflikten | Selbsttätigkeit der Gruppe begünstigen. Gelegenheit bieten, gemeinsam nach außen zu handeln. Anspruchsniveau steigern. Mit klärenden Fragen Prozess unterstützen, zu Reflexion und Evaluation über den Prozess anregen. Vertrauen in Gruppe geben, sich zurückhalten. Beratende Funktion einnehmen. Erfolge feiern lassen | Es ermöglichen, Angefangenes zu beenden und Offenes zur Sprache zu bringen oder zu klären. Den Gefühlen zum Ausdruck verhelfen, eigene Gefühle ansprechen. Genügend Zeit, klare Strukturen. Anerkennung für geleistete Arbeit. Ausblick auf das Danach. Für gemeinsamen und würdigen Abschluss sorgen |

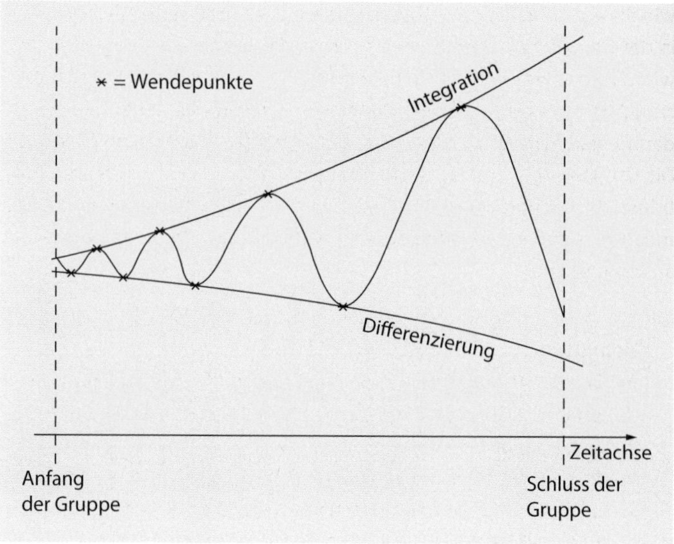

**Abb. 7.2** Die Gruppe zwischen Differenzierung und Integration. (In Anlehnung an Oliver König/Karl Schattenhofer: Einführung in die Gruppendynamik, Carl-Auer Verlag, Heidelberg, 3. Aufl. 2008. Mit freundlicher Genehmigung des Carl-Auer-Verlags)

dann wieder zu mehr Differenzierung (**Abb. 7.2**). Diese Wellenbewegung hat Schattenhofer (Edding & Schattenhofer, 2009) veranlasst, den Gruppenverlauf zwischen den beiden Polen Integration und Differenzierung zu beschreiben.

**Die Gruppe bewegt sich zwischen Integration und Differenzierung**

Die Gruppe bewegt sich zwischen Integration und Differenzierung und beginnt in der Anfangsphase meistens bei der Integration. Dabei geht es um Ähnlichkeiten, gleiche Sichtweisen, gemeinsame Erlebnisse, welche zu einem höheren Zusammenhalt in der Gruppe führen. Die Differenzierung wird geschaffen durch das Herauskristallisieren von Rollen, das Zulassen von verschiedenen Meinungen und unterschiedlicher Beziehungsgestaltung, durch Spannungen und Konflikte innerhalb der Gruppe. Gruppen entwickeln sich weiter, wenn gleichzeitig mehr Integration *und* mehr Differenzierung möglich werden. Dadurch vergrößert sich der Handlungsspielraum für jedes Mitglied und für die Gruppe als Ganzes. Wenn sich Gruppen nur an der Integration orientieren, dann besteht die Gefahr der Auflösung der Individualität (Formen von Sekten). Schattenhofer sagt: »Einseitige Ausrichtung in Richtung Integration kann zum ,Wärmetod' der Gruppe führen« (Schattenhofer in Edding & Schattenhofer, 2009, S. 37). Gruppen, die sich nur in Richtung Differenzierung entwickeln, laufen Gefahr, auseinander zu fallen. Wichtige Momente in diesem Prozess sind die Wendepunkte. Dies sind Momente, in denen sich der Prozess von Integration zu mehr Differenzierung oder umgekehrt entwickelt.

Eine Lerngruppe bestehend aus Ausbilderinnen und Ausbildern hat die Aufgabe, den Unterrichtsbeginn für die nächste Kurssequenz zu gestalten. Bei der Vorbereitung bringt eine Teilnehmerin eine methodische Idee ein, worauf die anderen schnell einsteigen. Gemeinsam wird überlegt, wie die entsprechende Methode umgesetzt werden kann. Gleichwohl ist in der Gruppe eine Unsicherheit spürbar, die jedoch nicht angesprochen wird. Nach einer gewissen Zeit benennt ein Teilnehmer, der sich bis dahin zurückhaltend verhielt, seine Bedenken. Er meint, es gehe doch zuerst darum, miteinander zu klären, was Unterrichtseinstiege denn bedeuten. Die Gruppe zögert zuerst, lässt sich dann darauf ein. Dieser Wendepunkt bringt die Gruppe von der Integration zur Differenzierung und es wird möglich, sich über verschiedene Ansichten und Methodenvorschläge auszutauschen.

> **Bedeutung für die Leitung**
> - Die Kursleitung steuert mit ihren Interventionen die Gruppenphasen und damit den Weg zwischen Integration und Differenzierung.
> - Interventionen zu mehr Differenzierung sind: Unterschiede zulassen, Teilnehmende nach ihren Ansichten fragen und sie bei eigenständigen Meinungen unterstützen, verschiedene Rollen sichtbar machen, Widerstände und Konflikte ansprechen usw.
> - Interventionen zu mehr Integration sind: die Gemeinsamkeiten und Stärken der Gruppe erwähnen, gemeinsame Erfolge ermöglichen, Normen transparent machen usw.

## 7.4 Rollen- und Normenbildung in Gruppen

### 7.4.1 Die Rollendifferenzierung in Gruppen

Ursprünglich kennen wir den Begriff Rolle aus der antiken Theaterwelt, wo die Texte für die Schauspieler auf Schriftrollen notiert wurden. Die sozialpsychologische Definition lautet: Die Rolle ist die Summe der Verhaltensweisen, die in einem Kontext erwartet werden.

Alle verfügen in ihrem Leben über unterschiedliche Rollen: Biologisch zugeschriebene Rollen (Tochter, Vater, Schwester), gewählte Rollen wie Berufsrollen (Lehrerin, Vorgesetzte, Koleiter), private Rollen (Partnerin, Pate, Freundin) und Rollen in der Freizeit (Vereinsmitglied, Nachbarin). Eine bestimmte Rolle deckt immer nur einen Ausschnitt einer Person ab: Der Mensch ist also mehr als seine Rolle. Rolle und Person bleiben dabei unterschiedlich. Die Rolle ist vom jeweiligen Kontext wie auch von der Rollenträgerin und dem äußeren Umfeld abhängig.

**Person und Rolle**

Die soziale Rolle in einer Gruppe gibt Auskunft über die Erwartungen, sowohl des Individuums an die Gruppe als auch der Gruppe an das Individuum. Soziale Systeme neigen dazu, sich durch Aufgaben- und Machtteilung zu strukturieren. Verschiedene Funktionen werden verteilt, z. B. übernimmt eine Person das Beachten des Zeitmanagements, eine andere die Koordination der Aufgaben, eine

**Formelle und informelle Rollen**

dritte sorgt dafür, dass alle mit machen können. Sobald diese Funktionen bewertet werden, bilden sich Rangunterschiede und Hierarchien (Positionen).

Formelle Rollen sind eine legitimierte Zuschreibung einer Funktion über einen bestimmten Zeitraum und in bestimmtem Kontext. Zu jeder formalen Rolle braucht es auch einen Gegenpart, z. B. Vorgesetzte–Mitarbeitende, Mutter–Kind, Vorstand–Mitglieder. Diese transparente Zuordnung von formellen Rollen erleichtert das zwischenmenschliche Verhalten. Man weiß, was zu erwarten ist.

**Rollenmodell**

In Gruppen bildet sich neben den offiziellen Rollen (Kursleiterin–Teilnehmende) ein Geflecht von mehr oder weniger deutlich ausgeprägten, informellen Rollen (z. B. Meinungsmacherin, Sündenbock), die nicht deckungsgleich mit den formellen Rollen sind.

Verschiedene Modelle ermöglichen die Analyse von Rollenkonstellationen in Gruppen. Ich beziehe mich auf die Kategorien nach Antons (2000):

- **Aufgabenrollen:** Dies sind Funktionen und Verhaltensweisen, die zur Erfüllung der Gruppenaufgaben dienen. Beispiele dazu sind: Initiative ergreifen, planen, auf die Zeit achten, Informationen beitragen, Ideen einbringen, Verfahrensweisen vorschlagen, Lösungswege aufzeigen, sich durchsetzen, ausführen.
- **Erhaltungs- und Aufbaurollen** sind auf den Zusammenhalt und das Klima der Gruppe ausgerichtet. Beispiele: auf Gruppenregeln achten, Stimmungen ansprechen, vermitteln und schlichten, Kompromiss- oder Konsenslösungen anstreben, zuhören, andere unterstützen, Meinungen einholen, Konflikte angehen, evaluieren.
- **Dysfunktionale Rollen oder Rollen, die Spannung anzeigen,** blockieren einerseits die Aufgabenerfüllung oder Kohäsion, können andererseits auch einen Prozess weiterbringen. Beispiele: Stänkerer, Clown, Querdenkerin, Provokant, Sündenbock, Außenseiterin.

In einer Gruppe braucht es ein Netz von mehr oder minder ausgereiften definierten und informellen Rollen. Wichtig für eine arbeitsfähige Gruppe ist, dass möglichste viele Rollen vorkommen, so dass verschiedene Verhaltensweisen und Fähigkeiten in die Gruppe einfließen und eine Differenzierung stattfinden kann. Diese Rollen sind meistens nicht eindeutig klar einzelnen Personen zuschreibbar oder an Personen gebunden. Rollen können auch übernommen oder abgegeben werden.

Während dreier Jahre übernahm ich innerhalb eines Arbeitsteams die Oppositionsrolle. Ich war es, die stellvertretend für die Gruppe Fragen stellte, Inhalte hinterfragte, Vorgaben zurückwies, auf Spannungen aufmerksam machte. Ich gab oft eine konträre Meinung zur Teamsicht kund und zettelte Diskussionen an. Durch mein Verhalten wurden einerseits die Teammitglieder aufgefordert mitzudenken, es entstand jedoch auch

Verunsicherung und Abwehr. Dies führte zur Festigung der Gruppen-meinung, manchmal auch zu Veränderungen. Nach 3 Jahren war ich meiner Rolle müde und packte die Gelegenheit, diese Rolle einem neu dazukommenden Teammitglied zu »übergeben«: Ich nahm die Rolle der Opposition nicht mehr wahr und es entstand ein Vakuum, welches die neue Person ausfüllte.

> **Bedeutung für Leitung**
> — Als Kursleiterin darauf achten, wo das informelle Rollengefüge den Gruppenprozess fördert und eventuell auch Mängel im formellen System ausgleicht und wo es den Prozess hindert.
> — Neurotische Rollenwahlen bewusst machen: Wird klar, dass eine Person in eine Rolle gedrängt wird oder diese auch frei-willig übernimmt, dadurch jedoch sich selber oder die Gruppe behindert, sollte dies angesprochen werden.

## 7.4.2 Die Normenbildung

Gruppen entwickeln Normen und Werte, die das Verhalten der Mit-glieder bestimmen. Werte sind Orientierungsleitlinien für ein erstre-benswertes und sinnvolles Zusammenleben. Sie sind meistens allge-mein formuliert. Normen sind genaue Verhaltensweisen und -regeln, welche zur Umsetzung von Werten dienen. In unserer Gesellschaft ist beispielsweise die Meinungsfreiheit ein hoch gesetzter Wert. Dieser Wert wird für die Umsetzung an Politik und Journalismus delegiert, damit dieser Wert mittels Normen und Regeln umgesetzt und somit zur Wirklichkeit wird. Normen sind kulturell bedingt und durch die gesellschaftliche Entwicklung wandelbar.

*Werte und Normen*

Normen in Gruppen bezeichnen anerkannte und konkrete Vor-stellungen, Handlungsstandards und Leistungsanforderungen, woran sich die Mitglieder orientieren können. Normen regeln das Verhalten, wirken identitätsstiftend und fördern den Zusammenhalt. Die Ein-haltung von Normen wird belohnt, die Übertretung mit negativen Sanktionen bestraft. Normen reduzieren somit die Komplexität im sozialen Gefüge und haben eine integrative Wirkung.

*Explizite und implizite Normen*

Offizielle Normen sind solche, über die man sich explizit geeinigt hat und über die offen kommuniziert wird. Kontrakte und vereinbarte Regeln sind eine Form von expliziten Normen. Über inoffizielle oder implizite Normen wird kaum gesprochen, die Gruppe richtet sich da-nach jedoch ziemlich streng.

**Beispiele für implizite Normen in einer Gruppe**
- Du sollst mit allen gut auskommen!
- Du sollst schnell sein!
- Du sollst den Feind im Außen suchen!

— Du sollst dich exzellent ausdrücken können!
— Du sollst deine Emotionen nicht zeigen!

Solche impliziten Normen können das Leben in der Gruppe erschweren. Vor allem, wenn die Normen nicht allen Mitgliedern in gleicher Weise bekannt sind. Es kann vorkommen, dass explizite und implizite Normen nicht übereinstimmen. So lautet beispielsweise in einer Gruppe die offizielle Norm: »Wir reden offen und ehrlich miteinander und gehen konstruktiv mit Kritik um.« Implizit lautet die Norm in dieser Gruppe aber: »Du sollst niemandem weh tun und du sollst deine Emotionen nicht zeigen!« Stellen wir uns vor, es kommt eine neue Person in diese Gruppe und kennt den Kontrakt, also die offizielle Norm, und verhält sich danach. Schon nach der ersten offen formulierten Kritik wird diese Person sanktioniert. Sie wird dadurch irritiert sein und nicht wissen, was nun in der Gruppe gilt.

> **Bedeutung für die Leitung**
> — Es lohnt sich, die Normen in einer Gruppe anzusprechen und zu untersuchen. Dabei geht es darum, implizite und widersprüchliche Normen transparent zu machen.

## 7.5     Widerstände in Gruppen

### 7.5.1     Konstruktiver Umgang mit Widerständen

Der Begriff Widerstand stammt ursprünglich aus der Psychoanalyse und bedeutet Abwehrmechanismus. Widerstand wird jedoch auch als Kraft, sich mit einer Schwierigkeit auseinander zu setzen, oder als unterschiedliche Möglichkeit der Kooperation verstanden.

Ein Mitarbeiter einer Projektgruppe will ernsthaft im Projekt mitarbeiten, das Thema interessiert ihn sehr. Nun gibt es Konflikte mit der Projektleiterin. Der Mitarbeiter versteht die Arbeitsweise nicht, mit welcher die Projektleiterin das Projektziel erreichen will, und ist somit nicht einverstanden mit ihrem Vorgehen. Der Mitarbeiter geht in Widerstand zur Projektleiterin, nicht weil er die Projektleiterin desavouieren will, sondern weil er bei dieser Arbeitsweise keinen Sinn für seine Mitarbeit sieht. Sein Widerstand ist der Ausdruck seines grundsätzlichen Willens zur Kooperation und gleichzeitig ein Abwehrmechanismus mit dem Ziel, für beide eine befriedigende Lösung zu erwirken, so dass der Mitarbeiter einen wirkungsvollen Beitrag leisten kann.

**Widerstand als diffuse Reaktion auf Veränderung**

Widerstand ist oft eine diffuse Reaktion auf Veränderungen oder auf eine neue, fremde Situation und entsteht bei Angst (z. B. »Ich habe Angst vor den Konsequenzen dieser Veränderung«), bei Ambivalenz (z. B. »Ich habe die Qual der Wahl«) und bei Ablehnung (z. B. »Mit dieser Veränderung bin ich nicht einverstanden«). Widerstand kann auch als Schutz verstanden werden (z. B. »Mir geht das alles viel zu schnell«) und ist somit ein Signal, welches beachtet werden muss. Auch Lernprozesse können Widerstände auslösen. Lernen hat immer auch mit Veränderung zu tun. Lernen kann unangenehm sein, weil man Gewohntes ablegen muss oder weil Lernen ein zäher Prozess sein kann. Lernen kann Bedenken oder Befürchtungen auslösen (z. B. »Kann ich das? Werde ich diesen Erwartungen gerecht?«).

Bei Widerständen haben wir es mit Emotionen zu tun. Der Widerstand ist somit weder schlecht noch gut, er ist. Ein Widerstand macht Sinn, er will etwas aussagen, eine Botschaft vermitteln, welche es zu entschlüsseln gilt. Ein Gruppenmitglied, welches Widerstand zeigt, ist meistens energetisch blockiert und kann seine Aufmerksamkeit nicht mehr auf die Gruppe oder auf das Thema richten. Das Wesentliche im Umgang mit Widerstand liegt darin, ihn anzusprechen. Der Sinn eines Widerstandes kann zudem sein, den Gruppenprozess in Richtung Differenzierung oder Integration in Gang zu bringen.

*Der Sinn von Widerstand*

Widerstände sind nicht immer leicht zu erkennen. Widerstände zeigen sich verbal oder nonverbal, bei einzelnen Gruppenmitgliedern (z. B. ein Teilnehmer stellt alles in Frage und hat zu allem etwas mitzuteilen), bei Subgruppen (z. B. 3 Personen blödeln herum und schwatzen häufig) oder in der ganzen Gruppe (z. B. der Seminarleiter erhält auf klare Fragen unklare oder gar keine Antworten).

*Die Ursache von Widerständen*

Ganz wichtig im Umgang mit Widerständen ist die Vorsicht bei der Ursachenzuschreibung. Die Ursache eines Widerstandes muss nicht bei der Person liegen, wo sich der Widerstand zeigt. Die Unzufriedenheit der ganzen Gruppe, sei es beispielsweise aufgrund fehlender Motivation, kann eine einzelne Person veranlassen, sich in die Rolle der Stänkerin oder des Clowns zu begeben. Oder die Ursache von ständigem Gähnen in der ganzen Klasse kann auf fehlende Sauerstoffzufuhr oder eine längst nötig gewordene Pause hinweisen. Cohn (2009) hat in ihrer Theorie der themenzentrierten Interaktion TZI den Begriff des Widerstandes erweitert. Sie spricht von »Störungen« und bezieht 4 Faktoren für die Ursachen von Widerständen mit ein:

*Modell der TZI zur Hypothesenbildung hinsichtlich Ursachen*

- **Ich** – das Individuum in der Gruppe mit persönlichen Bedürfnissen, Erwartungshaltung, Motivation, Unter- oder Überforderung, Stimmungen, Ängsten usw.
- **Wir** – die Gruppe der Lernenden mit Dynamik, Machtstrukturen, Normen, Tabus, Spannungen usw.
- **Sache** – der Inhalt mit Zielen, Aufgabenstellungen, Methodik, Bedarfsorientierung, Evaluation usw.
- **Globe** – die Rahmenbedingungen wie Räumlichkeiten, Zeiten, Medien und Hilfsmittel, aber auch Geschehnisse im Umfeld.

Somit können auch ein klapperndes Fenster, enge Platzverhältnisse, ein nicht bedarfsorientiertes Thema oder ein zu langer einseitiger Monolog ohne Austauschmöglichkeiten für die Teilnehmenden zu Widerständen führen.

Ein wichtiger zusätzlicher Faktor bei Widerständen im Zusammenhang mit Bildungsveranstaltungen ist die Leitung. Die Ursachen von Widerständen, welche Teilnehmende oder die ganze Gruppe zeigen, können auch beim Kursleiter, bei der Kursleiterin liegen: Müdigkeit, fehlende Motivation, ungenügende Vorbereitung, fehlende Fachkompetenz, Parteilichkeit, Unsicherheit, keine Bereitschaft, auf die Anliegen der Teilnehmenden einzugehen usw. können zu Widerständen führen.

Als Erstes erfordern Widerstände Verständnis! Wenn man bedenkt, dass Widerstände als normale Reaktionen bei Veränderungsprozessen, bei anstehenden Entscheidungen, beim Lernen oder bei Ängsten vorkommen und ein Zeichen für blockierte Energien sind, dann geht es darum, diese ernst zu nehmen: Was will der Widerstand, der sich bei einer Person oder in der Gruppe zeigt, sagen? Welche Bedürfnisse oder Anliegen hat die Person oder die Gruppe?

**Bedeutung für die Leitung**

- Eine offene Haltung gegenüber Widerständen und Konflikten entwickeln: Es gibt tausend Gründe für ein widerständiges Verhalten.
- Aufmerksam sein für Zeichen von möglichen Störungen: die widerständige Person nicht nur mit ihrem Widerstand wahrnehmen, sondern als Person ernst nehmen und wertschätzen. Dabei geht es darum, viel mehr die Bedeutung, welche die Störung für die betreffende Person hat, zu erfahren und zu gewichten, als den Widerstand selbst. Dies bedingt, der Person oder Gruppe einfühlendes Verstehen und selektives, aber ehrliches Interesse entgegenzubringen und auch die Ressourcen wahrzunehmen.
- Hypothesen zu den möglichen Ursachen für einen Widerstand bilden: diese Hypothesen anhand des Vierfaktorenmodells nach TZI entwickeln und bewerten. Dabei sollte darauf geachtet werden, nicht in die Sympathiefalle zu treten, d. h. Teilnehmende, die man besonders gern mag, zu verschonen oder sich auf Personen, die negativ auffallen, zu fixieren. Wichtig ist auch, sich eigenen Übertragungsphänomenen oder Angstthemen bewusst zu sein und sich selbstkritisch den Ursachen für Widerstände zu stellen.
- Entscheiden, wann und mit wem die Störung bearbeitet wird: Je nachdem, wo die Ursache des Widerstandes vermutet wird, sollte dieser besprochen werden: bei der Person, bei einer Subgruppe oder in der ganzen Gruppe. Es kann hilfreich sein, den Widerstand in der Gruppe zu benennen (z. B. »Ich sehe, dass einige von Ihnen abgelenkt sind«) und je nach Reaktion zu entscheiden, ob der Widerstand in der ganzen Gruppe oder in der Pause mit den entsprechenden Personen thematisiert wird.

- Wird ein Widerstand mit der ganzen Gruppe bearbeitet, braucht es eine Situationsanalyse (»Was ist im Moment störend?«) und eine Klärung der Interessen (»Was ist Ihr Bedürfnis?«). Daraus werden Lösungsoptionen (»Was wären mögliche Alternativen?«) und ein gemeinsamer Entscheid (Commitment) erarbeitet. Das Visualisieren der entsprechenden Schritte ist hilfreich.
- Findet das Gespräch nur mit einer Person statt, muss der Zeitpunkt gemeinsam festgelegt werden. Auch beim Zweiergespräch kann nach obigem Ablauf vorgegangen werden: Situationsanalyse, Interessenklärung, Lösungsideen, Entscheid.
- Liegt die Ursache einer Störung in der Beziehung zwischen einzelnen Personen, dann ist ein Konfliktgespräch mit den Beteiligten angezeigt.
- Wenn ich als Kursleiterin angegriffen werde: genau zuhören, ruhig bleiben, die sachlichen und persönlichen Kritikpunkte unterscheiden, begründen lassen, die Sichtweise anderer einholen, sagen, was ich verändern kann und was nicht.
- Bei den Gesprächen immer transparent aufzeigen, was aus der Rolle der Kursleitung verhandelbar ist und was nicht.

**Präventives Angehen von Widerständen**

Widerstände können auch präventiv angegangen werden, indem bereits bei der Bedarfsanalyse die Erwartungen und Interessen der Teilnehmenden erfragt und während des Unterrichts Gefäße geschaffen werden, in denen die Bedürfnisse, Interessen und Anliegen der Teilnehmenden Platz finden (z. B. Kontraktarbeit, Befindlichkeitsrunden, Evaluationen). Zeit und Flexibilität sind 2 wichtige Faktoren für das Bearbeiten von Widerständen. Die Kursleitung muss flexibel sein, spontan ihre Planung verändern und Zeit einsetzen, um den Widerstand zu bearbeiten. Dabei handelt es sich nicht um verlorene Zeit, sondern um gewonnene Aufmerksamkeit.

## 7.5.2 Intervenieren in Gruppen

Jede Handlung, durch die das System oder die Gruppe gesteuert wird, kann als Intervention bezeichnet werden. Die Intervention ist eine bewusst gewählte Form, um eine Veränderung in der Gruppe oder bei einzelnen Mitgliedern zu bewirken. Die intervenierende Person greift in das Geschehen ein, um etwas Unerwünschtem vorzubeugen, versteckte Ressourcen zu aktivieren, Abläufe vorzugeben, auf den Inhalt zu fokussieren, Prozesse zu beschleunigen, Widerstände aufzudecken, eine Auswertung anzuregen oder um das Verhalten zu beeinflussen. Dabei erfolgt die Intervention immer infolge einer Indikation, basierend auf einer Hypothese und aufgrund einer bestimmten Absicht. Auch Stille – also ein »Nichthandeln« – kann etwas bewirken und ist

**Faktoren zur Gestaltung von Interventionen**

demnach eine Intervention, wenn sie mit einer bestimmten Absicht gewählt ist.

Interventionen werden aufgrund folgender Faktoren sorgfältig geplant (ergänzt in Anlehnung an Milesi, 2007, und Rechtien, 2007):

- **Auswahl der Adressaten: Gesamtgruppe, Subgruppen, Einzelperson.** Bei diesen 3 Adressatengruppen kann interveniert werden. Dabei gibt es die Möglichkeit, Einzelpersonen oder Subgruppen vor der Gesamtgruppe oder separat anzusprechen. Wenn es in der Klasse laut ist und ich die ganze Gruppe anspreche (z. B. »Hier ist es ganz schön laut«), dann ist dies eine schwächer Intervention als bei einer Einzelperson in Anwesenheit der Gruppe (z. B. »Frau Keller, was haben Sie uns noch zu sagen?«).
- **Intensität der Intervention:** Um die Intensität der Intervention zu beschreiben, wähle ich 2 Gegenpaare aus: **tangential versus direkt** (z. B. »Die Spatzen wurden losgelassen« versus »Sie sind ständig am Schwatzen«) und **konfrontativ versus integrativ** (z. B. »Ihr ständiges Schwatzen stört mich!« versus »Sagen Sie es laut, Ihre Meinungen interessieren mich!«). Eine Intervention ist schwach, wenn sie die Gruppe tangential berührt. Eine stärkere Intervention nimmt klar Stellung oder fordert die Teilnehmenden heraus, indem sie mit der Tatsache konfrontiert oder zu einer Handlung auffordert. Die Intensität der Intervention hängt immer auch von der Person ab, auf welche die Intervention gerichtet ist. Je nach Situation oder persönlicher Verfassung kann eine schwach gemeinte Intervention große Betroffenheit auslösen.
- **Ebene der Intervention:** Die üblichen Interventionen, die in einer Bildungsveranstaltung erfolgen, liegen auf der **strukturellen Ebene** (z. B. Methodik wechseln, Gruppen neu mischen) und auf der **thematisch-sachlichen Ebene** (z. B. zum Thema zurückführen, einen Inhalt nochmals erklären). Auf der **Ebene der Interaktionsdynamik** sind Interventionen in Bezug auf den Gruppenprozess (z. B. »Was veranlasst Sie beide zu lachen, während Herr Suter spricht?«), die Normen (z. B. »Hier scheinen die Männer das Sagen zu haben«) oder zu Widerständen möglich (z. B. »Hier gibt es dicke Luft«). Interventionen auf dieser Ebene sind sinnvoll und hilfreich, sofern sie für die weitere Arbeitsfähigkeit von Gruppen nötig sind, wenn es einen Zusammenhang mit dem Kursthema gibt (z. B. Widerstände ansprechen in einem Kurs zu Konfliktmanagement) oder wenn es darum geht, aus der Interaktionsdynamik zu lernen (z. B. gruppendynamisches Training). Interventionen auf der **Ebene der Psychodynamik** sind nur möglich, wenn der Rahmen der Bildungsveranstaltung dies erlaubt. Es handelt sich dabei vor allem um Projektionen und Übertragungsphänomene, welche zwar immer wirken können, aber nur in entsprechenden Gruppen, z. B. Supervisionsgruppen oder Therapiegruppen, angesprochen werden.

- **Fokussierung:** Interventionen können zudem problem- oder lösungsorientiert sein sowie ein Manko oder die Ressourcen in den Vordergrund stellen. Die paradoxe Intervention, als spezielle Form, eine Veränderung zu erwirken, verstärkt ein bestimmtes Verhalten, löst dadurch Verwirrung aus und macht das Problem bewusst (z. B. eine Gruppe ist laut, die paradoxe Intervention lautet: »Können Sie bitte laut sprechen!«).

> **Bedeutung für die Leitung**
> - Die Intervention muss situations- und personenangemessen sein. Dabei gilt die Regel, die schwächste mögliche Intervention anzuwenden. Falls eine Intervention nicht die beabsichtigte Wirkung zeigt, sollte die Hypothese bezüglich der Ursache überprüft, angepasst und eine neue Intervention entwickelt werden.

## 7.6    Gruppen am Schluss

Auch die Schlussphase von Gruppen ist bedeutungsvoll und emotional geprägt. Je länger eine Gruppe besteht und je tiefer der Austausch auf der Beziehungsebene erfolgt, desto schwieriger können die Auflösung der Wir-Identität und das Zurückfinden zu mehr Distanz werden. Auch hier spielen Verlustängste oder Orientierungslosigkeit eine Rolle. Mögliche Abwehrreaktionen von Gruppen in Schlussphasen sind (ergänzt nach Geissler, 2000):

*Abwehrreaktionen beim Abschließen von Gruppen*

- **Verleugnung der Realität:** Es wird möglichst lange ignoriert, dass die Gruppe zu Ende geht, und es werden Ideen entwickelt oder gar Pläne geschmiedet, wie und wo sich die Gruppe weiter treffen könnte. Die Aufgabe der Kursleitung besteht darin, die Frage zu weiteren Treffen transparent zu machen und dabei auch die Rollen zu klären: Es geht nicht um ein Weiterbestehen der Gruppe im Rahmen der Bildungsveranstaltung, sondern um ein eigenverantwortliches Weitermachen. Es ist wichtig, dass die Kursleitung sich aus diesen Plänen zurücknimmt.
- **Harmoniestreben:** Die Abwehr gegen die bevorstehende Trennung geschieht durch die Suche nach Harmonie. Distanzen werden vermieden, Spannungen ignoriert und Konflikte verdeckt. Gemeinsamkeiten werden hervorgehoben, viel mehr, als es der Realität angemessen ist. Wichtig ist, dass die Kursleitung immer wieder das bevorstehende Ende anspricht und die Teilnehmenden mit dem »Danach« konfrontiert.
- **Flucht in die Aktivität:** Eine andere Variation, vom Ende abzulenken, ist die Aktivität. Die Teilnehmenden wollen plötzlich am Schluss noch ganz viel wissen oder die Leitung verteilt am Ende eine Menge an Unterlagen. Hier gilt, dass die Kursleitung dem Abschließen Zeit einraumt, in dem sie eine Form des Ab-

schiednehmens einplant und bekannt gibt. Zudem hilft das früh-
zeitige Hinweisen auf das Ende, so dass alle Beteiligten bis zum
Schluss zu dem kommen, was sie noch brauchen.

—  **Wegbleiben:** Eine Form der Abwehrreaktion ist das Fernbleiben
am Schluss. Teilnehmende, die am letzten Tag nicht mehr erscheinen, können in der Gruppe eine Irritation auslösen, welche
besprochen werden muss. Hilfreich ist, wenn die Kursleitung betont, dass es für die Gruppe wichtig ist, dass alle bis am Schluss
anwesend sind.

—  **Abwertung:** Teilnehmende können am Schluss in eine ab-
wertende Haltung fallen. Sie stellen den Kurs oder die Gruppe
in Frage oder betonen, dass sie nicht profitieren konnten und
das Gelernte für die Praxis keine Relevanz hat. Hier muss die
Kursleitung prüfen, inwiefern diese Reaktionen auf enttäuschte
Erwartungen basieren oder mit dem Abwehren von Trennungs-
schmerz zu tun hat. Schlussevaluationen, Feedbackrunden und
Transferaufgaben dienen dazu, dieser Reaktion vorzubeugen.

Wie in Anfangssituationen ist der Beitrag der Kursleitung auch zum
Schluss entscheidend. Es braucht Orientierung und Struktur, um der
Unsicherheit und den Verlustängsten zu begegnen. Der Ausblick auf
das, was danach kommt, kann zudem Hilfe bieten.

---

**Bedeutung für die Leitung**

—  Bereits frühzeitig ansprechen, dass die Gruppe zu Ende geht.
Es braucht von Beginn an klare Aussagen über die Dauer der
Gruppe und somit auch über den Zeitpunkt des Endes.

—  Gegen Ende Gefäße anbieten, um offene Themen auf der
Sach- und Beziehungsebene klären zu können. Dabei geht es
nicht darum, Konflikte oder Spannungen zu forcieren, sondern die Chance zu geben, diese noch zu bearbeiten und zu
klären.

—  Gegen Ende sind Aufgaben angezeigt, welche die Differenzierung in der Gruppe fördern.

—  Am Schluss soll Zeit bleiben, sich von allen zu verabschieden.
Dies kann mit einem Händedruck an alle oder mit einem der
Gruppe entsprechenden, für alle stimmigen Ritual geschehen.

—  Auch die Kursleitung drückt sich nicht vor dem Abschiednehmen. Schön ist, wenn sie zum Schluss der Gruppe als Ganzes
oder auch jeder einzelnen Person noch einmal etwas Persönliches sagen oder mit auf den weiteren Weg geben kann.

---

**Zusammenfassung**

»‚Adieu‘, sagte der Fuchs. ‚Hier mein Geheimnis. Es ist ganz einfach:
Man sieht nur mit dem Herzen gut. Das Wesentliche ist für die Augen
unsichtbar.‘ (…) ‚Die Zeit, die du für die Rose verloren hast, sie macht

deine Rose so wichtig.' (…) ‚Aber du darfst sie nicht vergessen. Du bist zeitlebens für das verantwortlich, was du dir vertraut gemacht hast.'« (de Saint-Exupery, 2004, S. 72)

Der Fuchs und der kleine Prinz verabschieden sich mit einer gegenseitigen Achtung und Wertschätzung für das gemeinsam Erlebte. Sie wissen, dass eine Vertrautheit in ihrer Beziehung möglich wurde und dass ihnen diese Erfahrung bleibt.

Wenn sich Gruppen auf ihre Dynamik einlassen und sich Zeit nehmen, sich damit auseinander zu setzen, dann entsteht Vertrauen, Anerkennung und die Einsicht, dass jede und jeder auf seine Art wichtig wurde.

## Literatur

Antons, C. (2000). *Praxis der Gruppendynamik*. 8. Aufl. Göttingen: Hogrefe.

Cohn, R. C. (2009). *Von der Psychoanalyse zur themenzentrierten Interaktion: Von der Behandlung einzelner zu einer Pädagogik für alle*. 16. Aufl. Stuttgart: Klett-Cotta.

Edding, C., & Schattenhofer, K. (Hrsg.). (2009). *Handbuch: Alles über Gruppen. Theorie, Anwendung, Praxis*. Weinheim: Beltz.

Geissler, K. A. (2000). *Schlusssituationen. Die Suche nach dem guten Ende*. Weinheim: Beltz.

Geissler, K. A. (2005): Anfangssituationen. Was man tun und besser lassen sollte. Beltz: Weinheim und Basel.

König, O. (2007). *Macht in Gruppen. Gruppendynamische Prozesse und Interventionen*. 4. Aufl. Stuttgart: Klett-Cotta.

König, O., & Schattenhofer, K. (2007). *Einführung in die Gruppendynamik*. 2. Aufl. Heidelberg: Auer.

Milesi, R. (2007). *Interventionen in Kursgruppen*. 2. Aufl. Migros Genossenschafts-Bund, Koordinationsstelle der Klubschulen, Zürich.

Rechtien, W. (2007). *Angewandte Gruppendynamik. Ein Lehrbuch für Studierende und Praktiker*. 4. Aufl. Weinheim: Beltz.

Riemann, F. (2002). *Grundformen der Angst*. 34. Aufl. München: Reinhardt.

Saint-Exupéry, A. de (2004). *Der kleine Prinz*. Zürich: Arche.

Wellhöfer, P. R. (2007). *Gruppendynamik und soziales Lernen*. 3. Aufl. Stuttgart: Lucius & Lucius.

# Bildungsmanagementprozesse

*Siegfried Ottmayer, Hansjörg Künzli, Andreas Käter*
*und Beat Häfliger*

## 8.1    Strategisches Bildungsmanagement

*Siegfried Ottmayer*

Eine der Überlebensgarantien für Organisationen im weltweiten Wettbewerb ist: »Die richtigen Mitarbeiter, gut qualifiziert und hoch motiviert an der richtigen Stelle im Unternehmen einsetzen, mit Aufgaben, die im Sinne der Unternehmensstrategie richtungsweisend sind.« Dies muss die Zielsetzung eines strategischen Bildungsmanagements sein! Bei der derzeitigen dynamischen Entwicklung von Technologie, Märkten und Gesellschaft, bei den gleichzeitig immer häufigeren Auf- und Abschwüngen und den daraus häufig resultierenden Organisationsänderungen ist dieser Anspruch immer schwerer zu erfüllen.

Dieser Beitrag geht auf die zentralen Aspekte des strategischen Bildungsmanagements ein, die eine Annäherung an das oben formulierte Ziel am ehesten ermöglichen:
- Lernende Organisation
- Strategieentwicklung
- Moderne Personalentwicklung
- Positionierung des strategischen Bildungsmanagements

Damit es Bildungsorganisationen gelingt, eine entscheidende Rolle in der Gesamtorganisation zu spielen, müssen vor allem diese oben angeführten Themen erfolgreich aufgebaut und besetzt werden, um dann dadurch in der Lage zu sein, die richtigen Mitarbeiter zeitgerecht an den richtigen Stellen einzusetzen.

Die Personalentwicklung sollte sich allerdings dessen bewusst sein, dass ihr dies nur gelingen kann, wenn sie auf der einen Seite die Mitarbeiter soweit motivieren kann, dass diese selbst aktiv in dem Prozess werden und das vielfältige Angebot der Qualifizierungsmöglichkeiten nutzen, und andererseits aus der übergeordneten Unternehmensstrategie ein strategisches Bildungsmanagement ableitet.

### 8.1.1    Theoretische Modelle

Das strategische Bildungsmanagement steht in engem Zusammenhang mit den Konzepten des strategischen Managements. Eine isolierte Betrachtungsweise der beiden Bereiche jeweils einzeln scheint für eine zukunftsorientierte Unternehmensentwicklung wenig zielführend. Diese Zusammenhänge wurden bereits 1991 von Knut Bleicher *(Das Konzept Integriertes Management)* theoretisch ausführlich begründet und erläutert. Bleicher macht besonders deutlich, dass integratives Management und Innovationsmanagement (▸ Kap. 8 und ▸ Kap. 9) grundlegende Erfolgsfaktoren der Zukunft sind.

2002 zeigten Rudolf Wimmer und Reinhart Nagel *(Systemische Strategieentwicklung)* auf, wie eine Unternehmensstrategie systematisch entwickelt werden kann.

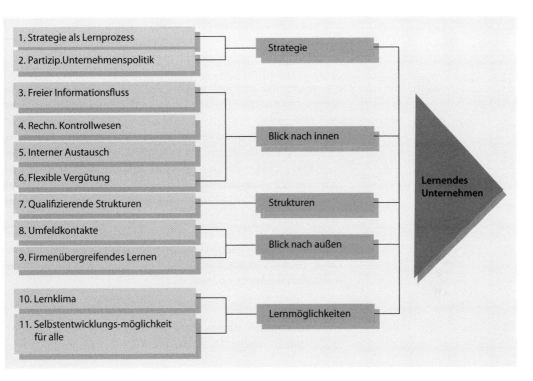

1. Strategie als Lernprozess

2. Partizip.Unternehmenspolitik

Strategie

3. Freier Informationsfluss

4. Rechn. Kontrollwesen

Blick nach innen

5. Interner Austausch

6. Flexible Vergütung

7. Qualifizierende Strukturen

Strukturen

8. Umfeldkontakte

Blick nach außen

9. Firmenübergreifendes Lernen

Lernendes Unternehmen

10. Lernklima

11. Selbstentwicklungs-möglichkeit für alle

Lernmöglichkeiten

**Abb. 8.1** Modell des lernenden Unternehmens. (Nach Pedler, Burgoyne & Boydell, 1994)

Das strategische Bildungsmanagement nimmt diese Gedanken auf. Die Kernfrage dabei lautet, *wie* – nicht so sehr *wo* – das Bildungsmanagement im Management platziert ist und ob der Bildungsmanager als strategischer Partner und als Berater für strategische Themen angesehen wird. Letztlich kann nur so eine Koppelungsfähigkeit zum System hergestellt werden.

Grundlegend sind auch die Gedanken von Peter Senge aus seinem Buch *The fifth discipline* (1990). Als zentrale Voraussetzung für ein modernes Bildungsmanagement gilt demnach, dass alles, was getan wird, in einem systemischen Kontext zu betrachten ist (nach Senge, 1990).

Allerdings müssen dazu die anderen 4 Funktionen, die ausführlich im Buch beschrieben sind, ebenfalls vollständig integriert sein:

— Personal Mastery: die Fähigkeit, das eigene Potenzial zu fördern

— Mentale Modelle: Überprüfen der eigenen Grundannahmen

— Gemeinsame Visionen: gemeinsame Ziele, Werte und Botschaften

— Team-Lernen: Herrschaftsfreie Atmosphäre des Lernens

In **Abb. 8.1** sind die wichtigsten Themenfelder einer lernenden Organisation dargestellt. Alle beschriebenen Felder sind dabei gleich wichtig, jedoch darf diese Vorgabe keinesfalls als eine Art »Schablone« verstanden werden, indem quasi nach einer Art Katalog in jedem der oben beschriebenen Felder einfach bestimmte Aktionen geplant und gesetzt werden, so dass dadurch quasi automatisch eine lernende Organisation entstünde. Wirklich erfolgreich kann hier nur der schon erwähnte »Systemische Ansatz« (auch beschrieben in Götz, 1997, S. 44) sein. In den einzelnen Feldern muss der Zustand der Unternehmung genau analysiert werden, um dann in jenen, in denen die bestmöglichen Ansatzpunkte erkannt werden, die richtigen Maßnahmen zu ergreifen.

Das Beurteilen des Entwicklungsstands in den einzelnen Themenfeldern und das Finden der richtigen Ansatzpunkte gelingt nur, wenn hier Experten für das Thema Lernende Organisation diese Aufgabe übernehmen – und diese auch in der Organisation bekannt und anerkannt sind. Häufig greifen Unternehmensleitungen vor allem in strategischen Fragen jedoch eher auf externe Experten zu (deren Berechtigung ich an dieser Stelle nicht in Frage stellen möchte, deren Kenntnis der Organisation aber eben nicht genügend vorhanden sein kann). **Deshalb ist das Thema Strategieentwicklung ein zentraler Punkt für ein Bildungsmanagement.**

### 8.1.2   Unternehmensstrategie und Bildungsstrategie am Beispiel der Daimler AG

Der HR-Bereich der Daimler AG (Automobilindustrie, weltweit tätig, mit ca. 270.000 Mitarbeitern) ist auf allen Ebenen im Strategieprozess verankert.

Der jährliche Strategieprozess in der Daimler AG beginnt damit, dass die Geschäftsbereiche ihre Strategievorschläge an den Vorstand geben. Diese Vorschläge sind in Form von Leitlinien und übergeordneten strategischen Zielen formuliert. Diese Vorschläge werden im Vorstand diskutiert und integriert und als Vorstandsvorgabe in die Geschäfts- und Funktionalbereiche kommuniziert. In den Geschäfts- und Funktionalbereichen werden auf Grundlage dieser Vorgaben die Bereichsstrategien fertig bearbeitet und dann im Vorstand präsentiert und freigegeben.

Im jährlichen Top-Management-Meeting (TMM) werden die Strategien der Bereiche allen Führungskräften der obersten Führungsebene vorgestellt und von diesen dann in ihren Bereiche kommuniziert, damit sie umgesetzt werden können.

Vor Beginn der nächsten Strategierunde werden die Umsetzungsstände in den Geschäfts- und Funktionaleinheiten und später dann im Vorstand überprüft.

Durch diese Vorgehensweise wird gewährleistet, dass die Konzernvorgaben in die jeweiligen Bereichsstrategien eingearbeitet sind. Die Interessen der Funktionalbereiche (hier im Besonderen des Personalbereichs) sind sowohl durch den jeweiligen Personalvorstand im Vorstand vertreten als auch in den jeweiligen Bereichsprozessen durch Teilnahme von Personalvertretern an den Strategiegremien der Geschäftsbereiche.

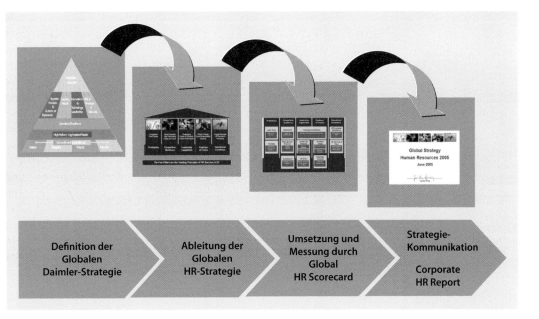

**Abb. 8.2** Daimler-Strategie und ihre Umsetzung. (Quelle: Daimler AG)

In ◘ Abb. 8.2 ist der Strategieprozess des HR-Bereichs dargestellt.

Der Personalvorstand erarbeitet mit seinen Kollegen im Vorstand die Strategie des Daimler-Konzerns. Nachdem der Vorstand die Vorgaben zu Jahresanfang veröffentlicht, entwickelt der Personalbereich aus der Konzernstrategie seine Funktionalstrategie (dies tun alle anderen Bereiche gleichermaßen). Diese wird dann Mitte des Jahres im Vorstand besprochen, verabschiedet, kommuniziert und in allen Personalbereichen umgesetzt. Damit die Umsetzung erleichtert wird, wurde die HR Scorecard (◘ Abb. 8.3) erarbeitet. Mit den dort definierten KPIs (KPI = Key Performance Indicators) wird die Umsetzung in den Bereichen gesteuert.

An diesem Beispiel ist gut zu erkennen, dass strategische Arbeit in der Daimler AG eine hohe Bedeutung hat. Der Zeitaufwand für den Gesamtprozess ist erheblich, aber auf jeden Fall gut investiert. Der Funktionalbereich Personal ist anerkannter und gestaltender Partner in diesem Prozess. Damit dies gelingt, muss in der gesamten Organisation das Grundverständnis für Strategiearbeit vorhanden sein.

Im nächsten Abschnitt ist dargestellt, wie ein solches Grundverständnis in Organisationen verankert werden kann.

### 8.1.3 Strategieentwicklung

In diesem Abschnitt sind die elementaren Züge eines Strategieentwicklungsprozesses kurz dargestellt (◘ Abb. 8.4). Diese Form ist zur Ausbildung eines Grundverständnisses aus meiner Erfahrung

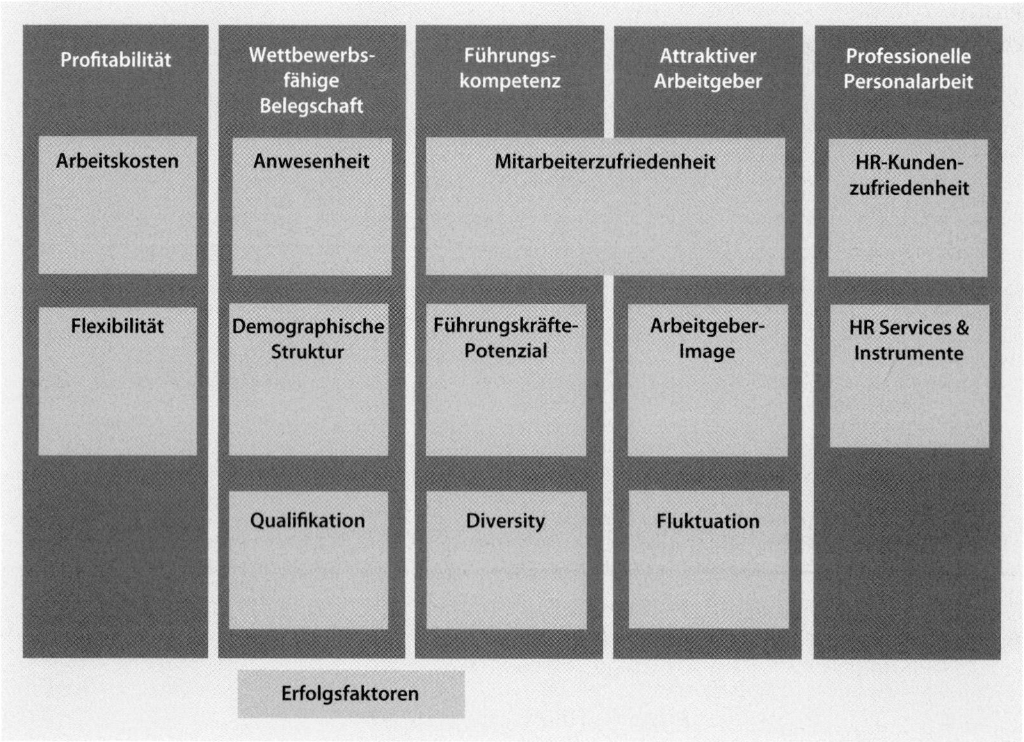

Profitabilität
Wettbewerbs-
fähige
Belegschaft
Führungs-
kompetenz
Attraktiver
Arbeitgeber
Professionelle
Personalarbeit
Arbeitskosten
Anwesenheit
Mitarbeiterzufriedenheit
HR-Kunden-
zufriedenheit
Flexibilität
Demographische
Struktur
Führungskräfte-
Potenzial
Arbeitgeber-
Image
HR Services &
Instrumente
Qualifikation
Diversity
Fluktuation
Erfolgsfaktoren

**Abb. 8.3** Global HR Scorecard. (Quelle: Daimler AG)

1.b Leitbild
Gegenwart
Zukunft
1.a Vision
2. Strategische
Geschäftsfelder
3.a Umfeld-
analyse
3.b
Interne
Analyse
4. Im Abgleich aus 3.a und 3.b werden die
Handlungsfelder und Strat. Ziele gebildet!
5. Maßnahmen
6. Controlling
(jährlicher Prozess)

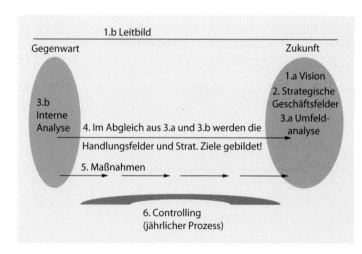

**Abb. 8.4** Strategieentwicklungsprozess

ausreichend. Mit diesem Prozess wurden z. B. bei Mercedes Benz Vans in den Jahren 1998–2006 alle Führungskräfte durch eine 3-Tages-Qualifizierung vertraut gemacht. Diese einfache Darstellung soll ein theoretisches Grundgerüst bilden, um bei Strategieentwicklungsprozessen Orientierung zu geben. Es soll helfen zu verstehen, welche

Phasen ein Strategieentwicklungsprozess durchlaufen sollte und welche Werkzeuge dazu benutzt werden.

---

**Checkliste: Die einzelnen Schritte im Prozess**

- 1.a Erarbeiten einer Vision
  Ein **Zukunftsbild,** welches beschreibt, was das Unternehmen langfristig erreichen möchte. Es soll Sinn stiftend, motivierend und handlungsleitend auf die Mitarbeiter wirken. (Disney: »Menschen glücklich machen«)

- 1.b Leitbild
  Klärt, welche **Rolle** das Unternehmen einnehmen möchte und welche **Aufgaben** es in diesem Zusammenhang erfüllt. Im Gegensatz zur Vision ist dies nicht zeitlich befristet. (Pepsi: »Beat Coke«)

- 2. Strategische Geschäftsfelder
  Hier sollte der Überlegung Raum gegeben werden, ob neue Geschäftsfelder eröffnet werden sollten oder eventuell unrentable wegfallen können (z. B.: Honda als erfolgreicher Motorradproduzent entschied sich für einen Einstieg in die Autoproduktion);
  Portfolioarbeit (beschrieben in Wimmer & Nagel, 2002)

- 3.a Umfeldbetrachtung
  Eine Beschreibung der möglichen Veränderungen in der Zukunft (technologische Veränderungen, produktionstechnische Veränderungen, Umweltgesetzgebungen, …)
  **Die Umweltanalyse nach Ulrich** (beschrieben in Wimmer & Nagel, 2002)

- 3.b Interne Betrachtungen
  Was sind Stärken und Schwächen (Personal, Technik, Finanzen, Produkte, …)?
  Stärken- und Schwächenanalyse (beschrieben in Wimmer & Nagel, 2002)

- 4.a Handlungsfelder
  Im Vergleich von 3.a und 3.b sollten sich die Handlungsfelder ergeben (z. B. um Effizienzen zu erzielen, muss ein bestimmtes Produktionssystem eingeführt werden. Die MA sind dazu aktuell aber nicht in der Lage. Daraus ergäbe sich z. B. das Handlungsfeld »Mitarbeiterqualifizierung«)

- 4.b Strategische Zielsetzungen
  In den Handlungsfeldern müssen nun strategische Ziele formulieren werden (z. B.: Bis ins Jahr 2013 werden alle Meister im Thema Produktionssystem geschult)

- 5. Maßnahmen
  Hier müssen nun konkrete operative Maßnahmen (z. B Seminare) definiert werden

- 6. Zur jährlichen Überprüfung muss ein praktikables Controlling installiert werden

Die Reihenfolge der in der ▶ Checkliste beschriebenen Vorgehensweise variiert in den unterschiedlichen Modellen. Im Modell von Wimmer & Nagel et al. (2002) startet der Prozess mit Schritt 3 aus der oben beschriebenen Vorgehensweise.

Für alle Führungskräfte in HR-Bereichen gilt als Grundvoraussetzung, dass sie mindestens eines der Modelle kennen müssen, damit sie im Strategieprozess ihrer Organisation auch kompetent mitarbeiten können. (Siehe dazu auch Hinterhuber & Pechlaner, 2002; hier wird auf S. 41–52 die Bedeutung für ein innovatives Human Ressource Management erläutert). Dies bedeutet jedoch nicht, dass alle Experten in diesem Thema sein müssen!

### 8.1.4    Personalentwicklung

Vor allem große Organisationen haben eine Vielzahl von Erfahrungen in Personalentwicklung und häufig eine große Palette von Bildungsangeboten und eine Vielzahl von eingespielten Personalentwicklungsprozessen. Im Sinne der lernenden Organisation gilt es, dies alles ernsthaft zu hinterfragen und eingefahrene und häufig gut funktionierende, aber im Sinne einer lernenden Organisation unwichtige oder gar falsche Angebote/Prozesse entfallen zu lassen.

Wichtige Schwerpunkte sind in den folgenden Definitionen der Personalentwicklung beschrieben.

---

**Personalentwicklung**

»Personalentwicklung kann definiert werden als Inbegriff aller Maßnahmen, die der individuellen beruflichen Entwicklung der Mitarbeiter dienen und ihnen unter Beachtung ihrer persönlichen Interessen die zur optimalen Wahrnehmung ihrer jetzigen und künftigen Aufgaben erforderlichen Qualifikationen vermittelt« (Mentzel, 1997, S. 15).

»Moderne Personalentwicklung umfasst im Rahmen des Wissensmanagements die arbeitsplatzbezogene Kompetenzerweiterung, die individuelle Laufbahnentwicklung und die Teamentwicklung« (Prof. Dr. Peter Meyer-Ferreira, Zürcher Hochschule Winterthur, 2000)

»Ich verstehe unter PE alle Maßnahmen, die der normativen, sozialen und qualifikatorischen Integration und Entwicklung der Mitarbeiter in die bzw. in der Organisation dienen, d. h. es geht um Einfügen ebenso wie um Veränderung« (Prof. Dr. Stephan Laske, Institut für Organisation und Lernen, Universität Innsbruck, 2002)

»Personalentwicklung ist unter Beachtung individueller Ziele die Veränderung von Werthaltungen sowie insbesondere die Erweiterung und Verbesserung aller derjenigen Kenntnisse und Fähigkeiten des Personals, die in der Unternehmung zur Verfol-

> gung der Unternehmensziele gegenwärtig oder zukünftig ge-
> nutzt werden können« (Drumm, 2008, S. 334).

Bei diesen Definitionen liegt der Fokus der Betrachtung eindeutig auf
der Qualifizierung und Entwicklung der Mitarbeiter, damit diese den
optimalen, individuellen Beitrag zum Erreichen der Unternehmensziele leisten. Dies bedeutet, dass alle Verantwortlichen im Bildungsmanagement vor der Herausforderung stehen, dass auf der einen Seite
eine klare Vorstellung der Zukunft existiert, um überhaupt herausarbeiten zu können, was die richtigen zukunftsrelevanten Inhalte
(Lehrinhalte) sind (in Abschn. ▶ Abschn. 8.1.3 beschrieben). Diese
Lehrinhalte werden dann in geeignete Maßnahmen übersetzt. Auf der
anderen Seite muss gleichzeitig sichergestellt sein, dass Mitarbeiter als
Individuen erkannt und in ihren Fähigkeiten, Fertigkeiten und Werthaltungen akzeptiert und richtig eingeschätzt werden und sie darüber
hinaus so integriert und motiviert sind, dass das hoffentlich Sinnvolle
dann auch zur Wirkung kommen kann.

#### ▪▪ Menschen entwickeln und motivieren, damit sie die Strategie des Unternehmens umsetzen können

In ◩ Abb. 8.5 sind die relevanten Anforderungen an eine moderne
Personalentwicklung dargestellt.

Das Bildungsmanagement muss sowohl in der Lage sein, »Angebote von der Stange« liefern zu können, als auch maßgeschneiderte
zukunftsrelevante Themen in der Organisation etablieren zu können.
Es muss die Inhalte der Quadranten I bis IV umfänglich beherrschen,
um auf die Anforderungen der Bereiche angemessen reagieren zu
können.

Das Bildungsangebot muss dabei ständig überprüft werden.
Denn wie in ◩ Abb. 8.8 (Umsetzungshindernisse einer professionellen HR-Zusammenarbeit mit den Fachbereichen) deutlich wird, sind
das größte Hindernis für eine professionelle Zusammenarbeit »zu
viele operative Aufgaben und damit zu wenig Zeit für strategische
Themen«. Deshalb sollte das Angebot »von der Stange« auf das Notwendigste reduziert oder wenn möglich sogar nach außen delegiert
werden.

Die Schwerpunkte müssen somit auf die Themen in Quadrant III
und IV gelegt werden.

#### ▪▪ Zusammenspiel der Aufgabenschwerpunkte

Die in ◩ Abb. 8.5 beschriebenen Aufgabenschwerpunkte sind in syste-
mischem Sinne nur ganzheitlich wirksam, wenn sie wie in ◩ Abb. 8.6
gezeigt ineinander greifen und aufeinander abgestimmt sind. Wenig sinnvoll erscheint die in vielen Organisationen vorgenommene
organisatorische Trennung von Personalentwicklung und Organisationsentwicklung in unterschiedliche Abteilungen oder Bereiche.

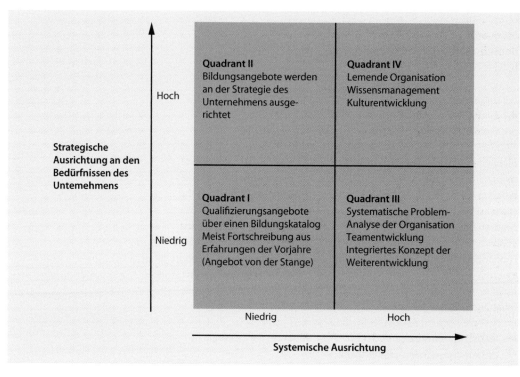

**Strategische Ausrichtung an den Bedürfnissen des Unternehmens**

Hoch

**Quadrant II**
Bildungsangebote werden an der Strategie des Unternehmens ausgerichtet

**Quadrant IV**
Lernende Organisation
Wissensmanagement
Kulturentwicklung

Niedrig

**Quadrant I**
Qualifizierungsangebote über einen Bildungskatalog
Meist Fortschreibung aus Erfahrungen der Vorjahre
(Angebot von der Stange)

**Quadrant III**
Systematische Problem-Analyse der Organisation
Teamentwicklung
Integriertes Konzept der Weiterentwicklung

Niedrig                    Hoch

**Systemische Ausrichtung**

◘ **Abb. 8.5** Angebote der Personalentwicklung

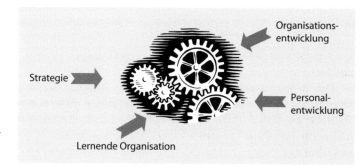

◘ **Abb. 8.6** Modellhaftes Zusammen-wirken der Aufgabenschwerpunkte in der PE

Organisations-entwicklung

Strategie

Personal-entwicklung

Lernende Organisation

Die Gefahr, durch nicht abgestimmte Prozesse sich widersprechende Maßnahmen durchzuführen, ist sehr groß. Auch wird durch die Differenzierung der Aufgaben häufig der notwendige strategische Fokus im Handeln nicht richtig gesetzt, oder es wird sogar den strategischen Bedürfnissen der Organisation geschadet. Ebenfalls ist es für die Fachbereiche nicht einfach zu entscheiden, an welche Bereiche sie sich bei bestimmten Problemstellungen wenden sollen. Im mikropolitischen Spiel von Bereichen oder Abteilungen werden Fachbereiche dann eher an den angesprochenen Dienstleister gebunden, obwohl sie dort nicht problemgerecht beraten und mit geeigneten Maßnahmen versorgt werden können. Für die Fachbereiche ist es deshalb manchmal einfacher, sich von externen Anbietern ganzheitlich betreuen zu lassen.

## 8.1.5 Positionierung eines strategischen Managements

Häufig wird in der Diskussion um die Positionierung des Bildungsmanagements zu stark auf die organisatorische Aufhängung im Unternehmen fokussiert. Dass die Positionierung in der Struktur eine Rolle spielt, sei hier unbestritten. Allerdings ist der Faktor »Zugang zur Macht« eine zentrale Frage, die in der Betrachtung eine Rolle spielen sollte.

■■ a) Organisatorische Einbindung des Bildungsmanagements
Es gibt viele verschiedene Möglichkeiten der organisatorischen Aufhängung einer Einheit, die das Bildungsmanagement eines Unternehmens organisieren/ermöglichen soll:
- Stabsfunktion direkt bei der Geschäftsleitung
- Funktionalorganisation direkt beim HR-Manager (dieser sitzt in der GL)
- Assistenzfunktion bei einem Geschäftsleitungsmitglied
- Projektorganisation
- Matrixorganisation
- Profit-Center

Das Beispiel in ◘ Abb. 8.7 zeigt eine Variante, in der PE, OE, Strategie und Lernende Organisation in einer Führungseinheit integriert sind.

Da es, wie oben beschrieben, sehr unterschiedliche Organisationsformen gibt, ist es nicht sinnvoll, Organisationsformen von Teileinheiten zu übernehmen und auf andere Unternehmen zu übertragen. (In einer Projektorganisation wird die Bildungseinheit wahrscheinlich am besten eine Projektorganisation sein. In einer kleinen Organisation wird wahrscheinlich nur eine einzelne Person die Aufgaben wahrnehmen).

Auch wird der Art der Strukturierung und der Aufhängung des Bildungsmanagements zu viel Stellenwert beigemessen. In ◘ Abb. 8.8 wurde untersucht, welche Umsetzungshindernisse für professionelle Zusammenarbeit zwischen HR und dem Businesspartner wirksam sind. Deutlich erkennbar ist hier, dass die Art der organisatorischen Aufhängung der Organisationseinheit eine eher untergeordnete Rolle spielt. Vielmehr ist von Bedeutung, wer die handelnden Personen sind, wie der Machtzugang geregelt und wie das Bildungsverständnis (Unternehmenskultur) beschaffen ist.

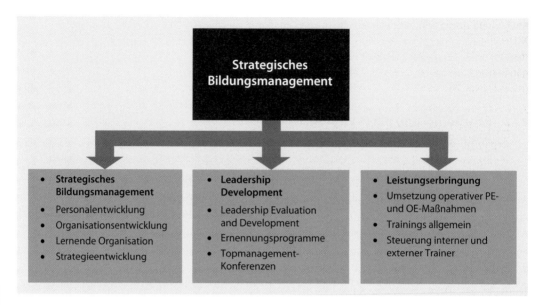

**◘ Abb. 8.7** Organisation eines strategischen Bildungsmanagements

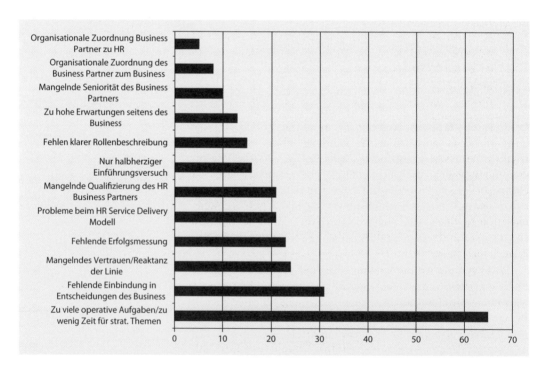

**◘ Abb. 8.8** Umsetzungshindernisse für eine professionelle Zusammenarbeit. (Quelle: Cap Gemini, 2009, http://www. at.capgemini.com)

■ ■ **b) Zugang zur »Macht«**

**》** Die Macht ist nicht etwas, was man erwirbt, wegnimmt, teilt, was man bewahrt oder verliert; die Macht ist etwas, was sich von unzähligen Punkten aus und im Spiel ungleicher und beweglicher Beziehungen vollzieht. (Foucault, 1977, S. 115) **《**

**Entscheidende Faktoren einer Einflussnahme in der Organisation:**

- **Stellung in der Organisation/Gesellschaft:**
  Eine gehobene Position in der Organisation ist die offensichtlichste Machtquelle, aber eine anscheinend mächtige Position zu besetzen, ist nicht gleichbedeutend mit Macht
- **Macht über Ressourcen:**
  Ressourcen können materiell und nichtmateriell sein. Die wichtigsten Ressourcen: Verbündete und Anhänger
- **Informationen:**
  Wissen ist Macht!
- **Fachwissen:**
  Macht durch besondere Kenntnisse oder Fertigkeiten auf einem strategisch wichtigen Gebiet, über die andere nicht verfügen
- **Verbindungen, Netzwerke:**
  Aufbau und Pflege eines weiten Netzes von einflussreichen persönlichen und beruflichen Kontakten innerhalb und außerhalb der Organisation
- **Persönliche Macht:**
  Persönlichkeit, physische Präsenz, Erscheinungsbild (Charisma einer Person)

Die Bedeutung liegt in der Wechselwirkung der einzelnen Aspekte der Einflussfaktoren. Keiner der Faktoren kann gänzlich unbeachtet bleiben. Einige sind traditionell vorgegeben und dann meist schwierig zu verändern (Organisationsform, Ressourcen, …), andere werden in Nachfolgebesetzungen häufig nicht genügend in Betracht gezogen [Person, Netzwerke (hier sind vor allem Netzwerke im Fachgebiet Bildung intern und extern zu betrachten), Fachwissen].

Wichtige Fragen dazu wären:

- Sind Vertreter des Bildungsmanagements im Geschäftsleitungskreis/Vorstand integriert?
- Werden Vertreter aktuell über neueste Unternehmensthemen/-entscheidungen informiert?
- Werden Vertreter an den Strategieentwicklungen des Unternehmens beteiligt.
- Werden Vertreter als Ratgeber zu Bildungsthemen genutzt?
- Sieht die Geschäftsleitung das professionelle Know-how des Bildungsmanagements?

— Werden bildungsrelevante Themen unter Einbezug des Bildungsmanagements bearbeitet und entschieden, oder wird es erst im
Nachgang informiert?

Sollten einige dieser Fragen nicht positiv beantwortet werden können,
so sollte es Bemühungen seitens des Bildungsmanagements geben,
hier Veränderungen herbeizuführen. **Denn nur dann** wird das Bildungsmanagement in die Lage versetzt, eine moderne, strategisch ge-
leitete Aus- und Weiterbildung zu ermöglichen!

**Zusammenfassung**

— Viele Faktoren sind mit entscheidend für den Stellenwert eines
erfolgreichen strategischen Bildungsmanagements im Unternehmen.
Jedoch, wie in ▶ Abschn. 8.1.5 deutlich gemacht wurde, ist dies nicht
im entscheidenden Maße von der organisatorischen Aufhängung des
Bereichs, sondern sehr viel stärker von der Ausrichtung der eigenen
Arbeitsschwerpunkte (»Habe ich einen strategischen Schwerpunkt
oder bin ich vorwiegend operativ aufgestellt?«) und Art der Einbindung in Managemententscheidungen abhängig.

— Nur wenn eine Bildungseinheit ihren Fokus auf die strategische Arbeit
ausgerichtet hat, kann sie als strategisches Bildungsmanagement im
Gesamtunternehmensprozess auch wirksam werden.

## 8.2    Evaluation von Lernprozessen – Wirksamkeit, Wirtschaftlichkeit und Nachhaltigkeit

*Hansjörg Künzli*

**》** The most important purpose of evaluation is to improve – not to
prove. (Stufflebeam, 2002, S. 283) **《**

Immer kürzere Veränderungszyklen, die Suche nach Kostenvorteilen und
der ständig steigende Konkurrenzdruck zeigen auch Auswirkungen auf
das Human Resource Management und damit auf die Gestaltung von
personenbezogenen Lernprozessen in Organisationen. Die Notwendigkeit von gezielten Lernprozessen zur Unterstützung der Geschäftsprozesse ist in der Regel unbestritten. Einen Unsicherheitsfaktor hingegen
stellt der nicht oder nur schwer messbare Erfolg solcher Maßnahmen dar.
Während die Kosten von Lernprozessen noch relativ leicht zu ermitteln
sind, ist der objektive Nachweis der Wirksamkeit, Wirtschaftlichkeit und
der Nachhaltigkeit zwar möglich, für Unternehmen aber in der Regel viel
zu aufwändig. Angemessener sind Evaluationen, die sich an Kriterien
wie Plausibilität und Passung orientieren. Dies bedeutet, dass Lernpro-
zessevaluationen strikt auf die normativen und strategischen Leitlinien
auszurichten sind. Die zentralen Fragen lauten dann nicht mehr: »Hat
sich Training xy ausgezahlt?«, sondern: »Hat das Training die Strategie

xy unterstützt? Konnte der Prozess xy mit dem Training verbessert werden?« Wirksam, wirtschaftlich und nachhaltig ist ein Lernprozess dann, wenn er passt, d. h. wenn er sich nahtlos in das Gefüge der Strategien und Prozesse der Organisation einfügt und zu Handlungen führt, die dieses Gefüge wiederum unterstützen.

## 8.2.1   Ein Springseil springt nicht!

Um es hier gleich vorwegzunehmen: Die Patentlösung, wie Lernprozesse sinnvoll und kostengünstig evaluiert und gesteuert werden, existiert noch nicht. Der Luca Pacioli (Pacioli lieferte 1494 die erste vollständige Beschreibung der doppelten Buchführung) der Bildungsevaluation wurde noch nicht geboren. In den letzten 50 Jahren sind aber Modelle entwickelt und im betrieblichen Alltag erprobt worden, die sich für verschiedene Anwendungen als hilfreich erwiesen haben. Dabei handelt es sich um Orientierungs- oder Rahmenmodelle. Die Inhalte müssen nach wie vor individuell gestaltet und an die konkreten Lernformen und die Anforderungen der Organisation angepasst werden. Ob sich ein Modell als nützlich erweist, hängt weniger von ihm selbst als viel mehr von der sinnvollen Adaption an die betrieblichen Erfordernisse ab. Um es mit einer Metapher zu sagen: Ein Springseil springt nicht! Damit es seine Wirkung entfalten kann, muss man es in die Hände nehmen und üben. Die Leistung wird von der Person, nicht vom Instrument erbracht! Genau gleich verhält es sich mit Evaluationsmodellen.

## 8.2.2   Begriffe

Unter Lernprozessevaluation soll hier die Bewertung von personenbezogenen Bildungsprozessen hinsichtlich ihrer Zweckmäßigkeit verstanden werden. Zweckmäßig sind sie dann, wenn sie wirksam, wirtschaftlich, nachhaltig und passend sind.

    Unter Lernen soll hier der durch die Organisation gesteuerte, absichtliche individuelle Erwerb von geistigen, körperlichen, und sozialen Fähigkeiten und Fertigkeiten verstanden werden. Angesprochen sind gruppenbezogene Maßnahmen wie Trainings, aber auch individuumsbezogene Settings wie z. B. Coaching, Supervision oder Mentoring.

    Wirksamkeit, Wirtschaftlichkeit und Nachhaltigkeit sind Ergebnisse, Passung ist eine Größe, die bei der Planung und Durchführung von Lernprozessen hergestellt wird. Von der **Wirksamkeit** einer Maßnahme spricht man, wenn sich im Handeln der Betroffenen feststellbare geschäftsfeldrelevante Veränderungen ergeben. Wenn der aus dem veränderten Handeln resultierende Ertrag den dafür notwendigen Aufwand eindeutig übertrifft, sprechen wir von **Wirtschaftlichkeit. Nachhaltig** sind Lernprozesse dann, wenn sie Wirkungen entfal-

**Zweckmäßigkeit**

**Lernen**

ten, die sich als dauerhafte und tragfähige Grundlagen für zukünftige Entwicklungen erweisen.

Eine Führungsausbildung ist z. B nachhaltig, wenn es gelingt, Führungsgrundsätze im Verhalten der Führungskräfte zu verankern.

**Wirksamkeit, Wirtschaftlichkeit, Nachhaltigkeit, Passung**

Von **Passung** sprechen wir dann, wenn die Lernprozesse die relevanten normativen, strategischen und operativen Grundlagen der Organisation hinreichend spiegeln.

Wirksamkeit ist eine notwendige, aber keine hinreichende Voraussetzung für die Wirtschaftlichkeit. Es ist durchaus denkbar, dass sich aufgrund einer Maßnahme relevante Verhaltensänderungen ergeben, die Kosten dafür aber so hoch sind, dass sich die Investition nicht rechnet. Während Wirksamkeit und Wirtschaftlichkeit aus theoretischer und praktischer Sicht unverzichtbar sind, stellt die Nachhaltigkeit ein wünschenswertes, aber kein notwendiges Kriterium dar. So ist es z. B. denkbar, dass Mitarbeitende aus Sicherheitsgründen auf einem vorhandenen IT-System geschult werden müssen, obwohl dieses innerhalb kurzer Frist durch ein neues ersetzt werden muss. Die maximale Zweckmäßigkeit (Wirksamkeit, Wirtschaftlichkeit, Nachhaltigkeit) von Lernprozessen wird über die Passung hergestellt. Erst wenn sich Lernprozesse optimal in das Gesamtgefüge der Organisation einpassen lassen, sind sie maximal zweckmäßig.

### 8.2.3 Rahmenmodell zur Evaluation betrieblicher Lernprozesse

Mancher Verantwortliche würde gerne mehr über die Zweckmäßigkeit seiner Programme erfahren und er wird sich die Frage stellen, wie er das bewerkstelligen soll. Die Lösung sieht dann häufig so aus, dass am Ende der Maßnahme ein Zufriedenheitsfragebogen ausgeteilt wird.

Der Wert solcher Befragungen ist unbestritten, von einer umfassenden Evaluation ist man aber noch weit entfernt. Zufriedenheitsbögen entsprechen im Prinzip einer Teilerhebung. Aussagen zu vorauslaufenden Einflussgrößen, zum Transfererfolg oder zu relevanten Wirkfaktoren aus dem Umfeld, die zum Erfolg oder Misserfolg beigetragen haben, fehlen. Von hohen Zufriedenheitswerten auf die Wirksamkeit, Wirtschaftlichkeit oder gar die Nachhaltigkeit der Maßnahme zu schließen, ist nicht zulässig.

Eine umfassende Lernprozessevaluation sollte zumindest potenziell in der Lage sein, Informationen zu Kontext-, Input- und Prozessfaktoren sowie über den Transfererfolg zu verarbeiten. Ein umfassendes Rahmenmodell zur Evaluation betrieblicher Lernprozesse ist in ◘ Abb. 8.9 dargestellt.

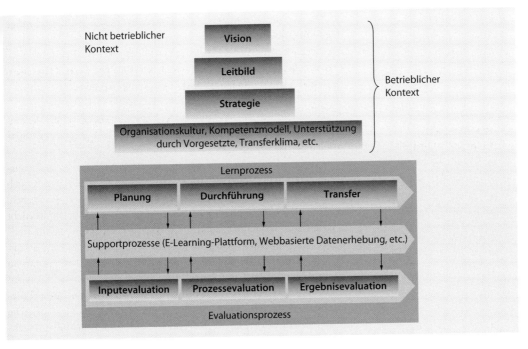

**Abb. 8.9** Rahmenmodell zur Evaluation betrieblicher Lernprozesse

Das Modell besteht aus den Elementen Kontext, aufgeteilt in den betrieblichen und nicht betrieblichen, sowie 3 Prozessen, dem Lern-, dem Evaluations- und dem Supportprozess.

Der Evaluationsprozess setzt sich aus den Schritten Input-, Prozess- und Ergebnisevaluation zusammen. Dabei wird davon ausgegangen, dass Inputvariablen die Prozesse und diese wiederum die Ergebnisse beeinflussen. Die Passung zwischen Lernprozessen und organisationalen Erfordernissen wird in erster Linie über die Inputvariablen hergestellt. Die Ergebnisse manifestieren sich in der Transferleistung und können aufgeteilt werden in die Wirksamkeit, die Wirtschaftlichkeit und die Nachhaltigkeit. Es wird aber noch zu zeigen sein, dass die Transferleistung je nach Inhalt des Lernprozesses weiter differenziert werden muss (vgl. ▶ Abschn. 8.2.4.1). Es macht einen Unterschied, ob ein Coaching, ein Selbstmanagementtraining oder ein MS-Office-Kurs evaluiert werden soll.

Der Supportprozess dient, wie der Name schon sagt, zur Unterstützung des Lern- und des Evaluationsprozesses. Diesem Prozess wird oft zu wenig Beachtung geschenkt, weil er als weniger wichtig betrachtet wird. Die effiziente Erhebung, Auswertung, Verwaltung und Darstellung beispielsweise der Daten ist ein nicht zu unterschätzender Erfolgsfaktor für eine Evaluation.

Der Lernprozess mit den Elementen Planung, Durchführung und Transfer ist Gegenstand des Evaluationsprozesses, aber nicht Gegenstand dieses Beitrags. Aus diesem Grund soll er hier nicht besprochen werden.

**Evaluationsprozess**

**Supportprozess**

**Lernprozess**

**Kontextevaluation**

Unter einer Kontextevaluation versteht man die Untersuchung der Rahmenbedingungen, die sich auf den Erfolg eines Programms auswirken können. Diese stammen aus dem betrieblichen und nicht betrieblichen Umfeld. Ihr Einfluss kann sich vor (z. B. Geschäftsstrategie, wirtschaftliche Entwicklung, Kompetenzmodell), während (z. B. Unterstützung durch Vorgesetzte, Lernkultur) und nach (z. B. Strategieänderungen, Veränderungen der Eigentumsverhältnisse, Transferklima) dem Programm bemerkbar machen. Wichtige Fragen sind hier z. B.:

- Passt das Programm zu Leitbild und Strategie?
- Passt es zu den Geschäftsprozessen?
- Baut es auf dem eigenen Kompetenzmodell auf?
- Kann die Unterstützung durch die Vorgesetzten sichergestellt werden?
- Passt es ins momentane Marktumfeld?
- Entspricht das Programm der Zielgruppe?
- Besteht ein Bedarf für das Programm?
- Kann es zeitlich integriert werden?

Kontextfaktoren können i.d.R. durch Ausbildungsverantwortliche nicht oder nur beschränkt beeinflusst werden und sind meist nicht vorhersehbar. Trotzdem sind sie bedeutsam. Drastische Veränderungen im Umfeld, wie z. B. Veränderungen des Marktumfelds oder Veränderungen in den Eigentumsverhältnissen der Organisation, können auch den Erfolg eines exzellent geplanten und durchgeführten Programms gefährden. Auch wenn der Kontext nicht oder nur in sehr geringem Maße beeinflusst werden kann, lohnt es sich trotzdem, wichtige Ereignisse daraus zu dokumentieren. Nur schwer fassbar ist der Einfluss gewisser Elemente des betrieblichen Kontextes. Ob in einer Organisation oder einer bestimmten Abteilung ein lern- und transferförderliches Klima herrscht, wird selten erhoben (obwohl durchaus messbar, z. B. mit dem Learning Transfer System Inventory LTSI, Kauffeld et al., 2008).

**Inputevaluation**

Zur Inputevaluation gehören die Überprüfung der Inputfaktoren wie Programmziele, Planung der Inhalte und der Methoden, Planung des Transfermanagements, die optimale Ausstattung des Programms hinsichtlich Trainer, Prozessgestaltung, Unterlagen, Räumen und Durchführungsort, der Teilnehmermotivation, der Bedarfsplanung und der Zielgruppenorientierung. Ist ein Bedarf vorhanden? Warum ist das Thema strategisch relevant? Spricht das Programm die richtigen Teilnehmer an und sind diese hinreichend motiviert, daran teilzunehmen? Gerade bei auf Freiwilligkeit beruhenden Angeboten, z. B. im Bereich Stressmanagement, wird immer wieder festgestellt, dass ausgerechnet die Personen, die es am nötigsten hätten, nicht auf das Programm ansprechen, da sie schlicht keine Zeit haben oder den Rahmen eines Trainings schon als zu bedrohlich erleben, um über ganz persönliche Anliegen zu sprechen.

Zur Prozessevaluation gehört die Bewertung der Durchführung des Programms. Dies sind z. B. die Beziehungsgestaltung zwischen Trainer und Teilnehmenden und die methodisch-didaktisch angemessene Durchführung der Lernsequenzen. Prozessevaluationen können während oder nach der Durchführung des Programms gemacht während. Eine typische Frage während der Durchführung lautet z. B.: »Sind wir noch auf Kurs?« Nach der Durchführung wird oft nach Elementen der Beziehungsqualität, der Klarheit und Übersichtlichkeit der Unterlagen, der Zielorientierung und ähnlichen Indikatoren gefragt.

**Prozessevaluation**

Innerhalb der Ergebnisevaluation wird zwischen Output- und Outcome-Kriterien unterschieden. Output bezieht sich auf die unmittelbar nach Abschluss der Maßnahme erfassbaren Ergebnisse wie die Zufriedenheit oder den Wissenszuwachs. Der Outcome (auch Transfererfolg, vgl. auch ▶ Abschn. 8.2.4) bezieht sich auf Ergebnisse, die sich häufig erst mittel- oder längerfristig am Arbeitsplatz einstellen. Ist es den Teilnehmenden gelungen, das Gelernte in der Praxis anzuwenden? Hilft es ihnen, ihren Arbeitsalltag besser zu bewältigen? Trägt die Anwendung des Gelernten zur Wertschöpfung der Organisation bei? Der Begriff der Wirksamkeit bezieht sich auf Output und Outcome. Wirtschaftlichkeit und Nachhaltigkeit sind hingegen Outcome-Kriterien. Großes Gewicht sollte man der Aufbereitung und Verwertung der Daten beimessen. Damit aus Fehlern und Erfolgen gelernt werden kann, müssen die Resultate verwertet und an die interessierten Stellen und Personen weitergeleitet werden. Es hilft wenig, den Erfolg oder Misserfolg einer Maßnahme festzustellen, aber nicht zu kommunizieren.

**Ergebnisevaluation und Feedback**

### 8.2.4 Evaluationsmodelle – Transfererfolg und Return on Investment

In der Praxis durchgesetzt haben sich vor allem unvollständige Evaluationsmodelle. Unvollständig darum, weil sie sich schwerpunktmäßig der Messung des Transfererfolgs, d. h. der Umsetzung des Gelernten in der Praxis widmen und Kontext-, Input- sowie Prozessgrößen wenig Raum geben. Am bekanntesten dürfte das 4-Stufen-Modell von Kirkpatrick (1954) sein.

### Kirkpatrick – Die Geschichte, aber noch nicht Geschichte

Schon 1954 entwickelte Kirkpatrick die Grundlagen seines Vier-Stufen-Modells der Transferevaluation, das 1959 in 4 Artikeln veröffentlicht wurde und später in Buchform erschien. Unterdessen ist die 4. Auflage dieses Werks (Kirkpatrick & Kirkpatrick, 2006) greifbar. Kirkpatrick gliedert die Transferevaluation in folgenden 4 Stufen:

1. **Reaktionen: Erleben der Programmteilnehmer**
   Beispiele: Inhaltsrelevanz, Formate, Methoden, Medien, Zielklarheit, Tempo, Seminarort, Zeitpunkt, Dauer, Passung, Beziehungsgestaltung etc.
2. **Lernen: Erwerb von Kenntnissen und Kompetenzen**
   Beispiele: Wissenstests (Selbsteinschätzungen oder objektive Leistungstests), subjektiver Lernfortschritt etc.
3. **Verhalten: Anwendung des Gelernten am Arbeitsplatz**
   Beispiele: Verhalten/Umsetzung am Arbeitsplatz (Selbst- oder Fremdeinschätzung, häufig Beobachtungen)
4. **Resultate: Betriebswirtschaftlicher Nutzen für die Organisation**
   - »Harte« Indikatoren: Produktivität, Marktanteile, Ausschuss, Reklamationen, Abschlüsse etc.
   - »Weiche« Indikatoren: Kommunikation, Stressreduktion, Teamklima, Commitment, Kundenzufriedenheit etc.

Gemäß Kirkpatrick baut jede Stufe auf der vorhergehenden auf. Das positive Erleben ermöglicht den Erwerb von Kompetenzen und Kenntnissen. Die (latenten) Kompetenzen und Kenntnisse werden am Arbeitsplatz eingesetzt, was wiederum zu erwünschten betriebswirtschaftlichen Resultaten führt.

Generell empfiehlt Kirkpatrick immer die Verwendung von Vergleichsgruppen (eine Gruppe mit und eine weitere ohne Maßnahme) und die Vorher-Nachher-Messungen. Dies entspricht einem seriösen wissenschaftlichen Vorgehen, ist aber für Organisationen häufig kaum machbar.

Die Erhebung der **1. Stufe** ist weit verbreitet und stellt den »Normalfall« der Lernprozessevaluation dar. Die Messung der Zufriedenheit gibt Auskunft darüber, wie das Programm bei den Teilnehmenden aufgenommen wurde. Leider ist Zufriedenheit kein Garant dafür, dass etwas gelernt wurde, und noch viel weniger für den Lerntransfer (vgl. z. B. Allinger & Janak, 1989, S. 334). Trotzdem sollte nicht darauf verzichtet werden. Zufriedenheitsbefragungen geben wichtige Auskünfte über zielgruppengerechte Gestaltung der Maßnahme.

Auf der **2. Stufe** wird der Zuwachs an individuellem Wissen oder individuellen Kompetenzen überprüft. Zusätzlich zu den eingangs erwähnten gibt Kirkpatrick (2007, S. 49) folgende Empfehlungen ab:

a. Überprüfe den Stand des Wissens oder Kompetenzen.
b. Versuche, einen 100%igen Rücklauf sicherzustellen.
c. Verwende die Resultate für Feedback.

Dies ist sicher ein empfehlenswertes Vorgehen, wenn es um die Vermittlung von Fach- und Methodenkompetenzen geht. Sobald aber Selbst- und Sozialkompetenzen zur Diskussion stehen, macht ein Wissenstest wenig Sinn, da der Zusammenhang zwischen Wissen und Tun in diesen Bereichen äußerst gering ist. Wesentlich valider, aber auch aufwändiger sind Verhaltensbeobachtungen und -bewertungen während der Trainingseinheit oder noch besser im Feld. Ist ein aufwändiges Verfahren nicht zu realisieren, kann immer noch der subjektiv eingeschätzte Wissenszuwachs und die Umsetzungswahrscheinlichkeit des Lernstoffs durch die Teilnehmenden eingeschätzt werden. Die Qualität solcher Daten mag durch soziale Erwünschtheit verwischt und eindeutig geringer sein als diejenige von Daten, die in einer Feldbeobachtung gewonnen wurden. Der Aufwand fällt aber wesentlich niedriger aus.

Auf der **3. Stufe** wird überprüft, ob sich das Verhalten am Arbeitsplatz verändert hat. Auch hier wird wieder die Verwendung einer Vergleichsgruppe mit Vorher-Nachher-Messung empfohlen. Zusätzlich weist Kirkpatrick darauf hin, genügend Zeit einzuplanen, damit sich das gewünschte Verhalten entwickeln kann. Wiederum stellt sich hier die Frage nach der Art der Messgrößen. Empfohlen wird die Erhebung von möglichst objektiven Indikatoren. Beispiele dafür sind die Abnahme von Fehlmanipulationen oder Fehleingaben an Maschinen, verminderter Zeitaufwand zur Bewältigung von Aufträgen oder Ähnlichem. Sind objektive Indikatoren nicht verfügbar oder ist der Erhebungsaufwand zu groß, wird auf subjektive Indikatoren zurückgegriffen. Zur Erhebung von subjektiven Indikatoren kommen mehrere Personengruppen in Frage: Teilnehmende, Vorgesetzte, Kunden, Mitarbeitende von Teilnehmenden, professionelle Beobachter und weitere Personen, die geeignet sind, das Verhalten der Teilnehmer einzuschätzen. Wenn es um die Bewertung von Sozial- und Selbstkompetenzen geht, kommt praktisch nur die Erhebung von subjektiven Indikatoren in Frage. Der Königsweg dürfte der Einsatz von 360°-Feedback-Verfahren sein. Eine einfachere Variante sieht so aus, dass man die Teilnehmenden fragt, wie stark sich ihr Kompetenzerleben im Alltag verbessert hat. Um die Aussage über verbessertes Kompetenzerleben zu validieren, ist es hilfreich, nach einem konkreten Beispiel zu fragen, bei dem das Gelernte maßgebend zur besseren Lösung eines Problems beigetragen hat. Die Schilderung von konkreten Beispielen macht die Aussagen nicht »objektiver«, erhöht aber deren Glaubwürdigkeit.

Auf **der 4. Stufe** werden die Auswirkungen der Maßnahme auf den Geschäftserfolg erhoben. Kirkpatrick (2007, S. 110) gibt folgende zusätzlichen Empfehlungen:

a. Gib genügend Zeit, damit sich die Resultate einstellen können.
b. Wiederhole die Messungen in angemessenen Zeitabständen.
c. Vergiss nicht, dass du Erwartungen zu erfüllen hast.
d. Begnüge dich mit plausiblen Belegen, wenn es nicht möglich ist, harte Beweise beizubringen.

Punkt c ist erläuterungsbedürftig. Trainings sind oft mit unklaren Erwartungen verbunden. Sie sollen zu einem Top-Kundenservice oder gar zu Exzellenz führen. Was das heißen soll, ist oft völlig unklar. Die Klärung dieser Erwartungen mit den betroffenen Führungskräften ist darum oft wertvoller als ein komplizierter Datenerhebungsplan. In

Gesprächen zeigt sich dann oft, dass beispielsweise schon eine mittlere Senkung der Reklamationen die Erwartungen voll befriedigt.

Typische Indikatoren der 4. Stufe stammen aus den Bereichen Produktivität (z. B. produzierte Einheiten, verkaufte Einheiten, Anzahl Kundenkontakte etc.), Kosten (reduzierte Unfallkosten, reduzierte Stückkosten, Krankentage etc.) oder Qualität (Ausschuss, Nacharbeiten, Materialknappheit etc.). Der Vorteil solcher Indikatoren liegt auf der Hand, handelt es sich dabei doch um Kennwerte, die anerkanntermaßen mit dem Geschäftserfolg in Verbindung stehen. Anders verhält es sich mit sog. weichen Faktoren wie Teamklima, Committment, Organisationskultur oder Konfliktfähigkeit. Ein Einfluss dieser Größen auf den Geschäftserfolg wird zwar vermutet, sie sind aber schwieriger zu erheben und werden oft als weniger glaubwürdig eingestuft.

#### ▪▪ Chain of Evidence

**Konsistente Kette von Belegen**

Kirkpatrick legt viel Wert auf die Konstruktion einer konsistenten Kette von Belegen. Hält man sich vor Augen, dass der wissenschaftlich einwandfreie Beleg einer Ursache-Wirkungs-Verknüpfung nur sehr selten möglich ist, ist diese Forderung nur allzu verständlich. Letztlich geht es darum, eine glaubwürdige Geschichte zu erzählen. Ähnlich wie in einem Gerichtsverfahren, in dem Schuld nicht positiv nachgewiesen werden kann, geht es darum, eine möglichst lückenlose Indizienkette aufzubauen, die von der Verteidigung nicht mehr widerlegt werden kann. Es ist nicht der einzelne Beleg, der zur Verurteilung führt, sondern die Summe aller Belege, die schlussendlich so erdrückend wird, dass die Unschuldsvermutung aufgegeben werden muss. Auf die Evaluationssituation übertragen kann die Metapher folgendermaßen gelesen werden: Ist ein Kontrollgruppendesign nicht möglich, was praktisch immer der Fall sein wird, stützen wir uns auf eine in sich geschlossene und konsistente Kette von Einzelbelegen, die in der Summe so glaubwürdig sind, dass sie einen kausalen Schluss zumindest als die plausiblere Variante erscheinen lassen.

### Phillips – Der ROI-Prozess

Phillips erweitert das 4-stufige Transfer-Modell von Kirkpatrick mit dem Return on Investment (ROI) um eine 5. Stufe. Um den ROI zu bestimmen, hat er eine Methodik entwickelt, die wesentliche neue Elemente zum Ansatz von Kirkpatrick hinzufügt.

Den ROI-Prozess stellen Phillips & Schirmer (2005) in einer Grafik dar (❑ Abb. 8.10). Die ersten 3 Prozessschritte sind mit dem Vorgehen von Kirkpatrick identisch. Besonderes Gewicht räumt Phillips den Schritten »Isolierung der Effekte«, »Finanzielle Bewertung«, »Immaterielle Werte«, »(Programm-)Kosten« und »Berechnung des ROI« ein.

**Isolierung der Effekte**

Welche Wirkungen lassen sich tatsächlich dem Training zurechnen? Phillips & Schirmer (2005) schlagen insgesamt 9 Methoden vor, wie der Zusammenhang zwischen Ursache und Wirkung, respektive

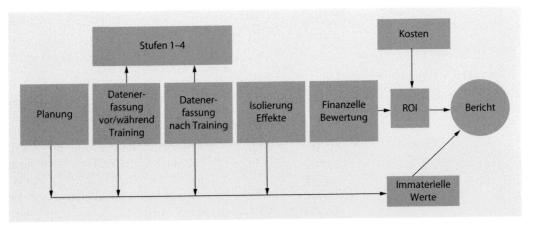

**Abb. 8.10** Der ROI-Prozess nach Phillips. (In Anlehnung an Phillips & Schirmer, 2005, S. 23)

zwischen Training und verbesserter Leistung hergestellt werden kann. Wirklich zuverlässig ist nur die erste Methode (Vergleichsgruppen). Die anderen 8 (Trendlinienanalyse, Prognosemethoden, Bewerten durch Teilnehmer, Bewerten durch Vorgesetzte, Bewerten durch Management, Bewerten durch Experten, Bewerten durch andere Faktoren und die Bewertung durch Kunden) bauen auf der Plausibilität der Argumentationskette und der gewonnen Daten auf und sind mit der schon von Kirkpatrick beschriebenen Methode der Konstruktion einer »Chain of Evidence« vergleichbar.

Für die finanzielle Bewertung der Effekte wird die Aufteilung in »harte« und »weiche« Daten vorgeschlagen. Harte Daten entsprechen bewährten Messgrößen der Unternehmensleistung. Sie sind leicht zu messen und können ohne großen Aufwand in Geldeinheiten transformiert werden. Als Beispiele können verkaufte Produkte, Zeitersparnisse, Überstunden, Lagerumschlag, Auslastung und weitere Kennzahlen aus der Betriebswirtschaft genannt werden. Anspruchsvoller ist die Konvertierung von weichen Daten. Hier schlagen Phillips & Schirmer (2005, S. 107) ein 5-stufiges Vorgehen vor (◘ Tab. 8.1; weitere Beispiele finden sich im Buch von Phillips & Schirmer, 2005).

**Finanzielle Bewertung**

1. Parameter auswählen,
2. Basiswert bestimmen,
3. Verbesserungen des Parameters ermitteln,
4. Verbesserungen auf das ganze Jahr beziehen und
5. Gesamtwert der Verbesserung berechnen.

Ist die Konvertierung in finanzielle Werte mit zu vielen Unsicherheiten verbunden, weil zu subjektiv oder mit zu großem Aufwand verbunden, so dass die resultierenden Ergebnisse unglaubwürdig wären, werden die Daten als immaterielle Werte aufgeführt. So kann verhindert werden, dass wertvolle Resultate nur aufgrund ihrer Sperrigkeit hinsichtlich der Konvertierung unter den Tisch fallen. Unter

**Nicht konvertierbare Größen**

◘ **Tab. 8.1** Vorgehen zur finanziellen Bewertung. (In Anlehnung an Phillips & Schirmer, 2005, S. 108)

| Schritt | Beschreibung | Beispiel |
|---|---|---|
| 1 | Parameter auswählen | Anzahl Beschwerden, die in einem mehrstufigen Prozess eine bestimmte Stufe überschreiten |
| 2 | Basiswert bestimmen | Interne Experten schätzen, dass eine Beschwerde Kosten in Höhe von 6.500 EUR verursachen |
| 3 | Veränderung des Parameters bestimmen | 6 Monate nach dem Training ergibt sich eine Abnahme der Beschwerden/Monat um 10. Nach Berücksichtigung weiterer Effekte (Störvariablen) werden 7 dem Training zugerechnet |
| 4 | Veränderung auf 1 Jahr beziehen | 12 (Monate) · 7 (Abnahme Beschwerden/Monat) = 84 |
| 5 | Gesamtwert der Verbesserung berechnen | 84 × 6.500 EUR = 546.000 EUR |

**Kostenermittlung**

immaterielle Ergebnisse fallen Indikatoren wie z. B. die Motivation, das Committment oder die Mitarbeiterzufriedenheit.

Die Kostenermittlung geschieht grundsätzlich auf Vollkostenbasis, wobei zwischen anteilsmäßigen und direkten Kosten unterschieden wird (vgl. ◘ Tab. 8.2). Zu den anteiligen Kosten gehören die Bedarfsanalyse, die Programmentwicklung, die Evaluation und die anteilsmäßigen Kosten der HR-Abteilung für die Prozesssteuerung. Die direkten Kosten setzen sich zusammen aus den Gehältern der Trainer (Coachs etc.), den Programmunterlagen und evtl. Lizenzgebühren, den Reise-, Verpflegungs- und Übernachtungsspesen, den Raumkosten sowie den Lohnkosten der Teilnehmenden (Abwesenheit vom Arbeitsplatz, Vor- und Nachbereitungszeit). Eine noch detailliertere Kostenaufstellung findet man bei Phillips & Schirmer (2005, S. 150 f.).

Im letzten Prozessschritt wird aus dem Verhältnis von Nettoprogrammnutzen und Programmkosten der **Return on Investment** bestimmt, wobei der Nettoprogrammnutzen als Differenz aus Programmnutzen und Programmvollkosten berechnet wird (vgl. Formel). Als Betrachtungszeitraum wird i.d.R. 1 Jahr gewählt.

$$ROI = \frac{\text{Programmnutzen} - \text{Programmkosten}}{\text{Programmkosten}} \cdot 100\%$$

Ein ROI von 40% bedeutet, dass pro investierten Euro Rückflüsse von 1,40 EUR erzielt wurden. Oder anders formuliert: Jeder investierte Euro produzierte einen zusätzlichen Rückfluss von 0,40 EUR.

### Bewertung der Evaluationsmodelle von Kirkpatrick und Phillips

**Vernachlässigung von Input- und Prozessfaktoren**

Das Kirkpatrick-Modell, so einleuchtend es auf den ersten Blick klingen mag, ist nicht wirklich ein Kausalmodell. Wäre es ein Kausalmodell, müsste man von der 1. Stufe mit einer gewissen Wahrscheinlich-

◻ **Tab. 8.2** Kostenzusammenstellung. (In Anlehnung an Phillips & Schirmer, 2005, S. 150)

| Kostenart | Indirekte Kosten | Direkte Kosten |
|---|---|---|
| Zeit für Bedarfsanalyse | ✖ | |
| Programmentwicklung | ✖ | |
| Programmdurchführung | | |
| Lohnkosten Trainer | | ✖ |
| Unterlagen, Materialien | | ✖ |
| Reisen, Übernachtung, Verpflegung | | ✖ |
| Räumlichkeiten | | ✖ |
| Lohnkosten Teilnehmer (Abwesenheit vom Arbeitsplatz) | | ✖ |
| Evaluationskosten | ✖ | |
| Anteilsmäßige Gemeinkosten HR | ✖ | |

keit auf den Erfolg der letzten Stufe schließen können. Dies soll kurz erläutert werden. Angenommen, ein Unternehmen stellt fest, dass 100 Kundenkontakte im Schnitt zu 50 Verkaufsgesprächen führen und diese wiederum zu 20 Abschlüssen. Gelingt es dem Unternehmen, mehr Kontakte zu initiieren, sollten sich in der Folge auch Verkäufe erhöhen. Ähnlich sollte es sich mit dem Stufenmodell von Kirkpatrick verhalten. Gelingt es, die Zufriedenheit zu erhöhen, sollte sich letztendlich auch der Geschäftserfolg verbessern. Dies ist aber nicht der Fall. Zufriedenheit mit einem Lernprozess ist weder eine notwendige noch eine hinreichende Bedingung für den Wissenserwerb. Erworbenes Wissen ist zwar eine notwendige, aber keineswegs eine hinreichende Bedingung für verändertes Verhalten. Am ehesten hängen noch verändertes Verhalten und Geschäftsresultate zusammen. Auf die systematische Erfassung von strukturellen (z. B. Transferklima) und individuellen (z. B. mangelnde Umsetzungsfähigkeiten einer Person) Transferhindernissen geht Kirkpatrick nicht ein. Auch die Evaluation von Kontext- und Inputfaktoren wird bei Kirkpatrick nur am Rande thematisiert. Trotzdem sei hier darauf hingewiesen, dass das Modell von Kirkpatrick wertvolle Daten zur Verfügung stellt, sie können aber nicht so verwertet werden, wie es das Modell verspricht.

ROI-Berechnungen mögen verlockend sein. Wer möchte nicht wissen, ob sich die Investition gelohnt hat? Trotzdem ist eher davon abzuraten. Meistens gibt es mehr Gründe, die gegen eine Berechnung sprechen als dafür. Was bedeutet z. B. ein ROI von 200% für ein Training? Wenn man diese Zahl ernst nimmt, müsste man konsequenterweise alle freien Mittel der Organisation in Zukunft nur noch in Trainings investieren, da es innerhalb der Organisation vermutlich kein alternatives Investment mit ähnlich hoher Rendite gibt. Dem würde wohl kein CEO zustimmen. Auf der anderen Seite steht die Frage, was

**Was bedeutet der ROI?**

man mit einem negativen ROI von beispielsweise -30% macht. Heißt dies, die Maßnahme hat sich nicht gelohnt? Möglicherweise. Es könnte aber auch sein, dass der Betrachtungszeitraum zu wenig lang war (meistens 1 Jahr). Die Verlaufskurven von Transferleistungen sind in der Regel unklar. Ein weiterer Grund für einen niedrigen ROI könnte darin liegen, dass die Effekte nicht sauber isoliert wurden. Zur Erinnerung: Ohne Vergleichsgruppendesign sind Effekte nicht zuverlässig zu erfassen. Was auch eher gegen die Berechnung des ROI spricht, ist die Betrachtung der Organisation als Ganzes. Ein wesentlicher Grund dafür, dass Organisationen existieren, ist der, dass die Marktleistung mehr ist als die Summe der Einzelteile. Damit die Leistung erbracht werden kann, braucht es das Zusammenwirken aller Funktionen. Entsprechend fordert niemand den Buchhaltungs-ROI oder gar den Führungs-ROI. Man muss sich also zu Recht die Frage stellen, ob es Sinn macht, Lernprozesse zu isolieren und als Investitionsobjekte zu behandeln. Der Versuch dazu mag lehrreich sein und neue Einblicke in Lernprozesse verschaffen. Von einer standardisierten Implementierung ist eher abzuraten. Zu groß sind die Unsicherheiten, wie der ROI zu deuten ist.

### 8.2.5   Evaluationsprinzipen

In den vorhergehenden Abschnitten wurden ein Rahmenmodell und 2 aufeinander aufbauende Ansätze für die betriebliche Evaluation vorgestellt. Aus dem Modell und den beiden Ansätzen lassen sich nun 5 übergreifende Evaluationsprinzipien ableiten.

**1. Gesamtansatz** Lernprozesse und damit auch deren Evaluation geschehen nicht im luftleeren Raum, sondern innerhalb eines bestimmten Kontextes. Maßgebend sind hier vor allem die explizite Orientierung an und die Ableitung der zu erhebenden Messgrößen aus Leitbild, Vision und strategischen Zielen des Unternehmens und weiterer Regelwerke (z. B. Kompetenzmodellen) der Organisation. Versteht man die Organisation als ein organisches Ganzes, dann haben Lernprozesse und damit auch deren Evaluation immer den Zweck, den Unternehmenszielen zu dienen. In der Praxis ist aber noch oft zu beobachten, dass sich weder der Inhalt des Lernprozesses noch die Evaluation direkt auf strategische Ziele oder normative Grundlagen des Unternehmens, wie z. B. das Leitbild, beziehen. In einer Situation, in der man sich nicht auf einen lupenreinen kausalen Wirkungsnachweis berufen kann, sondern mit Plausibilität und Passung mit der Organisation arbeiten muss, vergibt man hier viele Chancen. Je stringenter Inhalte und Evaluationsziele aus strategischen Zielen hergeleitet werden, desto kleiner ist der Begründungsbedarf für eine Maßnahme. Zudem wird die Kommunikation mit der Linie vereinfacht, da man leichter zeigen kann, dass man am »gleichen Strick« zieht. Ein wesentlicher Teil dessen, was Bildungsprozesse erfolgreich macht, liegt nicht in der Durchführung, sondern der Einbettung in das Unternehmen und der Ausrichtung auf die Geschäftsprozesse. Betriebliche Lernprozesse sind nie Selbstzweck, sondern Mittel zum Zweck. Sie sollen zu Leistungsverbesserungen und damit zu besseren Geschäftsresultaten führen. Danach hat sich auch die Evaluation zu richten. Die zentrale Fragestellung für die Evaluation lautet dann nicht mehr: »War der Lernprozess wirksam und wirtschaftlich?«, sondern »Unterstützt der Lernprozess die Strategien und die Geschäftsprozesse?« Konkret könnte die Antwort dann lauten: »Das Training hat mir geholfen, den Prozess A besser zu beherrschen.« Ergänzend ist es sinnvoll, ein kurzes Beispiel schildern zu lassen, woran die antwortende Person die Verbesserung festmacht.

**2. Prozessansatz** Evaluation ist kein punktuelles Ereignis, sondern ein zum Lernprozess paralleler Prozess. Das heißt, dass Datenerhebung und Datenverwertung gleichzeitig mit der Maßnahme selbst geplant werden sollten. In der Praxis erlebt man immer wieder, dass die Idee zur Evaluation erst während des laufenden Lernprozesses entsteht. Dies sollte unbedingt vermieden werden. Die Erhebung von Eingangswerten ist zu diesem Zeitpunkt nicht mehr möglich und es bestehen kaum mehr Möglichkeiten, die Evaluation optimal auf den Lernprozess abzustimmen. Weiter ist darauf zu achten, nur Daten zu erheben, die Informationen für zukünftige Entscheidung enthalten.

**3. Supportsysteme** Um einen geregelten und dauernden Evaluationsbetrieb sicherzustellen, ist es sinnvoll, die Datenerhebung und -auswertung so weit als möglich zu automatisieren. Hilfreich sind webbasierte Datenerfassungstools. Der Vorteil solcher technischer Hilfen liegt darin, dass man die Daten auf einfache Art online erheben und zentral abspeichern kann, was den Datenzugriff und die zielgruppengerechte Aufbereitung der Daten erleichtert. Die meisten Programme stellen auch einfache Auswertungs- und Darstellungsroutinen zur Verfügung. So lassen sich mehrere zeitaufwändige Schritte des Evaluationsprozesses effizienter gestalten. Ein weiter Vorteil solcher Supportsysteme ist darin zu sehen, dass Datenerhebungen und Feedbackgestaltung ohne Zeitverzögerung direkt in den Lernprozess integrierbar sind.

**4. Verbindung von Evaluation und Intervention** Wo immer möglich, sollten Evaluation und Lernprozess eng aufeinander bezogen sein. Was damit gemeint ist, lässt sich gut am Beispiel eines Coachings erläutern. Am Anfang eines Coaching-Prozesses steht in der Regel eine Zielvereinbarung zwischen Coach, Klienten und direktem Vorgesetzten. Eine Zielvereinbarung stellt per se schon eine Verbindung von Evaluation und Intervention dar. Zusätzlich legt sie aber auch fest, was überprüft werden soll. Definiert man zusätzlich, woran die Zielerreichung gemessen werden soll, und legt, z. B. auf einer Ratingskala von 1–10 fest, wie hoch die Zielerreichung sein soll, hat

**Ausrichtung auf das organisationale Umfeld**

**Gleichzeitige Planung von Evaluations- und Lernprozess**

**Effiziente Gestaltung des Evaluationsprozesses**

man einen Maßstab entwickelt, der auch während des Prozesses als Interventions- und zum Schluss als Evaluationsinstrument genutzt werden kann. Die vermutlich eleganteste Version der Verbindung von Evaluation und Intervention im Bereich der Messung von Selbst- und Sozialkompetenzen dürfte die Verwendung von standardisierten 360°-Feedbacks darstellen.

**5. Plausibilität vor Kausalität** Ein lupenreiner Nachweis der kausalen Verbindung von Intervention und der Wirkung (z. B. weniger Reklamationen) ist nur mit einem Vergleichsgruppenexperiment zu erbringen. Die Realisierung eines solchen Settings im betrieblichen Umfeld ist oft unmöglich. Außer in wenigen Ausnahmen ist die Jagd nach dem zweifelsfreien Beleg für den kausalen Zusammenhang von Intervention und angestrebter Wirkung die Jagd nach einem Phantom. Dies ist einerseits ernüchternd, andererseits aber auch entlastend. Wirft es einen doch zurück auf das, was in der Praxis machbar und hilfreich ist. Angesprochen sind Feedbackprozesse, die nützliche und hilfreiche Hinweise zur Leistungsverbesserung liefern. Gefragt sind plausible Belege, die für oder gegen die Zweckmäßigkeit der Maßnahme sprechen.

**Zusammenfassung**

– Evaluationssysteme sind leider keine fertigen Maschinen, die nur montiert werden müssen und dann schon lauffähig und produktiv sind. Damit sie ihren Nutzen entfalten, müssen sie entwickelt, d. h. auf die Organisation angepasst, mit Inhalten versehen und in einen Prozess eingebunden sein. Dieser Prozess sollte einerseits den Ablauf und Inhalt der Datenerhebung mit Verantwortlichkeiten regeln und andererseits Hinweise enthalten, was mit den Ergebnissen der Evaluation geschehen soll. Wichtiger als die Datenerhebung ist die Datenverwertung. Was soll mit den Daten geschehen? Welche Entscheidungen sollen sie unterstützen? Welche Schlüsse sind daraus zu ziehen. Daten erheben ist einfach. Daten sinnvoll und geschäftsförderlich aufzubereiten, ist hingegen wesentlich anspruchsvoller.

– Die Modelle von Kirkpatrick und Phillips enthalten wertvolle Hinweise zur Messung des Transfererfolgs. Kontext-, Input- und Prozessfaktoren werden aber zu wenig berücksichtigt. Es ist darum möglich, dass man den Misserfolg eines Programms feststellt, aber nicht weiß, wie es dazu gekommen ist. Phillips betrachtet Lernprozesse als Investitionsobjekte und nicht als Unterstützungsprozesse für Strategien und Geschäftsprozesse. In den meisten Fällen kann aber der auf das Investitionsobjekt »Lernprozess« entfallende Ertrag nicht oder nur sehr unzuverlässig isoliert werden. Zudem ist der ROI als Kenngröße kaum für weitere Entscheidungen verwendbar, da die Interpretation schwierig ist.

— Die Implementierung von Evaluationssystemen kostet Geld. Verschiedene Autoren schätzen den Aufwand zur Entwicklung und Aufrechterhaltung eines Evaluationssystems auf ca. 2–6% des Bildungsaufwands. Ob sich dieser Aufwand rechnet, muss jeder Bildungsverantwortliche entscheiden.

— Wie intensiv ein Programm evaluiert werden soll, muss Fall für Fall entschieden werden. Empfohlen wird ein abgestuftes Vorgehen. Je teurer und wichtiger ein Programm für die Unternehmung ist, desto eher sollte es umfassend evaluiert werden. Für die meisten, d. h. 80–90% aller Programme ist eine Evaluation auf den Stufen 1, 2 und evtl. 3 auf der Basis von Kirkpatrick ausreichend. Wenn es um den Aufbau von Selbst- und Sozialkompetenzen geht, kann gut auf die 2. Stufe verzichtet werden. Wesentlich wichtiger ist hier die Vorbereitung, Gestaltung und Überprüfung des Lerntransfers. Der Aufwand für eine umfassende Evaluation im Sinne von Kirkpatrick oder Phillips lohnt sich erst für sehr teure Maßnahmen. Dies betrifft vielleicht noch 10–20% aller angebotenen Maßnahmen.

— Obwohl es möglich ist, die Wirksamkeit, Wirtschaftlichkeit und Nachhaltigkeit einer Maßnahme nach wissenschaftlichen Kriterien nachzuweisen, wird hier eher davon abgeraten. Dagegen sprechen 2 Argumente. Der dafür zu leistende Aufwand ist hoch und der daraus resultierende Nutzen zumindest zweifelhaft. Hier wird dafür plädiert, die Evaluation strikte auf die oben angegebenen Prinzipien auszurichten. In deren Kern steht ein kontextueller Ansatz, der Lernprozesse nicht als isolierte Investitionsobjekte, sondern als Unterstützung für den Wertschöpfungsprozess betrachtet.

## 8.3 Bildungsmarketing in Netzwerken

*Andreas Käter*

Bei Bildungsanbietern und in regionalen Bildungsnetzwerken hat Marketing für entsprechende Dienstleistungen noch viel Entwicklungspotenzial. Lange stieß Marketing im Bildungsmarkt auf den Vorbehalt, es verfolge zu sehr betriebswirtschaftliche Gewinnmaximierung und führe daher zur Verkümmerung des Angebots. Tatsächlich ist Marketing für Bildung unverzichtbar. Ausgangspunkt dieses Beitrags ist das zeitgemäße Verständnis von Marketing als umfassendes »Management des Kundennutzens« und zentrale Aufgabe der Unternehmensführung mit dem Ziel, Vertrauen gegenüber allen Anspruchsgruppen auf- und auszubauen. Dies ist eine Herausforderung für Bildungsmanager wie auch für Netzwerkkoordinatoren. Sowohl im Lernprozess der Menschen als auch bei Aufbau und Entwicklung von Bildungsnetzwerken haben die Beziehungen und das Zusammenspiel zwischen den Akteuren erheblichen Einfluss auf das Gelingen. Beziehungsmanagement ist daher in vielerlei Hinsicht von besonderer Bedeutung für Bildungsmarketing.

### 8.3.1 Bildungsdienstleistungen und Marketing – ein Gegensatz?

Im Spannungsfeld zwischen Bildung, Bildungsmanagement und Marketing führen die unterschiedlichen Denkweisen aus Pädagogik, sozialem Anspruch und Betriebswirtschaft zu mannigfachen Diskussionen und auch Irritationen. Darauf wird nachfolgend nicht umfassend eingegangen, sondern mit Blick auf die Praxis folgendes Verständnis von Begrifflichkeiten vorgeschlagen:

---

**Bildung, Marketing und Bildungsmarketing**

**Bildung** wird definiert als »Prozess, in dem sich Menschen Wissen, Fähigkeiten, Haltungen und Können aneignen, um ihr Leben selbständig und verantwortlich bewältigen und gestalten zu können«. Bildungsmanagement ist die »Gestaltung, Steuerung und Entwicklung sozialer Systeme, die der Bildung mit dem Ziel der Handlungsfähigkeit dienen« (Müller, 2007).

**Marketing** »umfasst sämtliche Maßnahmen der Analyse, Planung, Durchführung und Kontrolle, die der Initiierung, Stabilisierung, Intensivierung und Wiederaufnahme von Geschäftsbeziehungen zu den Anspruchsgruppen – insbesondere zu den Kunden – des Unternehmens mit dem Ziel des gegenseitigen Nutzens dienen« (Meffert & Bruhn, 2006). Meyer & Davidson (2001) bringen das auf die Kurzformel: Marketing bedeutet »Kundennutzen managen«.

**Bildungsmarketing** ist in diesem Sinne weitgehend identisch mit Bildungsmanagement. Dazu bedarf es einer Klarstellung: Da Bildung in sehr großem Maße von der Mitwirkung des Kunden abhängt und sich insoweit von anderen Dienstleistungen unterscheidet, kann sich Bildungsmanagement nur auf die Bereitstellung von Unterstützung bei Bildungsprozessen als Dienstleistung in den Bereichen Schule, Weiterbildung und Betriebliche Bildung beziehen. Es geht darum, diese Dienstleistung zum Nutzen der Kunden zu entwickeln, entsprechende Angebote und das passende, motivierende Umfeld zu bezahlbaren Preisen zu schaffen und dafür zu sorgen, dass die Kunden diese Möglichkeiten auch wahrnehmen und nutzen. Damit diese Wertschöpfungskette die gewünschte Wirkung hat, sind die Menschen in diesen Marketingprozess einzubeziehen, die daran mitarbeiten: die Lehrenden, Trainer und Mitarbeiter und in regionalen Bildungsnetzwerken die Partner.

## Bildungsmarketing – vielerorts noch Neuland

Bei vielen Bildungsanbietern und regionalen Bildungsnetzwerken hat Marketing für ihre Dienstleistungen erst in den letzten Jahren an Bedeutung gewonnen. Dass Marketing lange Zeit eine »eher stiefmütterlich behandelte Thematik in der Ausbildung von Weiterbildnern« (Tippelt, 2003) darstellte, lag zum Teil an dem Misstrauen von Lehrenden und Beratenden gegenüber Marketing. Marketing führe, so ein Vorbehalt, im Bildungsmarkt zur Verkümmerung des Angebots, weil es die unternehmerische Gewinnmaximierung in den Vordergrund stelle. Tatsächlich wird nach wie vor in der Weiterbildung diskutiert, ob Wirtschaftlichkeit und bildungspolitische bzw. pädagogische Wertigkeiten sich nicht gegenseitig ausschließen. Eine Kurzformel dafür lautete »Der Mensch ist Mittelpunkt? Der Mensch ist Mittel. Punkt!«
Bei solchen Vorbehalten wird unterstellt, dass Marketing nur

- dem unternehmerischen Ziel von Rentabilität und Gewinnmaximierung diene, nicht jedoch gesellschafts- und bildungspolitischen Zielen,
- die Marktgängigkeit von Bildungsangeboten im Fokus habe, nicht jedoch die Gestaltungsziele, die im öffentlichen Interesse den Bedarf wecken und lenken sollten,
- eine den Absatz steigernde Wirkung verfolge, nicht jedoch die inhaltliche Vielfalt unter Berücksichtigung von Minderheitenbedürfnissen,
- die betriebliche Verwertbarkeit in den Vordergrund stelle und dabei die allgemeine Bildung und die menschliche Entwicklung vernachlässige.

Aber es gibt auch schon länger positive Zeichen: »Der Widerspruch zwischen Marketing und sozialem Auftrag löst sich auf«, betonte Tippelt (2003). Das ist auch nötig, wenn sich Akteure ganz unterschiedlicher Herkunft aus Politik und Verwaltung, Kultur- und Bildungseinrichtungen, Sozialeinrichtungen und Ehrenamt, Wissenschaft und Schule, Familien und Vereinen, Unternehmen und Sponsoren in Netzwerken zusammenfinden, um Lernen vor Ort in öffentlich-privater Entwicklungspartnerschaft gemeinsam aufzubauen. Denn hier ist Marketing unverzichtbar, um

- im verschärften Wettbewerb in allen Bildungsbereichen erfolgreich zu bestehen,
- auf die differenzierten Bildungsinteressen einzugehen und Transparenz in der Angebots- und Anbietervielfalt zu schaffen,
- Bildung als persönlichen und standortbezogenen Wettbewerbsfaktor zu vermitteln,
- rückläufige staatliche Zuschüsse auszugleichen.

Häufig wird Marketing auf den Prozessschritt Werbung und Öffentlichkeitsarbeit reduziert – in der Hoffnung auf schnelle Erfolge bei der Gewinnung von selbstzahlenden Bildungskunden, um damit sinkende öffentliche Zuschüsse zumindest teilweise wettzumachen.

Marketing für Aus- und Weiterbildung stellte lange eine stiefmütterlich behandelte Thematik dar

Das heißt: Marketing für Bildungsdienstleistungen hinkt insoweit der Entwicklung des betriebswirtschaftlichen Marketing hinterher (Bernecker, 2007) und entspricht in weiten Teilen noch nicht dem zeitgemäßen Ansatz von Vernetzung und Offensive.

**Marketing für Bildungsdienstleistungen funktioniert im Sinne eines Kundennutzen-Managements**

Da überzeugendes Marketing auf eine optimistische Grundeinstellung seiner Macher angewiesen ist, kann man das Glas auch halb voll statt halb leer sehen. Entscheidend ist dabei der Wechsel der Perspektive: Wer für Bildungsnetzwerke und Bildungsdienstleistung Marketing betreiben will, darf nicht länger als Anbieter denken, der sein vorhandenes Konzept bzw. Programm vermarkten will. Vielmehr kommt es darauf an, im Sinne von Kundennutzen-Management von den Lernern, ihren Bedürfnissen, Wünschen und ihrer Kauf- bzw. Buchungsbereitschaft her Ideen zu entwickeln und Maßnahmen umzusetzen. Wer diesen Schwenk vollzieht, hat den wichtigsten Schritt getan.

Seit den ersten wissenschaftlichen Abhandlungen zum Thema Marketing Anfang des 20. Jahrhunderts hat sich das Marketingverständnis in Theorie und Praxis kontinuierlich erweitert. ☐ Tab. 8.3 stellt entlang der zeitlichen Entwicklungsphasen des Marketings den Hauptfokus mit der jeweiligen Marketingpositionierung vor.

### Bildungsmarketing – das Spiel mit kleinen Zahlen

**Zu kleine Umsätze für Marktoffensiven**

Wo Bildungsmarketing erst in Ansätzen vorhanden ist, kann das auch ganz handfeste Kapazitätsgründe haben: Es fehlen die nötigen personellen und finanziellen Ressourcen, um Marketing im Spannungsfeld zwischen öffentlicher Pflichtaufgabe und privatwirtschaftlicher Tragfähigkeit nach allen Regeln der Kunst ganzheitlich zu gestalten. Im hochgradig zersplitterten Bildungsmarkt lässt sich die aus der Betriebswirtschaft bekannte Ökonomie der großen Zahlen (vereinfacht: Je größer die Umsätze, desto größer der unternehmerische Spielraum) kaum realisieren, zumal Bildung und Beratung keine Massenware sind, sondern sehr individuellen Zuschnitt haben. Hier herrscht demnach eine Ökonomie der kleinen Zahlen (Ausnahmen können Lernsoftware und Publikumszeitschriften bilden). Die Umsätze aus dem Bildungsmarkt sind meistens zu klein, um unternehmerische Spielräume für wirkliche Marktoffensiven zu eröffnen. Öffentliche Zuschüsse eingerechnet, ist in aller Regel zwar die Existenz gesichert, nicht aber die Investition in Marktwachstum.

### Gemeinsames Netzwerkmarketing braucht Interessenausgleich

**Gemeinsame Marketingkommunikation erfordert Koordination verschiedener Interessen**

Marketing als einen umfassenden und in die Unternehmensführung integrierten Managementprozess zu verstehen und umzusetzen, bedeutet im Bildungsnetzwerk, dass alle Partner davon beeinflusst werden, gegebenenfalls bis in ihre eigenen Abläufe und Methoden. Selbst wenn Marketing verkürzt nur als Werbung und Öffentlichkeitsarbeit verstanden wird, werden alle Partner von einer gemeinsamem Marketingkommunikation, die ja etwas bewirken soll, berührt. Das macht

◻ **Tab. 8.3** Marketingentwicklung im Zeitraffer als Entwicklungsphasen. (In Anlehnung an Meffert, 2000, S. 5)

| Entwicklungsphasen | Hauptfokus | Marketingpositionierung |
|---|---|---|
| 1950er Jahre | Unternehmen | **Es herrscht ein typischer Verkäufermarkt:** Das Angebot an Waren und Dienstleistungen ist kleiner als das Angebot. Das verschafft den Anbietern eine dominante Stellung im Markt. Marketing ist gleichbedeutend mit Distribution und Verkauf |
| 1960er Jahre | Verbraucher | **Der Verkäufermarkt wird vom Käufermarkt abgelöst:** Das Angebot wird größer als die Nachfrage. Die Unternehmen müssen sich stärker auf die Bedürfnisse der Verbraucher einstellen. Marketing wird zur »Beeinflussungstechnik« und nutzt Produktentwicklung, Preispolitik, Kommunikation samt Werbung und Vertriebspolitik als Marketing-Mix |
| 1970er Jahre | Handel | **Dominanter Marktfaktor wird der Handel:** Er erlangt durch Unternehmenszusammenschlüsse wachsende Nachfragemacht gegenüber den Anbietern von Gütern und Dienstleistungen. Darauf stellt sich das Marketing ein. Es baut das Instrumentarium handelsgerichtet aus und wächst in eine Führungsfunktion im Unternehmen hinein |
| 1980er Jahre | Wettbewerb | **Der Wettbewerb verschärft sich in allen Belangen:** Denn neben Verbrauchern und Handel gewinnen weitere den Wettbewerb beeinflussende Faktoren an Bedeutung, so die internationale Öffnung der Märkte, Billigangebote aus dem Ausland und der Wettlauf der Unternehmen um personelle, finanzielle und materielle Ressourcen. Strategisches Marketing entwickelt sich und zielt auf die Schaffung von Wettbewerbsvorteilen auf die Absatz- und Beschaffungsmärkten. Marken- und Imagebildung gewinnt an Bedeutung |
| 1990er Jahre | Umwelt | **Die Marktbedingungen werden komplexer:** Zusätzliche Anspruchsgruppen wie z. B. Kommunen und Bürgerinitiativen gewinnen an Einfluss und bedingen eine zunehmende Orientierung an rechtlichen, gesellschaftlichen und ökologischen Rahmenbedingungen. Marketing wird zur markt- und umweltorientierten Unternehmensführung |
| 2000er Jahre | Netzwerke | **Die Marktoptionen vervielfältigen und individualisieren sich:** Die neuen Medien eröffnen neue Marktzugänge. Die Verbraucher verhalten sich immer wählerischer und sprunghafter, ihre Bindung an Marken nimmt ab und ihr Einfluss auf die Entwicklung von Produkten und Dienstleistungen nimmt zu. Es entsteht vernetztes Beziehungsmarketing mit strategischen Partnerschaften wie z. B. die Vernetzung mit Sport, Kultur, Umwelt und Bildung |

ein Austarieren oder sogar Ausgleichen von Interessen in Bildungsnetzwerken nötig, und dies erfordert eine besonders erfahrene Koordination und Moderation. Damit ist ein höherer Aufwand an Abstimmung und Kommunikation verbunden, als es z. B. in Interessengemeinschaften von Unternehmen üblich ist, die sich auf einzelne Aktivitäten beziehen, z. B. auf die gemeinsame Materialbeschaffung, um niedrigere Einkaufspreise zu erzielen. In einem Bildungsnetzwerk kommen weit verzweigte Interessen und entgegengesetzte Zielvorstellungen zusammen, deren Ausgleich eine tägliche Herausforderung ist. Dabei zeigt die Erfahrung, dass gemeinsame Werte und Überzeugungen für die Koordination von Netzwerken wichtiger sind als Führungsstile, Führungsstrukturen und Führungstechniken.

### Kundennutzen nicht vergessen

Auf der anderen Seite erfüllt Bildung individuelle Bedürfnisse, und dem entspricht eine große Fülle von Angeboten. Die Bildungsnachfrage ist, bezogen auf ihre Voraussetzungen und Wirkungen, außerordentlich unterschiedlich. Das machen schon die wenigen folgenden Aspekte als Beispiele deutlich.

- **Motive und Ziele:** Spaß am Lernen haben, auf Reisen und andere Freizeitaktivitäten einstimmen, wegen veränderter Lebenssituationen (Übergänge) neue Orientierung finden, Bildungs- und Laufbahnberatung erhalten, auf Prüfungen vorbereiten, Schulabschlüsse nachholen, die beruflichen Chancen verbessern, Integration und Handlungskompetenzen fördern.
- **Lerntypen und Methoden:** Lernen, wie es den Einzelnen am besten passt, z. B. durch Hören, Lesen, Tätigkeit, Bewegung oder Kommunikation, allein oder in der Gruppe, spielerisch, durch E-Learning oder Seminare.

**Soziokulturelle Strömungen nehmen Einfluss auf den Bildungsmarkt**

Zusätzlich beeinflussen rund 40 soziokulturelle Strömungen auch den Bildungsmarkt. Die Marktforschungsfirma Sinus Sociovision in Heidelberg misst sie regelmäßig und verortet sie auf einer sog. soziokulturellen Landkarte. In 4 Dimensionen lässt sich verdeutlichen, wohin die Menschen je nach ihren Einstellungen eher tendieren:

- **Verändern:** Das eigene Leben selbst in die Hand nehmen, sein persönliches Umfeld gestalten, Veränderungen aktiv herbeiführen.
- **Festhalten:** Defensive Anpassung an den Wandel, Verunsicherung und Überforderung, Orientierung an überkommenen Werten und Normen.
- **Balance:** Suche nach Gleichgewicht und Ausgleich, Streben nach Gerechtigkeit und Toleranz, Verantwortungsbewusstsein, Wunsch nach mehr Verbindlichkeit.
- **Spannung:** Suche nach neuen Erfahrungen, Erlebnissen, Stimulation, Abwechslung und Vielfalt, Wunsch nach Freiheit und Entpflichtung.

### Bildungsangebote brauchen Vertrauensvorschuss

Gerade die Vielfalt und der individuelle Bedarf, der ein kaum überschaubares Bildungsangebot in Deutschland hervorgerufen hat, sind der Prüfstein für jedes Bildungsmarketing. Selbst wenn man es kurzsichtig nur auf Prospekte, Handzettel, Plakate, Pressemitteilungen und andere programmbezogene Informationen beschränken wollte, stellt sich ein spezielles Problem: Der Erfolg von Schulung, Kurs und Training hängt nicht nur von den Lehrenden, sondern entscheidend auch davon ab, was die Lernenden individuell dazu beitragen (können). Deshalb sind Leistungsqualität und Ergebnis bei der Entscheidung für ein Bildungsangebot nicht vorherzusagen. Das ist anders als beim Kauf eines Autos, bei dem von vornherein Klarheit über Aussehen, Motorkraft und die übrigen technischen Eigenschaften herrscht.

Bildungsanbieter und Netzwerke können dagegen kein derart klares Leistungsversprechen im Sinne von Lernerfolg geben. Sie können nur lernfördernde Voraussetzungen, passende Zeitfenster und qualifizierte Lehrkräfte in Aussicht stellen. Hilfreich ist, wenn Kunden bereits positive Erfahrungen mit einem bestimmten Bildungsanbieter gemacht haben und entsprechende Erwartungen hegen, an denen sie sich bei ihrer Entscheidung orientieren. Fehlen die Vorerfahrungen, sind die Anbieter darauf angewiesen, dass sie von den Kunden einen Vertrauensvorschuss erhalten. Da ist im Vorteil, wer als Bildungsanbieter oder -netzwerk einen guten Ruf in der interessierten Öffentlichkeit genießt.

**Positive Vorerfahrungen und guter Ruf verschaffen Vertrauensvorschuss**

## 8.3.2  Anspruchsgruppen und Kunden

Entscheidender Ausgangspunkt für jedes Marketing ist die Marktanalyse. Der Wegweiser durch den Markt konzentriert sich darauf, dafür markante Orientierungspunkte sichtbar zu machen, die für Bildungsanbieter und Bildungsnetzwerke relevant sind. Dabei stehen die Anspruchsgruppen im Vordergrund, bei denen Beziehungsmarketing von entscheidender Bedeutung ist (kommunale Akteure sowie Unternehmen als Auftraggeber und Sponsoren), darüber hinaus die individuellen Bildungskunden mit ihrer persönlichen Einstellung zum Lernen.

### Bedürfnisse, Wünsche, Nachfrage

Um Fehleinschätzungen bei der Suche nach neuen Kunden vorzubeugen, ist ein Unterschied von Bedeutung, den Kotler zwischen Bedürfnis, Wunsch und Nachfrage macht (Kotler & Bliemel, 2007):

- **Bedürfnis** definiert er als »Ausdruck des Mangels an Zufriedenstellung«: Menschen brauchen Nahrung, Kleidung, Schutz, Sicherheit, Anerkennung. Das sind Grundbedürfnisse, die weder von der Gesellschaft noch von Marketing geschaffen werden.
- **Wunsch** nennt er das »Verlangen nach konkreter Befriedigung« und illustriert das so: Ein junger Mann braucht Nahrung und wünscht sich einen Hamburger, er braucht Kleidung und wünscht sich einen modischen Anzug, er braucht Anerkennung und wünscht sich ein flottes Auto, er braucht Ausbildung und wünscht sich eine Stelle bei einem weltweit tätigen Unternehmen oder ein Studium an einer renommierten Universität. Wünsche können sich verändern. Sie werden durch gesellschaftliche Kräfte, Medien, Familie, Kirche, Unternehmen ständig beeinflusst.
- **Nachfrage** ist nach Kotler der »Wunsch nach spezifischen Produkten und Dienstleistungen«: nach dem Hamburger von McDonald's, dem Anzug von Boss, dem Auto von Porsche, der Ausbildung bei Siemens oder dem Studium an der Uni Zürich. Voraussetzung dafür, dass aus Wünschen tatsächlich Nachfrage wird, ist die nötige Kaufkraft.

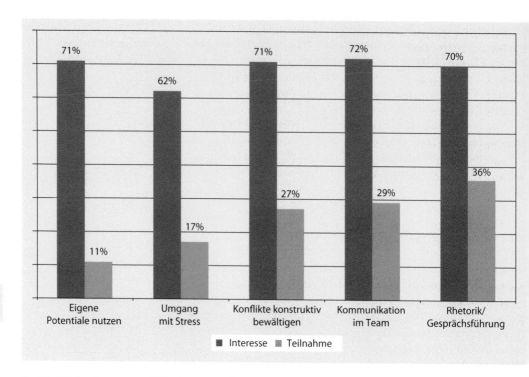

**○ Abb. 8.11** Lerninteressen und Teilnahmequoten bei Kursen zur Persönlichkeitsentwicklung. (Nach Tippelt et al. 2007/2008)

**Interesse und Teilnahmebereitschaft müssen berücksichtigt werden**

**Quintessenz:** Um ihren Markt einschätzen zu können, müssen Unternehmen, das gilt für Bildungsanbieter und regionale Bildungsnetzwerke gleichermaßen, nicht nur herausfinden, wie viele Menschen ihr Angebot gut finden. Sie müssen auch erkunden, wie viele bereit sind, es in Anspruch zu nehmen und ihr Geld tatsächlich dafür auszugeben. Zwischen der bloßen Bekundung von Interesse an bestimmten Kursen und der tatsächlichen gebührenpflichtigen Kursteilnahme besteht ein riesiger Unterschied. Das dokumentiert z. B. ein Teilergebnis zum Thema Persönlichkeitsbildung aus der Erhebung »Weiterbildung und soziale Milieus in Deutschland« (Tippelt et al. 2007/2008; ○ Abb. 8.11), die das Weiterbildungsverhalten der deutschen Bevölkerung zwischen 18 und 75 beschreibt. Befragt wurden 1467 Personen. Von ihnen zeigten sich zwischen 62 und 72%, im Schnitt etwa zwei Drittel, sehr interessiert oder interessiert an den Kursen, aber die Teilnahmequoten fielen wesentlich geringer aus.

## Kunden, Zielgruppen, Anspruchsgruppen

Zum Einstieg bietet sich die von Bernecker (2007) verwendete Kategorisierung an. Relevant sind demnach für Bildungsanbieter und regionale Bildungsnetzwerke:

— **Bezugsgruppen:** Dazu zählen soziale Gruppen, die zwar in irgendeiner Beziehung zu Anbietern und Netzwerken stehen, sie aber nicht wirklich beeinflussen können oder wollen. Beispiele:

Selbsthilfegruppen und bei Bildungsnetzwerken auch potenzielle Partner, die erst abwarten wollen, wie und mit welchem Erfolg sich die Kooperation entwickelt.

- **Interessengruppen:** Dazu zählen soziale Gruppen, die in direkter oder indirekter Beziehung zu Anbietern und Netzwerken stehen und diese beeinflussen wollen, ohne es aber wirklich zu können. Beispiele: Kirchen (außer in ihren eigenen Bildungseinrichtungen) und bei Bildungsnetzwerken Partner, die nur nehmen und nicht geben und deshalb ohne Einfluss bleiben.
- **Anspruchsgruppen:** Sie formulieren konkrete Erwartungen und können ihren Ansprüchen, z. B. auf Grund faktischer Macht und auf gesetzlicher oder vertraglicher Basis, Geltung verschaffen. Beispiele: Kunden und Auftraggeber, Mitarbeiter und aktive Netzwerkpartner, politische Entscheidungsgremien und öffentliche Finanziers, Sponsoren.

Im Folgenden stehen die für Bildungsanbieter und -netzwerke existenziell wichtigen Anspruchsgruppen im Vordergrund: individuelle Kunden, kommunale Akteure sowie Unternehmen als Auftraggeber und Sponsoren.

## Wer sind die Kunden?

Kunde ist, wer bezahlt. Diese in der Marketingpraxis verbreitete Kurzformel stellt sich im Bildungsmarkt komplizierter dar, in gewisser Weise vergleichbar mit den Märkten für medizinische Dienstleistungen und öffentlichen Personennahverkehr. Krankenversicherte Patienten nehmen die Arztleistung zwar in Anspruch, bezahlt wird sie aber von ihrer Kasse, die dafür ihre Versicherungsbeiträge und oft auch staatliche Zuschüsse einsetzt. Fahrgäste steigen in den Nahverkehrszug, der sich jedoch nicht allein aus dem Fahrscheinverkauf finanzieren kann und auf Zuschüsse von Ländern, Landkreisen und Kommunen angewiesen ist. Ebenso wenig decken die Teilnahmegebühren für VHS-Kurse deren Kosten, so dass letztlich kommunale Mittel für die Aufrechterhaltung des Bildungsbetriebs nötig sind. Damit jedoch das Interesse staatlicher Stellen an der Existenzsicherung der Bildungseinrichtungen nicht erlischt, kommt es in jedem Fall darauf an, dass möglichst viele Bildungskunden nachweislich positiv auf das Angebot reagieren.

Wer für sich selber oder andere bezahlt, erwartet einen angemessenen Nutzen. Beispiele:

- **Lerner** wollen mehr wissen und können, den Horizont erweitern, Selbstvertrauen stärken, mehr Beachtung finden, sich neue berufliche Chancen eröffnen.
- **Eltern** wollen, dass ihre Kinder in der Kita gut aufgehoben sind, in Jugendfreizeiten gefördert werden und aus der Schulzeit die Voraussetzungen für optimale Entwicklungschancen mitbringen, ggf. unterstützt von Nachhilfe.

**Die Bildungskunden haben vielfältige Nutzenerwartungen**

— **Unternehmen** wollen, dass ihre Mitarbeiter und Führungskräfte nach dem Besuch von Seminaren und Trainings leistungsfähiger sind und dass z. B. der demografische Wandel im Betrieb besser gelingt.

— **Kommunen** wollen, dass gute Kindergärten und Schulen, Jugendeinrichtungen und attraktive Bildungsangebote für Erwachsene sie als Arbeits- und Wohnort für die Menschen und als Standort für Betriebe aufwerten.

## Akquisition von KMU als Kunden

Akquisition von KMU erfordert langfristige Kontakte und Vertrauensbildung

Im Unterschied zu Großunternehmen, die systematisch langfristige Organisations- und Personalentwicklung betreiben, nehmen die Führungsverantwortlichen in kleinen und mittleren Unternehmen (KMU) betrieblichen Bildungsbedarf nicht vorausschauend, sondern oft nur bei akuten Engpässen wahr und wollen ihn dann ad hoc binnen einiger Monate decken. Wer sich als unabhängiger oder auch vernetzter Bildungsanbieter dann erst neu ins Spiel bringen will, kommt zu spät. Deshalb ist es unverzichtbar, langfristig in Kontakte mit KMU und Vertrauensbildung mit den Entscheidungsträgern zu investieren, um im Bedarfsfall präsent zu sein. Denn dann verlassen sich KMU auf bekannte oder empfohlene Anbieter. Jedenfalls sind für sie Empfehlungen und eigene Netzwerkkontakte sowie eigene Erfahrungen mit Trainern und Qualifizierungsberatern – z. B. auch aus Veranstaltungen – sehr wichtige Entscheidungshilfen; dagegen fallen Imagebroschüren und Flyer, briefliche und elektronische Werbung sowie Anzeigen deutlich ab (Bernecker, 2009, Basis ist hier eine Online-Erhebung unter 133 Personalentwicklern im 1. Halbjahr 2008).

### Aufbau von Beziehungen und Management entscheiden

Bildungsanbieter müssen unternehmerisch im Markt agieren, wenn sie KMU als Auftraggeber für Beratung und Weiterbildung oder als Netzwerkpartner werben wollen. Hier ist nachhaltiges Beziehungsmanagement angesagt, und das beginnt mit intensiver Recherchearbeit, um Anlässe zu erkennen und aufzugreifen, bei denen die Unternehmensleitungen für Fort- und Weiterbildungsmaßnahmen so aufgeschlossen sind, dass Bildungsdienstleister mit ihnen ins Gespräch kommen können. Die folgenden 10 Bedarfsstichworte, die man bezogen auf einzelne Unternehmen teils im Zuge der Netzwerkkommunikation, teils aus der Presse erfahren kann, lassen sich für die Geschäftsanbahnung einsetzen:

— **Anpassungsqualifizierung:** Veränderungen auf den Märkten oder in der Organisation erfordern neue Flexibilität und Motivation.

— **Führungskräfteentwicklung:** Vorbereitung auf neue Aufgaben im Management, eine Neupositionierung und die Entwicklung neuer Schwerpunkte.

- **Fusionsfolgen:** Innerbetriebliche Kontakte müssen installiert, Reibungsverluste vermieden und Synergiepotenziale realisiert werden.
- **Konfliktmanagement:** Verbesserung der sozialen Kompetenzen und der Zusammenarbeit über Bereichsgrenzen hinweg.
- **Innovation:** Schulung zur Einführung neuer betrieblicher Techniken und Abläufe oder neuer Produkte.
- **Managementsysteme:** Gezielte Ausrichtung betrieblicher Prozesse auf Marketing und Kundennutzen, Einführung von Instrumenten wie Balanced Scorecard (BSC).
- **Personalbindung:** Förderung der Führungskräfte und MitarbeiterInnen soll die Identifikation mit dem Unternehmen stärken und Abwanderungstendenzen entgegenwirken.
- **Produktivitätssteigerung:** Neugestaltung von Prozessen, Qualitätsprogrammen, Verbesserungswesen, Zeitmanagement
- **Qualifizierung:** Sicherung des Leistungsstands oder Training zur Deckung von Fachkräftebedarf.
- **Vertrieb:** Produktmanagement, Marketing, Sprachen und interkulturelle Kompetenzen gehören hier zu den Bedarfsfeldern.

In aller Regel sind KMU schwierige Kunden für Bildungsanbieter und – mehr noch – für Bildungsnetzwerke. Deshalb ist es entscheidend, ein klares Profil zu entwickeln.

**Bildungsanbieter müssen ein klares Profil entwickeln**

Wo Bildungsanbieter eine deutlich bessere Meinung von ihrer Organisation haben als die Kunden, besteht erhöhter Analyse- und Handlungsbedarf. Denn je größer die Differenz der Kurven ist, desto weniger Vertrauenskapital haben sie gegenüber den Kunden.

Ein Profiltest (◻ Tab. 8.4) zeigt, welches Bild Bildungsanbieter oder Bildungsnetzwerke von sich selber haben und wie sie von der Außenwelt gesehen werden. Die Auswahl der Begriffspaare dient als Beispiel und kann nach Bedarf verändert werden. Es ist vorteilhafter, mit den Verbesserungsmaßnahmen an positiven Punkten zu beginnen, wo Selbstbild und Fremdbild näher beieinander liegen – getreu dem Motto »Stärken stärken«.

Der Test funktioniert so: Zunächst kreuzen Sie als Bildungsmanager an, was Sie eher als zutreffend erachten, und verbinden die Kreuze. Das so gezeichnete Profil zeigt Ihr Selbstbild: So wollen Sie gesehen werden. Kunden kreuzen ebenfalls in einem Testbogen an und verbinden die Kreuze (in Bildungsnetzen können das auch die Partner untereinander machen). Das so gezeichnete Profil ist das Fremdbild: So werden Sie gesehen. Viele von Kunden gezeichnete Profile können Sie im Mittelwert zusammenführen. Wenn Sie nun beide Profile übereinander legen, erkennen Sie die Differenzen. Auf welchem Handlungsfeld Sie dann weiterarbeiten können, sagen die Hinweise in der rechten Spalte: Bei Bildungsdienstleistungen nicht verwunderlich ist, dass Personal als wichtigstes Handlungsfeld erscheint.

**☐ Tab. 8.4** Profil von Bildungsanbietern

| Eigenschaft: Eher so … | | | | … oder eher so | Handlungsfeld |
|---|---|---|---|---|---|
| Individuell | | | | Standardisiert | Programm |
| Teuer | | | | Preiswert | Preispolitik |
| Nichts sagend | | | | Informativ | Kommunikation |
| Abweisend | | | | Einladend | Lernumfeld |
| Serviceorientiert | | | | Bürokratisch | Personal |
| Modern | | | | Altbacken | Programm, Personal |
| Beflügelnd | | | | Belastend | Programm, Personal |
| Feminin | | | | Maskulin | Lernumfeld |
| Ermutigend | | | | Blockierend | Personal |
| Verschlossen | | | | Kommunikativ | Kommunikation |
| Formal | | | | Kreativ | Personal |
| Zuverlässig | | | | Unzuverlässig | Personal |
| Flexibel | | | | Unflexibel | Personal |
| Begeisternd | | | | Ermüdend | Personal |
| Harmonisch | | | | Störend | Anmutung |
| Vertiefend | | | | Oberflächlich | Programm/Personal |
| Profiliert | | | | Verwechselbar | Kommunikation |
| Verständlich | | | | Verwirrend | Programm/Personal |
| Menschlich | | | | Technokratisch | Personal |
| Ergebnisorientiert | | | | Programmorientiert | Personal |
| Handwerklich | | | | Intellektuell | Programm/Personal |
| Transparent | | | | Unübersichtlich | Programm/Ausstattung |
| Unterhaltsam | | | | Langweilig | Personal |
| Überflüssig | | | | Nützlich | Programm |
| Vielseitig | | | | Eintönig | Personal |

**Checkliste: Kommunikation in Netzwerken**
 ▬ **Finden einer gemeinsamen Sprache:** In der Zusammenarbeit unterschiedlicher Partner können gleiche Begriffe sehr
   unterschiedliche subjektive Bedeutung haben. Dies setzt die

Bereitschaft voraus, sich mit anderen Wlrklichkeiten bewusst auseinander zu setzen.

- **Regelmäßige Kontakte der Netzwerkpartner:** Partnerschaften leben davon, dass bestehende Kontakte auch jenseits von Alltagsfragen kontinuierlich gepflegt werden, z. B. indem man bei wichtigen Wirtschaftsveranstaltungen Präsenz zeigt.

- **Bereitschaft zum Perspektivenwechsel:** Soll die Kommunikation zwischen unterschiedlichen Partnern funktionieren, müssen die Netzwerkmitglieder fähig und bereit sein, sich in die Sichtweise der anderen hineinzuversetzen.

- **Routinen und Standards:** Sie sind die Voraussetzung für klare und konkrete Kommunikation nach außen. Dafür ist es hilfreich, wenn ein Katalog der am häufigsten gestellten Fragen und Antworten zum Bildungsnetzwerk, seinen Zielen, Programmpunkten, Mitgliedern, seiner Entstehung und Legitimation erstellt und jederzeit verfügbar ist.

### 8.3.3  Der Marketing-Mix: Die 7 P

Bildungsmarketing wird als Spezialfall des Dienstleistungsmarketings verstanden. Davon abgeleitet lässt sich Marketing als die Summe aller bildungsmarktorientierten Aktivitäten aus Führungsperspektive unter Einbeziehung der Instrumente im Marketing-Mix verstehen. Bildungsmarketing beginnt im Marketing-Management-Prozess bei der systematischen Analyse des Marktumfelds, insbesondere aus dem Blickwinkel der Kunden und Anspruchsgruppen. Erfolgreiches Bildungsmarketing – verstanden als Gesamtphilosophie – hat eine Dimension nach innen auf die Stärken und die Entwicklung einer Alleinstellung (USP = Unique Selling Proposition), die wesentlich dazu beiträgt, ob der Auftritt »nach außen« gelingt. Demnach sind Bildungsdienstleistungen komplexe, auf die Integration der Kunden angewiesene Leistungen, die in Austauschprozessen erst zur vollen Entfaltung kommen.

> **Bildungsmarketing ist die Summe aller bildungsmarktorientierten Aktivitäten**

Hilfreich kann dabei der Einsatz eines Instrumentensets sein. Die 7 P wie **Place** (wirkungsvolle Veranstaltungsorte), **Product** (Qualität mit dem richtigen Programm-Mix), **Price** (preiswert, den Preis wert sein), **Promotion** (nutzenorientierte Kommunikation von Anfang an), **Physical Facilities** (Ausstattung und Atmosphäre), **People** (Leistungs- und Serviceorientierung aller Mitarbeiter) **und Process** (Marketing-Management-Prozess als Führungsaufgabe). Dabei sind die Instrumente nicht solitär nutzbar, sondern nur in einem harmonischen Zusammenspiel, dem sog. Marketing-Mix, sinnvoll und effektiv einzusetzen. Im Folgenden werden die einzelnen Instrumente kurz vorgestellt.

> **Die 7 P sind ein hilfreiches Instrument für die Entwicklung von Alleinstellungsmerkmalen**

## Product

Die Produktqualität einer Bildungsdienstleistung stellt das Herzstück aller Marketingüberlegungen dar. Dazu zählen der Nutzen des jeweiligen Angebots wie auch die Qualität des methodisch-didaktischen Settings und die emotionale Beteiligung bei der Entwicklung des Produkts.

---

**Produkt**

Ein Produkt ist nach Kotler, was einem Markt angeboten werden kann, um es zu betrachten und zu beachten, zu erwerben und zu gebrauchen oder zu verbrauchen und somit einen Wunsch oder ein Bedürfnis zu erfüllen«

---

Bildung ist sicherlich keine Ware wie jede andere, sondern als Dienstleistung etwas ganz Besonderes, ausgestattet mit einem hohen Vertrauensgutanteil. Aus diesem Grund sind Materialisierungen wie Qualitätssiegel, regelmäßige Befragungen sowie Evaluierungen zur Vertrauensbildung besonders wichtig.

## Promotion

Die Kommunikationspolitik ist ein zentraler Aktivitätspunkt im Marketing-Mix. Das Gesamtpaket an Kommunikation beinhaltet sowohl die Ausschöpfung aller klassischen zielgerichtet auf den Markt ausgerichteten Kommunikationsinstrumente wie Öffentlichkeitsarbeit und Werbung als wichtiges Teilinstrument als auch Formen des Direct-Marketings, des E-Marketings sowie der Mund-zu-Mund-Propaganda wie auch die Gestaltung der internen Kommunikation. Ein wesentliches Ziel aller Kommunikationsbemühungen ist die Entwicklung von **Vertrauen** gegenüber allen wichtigen Partnern sowie die kontinuierliche Informationspolitik gegenüber Kunden, Anspruchsgruppen und den Medien. Ein wirkungsvoller Verstärker in der Kommunikationspolitik ist die gezielte Veranstaltungsplanung mit Tagungen, Workshops und Events. Nach der Kommunikationsformel von Lasswell (▶ Übersicht) baut sich das ganze Instrumentarium der Kommunikationspolitik auf.

**Kommunikationsformel von Lasswell**
- **Wer** (Bildungsanbieter, Netzwerk)
- **Sagt was** (Botschaft)
- **Über welchen Kanal** (Träger)
- **Mit welcher Wirkung** (Image, Kauf, Partnergewinnung)

## Place

Bei Bildungsdienstleistungen ist die Entscheidung über die Standortwahl der Leistungserbringung von entscheidender Bedeutung.

Da Bildungsdienstleistungen nicht auf Vorrat produziert und transportiert werden, gilt es, Veranstaltungsorte bewusst auszuwählen in Kenntnis der Bedürfnisse und Wünsche der jeweiligen Zielgruppe. Milieuspezifische Befunde aus den deutschlandweiten Untersuchungen von Tippelt & Barz (2003–2006) zeigen deutliche Unterschiede in Präferenzen und Ansprüchen hinsichtlich Zeitfenster, Ausstattung und Räumlichkeiten auf. Zum anderen ist die Verfügbarkeit der Bildungsdienstleistung zu klären, z. B. zentrale Dienstleistungen, flächendeckende Verfügbarkeit, Kooperationen mit ausgewählten Partnern oder aufsuchende Bildungsarbeit.

## Price

Ein Preiskonzept für Bildungsdienstleistungen wird vor allem durch eine Preisstaffelung oder Preisdifferenzierung realisiert werden. Dabei ist zu klären, welche Gegenleistungen die Kunden erbringen müssen, ob es Preisnachlässe, z. B. für Stammkunden, oder Rabattsysteme gibt. Wesentliche Voraussetzung für eine Preispolitik ist die offene Kommunikation des Preiskonzepts gegenüber den Kunden.

## Physical Facilities

Die Ausstattung und Atmosphäre einer Lernumgebung (Design, Beschriftung, Architektur) verstärken die emotionale Wirkung einer Bildungsdienstleistung nachhaltig. Sie werden zum einen durch eine professionelle Organisation, insbesondere in der Veranstaltungsplanung, gestützt, zum anderen durch die Servicequalität der Mitarbeiter sowie die positive Wahrnehmung der handelnden Akteure (»Visitenkarte« nach außen) als nicht zu unterschätzendes Erscheinungsbild gegenüber den Kunden. Kunden von heute möchten begeistert und unterhalten werden. Es reicht heutzutage nicht mehr aus, nur eine gute Dienstleistung anzubieten. Das Kundenerlebnis steht vermehrt im Blickpunkt. Die Ausstattungspolitik übernimmt einen wichtigen Teil, um so eine emotionale Brücke zwischen Kunde und Anbieter zu bilden.

## People

Die Leistungs- und Servicequalität der Mitarbeiter und handelnden Personen steht hier im Mittelpunkt. Sind die Mitarbeiter zufrieden, so geben diese einen authentischen Eindruck an die Kunden weiter. Dies setzt voraus, dass die Mitarbeiter entsprechend qualifiziert und kompetent sind. In Anlehnung an den Servqual-Ansatz nach Zeithaml geht es um die Zuverlässigkeit im Erbringen einer versprochenen Dienstleistung (z. B. das Einhalten von Terminen), um die Reaktionsfähigkeit, mit der auf Kundenanfragen und geäußerte Kundenbedürfnisse zeitnah reagiert wird, um die Leistungskompetenz wie auch Höflichkeit und Vertrauenswürdigkeit sowie um Einfühlungsvermögen gegenüber den Wünschen einzelner Kunden. Ein harmonisches und am Kunden orientiertes Zusammenwirken im Team wirkt anziehend und begeisternd auf den Kunden.

### Process

Die Prozessqualität ist der zentrale Schlüssel zum Erfolg. Die Einbeziehung der Kunden und Anspruchsgruppen in den Marketing-Management-Prozess als Ganzes von der Analysephase (Umweltbedingungen und Stärkenprofil der Bildungsdienstleistung bzw. des Netzwerks) zur Erarbeitung der Marketingziele und des abgestimmten Einsatzes des Marketing-Mixes bestimmt die nachhaltige Positionierung der Bildungsdienstleistung bzw. des Netzwerks nach außen.

So banal es klingt, Menschen wollen einbezogen werden in der Entwicklung einer Dienstleistung. Eine empirische Grundlage für diese Aussage bildet die Selbstbestimmungstheorie nach Deci & Ryan (1993), die besagt, dass Menschen vor allem aus 3 Beweggründen nachhaltig motiviert bleiben: wenn sie sich als kompetent und wirksam erleben (»competence«), wenn sie einen autonomen Handlungsspielraum haben (»autonomy«) und wenn sie sich sozial eingebunden fühlen (»social relatedness«). Dienstleistungen finden statt an der Schnittstelle von Prozessen zwischen Zulieferer (Trainer, Berater) und Kunden, welche durch die Mitarbeiter erbracht werden. Der angemessenen Prozessgestaltung und deren Umsetzung kommt eine zentrale Bedeutung zu. Prozessorientierte Bildungsdienstleistungen zeigen den Willen, dass der Kunde im Zentrum des Handelns steht.

### 8.3.4   Marketing für Bildungsnetzwerke

Die Verknüpfung von Bildungsnetzwerk und Marketing hat 2 Perspektiven: zum einen publikumsorientiertes Marketing des Netzwerks für Lernen im Lebenslauf und zum anderen Marketing für das Netzwerk, um Mitstreiter für die Gemeinschaftsaufgabe zu gewinnen. In diesem Abschnitt geht es um Letzteres. Auch hier ist die Orientierung am Marketing-Mix der 7 P hilfreich.

**Netzwerke überwinden die Steuerungsdefizite von Marktmechanismen und Hierarchien der öffentlichen Hand**

Netzwerke sind eine »Organisationsform zur Erzeugung zielgerichteter wirtschaftlicher und politischer Strategien, die auf der Erfahrung basieren, dass Kooperation das beste und am ehesten geeignete Muster des Verhaltens ist, um eigene Ziele zu erreichen« (Dobischat, 2009). Dabei wird erwartet, dass Netzwerke Aufgaben lösen, die weder von den Mechanismen des Markts noch von hierarchischen Strukturen der öffentlichen Hand allein in befriedigender Weise erledigt werden können. Um die Steuerungsdefizite von Markt und Hierarchie zu überwinden, vereinen Netzwerke private und öffentliche Akteure, die Entscheidungen im Konsens und durch Kompromiss erarbeiten. Das gilt ganz besonders auch für den Bildungsbereich, wo Aspekte der staatlichen Daseinsvorsorge und kommunaler Pflichtaufgaben sowie der zahlreichen wirtschaftlichen und privaten Interessen zu berücksichtigen sind. Typische Ansatzpunkte sind z. B. die Überbrückung der diversen Lebens- und Lernübergänge (Übergangsmanagement) und die Integration von Benachteiligten in Bildung und Beruf.

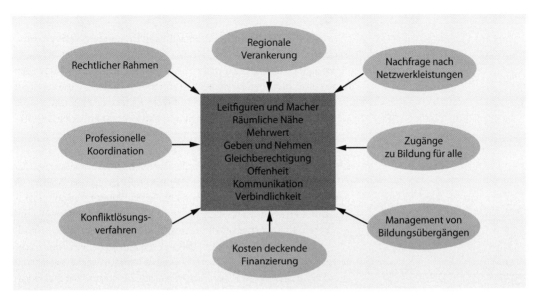

**◘ Abb. 8.12** Rahmenbedingungen und Erfolgsfaktoren für den Aufbau von Bildungsnetzwerken

Übertragen auf ein Bildungsnetzwerk (Bundesministerium für Bildung und Forschung, 2009) zeigt ◘ Abb. 8.12, unter welchen Bedingungen Bildungsmarketing gelingen soll. Die einzelnen Punkte werden in den folgenden Abschnitten aufgenommen.

### Die 5 P des Marketings für Bildungsnetze

Will ein Bildungsanbieter ein Bildungsnetzwerk etablieren, muss er die Akteure, die zur Mitwirkung gewonnen und eingebunden werden sollen, als Kunden wahrnehmen. Deshalb lässt sich analog zum generellen Marketingziel »Kundennutzen managen« (Meyer & Davidson, 2001) sagen, dass die Netzwerkleitung den Partnernutzen zu managen hat. Bereits diejenigen, die das Netzwerk initiieren und die Koordination aufbauen, müssen ihre Aufgabe so verstehen. Wenn Netzwerkmitglieder, z. B. Kammern und Jugendringe, ihre eigenen Verbünde in die Bildungskooperation mitbringen, stellt dies hohe Anforderungen an das Bildungs- und Marketingmanagement. Dies umso mehr, als Netzwerkmitglieder sich grundsätzlich freiwillig engagieren und ihre Mitarbeit davon abhängig machen, ob ihre damit verbundenen individuellen Nutzenerwartungen erfüllt werden, die sich zudem im Zeitverlauf verändern können.

Wer eine solche einerseits lockere, andererseits durch Förderrichtlinien und Programmlaufzeiten konditionierte Kooperation nicht nur moderieren, sondern erfolgreich steuern will, muss intensive Beziehungspflege betreiben und die Akteure an Entwicklung und Erfüllung der Teilvorhaben aktiv beteiligen. Aus dieser Warte wird Marketing in und für regionale Bildungsnetzwerke analog zum Managementprozess entlang den 7 P unter folgenden 5 Gesichtspunkten beleuchtet:

**Die 5 P ermöglichen intensive Beziehungspflege und Beteiligung aller Akteure**

- **Prozessgestaltung:** Marketing in Bildungsnetzwerken stellt einerseits an die Moderationsfähigkeit und andererseits an die Durchsetzungskraft der Netzwerkkoordination hohe Anforderungen. Hier können sog. Grenzgänger (Endres, 2008) als Prozessgestalter im Vorteil sein. Denn ihre vorherigen Erfahrungen in anderen Betätigungsumfeldern erleichtern es ihnen, sich in die unterschiedlichen Sichtweisen der Netzwerkmitglieder hineinzuversetzen (Perspektivenwechsel) und widerstreitende Interessen auszugleichen.
- **Produktentwicklung** bedeutet, einen Nutzen für die Partner des Bildungsnetzwerks mit dem Ziel zu schaffen, dass sie ihre originären Aufgaben besser erfüllen können: Dieser Nutzen kann z. B. in Angebotserweiterung und zusätzlicher Wertschöpfung bestehen, in Arbeitserleichterung und Austausch von Ressourcen, positiven sozialen Effekten für die eigene Klientel und Zuwachs an Ansehen. Weitere Vorteile können daraus erwachsen, dass die regionale Kooperation als Informationsbörse, Gelegenheit für Lernprozesse und als Milieu für den Aufbau von Beziehungen dient, die sich auch anderweitig strategisch und offensiv einsetzen lassen.
- **Preisgestaltung:** Der Preis, den die Netzwerkmitglieder für den Nutzen zu bezahlen haben, ergibt sich aus den Transaktionskosten, die in Form von Zeit- und Ressourcenaufwand mit der Netzwerkmitgliedschaft verbunden und von ihnen mitzutragen sind.
- **Place:** Hier geht es um Orte, Rahmenbedingungen und Gelegenheiten, die das Gewinnen und Einbinden von Netzwerkmitgliedern begünstigen. Sie sollen dazu beitragen, dass sich die Partner nachhaltig motiviert fühlen, ihre Mitarbeit als lohnend erleben und sich mit gemeinsamen Erfolgen schmücken können.
- **Promotion:** Zu verzahnen sind internes und externes Marketing – die Kommunikation mit den Netzwerkmitgliedern, um ihr Engagement für die Gemeinschaftsaufgabe zu stärken, und die Kommunikation nach außen mit gemeinsamem Logo, abgestimmter Werbung und Veranstaltungen. Das Außenmarketing soll letztlich das Geschäft der Partner unterstützen und deshalb die Mitwirkung im Netzwerk für sie attraktiv machen. Marketing nach innen ist in hohem Maße Beziehungsmanagement.

### Zusammenfassung

- Marketing für Bildungsnetzwerke und Bildungsdienstleistungen ist unverzichtbar geworden, um auf differenzierte Bildungsinteressen einzugehen, Bildung als Wettbewerbsfaktor zu vermitteln und im Wettbewerb bestehen zu können.
- Ausgangspunkt ist ein Perspektivenwechsel im Sinne eines Kundennutzenmanagements, bei welchem nicht die Vermarktung eines fertigen Konzepts im Vordergrund steht, sondern unter Berücksichtigung

der Bedürfnisse, Wünsche und Teilnahmebereitschaft von potenziellen Lernern entsprechende Maßnahmen entwickelt werden.

– Für Bildungsanbieter und Bildungsnetzwerke ist ein nachhaltiges Beziehungsmarketing dabei von entscheidender Bedeutung, um individuelle Kunden, kommunale Akteure sowie Unternehmen, Auftraggeber und Sponsoren für Aus- und Weiterbildungsdienstleistungen gewinnen zu können.

– Bildungsdienstleistungen sind komplexe, auf die Integration der Kunden angewiesene Leistungen, die erst in Austauschprozessen zur Entfaltung kommen. Dabei kann es hilfreich sein, Marketing analog zum Managementprozess entlang den 7 P unter den 5 Gesichtspunkten Prozessgestaltung, Produktentwicklung, Preisgestaltung, Place und Promotion zu beleuchten.

## 8.4    Qualitätsmanagement in Organisationen

*Beat Häfliger*

Dieser Abschnitt zeigt die heutige Bedeutung von Qualitätsmanagement in Organisationen. Die wichtigsten Potenziale und Funktionsweisen von Qualitätsmanagementkonzepten werden aufgezeigt. Es wird dargestellt, wie die schrittweise Einführung eines prozessorientierten Qualitätsmanagementsystems erfolgt. Als Orientierungsraster für die Unternehmensentwicklung wird das EFQM Excellence Modell vorgestellt (EFQM, 2009). Wichtige Elemente der Qualitätsentwicklung, wie Evaluation oder Qualitätszirkel, werden im Hinblick auf den Einsatz in der Personalentwicklung skizziert.

### 8.4.1    Qualität als Querschnittsaufgabe

#### Der Qualitätsbegriff

Der Qualitätsbegriff hat sich in den letzten Jahrzehnten stark gewandelt. Da Qualität unbestritten einen Wettbewerbsfaktor darstellt, veränderte sich die Auslegung des Begriffs analog zur Dynamik des wirtschaftlichen Umfelds. So einfach der eigentliche Wortbegriff Qualität auch ist (lat. qualis = wie beschaffen; daraus lat. qualitas = Beschaffenheit), so vielschichtig ist heute dessen Bedeutung, wenn es darum geht, Qualität als Strategie in einer Organisation zu verankern.

In der Mitte des letzten Jahrhunderts standen die Einhaltung technischer Standards und die Gebrauchstauglichkeit von Produkten im Zentrum. Heute steht der Begriff Qualität für die Erfüllung von Bedürfnissen mehrerer Anspruchsgruppen. Die Bedürfnisse und Erwartungen der Anspruchsgruppen sind einem ständigen Wandel unterworfen. Werden diese Bedürfnisse erfüllt, wird für die Anspruchsgruppe ein Nutzen entstehen. Qualität ist also eine Bedingung für die Erzielung von höherem Nutzen.

Um eine hohe »Qualität der Leistung« gegen außen erzielen zu können, braucht es im Unternehmen auch eine entsprechende »Qualität der Prozesse«. Diese interne Qualität ist sehr stark abhängig von Ressourcen, Kompetenzen, Arbeitskultur, Motivation oder Eigenverantwortung. All diese internen Potenziale sind abhängig von der »Qualität der Führung«. Der Begriff Qualität hat also in seiner Bedeutung verschiedene Dimensionen.

**Dimensionen der Qualität**
- Qualität der Leistung
  - Gesellschafts-/Marktbedürfnisorientierung
  - Kundennutzenorientierung
- Qualität der Prozesse
  - Prozessorientierung/-führung
  - Prozessoptimierung
- Qualität der Führung
  - Ausrichtung/Vorbild/Kommunikation
  - Entwicklung der Mitarbeitenden

## Qualitätsmanagement

**Von Qualitätssicherung zu Qualitätsmanagement**

Heutiges Qualitätsmanagement hat den Ursprung in der Qualitätssicherung. Eine zentrale Anforderung war die Qualitätskontrolle zur Aussortierung fehlerhafter Produkte. Die eingesetzten Methoden waren sehr technikorientiert und konzentrierten sich auf die Produktionsbereiche. In den 80er Jahren des letzten Jahrhunderts erfolgte ein umfassender Umbruch im Verständnis (vgl. Seghezzi, 2003). Die Beherrschung der ganzen Prozesskette vom Lieferanten bis zum Kunden wurde verlangt. Internationale Standards – allen voran die Normenreihe ISO 9000 – gewannen weltweit an Bedeutung.

### ▪▪ Prozessorientiertes Qualitätsmanagement

Mit der umfassenden und grundsätzlichen Revision der ISO 9001-Normen an der Jahrtausendwende (ISO, 2008) erfolgte ein Quantensprung im Umgang mit Qualitätsmanagementsystemen. Die ISO 9001:2000 verlangte ein prozessorientiertes Managementsystem. Somit konnte ein Managementsystem erstmals wirklich als Führungsinstrument verwendet werden. Die Beherrschung aller Unternehmensprozesse ist nachzuweisen. Die Normanforderungen sind neu sehr offen formuliert und erlauben in der Ausgestaltung des Managementsystems einen hohen Freiheitsgrad.

### ▪▪ Integrierte Managementsysteme

Neben den rein wirtschaftlichen Aspekten gewannen das umweltbezogene und gesellschaftliche Umfeld zunehmend an Bedeutung. Neue Anspruchsgruppen wie der Staat oder die Mitarbeiter stellen

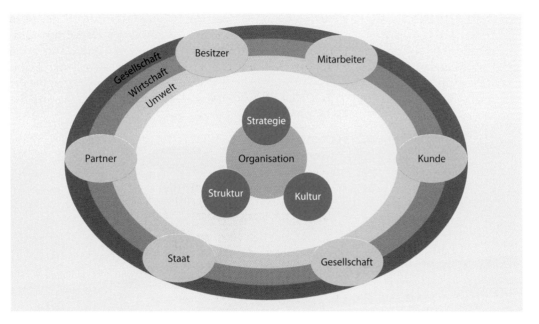

**Abb. 8.13** Umfeld, Anspruchsgruppen und die Dimensionen von Qualitätsmanagement

Anforderungen an das Verhalten von Unternehmen. So führten die Forderungen zur Einhaltung der Umweltgesetzgebung und zur Verbesserung der Umweltleistung zum Entstehen von spezifischen Umweltmanagementsystem-Normen. Analoge Standards zum Thema Arbeitssicherheit und Gesundheitsschutz folgten. Der Ansatz und die Struktur der Normen orientieren sich sehr stark an der ISO 9001. Somit besteht eine sehr gute Basis, um im Rahmen eines integrierten Managementsystems verschieden Forderungen abzudecken. Neue Themen, wie z. B. Risikomanagement, Datenschutz oder Informationssicherheit, lassen sich ebenfalls sehr gut im Rahmen eines Integrierten Managementsystems umsetzen.

Eine Bedingung für erfolgreiches Qualitätsmanagement ist also die Berücksichtigung einer umfassenden Sichtweise. Sowohl die strategische Ausrichtung und die Struktur als auch die Kultur bestimmen, ob die Anforderungen der relevanten Anspruchsgruppen erfüllt werden können. In ◘ Abb. 8.13 wird das gesamtheitliche Umfeld von Qualität dargestellt.

Somit bildet Qualitätsmanagement einen Rahmen für das Führungssystem einer Organisation. Gesamtheitliches Planen unter der Berücksichtigung aller relevanten Anspruchsgruppen, das konsequente Umsetzen, das gezielte Kontrollieren und das kontinuierliche Verbessern sind die zentralen Führungsaufgaben. Dieser Führungsregelkreis wird sehr gut im Deming-Kreis dargestellt (Deming, 1986; ◘ Abb. 8.14). Die Kreisdarstellung soll die Pflicht zur stetigen Verbesserung und zum kontinuierlichen Lernen in der Organisation unterstreichen.

**Qualitätsmanagement als Führungssystem**

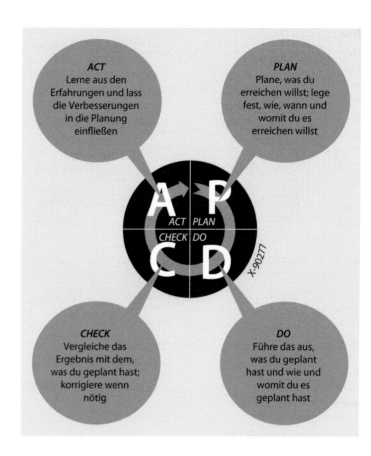

**Abb. 8.14** Deming-Kreis oder P-D-C-A Zyklus. (SAQ-QUALIKON AG, Kirchberg, Schweiz)

## Qualitätsmanagement und Personalentwicklung

Unter Qualitätsmanagement wird üblicherweise das systematische Leiten und Lenken einer Organisation bezüglich Qualität verstanden. Dies umfasst das Festlegen einer Qualitätspolitik und der Qualitätsziele, die Qualitätsplanung, die Qualitätslenkung, die Qualitätssicherung und die Qualitätsverbesserung. Qualitätsmanagement ist also – analog zur Personalentwicklung – eine Querschnittsdisziplin. Diese Beschreibung des Qualitätsmanagements ist sinngemäß übertragbar auf die Personalentwicklung. Analog zum Qualitätsmanagement verfolgt die Personalentwicklung Ziele auf verschiedenen Ebenen, wie die individuelle Entwicklung, Teamentwicklung oder Unternehmensentwicklung. Es sind somit alle Hierarchien und Bereiche beteiligt.

Eine Herausforderung in der Personalentwicklung ist die Komplexität des Kundenbegriffs und damit die Schwierigkeit, diese Kundenbedürfnisse zu erfassen. Die konsequente Erfassung der Kundenbedürfnisse – als Besteller, als Empfänger oder als Bezahlender einer Personalentwicklungsleistung – ist eine Bedingung für die strategischen Vorgaben und die Ausgestaltung der Prozesse (vgl. Dubs, 2003). Als weitere Konsequenz sind Messungen über die Zufriedenheit der verschiedenen Kundensegmente unerlässlich.

## Nutzen des Qualitätsmanagements

Der Nutzen der Einführung von Qualitätsmanagementsystemen zeigt sich an folgenden Effekten:

- Verbesserung der Effizienz der Geschäftsprozesse
- Verschaffung von Marktvorteilen
- Erhöhung der Zufriedenheit bei den Leistungsempfänger
- Strategische Ausrichtung der Organisationsentwicklung
- Aufdecken nicht erkannter Schwachstellen und Risiken
- Förderung der Arbeitsqualität der Mitarbeitenden
- Herstellung von Transparenz und Verbindlichkeit
- Schnelle Einführung von neuen Mitarbeitenden
- Optimierung der Ressourcennutzung

### 8.4.2 Prozessorientiertes Qualitätsmanagement

Was ist ein Prozess? Alle Leistungen einer Organisation basieren auf Aktivitäten und Tätigkeiten. Gemäß Prozessmanagementansatz ist jede Aktivität oder Tätigkeit ein Teil eines Prozesses. Prozesse sind wiederkehrende Abfolgen von abhängigen, wertschöpfenden Aktivitäten und basieren auf dem Zusammenwirken von Menschen, Maschinen, Material und Methoden. In einer Folge von Tätigkeiten und in einem System von Regelkreisen sind Prozesse ausgerichtet auf die Erbringung einer definierten Leistung.

#### ■■ Prozessausrichtung

Das Konzept der Prozessausrichtung basiert auf folgendem Grundsatz: Die Organisation richtet sich auf die Kundenbedürfnisse aus. Dadurch steht als »Input« eines Prozesses immer eine Kundenerwartung und am Ende bzw. als »Output« immer eine Kundenzufriedenheit. Der Prozess fließt vom Kunden zum Kunden und ist unabhängig von den funktionalen Teilbereichsstrukturen. Nur die vom Kunden wahrnehmbare Gesamtleistung der Organisation ist wichtig.

Bei einer konsequenten Prozessausrichtung wird die Flexibilität der Organisation gesteigert und die Geschwindigkeit der Leistungserbringung erhöht. Dies bedingt mehr Eigeninitiative der Mitarbeiter und die Ausgestaltung von bereichsübergreifenden Teamorganisationen.

**Prozessausrichtung als Organisationsmodell**

### Die Einführung eines prozessorientierten Qualitätsmanagementsystems

Das Vorgehen zur Einführung eines prozessorientierten Qualitätsmanagementsystems kann man in folgende Phasen unterteilen: Strategische Ausrichtung, Prozessausrichtung, Prozessengineering und Prozessmanagement. Ein Überblick gibt ◘ Abb. 8.15.

#### ■■ Phase 1: Strategische Ausrichtung

Die Basis bildet eine aktuelle und klare strategische Ausrichtung des Unternehmens. Eine Vision und strategische Ziele müssen vorliegen.

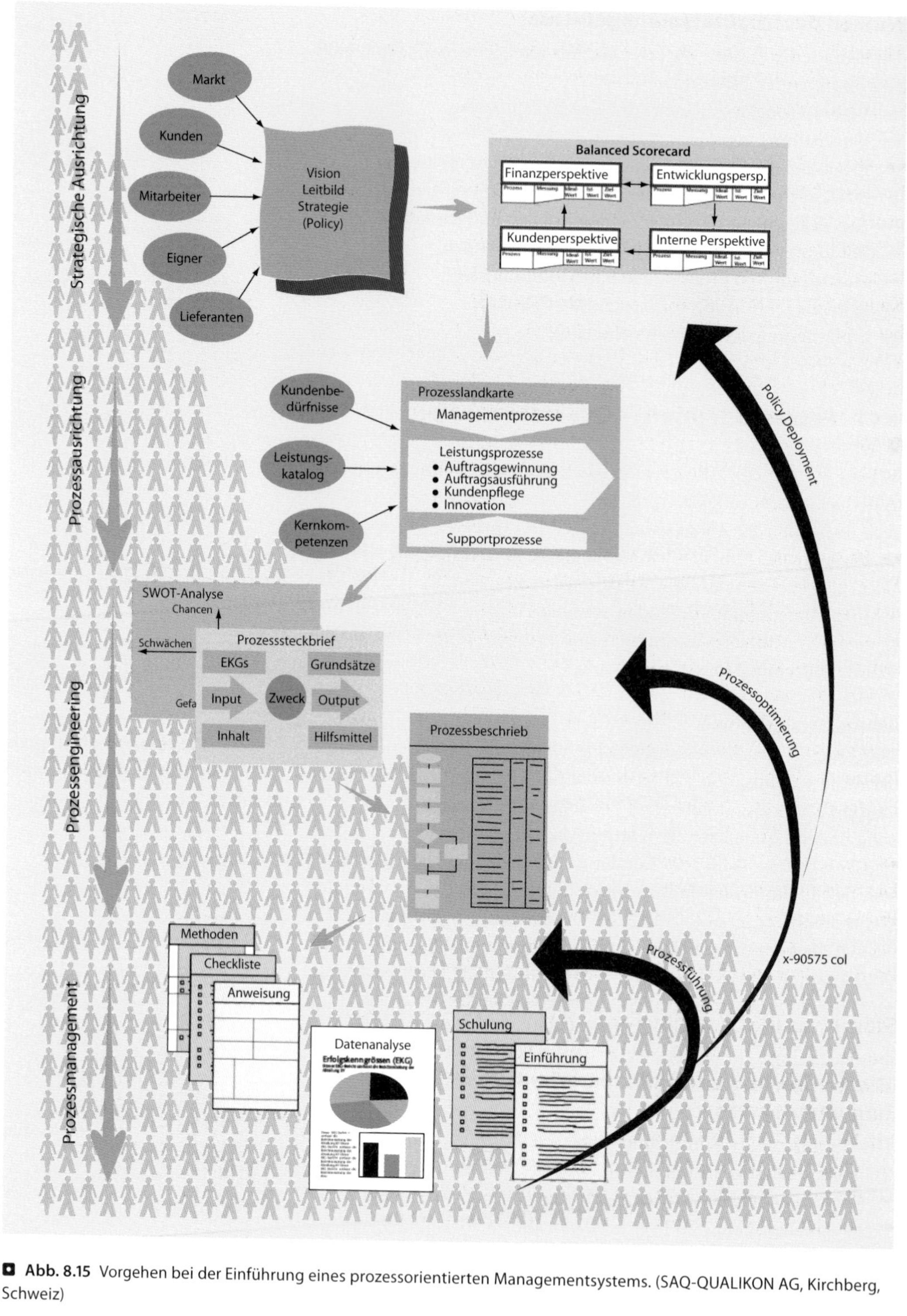

**Abb. 8.15** Vorgehen bei der Einführung eines prozessorientierten Managementsystems. (SAQ-QUALIKON AG, Kirchberg, Schweiz)

Bevor in der nächsten Phase Prozesse definiert werden, muss die Aktualität der Strategie überprüft werden. Als Instrument zur Überprüfung der strategischen Zielsetzungen wird häufig eine Balanced Scorecard eingesetzt.

■■ **Phase 2: Prozessausrichtung**

In dieser Phase wird die Prozessarchitektur erarbeitet. Die Kernprozesse des Unternehmens werden unter der Berücksichtigung der Strategie, des Leitbilds, der Kundenbedürfnisse und der Kernkompetenzen bestimmt. Wichtige Fragen sind hier z. B.: Was macht unsere Kunden besonders zufrieden (was begeistert sie)? Was können wir besonders gut, was andere weniger gut können (Kernkompetenzen)? Womit verdienen wir unser Geld? Wofür sind die Kunden bereit zu bezahlen? Zusätzlich zu den Kernprozessen werden die Führungs- und Supportprozesse bestimmt. Die Prozesslandkarte (Beispiel in ◘ Abb. 8.16) zeigt die einzelnen Prozesse und deren Zusammenwirken auf. Sie sollte möglichst transparent und aussagekräftig gestaltet sein.

■■ **Phase 3: Prozessengineering**

Für jeden Prozess wird eine Analyse der Stärken und Schwächen bzw. der Risiken und Chancen erstellt. Daraus werden die Prozessziele und Prozessgrundsätze definiert. Die Vernetzung mit den anderen Prozessen ist dabei speziell zu beachten. Mit einem sog. Prozess-Steckbrief werden die wesentlichen Elemente für den Prozess definiert. Ein Beispiel zeigt ◘ Abb. 8.17. Diese Phase braucht den Einbezug der verschiedenen im Prozess beteiligten Stellen. Wenn alle relevanten Prozessmerkmale festgelegt sind, kann der Prozess z. B. in Form von Flowcharts, Matrizen oder Diagrammen dargestellt werden.

**Beteiligte Stellen einbeziehen**

■■ **Phase 4: Prozessmanagement**

Die notwendigen Hilfsmittel und Anschlussdokumente werden dem Prozess zugeordnet. Die Prozesse werden geschult und in der Organisation eingeführt. Der Prozesseigner überwacht die Erreichung der Prozessziele mittels zweckmäßiger Prozessmessgrößen.

## Standards und Modelle für Qualitätsmanagement

Zur Einführung von Qualitätsmanagement im Unternehmen stehen mehrere international erprobte Modelle zur Verfügung. Allen gemeinsam sind jedoch einige Grundvoraussetzungen, welche für den Erfolg von größter Bedeutung sind:

- Aktives Engagement der Unternehmensleitung
- Bereitschaft zur Veränderung in Struktur und Kultur
- Ausrichtung auf langfristigen und nachhaltigen Erfolg

Die wichtigsten internationalen Standards sind die Norm ISO 9001 und das EFQM Modell für Excellence.

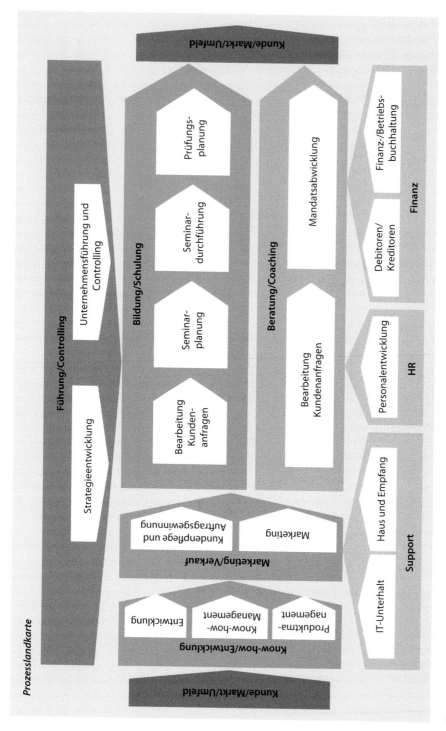

**Abb. 8.16** Beispiel: Prozesslandkarte für ein Ausbildungs- und Beratungsunternehmen. (SAQ-QUALIKON AG, Kirchberg, Schweiz)

*Beispiel Prozess-Steckbrief*

**Prozessname**

*Mitarbeiterentwicklung (Human Resources)*

**Prozesseigner**

Leiter HR

**Prozesszweck**

Wir stellen sicher, dass die erforderlichen personellen Ressourcen zur richtigen Zeit, am richtigen Ort, mit der richtigen fachlichen, sozialen und methodischen Fähigkeiten zur Verfügung stehen.

**Prozessgrundsätze**

- Wir pflegen einen regelmäßigen Informationsaustausch auf allgemeiner wie personenbezogener Ebene
- Wir erzwingen Entscheidungen aufgrund von Fakten und Messungen
- Wir befähigen die Mitarbeitenden zur Selbsthilfe und zur realistischen Selbsteinschätzung
- Wir setzen Fähigkeiten, Neigungen und Erfahrungen jedes Einzelnen optimal ein
- Wir erkennen die Entwicklung der Persönlichkeit als zentrale Notwendigkeit
- Wir handeln konsequent und bedürfnisorientiert

**Prozessinhalt**

**Input**

- Austritt
- Plafond-Antrag
- Besetzungsoptimierung
- Bewerbungen
- Mitarbeiterbedürfnisse
- Marktbedürfnisse
- HR-Kennzahlen
- Leistungsbeurteilung LBU
- Pensionierung
- Kündigung
- Invalidität
- Tod

- Anforderungsprofil überprüfen
- Rekrutierung durchführen
- Personaladministration aufrechterhalten
- Leistungsbeurteilung durchführen
- MA-Gespräche durchführen
- Ausbildungsmaßnahmen planen und durchführen
- Entwicklungsmaßnahmen planen und umsetzen
- Maßnahmen überwachen

**Output**

- Stammblatt
- MA-Handbuch
- Stellenbewertungen
- Stellenausschreibung
- Abrechnungen/Belastungen
- Anstellung mit Arbeitsvertrag
- Laufbahnmodelle
- Ausbildungsportfolio
- befähigte MA
- Statusberichte
- Kursprogramme
- Austrittsbestätigung

**Prozessmessgrößen**

- Anzahl Austritte < 2 Jahre
- Erfüllungsgrad der Kompetenzmatrix
- Mitarbeiterzufriedenheit

**Standards**

- Gesetze (OR, BBG, Arbeitsgesetz)
- Weisungen Stammhaus

**Hilfsmittel**

- Personaldossier
- CL Einführungsprogramm
- CL MA-Gespräch
- Kompetenzmatrix

◻ **Abb. 8.17** Beispiel: Prozess-Steckbrief »Mitarbeiterentwicklung«. (SAQ-QUALIKON AG, Kirchberg, Schweiz)

## Managementsysteme nach der Norm ISO 9001

**Externe Anerkennung durch Zertifizierung**

Die Norm ISO 9001 bildet die Basis für zertifizierungsfähige Qualitätsmanagementsysteme. Die Verbreitung ist weltweit und wird in allen Brachen umgesetzt. Die zahlenmäßige Entwicklung der Anzahl Zertifikate verlief in den letzten 15 Jahren in enorm hohem Tempo. Dazu beigetragen hat die Tatsache, dass die Norm mehrmals überarbeitet wurde. Mit der umfassend überarbeiteten Version im Jahr 2000 wurde das prozessorientierte Managementsystem als zentrales Konzept in der Norm verankert. Auch die Anwendung in stärker dienstleistungsorientierten Branchen wurde so mit dieser Version deutlich vereinfacht.

## Das EFQM Excellence Modell

**EFQM Excellence Modell als Orientierungsraster für die Unternehmensentwicklung**

Excellence ist keine Theorie. Wirklich exzellente Organisationen zeichnen sich dadurch aus, dass sie um die Zufriedenheit ihrer Interessengruppen bemüht sind. Dabei geht es nicht nur um darum, *was* sie erreichen, sondern es ist auch bedeutend, *wie* sie es erreichen. Eine wachsende Zahl von Organisationen benutzt das EFQM Excellence Modell als Orientierungsstruktur für die systematische Unternehmensentwicklung. Das Modell unterstreicht, dass eine Organisation nur unter Berücksichtigung aller Aspekte auf die Erzielung eines dauerhaften Erfolgs hoffen kann. Es zeigt, was exzellente Organisationen tun und messen, und ist somit ein praktischer Leitfaden für die Erfassung der Unternehmensleistung bezüglich Vorgehen und Ergebnissen.

### ▪▪ Was ist überhaupt Exzellenz?

Für die Definition von Excellence wird ein Satz von Grundkonzepten verwendet. Diese Grundkonzepte stehen für Werte und Überzeugungen, die in ihrem Zusammenwirken bestimmen, was unter Excellence verstanden wird. Es handelt sich dabei um folgende 8 Grundkonzepte:

- Nachhaltige Ergebnisse erzielen
- Werte für den Kunden steigern
- Führen mit Visionen, Inspirationen und Integrität
- Managen mit Prozessen
- Erfolgreich sein durch Menschen
- Kreativität und Innovation fördern
- Partnerschaften aufbauen
- Verantwortung für eine nachhaltige Zukunft übernehmen

### ▪▪ Das EFQM Modell

Das Modell in ❏ Abb. 8.18 verwendet im Grundansatz die beiden Begriffe »Befähiger« und »Ergebnisse«. Die Befähiger-Kriterien beschäftigen sich damit, wie die Organisation ihre Hauptaktivitäten abwickelt. Bei den Ergebnis-Kriterien geht es darum, welche Ergebnisse erzielt wurden. Dieser Aufbau bestätigt die Excellence-Philosophie der EFQM: » Exzellente Organisationen erzielen dauerhaft herausra-

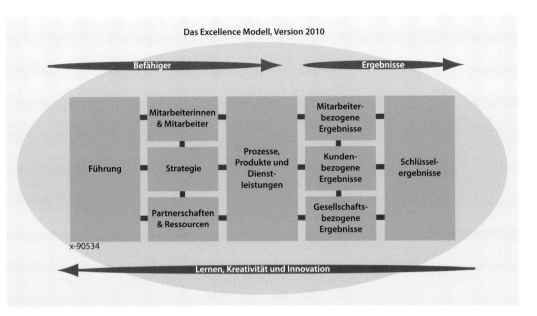

**Abb. 8.18** EFQM Modell für Excellence. (Aus EFQM, 2009)

gende Leistungen, die die Erwartungen aller ihrer Interessengruppen erfüllen oder übertreffen« (EFQM, 2009, S. 2). Die Pfeile in ◘ Abb. 8.18 betonen die Dynamik des Modells und zeigen, dass Innovation und Lernen die Befähiger verbessern, was wiederum zu verbesserten Ergebnissen führt.

Ein weiteres Kernstück des Modells ist die sog. RADAR-Logik. Die Elemente von RADAR sind Results (Ergebnisse), Approach (Vorgehen), Deployment (Umsetzung), Assessment and Review (Bewertung und Überprüfung). Dieses Konzept zeigt die Zusammenhänge zwischen den erwarteten bzw. erzielten Ergebnissen sowie der gewünschten Vorgehensweise, der nachhaltigen Umsetzung sowie der kontinuierlichen Bewertung und Überprüfung auf.

■■ **Self Assessment**
Der Weg zu Excellence führt über periodisch durchgeführte Self Assessments. Unter einem Self Assessment versteht man eine umfassende, systematische und regelmäßige Überprüfung der Tätigkeiten und Ergebnisse einer Organisation anhand des EFQM Modells für Excellence.

Als Ergebnisse eines Self Assessments erkennt eine Organisation ihre Stärken und Verbesserungspotenziale und kann Verbesserungsmaßnahmen gezielter definieren und nachhaltiger umsetzen.

■■ **Abgrenzung zu ISO 9001**
Im Vergleich zur ISO-Norm zeigt sich ein deutlicher Unterschied sowohl in der Art der Anwendung als auch im Deckungsgrad der in

**Standortbestimmung mittels Self Assessment**

einer Organisation wirklich wichtigen Elemente. Die hauptsächlichen Unterschiede können wie folgt festgehalten werden:

ISO-Normen sind grundsätzlich »Gut-genug-Ansätze« mit hoher Verbindlichkeit durch laufende externe Evaluationen. Das EFQM Modell für Excellence ist ein »Immer-besser-Modell« mit geringer Verbindlichkeit. Im Zentrum steht die interne Evaluation (Self Assessment).

### Bildungsspezifische Modelle

Neben den zuvor beschriebenen international anerkannten Modellen gibt es nationale, bildungsspezifische Modelle mit unterschiedlichen Schwerpunkten. Als Beispiele sollen die in der Schweiz angewendeten Modelle eduQua und Q2E erwähnt werden.

#### ▪▪ eduQua

Dieser bildungsspezifische Standard soll einen minimalen Qualitätsstandard für Kursangebote von Bildungsinstitutionen sicherstellen. Die Überprüfung der festgelegten Mindestkriterien basiert auf einer externen Evaluation anhand von eingereichten Dokumenten. Dieser Ansatz führt relativ rasch zu einem externen Qualitätsnachweis und kann durchaus Anstoß zu Verbesserungsmaßnahmen einer Organisation oder eines Bildungsangebots geben. Eine gesamtheitliche Selbstevaluation als Basis zur systematischen Qualitätsentwicklung ist in diesem Modell nicht vorgesehen.

#### ▪▪ Q2E-Qualität durch Evaluation und Entwicklung

Dieses bildungsspezifische Modell hat den Fokus auf der Schulentwicklung. Im Zentrum stehen dabei die Feedback-Kultur und eine systematische datengestützte Evaluation. Wichtige Voraussetzungen sind dabei die Rahmenvorgaben der Schulführung wie auch die Bereitschaft der breiten Basis, sich kritisch mit der eigenen Praxis auseinander zu setzen. Neben dem feedbackgestützten Lernen und der datengestützten internen Evaluation bietet auch eine externe Schulevaluation einen Beitrag zur gesamthaften Qualitätsentwicklung (vgl. Landwehr & Steiner, 2003).

### Qualitätsentwicklung und kontinuierlicher Verbesserungsprozess

**Lernende Organisation**

Eine erfolgreiche Organisation ist in der Lage, sich kontinuierlich zu verbessern. Ein zentrales Element jedes Qualitätsmanagementsystems ist demzufolge der kontinuierliche Verbesserungsprozess. Die Ergebnisse und die Prozesse sollen verbessert sowie Potenziale genutzt werden.

Gerade in der Personalentwicklung ist der Bezug zur »lernenden Organisation« wichtig. Die Anstöße für Verbesserung und Optimierung des Unternehmens können grundsätzlich »intern« oder »extern« begründet sein. Interne Anlässe zur Verbesserung können z. B. Reklamationen, Ideen, Fehler oder Strategieänderungen sein. Externe

Anstöße zur Optimierung kommen üblicherweise von Veränderungen bei Markt, Mitbewerber, Gesetzen, Ressourcen oder Technologie. Um möglichst schnell solche Veränderungen zu erkennen, braucht ein Unternehmen entsprechende Sensoren, wie Kundenbefragungen, Marktanalysen, Ideen- oder Reklamationsmanagement.

Ein zentraler Erfolgsfaktor ist im Weiteren, dass die Situationsanalyse und die Lösungsfindung in der gemeinsamen Auseinandersetzung mit den Beteiligten stattfinden. ◘ Abb. 8.19 zeigt die Reihenfolge der Problemlöseschritte, um Probleme effizient und zielorientiert zu lösen.

## Messung und Evaluation als Ausgangslage zur Qualitätsentwicklung

Unter dem Begriff Evaluation wird eine systematische Bewertung eines Produkts bzw. einer Leistung, eines Prozesses oder einer Organisation verstanden. Die Evaluationsergebnisse unterstützen das institutionelle Lernen. Die Evaluation muss möglichst objektiv und damit datengestützt sein.

**Messung als Basis zur Verbesserung**

Auch in der Personalentwicklung ist die Ermittlung von »objektiven« Daten anzustreben. Nur so können die abgeleiteten Schlussfolgerungen zielorientiert und transparent ausgestaltet werden. Die Beurteilung von Praxissituationen ist in der Personalentwicklung häufig sehr komplex. Auch die Ursachenanalyse bei Qualitätsdefiziten ist sehr anspruchsvoll. Gerade darum ist es extrem wichtig, die datengestützte Evaluation möglichst systematisch anzuwenden.

Im Bereich der Personalentwicklung sind folgende Evaluationsformen wichtig:

**▪ ▪ Kontextevaluation**
- Betrifft die Bedarfserhebung und die Planungsphase: Sind die Ausbildungsprobleme richtig analysiert worden? Sind die richtigen Ziele und Maßnahmen vorgesehen (Schlüsselqualifikationen)?
- Methoden: Interviews, Fragebogen, Gespräche, Organisations- und Teamanalysen, teilnehmende Beobachtungen.

**▪ ▪ Produktevaluation**
- Am Ende eines Seminars, eines Kurses. Die Erreichung von Lernzielen wird untersucht.
- Methoden: Feedback, Fragebogen, Tests, Interviews.

**▪ ▪ Transferevaluation**
- Einige Zeit nach den Ausbildungsmaßnahmen: Bis zu welchem Grad wurde Vermitteltes umgesetzt?
- Methoden: Gespräche mit Vorgesetzten, Beobachtungen, Vergleich mit Kennzahlen.

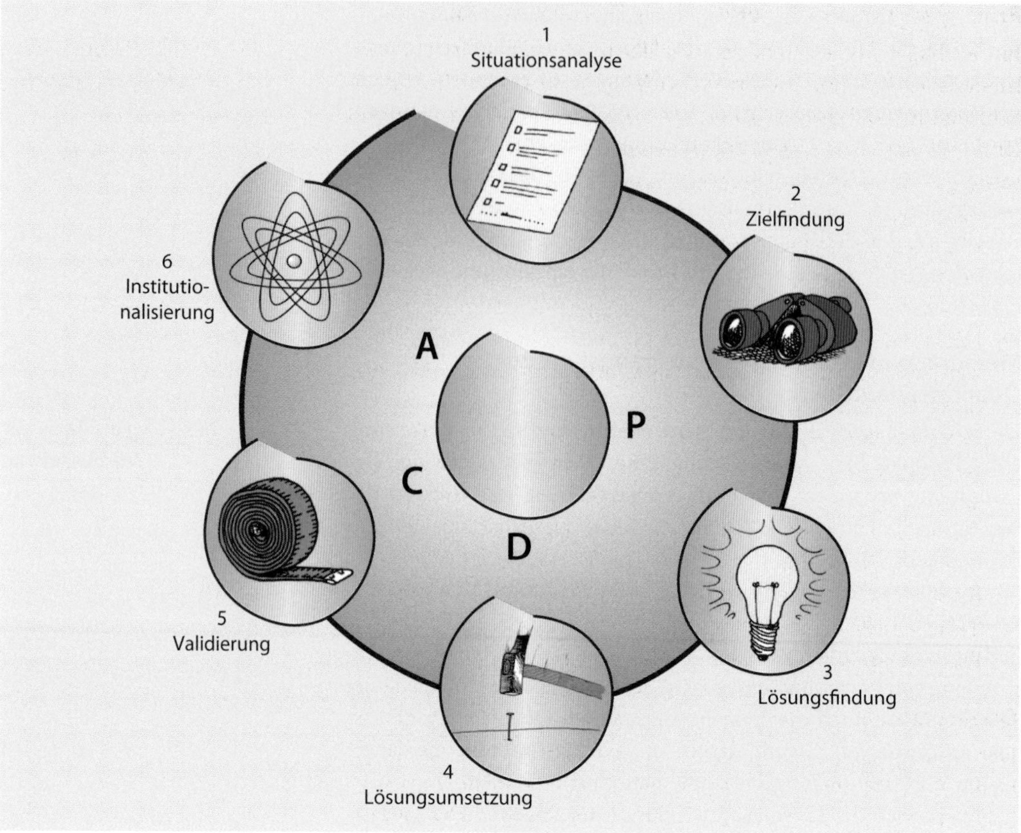

**Abb. 8.19** Grundschema Problemlösungszyklus. (SAQ-QUALICON AG, Kirchberg, Schweiz)

**■ ■ Prozessevaluation**
— In jedem Zeitpunkt des Ausbildungskreislaufs, wenn die zurück-
gekoppelte Information unmittelbare Auswirkungen auf das
Ausbildungsprojekt haben kann.
— Methoden: Audits, Gespräche, Prozessbegleitung

**Bedeutung von Feedback**

Feedback unterstützt das individuelle Lernen. Aufgrund der subjektiven Wahrnehmung der Feedback gebenden Person soll die individuelle Praxis optimiert werden. Gegenüber der Evaluation ist Feedback
klar abzugrenzen. Feedback ist keine objektive, externe und qualifizierende Beurteilung.

Im Sinne einer umfassenden Qualitätsentwicklung ist die Entwicklung einer Feedbackkultur ein wichtiger Erfolgsfaktor. Dieser
Ansatz muss unter dem Einbeziehung von möglichst vielen Mitarbeitenden von der Basis her gelebt werden. Die Entwicklung einer Feedbackkultur bedingt die innere Bereitschaft der beteiligten Personen,
Feedbacks einzuholen, um Lernchancen zu nutzen.

## Prinzipien des kontinuierlichen Verbesserungsprozesses

Ein wichtiges Kernelement des Qualitätsmanagements ist der kontinuierliche Verbesserungsprozess (KVP). Verbesserung in kleinen Schritten ist erfolgreicher als die Verbesserung in großen Sprüngen (Innovationen). Das Prinzip basiert auf dem japanischen Kaizen-Ansatz (vgl. Imai, 1986) und umfasst folgende wichtige Bedingungen:

- Aktive Suche nach Verbesserungsmöglichkeiten: Es gehört zur ständigen Aufgabe jeder Führungskraft und jedes Mitarbeiters, Verbesserungsmaßnahmen und Verbesserungsprojekte vorzuschlagen.
- Fehlerkultur: Probleme und Fehler müssen offen eingestanden werden können, ohne mit negativen Konsequenzen rechnen zu müssen.
- Empowerment: Den Mitarbeitenden muss bewusst sein, dass sie befähigt und ermächtigt (empowered) sind, Prozesse zu verändern.
- Prozessorientierung: Qualität entsteht durch die Akkumulation von prozessbezogenen Verbesserungen in kleinen Schritten.
- Kundenorientierung: Der Kunde gilt in allen Prozessen und Teilprozessen als der zentrale Bezugspunkt; er steht nicht erst am Prozessende, sondern in jedem Teilschritt des Prozesses.

> Kontinuierliche Verbesserung in kleinen Schritten

## Qualitätszirkel

Der Grundgedanke beim Einsatz von Qualitätszirkeln ist, dass Probleme und Verbesserungsmöglichkeiten am besten dort erkannt, behoben oder umgesetzt werden können, wo sie auftreten. Das bedeutet, dass den Mitarbeitenden durch ihre Mitgliedschaft in einem Verbesserungsteam die Möglichkeit gegeben wird, Probleme (die sie bei ihrer täglichen Arbeitsausführung behindern oder stören) oder Verbesserungen (die ihre Arbeit erleichtern oder optimieren) eigenständig aufzugreifen und Maßnahmen einzuleiten oder auszuführen. Dies ist aus mehreren Gründen sinnvoll:

- Mitarbeitende sind die Spezialisten, Experten
- Mitarbeitende haben Kreativitäts- und Problemlösungspotenzial
- Viele kleine Schritte führen zu beachtlichen Verbesserungen
- »Professionelle Problemlöser« sind oft überlastet

Ein auf die Dauer erfolgreicher Einsatz von Verbesserungsteams erfordert die Einhaltung wichtiger Spielregeln. So muss die Mitarbeit grundsätzlich freiwillig sein. Das Team ist für die gesamte Verbesserungsbearbeitung verantwortlich und wird durch einen Teamcoach geführt. Prioritär sollen Verbesserungsmöglichkeiten aus dem eigenen Bereich bearbeitet werden. Die Erfahrung zeigt auch die Bedeutung der Moderationsfähigkeit im Qualitätszirkel. Es ist wichtig, dass mindestens eine Person im Zirkel die Methodenkompetenz hat, um mit der Gruppe die Lernprozesse und die Problemlösung inklusive Umsetzung zu gestalten.

### Der Mensch steht im Zentrum

**Qualitätsmanagement als Querschnittsaufgabe**

Die Aufgaben und Problemstellungen im Qualitätsmanagement sind häufig sehr komplex. Es sind verschiedene Stellen und Hierarchien involviert. Strukturelle, strategische und kulturelle Aspekte sind betroffen. Fachliche, methodische und soziale Kompetenzen sind bei der Lösungssuche gefordert. Qualitätsmanagement kann nur erfolgreich sein, wenn es gelingt, die Mitarbeitenden einzubeziehen und gemeinsam Lösungen zu erarbeiten. Sowohl die Führung als auch Qualitätsfachleute müssen Qualitätsmanagement als Querschnittsaufgabe erkennen. Es braucht primär Generalisten und weniger Spezialisten im Qualitätsmanagement. Dies bedingt, dass die Qualitätsfachleute ein entsprechendes Selbstverständnis ihrer Rolle haben und diese auch zweckmäßig kommunizieren können. Eine gute Vernetzung der Themen über alle Bereiche und Stellen vereinfacht ebenfalls die Zusammenarbeit. Das Eingehen auf Menschen und das Erkennen der unterschiedlichen Bedürfnisse ist ein Erfolgsfaktor für die Tätigkeit im Qualitätsmanagement.

### Zusammenfassung

Das veränderte Umfeld und die zunehmende Bedeutung der Forderungen von Anspruchsgruppen haben die Dimensionen des Qualitätsmanagements ausgeweitet. Heute bildet Qualitätsmanagement den Rahmen für das Führungssystem einer Organisation. Mit dem Prozessmanagementansatz ist der Fokus auf die Kundenorientierung gerichtet. Die Gestaltung und die Optimierung der Kenprozesse stehen dabei im Zentrum. Modelle und Standards für systematisches Qualitätsmanagement sind dieser Entwicklung angepasst. Insbesondere das EFQM Excellence Modell bildet eine hervorragende Orientierungsstruktur für die umfassende und systematische Unternehmensentwicklung. Der Erfolg von Qualitätsmanagementkonzepten misst sich an der Erreichung guter Ergebnisse gegenüber den relevanten Anspruchsgruppen. Dies verlangt die Bereitschaft zur Veränderung von Strategie, Struktur und Kultur einer Organisation.

### Literatur

Allinger, G. M., & Janak, E.A. (1989). Kirkpatrick's levels of training criteria. Thirty years later. *Personnel Psychology, 42,* 331–342.

Bernecker, M. (2007). *Bildungsmarketing,* 3. Aufl. Köln: Johanna.

Bernecker, M. (2009). *Studie Bildungsmarkt.* Deutsches Institut für Marketing.

Bleicher, K. (1991). *Das Konzept integriertes Management.* Frankfurt/Main: Campus.

Bundesministerium für Bildung und Forschung (2009). *Lernen vor Ort.* Eine gemeinsame Initiative des Bundesministeriums für Bildung und Forschung mit deutschen Stiftungen. Projektträger des BMBF im Deutschen Zentrum für Luft- und Raumfahrt, Bonn.

CapGemini (2009). HR-Barometer 2009. *Die Umsetzung der HR-Strategie wird vor allem durch handwerkliche Defizite und persönliche Dissonanzen erschwert.* S. 26. Verfügbar

unter http://www.at.capgemini. com/m/at/tl/HR-Barometer_2009. pdf. Zugriff am 03.09.2009.

Deci, E. L., & Ryan, R. M. (1993). *Die Selbstbestimmungstheorie der Motivation und ihre Bedeutung für die Pädagogik.* Zeitschrift für Pädagogik, 39, 223–228.

Deming, W. E.(1986). *Out of the Crisis.* Cambridge, Massachusetts: Institute of Technology, Center for Advanced Studies.

Dobischat, R. (2009): *Netzwerke erfolgreich nutzen – Mehrwert für die berufliche Bildung schaffen.* Vortrag auf der Veranstaltung »Netzwerke fördern – berufliche Bildung optimieren« des ESF Hessen

Drumm, H. J. 2008). *Personalwirtschaft,* 6. Aufl. Heidelberg: Springer.

Dubs, R. (2003). *Qualitätsmanagement für Schulen.* St. Gallen: Institut für Wirtschaftspädagogik, Universität St. Gallen.

EFQM (Hrsg.). (2009). *EFQM Excellence Modell für.* Brüssel: European Foundation for Quality Management.

Endres, E. (2008). Grenzgänger - ein neuer Managementtypus. In Bertelsmann Stiftung (Hrsg.), *Grenzgänger, Pfadfinder, Arrangeure. Mittlerorganisationen zwischen Unternehmen und Gemeinwohlorganisationen* (S. 46–58). Gütersloh: Bertelsmann.

Foucault, M. (1983) *Sexualität und Wahrheit.* 1. Band. Nördlingen: Suhrkamp.

Götz, K. (1997). *Management und Veränderung.* Hohengehren: von Schneider.

Hinterhuber, H. H., & Pechlaner, H. (2002). Innovatives Unternehmertum durch innovatives Human Resource Management. In Götz, K. (Hrsg.), *Personalarbeit der Zukunft* (S. 39–57). München: Hampp.

Imai, M. (1986). Kaizen. *The key to Japan's competitive success.* New York: Random House.

ISO (Hrsg.). (2008). International Organization for Standardization: Qualitätsmanagementsysteme – Anforderungen (ISO 9001:200.

Kauffeld, S., Bates, R. Holton III, E. F., & Müller, A. (2008). Das deutsche Lerntransfer-System-Inventar (GLTSI): psychometrische Überprüfung der deutschsprachigen Version. *Zeitschrift für Personalpsychologie,* 7 (2), 50–69.

Kirkpatrick, D. L. (2007). *Implementing the four levels. A practical guide for effective evaluation of training programs.* San Francisco: Berret-Koehler.

Kirkpatrick, D. L., & Kirkpatrick, J. D. (2006). *Evaluating training programs. The four levels.* San Francisco: Berrett-Kohler.

Kotler, P., & Bliemel, F (2007). *Marketing-Management, Analyse, Planung, Umsetzung und Steuerung.* Stuttgart: Poeschel.

Landwehr N., & Steiner, P. (2003). Q2E: Qualität durch Evaluation und Entwicklung. Bern: Hep.

Meffert, H. (2000). *Marketing, Grundlagen marketingorientierter Unternehmensführung, 9., überarb. und erweit. Aufl..* Wiesbaden: Gabler.

Meffert, H., & Bruhn, M. (2006). *Dienstleistungsmarketing. Grundlagen, Konzepte, Methoden,* 5. Aufl. Wiesbaden:Gabler.

Mentzel, W. (1997). *Unternehmenssicherung durch Personalentwicklung, 7., aktual. Aufl.* Freiburg i. Br.: Verlag für Akademische Texte.

Meyer, A., &. Hugh Davidson, J. (2001). *Offensives Marketing.* München: Haufe.

Müller, U. (2007). Bildungsmanagement – Skizze zu einem orientierenden Rahmenmodell. In G. Schweizer, U. Iberer & H. Keller (Hrsg.), *Lernen am Unterschied. Bildungsprozesse gestalten – Innovationen vorantreiben.* Gütersloh: Bertelsmann.

Pedler, M., Burgoyne, J. G., & Boydell, T. (1994). Das Lemende Unternehmen: Potentiale freilegenWettbewerbsvorteile sichern. Frankfurt, Campus, 1994.

Phillips, J. J., & Schirmer, F. (2005). *Return on Investment in der Personalentwicklung. Der 5-Stufen-Evaluationsprozess.* Berlin: Springer.

Seghezzi, H. D. (2003). Integriertes Qualitätsmanagement – Das St. Galler Konzept, 2. Aufl. München: Hanser.

Senge, P. (1990). *The fifth discipline.* New York: Doubleday. Deutsche Ausgabe: Senge, P. (1996). *Die fünfte Disziplin. Kunst und Praxis der lernenden Organisation.* Stuttgart: Klett-Cotta).

Stufflebeam, D. L. (2002). The CIPP Model for Evaluation. In D. L. Stufflebeam, G. F. Madaus & T. Kellaghan (Hrsg.), *Evaluation models. Viewpoints on educational and human services evaluation,* 2nd Ed. (S. 290–317). Boston: Kluwer.

Tippelt, R. (2003). *Wie Lebensstile das Bildungsverhalten der Menschen prägen.* Dokumentation der LRTL-Marketingtagung »Lernende Regionen – auf dem Weg zu einer Marke« Lernende Region Tölzer Land.

Tippelt, R., Reich, J., Hippel, Aiga von, Barz, H., & Baum, D. (2007 / 2008): *Weiterbildung und soziale Milieus in Deutschland. Praxishandbuch Milieumarketing, Milieumarketing implementieren.* Gütersloh: Bertelsmann.

Wimmer, R., & Nagel, R. (2002). *Systemische Strategieentwicklung.* Stuttgart: Klett-Cotta.

# Beraten und Lernen

*Eric Lippmann und Christoph Negri*

## 9.1    Grundlagen der Kommunikation für die Moderation und Beratung

*Eric Lippmann*

In diesem Abschnitt werden 2 Modelle der zwischenmenschlichen Kommunikation dargestellt, welche für die Aspekte der Moderation und Beratung von Bedeutung sind: die Axiome menschlicher Kommunikation und die daraus abgeleiteten 4 Seiten einer Nachricht. Beide Modelle betonen auch die Wichtigkeit der nonverbalen Kommunikation, die ausgeführt wird. Abschließend werden aus verschiedenen Konzepten Aspekte beschrieben, die für die kommunikative Kompetenz grundlegend sind.

### 9.1.1    Grundlegende Aspekte der menschlichen Kommunikation

Der Begriff »Kommunikation« stammt aus dem lateinischen »communicare« und bedeutet u. a. »miteinander besprechen, mitteilen«. In diesem Abschnitt geht es um die Kommunikation als Form der Gestaltung zwischenmenschlicher Beziehungen. Speziell in der Moderation wie auch Beratungssituation spielt die soziale Interaktion eine wichtige Rolle, da es zu wechselseitiger Beeinflussung kommt. Dabei spielen folgende Aspekte eine wichtige Rolle:

**Kommunikation ist Teil der »Wirklichkeitskonstruktion«**

- Kommunikation ist ein wesentlicher Teil der sog. Wirklichkeitskonstruktion: Was wir als relevante Information wahrnehmen, ist das Resultat einer Selektion aus verschiedenen Möglichkeiten. Bei den Beteiligten entstehen daher verschiedene Wahrheiten, wir können von »Wahrgebungsprozessen« sprechen (Schmidt, 2004, S. 181).
- Die Botschaft einer Kommunikation bestimmt somit in erster Linie der Empfänger. Stimmen die gesendeten und empfangenen Botschaften überein, kann von einer Verständigung gesprochen werden. Die Reaktion des Empfängers auf die Nachricht des Senders gibt Aufschluss darüber, was der Empfänger verstanden hat. Diese Reaktion kann als Rückkopplung bzw. Feedback bezeichnet werden.
- In der Kommunikation werden immer mehrere Botschaften gleichzeitig gesendet bzw. wahrgenommen. Dies hängt auch damit zusammen, dass Kommunikation über verschiedene »Kanäle« stattfindet: Sprache, Bilder, Körpersprache usw.

**Kommunikation ist eine Wechselwirkung**

- Kommunikation ist eine Wechselwirkung, d. h. die beteiligten Partner beeinflussen sich gegenseitig. Zudem spielt der Kontext auch eine wesentliche Rolle, so dass auch nicht direkt anwesende Personen ein kommunikatives Geschehen beeinflussen können.

### 9.1.2 Axiome menschlicher Kommunikation

Ein grundlegendes Modell menschlicher Kommunikation ist das von Watzlawick, Beavin & Jackson (1969). Die Autoren fassen den Begriff der Kommunikation weit und formulieren 5 Axiome, also aus sich heraus evidente, nicht zu beweisende Grundsätze der Kommunikation:

1. Verhalten ist immer auch Kommunikation: In einem zwischenmenschlichen Kontext kann man nicht *nicht* kommunizieren. Jedes Verhalten hat somit einen Mitteilungscharakter. Auch wenn man schweigt oder sich abwendet, drückt man etwas aus.
2. Jede Kommunikation hat einen Inhalts- und einen Beziehungsaspekt. Der Beziehungsaspekt bestimmt, wie der Inhalt einer Botschaft zu verstehen ist. Wenn Inhalts- und Beziehungsaspekt nicht übereinstimmen, kann dies Verwirrung stiften bzw. zu paradoxen, sich widersprechenden Aussagen führen.
3. Die Kommunikationspartner interpunktieren die sich zwischen ihnen abspielenden Kommunikationsabläufe nach jeweils ihren Vorstellungen. Jede Handlung lässt sich als Reaktion auf eine vorausgehende Handlung verstehen, so dass die Partner Anfang und Ende einer Kommunikationskette subjektiv setzen. Dies führt beispielsweise bei Streitigkeiten zur berühmten Huhn-Ei-Frage wie etwa: »Wer hat angefangen?«
4. Menschliche Kommunikation kann in digitaler und analoger Weise erfolgen. Die digitale erfolgt vor allem über die Sprache und hat eine vielseitige logische Syntax. Analoge Kommunikation ist weniger eindeutig und erfolgt vor allem über die nonverbalen Zeichen.
5. Kommunikationsabläufe erfolgen entweder symmetrisch oder komplementär, je nachdem, ob die Beziehung zwischen den Partnern auf Gleichheit oder Ungleichheit beruht.

Mit Hilfe dieser Grundsätze ist es möglich, viele Kommunikationsprozesse besser zu verstehen. Sie bilden auch die Grundlage für das zweite Modell der zwischenmenschlichen Kommunikation, welches sich vor allem im deutschsprachigen Raum zum »Klassiker« entwickelt hat.

### 9.1.3 Die 4 Seiten einen Nachricht

Schulz von Thun (1981) hat das zweite Axiom (Inhalts- und Beziehungsebene) erweitert. Danach hat jede Mitteilung 4 Seiten ( Abb. 9.1):

- **Sachinhalt:** Die Nachricht enthält eine Sachebene, die Information, die sie enthält.
- **Selbstoffenbarung:** Der Sender gibt gewollt oder ungewollt Informationen über sich selber preis.

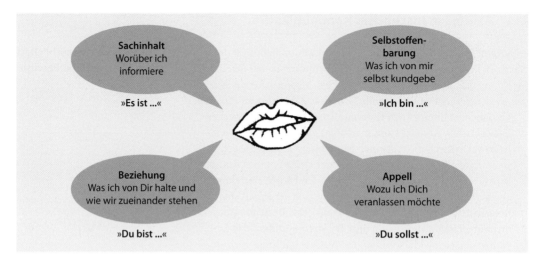

○ **Abb. 9.1** Die 4 Seiten einer Nachricht. (Aus Schulz von Thun, 1981)

— **Beziehung:** Die Nachricht enthält Informationen, was der Sprecher vom Gegenüber hält und wie er die gegenseitige Beziehung definiert.
— **Appell:** Darin sind alle Botschaften enthalten, welche die Erwartungen an das Gegenüber ausdrücken.

Die Ausführungen zeigen, dass jede Nachricht stets viele Botschaften gleichzeitig enthält und es von daher nicht selbstverständlich ist, dass die Kommunikation zwischen den Gesprächspartnern gelingt. Denn analog zu den 4 Seiten einer Nachricht hat der Empfänger im Modell von Schulz von Thun 4 »Ohren« (○ Abb. 9.2). Dabei entscheidet er jeweils selbst, auf welche Botschaft er wie reagiert. Einseitige Empfangstendenzen können dabei zu Störungen führen. Idealerweise hört das Gegenüber auf allen 4 Ohren ausgewogen, wobei situativ zu entscheiden ist, auf welche Seite(n) besonders zu reagieren ist.

**Wie Kommunikation gelingt**

Kommunikation gelingt dann, wenn der Empfänger genau auf die Seite der Nachricht Bezug nimmt, auf die der Sender auch Gewicht legen wollte, wenn also der Empfänger möglichst genau erfasst, was der Sender äußern wollte. Zu Schwierigkeiten kommt es umgekehrt, wenn sich die Sender unklar, mehrdeutig ausdrücken oder auf der anderen Seite Empfänger unausgewogene Hörgewohnheiten haben.

### 9.1.4 Nonverbale Kommunikation

**Kongruente und inkongruente Botschaften**

Ob eine Kommunikation gelingt, hängt wesentlich davon ab, wie stimmig, kongruent Botschaften ausgesandt werden. Wenn die sprachlichen und nichtsprachlichen Nachrichtenanteile übereinstimmen, dann bezeichnen wir das als kongruente Botschaften. Im andern Fall, bei inkongruenten Nachrichten, wird der Empfänger verwirrt, weil

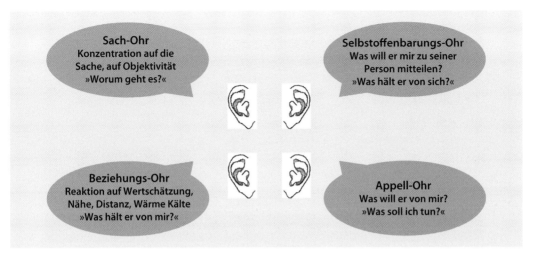

**Abb. 9.2** Mit 4 Ohren empfangen. (In Anlehnung an Kuster et al., 2006)

der nicht weiß, welchem Teil der Botschaft er Glauben schenken soll. Die meisten von uns vertrauen eher den nonverbalen Botschaften, weil wir davon ausgehen, dass die Körpersignale »ursprünglicher« sind (die verbale Sprache lernen wir ja in der Entwicklung erst später dazu). Sogenannte »Lexiken der Körpersprache« verweisen auf das Bedürfnis, die nonverbalen Anteile möglichst genau entschlüsseln zu können. Nonverbales Verhalten ist jedoch immer mehrdeutig und kann jeweils nur im Gesamtkontext gedeutet und bestenfalls verstanden werden. Ein Lächeln während einer Gesprächssequenz kann Einverständnis signalisieren, aber auch Verlegenheit, Verachtung, Auslachen usw.

◙ Abb. 9.3 gibt eine Übersicht über nonverbales Verhalten, welches nicht nur im Kontext der Moderation oder Beratung von Bedeutung ist.

Völlig kongruente Botschaften sind nicht einfach auszusenden. Dies hängt auch damit zusammen, dass der Sender selber schon in sich verschiedene »Stimmen« zu einem bestimmten Sachverhalt hat (vgl. Schulz von Thun, 1998; Schmidt, 2004), die in sich widersprüchlich oder mehrdeutig sein können. Deshalb ist es wichtig, dass man als Sender eine gute Sensibilität dafür entwickelt, möglichst situationsgerechte, kongruente Botschaften auszusenden.

In Beratungssituationen gehört es zu einer wichtigen Intervention, Inkongruenzen anzusprechen. Im Kontext der Moderation ist es angebracht, sehr sorgsam mit Rückmeldungen dieser Art umzugehen. Wenn Unklarheiten angesprochen werden, dann aus der Haltung heraus, den andern besser verstehen zu wollen und nicht zu ertappen oder zu therapieren. Sätze wie »Ich möchte Dich besser verstehen« oder »Da gibt es Aussagen, die mich irritieren« könnten mögliche Formulierungen sein (Thomann & Schulz von Thun, 1988).

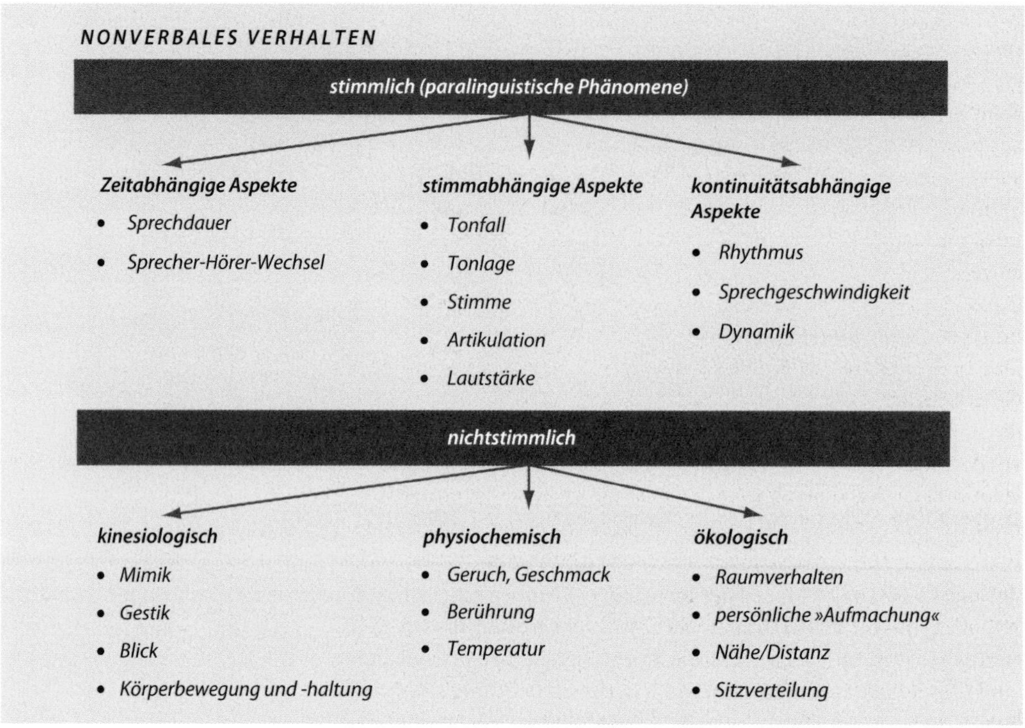

**NONVERBALES VERHALTEN**

stimmlich (paralinguistische Phänomene)

**Zeitabhängige Aspekte**
- Sprechdauer
- Sprecher-Hörer-Wechsel

**stimmabhängige Aspekte**
- Tonfall
- Tonlage
- Stimme
- Artikulation
- Lautstärke

**kontinuitätsabhängige Aspekte**
- Rhythmus
- Sprechgeschwindigkeit
- Dynamik

nichtstimmlich

**kinesiologisch**
- Mimik
- Gestik
- Blick
- Körperbewegung und -haltung

**physiochemisch**
- Geruch, Geschmack
- Berührung
- Temperatur

**ökologisch**
- Raumverhalten
- persönliche »Aufmachung«
- Nähe/Distanz
- Sitzverteilung

**Abb. 9.3** Nonverbales Verhalten. (Aus Thomann, 2002. Mit freundlicher Genehmigung der h.e.p. Verlag AG)

Zusätzlich anspruchsvoll wird das gegenseitige Verstehen unter dem Aspekt der »Diversity«: So können speziell nonverbale Signale je nach Alter, Generation, Geschlecht und speziell natürlich der Herkunftskultur unterschiedlich gemeint und verstanden werden (vgl. dazu auch ▶ Abschn. 3.4.2).

### 9.1.5 Kommunikative Kompetenz für Moderation und Beratung

In diesem Abschnitt werden einige Aspekte der kommunikativen Kompetenz hervorgehoben, die generell – also nicht nur für Moderation und Beratung – die gegenseitige Verständigung fördern. Grundlage bilden Kenntnisse und Anwendungsmöglichkeiten aus verschiedenen Konzepten, die sich mit der Kommunikation beschäftigen. Ein paar zentrale Modelle seien hier erwähnt mit dazugehörigen Aussagen bezüglich Gesprächsführung und Schlussfolgerungen für eine gelungene Kommunikation:

**▪▪ Systemtheorie und Konstruktivismus**

**Kommunikation als zirkulärer Prozess**

Der vorliegende Abschnitt hat sich besonders mit Modellen aus diesen Hintergründen beschäftigt. Dazu zählen die Axiome von Watzlawick wie auch das Vier-Seiten-Modell. Kommunikation wird dabei verstanden als zirkulärer Prozess, bei dem jedes Verhalten der Beteiligten gleichzeitig Ursache und Wirkung des Verhaltens der andern ist. Die Kommunikation gewinnt ihre Bedeutung immer erst im Situationszusammenhang. Ob ein Beitrag »zielführend« ist oder nicht, hängt somit immer vom Blickwinkel der Betrachter ab, er kann selber als Wirklichkeitskonstrukt verstanden werden. Schuldzuweisungen (z. B. im Sinne von »Wer hat angefangen?« oder »Wer ist Schuld an der Zielabweichung?«) gilt es somit zu vermeiden. In Systemen werden Wirklichkeiten gestaltet durch miteinander verkoppelte Beiträge, die sich oft regelhaft wiederholen und als Muster bezeichnet werden können. Das Erkennen solcher Muster kann hilfreich sein für die optimale Gestaltung der Kommunikation. Bausteine solcher Muster sind z. B. die Art, wie Phänomene beschrieben werden, wie sie erklärt, bewertet werden und welche Schlussfolgerungen und Lösungen daraus abgeleitet werden. Dabei spielen auch die erwähnten 4 Seiten einer Nachricht eine Rolle. Neben den Interaktionsmustern laufen im internalen Erlebnissystem der Beteiligten auch eine Vielzahl von Prozessen ab, die beispielsweise mit der Metapher des »inneren Teams« beschrieben werden können. Das Erkennen der eigenen inneren Stimmen ist entscheidend für eine »situationsgerechte« Kommunikation.

In Anlehnung an Schulz von Thun et al. (2000, S. 27) drückt sich kommunikative Kompetenz in der **Stimmigkeit** aus, bestehend aus 3 Komponenten:

1. der Übereinstimmung mit den verschiedenen Seiten im **internalen Erlebnissystem** (»inneres Team«),
2. der **Adäquatheit zur Situation** bzw. dem jeweiligen Kontext,
3. der Fähigkeit, in der **Metakommunikation,** also durch Auseinandersetzung mit den Rollenpartnern über die Art der gemeinsamen Kommunikation, zur Optimierung der Verständigung beizutragen.

Einen wichtigen zusätzlichen Aspekt betont Schmidt (2004) in seinem **hypnosystemischen Ansatz:** Dabei wird jedes kommunikative Geschehen als Ausdruck, Erleben und Ergebnis von **Aufmerksamkeitsfokussierung** verstanden. Damit gehört zur kommunikativen Kompetenz die bewusste Anwendung aller Ebenen der Kommunikation, da sie einen Beitrag zur Aufmerksamkeitsfokussierung liefern. Neben der Sprache gehören dazu alle oben genannten Elemente der nonverbalen Kommunikation.

## ▪▪ Transaktionsanalyse

Die Transaktionsanalyse (TA) beschreibt die internalen Erlebensprozesse u. a. mit dem Modell der **3 Ich-Zustände** (Eltern-Ich, Erwachsenen-Ich und Kind-Ich). Das Konzept des »inneren Teams« wird in der TA als »innerer Dialog« bezeichnet. Auch in der Analyse der Interaktion kann das Verständnis der Ich-Zustände eine wichtige Hilfe sein. Dabei postuliert dieses Modell, dass **parallele Botschaften** (also Beiträge aus den gleichen Ich-Zuständen heraus) wesentlich für das Gelingen der Kommunikation beitragen (im Gegensatz zu sog. gekreuzten Transaktionen). Weitere Beiträge der TA zur Kommunikation sind u. a.

**Wertschätzung: O.K.-Haltungen**

- die Betonung der **stimmigen Kommunikation**, die umschrieben wird als Vermeiden von unterschwelligen Botschaften,
- die gegenseitige **Wertschätzung** der Beteiligten (O.K.-Haltungen),
- der bewusste **Umgang mit sog. Lieblingsgefühlen,** die in der TA vor allem als Beiträge für unstimmige Kommunikationen betrachtet werden (z. B. Gefühle von Unzulänglichkeit, Schuld, Verletztheit, Schmerz usw.),
- das Erkennen und damit das Vermeiden von **manipulativen Rollen** (als bekanntestes Beispiel:»Drama Dreieck« mit Verfolger, Opfer und Retter) bzw. von **manipulativen Spielen** (z. B. »Ja, aber«, »Jetzt hab ich Dich, Du Schuft«, »Wenn Du nicht wärst«), die viel mit den bei Watzlawick et al. (1969) aufgeführten Interpunktionen zu tun haben.

Speziell für die Beratungssituation betont die Transaktionale Analyse die Aspekte der **Entscheidungsfreiheit** des Gegenübers und das Arbeiten mit **Verträgen,** bei denen der Sinn und Zweck der Kooperation umschrieben werden.

#### ■ ■ Themenzentrierte Interaktion
Das Modell der Themenzentrierten Interaktion (TZI) basiert auf den Grundlagen und dem Menschenbild der humanistischen Psychologie und wurde von Ruth Cohn entwickelt. Besonders für die Moderation, aber auch für die Beratung in Gruppen (Supervision, Teamentwicklung etc., vgl. ▶ Abschn. 9.3) sind die Postulate sehr hilfreich für eine gelungene Kommunikation und damit optimale Zusammenarbeit.

Das System der TZI geht davon aus, dass in Gruppen das Thema (»Es«), das Individuum (»Ich«), die Gruppe (»Wir«) und das Umfeld (»Globe«) grundsätzlich von gleicher Wichtigkeit sind. Die Hauptaufgabe der Gruppenleitung besteht im ständigen, prozessorientierten Balancieren zwischen den 4 genannten Faktoren. Das heißt nicht, dass zur gleichen Zeit immer allen 4 Faktoren gleich viel Aufmerksamkeit geschenkt werden kann. In bestimmten Momenten wird stark auf den thematischen Aspekt fokussiert, während vielleicht in anderen Phasen Bedürfnisse von Einzelmitgliedern aufgenommen werden.

**2 Postulate der TZI**

Auf der Grundlage von Axiomen (Cohn, 1992, S. 120) formuliert die TZI 2 Postulate, auf denen die Kommunikationsregeln basieren (▶ Übersicht »Die 2 Postulate der TZI«).

### Die 2 Postulate der TZI

1. »Sei dein eigener Chairman«: Diese Regel umfasst alles, was in den nächsten Regeln enthalten ist: Als meine eigene »Chairperson« bin ich der »Vorsitzende« meiner verschiedenen Bedürfnisse und Bestrebungen. Ich bestimme selbst, wann ich reden und wann ich schweigen will. Die andern Gruppenmitglieder tun es genauso. Damit trägt jede Person die Verantwortung für ihr Tun selber und kann sie nicht an die Gruppenleitung abschieben.

2. »Störungen haben Vorrang«: Störungen fragen nicht um Erlaubnis; wenn sie auftreten, beeinflussen sie die Vorgänge in der Gruppe: Alles was einzelne oder mehrere daran hindert, am Thema mitzuarbeiten, kann als Störung bezeichnet werden, z. B. Termindruck, Angst, Unklarheiten, Ärger, Müdigkeit, Lärm. Selbstverständlich kann nicht jede Störung sogleich behandelt werden, doch ein adäquates Eingehen auf sie bedeutet, die Störung und den Menschen ernst zu nehmen und jedem Gruppenmitglied eine produktive Mitarbeit zu ermöglichen.

Die **Kommunikationsregeln** wurden erstellt, um die Postulate zu unterstützen und damit die offene und direkte Kommunikation in der Gruppe zu fördern (▶ Übersicht »Kommunikationsregeln der TZI«).

### Kommunikationsregeln der TZI

Kommunikationsregeln der TZI

- Ich spreche per »ich« und nicht per »man« oder »wir«: Ich übernehme Selbstverantwortung für meine Aussagen und verstecke mich nicht hinter Meinungen anderer.
- Ich versuche, Fragen mit einer kurzen Erklärung einzuleiten, was die Frage für mich bedeutet: Damit soll klar unterschieden werden zwischen echten Fragen und persönlichen Aussagen, die oft in unechten Fragen verpackt werden.
- Ich bin authentisch und selektiv in meiner Kommunikation: Ich sage so viel, wie ich möchte, und das, was ich wirklich sagen will, und nicht das, was ich möglicherweise sagen sollte, weil es von mir erwartet wird.
- Ich teile lieber meine persönlichen Eindrücke in Ich-Botschaften mit und vermeide nach Möglichkeit Interpretationen von Äußerungen anderer Gruppenmitglieder.
- Ich bin zurückhaltend mit Verallgemeinerungen und formuliere möglichst konkret und anschaulich.
- Wenn Seitengespräche stattfinden, dann sind sie vorrangig zu behandeln; sie stören und verweisen oft auf wichtige Aspekte.
- Es spricht nur eine Person zur gleichen Zeit, damit den einzelnen Beiträgen volle Aufmerksamkeit zukommen kann.
- Ich beachte die Signale meines Körpers und beachte ähnliche Signale auch bei andern Gruppenmitgliedern.

■ ■ **Gestaltansatz**

Der Gestaltansatz in der Beratung hat seine Wurzeln vor allem in den Ansätzen der Gestaltpsychologie von Goldstein und Wertheimer sowie in der Feldtheorie von Lewin. Für die Kommunikation in Moderation und Beratung sind folgende Aspekte aus dem Gestaltansatz relevant:

**Awareness: aufmerksame Wachheit**

**Figur und Gestalt**  Wie in den bekannten Kippfiguren veranschaulicht (z. B. alte/junge Frau; Gesicht/Vase) betont der Gestaltansatz, dass im Vordergrund immer das momentan Bedeutsame steht. Das können z. B. Themen sein, die für die betreffende Person zu der jeweiligen Zeit von größtem Interesse sind. So nimmt beispielsweise ein Förster den Wald ganz anders wahr als ein Pilzsammler, Jäger, Jogger oder ein Liebespaar. Zudem kann es auch sein, dass Unerledigtes nach Vollendung drängt und damit weiterhin als ungeschlossene Gestalt im Zentrum der Aufmerksamkeit stehen kann. Dem Bedürfnis nach **Gestaltschließung** liegt der Wunsch nach Selbsterhaltung, nach Verbesserung und Wachstum des jeweiligen Organismus zu Grunde.

**Wahrnehmung, Awareness**  Um seine Bedürfnisse auf menschliche Weise befriedigen zu können, muss der Einzelne in der Lage sein, diese wahrzunehmen und zu unterscheiden, welche vordergründig sind. Er muss weiter fähig sein, die Objekte wahrzunehmen, die ihm Befriedigung verschaffen können, auf sie zugehen, in Kontakt treten. Deshalb ist Wahrnehmung verbunden mit dem Begriff der **Awareness**: Es geht dabei um die Fähigkeit, aufmerksame Wachheit zu erreichen, um das Bewusstsein für die momentanen körperlichen und seelischen Prozesse zu steigern. Dies geschieht unter anderem, indem die Aufmerksamkeit auf Haltung, Gestik, Stimme, Tonfall gerichtet wird und vor allem auf Widersprüche hingewiesen wird.

**Kontakt**  Neben dem Kontakt zum internalen Erlebnissystem ist das In-Kontakt-Treten mit dem Gegenüber ein wichtiger Aspekt im Gestaltansatz. Im **Kontaktzyklus** wird eine idealisierte Form eines gelungenen Kontaktprozesses beschrieben: Eine Figur hebt sich allmählich von einem Hintergrund ab (Vorkontakt), der Organismus nähert sich der Figur (Kontaktaufnahme). Es folgt der Austausch, dabei wird die ganze Person vom Erleben erfasst (Kontaktvollzug), und schließlich zieht sich der Organismus in ein inneres Gleichgewicht zurück, aus dem neue Gestalten hervortreten können (Nachkontakt). In einem Kontaktzyklus steht jeweils eine Figur im Vordergrund. Ist ein Zyklus abgeschlossen, sinkt die die Figur in den Hintergrund zurück und macht einer neuen Figur Platz. Misslingt ein Kontakt, bleibt die Figur ungeschlossen und kann weiterhin Energie abziehen.

**Grundhaltung: Selbstverantwortung**

**Hier und Jetzt**  Gerade wenn unabgeschlossene Gestalten aus der Vergangenheit uns beschäftigen, beeinflussen sie das aktuelle Geschehen. Da aber Kommunikation bzw. Handeln immer in der Gegenwart stattfindet, setzt der Gestaltansatz auf das Hier und Jetzt. Vergangenheit und Zukunft spielen immer nur insoweit eine Rolle, als sie Bedeutung für das aktuelle Handeln und Erleben haben. Bearbeitet wird also, was mich hier und jetzt hindert, alle Verhaltensmöglichkeiten zur Verfügung zu haben.

**Grundhaltung** Wie in den andern aus der Humanistischen Psychologie dargestellten Konzepten betont auch der Gestaltansatz das Prinzip der **Selbstverantwortung** des Individuums. Die (beraterische) Interaktion wird in Anlehnung an den Ich-Du-Dialog von Martin Buber als Kommunikation zwischen **gleichwertigen Partnern** angesehen, bei denen jeder das Gegenüber als autonome, selbstständige Person wahrnimmt.

■ ■ **Klientenzentrierter Ansatz**
Der auf Carl Rogers zurückgehende Klientenzentrierte Ansatz betont Fähigkeiten des Beraters, die auch für andere Situationen der zwischenmenschlichen Kommunikation wichtig sind (Rogers, 1976):

**Akzeptanz und Wertschätzung** Aussagen des Gegenübers werden akzeptiert und wertgeschätzt. Das heißt nicht, dass ich alles gut finden muss, was mein Gegenüber tut. Akzeptanz meint das Bemühen, das Gegenüber in seiner Andersartigkeit zu respektieren; dies drückt sich auch im nonverbalen Verhalten aus.

**Empathie** Die Fähigkeit, sich in die Gefühlslage des Gegenübers einzufühlen und diese zu akzeptieren, ist eine zentrale Voraussetzung für gegenseitiges Verständnis.

Empathie

**Echtheit und Kongruenz** Der Kommunikationspartner achtet auf die Stimmigkeit zwischen internalem Erleben und der Kommunikation nach außen. Das heißt nicht, dass alle Gefühle und Gedanken explizit gemacht werden, aber das, was mitgeteilt wird, ist echt und authentisch **(selektive Authentizität).**

Selektive Authentizität

Unterstützt werden die Fähigkeiten u. a. durch die in der ▶ Übersicht aufgeführten **Gesprächsmethoden** (ausführlicher in Bachmair et. al., 1989; Thomann & Schulz von Thun, 1988).

---

**Gesprächsmethoden des Klientenzentrierten Ansatzes**

- Aktives Zuhören und verbalisieren emotionaler Erlebnisinhalte: sich einfühlen in den Gesprächspartner; die Gefühle akzeptieren und ansprechen, was man aus der Einfühlung heraus wahrzunehmen glaubt
- Paraphrasieren: Wiederholen bzw. Umschreiben der Aussagen des Gesprächspartners mit eigenen Worten
- Zusammenfassen
- Konkretisieren und auf die Ebene der konkreten Erfahrung wechseln

**Zusammenfassung**

Aus den in diesem Abschnitt beschriebenen Modellen der zwischenmenschlichen Kommunikation lassen sich ein paar zentrale Schlussfolgerungen für die Moderation und Beratung ableiten:

- Botschaften sollen klar, prägnant und in einer für das Gegenüber
  verständlichen Sprache formuliert werden.
- Die Gesprächspartner verfolgen das Offenlegen von Gesprächszie-
  len und verwenden rhetorische Mittel zur Verdeutlichung.
- Speziell in der Beratung helfen verschiedene Fragetechniken, das
  Gegenüber zu aktivieren (vgl. dazu besonders auch Thomann &
  Schulz von Thun, 1988; Fischer-Epe, 2002).
- Auf der Seite des Empfängers sind Elemente des Aktiven Zuhörens
  gesprächsfördernd.
- Zur permanenten Optimierung von Kommunikationsprozessen
  dient schließlich das Geben und Annehmen von Feedback (vgl.
  dazu Hug, 1999; Fischer-Epe, 2002).

## 9.2    Moderation und Visualisierung

*Christoph Negri*

Viele Menschen sind durch ein traditionelles Lernverständnis geprägt. Sie
haben jahrelang erfahren, dass Lernen und Lehren vor allem mit Sprechen
und Sprache in Verbindung steht. Der frontal orientierte Unterricht steht
nach wie vor im Mittelpunkt der didaktischen Vorgehensweise, vor allem
im institutionell gesteuerten Lernumfeld. Schülerinnen und Schüler, die
sich nun zu Trainer(inne)n, Seminarleiter(inne)n und Führungskräften
entwickeln, nehmen häufig einen Rollentausch vor. Sie hatten jahrelang
der vortragenden Lehrperson zugehört und sich auf das Zuhören trainiert. Nun gewöhnen sie sich schnell daran, in der Rolle als Seminarleiter/
in oder Führungskraft selbst Themen, Anweisungen und Problemlösungen vorzugeben. Diese Vorgehensweise bringt eine Expertenhaltung mit
sich und führt dazu, dass ein Ungleichgewicht zwischen der Leitungsper-
son und den Teilnehmenden entsteht. Die Moderationsmethode ist eine
geeignete Vorgehensweise, um dem entgegenzuwirken.

Moderation und Moderator/in sind heute häufig verwendete Begriffe,
sei dies im Fernsehen, im Radio, bei Events und im betrieblichen Kontext. Im folgenden Abschnitt konzentrieren wir uns auf die Moderation im betrieblichen Umfeld in der Rolle als Bildungsfachperson.

**Moderation als ideale**
**Ergänzung zum traditionellen**
**Frontalunterricht**

Die Moderationsmethode bietet sich als ideale Ergänzung zum
traditionellen frontalen Seminarvorgehen und zu den gewohnten,
häufig stark strukturierten Konferenzen an. Die Moderation zeichnet
sich dadurch aus, dass sie die Gleichberechtigung aller Gruppenmitglieder anstrebt, denen mit den zentralen Hilfsmitteln der Visualisie-

rung aller Prozessschritte und geeigneten Frage- und Antworttechniken eine optimale Unterstützung und Förderung der Prozesse, der individuellen Freiräume und Kreativität ermöglicht wird. Allerdings stehen nicht Techniken im Vordergrund, wie wichtig und hilfreich sie auch sein mögen, sondern die Haltung der Beteiligten zueinander. Mitbestimmung, Toleranz, Kompromissfähigkeit und gegenseitige Achtung werden großgeschrieben. Moderation führt zu Ergebnissen, zu Handlungen, die von allen getragen, andern nicht aufgedrängt, sondern in gemeinsamer Vereinbarung und Verantwortung breit abgestützt, umgesetzt werden. Der Einsatz von Methoden der Moderation lohnt sich und erweist sich als hilfreich bei der Steigerung der Effektivität der Gruppen und der Lernprozesse (Suter, 2000).

## 9.2.1 Die Moderationsmethode

Die Moderationsmethode ist eine Vorgehensweise, mit der die Meinungsbildung, Mitbestimmung und Mitbeteiligung in Gruppen genutzt werden kann. Das Potenzial der Seminarteilnehmenden kann besser genutzt werden. Die Teilnehmenden lernen nicht von der Lehrperson, sondern von sich selbst und können ihre Erfahrungen und ihr Vorwissen aktiv in die Gruppe einbringen.

Typisch für die Methode ist eine ausführliche Visualisierung des Verlaufs und der Inhalte der Diskussion, Wechsel zwischen Plenums-, Kleingruppen- und Einzelarbeit sowie der Einsatz eines Moderators/einer Moderatorin, der/die den Austausch in der Gruppe fördert und strukturiert, ohne dabei inhaltlich einzugreifen (Dauscher, 2006).

Moderation hat eine klare Vorgehensweise in verschiedenen Phasen (▶ Abschn. 9.2.3.1), ist ergebnisorientiert und verfolgt in jeder Phase des Moderationsprozesses die Mitsprache, Mitverantwortung und Mitbeteiligung der Gruppe. Mitsprache bedeutet, dass alle Beteiligten gleichberechtigt sind, ihre Interessen einbringen und entwickeln, sich ihre eigenen Gedanken machen, Verantwortung übernehmen und mitwirken können (Suter, 2000).

Die Moderationsmethode hat ihre Ursprünge vor allem an den Hochschulen in den späteren 60er und frühen 70er Jahren. Die Studierenden waren nicht mehr bereit, alles entgegenzunehmen, und wollten in Entscheidungen einbezogen werden, mitbestimmen dürfen. Die Moderation hat sich in der Zwischenzeit in der Wirtschaft, öffentlichen Verwaltung sowie im betrieblichen Kontext insgesamt stark verbreitet. Das 1980 erschienene Buch *ModerationsMethode* von Klebert, Schrader & Staub (3. Aufl. 2006) hat der Methode einen starken Schub gegeben und dazu geführt, dass heute die Moderation im betrieblichen Umfeld eine häufig verwendete Methode ist.

**Was Moderation ist**

- Eine spezifische Grundhaltung der Moderatorin/des Moderators
- Die Arbeit nach einer bestimmten Methodik in verschiedenen Phasen
- Die Verwendung spezieller Hilfsmittel und Materialen
- Eine umfassende Visualisierung der Ergebnisse und des Prozesses
- Mitbestimmung und Mitbeteiligung der Teilnehmenden

## Sinn und Zweck der Moderationsmethode

Moderation ist eine bestimmte Art, Abläufe zu strukturieren, damit Gruppen effektiver arbeiten können, und verfolgt folgenden Sinn und Zweck:

- ■■ **Prozess in Gruppen fördern (Offenheit, Akzeptanz)**
- ▬ Partizipation aller Gruppenmitglieder
- ▬ Höhere Akzeptanz der Entscheidungen durch breite Mitbeteiligung der Betroffenen
- ▬ Höhere Motivation durch Mitbeteiligung
- ▬ Ergebnis ist mehr als nur Summe der Einzelbeiträge

- ■■ **Entscheidungsprozesse in Gruppen fördern**
- ▬ Verringerung der Beeinflussung in der Gruppe

- ■■ **Informationsverarbeitung verbessern**
- ▬ Merkfähigkeit erhöhen
- ▬ Information organisieren
- ▬ Speicherung von Information

## 9.2.2  Die Moderatorin/der Moderator

**Gute Moderator(inn)en bleiben im Hintergrund**

Die Moderatorin/der Moderator leiten die Gruppe. Der Leitungsstil ist gekennzeichnet durch eine unterstützende und partizipative Grundhaltung. Die Rolle der Moderatorin/des Moderators wird häufig mit der einer Hebamme verglichen. Sie bringen nicht das Kind zur Welt, sondern unterstützen nur die Geburt. Die Moderatoren verstehen sich als Helfer der Gruppe. Die Hilfestellung bezieht sich vor allem auf das organisatorische Umfeld und den Kommunikationsprozess, d. h. auf die Meinungsbildung und die Kommunikation und die Dynamik der Gruppe. Im Gegensatz zu den Fernseh-Moderatoren, deren Erfolg davon abhängt, ob sie sich genügend in den Vordergrund spielen können, ist Unauffälligkeit für die Moderations-Moderatoren das oberste Gebot (Dauscher, 2006).

## Rollen der Moderatorin/des Moderators

Hinter der Moderationsmethode steht die Haltung und Überzeugung, dass die Gesamtgruppe als System die entsprechenden Ressourcen in sich trägt und den Weg zu Lösungsmöglichkeiten selber findet und nicht von außen Lösungen vorgesetzt werden müssen. Die Moderatoren sind Experten für die Methodik, nicht zwingend für den Inhalt. Aus diesem Grundgedanken können folgende Rollenbeschreibungen abgeleitet werden:

- **Gärtner:** »Boden lockern und Pflanzen gut gedeihen lassen«
- **Prozessbegleiter:** »Den Gruppenprozess anregen und im Fluss halten«
- **Geburtshelfer:** »Der Gruppe helfen, entspannt zusammenzuarbeiten; Ziele und Wünsche der Gruppe formulieren helfen«
- **Experte:** »Zusammenhänge durchschauen, das Geschehen überblicken, Beiträge koordinieren«
- **Partner:** »Stellt sich nicht in den Vordergrund, sondern fühlt sich in die Gruppe ein«

Diese Vorgehensweise bedingt Selbstständigkeit, Mündigkeit, Selbsttätigkeit und Selbstverantwortung der Teilnehmenden. Genau dies ist eine Forderung, die immer wieder an eine erwachsenengerechte Bildungsarbeit gestellt wird.

Die damit verbundene Haltung stellt spezielle Anforderungen an die Leitungspersonen von Lerngruppen, wie auch an Führungskräfte. Im folgenden Abschnitt werden kurz einige bedeutende Anforderungen an die Moderator(inn)en beschrieben.

## Grundhaltung der Moderatorin/des Moderators

» Die teilnehmer- und themenbezogenen Aufgaben der Moderation stellen ebenso vielfältige wie hohe Ansprüche an Person und Qualifikation des Moderators. Er steuert den Arbeitsfortschritt, hält die Gruppe im Zielkorridor, regelt das Gruppenklima, führt Konsens oder Kompromiss herbei, fädelt Fortschritte in der Auseinandersetzung ein und organisiert nicht zuletzt den ganzen Prozess medientechnisch. (Böning, 1994, S. 29) **«**

In der Literatur sind folgende Aspekte zur Grundhaltung der Moderationsmethode zu finden (Dauscher, 2006; Seifert, 2008; Suter, 2000):

- Die Moderation arbeitet nicht als Dozent/in, der/die der Gruppe Wissen vermittelt, sondern sieht die Mitglieder der Gruppe als fachkompetent an.
- Moderatorinnen und Moderatoren sind unparteiisch. Es geht ihnen um die Suche nach Erkenntnissen, nach Lösungen und nicht um Parteiinteressen. Sie handeln mit der Gruppe Spielregeln aus und sorgen dafür, dass sie eingehalten werden.
- Moderatorinnen und Moderatoren achten auf die Zeit und den Diskussionstakt, damit das Gespräch nicht zum Geschwätz wird.
- Die Moderation achtet auf einen angemessenen Ton, damit alle sagen können, was sie aus ihrer Sicht zur Arbeit beizutragen haben, ohne damit andere zu verletzen, damit Emotionen nicht Argumentationen verdrängen.

- Die Teilnehmenden werden als selbstständige Menschen angesehen.
- Die Gruppenmitglieder werden als Menschen mit eigenen Gefühlen und Bedürfnissen betrachtet und nicht nur als Wissensträger. In diesem Sinn deckt sich das Menschenbild der Moderationsmethode mit dem in der Themenzentrierten Interaktion (TZI). Daher sind auch viele Regeln der TZI in den Regeln zur Zusammenarbeit mit der Moderationsmethode zu finden.
- Konsensorientierte Haltung wird verfolgt.
- Die Moderatorinnen und Moderatoren werden ganzheitlich bezüglich ihrer Persönlichkeit, Methoden- und Fachkompetenz gefordert. Es braucht ein fundiertes Wissen bezüglich Gruppenprozessen, Kommunikation und Moderationsmethoden.
- Das Verhalten der Moderation wirkt stark auf die Gruppe ein. Die Moderatorin/der Moderator braucht eine ausgeprägte Fähigkeit zur Selbstreflexion und Bereitschaft, an den eigenen Stärken und Schwächen kontinuierlich zu arbeiten.
- Moderation im Team ist empfehlenswert. Es ermöglicht, die Aufgaben aufzuteilen. Dies erleichtert sowohl die inhaltliche, die methodische wie auch die gruppendynamische Arbeit

**Moderieren ist lernbar. Es geht dabei nicht nur um den Einsatz geeigneter Techniken, sondern vielmehr um die entsprechende Grundhaltung**

## Die Aufgaben der Moderatorin/des Moderators

■ ■ **Vorbereitung der Moderation**
Der Erfolg einer Moderation ist stark von der Art der Vorbereitung abhängig. Eine wichtige Frage dabei ist, ob die Moderatorin/der Moderator von der Gruppe akzeptiert wird. Gegen eine notwendige Akzeptanz könnte sprechen, dass die Moderatorin/der Moderator aus Sicht der Teilnehmenden

- zu wenig neutral ist,
- zu wenig erfahren ist, um schwierige und heikle Themen anzusprechen,
- nicht auf der entsprechenden hierarchischen Ebene angesiedelt ist, damit die Bereitschaft besteht, offen zu sprechen (Seifert, 2008).

Wenn die Befürchtung da ist, dass die Akzeptanz nicht genügend vorhanden ist, sollte als Alternative über eine externe Moderation nachgedacht werden, dies gilt vor allem bei heiklen Themen und bei Fragen der Neutralität.

Bei der Vorbereitung gilt es verschiedene Aspekte zu beachten. Neben einer inhaltlichen Vorbereitung, bei der er es vor allem darum, geht die Ziele und die Ausgangslage zu klären, geht es auch um organisatorische und methodische Vorbereitungen. Dazu gehört unbedingt die Beschaffung und Ausgestaltung eines oder mehrerer Räume, das nötige Moderationsmaterial und die geeignete Bestuhlung des Raums.

**Trotz guter Planung flexibel bleiben**

Mit den Kenntnissen über die Zielsetzung, Strukturen, einschränkenden Bedingungen und möglichen widerstreitenden Interessen

## Idealbild einer Moderatorin/eines Moderators

Das Idealbild einer Moderatorin/eines Moderators kann auf folgende Weise umschrieben werden: Sie sind werturteilsfrei, offen, respektvoll, selbstkritisch und konsequent in der Anwendung der Methode (vgl. Dauscher, 2006).

wird ein Moderationsplan erstellt. Besonders sorgfältig soll der Einstieg geplant werden. Der weitere Verlauf der Moderation muss häufig prozesshaft vorgenommen werden und unter Umständen muss die Planung auch fallen gelassen werden, wenn es die Situation erfordert (weiterführende Literatur: Seifert, 2008).

### ▪▪ Methodenspezialist/in und Methodenlehrer/in

Die Moderatorin/der Moderator ist dafür zuständig, dass die Gruppe auf dem Weg zum Ziel bleibt, indem sie/er zur Bearbeitung des jeweiligen Themas die geeigneten Techniken und Methoden anleitet. Die Arbeitsweise ist in der Regel konsensorientiert, in Bezug auf die Methodengestaltung jedoch eher direktiv, da während der Moderation die Methode und der Ablauf durch die Moderatorin/den Moderator vorgegeben werden (Dauscher, 2006). In den Pausen kann sie/er sich schon über die Methode und Arbeitsweise mit den Teilnehmenden unterhalten.

Moderatorinnen und Moderatoren sind nicht nur Methodenspezialisten, sondern auch Methodenlehrende, indem sie während der Moderation durch ihr Vorbild den Teilnehmenden die Grundhaltung und Grundtechniken der Moderationsmethode beibringen.

### ▪▪ Kommunikation fördern und Transparenz schaffen

Eine weitere Hauptaufgabe ist, die Kommunikation der Teilnehmenden zu fördern und zu ermöglichen. Dazu braucht es Transparenz sowohl auf Sach- und Beziehungs- als auch auf methodischer Ebene. Dazu ist die Visualisierung ein wertvolles Hilfsmittel, denn dadurch wird in Bezug auf die Inhalte wie auch auf den Prozess Transparenz geschaffen. Auch methodische Transparenz soll gut beachtet werden, denn für die Teilnehmenden sollte immer klar sein, warum sie etwas tun. Die Moderation erklärt dazu bei jedem Moderationsschritt kurz, welche Funktion dieser hat.

> Visualisierung hilft in Bezug auf die Inhalte und den Prozess Transparenz zu schaffen

### ▪▪ Zielorientierung

Die Moderatorin/der Moderator achtet darauf, dass die Gruppe zielorientiert arbeitet. In der Regel führt sie/er die Gruppe »an der langen Leine« (d. h. die Gruppe bestimmt vor allem die thematischen Schwerpunkte), achtet darauf, dass die Spielregeln eingehalten werden, und führt bei Bedarf die Gruppe mit Zustimmung auf Zielkurs zurück.

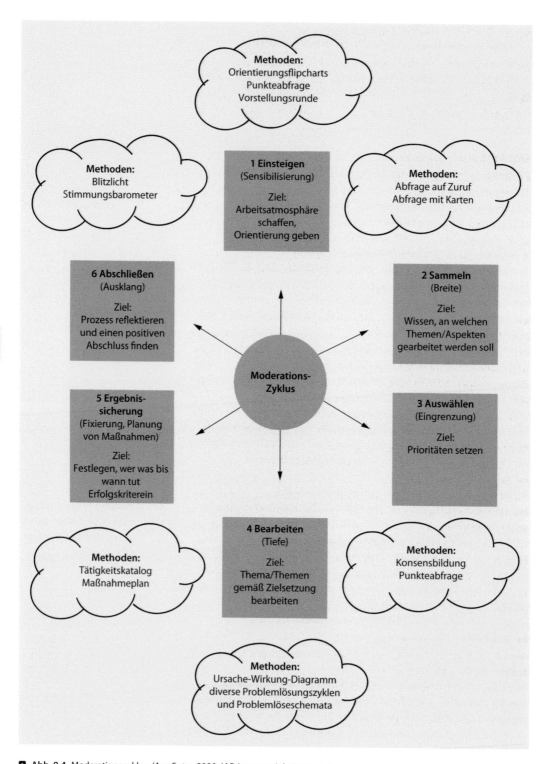

**Abb. 9.4** Moderationszyklus. (Aus Suter, 2000, IAP-internes Arbeitspapier)

## 9.2.3 Durchführen einer Moderation

Eine Moderation gliedert sich immer in mehrere Abschnitte. Der klassische Moderationsablauf besteht aus 6 Schritten (vgl. ▶ Abschn. 9.2.3.1; ◘ Abb. 9.4). In Anlehnung an Seifert (2008) und Suter (2000) werden im folgenden Abschnitt diese 6 klassischen Moderationsphasen kurz beschrieben.

### Der Moderationszyklus

■■ **Schritt 1: Einstieg und Sensibilisierung**

Es geht darum, die Gruppe »aufzuwärmen«, das Eis zu brechen, um eine angenehme Arbeitsatmosphäre zu schaffen und den Mitgliedern Orientierung zu geben (wissen, mit wem man es zu tun hat, worum es im großen Rahmen geht, evtl. erste Spielregeln vereinbaren). Die Anwärmphase kann spielerisch gestaltet werden, indem Sachthemen vorerst ausgeblendet bleiben und das Kennenlernen, die Beziehungsebene in den Vordergrund rückt.

■■ **Schritt 2: Themen sammeln, Orientierung schaffen**

Je nach aktuellem Kenntnisstand der Gruppe, je nach Aufgabe und Art der Probleme, die angegangen werden sollen, verläuft diese 2. Phase unterschiedlich. Normalerweise geht es darum, Themen zu sammeln, die besprochen werden sollen. Orientierung bedeutet, dass alle wissen, an welchen Themen gearbeitet werden soll. Es kann notwendig sein, Informationen auszutauschen und Positionen zu klären. Alle Themen werden in einem Themenkatalog (◘ Abb. 9.5) festgehalten und sind immer wieder sicht- und greifbar.

■■ **Schritt 3: Thema auswählen**

Wenn der Themenkatalog feststeht, gilt es, Prioritäten zu setzen: Womit soll begonnen werden? Was ist am dringlichsten? Was kann sofort gelöst werden? Wofür ist mehr Zeit notwendig? Die Beantwortung solcher Fragen führt zu einer Reihenfolge in der Bearbeitung der Themen, zu einem Arbeitsprogramm. Es kann sinnvoll sein, Unproblematisches zuerst zu behandeln, um dann den Kopf frei zu haben für schwierige, kontroverse Themen. Der Themenkatalog kann so zum Themenspeicher, zur Prioritätenliste werden (◘ Abb. 9.5).

■■ **Schritt 4: Thema bearbeiten**

Ausgangspunkt für die Arbeitsphase ist ein vereinbartes Arbeitsprogramm, Ziel ist die Bearbeitung des Themas gemäß einer zu vereinbarenden Zielsetzung. Für die Arbeit in dieser Phase steht eine Reihe von Methoden zur Verfügung (z. B. ein an die Moderationsmethode anzupassender Problemlösezyklus).

Zielsetzung dieses Arbeitsschritts kann sein:

- Infosammlung/-austausch
- Problemanalyse/-lösung

**6 Schritte des Moderationszyklus**

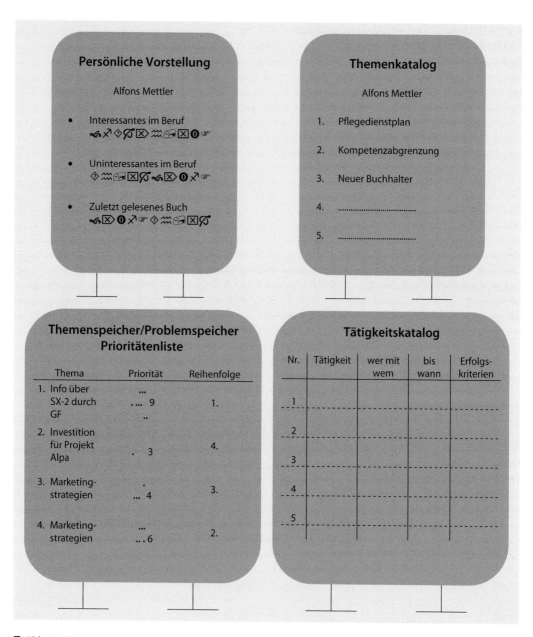

■ **Abb. 9.5** Pinnwand als vielseitig einsetzbares Hilfsmittel zur Visualisierung. (Aus Suter, 2000, IAP-internes Arbeitspapier)

- Entscheidungsvorbereitung
- Entscheidung

■■ **Schritt 5: Ergebnisse sichern und Maßnahmen planen**
Der Übergang von der Bearbeitung zur Planung ist oft fließend. Im Rahmen der Lösungssuche werden unter Umständen Maßnahmen erarbeitet, die in einem Maßnahmen- oder Aktionsplan festgehalten

werden. Es ist nun die Entscheidung zu fällen, wer was bis wann zu erledigen hat (Tätigkeitskatalog, ◘ Abb. 9.5). Der Ergebnissicherung ist große Aufmerksamkeit zu schenken (◘ Abb. 9.5).

**■■ Schritt 6: Abschluss**

Die Besprechung wird abgeschlossen, indem der Prozess reflektiert wird und evtl. noch Unerledigtes oder neu Aufgeworfenes in einen neuen Themenkatalog aufgenommen wird, der bei nächster Gelegenheit aufzuarbeiten ist. Es kann auch darum gehen, eine nächste Veranstaltung zu vereinbaren. Zum Schluss soll die Gruppe Gelegenheit zu einem Feedback erhalten, und die Moderatorin/der Moderator hat die angenehme Pflicht, einen positiven Abschluss zu gestalten.

## 9.2.4 Basistechniken

Für einen erfolgreichen Moderationsverlauf ist das Handwerk der Moderation von großer Bedeutung. Wie schon erwähnt wurde, ist wichtig, dass das Puzzle aus Informationen, Fragen, Fakten, Einsichten, Entscheidungen usw. transparent gehalten wird und der damit verbundene Prozess für alle verständlich und nachvollziehbar ist. Dazu sind folgende Basistechniken hilfreich (vgl. auch Seifert, 2008 und Suter, 2000):

**■■ Visualisieren**

Das wesentliche Hilfsmittel, um dem ganzen Strauß an Aufgaben im Moderationsprozess gerecht werden zu können, ist die Visualisierung, das stetige Abbilden und Festhalten der Gespräche und Diskussionen, für alle sichtbar, kontrollierbar, nachvollziehbar. Visualisieren konzentriert die Kräfte auf die wichtigen Punkte, zwingt zu Präzision und Kürze, hält das Gesagte, Beschlossene, Aufgetragene verfügbar. Außerdem ist bekannt, dass die meisten Menschen Fakten, die sie nicht nur gehört, sondern auch gesehen haben, besser im Gedächtnis behalten können.

**Checkliste: Material**
Soll die Visualisierung stets mit dem Prozess Schritt halten können, ist folgendes Material nötig:
- Pinnwände,
- Packpapier,
- Flip-Chart,
- Pinnkarten (verschiedenfarbig, 1/3 A4),
- kreisförmige Scheiben (verschiedenfarbig, 20 cm Durchmesser),
- Überschriftstreifen (verschiedenfarbig, 15–70 cm),

- Filzschreiber in verschiedenen Farben und Breiten(schwarz, rot, blau, grün),
- Klebestifte,
- Selbstklebepunkte (3 Farben),
- Papierscheren,
- Klebeband,
- Markierungsnadeln.

Es ist darauf zu achten, dass jeder Materialanteil in genügender Menge vorhanden ist.

Jede Visualisierung sollte exakt vorbereitet und durchgeführt werden. Es wird genügend groß, klar und knapp von Hand geschrieben, die Blätter bleiben übersichtlich und wirken nicht überladen, sie sind farbig, aber nicht kunterbunt. Es besteht die Gefahr, dass eine »Papierflut« Wichtiges überflutet und den Prozess beeinträchtigt.

Die bearbeiteten Plakate stellen oft Simultanprotokolle dar. Es ist empfehlenswert, die Plakate zu fotografieren, um Fotoprotokolle in handlichem Format herzustellen und so Informationen im Sinne eines Bildes zu speichern.

**▪▪ Fragetechniken**

Da die Moderatorin/der Moderator den Austauschprozess der Gruppe fördern, Meinungen sichtbar und besprechbar machen will, ist die Grundhaltung der Moderation fragend.

Neben der Visualisierung sind Fragetechniken die wichtigsten Gestaltungsinstrumente in der Moderation. Fragen sind das Werkzeug, mit dem Kommunikation in Gang gesetzt und in Gang gehalten werden kann. Die Aufgabe der Moderation ist es, den Austauschprozess zu organisieren und die richtige Frage im richtigen Augenblick zu stellen. Moderatorinnen und Moderatoren stellen ihre eigenen Meinungen, Ziele und Wertungen zurück und versuchen in einer fragenden Haltung, die zum Ziel führenden Prozesse in der Gruppe zu unterstützen. Fragen erweisen sich dann als hilfreich, wenn sie der Gruppe einen wirklichen Handlungsspielraum einräumen. Niemand soll durch Fragen in eine vorbestimmte Handlungsrichtung gedrängt werden. Wertvolle Fragen sind offen, ermöglichen differenzierte Antworten, reizen zur Beantwortung und sind für alle verständlich.

> Visualisieren und Fragetechniken sind die wichtigsten Basistechniken in der Moderation

## 9.2.5 Einige ausgewählte Moderationsmethoden

In der Moderation bezeichnen wir konkrete Vorgehensweisen als Methoden. Es gibt unterschiedlichste Methoden, die innerhalb der Moderation angewendet werden können. Gemäß Seifert (2008, S. 109) »ist grundsätzlich als Methode erlaubt, was funktioniert, wenn es dem Geist der Moderation entspricht«. Im Folgenden werden in Anlehnung an Seifert (2008) und Suter (2000) einige ausgewählte Methoden kurz beschrieben.

### ▪▪ Erwartungsabfrage

Die Teilnehmenden und Moderatoren lernen zu Beginn die Erwartungen und mögliche Vorbehalte oder Ängste in Bezug auf die gemeinsame Arbeit kennen und können sich darauf einstellen.

Dies kann z. B. mit Hilfe von Satzanfängen geschehen: Es wird ein Plakat mit einem Satzanfang vorbereitet. Danach werden die Teilnehmenden aufgefordert den Satz zu ergänzen

### ▪▪ Punkteabfrage

- **Ein-Punkt-Fragen:** Fragen, die mit einem Selbstklebepunkt auf einer Skala oder in einem Koordinatenfeld beantwortet werden können. Sie eignen sich für das Erfragen von Meinungen, Haltungen, Schätzungen, Erwartungen, Stimmungen, liefern aber nur ein grobes Bild.
- **Mehr-Punkt-Fragen:** Fragen, die mit einem oder mehreren Selbstklebepunkten beantwortet werden können, um beispielsweise Prioritäten oder Reihenfolgen festzustellen. Die Teilnehmer/innen erhalten in der Regel etwa halb so viele Punkte wie Alternativen zur Auswahl stehen. Sie kleben alle Punkte zur gleichen Alternative (»häufeln«) oder verteilen sie auf die einzelnen Alternativen. Die Probleme/Themen/Aspekte mit den höchsten Punktezahlen können nun weiterbearbeitet werden, z. B. in Kleingruppen.

### ▪▪ Abfrage auf Zuruf

Die Moderierenden visualisieren die Frage auf einem Plakat, die Gruppe gibt Antworten darauf per Zuruf. Die Antworten werden ohne systematischen Zusammenhang auf dem Plakat notiert. Allenfalls werden sie auf einen neuen Themenspeicher übertragen, sortiert und nach Priorität bewertet.

### ▪▪ Abfrage mit Karten

Auf einer Pinnwand steht eine Frage. Die Teilnehmer/innen antworten, indem sie ihre Aussage auf eine Karte schreiben, und zwar pro Karte nur 1 Idee oder Antwort. Der Moderator/die Moderatorin sammelt die Karten ein, liest jede laut vor. Zusammen mit einer Gruppe werden die Karten an die Pinnwand geheftet, und zwar so, dass Schwerpunkte mit ähnlicher Bedeutung, ähnlichen Aussagen entstehen (»Klumpen«, »Cluster«). Die Oberbegriffe der einzelnen »Klumpen« können in einen Themenkatalog übertragen und mit Hilfe der Punkteabfrage in ihrer Bedeutung für die Gruppe gewichtet werden.

**■ ■ Themenspeicher**

Die Moderierenden listen gemeinsam mit der Gruppe die Themen auf, die weiterbearbeitet werden sollen. In der Regel wurden die Themen vorab mittels Kartenabfrage oder durch Zuruf von der Gruppe erarbeitet.

**■ ■ Blitzlicht, Stimmungsbarometer**

Das Blitzlicht gibt den Gruppenmitgliedern die Möglichkeit, in einem kurzen Beitrag die gegenwärtigen Gefühle auszudrücken, beispielsweise mit Worten oder mit einer Punkteabfrage auf einer Skala (»Im Moment fühle ich mich …«, »Diese Aufgabe macht mir Freude/Angst/ Bedenken …«, »Am Schluss der heutigen Veranstaltung geht es mir …«). Beim Stimmungsbarometer werden die Gefühle auf einer Skala erfasst, die einem Barometer oder Thermometer nachempfunden ist.

Weitere hilfreiche Methoden für die Moderation sind bei Seifert, 2008, *Visualisieren, Präsentieren, Moderieren,* zu finden.

**Zusammenfassung**

- Die Grundannahme der Moderation ist, dass die Ressourcen der beteiligten Menschen am fruchtbarsten genutzt werden können, wenn sie als Gleichberechtigte ihre Ideen, Erfahrungen und Wissen in einer wertfreien und unterstützenden Atmosphäre bei gegenseitiger Akzeptanz einbringen können. Die Moderationsmethode ist ein kunstvolles Puzzle, bei dem sich Material, Methode und Menschenbild zu einer Einheit ergänzen (Dauscher, 2006).
- Im Kontext der betrieblichen Bildung lässt sich die Moderationsmethode gezielt und didaktisch begründet gut einbauen. Moderierende sehen sich nicht in der Rolle der Experten, sondern in der Rolle der Prozessbegleitenden (vgl. ▶ Kap. 2.1, Grundlagen der Bildung und Didaktik – unser das Verständnis von Bildung am IAP). Dies verlangt im Gegensatz zur klassischen Dozierendenrolle andere Kompetenzen von den Bildungsfachleuten (vgl. Negri, 2009, S. 191–201).
- Voraussetzungen für eine gute Moderation sind Methodenkenntnisse, konsequente Visualisierung, die Fähigkeit, im richtigen Moment die richtigen Fragen zu stellen, entsprechendes Material in genügender Menge, Wertschätzung, Akzeptanz und Offenheit aller beteiligten Personen.

## 9.3    Beratung in der Rolle als Bildungsfachperson

*Eric Lippmann*

Bildungsfachpersonen kommen im Rahmen ihrer Tätigkeiten mit verschiedenen Formen von Beratung in Berührung. Die Beratungstätigkeiten haben sich in den letzten Jahren immer mehr ausdifferenziert, so dass es nicht mehr so einfach ist, den Überblick zu behalten. In diesem Abschnitt

#### ▪▪ Expertenberatung

Expertenberatung ist dadurch gekennzeichnet, dass das Kundensystem das Anliegen bzw. Problem an das Beratersystem delegiert zur Bearbeitung bis hin zu Lösungsvorschlägen: »Ich sage Dir, welches Problem ich habe, und Du lieferst mir dafür die Lösung.« Als Variante davon kann das »Arzt-Patient-Modell« betrachtet werden, bei dem sogar die Verantwortung für die richtige Problemdiagnose an das Beratersystem delegiert wird: »Ich sage Dir, wo es weh tut, und Du sagst mir, was es ist, und lieferst mir das Rezept zur Lösung.«

Beide Formen der Beratung bedingen, dass die Lösung vom Kundensystem akzeptiert und auch angewendet wird. Dies setzt voraus, dass keine unangenehmen Nebenwirkungen zu erwarten sind, ansonsten wird die Lösung vermutlich abgelehnt.

> **Beratersystem liefert Lösungen**

#### ▪▪ Prozessberatung

Als Hauptunterschied zur Expertenberatung behält das Kundensystem während des ganzen Beratungsprozesses die volle Verantwortung für das Anliegen bzw. die Problemstellung und erarbeitet mithilfe des Beratersystems angemessene Lösungen dafür: »Du hilfst mir, das Problem zu definieren und dafür Lösungen zu erarbeiten.« Diese Vorstellung geht davon aus, dass das Kundensystem letztlich am besten weiß, was es an Lösungen brauchen und umsetzen kann, da es auch die Konsequenzen zu verantworten hat. Die Prozessberatung verfolgt das Ziel, »Hilfe zur Selbsthilfe« zu leisten bzw. »dem Kunden das Fischen beizubringen, statt ihm Fische zu geben«.

> **Hilfe zur Selbsthilfe**

#### ▪▪ Komplementärberatung

Da speziell im Bildungsbereich weder die Experten- noch die Prozessberatung in »Reinform« zur Anwendung kommt, plädieren in letzter Zeit immer mehr Beratungsfachleute dafür, die Trennung aufzuheben und eine sinnvolle Integration anzustreben (Titscher, 1997, S. 41 f.). Eine Vertreterin der systemischen Prozessberatung hat dafür den Begriff der Komplementärberatung genommen. Sie vertritt die Ansicht, dass sich die Prozessberatung verstärkt um das für die Thematik relevante Fachwissen wird kümmern müssen. Ebenso wird es umgekehrt nötig sein, dass sich die Expertenberater Prozess-Know-how aneignen, um Konzepte rascher und nachhaltiger umsetzen zu können.

> **Komplementärberatung als Integration von Fach- und Prozessberatung**

### 9.3.4 Formen von Beratung in der Bildung

Je nach Anliegen und Problem- bzw. Themenebenen ergeben sich verschiedene Formen bzw. Settings von Beratung. Einige für die Personalentwicklung besonders relevante sollen in diesem Abschnitt kurz dargestellt werden.

## Supervision

**Ziele der Supervision**

Supervision ist ein Instrument zur Unterstützung und Beratung von Berufstätigen. Häufig sind Personen involviert, die Tätigkeiten mit hoher psychischer Belastung ausführen (z. B. Erziehung, Sozialarbeit, Therapie, Personalentwicklung). Ziel ist die Verbesserung der Arbeitssituation, der Arbeitsorganisation, der Arbeitsatmosphäre und der aufgabenspezifischen Kompetenzen. Sie richtet sich an Einzelne, Gruppen oder Teams und befasst sich mit konkreten Anliegen aus dem Berufsalltag der Teilnehmenden.

Es geht in der Supervision um die
- Professionalisierung des beruflichen Handelns,
- optimale Rollengestaltung,
- Bewältigung von Belastungen im Zusammenhang mit dem beruflichen Alltag.

**Supervisionssettings**

Supervision kann in verschiedenen Settings indiziert sein:

### ▪▪ Einzelsupervision und Coaching

**Einzelsupervision**

Sie bietet die Möglichkeit, das berufliche Handeln in einem geschützten Rahmen unter 4 Augen zu reflektieren und zu bearbeiten. Das Ziel ist, die persönliche, soziale und fachliche Qualifikation von Einzelpersonen zu erweitern. Bei der **Einzelsupervision** steht die Professionsrolle im Zentrum (z. B. Pädagogik, Andragogik, Psychologie, Medizin etc.). Das **Einzelcoaching** fokussiert in der Regel auf die Organisationsrolle (z. B. Führung, Management, Projektleitung) und kann als spezifische Form der Führungskräfteentwicklung betrachtet werden (vgl. ▶ Abschn. 10.2., ausführlicher Lippmann, 2006).

### ▪▪ Gruppensupervision

**Gruppensupervision**

Für Personen mit einem ähnlichen beruflichen Hintergrund kann die Gruppensupervision eine sinnvolle und ökonomische Alternative (zur Einzelberatung) sein. Notwendig sind ähnliche berufliche Anliegen innerhalb der Gruppe. So können z. B. Führungskräfte in Gruppensupervision unterschiedliche Fragen im Zusammenhang mit ihrer Führungsrolle bearbeiten; häufig ist dies ein Setting innerhalb von Führungskräfteentwicklungen.

**Teamsupervision**

Der Begriff der **Fallsupervision** in Gruppen wird dann verwendet, wenn sich Mitglieder gleicher Professionen (z. B. aus Erwachsenenbildung, Pädagogik, Medizin) treffen, um »Fälle« aus der aktuellen Arbeit zu besprechen. Dies kann durchaus auch innerhalb eines Teams geschehen (z. B. Ausbilder/innen eines Unternehmens). Der Begriff der **Lehrsupervision** wird dann verwendet, wenn Teilnehmende im Rahmen einer Beratungs- oder Trainingsausbildung »Fälle« einbringen (im Einzel- und Gruppensetting) mit dem Ziel, die Beratungsarbeit zu reflektieren und damit zu professionalisieren.

**■ ■ Teamsupervision und Teamentwicklung**

Sie ist dann angezeigt, wenn es darum geht, die Zusammenarbeit in einem Team, einer Abteilung zu unterstützen und zu verbessern. Da die Teammitglieder – im Gegensatz zur Gruppensupervision – auch außerhalb der Supervisionssitzungen reale Arbeitsbeziehungen pflegen, kommen die Anliegen häufig aus ihren gemeinsamen Arbeitsfeldern wie Aufgabenverständnis, Umgang mit Spannungen und Konflikten, Fördern der Kommunikation, Klären der verschiedenen Aufgaben, Rollen und Funktionen (speziell auch der Führung) oder die Verbesserung von Aufbau- und Ablaufstrukturen.

Vorteile der Teamsupervision bzw. -entwicklung ergeben sich aus der Möglichkeit, in der Beratung direkt in das System einzuwirken, wo die »Arbeit« geleistet wird und die damit zusammenhängenden Probleme auftauchen. Dabei können die Sichtweisen aller Beteiligten direkt berücksichtigt werden. Im Aushandeln von Lösungen ist eine bessere Vor-Ort-Begleitung möglich, als dies in einem Einzelcoaching der Fall ist.

Wie bei der Gruppensupervision ergeben sich ähnliche, allenfalls noch akzentuierte Nachteile gegenüber dem Einzelsetting: Der Schwerpunkt liegt klar bei der Zusammenarbeit im Team bzw. in anderen Organisationseinheiten. Persönliche Anliegen einzelner Mitglieder können nur indirekt angegangen werden, und die Gefahr des Gesichtsverlustes einzelner Mitglieder (speziell der Führungskraft) ist höher. Die ist besonders dann heikel, wenn die Führungsperson selbst im Schussfeld der Kritik steht.

*Vor- und Nachteile der Teamsupervision/-entwicklung*

## Intervision

Wenn sich Gruppen ohne externe Fachperson treffen, um ihre berufliche Arbeit zu reflektieren, dann sprechen wir im Gegensatz zur Supervision von **Intervision.** Andere Begriffe für die Intervision sind Erfa-Gruppen, kollegiale Praxisberatung oder Fallbesprechung. Analog zur Supervision bildet ein gemeinsamer beruflicher Fokus die Basis für eine Gruppe. Dies können ähnliche Tätigkeits- und Erfahrungshintergründe sein, bei denen es mehr um fachliche Fragen geht (z. B. Personalentwicklung, Human-Resources-Management) oder um Belange rund um Führungstätigkeiten. Wie bei der Supervision einigt sich die Gruppe auf eine gemeinsam festgelegte Struktur inklusive verbindlicher Teilnahme. Im Unterschied zur Supervision handelt es sich bei der Intervision um eine Gruppe von »Gleichrangigen«, d. h. dass die Leitung und Moderation Teil der Vereinbarung sein muss, wie die Gruppe arbeiten will. Jede Person ist gleichermaßen mitverantwortlich dafür, dass das Verhältnis zwischen Geben und Empfangen unter den Mitgliedern stimmt und dass die Gruppe die in sie gesetzten Erwartungen erfüllt. Da alle Gruppenmitglieder gleichrangig in verschiedenen Rollen sind (des Moderierenden oder Fallgebers bzw. des Lehrenden und Lernenden), gibt es keinen Anlass für eine Honorarzahlung. Somit handelt es sich bei der Intervision um eine sehr kostengünstige Weiterbildungs-, Förderungs- und

*Kollegiale Praxisberatung*

Unterstützungsmöglichkeit für Mitarbeitende aller Fach- und Führungsstufen, die zudem gut kombinierbar ist mit anderen Aktivitäten im Rahmen der Personalentwicklung bzw. »lernenden Organisation«. Bei Personen mit wenig Moderationserfahrung empfiehlt sich eine Kombination von Supervision und Intervision, damit auch Methoden der Fallbesprechung unter fachlicher Leitung eingeübt werden können (vgl. ausführlicher Lippmann, 2004).

### Unternehmensberatung, Organisationsberatung und -entwicklung

**Anlässe für Organisationsberatung**

Diese Begriffe umfassen Beratungsprojekte, die den Fokus auf die gesamte Organisation (bzw. Organisationseinheiten) legen. Titscher nennt dazu im Wesentlichen 3 Anlässe (1997, S. 50):

- eine strategische (Neu-)Positionierung;
- Reorganisations- bzw. Veränderungsprojekte, die die Gesamtorganisation umfassen;
- Eigentümerwechsel (Generationenwechsel bei Familienunternehmen, Firmenübernahmen oder Fusionen).

Da Beratungsprojekte, welche die gesamte Organisation umfassen, meistens sehr komplex sind, ergibt sich, dass Organisationsberater meistens die Unterstützung von Spezialisten brauchen. Die Bildungsfachpersonen sollten deshalb stark eingebunden sein, weil sie einen wichtigen Beitrag zur Implementierung von Veränderungen leisten können. Dabei zeigt sich ein zentrales Dilemma von organisationalen Veränderungen bzw. Change-Prozessen: Einerseits wird eine gewisse Nachhaltigkeit gefordert (dass also Veränderungen tatsächlich vorgenommen werden), auf der anderen Seite erfordert in vielen Branchen die Dynamik des Markts eine so hohe Veränderungshäufigkeit, dass für die Implementierung kaum Zeit bleibt (vgl. dazu Wimmer, 2004; Doppler & Lauterburg, 1994).

### Lernberatung und Lern(prozess)begleitung

**Begleitung von Lernprozessen**

Lernberatung liegt der traditionellen Rolle der Bildungsfachperson am nächsten. In der Lernberatung werden Lernende bei der individuellen Gestaltung ihrer Lernprozesse unterstützt sowie bei der Umsetzung im Alltag. Das klassische Verständnis von Lernberatung als Hilfe zur Überwindung spezifischer Lernhemmungen und Lernschwierigkeiten hat sich gewandelt hin zur Aufgabe, dem Lernenden das eigene Lernen zu erleichtern, die eigene Lernkompetenz zu fördern und den Lerntransfer zu sichern (Rohs & Käpplinger, 2004). Lernberatung beinhaltet heute somit vielmehr die Begleitung von Lernprozessen. In diesem Zusammenhang werden Trainer vermehrt zu Beratern und Begleitern von Lern- und Veränderungsprozessen und haben die Aufgabe, Lernsituationen zu organisieren, die ein möglichst eigenständiges, verantwortliches, aktives und selbstbestimmtes Lernen ermöglichen. Da Lernbegleitung häufig auch beurteilende Aufgaben beinhaltet (z. B. Standortbestimmungen auch im Sinne von

Lernkontrollen vornehmen), ergibt sich daraus ein Rollenkonflikt, der demjenigen von Führung und Beratung ähnlich ist. Somit kann die Lernbegleitung eher als eine erweiterte Lehrform verstanden werden, die Anteile von Beratung beinhaltet. Deshalb benötigen Lernprozessbegleiter neben methodisch-didaktischen Kompetenzen auch die notwendigen Beratungskompetenzen (vgl. Götz, 2000; Thomann, 2002). Neben dem im ▶ Abschn. 2.2 dargelegten Rollenverständnis der Bildungsfachperson sei zusätzlich auf die Beschreibung der Lernbegleitung hingewiesen, wie sie in einzelnen Lehrgängen »Master of Advanced Studies« (MAS) am IAP (Institut für Angewandte Psychologie) in Zürich zum Tragen kommt (Negri, 2006, S. 195 ff.).

## Weitere Beratungsformen in der Rolle als Bildungsfachperson

Im Bereich der betrieblichen Bildung sind weitere Beratungsformen möglich, einige davon seien hier kurz noch aufgezählt:

Bildungsfachperson als Berater/in

- **Bildungsberatung:** Dies ist in der Regel eine Fachberatung für Einzelpersonen, bei der es um die Hilfestellung bei der Wahl von Ausbildungen, Kursen, Modulen geht, manchmal auch mit Aspekten der Laufbahnberatung.
- **Beratung im Andragogischen Bereich:** Beratung bei methodisch-didaktischen Fragen, sei es bei der Unterstützung bei ganzen Curricula oder auch nur bezüglich einzelner Module, möglicherweise in Verbindung mit »Train the Trainer«-Angeboten für einzelne Trainer oder als Angebot in Gruppen.
- **Beratung von Organisationen in Bildungsfragen:** Dabei steht nicht eine einzelne Person im Fokus, sondern eine ganze Organisation(seinheit) wird beraten, welche Bildungsangebote für sie passend sein könnten. Dabei kann es sich auch um eine Organisationseinheit handeln, die sich selber mit Mitarbeiterqualifizierung befasst.
- **Beratung für Führungskräfte im Bildungsumfeld:** Beraten von Aus- und Weiterbildungsverantwortlichen oder von Lehrlingsverantwortlichen, wenn es um Führungs- und/oder Ausbildungsfragen geht.
- **Mentoring:** Form von »Patenschaft« als erfahrene Bildungsfachperson für neue Mitglieder der Organisation, die in der Regel einer anderen Organisationseinheit angehören. Aufgaben des Mentoring sind etwa das Weitergeben von Wissen, aber auch bestimmter Riten und Normen der Organisationskultur, das Beistehen bei Bedarf in schwierigen Situationen bzw. vor wichtigen »Einsätzen«, das Vermitteln zentraler Beziehungen (»Networking«) usw. (Lippmann, 2006, S. 30 ff.).
- **Beratung bei Training »on the job«:** Das Lernen on the job hat den großen Vorteil, dass die Lernenden direkt am Arbeitsplatz die Umsetzung üben können. Die Bildungsfachperson kann dabei eine unterstützende, begleitende und beratende Funktion

◘ **Tab. 9.1** Phasen und Schritte eines Beratungsprojekts

| Mögliche einzelne Schritte (Beispiel OE) | Typische Phasen in Beratungen allgemein |
|---|---|
| 1. Erste Annahmen, Überlegungen des Kundensystems (KS) | Einstieg, Kontakt und Kontextklärung |
| 2. Anfrage, erste Hypothesen des Beratersystems (BS) | |
| 3. Erstkontakt | |
| 4. Definition des Problems/Anliegens | |
| 5. Auftrag Beratungsprojekt (inkl. Kommunikationskonzept) | Vereinbarungs- und Kontraktphase; Aufbau einer Arbeitsbeziehung |
| 6. Diagnose (Datenerhebung) | Ist (Situation) und Soll (Ziele) herausarbeiten |
| 7. Datenaufbereitung, Hypothesen | |
| 8. Datenrückspiegelung, gemeinsame Diagnose | |
| 9. Auftrag zur Konzeptentwicklung, Maßnahmenplanung mit entsprechenden Interventionsstrategien (z. B. Pilotprojekte, Teilprojekte) als Grundlage für: | Lösungen entwickeln und |
| 10. Entscheidung | Entscheiden |
| 11. Implementierung | Umsetzung, Transfer sichern |
| 12. Auswertung, Abschluss und Evaluation | Auswertung, Abschluss und Evaluation |

übernehmen, sei dies ebenfalls punktuell vor Ort oder mittels E-Coaching, Lernplattformen usw.

### 9.3.5 Typische Phasen einer Beratung

Da professionelle Beratungen einen genau bestimmten Anfang und ein klares Ende haben sollen und einen Auftrag(geber) haben, können sie wie ein Projekt betrachtet werden. Wie Beratungsprojekte im Einzelnen geplant werden und wie sie konkret ablaufen, hängt natürlich vom jeweiligen Auftrag und den jeweiligen Erfahrungen des Kunden- und Beratersystems ab. In ◘ Tab. 9.1 wird ein idealtypischer Ablauf eines Beratungsprojekts dargestellt. Links mit möglichen einzelnen Schritten, die beispielsweise in einer Organisationsentwicklung angebracht sein können und je nach Beratungsform stark variieren. Rechts typische Phasen, die auch für andere Beratungsformen ihre Gültigkeit haben (ausführlicher dazu in Doppler & Lauterburg, 1994; Lippmann, 2008).

**Zusammenfassung: Was ist besonders zu beachten bei der Beratung in der Rolle der Bildungsfachperson?**
Nach Götz (2000) wird sich der Beruf der betrieblichen Erwachsenenbildung weiter verändern. Der Trainer muss sich zunehmend zum Berater und Begleiter von Entwicklungsprozessen in einer Organisation wan-

deln. Dabei ist zu beachten, dass Beratungsprojekte fließende Prozesse sind, deren Verlauf nie genau vorbestimmt werden kann. Dazu bedarf es neben einem hohen Maß an Prozesskompetenz und der Kenntnis von Gruppenprozessen sowie der menschlichen Kommunikation auch einer sensiblen Wahrnehmung und Reflexion der eigenen Person.

Neben den generellen Selbst-, Sozial-, Fach- und Methodenkompetenzen können in Anlehnung an Thomann (2002) und Flügge & Vormbrock (2004) noch folgende **Kompetenzen für die Beratung im Bereich der Bildung** hervorgehoben werden:

- Kommunikative Kompetenz (vgl. ► Abschn. 9.1);
- Rollenklarheit und Rollentransparenz, insbesondere bezüglich der Aspekte Begleitung vs. Qualifikation, Führung vs. Beratung oder Fach- und/oder Prozessberatung;
- Gestaltung von Beratungssituationen: Fähigkeit, Beratungssituationen gemäß dem geforderten Beratungsmodell (Abschnitt 8.3.3) zu gestalten;
- Indikation: Fähigkeit abzuschätzen, welche Form der Beratung indiziert ist und welche selber geleistet werden kann bzw. wo es einer Weiterweisung bedarf.

Gerade der letzte Aspekt weist darauf hin, dass einige in diesem Abschnitt genannte Beratungsformen einer speziellen Zusatzqualifikation bedürfen, die sich eine Bildungsfachperson jedoch sehr wohl aneignen kann. Insofern dienen die gemachten Aussagen in diesem Abschnitt zur Einschätzung sowohl eigener Beratungskompetenzen (und damit der entsprechenden Grenzen) als auch derjenigen von Beratungsfachleuten, wenn man selber in der Kundenrolle einer Beratung ist.

## Literatur

Bachmair, S., Faber, J., Hennig, R., & Willig, W. (1989). *Beraten will gelernt sein. Ein praktisches Lehrbuch für Anfänger und Fortgeschrittene.* Weinheim: Beltz (8. Aufl. 2007).

Böning, U. (1994). *Moderieren mit System.* Wiesbaden: Gabler.

Cohn, R. (1992). *Von der Psychoanalyse zur Themenzentrierten Interaktion.* Stuttgart: Klett (16. Auflage 2009).

Dauscher, U. (2006). *Moderationsmethode und Zukunftswerkstatt,* 3. Überarb. und erweit. Aufl. Augsburg: Ziel.

Doppler, K., & Lauterburg, C. (1994). *Change Management. Den Unternehmenswandel gestalten.* Frankfurt/Main: Campus (12. Auflage 2009).

Fischer-Epe, M. (2002). *Coaching: Miteinander Ziele erreichen.* Reinbek: Rowohlt (überarb. Neuausgabe 2004).

Flügge, D., & Vormbrock, U. (2004). Vom Ausbilder zum Lernprozessbegleiter. In M. Rohs & M. Käpplinger (Hrsg.), *Lernberatung* (S. 79–86). Münster: Waxmann.

Götz, K. (2000). *Human Resource Development,* Bd. 2. München: Hampp.

Hug, B. (1999). Feedback, Anerkennung und Kritik. In T. Steiger & E. Lippmann (Hrsg.), *Handbuch Angewandte Psychologie für Führungskräfte* (S. 286–298). Heidelberg: Springer (3. vollständig überarb. und erweiterte Auflage 2008).

Klebert, K., Schrader, E., & Straub W. G. (2006). Moderations-Methode, 3. Aufl. Hamburg: Windmühle.

Königswieser, R. & Hillebrand, M. (2004). *Einführung in die systemische Organisationsberatung.* Heidelberg: Auer.

Lippmann, E. (2004). *Intervision. Kollegiales Coaching professionell gestalten.* Heidelberg: Springer (2. aktual. Aufl. 2009).

Lippmann, E. (Hrsg.). (2006). *Coaching. Angewandte Psychologie für die Beratungspraxis.* Heidelberg: Springer (2. aktual. Aufl. 2009).

Lippmann, E. (2008). Beratung und Coaching im Einzel- und Gruppensetting. In T. Steiger & E. Lippmann (Hrsg.), *Handbuch Angewandte Psychologie für Führungskräfte. Führungskompetenz und Führungswissen,* Band 2 (S. 9–23). Heidelberg: Springer.

Negri, C. (2006). Coaching im Rahmen der betrieblichen Bildung. In E. Lippmann (Hrsg.), *Coaching. Angewandte Psychologie für die Beratungspraxis* (S. 191–201). Heidelberg: Springer.

Negri, C. (2009). Coaching im Rahmen der betrieblichen Bildung (S. 191–201). In E. Lippmann (Hrsg.) *Coaching*, 2. Aufl. Heidelberg: Springer.

Rogers, C. R. (1976). *Entwicklung der Persönlichkeit*. Stuttgart: Klett (14. Auflage 2003).

Rohs, M., & Käpplinger, B. (Hrsg.). (2004). *Lernberatung*. Münster: Waxmann.

Schein, E. H. (2000). *Prozessberatung für die Organisation der Zukunft*. Köln: EHP.

Schmidt, G. (2004). *Liebesaffären zwischen Problem und Lösung. Hypnosystemisches Arbeiten in schwierigen Kontexten*. Heidelberg: Auer.

Schulz von Thun, F. (1981). *Miteinander reden 1. Störungen und Klärungen*. Reinbek: Rowohlt (45. Auflage 2007).

Schulz von Thun, F. (1998). *Miteinander reden 3. Das »Innere Team« und situationsgerechte Kommunikation*. Reinbek: Rowohlt (16. Auflage 2007).

Schulz von Thun, F., Ruppel, J., & Stratmann, R. (2000). *Miteinander reden: Kommunikationspsychologie für Führungskräfte*. Reinbek: Rowohlt (8. Auflage 2008).

Seifert, J. W. (2008). *Visualisieren, Präsentieren, Moderieren*, 24. Aufl. Offenbach: Gabal.

Suter, W. (2000). *Moderation von Gruppen*. Textunterlage für CAS Didaktik Methodik am IAP Zürich.

Thomann, G. (2002) *Ausbildung der Ausbildenden*. Bern: h.e.p.

Thomann, C., & Schulz von Thun, F. (1988): *Klärungshilfe. Handbuch für Therapeuten, Gesprächshelfer und Moderatoren in schwierigen Gesprächen*. Reinbek: Rowohlt (4. Auflage 2007).

Titscher, S. (1997). *Professionelle Beratung. Was beide Seiten vorher wissen sollten*. Wien: Ueberreuter (2. aktual. und erweit. Auflage 2001).

Watzlawick, P., Beavin, J. H., & Jackson, D. D. (1969). *Menschliche Kommunikation. Formen, Störungen, Paradoxien*. Bern: Huber (11. Auflage 2007).

Wimmer, R. (2004). *Organisation und Beratung. Systemtheoretische Perspektiven für die Praxis*. Heidelberg: Auer.

**9**

# Management-Development

*Claus D. Eck, Jana Leidenfrost, Andrea Küttner und Klaus Götz*

## 10.1    Management-Entwicklung (ME) als strategischer Prozess

*Claus D. Eck*

Management-Entwicklung (ME) ist in der Tat ein strategischer Prozess – aber was darunter zu verstehen ist und was es für die Konzeption, Gestaltung und Evaluation der ME bedeutet, bedarf der Vertiefung, um von der Rhetorik zur Praxis zu kommen. Pettigrew et al. schreiben (2002, S. 3): »Strategy and management is at the moment an aspiration not an accomplishment«. Das galt nicht nur 2002, sondern gilt auch jetzt und auf unabsehbar lange Zeit, weil sowohl das Management als auch die Strategie – und deren Entwicklung – vielfältige Grenzen und Beschränkungen erfahren. ME als strategischer Prozess muss aus den nebulösen Imponierformulierungen herausgelöst werden und das verbreitete Missverständnis, welches auf die Formel »ME = ME des Top-Management-Segments« gebracht wird, muss einem adäquaten Verständnis weichen. Dazu bedarf es einer Reflexion darüber, was Management ist und überhaupt kann und was an einer Strategie wirklich strategisch ist.

Dieser Beitrag will hauptsächlich die Reflexion, das Nachdenken über die grundlegenden Zusammenhänge der ME anregen und alimentieren. ME ist eine besondere Schnittstelle; als **Management** gehört sie in den Bereich des »Regierens«, der Macht (vgl. ▸ Abschn. 10.1.3), als **Entwicklung** gehört sie in den Bereich der »education«, des Lernens, Förderns, der »Erziehung« und Bildung. Soll ME ein strategischer Prozess sein, muss sie sich mit den Treibern und Wirkfaktoren beider Bereiche kritisch und konstruktiv auseinander setzen.

Die **Transferleistung** beim Durcharbeiten dieses Beitrags besteht vor allem darin, sich folgende 3 Fragestellungen zu beantworten:

- Wie kann ME zu einem Teil der »strategic conversation« werden? In jeder Organisation und über alle Stufen der Hierarchie wird ein ständiger, mindestens informeller Diskurs über die Strategie (bzw. Strategien) geführt. Wie kann nun ME Thema dieser Diskussionen und Gespräche werden? Nicht nur informell, faktisch, sondern formell, thematisiert – nicht bürokratisiert. Nicht so sehr durch »Umfragen und Analysen« sondern in »Circles« deren Impulse auf- und ernstgenommen, eingebracht und koordiniert werden?
- Welches sind die für eine gegebene Organisation geeignetsten **Methoden,** um sowohl die vorgefundene, existierende Situation als auch die zukünftigen Situationen und Konstellationen verlässlich zu analysieren, zu verstehen und Impulse für Veränderungen zu generieren? Wie können Methoden des **Management-Audit** und der »strategic conversation« kombiniert werden?
- Wie kann das Management aller Hierarchiestufen darin unterstützt werden, sich mit der ME zu identifizieren als eines wesent-

lichen Teils ihrer jeweiligen »primary task«? Der Einbezug des Managements in die ME beschränkt sich häufig auf **Budgetfragen** (d. h. Kosten), rhetorische Unterstützung und einen gelegentlichen Auftritt in einer »Kick-off«-Veranstaltung oder einem Workshop. Das macht ME aus der Sicht des Managements vor allem zu einem Kosten- und Störfaktor.

Ein Vergleich sei gestattet: Aus der Biologie wissen wir, dass jeder lebende Organismus einen Teil der aufgenommenen Nahrung sofort dem Reproduktionssystem zuführt. Nur das sichert nachhaltig die Existenz der Spezies. Dem Management muss bewusst sein, dass ein wesentlicher Teil seiner Aufgabe und seiner Erfolgskriterien die Reproduktion der Organisation, der Funktion, der Erfolgsfaktoren in der Zukunft ist. Wobei in komplexen Organismen Reproduktion immer auch Transformation, Mutation, Innovation ist. Die Frage ist also, welchen Anteil das Management an der ME hat. Wie sind die Management-Instrumente (»Tools«), das Assessment- und Reward-System mit den strategischen Zielen der ME koordiniert?

## 10.1.1 **Worum es geht**

In komplexen, macht- und interessensrelevanten Bereichen der Gesellschaft (bzw. deren Institutionen und Organisationen) bildet sich regelmäßig eine Unterscheidung heraus, die bis zur Gegensätzlichkeit führen kann: die **Rhetorik** und die **Praxis.** Das haben u. a. die Arbeiten von Michel Foucault (z. B. 1972) und Jean-François Lyotard (z. B. 1979) eindrücklich aufgezeigt. Rhetorik als die oft idealisierende Darstellung und Legitimation von Absichten und Verhältnissen und die Praxis als die real existierenden Zustände, Handlungen und Unterlassungen. Die Organisationspsychologen Charles Argyris und Donald A. Schön fassten diese Unterscheidung in die Begrifflichkeit von »espoused theory«, d. h. die offizielle, hochgehaltene, durchaus aufrichtig intendierte Absicht und ihre Begründung, und die »theory in use«, d. h. die tatsächlich, v. a. in Kollisionssituationen praktizierten Grundsätze, Entscheidungsmuster und Verhaltensweisen. Die gesellschaftspolitisch interessierte Psychoanalyse hat diese Unterscheidung aufgenommen unter dem Titel »Sprachfiguren« und »Praxisfiguren« (vgl. z. B. Lorenzer, 1974, 1977).

In Organisationen überhaupt und besonders in deren bedeutsamen Konkretionen Management – Human Ressource (HR- bzw. HRM) – Personalentwicklung (PE bzw. HRD) ist dieser doppelte Aspekt der Wirklichkeit sehr spürbar. Dies gilt u. a. auch, weil durch eine entsprechende Rhetorik die Praxis legitimiert, öfters auch verschleiert und die positive Reputation (Goodwill) gestärkt werden soll. In allen diesen Bereichen werden sehr intensive Diskurse geführt: akademische, professionelle und praxis- bzw. erfahrungsorientierte. Und es existiert eine vielfältige Praxis. Da Bildung als eine Schlüssel-

**Verschiedene Diskussionsebenen**

ressource gesehen wird, ist die Personalentwicklung, zumindest rhetorisch, von ausschlaggebender Bedeutung, und da dem Management (in seinem tatsächlichen Vermögen zwar tendenziell überschätzt; ▶ Abschn. 10.1.2) eine Schlüsselrolle für den unternehmerischen Erfolg zugeschrieben wird, bekommt die Management-Entwicklung eine strategische Bedeutung.

**Arbeitsdefinition ME**

---

**Management-Entwicklung**

Als Management-Entwicklung (**ME**) verstehen wir alle jenen internen und externen Politiken – Institutionen – Investitionen – Veranstaltungen (Inszenierungen) – Maßnahmen – und deren Evaluation; welche geeignet sind,

- die Funktion Management tauglich und effektiv zu machen und für diese Funktion Personen zu rekrutieren bzw. Gremien einzurichten und
- diese zu befähigen, ihre Management-Rollen zu übernehmen, zu gestalten und durchzusetzen.

Adressat bzw. Träger der Management-Entwicklung können sein: Individuen, Gruppen, Organisationen sowie interne Spezialisten und externe Agenturen (Berater, Ausbildungsstätten, professionelle und akademische Institutionen).

---

Einige der durch diese Umschreibung der ME auftauchenden Fragen werden in ▶ Abschn. 10.1.5 aufgenommen. Periodisch erfährt die ME fundamentale **Kritik,** aus der Academia, der Profession und der Praxis [vgl. die neueren Beispiele aus den sog. Critical Management Studies (CMS) und die daraus abgeleiteten Critical Management Education Studies (CMES) von u. a. Huysman, 1999; Ortenblat, 2002; Staudt & Kriegsmann, 2002; Perriton & Reynolds, 2004; Elkjaer & Vince, 2009; und mehr aus einer Insiderperspektive: Kühl, 2007; Gris, 2008; Galdynski & Kühl, 2009; Cunliffe, 2009).

### 10.1.2  Management – Leadership – oder Steuerung?

**Primäre und sekundäre Einflussnahme**

Eck (2007b) unterscheidet neben den sekundären Formen der **Einflussnahme** auf und in Organisationen als **Dingwelt** (»Hard Factors«) und als **Personale Welt** (»Soft Factors«) 3 Grundformen der primären Einflussnahme: Steuerung (Kybernetik) – Management – Führung (Leadership) (S. 14–17). Das Verhältnis dieser 3 Grundformen kann in der Praxis unterschiedlich bestimmt und gestaltet werden. Eine Möglichkeit besteht z. B. darin, formal als die primäre Aufgabe des Managements die optimale **Vernetzung** von Dingwelt und Personaler Welt im Spannungsfeld von Steuerung und Führung zu bestimmen. Aber wie auch immer in gegebenen Organisationen das Verhältnis der 3 primären Einflussfaktoren bestimmt wird, es gilt die fragende Feststellung von Barker (1997): »How can we train leadership if we do not know what leadership is?« (S. 343). Oder eben »wie könne wir ME betreiben, wenn wir nicht wissen, was Management ist?« Genau das ist die Herausforderung: Ein diffuses, nur sektorielles Verständnis von Management kann niemals verlässliche und inspirierende (heuristische!) Grundlage einer ME sein.

**Begrenzungen der Wirksamkeit des Managements**

Nun kann es hier nicht die Aufgabe sein, in die weit verzweigte Diskussion einzugreifen, was das Management an sich (und seine Wirkfaktoren) sei. Dazu muss auf die reichlich vorhandene Literatur, Aufsätze, Monographien, Handbücher, Enzyklopädien und die einschlägigen, v. a. englischsprachigen Fachjournale verwiesen werden. Hingegen soll hier in einer Metaperspektive auf 3 grundlegende Charakteristiken der Situation und Bedingungen des Managements hingewiesen werden. Gegenüber den *Idealisierungen* des »heroischen Managements« müssen auch die vielen *Begrenzungen* des Managements als Funktion, Rolle und Person gesehen werden.

1. Das Management ist heraus- und tendenziell überfordert durch eine wachsende Komplexität, die nicht mehr wirklich bewältigbar ist, sondern nur noch versucht werden kann intelligent zu reduzieren, und durch ökologische Gesetzmäßigkeiten wie z. B. den Kurvenverlauf der sog. Populationsdichte von Organisationen und Branchen (vgl. Hannan & Freeman, 1989). Diese wird durch Faktoren und Dynamiken vorangetrieben, welche vom Management – und das heißt immer: einem einzelnen Unternehmen (Firma, Konzern) – gar nicht direkt wesentlich beeinflusst werden können. ◳ Abb. 10.1 veranschaulicht – ansatzweise – diese Komplexität und Dynamik.

   Diese grundlegende Situation zu verkennen führt zur **Steuerungs- und Kontrollillusion** wie sie v. a. das »Heroische Management« zu entwickeln pflegt (Baecker, 1994; Mintzberg, Simons & Basu, 2002). Das Können, die Kunst, des Managements besteht demzufolge in den Fähigkeiten, mit der Peristasis (gr. das Herumstehende, Vorhandene), d. h. mit den realen Gegebenheiten, den Wirkfaktoren, Trends und Vektoren einer gegebenen Situation/Aufgabe konstruktiv, zielführend umgehen zu können. Wohlgemerkt **Umgehen**, ein Coping finden, kein Beherrschen – Lieblingswort der Managementillusion! Das waren übrigens schon wichtige Einsichten der antiken Führungslehre, z. B. Odysseus (vgl. Jullien, 2005; Eck, 2007a; 2009b), und des taoistischen Verständnisses von Führung und Management (vgl. Eck, 2003a).

2. Das durchschnittliche Management weist häufig einen **Handlungsüberschuss** und ein **Reflexionsdefizit** auf. Das ist u. a. auch eine Konsequenz der gängigen Praxis der Management-Education – von den Hochschulen bis zur internen ME. Richard Whipp (1997, S. 261–275) analysierte nicht nur die Texte, sondern auch das »Schweigen« (»silence«) der Managementtheorien und -ausbildungen und er nennt als »third major silence« das »lack of reflexivity« (S. 270). Vgl. zu diesem zentralen Aspekt der ME

**Denkarbeit als »Studieren« und als »Reflektieren«**

10

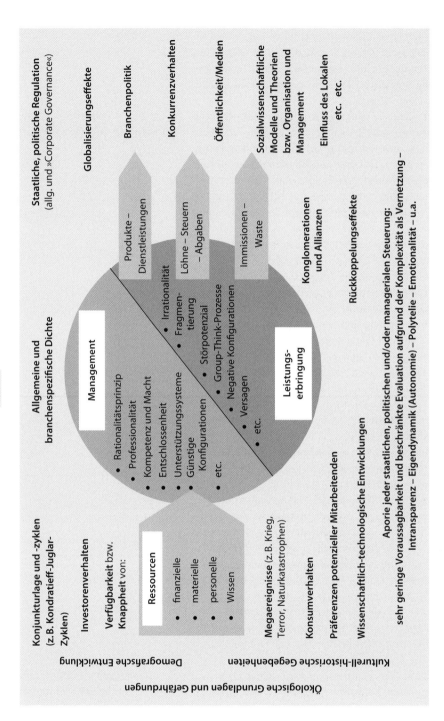

■ **Abb. 10.1** Organisation und Management in ökologischer und raum-zeitlicher Betrachtung

und zu Ansätzen zur Aufarbeitung dieser Defizite auch Jordan, Messner & Becker (2009), die nicht nur »reflection on action«, sondern v. a. »reflection in action« anmahnen, was **Achtsamkeit** erfordert, und auch Eck (2010b). Ohne Frage werden sowohl im akademischen, professionellen Bereich als auch in der Praxis ein großer Forschungsaufwand und konzentrierte intellektuelle Anstrengungen erbracht bzgl. der zu lösenden gegenwärtigen und zukünftigen Probleme des Managements. »Studium« (eines Problems, einer Situation) wird dies genannt. Denken, als »Studieren«, ist aber nicht gleich Reflektieren. Reflektieren, »Überlegen«, das Nachdenken ist diesbezüglich eine Metafunktion und erfordert eine zeitliche und geistige Distanzierung und einen weiteren Horizont als die unmittelbar gegebene Aufgabenstellung, nämlich z. B. »Bildung« und »Ethik« (vgl. ◘ Abb. 10.7). Zu den zahlreichen Themen notwendiger Reflexion gehört dann beispielsweise auch die Frage nach der **Generalisierbarkeit** managerialer Lehre und Praxis. Management als Wissenschaft gehört zu den Sozialwissenschaften und Management als Praxis ist kulturspezifisch. Sozialwissenschaft und Praxis des Managements generieren hauptsächlich »local knowledge«. Und da stellt sich die Frage nach ihrer nützlichen und möglichen Transferierbarkeit, nicht nur interkontinental, sondern auch intern z. B. von der jeweiligen (Konzern-)Zentrale zur jeweiligen Peripherie, von der Theorie (Betrachtung) in die Praxis, d. h. in »das Handeln«. Das zeigt die Begrenzung der immer nur kontextuellen Managementtheorien und -modelle, aber auch der sog. Global Processes weltweiter Konzerne, welche neben einer immensen Bürokratie v. a. geeignet sind, die Unterscheidung zwischen »reported reality« und »actual reality« zu vertiefen.

3. Die grundlegendste Rahmenbedingung der Managementwissenschaft und Managementpraxis ist der »Geist des Kapitalismus« (Max Weber). Die bisher bekannten 3 Phasen des Kapitalismus bildeten nicht nur die für ihn förderlichen politischen Rahmenbedingungen heraus, sondern ließen auch die der jeweiligen Phasen dienlichen bzw. für sie notwendigen Managementlehren entstehen. Vgl. dazu Boltanski & Chiapello (2003), Whitley (1999), Baecker (2003), Kittsteiner (2008), Eck (2009a), Ruh (2010). Das (meist nicht reflektierte) erkenntnisleitende Interesse des Mainstreams der akademischen und professionellen Managementlehre und -methoden ist die Stabilisierung der kapitalistischen Wirtschaftsordnung in einer ihrer Varianten, wie z. B. die Soziale Marktwirtschaft oder der Neoliberalismus, was durchaus Detailkritik an lokalen Ausprägungen einschließen kann. Globale und/oder ökologische Erschütterungen (Marktversagen, Systemzusammenbrüche, Katastrophen, Krisen) destabilisieren auch die (ideologischen, bzw. kulturtypischen) Axiome der Wissenschaft und der Praxis des Managements. Desgleichen können aber auch wissenschaftliche, technische, gesellschaftliche

**Kapitalistische Wirtschaftsform als grundlegendste Rahmenbedingungen**

sog. Schlüsselinnovationen stark veränderte Ausgangslagen und Rahmenbedingungen für das Management schaffen. Dies wiederum führt zur Frage: »Für welche Art Management in welchen gesellschaftlichen Kontexten und Zeithorizonten sollen Manager entwickelt werden?«

### 10.1.3 Nicht die Absicht – die Wirkungen zählen

Die Managementrhetorik, verstärkt durch die Medien und das Bedürfnis vieler Menschen nach Heroen, artikuliert hauptsächlich Idealvorstellungen, Wünsche, (meistens gute) Intentionen. Und ohne Frage sind Bestrebungen (das sog. Wollen) ein sehr starker Antrieb. Was aber Wirklichkeit schafft, erfahren wird und zu beurteilen ist, das sind die Wirkungen, nicht die Absichten, die Erfolge – inkl. den Nebenwirkungen – und das Verhältnis Input–Output, Investition–Ertrag; dies aber nicht nur in einer rein finanziellen Sichtweise. **Wer** bzw. wer alles beurteilt die Wirkungen und Nebenwirkungen des Managements, befindet über den Erfolg, und **wann** (Zeithorizont), und welche **Rückkoppelungen** gibt es diesbezüglich, und auf welchem **Anspruchsniveau** geschieht dies alles? In der »Reflexiven Moderne« besteht ein großer Teil der zu lösenden Herausforderungen darin, die [häufig schwerwiegenden, manchmal katastrophalen (Risiken)] **Folgen** früherer Politik- und Managemententscheidungen zu bearbeiten. Die tendenziell immer kürzer werdenden Zeiträume (Dauer) sowohl der Besetzungen im Top-Management (durchschnittliche Verweildauer von CEOs 2005: 7,5 Jahre, 2008: 4,7 Jahre; vgl. »Süddeutsche Zeitung« Nr. 216 v. 19./20.09.2009, S. 23) als auch der Gültigkeit von Politiken und Strategien und der organisationellen Dispositionen (z. B. die Aufbauorganisation; vgl. »… in 2 Jahren 3 Reorganisationen!«) verschärfen dieses Problem erheblich.

Wie ◘ Abb. 10.1 lässt auch ◘ Abb. 10.2 erkennen, dass die große Herausforderung des Managements darin besteht, einen konstruktiven Umgang mit Dilemmata, Paradoxien und Widersprüchen zu finden. Vollmundigkeit ist verdächtig, Bescheidenheit – gepaart mit Beharrlichkeit – ist vonnöten. Management als eine spezifische Form des Regierens gehört zu den zwar notwendigen, unverzichtbaren Aufgaben der Menschheit, in denen diese aber, einer Einsicht Freuds zufolge (GW XIV, S. 565) als einer »der drei unmöglichen Berufe« »notorisch scheitert« oder »positiv gewendet«, es nur **Grade der Erfüllung** geben kann.

**Etwas bewirken – nicht nur etwas machen**

Auch der Manager ist im Sinne Martin Bubers lediglich »Urheberwesen«, gerade nicht so sehr der »Macher« als Held oder gelegentlich Anti-Held, sondern der, welcher etwas ermöglicht, andere befähigt (vgl. Empowerment) und auf den Weg bringt. Mehr nicht. Denn was daraus wird, entzieht sich angesichts der Komplexität (◘ Abb. 10.1) einer linear-kausalen Wirkung. Aber »Urheber«, »Initiator«, »Auf-den-Weg-Bringer« sein, das ist schon sehr viel. Interessant ist, dass

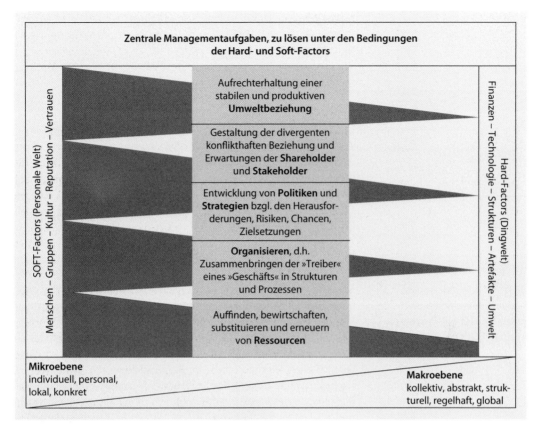

Zentrale Managementaufgaben, zu lösen unter den Bedingungen der Hard- und Soft-Factors

SOFT-Factors (Personale Welt)
Menschen – Gruppen – Kultur – Reputation – Vertrauen

Aufrechterhaltung einer stabilen und produktiven **Umweltbeziehung**

Gestaltung der divergenten konflikthaften Beziehung und Erwartungen der **Shareholder** und **Stakeholder**

Entwicklung von **Politiken** und **Strategien** bzgl. den Herausforderungen, Risiken, Chancen, Zielsetzungen

**Organisieren**, d.h. Zusammenbringen der »Treiber« eines »Geschäfts« in Strukturen und Prozessen

Auffinden, bewirtschaften, substituieren und erneuern von **Ressourcen**

Hard-Factors (Dingwelt)
Finanzen – Technologie – Strukturen – Artefakte – Umwelt

**Mikroebene**
individuell, personal, lokal, konkret

**Makroebene**
kollektiv, abstrakt, strukturell, regelhaft, global

◘ **Abb. 10.2**  Zentrale Managementaufgaben

dies nicht erst neuere, moderne Einsichten sind. Das war schon viel früher die »bessere« Einsicht aus einer »schlechten« Praxis. Das *Daudedsching* (Tao-te-king) von Laudse (Lao-tse), um das Jahr 400 v. Chr. entstanden, das auch als eine Führungslehre gelesen werden muss, da es sich intensiv mit Fragen des Herrschens, Regierens, Führens beschäftigt, resümiert z. B. im 1. Buch, kap. 17 in der für dieses Werk charakteristischen Kürze und Dichte eine Typologie von Herrschenden, ein häufiges Schicksal des Zerfalls der Beziehung zu den Mächtigen, die Basis der jeweiligen Einstellung im Verhältnis von Führern und Geführten und das Prinzip der Partizipation und Identifikation:

**》** zuerst wussten die niedrigen kaum von den herrschern

später drängten sie sich um sie und rühmten sie

sie zu fürchten lernten sie später

dann zu verachten

wo das vertrauen fehlt

spricht der verdacht

wahre herrscher legen nicht wert auf worte

von wert sind alle ihre taten

von selbst getan erscheinen sie dem volk

(Übersetzung von Ernst Schwarz, 1978; 3. Aufl. 1988 in DTV-Klassik Nr. 2152, S. 67) **«**

## 10.1.4  Strategische Bedeutung und Prozess

**ME ist effektiv nur in dem Ausmaß, in welchem die ganze Linie in ME-Prozessen integriert ist**

Management und seine effektive Qualität ist zweifellos von strategischer Bedeutung für eine Organisation und dies in einem doppelten Sinne. Im Rahmen der in ▶ Abschn. 10.1.2 skizzierten generellen Beschränkungen und der unvermeidbaren Unschärfen, Managementerfolg zu definieren und zu beurteilen, ist das Management aber grundsätzlich verantwortlich für die Erreichung der unternehmerischen Ziele und damit der Existenzsicherung der Unternehmung. Die Qualität des Managements zeigt sich in der Fähigkeit, Chancen und Risiken zu identifizieren, erreichbare Ziele zu vereinbaren, die sich zeigenden Erschwernisse zu überwinden und die relevanten Probleme einer stabilen Lösung, mindestens Optimierung zuzuführen. Und überdies sollte das Management **Krisen** bewältigen können. Das impliziert für das Management iterative **Lernprozesse.** Lernt das Management? Immer noch? Oder *hat* es gelernt – früher? Was aber wäre *jetzt* zu lernen? Lernt es das »Richtige«? Wie lernt das Mangement – und in welcher Zeitspanne? Was macht den Unterschied aus von Lernen und hektischem Reagieren? Die Qualität des managerialen Lernens ist die *eine* strategische Bedeutung. Die andere liegt in dem Sachverhalt, dass das Management mittelbar und ganz unmittelbar entweder Förderer oder Verhinderer des Lernens vieler anderer ist, d. h. der Mitarbeitenden, der Gruppen, Organisationseinheiten und letztlich der Organisation als Ganzes. »Le système sait« – man kennt in jeder Organisation die Probleme, ihre Ursachen und möglichen Lösungen. Das Subsystem Management ignoriert oder entwertet oft dieses an sich vorhandene Wissen und die Bereitschaft, etwas zu verändern, d. h. zu lernen. Die effektive **Förderung oder Verhinderung** geschieht am wenigsten durch die Rhetorik (also: was wie gesagt wird) und nur sehr beschränkt über Budgets, aber sehr direkt, wirksam und unmittelbar durch das eigene Vorbild (Lernen am Modell) und mittelbar durch den Aufbau und die Pflege einer **Lernkultur** (von der das Management selbst aktiver Teil ist). Diese Lernkultur ist gekennzeich-

**◘ Tab. 10.1** Was ist (überhaupt) strategisch?

| Allgemeine Kennzeichen von Strategien | Bezüglich welcher Inhalte? | Gegenüber wem? |
|---|---|---|
| Sind proaktiv<br>Haben einen **längerfristigen** Zeithorizont<br>Haben einen **nachweislichen Einfluss** (»Hebelwirkung« – »Weichenstellung«)<br>Sind trotz der Adaptionsfähigkeit eher **stabil** und **stabilisierend**<br>Sind **personenunabhängig**<br>Verbinden **Analyse** und **Ideen** | Die Antworten und Antizipationen bzgl. der **thematischen** Felder (Chancen, Probleme, Herausforderungen etc.), welche für die Organisation als Ganzes (bzw. einer ihrer zentralen Funktionen) **zukunftssichernd und ökonomisch erfolgreich** sind, führen zu politischen Entscheidungen und dem Aufbau sog. Strategischer Erfolgsposition (Pümpin, 1992) | Die Identifikation der internen und externen **Strategischen Partner** in **Kooperations-** und/oder **Konkurrenz-Rollen** (vgl. Anschlussfähigkeit als Voraussetzung von Kontinuität, Entwicklung vs. Abbruch) |

net durch professionelle, lernwirksame **Konzepte und Methoden,** sowie durch ein angstfreies und stimulierendes **Lernklima.** Lernen fördernde Organisationsstrukturen und eine Praxis, in der Lernen und Weiterbildung nicht Privileg und Kompensation sind, sondern ein selbstverständlicher Bestandteil der **Organizational Citizenship.** In einer solchen Lernkultur sind »Fehler«, »Umlernen«, »Verlernen«, »Experimentieren« »Sich-anregen-Lassen«, »Probieren«, »Wissen des Nicht-Wissen« ganz positiv konnotiert. Ob und wie dem in einer Organisation tatsächlich so ist, das ist die zweite strategische Bedeutung der Qualität des Managements.

Was aber meint »strategisch« konkret: Welche Kriterien bestimmen darüber? Vom militärischen Herkunfts- und Bedeutungsfeld abgesehen (gr. *strātēgós,* Heerführer, Befehlshaber; *strātégma,* Plan, List; usw.) und von einer etwas inflationären Verwendung des Worts in der Managementrhetorik (Managementliteratur), kann der Begriff »strategisch« im Zusammenhang mit Management in die in ◘ Tab. 10.1 dargestellte Übersicht gefasst werden.

**Was meint »strategisch«?**

Die große Herausforderung besteht aber nicht nur in der **Entwicklung** einer Strategie, sondern vor allem in deren **Implementierung.** Wie gelangt man von der Strategie zur Handlung (Praxis)? Wenig erfolgreiche Strategien sind es oft nicht so sehr aufgrund ihrer analytischen, konzeptuellen Mängel, sondern weil es nicht gelang (gelingt), sie wirklich zu implementieren, d. h. tatsächlich handlungsleitend zu machen. Das gilt vollumfänglich auch für die strategische Management-Entwicklung.

### 10.1.5 Strategische Management-Entwicklung und Strategien der ME

Jede Strategie definiert sich zunächst durch formale Kriterien (vgl. ◘ Tab. 10.1), dann aber durch die **Inhalte.** Diese Inhalte, also das, was die Strategie aussagt, sind eine **Antwort** auf

a. die Herausforderungen (Veränderungen, Chancen, Risiken), denen sich eine Organisation gegenübergestellt sieht, und

b. die Zielfrage, d. h. die grundsätzlichen Entscheidungen bzgl. der prioritären Zielsetzungen in einem Zeithorizont von 3 bis ca. 6 Jahren und der Wegrichtungen, auf denen die Zielsetzungen erreicht werden sollen und können.

Für diese anspruchsvolle mentale Arbeit braucht es neben **Methoden** immer auch einen **Bezugsrahmen.** Je offener, breiter der Bezugsrahmen einer Strategieentwicklung ist, desto aufwändiger, diskussionsreicher ist der Entwicklungsprozess, aber desto größer sind die Chancen, eine zielführende, verlässliche und implementierbare Strategie zu finden.

Was grundsätzlich für den Prozess jeder Strategiefindung relevant ist, gilt auch für den Bezugsrahmen der strategischen Management-Entwicklung (◨ Abb. 10.3).

Die Literatur (Fach- und Handbücher) verfügt über eindrückliche Listen von Wissen, Skills, Kompetenzen und Metakompetenzen (wie z. B. Charisma), welche für das Management als erforderlich oder doch wünschenswert angesehen werden. Diesen Listen liegen bestimmte Vorstellungen von Management und Managern zugrunde, oft auch Idealisierungen, Heroisierungstendenzen und legitimierende Ideologien.

**Impulse für ME müssen aus der konkreten Aufgabenerfüllung und Problemlösung kommen**

Der Prozess der strategischen Management-Entwicklung ist jedoch nicht nur ein **deduktiver Prozess,** etwa: Situationsanalyse und Positionierung → strategische Unternehmensziele → Folgepolitiken (z. B. HRM + HRD) → Management-Entwicklung → Verwirklichung und Evaluation. In jeder dieser Phasen bzw. Schritte können aus der Management-Entwicklung selber substanzielle Beiträge zur Managementaufgabe an sich kommen und die Potenziale bzw. Einsichten, welche durch die ME generiert werden, eröffnen der strategischen Unternehmensentwicklung (ME/UE) neue Optionen. Dies wird allerdings erst dann voll ermöglicht, wenn die strategische ME nicht im Wesentlichen an interne Experten (evtl. unterstützt durch renommierte externe Agenturen) delegiert wird.

**Nochmals: Die volle Integration der Linie ist die einzig wirksame Unterstützung der ME. Budgets garantieren nur, dass gezahlt wird**

Strategische ME, die diese Bezeichnung verdient, ist nämlich nur um folgenden Preis zu haben:

— Dass sich das Senior Management tatsächlich und nicht nur rhetorisch mit der ME identifiziert, d. h. spürbar comittet, was sich an den koordinativen Tätigkeiten, die nur das Senior Management veranlassen kann, untrüglich zeigt. ME ist nicht etwas Separates, typischerweise als »off-the-job« bezeichnet, sondern ME hat vielfältige Schnittstellen zu sowohl dem operativen als auch strategischen »Geschäft«. ME kann nämlich nur dann wirkungsvoll sein, wenn die ME-Aktivitäten und -Praktiken nicht nur mit den übrigen HRM-Tools und Instrumenten im engeren

| Was zu tun ist:<br>• wahrnehmen/<br>  entdecken<br>• analysieren/<br>  verstehen<br>• verknüpfen/<br>  kombinieren<br>• koordinieren/<br>  synchronisieren | Realitäten als<br>• sachliche Er-<br>  fordernisse,<br>• strukturelle +<br>  aktuelle Gege-<br>  benheiten,<br>• verfügbare per-<br>  sonelle und fi-<br>  nanzielle Res-<br>  sourcen/Rest-<br>  riktionen | Traditionen<br>• allgemeine<br>  kulturelle und<br>  branchenty-<br>  pische Ein-<br>  flüsse<br>• Zeitgeist<br>• usw. | Spielräume für<br>• Innovationen<br>• Kreativität<br>• Synergien<br>• Alternativen<br>• Organisieren |
|---|---|---|---|
| Die **Organisation**<br><br>• ihre **Konstitution** und **Positionierung**<br><br>• im unmittelbaren und mittelbaren **Umfeld**<br><br>• wohin sie zu **bewegen** bzw. worin sie zu **verändern** ist | | | |
| **Management als Funktion**<br><br>Wie sie in den verschiedenen Bereichen und Stufen nach-weislich erforderlich ist und gestaltet werden soll | | | |
| **Manager/innen** als<br><br>• **Träger** der Funktion Manage-ment (Mittel zum Zweck) und als<br><br>• **Personen** (Subjekte) (Selbst-zweck; I. Kant), über die nicht wirklich **verfügt** werden kann (Autonomie) | | | |
| Die **Funktion** und **Profession**<br><br>**Management-Entwicklung**<br><br>• Konzepte, Methoden, Tools<br>• Interne und externe Partner<br>• »State of the art«<br>• Evaluation<br>• Support/Infrastrukturen | | | |

◻ **Abb. 10.3** Minimiertes Raster des Bezugsrahmens der Strategischen Management-Entwicklung

Sinn koordiniert werden, sondern mit *allen* diesbezüglichen relevanten unternehmerischen strategischen Entscheidungen. ME ist eine Form des »Eingreifenden Denkens« (B. Brecht; vgl. Eck, 2010c). Das wird oft spannungsvoll sein, aber gerade in der bewussten Auseinandersetzung mit dem wechselseitigen Impact von ME und UE zeigt sich das Commitment des Senior Managements. ME braucht die Interaktion und v. a. die **Koordination** (Abstimmung, Parallelisierung, Durchsetzung) mit allen Aspekten der UE. Diese Koordination kann *nicht* durch das interne **HRD** erfolgen, sondern nur durch die sog. Linie; denn diese Koordination ist auch eine Frage der **Verbindlichkeit,** der Macht.

– Dass erkannt wird, dass eine längerfristige wirksame ME sich nicht nur durch professionelle Brillanz in Konzept und Methodik auszuzeichnen hat, sondern, da sie Arbeit an und mit Menschen ist, in einem **Ethos** wurzeln muss. Denn es ist der Ethos, der zutiefst identitätsbildend ist: Wer sind wir, und wer wollen wir sein – und warum müssen wir das sein? Das erst macht ME glaubwürdig (vgl. Eck, 2006, 2010b). Glaubwürdigkeit ist die rare Ressource des Managements!

Die wirklichen Gründe für die erwähnte periodische Fundamentalkritik an der Konzeption, Praxis und Ergebnissen der ME liegen letztlich nicht in den organisatorisch-didaktisch-methodischen Mängeln und budgettechnischen Fragen, sondern in den Defiziten bzgl. der 3 soeben skizzierten Punkte. Insofern diesbezüglich erhebliche Defizite vorhanden sind, ist die Fundamentalkritik tatsächlich berechtigt und die z. T. erheblichen Aufwendungen für ME erweisen sich allerdings als Fehlinvestitionen.

### 10.1.6 Kompetenzen – Metakompetenzen – Capability – Ethos

**Wie wurden und werden die Anforderungen an das Management empirisch und normativ ermittelt?**

In der Literatur der Wirtschaftspädagogik und besonders der ME finden sich eindrückliche Listen von Anforderungen an die Fachkader und das Management der Organisationen. Von den **Schlüsselqualifikationen** (Mertens, 1974; 1977), welche in einem Zusammenhang mit den Schlüsselinnovationen stehen, die wiederum auf die Theorie der »langen Wellen« (Kondratieff-Zyklus) hinweisen, über die Unterscheidungen »**Skills**«–»**Kompetenzen**« (Kanungo & Misra, 1992) bis zu Konzepten wie **Human- und Sozialkapital** (Pierre Bourdieu, 1983) war und ist es ein weiter und reflexiver Weg! (Zum Konzept Kompetenzen vgl. auch Eck, 2010a.) Die **Kompetenzen** (inhaltlich schier unerschöpflich) werden in Oberbegriffe gefasst, so z. B. Sprachkompetenz – Fachkompetenz – Rollenkompetenz (J. Habermas) – Sozialkompetenz – und die etwas vage Selbstkompetenz. Dabei kann man entdecken, dass es sog. **Metakompetenzen** gibt. Sternberg (2003) z. B. hat ein Modell der für das Management, genauer für Leadership,

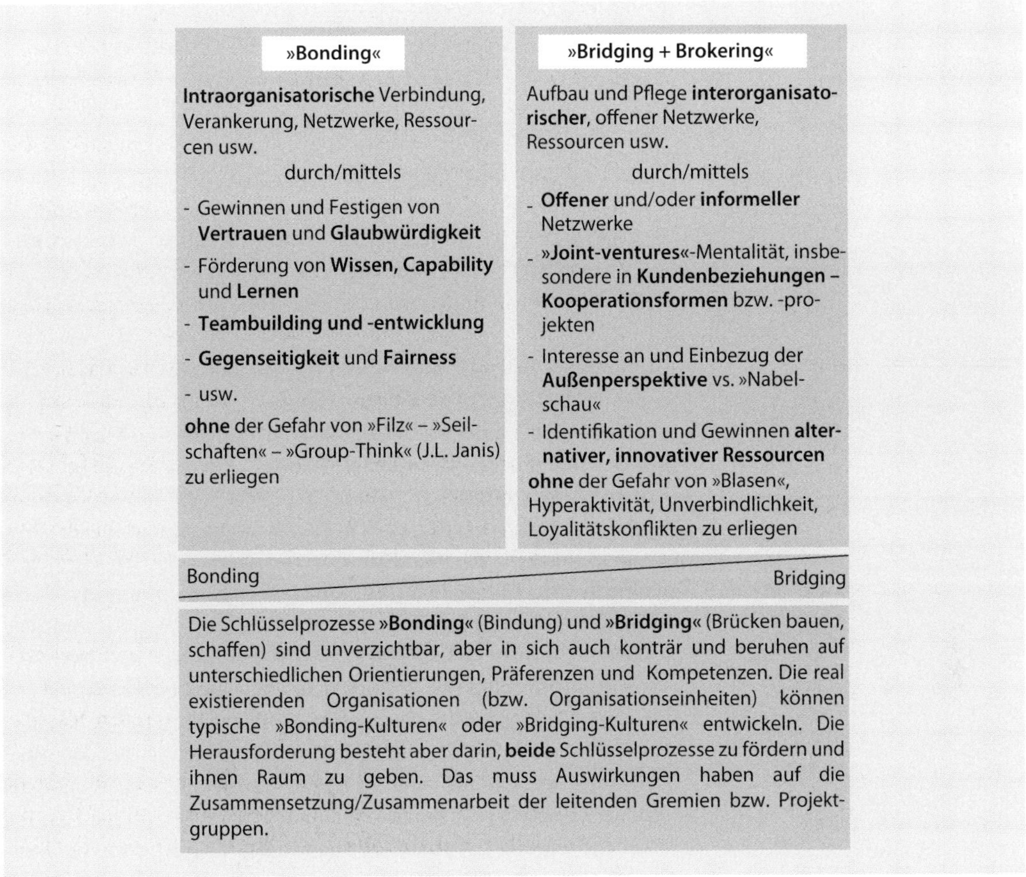

| »Bonding« | »Bridging + Brokering« |
|---|---|
| **Intraorganisatorische** Verbindung, Verankerung, Netzwerke, Ressourcen usw. | Aufbau und Pflege **interorganisatorischer**, offener Netzwerke, Ressourcen usw. |
| durch/mittels | durch/mittels |
| - Gewinnen und Festigen von **Vertrauen** und **Glaubwürdigkeit** | - **Offener** und/oder **informeller** Netzwerke |
| - Förderung von **Wissen, Capability** und **Lernen** | - **»Joint-ventures«**-Mentalität, insbesondere in **Kundenbeziehungen – Kooperationsformen** bzw. -projekten |
| - **Teambuilding und -entwicklung** | |
| - **Gegenseitigkeit** und **Fairness** | - Interesse an und Einbezug der **Außenperspektive** vs. »Nabelschau« |
| - usw. | |
| **ohne** der Gefahr von »Filz« – »Seilschaften« – »Group-Think« (J.L. Janis) zu erliegen | - Identifikation und Gewinnen **alternativer, innovativer Ressourcen** |
| | **ohne** der Gefahr von »Blasen«, Hyperaktivität, Unverbindlichkeit, Loyalitätskonflikten zu erliegen |

Bonding                                                      Bridging

Die Schlüsselprozesse »**Bonding**« (Bindung) und »**Bridging**« (Brücken bauen, schaffen) sind unverzichtbar, aber in sich auch konträr und beruhen auf unterschiedlichen Orientierungen, Präferenzen und Kompetenzen. Die real existierenden Organisationen (bzw. Organisationseinheiten) können typische »Bonding-Kulturen« oder »Bridging-Kulturen« entwickeln. Die Herausforderung besteht aber darin, **beide** Schlüsselprozesse zu fördern und ihnen Raum zu geben. Das muss Auswirkungen haben auf die Zusammensetzung/Zusammenarbeit der leitenden Gremien bzw. Projektgruppen.

◘ **Abb. 10.4** Bonding und Bridging

notwendigen Metakompetenzen vorgelegt: **Intelligenz** (akademische, praktische) – **Weisheit** (i. S. von Respekt für Werte, Ausgleich, Fairness) – **Kreativität** (bzgl. Ideen, Produkten, Verfahren und der Gewinnung von Zustimmung). Dieses WIC-Modell unterstützt unsere Auffassung, dass wirklich effektive ME in einem Ethos wurzelt (vgl. Eck, 2010c).

Davidson & Honig (2003), Jones (2005) und Iles & Preece (2006) entwickelten einen Ansatz, der um die Metakompetenzen »Bonding« und »Bridging + Brokering« als Schlüsselprozesse des Managements kreisen (vgl. auch ◘ Abb. 10.4). Sie basieren dabei zunächst auf Pierre Bourdieu (franz. 1983; dtsch. 2005, vgl. auch Franzen & Freitag, 2007) und seine Unterscheidungen zum rein ökonomischen Kapital. ◘ Tab. 10.2 setzt die im Anschluss an Bourdieu heute gebräuchlichen Unterscheidungen von Kapital. Wobei »Kapital« in diesem Sinne nicht etwas ist, das der Unternehmung gehört, das sie besitzt, sondern »Kapital« in diesem Sinne ist ein *Vermögen* das eine Unternehmung

| ◘ Tab. 10.2 Drei Kapitalformen | | |
|---|---|---|
| **Kulturelles Kapital** | **Soziales Kapital** | **Humankapital** |
| Wissen, Erfahrungen, Traditionen, Regeln, Normen, Werte, Motivationslagen etc. einer lokalen Bevölkerung bzw. Belegschaft einer Unternehmung | Intra- und Interorganisatorische Verbindungen, »good will« etc. Beim Sozialen Kapital wird unterschieden: Bonding Capital Bridging Capital (Vgl. ◘ Abb. 10.4) | Qualifikationsniveau, Employability, intrinsisches Wissen, Ethos, Motivationsniveau von Personen die das »mitbringen« bzw. in die investiert wird |

sich ausleiht, benutzt, braucht und für das sie Kapitalzinsen bezahlt, z. B. Löhne, Beteiligung am Mehrwert usw.

Und wie bei allen kapitalbezogenen Aktionen sind wichtig: Fragen der Investition – der Kapitalisierung – des Managements – des Return of Investment.

Eine der für »Herrschaft« (Regieren, Management, Leadership) schon immer erkannten und kontrovers diskutierten Metakompetenzen heißt »**Charisma**«, in etwas rationalerer Formulierung als »transformative Führung« bezeichnet, im Unterschied etwa zur »transaktionalen Führung« (vgl. dazu Eck, 1999; Felfe, 2005). Charisma ist das Vermögen, grundlegende Lösungen für vitale Probleme zu finden und für diese Lösungsansätze eine Gefolgschaft, ein »buy-in« zu haben.

Ein Konzept, welches verschiedene der bisher verwendeten Begriffe integriert und um weitere Dimensionen bereichert, ist das Konzept der **Capability**. Dieses wird u. a. auch den Konzeptionen der Assessment- und Development-Centers zugrunde gelegt, wie sie in der Publikation von Eck, Jöri & Vogt (2007, S. 47–48) beschrieben sind:

>> Dieser englische Begriff hat eine interessante Etymologie. Aus dem lat. *capere*, nehmen, fassen und *capax*, Fassungsvermögen, würdig i.S. von ebenbürtig, befähigt zu … wird französisch *capable* bzw. *Capacité*, engl. *Capability* bzw. *capacious* bzw. *capable*. Als *heuristisches* Schema für die Ermittlung, Analyse und Beschreibung sog. Anforderungen dient folgende Systematik [◘ Abb. 10.5]. **《**

>> Das Konzept der *Capability* geht mehr vom *Ergebnis* und dem *Volumen* (Ausmaß, Ressourcen) aus und definiert so die *Performanz* (Leistungsvermögen), in qualitativer, quantitativer und zeitlicher Hinsicht. Es fokussiert nicht so sehr die Einzelperson, sondern die *Interaktionen* innerhalb eines Ganzen, um ein bestimmtes Resultat zu erreichen. Außerdem ist dieses Konzept nicht auf bestimmte (präskriptive) Art und Weise, ein Problem zu lösen, fixiert, sondern ist offen für sehr unterschiedliche Qualifikationen, z. B. auch sog. *Vintage*-Qualifikationen (Mertens, 1977), d. h. die Fähigkeit, fehlende oder unzureichend vorhandene Qualifikationen, Ressourcen etc. durch *andere* Qualifikationen, Ressourcen zu kompensieren. Vgl. die Ausdrucksweise *se débrouiller*, sich behelfen. **《**

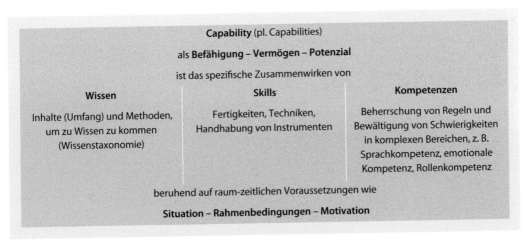

Capability (pl. Capabilities)

als **Befähigung – Vermögen – Potenzial**

ist das spezifische Zusammenwirken von

| **Wissen** | **Skills** | **Kompetenzen** |
|---|---|---|
| Inhalte (Umfang) und Methoden, um zu Wissen zu kommen (Wissenstaxonomie) | Fertigkeiten, Techniken, Handhabung von Instrumenten | Beherrschung von Regeln und Bewältigung von Schwierigkeiten in komplexen Bereichen, z. B. Sprachkompetenz, emotionale Kompetenz, Rollenkompetenz |

beruhend auf raum-zeitlichen Voraussetzungen wie

**Situation – Rahmenbedingungen – Motivation**

☐ **Abb. 10.5** Capability. (Aus Eck, Jöri & Vogt, 2007)

Jede Begrifflichkeit kann zu Schlagworten verkommen, jeder ursprünglich konzeptuelle Ansatz zu einer Mode. Das kennzeichnet in der Tat weite Strecken der ME-Landschaft. Entsprechend groß sind das Enttäuschungspotenzial und der Bedarf an neuen Moden, Schlagworten. Wo ME aber tatsächlich als Aufbau und Entwicklung einer Strategischen Erfolgsposition (C. Pümpin) verstanden und gewollt wird, geschieht die ME als strategischer Prozess in 3 orthogonalen Räumen (☐ Abb. 10.6).

Strategien intendieren und bewirken **Nachhaltigkeit,** oder sie waren von ihrer Substanz her eben keine Strategien, sondern Trends, Moden, Taktiken etc., das gilt insbesondere für die strategische ME. Die größte Nachhaltigkeit wird erreicht, wenn die Aus- und Weiterbildung einen Beitrag zur **Identitätsbildung** der Organisation, der Funktionen und der Menschen leistet. Dabei muss man sich bewusst sein, dass das, was wir ME nennen und das an den Hauts Lieux der ME gelehrt und getan wird, in einer ununterbrochenen Tradition steht, von der Antike bis heute, vor der sich auch unsere »globalen« oder doch eher ziemlich provinziellen Ansätze zu verantworten haben. ME muss mit soziologischem und sozialgeschichtlichem Recht als eine Form der **Elitereproduktion** gesehen werden (vgl. Eck, 2007b).

Management ist gesamtwirtschaftlich, global und innerhalb größerer Organisationen (Konzerne, Großbetriebe, Verwaltungen, Hochschulen etc.) ein **Massenbedarf,** und folglich ist ME auch ein »Massengeschäft«, was **Differenzierung,** nicht Senkung des Qualitätsstandards erfordert. Abgesehen von der evolutions- und sozialbiologischen Frage, ob das Potenzial einer gegebenen Population den mengenmäßigen *Bedarf* nach »Managern und Führungskräften« eines bestimmten Qualitätsstandards überhaupt decken kann (vgl. Gauss-Kurve vs. Bedarfsüberhang), stellt sich hier die Frage, welches »Bild«, welche »Leitidee«, welche **»Rollenidentität«** den **»Führenden«,** dem Management zugedacht werden soll.

**ME als eine Form der Elitereproduktion**

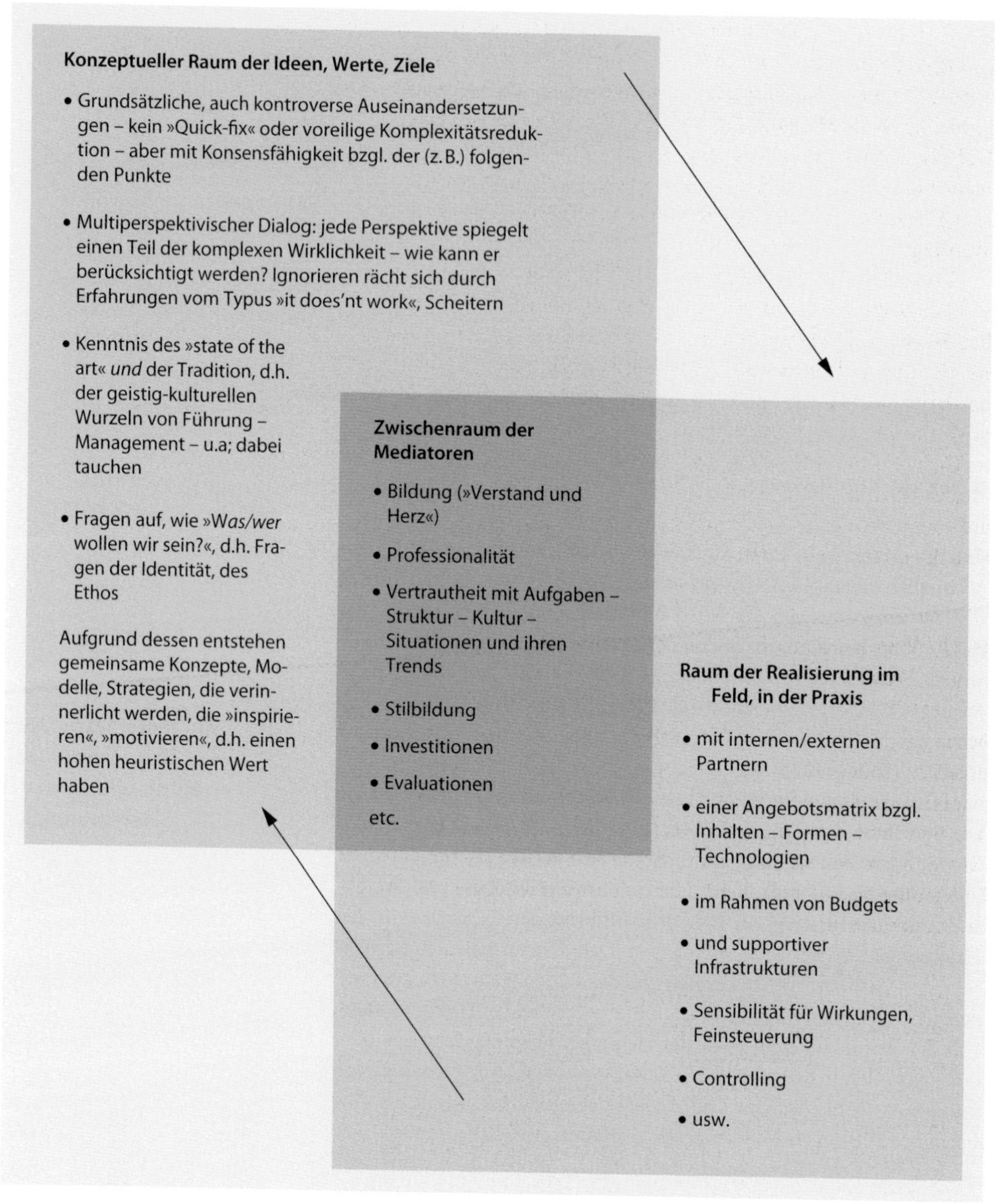

**Konzeptueller Raum der Ideen, Werte, Ziele**

- Grundsätzliche, auch kontroverse Auseinandersetzungen – kein »Quick-fix« oder voreilige Komplexitätsreduktion – aber mit Konsensfähigkeit bzgl. der (z.B.) folgenden Punkte

- Multiperspektivischer Dialog: jede Perspektive spiegelt einen Teil der komplexen Wirklichkeit – wie kann er berücksichtigt werden? Ignorieren rächt sich durch Erfahrungen vom Typus »it does'nt work«, Scheitern

- Kenntnis des »state of the art« *und* der Tradition, d.h. der geistig-kulturellen Wurzeln von Führung – Management – u.a; dabei tauchen

- Fragen auf, wie »*Was/wer* wollen wir sein?«, d.h. Fragen der Identität, des Ethos

Aufgrund dessen entstehen gemeinsame Konzepte, Modelle, Strategien, die verinnerlicht werden, die »inspirieren«, »motivieren«, d.h. einen hohen heuristischen Wert haben

**Zwischenraum der Mediatoren**

- Bildung (»Verstand und Herz«)

- Professionalität

- Vertrautheit mit Aufgaben – Struktur – Kultur – Situationen und ihren Trends

- Stilbildung

- Investitionen

- Evaluationen

etc.

**Raum der Realisierung im Feld, in der Praxis**

- mit internen/externen Partnern

- einer Angebotsmatrix bzgl. Inhalten – Formen – Technologien

- im Rahmen von Budgets

- und supportiver Infrastrukturen

- Sensibilität für Wirkungen, Feinsteuerung

- Controlling

- usw.

**◘ Abb. 10.6** Konzeptueller Raum – Raum der Realisierung

Mintzberg und viele andere haben sich verdient gemacht mit der Analyse und Beschreibung der verschiedenen Rollen, welche die Super-Rolle Management beinhaltet (vgl. Mintzberg 1973, 1989). Solche analytischen Rollenmodelle erlauben ein besseres »Matching« Person–Rolle, und die einzelnen Rollen können Gegenstand von Trainings sein. Im Rahmen der strategischen ME geht es aber nicht um diese diversen Rollen oder Rollenkomponenten, sondern um die **grundsätzliche Rollenidentität** und damit um den **Ethos** des Managements, der Manager/innen, also um die Frage, welche **Sozialtypen** durch die ME aufgebaut werden sollen. Gefragt ist der Mut zur Differenzierung. Differenzierung erweitert die Optionen, schränkt sie nicht ein. Und: Obwohl Differenzierung zu Wertungen (Diskriminierungen) verführen kann, ist festzuhalten: Differenzierung ist *keine* Wertung!

Unter der Voraussetzung, dass die Übersicht in ◘ Tab. 10.3 sehr wohl die Unterschiede und strategischen Optionen der ME hinsichtlich der Sozialtypen thematisiert, aber nur eine Beschreibung und keine Wertung und (insgeheime) Idealisierung darstellt, handelt es sich bei dieser Darstellung um drei, zwar unterschiedliche aber notwendige Optionen i. S. von »primary task«, von Prioritäten (bzgl. bestimmter Gruppen von Adressaten und »Potenzials«). Es wäre unrealistisch, idealisierend, damit ideologisch, und keineswegs notwendig, sich nur auf *eine* Rollenidentität festzulegen (z. B. »Elite«). Wichtig hingegen sind die Durchlässigkeit und die Plastizität der Kategorien.

### 10.1.7 Wie also funktioniert der strategische Prozess ME?

Management-Entwicklung als Aufbau einer strategischen Erfolgsposition benötigt mehr als eine dafür zuständige Abteilung von Spezialisten, ausreichende Budgets (die – wenn wirklich lernwirksame Konzepte und Verfahren eingesetzt werden – tatsächlich mit dem »Notwendigen«, erstaunlich wenigem, auskommen kann), externe Unterstützung und erprobte Einzelverfahren, wie sie z. B. ◘ Tab. 10.4 in Erinnerung ruft.

*Was entscheidet über die Effektivität der ME?*

> **Checkliste: Kriterien einer strategischen ME**
>
> ME ist ein strategischer Prozess in dem Ausmaß als sie:
>
> - orientiert ist am Unternehmensleitbild als Identität und »Philosophie« des Unternehmens, d. h. seiner **Kultur;**
> - in einem *nachweislichen* argumentativen und empirischen Zusammenhang steht mit der Erreichung der **Unternehmensziele** und der Umsetzung der **Strategien** der Unternehmung;
> - »aus einem Guss« ist, d. h. durchdacht (studiert und reflektiert), kohärent, systematisch, robust, und für die absolut notwendigen koordinativen Voraussetzungen sich das Senior-Management committet in dem Doppelaspekt: Vorbildwirkung und Durchsetzung der ME-Erfordernisse im Alltag des operativen Geschäfts;
> - sich auf dem Niveau des »State of the Art« der **Wirtschafts- und Managementpädagogik** (Andragogik) bewegt;

**◘ Tab. 10.3** Rollenidentität in der Managementbildung

| | Rollenidentität (als was die Manager hauptsächlich wirken sollen und ihr eigenes Rollenverständnis) | Legitimations-grundlagen (Beispiele) | Die häuptsächlich-sten Wirkfaktoren (Beispiele) | Zu erwartende Komplementärrolle (bei den Organisa-tionsmitgliedern) |
|---|---|---|---|---|
| Stark hierarchie-bezogen | **Experten** für das »Geschäft«, d. h. für die Lösung bzw. die Bewältigung von allgemein bedeutsa-men oder spezifischen Problemen/Situatio-nen/Schwierigkeiten/ Herausforderungen | **Funktion Expertise**, d. h. Wissen, Erfahrung bzgl. ihres Auftrags und Verantwortungs-bereichs (Position) **Ethos des Wissens** | Achievment – Motivation Kompetenz bzgl. der Aufgabe bzw. der Situation »Erfolgreich-sein« i.S. von Ziele werden erreicht Die personellen Beziehungen sind relativ stabil | Übernahme und Anwendung des Expertenwissens Konformität mit dessen normativen Standards Zufriedenheit und Identifikation mit dem sich einstellen-den Erfolg |
| | **Décideurs[a] – Entscheider** In den für die Organisa-tion und ihr »Geschäft« strategisch relevanten Fragen wie Investitio-nen und Rentabilität/ Unternehmensziele/ Politiken/Märkten/ Technologien/Normen/ HRM etc. | **Positionsmacht Zuständigkeit Qualität der** (richti-gen bzw. »besseren«) **Entscheidung Ethos der Macht** | Reduktion von Unsi-cherheit und offenen Optionen Für das Problem/die Situation geeignete Methodologie und Organisation der Ent-scheidungsfindung Transparenz, Begrün-dung, Kommunika-tion der Entschei-dung | Akzeptanz und Verstehen (Nach-vollziehen) der Entscheidung Loyalität zur Ent-scheidung Konsequenzen und Folgeentscheidun-gen im »Sinn und Geist« der Entschei-dung |
| Relativ hierarchisch unabhängig | **Eliten[b]** Jene Gruppen von »Leaders« oder »influ-ent members«, welche über ihre funktionale und positionale Kom-petenz hinaus einen **Mehrwert** stiften und dadurch zur Identität der Organisation prä-gend, d. h. stilbildend beitragen (vgl. »Ära«) | **Verpflichtetheit** gegenüber einem **übergeordneten Ganzen** Relative **Autonomie** in intellektueller, psy-chodynamischer und sozialer Hinsicht Zugehörigkeit zur Elite ist nicht das Ziel, sondern das **Ergebnis** der für andere geleisteten **Dienste** (Empower-ment) **Ethos der Verant-wortung** | Innerer Auftrag Sie **entwickeln, fördern** eine Sache, eine Gruppe Sind Identifikationsfi-guren bzw. Vorbild Verbinden Lernfähig-keit mit einer gewis-sen »Unbeirrbarkeit« (»langer Atem«) Wissen, wann ihre Zeit vorbei ist, (sonst wird die »Welt-geschichte zum Friedhof der Eliten«, V. Pareto) | Auseinandersetzung mit dem Anspruchs-niveau, welches Eliten verkörpern Gefolgschaft i.S. einer Wertgemein-schaft oder Kritik, evtl. Ableh-nung (Gegenelite) oder Rückzug in Pas-sivität (Abwarten) |

[a] Im Französischen werden die Angehörigen des oberen Managements »les décideurs« genannt, was ihre Funktion auf den Punkt bringt.

[b] Das Konzept »Elite«, als Wort seit dem 17. Jh. in Frankreich und England gebräuchlich, der Sache nach seit der Antike und in allen Kulturen zu beobachten, hat eine noble und schwierige Begriffsgeschichte. Unverzichtbares Kriterium der Definition (oder Beschreibung) von Eliten ist ihre entschlossene Orientierung am Ganzen, am »Gemeinwohl«. Eine der bemerkenswertesten Analysen der Existenz und Funktion von Eliten lieferte V. Pareto (1916, ital.; 1935, engl.; 1968, franz. 3. A.). Vgl. zur Tradition der Elitebildung im Zusammenhang mit »buon governo« (einer guten Regie-rung) auch Eck, 2010b.

10

**Tab. 10.4** Sechs Zielkategorien und einige Methodenbeispiele in der ME. (Nach Eck, 2007b, S. 32)

| | Primäre **Zielsetzung** der »Educational« Methoden und Maßnahmen zum Aufbau der »**Capability**« (basierend auf und noch mehr als Skills + Kompetenzen)[a] | Beispiele[b] (nur einige, generelle) der methodischen Konkretisierung; die aufgeführten Beispiele sind je nach ihrer Gestaltung polyvalent, d. h. auch für andere Zielsetzungen verwertbar |
|---|---|---|
| Gemäß den verschiedenen Kategorien von Zielsetzungen zu konzipieren | **Wissenserwerb** bzw. **Wissensvermittlung** | Lektüre, Diskussion, Kurse, E-Learning u. a. |
| | Aufbau und Vertiefung von **Skills** bzw. einzelner **Kompetenzen** | Training – Monitoring – Praxis (Schwierigkeiten und Erfolgserlebnisse) |
| | **Vernetzung** als Bonding und Bridging | Stages – Mitgliedschaften – Joint Ventures Großgruppenveranstaltungen (z. B. Zukunftsworkshop – Real Time Strategic Change – Open Space Technology – World Café etc.) |
| | **Herausforderungen** gestalten können | Job- und Project-Assignements – Aktionslernen – »Seitenwechsel« |
| | **Unterstützung** | Personal Governance (Hausammann, 2007) – Mentoring – Coaching – »onboarding« |
| | **Assessment** | Einzelassessment – AC – 360°-Feedback – Reviews/Auditing |

[a] Das »noch mehr …« umfasst Persönlichkeitsbildung und die Reflexion des Managements über die kontinuitätssichernde Einbettung der Wirtschaft und der Unternehmung in die Zivilgesellschaft und den Staat sowie die überstaatlichen Gebilde (vgl. Globalisierung – Regionalisierung – lokale Kontexte).
[b] Zur professionellen Gestaltung der einzelnen Methoden vgl. die einschlägige Literatur: Handbücher, »Trainer Kit(s)« – Methodensammlungen etc.

- einen hohen **heuristischen** Wert aufweist (also Interpretationsspielraum erfordert und ermöglicht) und nicht bloße Anwendung eines »Manuals« verlangt;
- und dass die Konsistenz und Effektivität der ME multiperspektivisch (vgl. die sozialwissenschaftlichen Methodik der Triangulation) evaluiert wird und dass die Ergebnisse wiederum Lernprozesse initiieren.

Das alles wird nicht der Fall sein, wenn die ME einer Unternehmung (oder Organisation) ein »Eigenleben« führt, zu stark von Externen abhängig ist und sich u. a. an Moden, Trends und dem, was kostspielig ist (»gut und teuer«), orientiert.

»The art of leadership« (Grint, 2000) erfordert die »Art of Management-Education«. War Pädagogik, Andragogik, Elitebildung jemals etwas anderes als »Kunst«? (Vgl. auch Eck, 2010c.)

Grafisch lässt sich dieser Ansatz der strategischen ME etwa wie in **D** Abb. 10.7 darstellen.

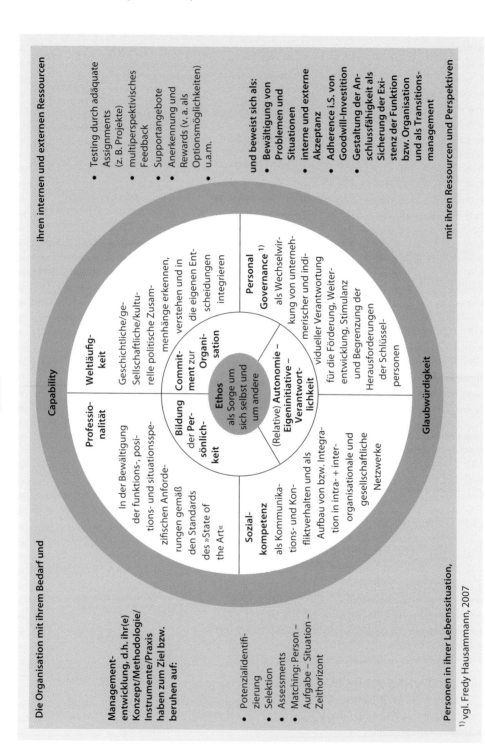

**Abb. 10.7** Das heuristische Feld der strategischen Management-Entwicklung

## Zusammenfassung

▬ Es gehört zur **Professionalität** jeder Managementstufe, die strategische ME zu gestalten und zu fördern. Nur eine in den »Alltag«, das operative Geschäft voll integrierte ME ist strategisch. In der ME ist »on the job« nicht so sehr lokal, physisch zu verstehen, sondern als einen unmittelbaren, direkten Bezug habend zu den zu lösenden gegenwärtigen und zukünftigen Aufgaben und Herausforderungen. Auch für das Unternehmen gilt: »Die Zukunft hat schon begonnen« (Robert Jungk, 1952). Zukünftige Entwicklungen haben immer ihre Vorgeschichte im Hier und Jetzt, und die gegenwärtigen Entscheidungen des Managements schaffen einen Teil der Zukunft des Unternehmens. Zu wissen ist aber auch: Die Vergangenheit wirft »lange Schatten«; sie kann niemals einfach gelöscht werden. Das »Nachhaltigste« ist leider oft das Vergangene. Wie also muss und kann das Hier und Jetzt gestaltet werden, damit es nachhaltig (im positiven Sinne) wirkt?

▬ Methoden, Techniken, »Tools«, Praktiken (und seien sie »best«) sind wichtige Bestandteile der ME. Ihre Gefahr ist, dass die Methoden und das Ermöglichen oder Hemmen dessen, was sie im Fokus haben, zum eigentlichen **Inhalt** der ME wird. Diese Gefahr ist mit (ständiger, d. h. begleitender) Reflexion zu begegnen. Die zentralen Fragen dabei sind:

  ▬ Welche »**Umsetzungskompetenz**« (Wunderer & Bruch, 2000) braucht unser Management, um eine valable Antwort des Unternehmens auf die komplexen Herausforderungen durch die »Treiber« ihres Geschäfts und das Eingebettetsein des Unternehmens in die Zivilgesellschaft und in staatliche Gefüge finden zu können? (Vgl. ◘ Abb. 10.1)

  ▬ Welches sind inmitten der ständigen Veränderungen, Beschleunigungen und Innovationen die relativ überdauernden, stabilen und verbindlichen Orientierungsbojen, welche das Überleben des Unternehmens (der Institution, Organisation), seine Identität und Kultur sichern und vitalisieren?

▬ Die Antworten darauf finden sich in der und durch die **Reflexion,** d. h. die »strategic conversation«, den Prozess der Ethosbildung, die Entfaltung autonomer Persönlichkeiten, und in der **Professionalität** (als Lust an Qualität) aller Funktionen und Stufen des Unternehmens. Das ist dann ME als strategischer Prozess!

## 10.2 Führungskräfte-Entwicklung

*Jana Leidenfrost und Andrea Küttner*

» Die besten Führer sind diejenigen, die als Führer gar nicht mehr bemerkt werden. Die nächstbesten Führer sind diejenigen, die von ihren Leuten geehrt und gepriesen werden. Die nächstbesten Führer werden gefürchtet, und die nächstbesten Führer werden gehasst.

> Wenn die besten Führer ihre Aufgabe erledigt haben, dann sagen ihre Leute: Wir haben es selbst getan. (Laotse) **«**

### 10.2.1 Einleitende Worte – There must be another way

Die Kultur eines Unternehmens spiegelt sich in der speziellen Art und Weise wider, wie die Führungskräfte dort gefordert und gefördert werden. Unabhängig davon, hat jeder Praktiker in diesem Feld sein eigenes professionelles Verständnis. Die nächsten Abschnitte werden daher unterschiedliche Perspektiven liefern: vom allgemeinen Grundverständnis der Potenzialentwicklung über das Verhältnis zu den eigenen Kunden, die methodischen Gestaltung von Lernprozessen bis hin zu ganz praktischen Tipps für den Alltag. »Aus der Praxis – für die Praxis« werden damit einfache Möglichkeiten geboten, um den persönlichen Blickwinkel zu reflektieren, vergleichbar einer Reise von der man »irgendwie« verändert zurückkommt. Um Führungskräfte erfolgreich in die Zukunft begleiten zu können, laden wir Sie daher zunächst ein, die lange Tradition der Wissensvermittlung im Sinne des soliden, professionellen Handwerks um die kreativ-kindliche Fähigkeiten des Erkundens und Entdeckens zu erweitern.

Es hieß, dass ein alter Wirtschaftsmeister immer genau die richtige Antwort, die Lösung für ein Problem zur richtigen Zeit hatte. Und es trug sich zu, dass eine Gruppe alter Freunde und junger Talente eines Tages in seine Heimatstadt wanderten und ihn bewundernd fragten: »Wie kommt das nur? Einige von uns kennen dich seit mehr als 20 Jahren und zu jedem Anlass, egal ob nun ein Mitarbeiterproblem oder eine fehlende Strategie oder eine Marktveränderung, findest du immer etwas Passendes, um gut damit umzugehen! Wie, um Himmels Willen, machst du das?« »Ja, wie wollt ihr wissen?«, fragte der Alte. »Nun, dann lasst mich euch eine Geschichte erzählen«, und er erzählte folgende Geschichte:

Es war einmal ein Prinz, der das Bogenschießen liebte. Jeden Tag suchte er sich, mit Pfeil und Bogen gewappnet, ein Ziel und übte. Er war sehr gut, wollte aber noch besser werden und so beschloss er, die Akademie zu besuchen, um vom großen Meister im Lande unterrichtet zu werden. Nach einigen Jahren war er so gut wie die anderen jungen führenden Kräfte in der Akademie, so dass er manchmal den Bogen innerhalb der ersten 3 Ringe und manchmal auch mitten ins Schwarze traf. Als er sich auf den Weg zurück in sein Königreich machte, kam er durch ein kleines Dorf und sah etwas, das ihn in Staunen versetzte. Neben einer Scheune sah er 10 Zielscheiben – und auf jeder steckte ein Pfeil mitten im Schwarzen! Und das zehnmal! »Wer war das?«, fragte er und fand schließlich den Bauern, dem die Scheune gehörte. »Warst du das?« »Nein«, lachte der, »das war nicht ich. Es war mein Sohn Yekel.« »Er ist ein Genie – ich muss ihn kennen lernen!« Der Bauer lachte wieder. »Noch nie hat jemand Yekel als ein Genie bezeichnet.« Er zeigte auf einen 10 Jahre alten Jungen, der barfuß umherlief und Pfeil und Bogen mit sich herumtrug. »Yekel!«, rief der Prinz. »Ich muss unbedingt wissen, wie du das machst!« »Es ist ganz einfach«, antwortete Yekel unbeteiligt. »Nein, das ist es nicht. Ich habe jahrelang studiert und viele Kurse besucht und doch nie jemanden getroffen, der eine solche Leistung vollbracht hat!« »Nun«, sagte Yekel, »ich nehme einen Pfeil, spanne den Bogen und schieße! Und danach ziehe ich die Kreise.«

Die Rahmenbedingungen für Führungskräfteentwicklung haben sich im Zuge der Finanzmarktkrise schlagartig verändert. Ob in großen Unternehmen, dem Mittelstand oder für Trainings- und Beratungsunternehmen, überall sind die Wirkungen stark verknappter Ressourcen spürbar. Vielfach wurden harte Schnitte gemacht. Andererseits sind die Bedürfnisse bei den Führungskräften, die Nöte zu wenden, und damit die Anfragen für Unterstützung enorm gestiegen. Die Führungskräfte sind als Menschen und als Manager gefragt: gute Zuhörer sein, Wege weisen, klare Signale geben, nichts beschönigen, dennoch Perspektiven aufzeigen und selbst die Kraft aufbringen, um die krisenhaften Erscheinungen zu bewältigen. Das heißt, der Bedarf an Führung ist groß, der Bedarf an (Führungs-)Kraft noch größer.

Gleichwohl werden wir Praktiker der Personalentwicklung dieser Tage oft mit der Anforderung seitens der Kunden konfrontiert, dass die anstehenden Transformationen und Entwicklungen am besten für jede Führungskraft schon maßgeschneidert in der Tasche dabei seien und diese anprobiert werden können wie ein neuer Anzug. Zeiten für einen bewussten Übergang, für Abschiednehmen von Veraltetem und für die Annäherung an und die schrittweise Gestaltung der »neuen Ufer« werden kaum gewährt oder sich zugestanden. Die Situation ist geprägt durch zahlreiche äußere Widersprüche und eine hohe innere Ambivalenz der Beteiligten. Für die praktische Umsetzung der Führungskräfteentwicklung bedeutet das zuweilen einige professionelle Dilemmata, vergleichbar mit dem des Prinzen hinsichtlich des Bogenschießens. Ein Übergang – nicht nur für einzelne Personen und Verantwortungsträger, für ganze Teams mit gewandelten Aufgaben oder Unternehmen mit neuen Geschäftsmodellen, der sich auch in der Führungskräfteentwicklung als eigene Disziplin niederschlägt. Wenn wir daher im Folgenden »aus der Praxis für die Praxis« berichten, so sehen wir unsere Verantwortung vor allem darin, »Ver-Antwortung« wörtlich zu nehmen. Das heißt, um Antworten etwas verlegen zu sein. Die »Antwortlosigkeit« und die »Wissenslosigkeit«, die wir dieser Tage manchmal vor unseren Kunden empfinden, als Chance zu sehen und das Wissen vielmehr durch das Empfinden zu ersetzen! Vielleicht eine neue Empfindungsskala zu entwickeln auf die Frage: Wann haben wir als Personalentwickler, Bildungsfachleute, Trainer, Berater gute Arbeit gemacht? In der Vergangenheit hat es zahlreiche Antworten gegeben und für die Zukunft ist bereits viel geschrieben, angedacht und gesehen worden. Doch: Was brauchen wir jetzt und in unserem spezifischen Umfeld, um als Profis sicheren Schrittes in die Zukunft zu gehen?

> **Reiseroute**
> - Perspektive 1: »Orientierung« – Potenzialentwicklung vs. Potenzialentfaltung
> - Perspektive 2: »Umsetzung mit dem Kunden« – Kunsthandwerk Führung
> - Perspektive 3: »Lernformate und innere Haltung« – Ob Kinder lernen, was wir ihnen beibringen wollen, ist fraglich, unser Benehmen dabei lernen sie allemal.
> - Perspektive 4: »Erfolgsfaktoren auf einen Blick« – quadratisch, praktisch, gut

## 10.2.2 Perspektive 1: »Orientierung« – Potenzialentwicklung und Potenzialentfaltung

Der ursprüngliche Auftrag der Führungskräfteentwicklung kann folgendermaßen zusammengefasst werden: Führungskräfteentwicklung beinhaltet das Formen und Gestalten von Lernprozessen, um strategisch wichtige Kernkompetenzen der Führungskräfte zu fördern. Im Speziellen geht es um die Entwicklung von Kenntnissen, Fähigkeiten und Grundhaltungen, um aktuelle und zukünftige Führungsaufgaben zieldienlich zu meistern (vgl. Leidenfrost, 2006, S. 78 ff.). Das heißt, Aspekte der Förderung, des Lernens und der Veränderung fließen in derartigen Konzepten, Strategien und Dienstleistungen zusammen. Führungskräfteentwickler agieren, reagieren und gestalten daher jeweils im Spannungsfeld von Organisation, Funktion und Person und an den angrenzenden Umfeldern (Heintel, 1991). Dennoch: Führungskräfteentwicklung als Teil der Personal-, Organisationsentwicklung oder der betrieblichen Weiterbildung wird in jedem Unternehmen unterschiedlich verwirklicht. Je nach Größe, strategischer Ausrichtung, Entwicklungsphase des Unternehmens, Führungsphilosophie, Aufgabenschwerpunkten, Führungsebene und »atmosphärischen« Gegebenheiten (raue See, Sonnenschein, kalter Wind) hat und braucht eine Führungskräfteentwicklung andere Schwerpunkte.

■ ■ **Welche Entwicklungen prägen die Führungskräfte, mit denen Sie tätig sind, deren Umfeld und ihre eigene Arbeit?**

»Ich glaube, die Lösung haben wir, aber die passt irgendwie überhaupt nicht zum Problem«, so eine Führungskraft vor kurzer Zeit als Antwort auf die Frage nach dem Ergebnis einer vorangegangenen Übung. Und ganz ähnlich mag es vielen Experten und Expertinnen der Bildungsarbeit dieser Tage gehen: Ich glaube die Lösung haben wir, aber die passt irgendwie nicht (mehr) zum Auftrag. Denn auch der Auftrag der Führungskräfteentwicklung hatte sich vielerorts an die weit verbreitete wirtschaftliche Logik der Gewinnmaximierung angepasst und wurde häufig von kurzfristiger Machbarkeit, Ressourcenoptimierung und gezielter Messbarkeit dominiert. Daher führt die Frage auf einem Kongress des letzten Jahres »Tun wir noch das Richtige? Und tun wir die Dinge richtig?« nicht nur sozusagen »nach vorne« und zu zukünftigen Anforderungen an Führungskräfte, sondern auch »zurück« an die Wurzeln der Entwicklungsarbeit. Verschaffen wir uns also etwas Orientierung auf der ersten Etappe der Reise, um die Landkarte der eigenen Professionalität und des Umfelds deutlich zu sehen.

## Einflüsse, die Führungskräfte aktuell als prägend erleben

**»** In meiner jetzigen Situation muss ich mich einfach im Fluss des Lebens weiter treiben lassen und immer kräftig gegen den Strom mitschwimmen. (Führungskraft) **«**

Die gefühlte Paradoxie, die in diesem Zitat einer Führungskraft zum Ausdruck kommt, ist für viele Ausdruck der Parallelität von Gegensätzen, die aktuell erlebt werden. In einer Studie des Center for Creative Leadership (Martin, 2009) konstatieren 84% von ca. 400 Führungskräften, dass sich die Definition von »effektiver Führung« in den letzten 5 Jahren entscheidend verändert hat. Führung, so die Befragten, verändere sich immer stärker von einer »Position«, die man besetzt hatte, hin zu einem täglichen »Prozess«, den es zu gestalten gilt. Damit verbunden wurden Aspekte hervorgehoben, wie sie in ◘ Tab. 10.5 aufgeführt sind.

Dabei spielen vor allem 3 Faktoren eine Rolle, deren großer Einfluss auf Führung gesehen wird:

### ■ ■ »The world is flat«

Mit diesem Einfluss auf Führung sind die Auswirkungen der Globalisierung unserer Arbeitsumwelt in all ihren Facetten gemeint. Eine Führung, die virtuell mehrere hundert Menschen in verschiedenen Ländern, unterschiedlichen Zeitzonen und variabelsten Kulturen der Welt umfasst. In diesem Sinne »beginnt« Führung mit der technischen Organisation von Kommunikationskanälen und virtuellen Treffpunkten, umspannt ein internationales Verständnis und Einstimmung auf verschiedene Kulturen, Märkte und Gepflogenheiten und »endet« mit der ganz persönlichen Steuerung der eigenen Lebensqualität zwischen Zeit- und Klimazonen. Das heißt, Führungskräfteentwicklung braucht Aspekte, in denen der Geist der »Pfadfinderlager« weht. In denen abteilungs-, länder-, funktionsübergreifende Zusammenhänge gefragt sind und Sachverhalte im Dialog wechselseitig erkundet werden, ein »global workout«. Die Globalität hat Nähe geschaffen, jetzt braucht es eine andere Qualität der »Berührung«. Berührung trägt den Wortstamm der »Ruhe« in sich. Zur Ruhe kommen, mit

**◻ Tab. 10.5** Veränderungen im Führungsverständnis

| Weg von … | Hin zu … |
|---|---|
| … belohnt werden als Held/Star | … belohnt werden für das Erfolgreich-machen anderer |
| … dem unabhängigen Entscheidungsführer | … vielen wechselseitig abhängigen Entscheidungsprozessen, die es zu steuern gilt |
| … erarbeiten und halten des strategischen Kurses | … strategisch steuern und anpassen, während man geht |
| … logisch und rational | … emotional und gefühlsbetont |
| … wettbewerbsorientierten Territorien | … kooperativer Zusammenarbeit |

sich selbst in Kontakt sein, sich tatsächlich von den Sichtweisen und Perspektiven der anderen berühren lassen und darüber die notwendige Toleranz entwickeln, die es braucht, wenn es um Eigenständigkeit (Autonomie) einerseits und gute Zusammenarbeit (Bindung) andererseits geht. Grundlage dessen ist eine hohe Integrationsfähigkeit, die es den Führungskräften ermöglicht, einerseits flexibel und andererseits kohärent (eins) mit sich, dem Umfeld und im Sinne des Ganzen (des Auftrags, der Einheit, des Unternehmens) zu sein. Wortwörtlich ausgedrückt bedeutet damit erfolgreicher Umgang mit Globalität: »to be at one with the world« (im Engl. »Zufriedenheit«).

**■ ■  »The world is complex«**
93% der befragten Führungskräfte glauben, dass die Herausforderungen, denen sie sich heute gegenübersehen, wesentlich komplexer sind als früher. Das Businessumfeld wird als »permanent white water condition« beschrieben, was soviel heißt wie Chaos, zufällig und mit höchsten wechselseitigen Abhängigkeiten und dynamischen Entwicklungen, die ein gutes Management von Risikofaktoren bis hin zum Aushalten und Bewegen in Unsicherheit und Nebel bedeuten. Während dabei lange Zeit viele Führungskräfte mit der Haltung der Gewinnmaximierung und Funktionalität belohnt worden seien (»making the numbers« mit dem Fokus auf individueller Leistung und Leistung der Businesseinheiten), brauche es zukünftig auch den Blick für den erfolgreichen Umgang mit Komplexität, bei dem verstärkt Innovation, Zusammenarbeit und langfristige Auswirkungen belohnt werden müsse. Gefragt seien Haltungen, die eher vernetzt und in Zusammenhängen denken, die Widersprüchliches zulassen können, aufeinander beziehen und integrieren. Führungskräfte, die mit Orientierungslosigkeit umgehen können und sich Stück für Stück selbst neue Handlungssicherheiten verschaffen – gerade wenn sie durch Veränderungsprozesse navigieren. Führungskräfteentwicklung in diesem Sinne hat einen wesentlich höheren Anspruch an die Ver-

mittlung vernetzter Zusammenhänge, an ein Kontextverständnis und die Herausbildung einer Haltung, die mit Resilienz umschrieben werden könnte: »in der Schwebe handlungsfähig bleiben« (Pulley, 1997; Boss & Hildenbrand, 2008).

■ ■ »The work is interrupted«

Wie lange können Sie einer Aufgabe folgen, bevor Sie durch irgendetwas unterbrochen werden? Einem New Yorker Magazin zu Folge verbringen Führungskräfte durchschnittlich max. 11 Minuten mit einer Aufgabe, bevor eine Unterbrechung kommt. Danach dauere es im Vergleich ca. 25 Minuten, bis der Betreffende wieder zur ursprünglichen Aufgabe zurückkehren kann. Beinahe ohne es zu »bemerken«, liegt damit einer der größten Einflüsse auf den Führungsalltag im Bereich der Aufmerksamkeitsfokussierung und Konzentration. Die Zerstreuung ist gewaltig und der ständige Wechsel der Aufmerksamkeit kann schnell zum Energiefresser werden, ohne überhaupt produktiv gewesen zu sein. Denkprozesse in derartig »störanfälligen« Umfeldern sind geprägt von eher Assoziativem, Halbfertigem, von Aus- und Einblenden, An- und Umschalten. Hier sind Fähigkeiten der Konzentration, der Achtsamkeit auf sich selbst und der mentalen Steuerung der eigenen Aufmerksamkeit gefragt, wie wir es beispielsweise von Sportlern kennen. Bildungsprozesse erfordern daher auch Trainingsmöglichkeiten für eine intelligente Abwehr unnötiger Informationen und die gezielte Aufnahme und Imagination des Wesentlichen.

Diesen 3 Haupteinflussbereichen entsprechen auch neuere Führungsphilosophien und -modelle, die ihrerseits Erkenntnisse der Neurowissenschaften und Strategiebildung integrieren und in denen weniger administrative Anteile von Führung, i. S. von Aufgabensteuerung und Arbeitsorganisation, sondern vielmehr beziehungsorientierte und transformationale Anteile betont werden, die notwendigerweise in einer körperlich, mental und emotional gesunden Persönlichkeit verankert sind. [Weiterführende Literatur: vgl. Transaktionale und transformationale Führung, z. B. Dörr (2007), Kerschreiter et al. (2006), Tichy & Devanna (1995); soziale Intelligenz, Goleman & Boyatzis (2009); Servant Leadership, Hinterhuber et al. (2006); Leadership Diamond, Koestenbaum (2002); Mindfulness, Siegel (2007).]

> **Führung hat einen erhöhten Bedarf an vernetztem Denken, Fokussierung, Achtsamkeit und Dialog**

## Implikationen für die Führungskräfteentwicklung – worin sehen Sie Ihren Kernauftrag?

Zusammengefasst steht Führungskräfteentwicklung damit vor der Aufgabe, Führungskräfte in einem Umfeld zu begleiten, zu fördern, zu befähigen, das zusammengefasst in weiten Teilen durch natürliche Prinzipien von Lebendigkeit geprägt ist:

- Vielfältigkeit/Mehrfachheit – »More and different!«
- Interdependenz/wechselseitige Abhängigkeiten – »It's all connected!«
- Ambiguität/Unschärfe – »What does ist mean?«
- Im Fluss – »Constantly changing!«

Wenngleich diese Perspektiven nicht neu sind (vgl. z. B. Ansätze aus der System- und Chaostheorie), so scheint es doch, als ob wir in den Unternehmen neuerlich dazu aufgerufen werden, zu akzeptieren, zu relativieren und statt zu kontrollieren einen erfolgreichen Umgang damit zu fördern. Typischerweise zeichnen sich 3 wesentliche Trends ab, wie bisher mit komplexen Umfeldern umgegangen wurde:

1. »Je komplexer das Umfeld, desto mehr gilt es aufzubauen« – sich vielfach erweitern und verstärken (Techniken, Abläufe, Details, Richtlinien, Methoden …)
2. »Je komplexer das Umfeld, desto mehr gilt es abzubauen!« – sich beschränken und reduzieren (Leistungs-, Ressourcen- und Zeitmanagement …)
3. »Je komplexer das Umfeld, desto variabler und gezielter gilt es zu sein!« – sich handlungsfähig halten in der Vielfalt (Beziehungen, Kernprozesse verstehen, systemisches Denken, Weltbilder/Werte reflektieren …)

Während die ersten beiden Aspekte stark vom klassischen Ausbildungs- und Qualifizierungsgedanken geprägt sind, d. h. von der Kompetenzentwicklung im eigentlichen Sinne, ist der dritte Aspekt eher vom Bildungs- und Wachstumsgedanken, d. h. der Potenzialentfaltung geprägt. Der Gewinn einer guten Ausbildung liegt in einem umfangreichen Expertenwissen, oftmals ergänzt um gruppendynamisches und projektbezogenes Training, welches in Zeiten funktionierender Hierarchien, integrierter Team- und Projektstrukturen sowie überschaubarer Entwicklungen sehr hilfreich ist (vgl. ► Ceckliste »Aus-Bildung«). Jeder weiß, was er tut, und das ist miteinander bestens organisiert. Dieses Herkulesprinzip der klassischen Entwicklung hat viele Jahre Tradition. Manchmal jedoch auch mit dem Preis: »Die Führungskräfte die wir haben, haben zwar jede Menge Köpfchen, Selbstdisziplin und Elan, doch ihre Unfähigkeit, sich im Job sozial angemessen zu verhalten, lässt sie beruflich scheitern« (Goldstein, 2009).

> **Checkliste: Welche Anteile guter »Aus-Bildung« hat die Führungskräfteentwicklung in ihrem Umfeld? Wie und durch wen werden diese realisiert?**
> - Erwerb spezifischer Kenntnisse, um Vielfalt zu beherrschen
> - Aneignung von schnell verwertbarem Wissen, das schnell nachgerüstet werden kann
> - Fit machen für den Umgang mit wenigen Ressourcen und Effizienz
> - Situative Vielfalt bewusst machen und ein Eingehen darauf fördern
> - Persönliches Stärken, um den Anforderungen gerecht zu werden
> - Entwicklung vielfältiger Methodenkenntnisse über verfügbare »Hardware«.

Der Gewinn einer guten Bildung lässt sich hingegen schlechter messen und beschreiben als in klassischen Ausbildungsgängen. Vielleicht würde man diesen Führungskräften eher Souveränität, Integrität, ein gutes Händchen für die Mitarbeiter, eine gute Nase für die Trends und einen langen Atem bei wechselnden Bedingungen zuschreiben. Möglicherweise würde man die Auswirkungen vor allem auch im Umfeld beobachten können, und die Person selbst könnte kaum sagen, was sie nun anders macht. Am besten umschrieben ist der Gewinn mit gut ausgereiften Metakompetenzen (z. B. Problemlöse- und Lernfähigkeit, Impulskontrolle, Frustrationstoleranz, Flexibilität und Selbstoptimierung, Motivation) und einer Haltung, die Reifen und Wachsen bejaht. Dieses Prinzip der Potenzialentfaltung hat höchste Konjunktur für alle Umfelder, für die es, wie oben beschrieben, vor allem um die Sicherung der Handlungs- und Überlebensfähigkeit bzw. die permanente Erneuerung geht (vgl. ▸ Checkliste »Bildung«). Und sie hat, gemessen an bisheriger Gewinnoptimierung, einen hohen Preis: Zeit und Aufmerksamkeit!

---

**Checkliste: Welche Anteile guter »Bildung« hat die Führungskräfteentwicklung in ihrem Umfeld? Wie und durch wen werden diese realisiert?**
- Erhalt von Möglichkeiten, sich Strategien und Innovationen zu erschließen
- Anregen zum verantwortlichen Handeln, integrativem Denken und Problemlösen
- Erfahrungen machen, die Entdecken, Gestalten, Selbsterneuern ermöglichen
- Bilder für Zusammenarbeit fördern mit Flexibilität, Respekt, Vertrauen, Verantwortung
- Üben integrativ gestaltender Fähigkeiten wie: Ausrichten, Energie Mobilisieren, Balancieren, Integrieren, Synchronisieren, Abstimmen und Verhandeln
- Entwicklung eines vermehrten und vielfältigeren Bewusstseins über die eigene »Software«

---

- »Natürlich fällt der Apfel von selbst, wenn er reif ist, doch hat der Gärtner drum herum viel Arbeit.« (Autor unbekannt)

Und darin liegt wohl die übergeordnete Herausforderung für die zukünftige Entwicklung der Führungskräftearbeit. Entfaltung könnte leicht missverstanden werden, als ob man alles sich selbst überlassen kann, so wie auch das Prinzip der selbstorganisierten Lerngruppen oft versimplifiziert wird. Gleichwohl könnte man aus Gründen der Sicherheit und Loyalität auf bewährte Zugänge der eigenen Arbeit zurückgreifen und damit zumindest ein pragmatisches, wissendes und (be)rechenbares Vorgehen ermöglichen. Sobald Gegensätzlichkeiten auftreten, fühlen wir Menschen oft einen Zwang, wählen zu müssen.

**Integrationsfähigkeit als Antwort auf Paradoxien**

Manchmal ist das angemessen. Doch genauso oft ist keine Wahl notwendig, sondern vielmehr das kraftvolle Spielen mit den Möglichkeiten, die sich bieten. Mit einer ausreichend entwickelten Fähigkeit zur Integration können wir »groß« genug sein, um Paradoxien zu leben. »Leben heißt, das Spannungsverhältnis zwischen Fluss und Form zu gestalten.«

Für die Führungskräfteentwicklung bedeutet das, Umfelder zu schaffen, in denen sowohl Managementprozesse als auch Wachstumsprozesse erlebbar werden, in denen verschiedene Zugänge und Rahmenbedingungen integriert sind. Während das eine systematisier-, plan-, steuerbar und funktional ist, sind die anderen Aspekte des Wachsens eher erfahr- und durchlebbar. Dieses Grundbedürfnis nach Stimulation im eigentlichen Sinne wird auch von den Führungskräften als wesentliches Erfolgsmerkmal zukünftiger Führungsprogramme angesehen. Beispiele dazu finden sich in den nächsten Abschnitten.

### 10.2.3 Perspektive 2: »Umsetzung mit dem Kunden« – Kunsthandwerk Führung

>> Wie führe ich Leute? Was ist das überhaupt für eine Aufgabe? Man wird irgendwann Leiter und dann stolpert man halt so los, wie man grade so in einer Situation zurechtkommt. So ein bisschen Handwerkszeug einem mitzugeben, das wäre einfach gut. (Führungskraft) <<

Die Umsetzung vielfältiger Programme zur Führungskräfteentwicklung ist meist geprägt vom direkten strategischen Auftrag, dem vorherrschenden Führungsverständnis und der Verknüpfung mit den gültigen Karrierewegen im Rahmen der Personalentwicklung. Somit sind die Programme, egal ob als Curriculum, als einzelnes Seminar, als Kongress, als Wegbegleitung durch Coaching und vieles mehr, nie losgelöst zu sehen vom Rahmen, in dem sie stattfinden. Vergleichbar ist dies mit einem Bild: Der gezeichnete Inhalt besteht an und für sich, die Botschaft und Wirkung des Bildes jedoch entsteht erst im Zusammenhang mit dem Kontext, in dem wir das Bild betrachten, oder mit der Frage, mit der wir eine Interpretation wagen. Im Folgenden soll daher für eine gelingende Umsetzung weniger der inhaltliche Aufbau spezieller Programme skizziert werden, sondern vielmehr ein Bewusstsein dafür geschaffen werden, welche Maßstäbe an die erfolgreiche Umsetzung von Programmen angelegt und welche Qualitäten in den Veranstaltungen erfahrbar gemacht werden können. Eine gezielte Auswahl und Zusammenstellung treffen dann die Verantwortlichen in ihrem jeweiligen Verfügungsrahmen.

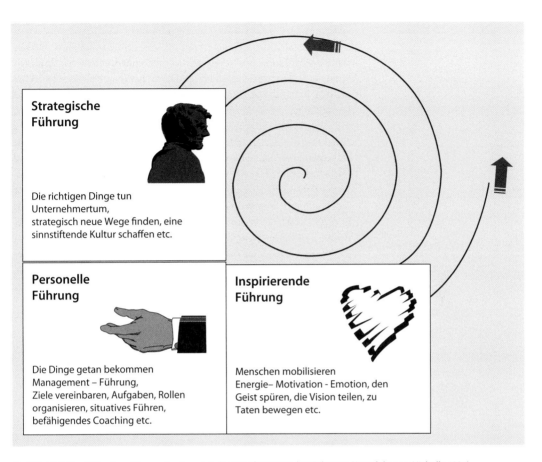

**Strategische Führung**

Die richtigen Dinge tun
Unternehmertum,
strategisch neue Wege finden, eine
sinnstiftende Kultur schaffen etc.

**Personelle Führung**

Die Dinge getan bekommen
Management – Führung,
Ziele vereinbaren, Aufgaben, Rollen
organisieren, situatives Führen,
befähigendes Coaching etc.

**Inspirierende Führung**

Menschen mobilisieren
Energie– Motivation - Emotion, den
Geist spüren, die Vision teilen, zu
Taten bewegen etc.

**Abb. 10.8** Kopf, Hand und Herz – das Konzept der transformierenden Führung. (Angelehnt an Nicholls, 1994)

## Theorie als Maßstab – Inhaltliche Gestaltung

Für eine inhaltliche Orientierung anhand von Führungsmodellen eignet sich aus unserer Sicht nach wie vor ein Modell der Führung, das aus dem Jahre 1994 von John Nicholls stammt: »Transformierende Führung – Führen mit Kopf, Herz und Hand«, hat er seine Veröffentlichung beschrieben (**Abb. 10.8**). Genau darin findet sich Führungskräfteentwicklung mit dem Bild des »Kunsthandwerks« wieder. Ein großer Teil der Führungsarbeit ist Handwerk: vergleichbar mit den strategisch-administrativen Anteilen, dem klassischen Management. Ein anderer Teil, stark geprägt von der jeweiligen Situation und den Beteiligten, ist Kunst: vergleichbar mit Führung im engeren Sinne, geprägt durch ein »gutes Händchen«, den Umgang mit Widersprüchlichkeiten, dem Aufrechterhalten der Energie und Motivation sowie letztlich dem Ermöglichen echter Transformation mit neuen Denk- und Verhaltensweisen. Während die Praxis der Führungskräfteentwicklung seit Jahren zahlreiche Angebote zum handwerklichen Bereich kennt, bleibt das Feld der »Transformation« und sozusagen der

»Herzensbildung« nach wie vor experimentell. Des Weiteren spiegelt sich im Modell der bereits erwähnte Unterschied zwischen Ausbildung und Bildung bzw. zwischen Kompetenzentwicklungs- und Potenzialentfaltungsprozessen wider. Damit hat dieses Führungsmodell an sich integrativen Charakter und verweist auf einen dritten und notwendigen Bereich: die Förderung der Integrationsfähigkeit der Führungskräfte. Beispielsweise in Change-Prozessen besteht die Führungsaufgabe darin, »äußerlich« und methodisch den Change-Prozess anzulegen, zu strukturieren, zu kommunizieren, zu kanalisieren (Geschäftsmodellarbeit, Strategie, Projektgruppen etc.) und »innerlich« die Mitarbeiter »hindurch zu geleiten« – »managing transition« – d. h. den Mitarbeitern die Möglichkeit zu geben, ihre eigene mentale, emotionale Transformation zu durchlaufen. Besonders wichtig ist dabei die Strecke zwischen dem »Nicht-mehr« und »Noch-nicht« – die Wegstrecke, in der die inneren Konflikte zwischen dem Bedürfnis nach Zugehörigkeit/Bindung einerseits und nach Autonomie/selbstständiger Neugierde andererseits aufgegriffen und vermittelt werden wollen.

### Erfahrung als Maßstab – das Führungshandwerk beherrschen und die Führungskunst vorleben

Die Erfahrung hat gezeigt, dass gerade der handwerkliche Bereich der Führungsausbildung bei neu ernannten Führungskräften im Sinne eines »Basis-Toolkit« oder einer »Führungswerkstatt« hohen Mehrwert stiftet. Klassiker dazu sind (vgl. Kälin & Müri, 2005):

- Führungsrolle, Anforderungen und Aufgaben einer Führungskraft
- Kenntnis und Einsatz der Personalführungsinstrumente
- Motivation
- Diagnose von Führungssituationen
- Gesprächsführung in unterschiedlichen Situationen
- Zusammenarbeitsmodelle im Team und Gruppendynamik

Ausgewählte Strategie- und Managementmethoden (z. B. Entscheidungsverhalten, Arbeit mit dem Geschäftsmodell, etc.)

Interessanterweise steigt auch in Umbruch- und Krisenzeiten wieder der Bedarf an diesen Zugängen, da sich durch die hohen situativen Anforderungen einerseits Defizite im Können bemerkbar machen oder andererseits einfach neue Orientierung und Handlungssicherheit durch Wiederholung zurückerobert wird. Hierin liegt auch der wesentliche Wirksamkeitsfaktor derartiger Ausbildungsprogramme: Handlungssicherheit – gewonnen durch Übung, Konsistenz und Kontinuität. Das heißt, hier spielt die inhaltliche Schlüssigkeit und Konsequenz der Modelle eine größere Rolle als das breite Angebot existierender Führungstheorien. So einfach wie möglich, so komplex wie nötig. Und jeder Handwerker ist so gut, wie er seine Werkzeuge professionell anwendet, d. h. derartige Programme erfahren ihre Nachhaltigkeit durch die Häufigkeit des Übens, des Anwendens in

verschiedenen Situationen und der kontinuierlichen, für einen bestimmten Zeitraum ermöglichten (kollegialen) Begleitung!

Mit zunehmender Erfahrung und steigender Komplexität der
eigenen Aufgabe verschieben sich persönlicher Anspruch und Wirksamkeitsfaktoren von Führungsprogrammen. Je vielfältiger die Situationen und je widersprüchlicher die Anforderungen an die Führungskräfte, desto wichtiger werden die bereits erwähnten emotionalen
und transformierenden Dimensionen des Führens. Hierbei geht es
weniger um spezifisches Können als vielmehr um die Fähigkeiten zur
Reflexion der eigenen Person, um Selbstwirksamkeit in verschiedenen
Situationen, um den Erhalt der eigenen Energie und um emotionale
Stabilität. Jeder Zugang, der vor allem auf Wissen fokussiert, kommt
hier an seine Grenzen. Thematisch geht es hier um Aspekte des Kri-
sen- und Change-Managements, der Innovation, der individuellen
und teambezogenen Spitzenleistung, des Umgangs mit Druck und
gekürzten Ressourcen, komplexen Problemlöse- bzw. Kooperations-
modellen innerhalb verschiedener Organisationsstrukturen. »Lieber
mit kleinen Dingen vielfältig als mit großen Dingen einfältig umgehen«, könnte man die hier notwendige Art von Methodik und Didaktik umschreiben. Der wesentliche Schwerpunkt liegt im Erfahren,
sozusagen dem »Erleben am eigenen Leibe«, und daher sind derartige
Veranstaltungen umso wirksamer, je realitätsnäher sie sind. Je stärker
die Qualitäten des Führungsalltags abgebildet werden können und je
konkreter anhand dessen Erkenntnisse transferiert werden können,
desto wirkungsvoller werden die Angebote von den Führungskräften
wahrgenommen. Das heißt nicht, dass es sich immer um ebengleiche
Umfelder handeln muss, denn häufig bieten Zugänge aus völlig anderen Gebieten hier einen Mehrwert (andere Branchen, Natur, Kunst,
Militär etc.), doch es braucht Projektionsflächen für das eigene komplexe Erleben. In diesem Zusammenhang sind beispielsweise auch
»Vorbilder von Führung« gefragt.

> **Je mannigfaltiger die Situationen und je paradoxer die Anforderungen an Führungskräfte, desto wichtiger sind emotionale und transformierende Dimensionen des Führens**

### Akzeptanz als Maßstab – Was bieten Veranstaltungen, die als besonders und nachhaltig gelten?

In zahlreichen Evaluationen wird immer wieder der Erfolg der Programme und Veranstaltungen erfasst. Die unternehmensinterne und
personalpolitische Fragestellung dazu lautet unter anderem: In welchen Feldern ist eine Weiterentwicklung der Führungskräfte gelungen und wenn ja, wie? Wenn wir jedoch die Führungskraft stärker
als Kunden verstehen und damit die Rolle der Führungskräfteentwicklung als »Produktentwickler« sehen, dann stellt sich die Frage:
Welche Produkte akzeptiert Ihr Kunde am stärksten? Welche Bedürfnisse müssen abgedeckt sein, so dass Führungskräfte am stärksten
profitieren?

Hierzu wurden in einer Evaluation verschiedene Führungsprogramme anhand eines Modells zu psychologischen Prozessen bei der
Produktentwicklung und -wahrnehmung (Hassenzahl, 2005) untersucht. Unterschieden wurde nach 4 Grundbedürfnissen, die bei der

Gestaltung von Produkten generell beachtet werden sollten und die ebenso im Bereich der Führungskräfteentwicklung angewandt werden können. Die Führungskräfte wurden befragt, inwieweit das Programm/Seminar/der Workshop folgende Bedürfnisse erfüllte (Küttner, 2009):

1. Bedürfnis nach **erfolgreicher Manipulation der Umwelt,** d. h. die Führungskräfte können mit den angebotenen Techniken, Ressourcen, Übungen und Inhalten ihre Aufgaben besser erledigen und ihre Ziele funktional erreichen. Kennzeichnende Attribute sind: es war nützlich, praktisch, sinnvoll, anwendbar, für die persönliche Zielerreichung gut zu gebrauchen.

2. Bedürfnis nach **Stimulation,** d. h. die Führungskräfte fühlten sich in ihrem persönlichen Wachstum gestärkt und erlebten eine allgemeine Verbesserung von Kenntnissen und Fertigkeiten. Sie wurden überrascht und es eröffneten sich Möglichkeiten, die über die normale Aufgabenbearbeitung hinausgehen. Typische Attribute sind: originell, innovativ und herausfordernd. Die Betonung liegt hier auf dem Ausprobieren neuer Herangehensweisen (»Musterbruch«), die man bisher nicht benötigte (bzw. dachte, sie nicht zu benötigen). Es geht um eine kognitive Anregung, um Neugier und den Erlebnisaspekt wie Wettkampfsituationen oder Spiele im Seminar.

3. Bedürfnis nach **Ausdruck und Stärkung der eigenen Identität,** d. h. mit der Veranstaltung wurden wesentliche Werte bzw. Aspekte der eigenen Person verstärkt und ggf. bestehende Defizite ausgeglichen, weil man »dazugehörte«. Die Führungskräfte fühlten sich verbunden mit etwas Besonderem oder unterschieden als etwas Besonderes, die eigene Rolle wurde verdeutlicht oder durch das Erkennen positiver Eigenschaften wurde die eigene Wirkung erhöht. Typische Attribute: verbindend, stilvoll, vorzeigbar.

**Nachhaltigkeit insbesondere dann gesichert, wenn Voraussetzung für emotionales Erleben, Reflexion und persönliches Wachstum gegeben**

4. Bedürfnis nach **Symbolisierung,** d. h. durch die Veranstaltung konnte ein besonderer emotionaler Gehalt vermittelt werden, der erinnerungswürdig war, einmalig, den man am liebsten noch einmal erleben würde; für den man dankbar ist und wo man ggf. Grenzen überwunden hat, die man sonst nie angegangen wäre. Die Erinnerungen an die Veranstaltung werden typischerweise wie eine Art Souvenir beschrieben, das man bei sich trägt und wofür man dankbar ist.

Während das erste Bedürfnis der Kategorie »pragmatisch« zugeordnet werden kann, sind die letzten 3 Bedürfnisse eher hedonistischer Art. Als Verantwortliche der Führungskräfteentwicklung fühlen wir uns häufig dem pragmatischen Nutzen verpflichtet und gehen davon aus, dass unsere »Nutzer« hierin die größten Bedürfnisse haben. In dieser Untersuchung zeigte sich das Gegenteil: Besonders die Erfüllung der hedonistischen Bedürfnisse wurde von den Führungskräften als wichtig und zukunftsträchtig erachtet. Ganzheitlich angelegten

Veranstaltungen, insbesondere mit dem Charakter der »Stimulation« und des »Symbolisierens«, wurde durch eine eindeutige Mehrheit besondere Bedeutung beigemessen. Denn hier war es gelungen, mentale, emotionale und körperliche Prozesse in Einklang zu bringen, nach dem Motto: »Bilder bleiben, Inhalte verfliegen«.

Wenn wir also von Führung als Kunst sprechen und dabei eine Herzensbildung ebenso einschließen wie die Förderung der Integrationsfähigkeit der Führungskräfte, dann gilt es in der Umsetzung immer wieder nach methodischen Zugängen zu suchen, die darin einen Mehrwert bieten. Häufig lässt er sich messen an der Akzeptanz der Produkte, doch letztlich ist vor allem die Nachhaltigkeit entscheidend: »Diese Veranstaltung erinnere ich nicht nur, sondern sie hat mir geholfen, meinen weiteren Weg erfolgreich zu bestreiten.« In diesem Zusammenhang wurde deutlich, dass die Nachhaltigkeit der Veranstaltungen vor allem dann gegeben ist, wenn zusätzlich zum Erleben vor allem reflexive Prozesse ermöglicht werden, wenn über außenstehende Standpunkte, andere Urteils- und Einschätzungsmöglichkeiten, ein neuer Zugang zu sich selbst bzw. zu den Erfahrungen anderer Menschen gefunden wird (Küttner, 2009).

>> Ich habe selten ein Seminar erlebt, von dem ich so viel so nachhaltig und lang anhaltend positive Rückmeldungen erfahren konnte, jetzt auch so in den Mitarbeitergesprächen. Und das ist das größte Geschenk, was ein Unternehmen sich selber machen kann und auch den Menschen machen kann, indem sie ihnen Gelegenheit geben, sich mit sich selber zu beschäftigen und mit Themen, die den Menschen interessieren. (Führungskraft) **«**

Für Veranstaltungen, die sehr lange und nachhaltig erinnert wurden, war es besonders kennzeichnend, dass sie Führungskräften sozusagen »authentische Lösungen« ermöglichten. Authentisch wurden sie betrachtet, wenn sie halfen, das innere Potenzial für folgende bevorzugte Situationen zu erschließen:

- in Extremsituationen oder bei Burnout- Gefahr Ressourcen mobilisieren,
- in kontroversen Diskussionen, Verhandlungen oder allgemein Situationen mentale Stabilität ermöglichen,
- Intuition als eine der als am wichtigsten empfundenen Kompetenzen der befragten Führungskräfte und Kreativität als Basis für Innovation stimulieren,
- in Krisenzeiten emotionale Stabilität ermöglichen.

Darüber hinaus wurden Veranstaltungen dann nachhaltig erlebt, wenn sie:

- ein hohes Maß an Individualität und Autonomie fördern, d. h. Möglichkeiten bieten, um Neues auf eigene Art und Weise tun zu können und mit individuellen Wertvorstellungen zu verknüpfen,

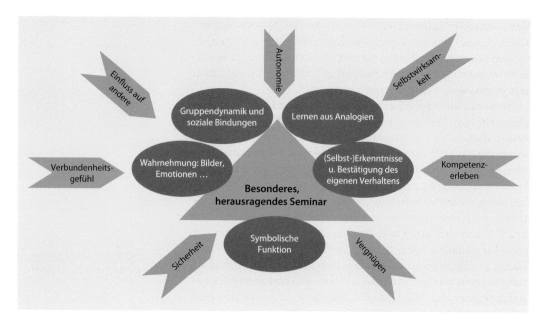

10

☐ **Abb. 10.9** Zusammengefasste Komponenten einer als »besonders und nachhaltig« erlebten Veranstaltung im Rahmen der Führungskräfteentwicklung. (Küttner, 2009)

- Möglichkeiten zur Reflexion liefern, auf individueller und Gruppenebene,
- Verbundenheit und Vernetztheit ermöglichen, um so Vielfalt (Diversity) erlebbar zu machen,
- ein hohes Maß an Freude und Vergnügen bieten und
- Achtsamkeit generieren.

☐ Abb. 10.9 gibt einen Überblick über die vereinzelten Komponenten eines besonderen Seminars und die Bedürfnisse, die bei den Führungskräften abgedeckt sein müssen, damit sie am stärksten von den entwickelten Veranstaltungen profitieren können (Küttner, 2009).

### Ausgewählte konkrete Beispiele

Zur exemplarischen Vertiefung sollen einige Veranstaltungen mit derartigen ganzheitlichen Zugängen in ihren Qualitäten skizziert werden.

■■ **Lernen aus Analogien – Führung, Leistung, Spitzensport; ein Seminar**

**Einzel- und Mannschaftssport als Analogie zu Führung**

Gerade in stark wettbewerbsorientierten Organisationskulturen, die einen hohen Wert auf Leistung, Leistungsbereitschaft und -fähigkeit legen, entwickelt sich mit steigenden Anforderungen und knapperen Ressourcen das Verhalten häufig zu einem »mechanischen Funktionieren« (»das ist hier der Versuch, den eigenen Körper zu überwinden«, so eine Führungskraft) und das Führungsverhalten verformt sich zu einem Antreibermodell mit dem Anspruch »höher, schneller, weiter« und der Überzeugung »ohne Druck geht hier gar nichts!«. Das kulturelle Ergebnis ist nicht nur Reaktanz bei den Mitarbeitern, sondern auch Burnout bei den Führungskräften und im Miteinander zunehmend Misstrauen und Angst (vgl. Leidenfrost, 2006). Wie kann da wieder Lust auf Leistung entstehen? Um in einer solchen Kultur an einem positiven und gesunden Leistungsverständnis zu arbeiten und gleichzeitig die Dimensionen der Emotionalität und Kooperation mit neuem Blickwinkel einzuführen, eignet sich der Einzel- und Mannschaftssport hervorragend als Analogie. Beispielsweise Themen wie Motivation und innerer Antrieb, Vision und Zielbildung, die richtige Dosis der Beanspruchung, Leistung im Flow, d. h. im richtigen Verhältnis zwischen Anforderung und Können, gesunder Umgang mit Druck, Erfolgsfaktoren von Teamführung oder schlichtweg Übung und Training sind durch zahlreiche Situationen aus dem Sport gut erfahrbar. Dabei kann die zieldienliche Steuerung von Performance zweifach erlebt werden: zum einen für sich ganz persönlich durch ein ritualisiertes Body-Mind-Trainingsprogramm (Sequenzen von Bewegung, Regeneration, Aufmerksamkeitssteuerung etc.) und zum anderen in der Führungsrolle durch erfahrbare Sequenzen zum Thema Teamführung (z. B. mit Hilfe von Trainingseinheiten zum Basketball, Filmen oder Ansprachen an das Team oder in speziellen Führungssituationen unter Unsicherheit und Druck z. B. mit Hilfe des kampffreien Ki-Jutsu). »Das hier habe ich als einen kreativen Ansatz erlebt, der wieder Menschen aus uns Leuten gemacht hat!«, als Resümee einer Führungskraft am Ende von 2-mal 2,5 Tagen. Bildlich gesprochen ist es eine gute Möglichkeit, um eine Brücke zu schlagen zwischen Wettbewerb und Kooperation, zwischen Leistung und Regeneration, zwischen Coach und Mannschaft, zwischen Mensch und Manager und zwischen der eigenen Mitte und den äußeren Anforderungen.

Vergleichbare Ergebnisse können auch durch andere Arten der Analogiebildung wie z. B. Kunst, Natur, Orchester etc. erreicht werden, wobei das Thema Sport nach wie vor an die Erlebniswelten vieler Führungskräfte anknüpft und natürlich gerade in einer noch immer männerdominierten Führungsriege hohen Zug und Attraktivität entwickelt, so dass Lernen fast nebenbei passiert.

■ ■ **Lernen über Selbsterkenntnis, Reflexion und Stärkung der persönlichen Integrität; ein Prozess**
Der Anfang von 2,5 Tagen:

>> Da sagt der zu mir: »Ich wollt' Ihnen bloß sagen, Sie sind nicht mehr in der Struktur vertreten, ihr Job ist weg, aber machen sie mal so weiter wie bisher.« Ich muss gestehen, ich hab' das nicht ganz verdaut.// Ich erwarte wieder so eine Batterieaufladung, das letzte Treffen hat mich sehr ermutigt, anders auf Leute einzugehen, und jetzt beschäftigt mich der klare Umgang mit dem Unsicheren.// Ich kriegte immer mehr Arbeit und wollte eigentlich aussteigen, doch ich habe mich

entschieden, noch mal Position zu beziehen, dem Werteverfall entgegenzutreten, um was für die Zukunft zu tun! **«**

Am Ende der 2,5 Tage:

**»** Also ich bleib jetzt mal stehen und tue was ich kann. Solange ich hier dabei bin, werde ich auch weiter investieren.// Ich bin befreit von der Fragestellung Karriere oder Familie – es beginnt bei mir und nur ich kann es integrieren und nach meinen Werten zusammenfügen. // Für mich bleibt hängen: Beständigkeit und Beharrlichkeit.// Mir ist klar geworden – heureka – da willst du hin. Also den Weg weiter gehen!// Ich werde meine neuen Perspektiven ins Team einbringen und weiß, wir werden es annehmen und losgehen! **«**

**Integrationsfähigkeit durch Zen-Meditation und Führungsreflexion**

Was ist zwischenzeitlich passiert? Es war kein Programm im herkömmlichen Sinn, es ist vielmehr eine Erfahrung, die eine Gruppe von Führungskräften jeweils einmal pro Jahr macht. Eine Erfahrung, die ihr Leben immer wieder neu verändert und vor allem die Identifikation mit dem eigenen Tun und der persönlichen Verantwortung erhöht. Als ein Experiment begann eine Intervisionsgruppe von Führungskräften Einblicke in die Philosophie und Praxis des japanischen Zen mit der aktiven Auseinandersetzung mit Führungsthemen zu verbinden und auf Parallelen und Handlungsimpulse für den Führungsalltag hin zu prüfen. Inzwischen ist es zu einer Konstante geworden. Eine Konstante von Kollegialität und Vernetzung sowie der bewussten selbstreflexiven Arbeit an sich selbst. Gerade in Zeiten von Umstrukturierungen, Krisen, Neuorientierung ist es für Führungskräfte besonders wichtig, innerhalb von Turbulenzen den Überblick zu wahren, eine klare Perspektive zu entwickeln sowie gleichzeitig eine gute Intuition für die Notwendigkeiten des Augenblicks zu haben. Lösungen müssen schnell gefunden und auf den Punkt entschieden werden! In diesen Situationen hat Führungsstärke oft damit zu tun: »die Ruhe weg zu haben«, »glaubwürdig zu sein«, »geschmeidig zu bleiben«. Führungserfolg ist deshalb verbunden mit der Fähigkeit, geistig fokussiert und klar zu bleiben – ein hohes Energiepotenzial aufrechtzuerhalten – in kritischen Situationen Emotionen steuern zu können und letztlich sich selbst und andere mit Begeisterung und Verantwortungsgefühl von Etappe zu Etappe zu führen! Eine Erkenntnis, die viele teilen – ein Anspruch, dem man nur mit ständigem Üben gerecht werden kann!

Führungsprogramme in schwierigen Zeiten können leider keine »Er-lösung« bieten, obwohl sie erwünscht ist. Das wichtigste an verschiedenen Zugängen zur persönlichen Selbstreflexion ist jedoch, dass diese Halt (Beruhigung) und Anhaltspunkt (Orientierung) bieten, in welchem sich der persönliche Inhalt (Ziele, Werte, Maßstäbe etc.) neu ordnen und harmonisieren kann. So entsteht in ganzheitlicher Art ein »Raum für sich selbst« und eine Umgebung, sozusagen ein »Betriebsklima«, in dem die Kohärenz des eigenen Organismus ebenso gefördert wird wie ein integres Miteinander. Anstelle fertiger Lösungen auf dem Serviertablett wird Handlungsfähigkeit neu ermöglicht und vor allem langfristig für geistige und seelische Gesundheit gesorgt.

#### ▪▪ Stimulation, Identität und symbolische Funktion in einem – Integration verschiedener Perspektiven auf Führung; ein Kongress

»Stellen Sie einfach das Thema Führung in ein anderes Umfeld! Diesen offenen Geist, alte Strukturen und eigene Denkmuster aufbrechen und immer wieder dieser neue Anreiz, das finde ich den absolut richtigen Weg.« Diese Führungskraft bezieht sich auf eine Erfahrung bei der innerhalb von 1,5 Tagen mehrere Kurzworkshops zu verschiedenen Perspektiven auf Führung besucht werden konnten. Das Ganze wurde jeweils unter ein aktuelles Gesamtthema gestellt, und Workshops sowie plenare Sequenzen in der Großgruppe mit ca. 100 Personen wechselten sich ab. Dieser Kongresscharakter erfreut sich bei den Führungskräften sehr hoher Beliebtheit, weil es eine Gelegenheit ist, sich mit wenig zeitlichen Ressourcen doch dem Thema »Führung« in seiner Ganzheit zu nähern. Im Kontrast zur Spezialisierung und Vertiefung einzelner Fähigkeiten leben derartige Veranstaltungen vor allem von der Vernetzung und wechselseitigen Beeinflussung der verschiedenen Perspektiven in den Workshops. Komplexität wird in Kürze erfahrbar, sowohl im einzelnen Workshop als auch in der Summe aller Impulse. Und entgegen professionellen Befürchtungen, dass man eben »nichts richtig machen kann«, sind selbst die Referenten jedes Mal aufs Neue erstaunt, wie intensiv und dicht 2,5 Stunden Workshop werden können und wie viel dort jeweils an »Bewegung« geschieht. Durch die Großgruppe und einen thematisch passenden symbolischen Rahmen haben derartige Veranstaltungen oftmals einen sehr identitätsstiftenden Charakter innerhalb der Kultur eines Unternehmens. Die Exklusivität der Referenten und die Möglichkeit, sich als Teil der Führungs-»Community« zu sehen, werden als Zeichen großer Wertschätzung durch das Unternehmen wahrgenommen. Dem Bedürfnis nach Stimulation und Wachstum wird man hier auf eine andere Art gerecht als beispielsweise innerhalb der oben erwähnten selbstreflexiven Zugänge. Wesentlich scheint der Impulscharakter mit innovativen, unkonventionellen Themen, der eben kein Lehrcharakter ist, sondern ein spielerisches Entdecken ermöglicht.

#### ▪▪ Gruppendynamik und Metakompetenzen erlebbar gemacht – Talenteförderung; ein Profil und seine Auswertung

Führungskräfteentwicklung im Bereich der Talente und Potenzialträger hat ihre Aufgabe vor allem bei der Unterstützung und Begleitung der beruflichen Orientierung und Entwicklung, der Reflexion von persönlichen Kompetenzen und der Förderung von selbstverantwortlichem Denken und Handeln. Zentral sind dabei Gelegenheiten zur persönlichen Standortbestimmung. Diese Momente sind oft mit entscheidend, wie die eigenen Möglichkeiten zwischen Zugehörigkeit und Bindung zum Unternehmen einerseits und Autonomie und Selbstverwirklichung andererseits wahrgenommen werden. Hier ein Programm zu entwickeln, welches das Potenzial für eine ehrliche, beschreibende Auseinandersetzung mit dem eigenen Entwicklungsstand bietet und gleichwohl Anreiz ist, weiter zu wachsen, ist oft nicht einfach. Denn das Fachwissen, die Einstellungen, Motive, Werte und Kernkompetenzen bilden zwar eine wichtige Grundlage, erfolgreiches Handeln zeichnet sich jedoch besonders dadurch aus, dass die Führungskräfte in der Lage sind, die eigenen Ressourcen und Stärken in wichtigen Situationen tatsächlich abzurufen. Mehrfach wurde bereits erwähnt, dass es hier v. a. um übergeordnete Qualifikationen wie z. B. Eigenständigkeit, Verantwortungsbereitschaft, selbstbewusstes Handeln, erfolgreiche Problemlösung oder das Gespür für soziale Situationen geht. In diesem Zusammenhang geht es nicht um die Frage der harten Leistungsbeurteilung, welcher die Führungskräfte im Arbeitsalltag täglich begegnen, sondern vorrangig darum, für welche Strategie sie sich bei der Lösung von Problemen entscheiden, d. h. es geht im Kern um die sog. wissensunabhängigen Kompetenzen (vgl. ▶ Kap. 3.3).

**Wissensunabhängige Kompetenzen liefern einen bemerkenswerten Zugang zu persönlichen Erfolgsfaktoren von Führung**

Über die Auseinandersetzung mit den eigenen Metakompetenzen – von der Erfassung des eigenen Profils über den beschreibenden Dialog diesbezüglich in der Klein- bzw. Großgruppe bis hin zum Abgleich mit persönlichen Zielen und zur Ableitung von Handlungskonsequenzen – kann in der Talente- und Potenzialförderung zu einem sehr frühen Zeitpunkt ein sehr interessanter Zugang zu den persönlichen Erfolgsfaktoren von Führung gefunden werden. Wenn die eigenen Handlungsmuster, gerade im Umgang mit hohen Anforderungen und in der Beziehungsgestaltung, bewusst werden, hat das für viele Führungskräfte den wertschätzenden Effekt, erstmals nicht »bewertet«, sondern wirklich »gesehen« und »verstanden« worden zu sein. Erfahrungen aus der persönlichen Entwicklungsgeschichte und deren Auswirkungen auf das individuelle Gewordensein können reflektiert werden. Im Folgenden ist der Schritt zum konkreten Verständnis des persönlichen Einflusses auf soziale Beziehungen und emotionale Situationen (egal ob mit Mitarbeitern, mit Familie, mit Freunden) ein kleiner. Erlebte Führungsinteraktionen werden verstehbar. Der Aha-Effekt besteht oft darin, dass es für die eigene Entwicklung und die der Mitarbeiter eben nicht darum geht, noch mehr Wissen zu vermitteln, sondern eher dafür zu sorgen, dass andere Erfahrungen als bisher gemacht werden können! Karriereentscheidungen erhalten eine andere Grundlage und bieten konkrete Anhaltspunkte für den eigenen Weg vom Wollen zum Können zum Tun.

**▪ ▪ Und Management? Innovation – wie kommt das Neue in die Welt; ein Vortrag**

**Innovationsfähigkeit braucht die Auseinandersetzung mit den eigenen Denkstilen**

Jeder hat viele Ideen im Kopf. Doch wie kommt das Neue letztlich in die Welt? Wenn der gewohnte Erfolg ausbleibt oder mehr Anstrengung vonnöten ist, um das bestehende Ergebnis zu erzielen, denken wir oftmals über Möglichkeiten nach, effizienter zu werden. Doch vielleicht ist gerade das effiziente Anwenden der Erfolgsrezepte aus der Vergangenheit die Ursache für den zukünftigen Misserfolg? Managementbildung ist daher nur zum Teil geprägt durch das Verstehen betriebswirtschaftlich-strategischer Methoden. Um gerade Innovation zu fördern, bedeutet das in erster Linie, dass sich Manager in Frage stellen. Erst dann geht es um Arbeit an der Strategie, am Geschäftsmodell, am Leistungsportfolio oder den Prozessen. Nun lässt sich Innovationskraft und -bereitschaft der Führungskräfte wohl am wenigsten durch einen Vortrag erreichen und dennoch ist es eine Möglichkeit! Was, wenn es mit einer einladenden Vortragskultur gelingt, die Zuhörer zu einem ganz mündigen Umgang mit den vorgestellten Modellen anzuregen? Wenn es gelingt, dass Dialog entsteht, dass die Auseinandersetzung mit den eigenen Denkstilen selbst als Erlebnis erfahren wird und sich mehr und mehr Knoten lösen? Wenn die Zuhörer das Gefühl haben, eher in einer »Denkwerkstatt« zu sein als in einem Vortrag? Wenn sie am Ende erkennen, wie sie die kreativ-konstruktive Haltung selbst in sich tragen und den Funken der Inspiration auch weitergeben können? Wenn sie sich selbst neu erdacht, erlebt, geführt haben und gespürt: »the brain runs on fun!« – ist dann nicht die beste Basis geschaffen für Innovationsbereitschaft und -prozesse in einem Unternehmen? Die Art und Weise der Vermittlung, aufrüttelnde und berührende Beispiele, unterstützt durch eine gezielte Zusammensetzung der Gruppe (groß, divers, vernetzend) oder auch bereichsspezifisch konkret, können hier einen »neuen Geist« wehen lassen, ohne dass man tagelang Kreativitätstechniken erlernen müsste.

Diese verschiedenen Beispiele hinterlassen sicher den Eindruck, dass Führungskräfteentwicklung längst nicht mehr ein unternehmensinterner oder externer Service ist, auch kein System mehr, das Führungskräfte durchlaufen. Vielmehr ist ein Teil davon systematisch, und weitere Anteile (z. B. Beratung) können Servicecharakter haben, doch in weiten Teilen hat Führungskräfteentwicklung heutzutage den gleichen Auftrag wie Führung selbst: notwendige Transformationen zu ermöglichen und die Innovationskraft der Einzelnen und des Unternehmens zu stärken. Dafür braucht es selbst hier integrative Ansätze aus Mentoring, Coaching, Personal- und Organisationsentwicklung. Und letztlich braucht es vor allem die Nähe zu den Führungskräften selbst: »… das meine ich so, wir kommen hierher und lassen uns schulen. Was ich jedoch noch nicht erlebt habe, ist, dass diejenigen, die Führungskräfteentwicklung machen, in der Realität vorbeikommen, um mal an meinem Arbeitsplatz zu sehen, was hier tatsächlich passiert.«

### 10.2.4    Perspektive 3: »Lernformate und innere Haltung« – Ob Kinder lernen, was wir ihnen beibringen wollen, ist fraglich, unser Benehmen dabei lernen sie allemal

■■ **Welche Art der Vermittlung prägen Ihre Veranstaltungen und Programme mit Führungskräften?**

Für den Lernbegriff und die Haltung beim Lernen gibt es in der Erwachsenenbildung eine vergleichbare Entwicklung. So stand bis Ende der 70er Jahre die gezielte Aneignung klar abgrenzbarer Wissensgebiete im Vordergrund: »intentionales Lernen« (Arnold, 1999, S. 2). Lernen wurde vor allem durch fest institutionalisierte und durch Experten realisierte Lehre gefördert, bei der die Vermittlung von fachlichen Inhalten im Mittelpunkt stand. Seit den 90er Jahren wird diesem Modell, der sachorientierten Belehrungsdidaktik, der Ansatz einer aneignungsorientierten Ermöglichungsdidaktik gegenübergestellt (Arnold & Siebert, 1995, S. 91). Denn man hatte 2 wesentliche Dinge erkannt. Zum einen war es aufgrund zunehmender Wissensexplosionen und erhöhter Dynamik wirtschaftlicher Entwicklungen kaum mehr möglich, konkrete Einzelqualifikationen vorherzubestimmen und in klar abgrenzbare Qualifizierungsmaßnahmen zu übersetzen, und zum anderen waren nicht mehr fest umrissene Handlungsmuster gefragt, sondern eine alltägliche Handlungskompetenz. Mit diesen neuen Annahmen setzte sich schnell die Überzeugung durch, dass Weiterbildungsangebote vor allem dann nachhaltiges Lernen sichern, wenn sie an die Wert- und Deutungsmuster des Einzelnen anknüpfen, d. h. das bereits »eingelagerte Wissen« systematisch mit einbeziehen (Arnold & Schüßler, 2000, S. 316). Die Trendwende, die sich hieraus für die Weiterbildungspraxis abzeichnete, war gekennzeichnet durch eine verstärkte Aufmerksamkeit auf Reflexion, Selbsterkenntnis und Deutung von bestehenden Handlungs- und Einstellungsmustern. Beispiele hierfür sind selbstgesteuerte Lerngruppen, Supervisionsgruppen oder Coaching, bei denen ganz gezielt mit den individuellen Wissensbeständen, Wahrnehmungen und Interpretationen gearbeitet werden kann.

Andererseits erweisen sich die knappen Budgets für Führungskräfteentwicklung und die oftmals weltweite Verteilung der Führungskräfte als Hindernis für ein Zusammenkommen in der Gruppe, mit der man Zeit und Aufmerksamkeit teilt. Inzwischen wird auch hier vielfältig experimentiert und kommuniziert, mit Web-based-Seminaren, mit Telefon- und Videokonferenzen, Podcasts und anderen Möglichkeiten (vgl. ▶ Kap. 6.2). Zukünftig wird es diesbezüglich notwendig sein, Lernen noch flexibler zu ermöglichen. Dazu werden vernetzte Lernformate gehören, die beispielsweise einen spielerischen Charakter mit der Simulation komplexer strategischer Problemlösungen verbinden, die eine andere Art von Community ermöglichen, wie das in medialen Welten inzwischen üblich ist, oder bei denen, vergleichbar mit Innovationsansätzen, eine Co-Creation zwischen Lernendem und Lehrenden stattfindet, so dass Wissen auch mit neuen Medien immer stärker integrativ erfahren wird. Die Flexibilität der Verantwortlichen und Führungskräfte wird steigen. Dennoch findet Beziehungslernen noch immer in Beziehung statt, und hier sind Intensität und Nähe der Kommunikation durch die Medien bisher oft noch eingeschränkt.

In einer Untersuchung zu Wirksamkeitsfaktoren bei Persönlichkeitstrainings (Leidenfrost, Götz & Hellmeister, 1999) zeigte sich, dass vor allem der Trainer mit seiner Professionalität und seiner Persönlichkeit im Zusammenhang mit der Gruppenatmosphäre das Lernen entscheidend beeinflusst. Das heißt, nicht die Frage »Was, welche Methode wirkt gut?« steht im Vordergrund, sondern vielmehr die Frage: »Warum?«. Wie ist das Zusammenspiel zwischen Trainer, Teilnehmern und Umfeld abgelaufen, so dass die Teilnehmer es als erfolgreich empfunden haben? Dieser Aspekt scheint vor dem Hintergrund der bisher skizzierten Inhalte und der mehrfach angeklungenen Wichtigkeit der sozial-emotionalen Dimension beim Führen von besonderer Bedeutung in der Führungskräfteentwicklung. »Ein Referent muss meiner Meinung nach nicht in Anzug oder Krawatte vor der Gruppe stehen, aber in Sweatshirt und Jeans sollte er nun auch nicht erscheinen! Sonst stellt sich evtl. die Frage: Ist das Referent oder der Hausmeister?«, so eine Führungskraft. Eben hier stellt sich die in der ▶ Checkliste behandelte Frage nach der inneren Haltung.

> **Checkliste: Mit welcher inneren Haltung gehen die Trainer, Berater, Coachs in die Veranstaltungen? Welche Arten von Beziehung und Kommunikation werden damit geschaffen?**
> — Mit der Haltung des Referenten, der Schülern das Wissen referiert?
> — Mit der Haltung des Hausmeisters, der jetzt endlich mal für Ordnung sorgt oder selbst reparierend Hand anlegt?
> — Mit der Haltung eines Reiseleiters, der es Reiselustigen ermöglicht, neue Landschaften zu erkunden?
> — Mit der Haltung des Geburtshelfers, der Talenten den Rahmen bietet, so dass Potenziale sich entfalten können?
> — Mit der Haltung des Seelsorgers, der Menschen in schwierigen Situationen Halt und Stütze bietet?
> — Mit der Haltung des Gärtners, der den »Unternehmensgewächsen« die Atmosphäre zum Weiterwachsen schafft?
> — Usw.

Was Führungskräfte über Führung lernen, hat aus unserer Sicht im Wesentlichen damit zu tun, *wie* sie über Führung lernen.

**》** Gute Führung hat also gar nicht so viel damit zu tun, bestimmte Situationen zu meistern oder Fähigkeiten zu beherrschen. Sie entsteht vielmehr aus dem ehrlichen Interesse an den Menschen, auf deren

> Kooperation und Unterstützung eine Führungskraft angewiesen ist. Und gute Führung bedeutet auch, ein Talent dafür zu haben, diese Menschen in positive Stimmung zu versetzen. Es geht also um eine Reihe zwischenmenschlicher Fähigkeiten, die andere Menschen zu effizienter Arbeit inspirieren. (Goleman & Boyatzis, 2009) **«**

**Was Führungskräfte lernen, hat im Wesentlichen damit zu tun, in welcher Haltung sie lernen**

Wenn also Mitarbeiter demnach Spiegelbilder ihres Chefs sind, dann sind Führungskräfte in den Veranstaltungen auch Spiegelbilder ihrer Trainer, Berater, Coachs. Fabio Sala konnte beispielsweise feststellen, dass erfolgreiche Führungskräfte ihre Mitarbeiter im Durchschnitt 3-mal so oft zum Lachen bringen wie mittelmäßige Führungskräfte. Mit anderen Worten, selbst Lachen ist insofern eine ernste Angelegenheit (Sala, 2003, in Goleman & Boyatzis, 2009, S. 38).

Nun geht es nicht vordergründig ums Lachen, wenn wir eine förderliche Haltung in der Führungskräfteentwicklung erkunden, selbst wenn ein humorvoller Blick auf die eigene Zunft immer angesagt ist, doch es geht letztlich darum, eben solche Kontexte (Haltung, Beziehung, Umfeld) zu schaffen, dass sich Führungskräfte verstärkt im Einklang mit sich selbst und mit ihrem Umfeld fühlen. In der Folge sind sie auch in der Lage, stärker auf die emotionalen Bedürfnisse der Mitarbeiter einzugehen und den eigenen Kommunikationsstil zu optimieren. »Gute Führung merkt man nicht« (Dohne, 2009), denn wenn Führung auch Einfühlung bedeutet und das Ganze in eine zieldienliche Kommunikation gebracht werden kann, dann haben Führungskräfte auch Folgende. Führung leitet sich vom Wortstamm »fahren« ab und beinhaltet damit, etwas in Bewegung zu bringen, also Antrieb und Energie bereitzustellen, um sich auf ein Ziel hin zu bewegen. Aus neurobiologischer Sicht wird das menschliche Motivationssystem vor allem durch soziale Resonanz und Kooperation tätig. Menschen, mit denen wir gute Beziehungserfahrungen gemacht haben, wirken auf unsere Motivation und Energie wie ein »Verführungsreiz«: Wir werden aktiv, halten uns gerne in deren Gegenwart auf und sind bereit, für diese Beziehung auch etwas zu opfern. Gelingende zwischenmenschliche Beziehungen sind also der Motor für Motivation und Vertrauen (vgl. Bauer, 2008).

### Sich gegenseitig dienlich zu sein, ist eine solide Grundlage für Beziehung

Dies gilt auch für die Beziehung zwischen den Anbietern der Führungskräfteentwicklung und den Teilnehmenden. Und hier hat sich in vielen Umfeldern etwas an der Identität der Führungskräfteentwickler verändert. Während auch hier v. a. Experten tätig waren, die oft zur Entwicklung von Stärken und zum Ausgleich von Defiziten angetreten sind, steht heute vielmehr zunächst folgende Frage für die Veranstaltungen:

- Was soll ermöglicht werden?
- Welchen Rahmen (Beziehung, Umfeld, Didaktik) wollen wir daher schaffen?

– Welche Haltung brauchen wir als »Experten« dazu und zu welcher Haltung laden wir die Teilnehmenden ein?

Beispielsweise kann es für ein Führungsprogramm zum Thema Führen in Krisenzeiten weniger wichtig sein, zu erläutern, was in Krisen alles passiert, sondern vielmehr durch einzelne Impulse, durch einen starken Austausch, Vorbilder, Zeit und Aufmerksamkeit einen Rahmen zu schaffen, in dem Führungskräfte das wieder finden, was ihnen derzeit am meisten fehlt: Vertrauen in sich selbst, Vertrauen in andere und Vertrauen in den guten »Lauf der Welt«.

Im Kleinen bedeutet das eine Haltung der »Lehrenden«, die eher mit »containment«, also mit »Halten« beschrieben werden kann, die also möglichst wenig bewertet. Eine Haltung, die Phänomene offen beschreiben lässt, verschiedene Empfindungen dazu erkundet, unterschiedliche Erklärungen dafür heranzieht und Auswirkungen dessen auf das Handeln der Betreffenden reflektiert. So bleibt der Blickwinkel möglichst lange offen und ein bewusstes Wählen der weiteren Handlung wird ermöglicht. Damit können sich Führungskräfte neu und gezielt zu sich selbst, zu einer Situation oder zu anderen »in Bezug setzen«! Eine feste Vorstellung, wie etwas oder vor allem wie jemand »richtig« zu sein hat, verhindert leider allzu oft vertrauensvolle Beziehungen. Und die Beziehungen sind es, das »Fühlen« darin und die Fähigkeit zur Integration, die dafür sorgen, dass Potenziale in einem selbst und in anderen in diesen Zeiten frei werden. In der Kindheitsentwicklung entstehen solche integrativen Fähigkeiten über gesunde Bindungserfahrungen. In die Führungskräfteentwicklung bringen alle Beteiligten diese Erfahrungen mit wie ein unsichtbares Netz. In den Kontexten, die jetzt für Weiterentwicklung geschaffen werden, können diese Erfahrungen nicht rückgängig gemacht werden, sie können nur »bestätigt« oder neu »erfahren« werden.

Wenn wir Führungskräfte also befähigen wollen, sich in Umfeldern mit maximaler Komplexität zurechtzufinden, dann geht es aus neurobiologischer Sicht darum, das Wachstum möglichst vieler integrativer Vernetzungen (Siegel, 2007) anzuregen. Und dafür braucht es Beziehungserfahrungen, in denen man flexibel, positiv anpassungsfähig, mit sich kohärent (eins) und mit viel Energie ausgestattet bleibt. Ein Wachstum dieser integrativen Fähigkeiten erfordert dabei immer wieder eine Art »inneren Lauschangriff« und die Auseinandersetzung mit Sinnfragen und einer korrespondierenden Ethik. Zum Beispiel mit Einheiten von Bewegung, Achtsamkeitstraining, Kontemplation, Musik, Kunst, Kultur oder auch bewussten Pausen und Ritualen, gemeinsam verrichteten Tätigkeiten. Der Erfolg ist dabei weniger eine Frage der Methode als vielmehr, ob es von allen Seiten »mit Liebe« gemacht ist: mit Offenheit, Entdeckerfreude und Gestaltungslust, Vertrauen und Muße. Wenn Menschen eingeladen sind, mitzudenken und sich davon berühren lassen hat, d. h. wenn es ihnen unter die Haut geht! Es geht darum, dem Lernen Tiefe zu geben. Und am besten

**Wachstum heißt, im Fluss zu bleiben**

gelingt das, wenn sich alle Beteiligten in einer guten Beziehung verbunden fühlen (vgl. Hüther, 2004).

### 10.2.5  Perspektive 4: »Erfolgsfaktoren« – auf einen Blick: quadratisch, praktisch, gut

> » Auch wir werden einmal Neandertaler der Evolution sein! (Autor unbekannt) «

Manchmal ist es nur ein einziger Satz, der uns an das Wesentliche wieder erinnert. Viele, die praktisch im Feld der Führungskräfteentwicklung arbeiten, und auch die Führungskräfte selbst sehen sich häufig schnell wechselnden Situationen gegenüber, bei denen für lange Vorbereitungen und grundlegende Ausarbeitungen leider manchmal keine Zeit bleibt. In solchen Fällen ist es gut, an ein paar ausgewählte Thesen erinnert zu sein, die sozusagen »quadratisch, praktisch, gut« aus der Praxis für die Praxis entstanden sind.

- **Erst Wurzeln, dann Flügel:** Dieser Satz aus der Kindererziehung ist ebenso Leitgedanke für die Führungskräfteentwicklung. Die »Wurzelstärkung« mit einem sicheren Fundament des grundlegenden Führungswissens, einer klaren Verankerung in den eigenen Werten und der eigenen Persönlichkeit sowie eine vertrauensvolle Verbindung mit Führungsvorbildern (z. B. Mentoring) ist im wahrsten Sinne »Wurzel des Erfolgs«.
- **Zusammen ist man weniger allein:** Die soziale, emotionale Dimension des Führens kann man nur in Beziehungen weiterentwickeln. Der Austausch unter Kollegen, das Stärken des Netzwerks, das vertrauensvolle Besprechen von Führungssituationen ist ein wichtiger Ankerpunkt jeder Führungskräfteentwicklung.
- **Liebe geht durch den Magen:** Die Rahmenbedingungen, die für das Lernen geschaffen werden, sind ein entscheidender Faktor für die Wirksamkeit. Hier wirkt das Umfeld symbolisch und kann die wichtigen Botschaften und Haltungen entweder unterstützen oder konterkarieren.
- **Im Seminar wird selten gelernt:** Jede Möglichkeit der bewussten Auseinandersetzung und kontinuierlichen Begleitung einzelner Gruppen oder Personen (z. B. Review, Intervision, Coaching) stärkt die Wirksamkeit.
- »Wenn jeder Manager **Wertschätzung und Aufmerksamkeit** in seinem Verantwortungsbereich hinbekäme, dann geht die Produktivität hier um 30% nach oben, das garantiere ich ihnen!«: In Großunternehmen hat Führungskräfteentwicklung oft den Auftrag, über verschiedene Hierarchieebenen hinweg eine gelingende Kommunikation zu fördern. Im Gegensatz dazu wird jedoch häufig zu viel mit der gleichen Ebene gearbeitet und zu wenig ebenenübergreifend. In Klein- und mittelständischen Unternehmen hingegen kann es wichtig sein, die häufige Vermischung

von Positionen immer wieder zu differenzieren und die hohe Nähe der verschiedenen Ebenen zeitweilig aufzulösen, um eine gelingende Kommunikation eher durch Klarheit der Absichten und Standpunkte zu ermöglichen.

— **Du erntest, was du säst:** Selbst routinierte Praktiker kennen und schätzen den Effekt, den auch Sportler kennen: Die »Wettkampfvorbereitung«, die Anreise, das Einschwingen mit Kollegen oder im jeweiligen Umfeld, die bewusste Fokussierung der eigenen Aufmerksamkeit beeinflussen das Ergebnis entscheidend.

— **Energy flows, where attention goes:** Die Fokussierung der Aufmerksamkeit kanalisiert das Geschehen, sie kann dabei in die Lösungen fließen oder in das Problem.

— **Rituale:** Viele Veranstaltungen, Workshops, Begleitungen leben von höchster Dichte an Informationen, Austausch, des Programms. Zum erfolgreichen Verdauen und Verankern leisten hier kontinuierlich eingebaute Rituale der Besinnung – ob durch Bewegung, Ruhe, Schreiben, Musik, Geschichten etc. – einen hervorragenden integrativen Beitrag.

— **Ohne Intuition keine kompetente Professionalität und ohne Professionalität keine tragfähige Intuition:** Entwicklung braucht beide Seiten und wenn der »ganze Mensch« gesehen und bestärkt wird, können Inhalte auch »ganz« verankert werden, kann der eigene autonome Zugang zu verschiedenen Situationen gefunden und damit auch stimmige Wege für die Zusammenarbeit gefunden werden. »The aim of Whole Person Learning is to promote autonomy in the person and between persons. Autonomy and collaboration are interrelated terms. You cannot have the one without the other« (Taylor, 2007, S. 1).

— **Die Seele rechnet nicht in Mengen, sondern in Qualitäten:** In einem von Zahlen, Daten, Fakten dominierten Umfeld kann Führungskräfteentwicklung manchmal auch »Seelenpflege« bedeuten, so dass die Welt nicht nur verstanden, sondern auch in ihren Qualitäten empfunden werden kann.

— **Das Leben findet nicht auf der Metaebene statt, doch von da aus kann es die Steuerung verbessern:** Wenn Führungskräfte die Möglichkeit haben, immer wieder Distanz zum Geschehen zu gewinnen, den eigenen Kopf zu ordnen und die Gefühle einzuordnen, dann leistet Führungskräfteentwicklung schon einen großen Beitrag, zu dem es manchmal einfach einen Ansprechpartner braucht, ob persönlich, telefonisch, per E-Mail oder SMS.

— **Es gibt Zeiten, da braucht Liebe hauptsächlich unspektakuläre Anwesenheit:** Gerade in schwierigen und in Krisenzeiten kann mit wenigen Ressourcen sehr viel erreicht werden, wenn einfach Räume für gemeinsames Deuten der Situation, gegenseitige Unterstützung, Eröffnen neuer Blickwinkel und eine »gefühlte Menschenwürde« geschaffen werden.

- **Anerkennen, was war, und Neues tun:** Die Verantwortlichen für die Führungskräfteentwicklung sind oft dann wegweisend und gestaltend im Unternehmen, wenn sie selbst einen Schritt voraus sind, wenn sich Experten zusammentun und voneinander lernen, wenn neue Wege und neue Medien erkundet werden und Professionalität untereinander geteilt wird, nicht nur mit dem Kunden.
- **Nicht alles hat seinen Sinn, doch vielem kann man Sinn verleihen:** Je komplexer die Anforderungen werden, desto mehr brauchen Führungskräfte eine Unterstützung, dem Ganzen immer wieder einen Sinn zu verleihen.

**Zusammenfassung: Es schließt sich der Bogen zur Geschichte vom Bogenschützen**

»Und so ist das auch mit der Führung«, sagte der Alte. »Es mag euch Führungskräften so vorkommen, als hätten eure Vorbilder zu jeder Gelegenheit die passende Lösung. Doch in Wirklichkeit sind wir unablässig auf der Suche nach Antworten und Lösungen. Ich sehe genau hin, nehme gezielt wahr und warte. Und wenn ich – so viele Male am Tag und an verschiedensten Plätzen – auf eine Lösung stoße, die mich berührt, weil sie unter die Haut geht und die Situation ebenso wie die Menschen verändert, dann versuche ich, mich an diese zu erinnern. Und wenn die Zeit reif ist, dann muss ich nicht mehr nach einer passenden Antwort zu einer bestimmten Gelegenheit suchen, sondern ich nutze die passende Gelegenheit, um die Antwort zu geben. Denn Helden, die nur Helden sein können, sind schwach.« (angelehnt an Izzy, 2006, S. 112 ff.)

## 10.3 Performance Management

*Klaus Götz*

**Das Humankapital ist eine entscheidende Bedingung für profitables Wachstum. Die Leistungserbringung muss messbar gemacht werden**

Werden Mitarbeiter vereinzelt noch immer als »ausführende Organe« oder als reine Kostenfaktoren betrachtet, so wird inzwischen ihre entscheidende Rolle bei der Umsetzung der Unternehmensstrategie nicht mehr in Frage gestellt. Während es sich die Unternehmen in früheren, weniger turbulenten Zeiten noch leisten konnten, ihr Hauptaugenmerk selektiv auf einzelne zu verbessernde Felder der Unternehmung zu richten (Qualitätsverbesserung, Kundenorientierung, Prozessoptimierung usw.), sind die Zeiten von Versuch und Irrtum im Management heute vorbei, denn Fehler sind nur sehr schwer und langfristig zu korrigieren. Mängel bei Managementprozessen und -systemen wirken sich unmittelbar und mit negativen Folgen auf die Umsetzung der Unternehmensstrategie aus. »Performance Management Systeme (PMS) zeichnen sich demgegenüber durch die Erweiterung konventioneller Managementsysteme um Indikatoren aus, die Umfeldsignale als Erfolgstreiber für die Unternehmensführung nutzbar machen« (Krause, 2006, S. 3). Hierzu

gehören neben eindeutig quantifizierbaren Kunden- und Wettbewerbs-
indikatoren insbesondere solche Indikatoren, die eine Aussage über nur
qualitativ ermittel- und bewertbare Sachverhalte machen können, beispielsweise die Kunden- oder Mitarbeiterzufriedenheit. Im Rahmen von
Performance Management (PM) und insbesondere bei der Implementierung von PMS spielen also vor allem die Mitarbeiter einer Unternehmung
eine wichtige Rolle.

### 10.3.1  Einleitung

Die zunehmende Vernetzung der Welt, das »globale Dorf« (McLuhan
& Fiore, 1968; McLuhan & Powers, 1989), begünstigt aufstrebende
Wirtschaftsnationen insbesondere im asiatisch-pazifischen Raum.
Durch die Globalisierungstendenzen (vgl. Götz & Bleher, 2007) wer-
den zudem im Zuge der Deregulierung und Privatisierung immer
mehr bisher geschützte Märkte dem Wettbewerb preisgegeben. Der
Konkurrenz um die Kunden steht die Konkurrenz um das Kapital
bzw. die potenziellen Kapitalgeber um nichts nach.

Global agierende und expandierende Unternehmen (vgl. Götz &
Bleher, 2006) sind nicht zuletzt auf eine externe Kapitalzufuhr an-
gewiesen, um ihr Wachstum zu finanzieren. Das dazu notwendige
verfügbare Kapital ist mobiler denn je und unter Umständen nicht
nur schnell akquiriert, sondern ebenso schnell wieder verloren. Die
Diskussion um sog. Hedgefonds und die Finanzkrise wären in diesem
Zusammenhang zu nennen. Kurzfristig werden sich hier kaum alle
(Kurs-)Schwankungen und Unsicherheiten ausräumen lassen. Umso
mehr rückt eine langfristige und umfassendere Wertmaximierung des
Unternehmens, die deutlich über den Unternehmenswert in Form des
Aktienkurses hinausgeht, in das Zentrum der Aufmerksamkeit. Das
Ziel muss nach Ansicht der Unternehmen letztlich profitables Wachs-
tum sein, um den Anforderungen des Finanzmarkts Rechnung zu
tragen. Dies nicht als Selbstzweck, sondern um den entscheidenden
Produktionsfaktor in der Wissensgesellschaft und den mit Abstand
teuersten Produktionsfaktor, gerade in Hochlohnländern, möglichst
effizient zu nutzen: das Humankapital.

Aus den obigen Ausführungen wird ersichtlich, dass »Performance
Management« auf ein »Performance Measurement« angewiesen ist,
also die Messung von Leistung, die sowohl der Entscheidungsunter-
stützung als auch der Verhaltensbeeinflussung dient. Daraus ergeben
sich Implikationen für das Human Resource Management (HRM)
bzw. die Organisation der betrieblichen Weiterbildung. In diesem
Prozess kommt den Führungskräften eine entscheidende Rolle zu,
insbesondere hinsichtlich der Gestaltung von adäquaten Rahmenbedingungen, die dazu beitragen müssen, die Motivation, Leistungsbereitschaft und letztlich die tatsächliche Leistung der Mitarbeiter zu
fördern bzw. zu erhöhen. Darauf soll in ▶ Abschn. 10.3.6 weiter eingegangen werden.

**... von Dispositionen über Kompetenzen zu Performance und schließlich zu Potenzial für die Zukunft**

Zunächst soll in ▶ Abschn. 10.3.2 auf die Grundzüge des Performance Measurement als wichtige Grundlage für das PM eingegangen werden. Hier soll auch der inhaltliche Wandel des Performancebegriffs diskutiert werden. In ▶ Abschn. 10.3.3 werden die grundlegenden Überlegungen zum Thema PM respektive PM System (PMS) skizziert. Anschließend wird exemplarisch auf 2 konkrete Instrumente zur Implementierung eines PMS eingegangen. Im Einzelnen sind dies der Balanced Scorecard (BSC)-Ansatz (▶ Abschn. 10.3.4) sowie der Intellectual-Capital-Ansatz (▶ Abschn. 10.3.5). In beiden Ansätzen findet die effiziente Nutzung des Humankapitals bei der Implementierung einer Unternehmensstrategie explizite Berücksichtigung. Eine Zusammenfassung schließt die vorliegende Ausarbeitung mit einem Resümee und einem Ausblick in die Zukunft ab.

### 10.3.2 Performance messen

Die Diskussion über Talente und deren Performance hat sich vom finanziellen zum mehrdimensionalen Performancebegriff hin geändert. Die erste Schwierigkeit, die sich im Zusammenhang mit dem Konstrukt PM zeigt, ist die, dass bereits der Begriff Performance mehr als eine Bedeutung hat und »... bis heute kein kohärentes Begriffsverständnis zum Thema Performance besteht« (Krause, 2006, S. 17). Allerdings wird der Begriff »Leistung« als Übersetzung des Wortes »Performance« in der englischsprachigen Fachliteratur mit einer Bedeutung versehen, die stärker zukunftsorientiert ist und deutlicher auf nichtfinanzielle Aspekte sowie Anspruchsgruppen neben den Kapitalgebern ausgerichtet ist.

Was Performance konkret bedeutet, bestimmen individuell ausgewählte Performancekriterien. Inwiefern diese realisiert werden, muss mittels Performanceindikatoren gemessen werden. Dabei hat sich mehr und mehr die Erkenntnis durchgesetzt, dass monetäre Steuerungsgrößen alleine nicht mehr ausreichen, um das gesamte, dimensionenübergreifende Leistungsvolumen eines Unternehmens abzubilden und einen langfristigen wirtschaftlichen Wert zu schaffen, wobei sich insbesondere die Vergangenheitsorientierung traditioneller, meist bilanzorientierter Konzepte als problematisch erwies.

**》** Not only is the information which it [traditional financial control; K. G.] produces outdated and too imprecise to provide a basis for decisions on customer relationships or products; in addition autonomous employees need goals and incentives other than the usual based on profit and return on investment and modeled on the income statements used in financial accounting. (Olve, Roy & Wetter, 1999, S. 10) **《**

Der (mehrdimensionale) Performancebegriff steht demgegenüber in engem Zusammenhang mit dem Wettbewerbs- und Unternehmensumfeld, das bedeutet, dass entscheidende Einflussfaktoren wie beispielsweise der stetige Anpassungsdruck auf die gesamte Wertschöpfungskette der Unternehmen explizit berücksichtigt werden. Dadurch kann einer der Hauptgefahren rein finanzieller Performancegrößen entgegengewirkt werden, nämlich der Vernachlässigung des Gesamtprozesses der Leistungserstellung durch die interne Fokussierung auf die Messung von Leistungen, die nicht mehr mit den primären Geschäftsanforderungen übereinstimmen.

Die eingeschränkte Verständlichkeit finanzieller Performanceindikatoren provoziert ein Kommunikationsproblem hinsichtlich der Integration der Unternehmensstrategie in das tägliche operative Geschäft. Im Rahmen der zunehmenden Betonung der Fähigkeiten der Mitarbeiter gewinnt auch ihre Versorgung mit verständlichen, auf ihre Bedürfnisse zugeschnittenen Informationen an Bedeutung (Hoffmann, 2000), was bei finanziellen Messgrößen – bedingt durch den jeweiligen berufsfachlichen Hintergrund – jedoch nicht auf allen Hierarchiestufen gegeben ist. Wichtig ist, dass der Sinn von etwas eher Abstraktem wie einer Unternehmensvision oder einer übergeordneten und gleichsam den Handlungsrahmen weisenden Unternehmensstrategie deutlich wird, damit die Tätigkeit als solche und der ggf. damit verbundene Mehraufwand nicht als Selbstzweck erscheint. Es zeigt sich, dass aus rein finanzorientierten Performancemessungen generierte Informationen oftmals Defizite hinsichtlich ihrer Strategierelevanz aufweisen können.

Vitale & Marinac konnten 1995 in vielen US-amerikanischen Unternehmen inadäquate, finanzlastige Performance-Measurement-Systeme identifizieren, die außerstande waren, wettbewerbsentscheidende Faktoren in die tatsächlichen Entscheidungsprozesse zu integrieren. An dieser Stelle zeigt sich, dass Performancemessgrößen auf die strategischen Unternehmensziele abgestimmt sein müssen und diese widerspiegeln sollten. Es lassen sich jedoch nicht alle strategisch relevanten Faktoren in finanzielle Größen überführen.

Aus den oben angeführten Unzulänglichkeiten rein finanzorientierter Performanceindikatoren ergibt sich gleichsam zwangsläufig die »Notwendigkeit eines mehrdimensionalen Performancebegriffs« unter Einbeziehung finanzieller wie nichtfinanzieller Indikatoren. »Zahlreiche Autoren haben seit Beginn der 1990er Jahre die Erhebung nicht-finanzieller Kennzahlen gefordert und auf die Bedeutung ihres konsequenten Monitoring für das Unternehmen hingewiesen (…). Nicht finanzielle Kennzahlen werden als Vorlaufindikatoren (‚leading indicators‘) für die finanziellen Ergebnisindikatoren (‚lagging indicators‘) betrachtet« (Krause, 2006, S. 25). Über den Erfolg einer solchen mehrdimensionalen Performancemessung entscheidet nicht zuletzt die geschickte Verknüpfung finanzieller und nichtfinanzieller Indikatoren sowie vor allem auch die genaue Kenntnis über Ursache-Wirkung-Zusammenhänge, ein Sachverhalt, der sich in der Praxis als durchaus problematisch erweisen kann, worauf im Zusammenhang mit dem Balanced-Scorecard-Ansatz eingegangen wird.

**Ein strategieorientiertes Performance Management stellt einen Beitrag zur Sicherung der Wettbewerbsfähigkeit des Unternehmens dar**

### 10.3.3 Performance managen

Wenngleich PM das Messen von Leistung im Sinne von Performance Measurement als wesentliches Element beinhaltet, so bedeutet es de facto weit mehr als das. »Performance Measurement greift insofern zu kurz, als Leistung nicht nur gemessen, sondern aktiv erzeugt werden muss. Dabei spielt vor allem die effektive Interaktion der Akteure eine entscheidende Rolle« (Krause, 2006, S. 39). PM kann Techniken enthalten, mit denen Manager in Abstimmung mit den übergeordneten Unternehmenszielen die Performance ihrer Mitarbeiter planen und verbessern können. Jetter (2000, S. 13) definiert PM grundsätzlich als systematischen, »an der Unternehmensstrategie ausgerichteten Managementprozess, der sicherstellen soll, dass die Summe aller im Unternehmen erzielten Leistungen respektive Ergebnisse den Leistungsanforderungen und Erwartungen an das Unternehmen entspricht und somit die Wettbewerbsfähigkeit des Unternehmens sicherstellt«.

Aus diesen Ausführungen wird deutlich: PM muss als ein Gesamtsystem zur Leistungssteigerung gesehen werden, dessen besonderer Zweck in der Koordination und Steuerung von Einzelmaßnahmen zur Leistungssteigerung sowie der Berücksichtigung von Interaktionsbeziehungen innerhalb der Organisation liegt. PM soll Unternehmen befähigen, ihre Strategien erfolgreich am Markt umzusetzen, um die gesteckten Ziele zu erreichen, und dies nicht zuletzt durch Rahmenbedingungen (beispielsweise ein motivierendes Arbeitsumfeld), unter denen die einzelnen Mitarbeiter ihre Potenziale ausschöpfen können. PM im Sinne einer proaktiven Schaffung verbesserter Leistungs- und damit Wettbewerbsfähigkeit stellt jedoch einen hochkomplexen Prozess dar. »All organizations want performance from their members; however, the criteria for performance vary widely across these organizations, and while performance is highly desired, not all organizations know how to inspire it« (Allen, 2000, S. 7).

Spangenberg (1994) identifiziert 4 wesentliche Kennzeichen eines PMS. Auf die Planung der Performance (1. Performance Planning) folgen Aktivitäten, die auf die Beeinflussung der Performance abzielen, bzw. darauf, diese gezielt zu steuern (2. Managing Performance). Die tatsächlich erbrachte Leistung der verschiedenen Leistungsebenen im Unternehmen muss schließlich evaluiert werden (3. Performance Measurement), um die bisher gewählten Vorgehensweisen und Maßnahmen ggf. abzuändern und insbesondere auch die Belohnung der Performance durchzuführen (4. Rewarding Performance). Gerade der letzte Schritt der Leistungshonorierung darf dabei im Sinne einer leistungsorientierten Unternehmenskultur und eines effektiven Anreizsystems nicht vernachlässigt werden, da den Mitarbeitern im Rahmen des PM eine besondere Bedeutung zukommt.

Die praktische Umsetzung eines PMS stellt die Verantwortlichen vor viele offene Fragen. Neben der Auswahl geeigneter, teilweise unternehmensspezifischer Performanceindikatoren und der Entwicklung eines effizienten Performance Measurements muss vor allem ein Vorgehen gewählt werden, das als Rahmen und Orientierungshilfe bei der Umsetzung dienen kann. Viele dieser Ansätze haben in den 1980er oder 1990er Jahren große Bekanntheit erlangt und langfristige Trends im Management nicht nur widergespiegelt sondern zum Teil auch mitgeprägt. Exemplarisch sind in diesem Zusammenhang Total Quality Management (TQM), Lean Management, Business Reengineering, Kaizen, Kontinuierlicher Verbesserungsprozess (KVP) oder auch der Intellectual-Capital-Ansatz sowie seit Mitte der 1990er Jahre verstärkt der Balanced-Scorecard-Ansatz zu nennen. Letzterer soll als Instrument des PM nachfolgend exemplarisch dargestellt werden.

### 10.3.4 »Die Balanced Scorecard« als ein »Tool« des Performance Managements

Der Balanced Scorecard (BSC)-Ansatz (vgl. Kaplan & Norton, 1997) gehört zu den einflussreichsten Konzepten zur Gestaltung von PMS und weist eine relativ weite Verbreitung auf. Anspruch des BSC-Ansatzes ist es, einen Rahmen zur Entwicklung eines ausgewogenen, d. h. an finanziellen wie nichtfinanziellen, externen wie internen Werttreibern und Ergebnisindikatoren orientiertes PMS bereitzustellen; er steht somit vor allem für die strategische Perspektive des PMS.

> **Die Balanced Scorecard ist ein konsistentes Prozessmodell für ein strategieorientiertes Performance Management**

>> A new strategic direction calls for new information for planning, decision-making, monitoring progress, and control. Therefore, management control must also take account of external factors and be broadened to include strategy information which will indicate whether or not the business will continue to be competitive in the future. (Olve et al., 1999, S. 13) <<

Grundgedanke des BSC-Ansatzes ist die Konkretisierung von Vision und Strategie einer Organisation durch die Ableitung von Zielen, Kennzahlen, Zielwerten und Maßnahmen zur Realisierung. Diese Kategorisierung basiert auf der Erkenntnis, dass die Strategieimplementierung in den meisten Unternehmen nur mangelhaft erfolgt (vgl. Götz & Weßner, 2010). Gerade die stärkere Zukunftsorientierung erweitert entscheidend den Horizont strategischer Entscheidungen und manifestiert sich in der Lern- und Entwicklungsperspektive, die eine von 4 grundlegenden Perspektiven ist, die den konzeptionellen Rahmen des BSC-Ansatzes darstellen. Die 3 übrigen Perspektiven sind die Finanzperspektive, die interne Prozessperspektive sowie die Kundenperspektive. Die kausale Verknüpfung aller 4 Messgrößen ist der eigentliche Kern der BSC. Der Balanced-Scorecard-Ansatz impliziert damit gleichsam eine Fokussierung auf die Antizipation zukünftiger Ereignisse anstelle einer reinen Ex-post-Abbildung finanzieller Ergebnisse. »For companies financial performance is usually the long-run aim, but the other measures provide early signals and are more appropriate for keeping the business on course« (Olve et al., 1999, S. 18). Ein weiterer Vorteil ist die universelle Einsetzbarkeit des BSC-Ansatzes. In der Praxis findet er vor allem dort Anwendung, wo verschiedenartige Messgrößen strukturiert werden müssen, beispielsweise bei der Steuerung von Großprojekten oder etwa der Integration neuer (Geschäfts-)Prozesse. So konnte sich der BSC-Ansatz im Laufe seiner Entwicklungsgeschichte von einem Konzept zur Ausgestaltung eines Performancemesssystems zu einem Ansatz des strategischen Managements und einem Planungs- und Feedbackinstrument entwickeln.

Nach Kaplan & Norton (1997) kennzeichnen dabei 4 Komponenten die BSC als strategisches Managementsystem:

1. »Clarifying and Translating the Vision and Strategy«
2. »Communicating and Linking«
3. »Planning and Target Setting« und
4. »Strategic Feedback and Learning«.

Der entscheidende Nutzen des BSC-Ansatzes wird in seiner Eignung als Kommunikationsinstrument bei der Operationalisierung von Unternehmensstrategien gesehen. Problematisch ist in diesem Zusammenhang die grundlegende Annahme, dass die Mitarbeiter gleichsam automatisch ihre Verhaltensweisen adaptieren, d. h. quasi selbstständig die notwendigen Handlungen tätigen, die nötig sind, um die organisationalen Ziele zu erreichen.

In diesem Zusammenhang wird in ▶ Abschn. 10.3.6 auf die grundsätzlichen Implikationen eingegangen, die sich vor dem Hintergrund vieler moderner PMS und managementtheoretischer Ansätze für das Human Resource Management hinsichtlich der Anforderungen an den einzelnen Mitarbeiter ergeben. Wenngleich zahlreiche Elemente der BSC nicht gänzlich neu sind, so ist die Integration der verschiedenen Elemente in ein konsistentes Prozessmodell eines strategieorientierten PM ein ganz entscheidender Entwicklungsschritt. Die scheinbare Einfachheit des Aufbaus einer BSC darf jedoch nicht von der tatsächlichen Komplexität des Ansatzes ablenken, die spätestens dann zu Tage tritt, wenn es darum geht, konkrete Ziele, Ressourcen, Verantwortlichkeiten und Messgrößen auf allen Hierarchiestufen zu etablieren.

Empirisch sind die Anstrengungen der Unternehmen bei der Umsetzung des BSC-Ansatzes von einer gewissen Ambivalenz geprägt. Wenngleich in einer Umfrage 68% der Befragten der Aussage zustimmen, es habe sich dadurch eine positive Wirkung auf die konsequente Strategieumsetzung erzielen lassen, so berichten ganze 86% der Nutzer, es sei keine Verbesserung der Planung und Budgetierung erfolgt, und 68% konnten keine Verbesserung der strategiekonformen Ressourcenallokation feststellen (vgl. Krause, 2006, S. 4 f.).

### 10.3.5 Der »Intellectual-Capital-Ansatz« als ein »Tool« des Performance Managements

Während die Balanced Scorecard einen sehr engen Bezug zum internen Reportingsystem eines Unternehmens besitzt, geht der Intellectual-Capital-Ansatz von einer völlig anderen Fragestellung aus: Er sucht nach einer Erklärung für unter Umständen stark divergierende Börsenkapitalisierungen bei Unternehmen mit vergleichbarer Kapitalausstattung und zielt somit auf die Schwächen der externen Rechnungslegung ab. Als Erklärung hierfür werden in der Bilanz nicht ausweisbare und damit quasi unsichtbare Vermögensbestandteile, sog. »intangible assets« identifiziert. Diese unsichtbaren Vermögensbestandteile sind vor allem Wissen und Kompetenzen, die insbesondere im Humankapital einer Organisation gebunden sind (vgl. Götz, 2009).

*Wissen und Kompetenzen der Mitglieder stellen das »Intellectual Capital« eines Unternehmens dar*

❯❯ [Intellectual Capital, K.G.] … has become widespread in recent years (…) the most frequent meaning is »packaged useful knowledge« (…), which is assumed to be the reason why a company is valued at more than the sum of the »hard« assets in its balance sheet, even if these have been written up to their current market value. (Olve et al., 1999, S. 27) ❮❮

Für die detaillierte Aufschlüsselung des Intellectual Capital einer Unternehmung existieren verschiedene, teils unternehmensspezifische Klassifizierungen, die wiederum »oft als Grundlage für die Bestimmung von Performancedimensionen genutzt werden« (Hoffmann, 2000, S. 67).

Grundsätzlich stellen allerdings Human Capital und das sog. Structural Capital die 2 wichtigsten Elemente des Intellectual Capital dar. Dabei stehen beide in enger Beziehung zueinander, wobei das Intellectual Capital quasi die Infrastruktur des Human Capital darstellt und an das Unternehmen gebunden ist. Das Structural Capital lässt sich zudem untergliedern in Customer und Organisational Capital, Ersteres zielt auf die Kunden und deren Loyalität und auch »Qualität« ab, Letzteres auf Knowledge-Sharing-Systeme zur Wissensgenerierung respektive zum Abbau von Wissensbarrieren bei den Mitarbeitern. Dass diese unsichtbare Kapitalart direkt in Verbindung mit dem Humankapital einer Organisation steht, ist evident.

❯❯ Intellectual Capital is cultivated in part by hiring and developing the right kind of employees – in other words, by increasing human capital. But since this resource is volatile, the need for stability must be met by tying accumulated competence and capability to the company in a more lasting way. (Olve et al., 1999, S. 27 f.) ❮❮

Beim Management des Intellectual Capital nimmt das Structural Capital nicht zuletzt deshalb eine Schlüsselrolle ein, weil es eine Hebel-

Ein erfolgreiches Performance Management hat zur Voraussetzung, dass die Mitarbeiter von dem Instrument überzeugt sind. Ihre Kompetenzen müssen im Unternehmen sichtbar werden

wirkung auf das Human Capital ausüben kann (vgl. Edvinsson, 2000). Es mehren sich die Anzeichen, dass der Wert des Intellectual Capital und damit auch der Wert des Human und Structural Capital auch an der Börse zunehmend erkannt und honoriert wird, insbesondere in wissensbasierten Branchen, wo der Anteil dieser »intangible assets« naturgemäß relativ hoch ist. Der Intellectual-Capital-Ansatz weist einige Gemeinsamkeiten mit der Balanced Scorecard auf (Konzentration auf einige wenige Größen, Bedeutung des Strategiebezugs, Notwendigkeit mehrdimensionaler Messgrößen), fokussiert allerdings stark auf die Interdependenzen zwischen den einzelnen Dimensionen des Intellectual Capital, was auch den größten Unterschied zum BSC-Ansatz ausmacht. Bei den Monitoringinstrumenten des Intellectual-Capital-Ansatzes stehen die mitarbeiterbezogenen Indikatoren im Vordergrund.

### 10.3.6 Implikationen für das Human Resource Management

Wenngleich nicht alle neueren managementteoretischen Ansätze eine so wissensbasierte Betrachtungsweise wie der Intellectual-Capital-Ansatz haben, so wurde der Faktor Humankapital, und eng damit verbunden das Wissen und die Kompetenzen der Mitarbeiter, spätestens seit den 1980er Jahren deutlich höher bewertet als zuvor. Bereits McGregor (1960) stellte mit seiner Theory X und Y die klassischen, tayloristisch geprägten Annahmen (Theory X) den Annahmen der Theory Y gegenüber, die mit einer stärkeren Betonung des Potenzials eigenverantwortlichen Handelns, der Motivation und auch der Kreativität der Mitarbeiter den Weg zu einer stärkeren Integration der Mitarbeiter in die Organisation wies.

**》** ... McGregor called Theory Y »the integration of individual and organizational goals« and held that it led to »the creation of conditions such that the members of the organization can achieve their own goals *best* by directing their efforts toward the success of the enterprise. (Wren, 1993, S. 375) **《**

Diese Einsichten trugen schließlich dazu bei, dass im Rahmen der organisationalen Leistungssteigerung und Prozessverbesserung zunehmend auch auf das »in weiten Teilen brachliegende kreative Fähigkeiten-Potential der Arbeitskräfte« (Schust, 1994, S. 17) gesetzt wurde, basierend auf der Erkenntnis, dass rein auf hierarchischer Kontrolle basierende Organisationsformen keine optimale Effizienz ermöglichen. Insbesondere japanische Unternehmen setzten mit Ansätzen wie Total Quality Management (TQM) und Kaizen die positiven Effekte einer Arbeitsorganisation, die sich nicht zuletzt auch an den Bedürfnissen und Fähigkeiten der einzelnen Mitarbeiter orientiert, bereits relativ früh in geldwerte Wettbewerbsvorteile um. In diesem

Zusammenhang stand vor allem die Mobilisierung der Mitarbeiter im Mittelpunkt. Es wurden Arbeitsbedingungen geschaffen, die Gruppenarbeit und die Mitwirkung des Einzelnen begünstigten, Mitarbeiter in Arbeitsmethoden und Problemlösungstechniken geschult, um ihrer neuen Verantwortung gerecht zu werden, und all dies mit dem Ziel, dass jeder Mitarbeiter seine ganze Erfahrung und Qualifikation mit in die Organisation sowie zur Verwirklichung der organisationalen Ziele einbringt. Der Erfolg von TQM und Kaizen verbreitete diese und ähnliche Ansätze, wie beispielsweise den sog. Kontinuierlichen Verbesserungsprozess (KVP), seit den 1980er Jahren in allen großen Industrienationen und lenkte somit auch dort den Fokus des Interesses zunehmend auf den Faktor Humankapital sowie dessen möglichst effiziente Nutzung. Dabei spielt das HRM naturgemäß eine entscheidende Rolle, mehr und mehr setzte sich die Erkenntnis durch, dass »die Wettbewerbsposition nicht nur durch die Markt-, Kosten- und Technologieposition geprägt [wird, K.G.], sondern maßgeblich von der Human Resources-Position, da letztlich nur Menschen durch ihre Fähigkeiten und Leistung (Performance) die Differenzierung des Unternehmens im Wettbewerb schaffen können« (Schust, 1994, S. 13). Hierbei wird die Verbindung von HRM und PM deutlich, die Mitarbeiter müssen im Rahmen eines erfolgreichen PM nicht nur überzeugt werden von der Richtigkeit und Wichtigkeit der strategischen Ziele einer Organisation (Commitment), sondern sie müssen auch vor dem Hintergrund ihrer Kenntnisse und Kompetenzen befähigt werden, Eigenverantwortung zu tragen und Entscheidungen im Sinne der Organisation treffen zu können.

Die Bedeutung des HRM wächst analog zu der sich verbreitenden Annahme, dass der Mitarbeiter in der Organisation nicht nur den teuersten Produktionsfaktor, sondern auch den primären Leistungsträger darstellt. Die unterstützende Rolle des HRM für das PM beginnt dabei mit dem Auswahlverfahren im Rahmen des Recruiting neuer Mitarbeiter und nimmt ihre Fortsetzung in der betrieblichen Weiterbildung. Es geht darum, ihnen neue Kompetenzen und Fähigkeiten zu vermitteln und sie so zu eigenverantwortlichem Handeln zu befähigen, um letztlich nicht nur das Humankapital, sondern vor allem das strukturelle Kapital einer Organisation zu vermehren. Dabei geht es ganz konkret um die Verbesserung der Wettbewerbsfähigkeit durch die Vermeidung einer Divergenz zwischen dem vorhandenen Qualifikationspotenzial der Mitarbeiter und seiner effektiven Nutzung. Außerdem sind in fortgeschrittenen Industriegesellschaften bzw. der sog. Dienstleistungsgesellschaft zunehmend Fähigkeiten der Mitarbeiter gefragt, die zuvor von Industrie und Wirtschaft als eher zweitrangig angesehen wurden, wie beispielsweise innovatives, kreatives Verhalten, Flexibilität, Teamfähigkeit und auch Risikobereitschaft.

Neue Formen der Arbeitsorganisation wie Projektarbeit und damit eng verbunden die Arbeit in (interdisziplinären) Teams, an die die Mitarbeiter unter Umständen erst herangeführt werden müssen, sollen die Leistungsfähigkeit der Organisation stärken, die Wettbewerbsfähigkeit sicherstellen und somit entscheidend zu einem effektiven wie effizienten PM beitragen. Neben der obligatorischen fachlichen Qualifizierung sollten die Teammitglieder dabei zusätzlich soziale Kompetenz, Konfliktlösungsfähigkeit und Vernetzungs- und Integrationsfähigkeit nachweisen und vor allem an ihrer Persönlichkeitsentwicklung arbeiten.

### Zusammenfassung

— PM soll entwicklungsrelevante Prozesse aktiv unterstützen, indem relevante Kriterien benannt und entsprechende Indikatoren zur Messung der Performance definiert werden. Diese Faktoren sind eine wichtige Voraussetzung zur Strategieumsetzung und zur Verbesserung der Unternehmensperformance. Dabei spielt die erfolgreiche Kommunikation der Unternehmensstrategie sowie von entsprechenden Indikatoren und Zielgrößen über alle Hierarchiestufen hinweg eine wichtige Rolle. In diesem Kommunikationsprozess muss einer der entscheidenden Erfolgsfaktoren bei der Umsetzung eines PM gesehen werden. Ein langfristiges Commitment nicht nur auf der Managementebene, sondern auch – und dies ist ganz entscheidend – bis zu dem einzelnen Mitarbeiter hinab liefert einen wesentlichen Beitrag zur Performance einer Organisation.

— Dem Einzelnen und seinem Beitrag zur organisationalen Zielerreichung wird eine strategisch wichtige Rolle zugeschrieben. Das Personal stellt durch das in ihm gebundene Humankapital das entscheidende Leistungspotenzial eines Unternehmens dar und dieses Potenzial kann nur dann ausgeschöpft werden, wenn die Fähigkeiten der Mitarbeiter mit deren Commitment kombiniert werden können. Um latent vorhandenes, aber ungenutztes Humankapital aktivieren zu können, muss die klassische, hierarchisch strukturierte und funktional differenzierte Organisationsstruktur zumindest teilweise zugunsten flacherer Führungsstrukturen und kleinerer, selbstständiger Einheiten aufgebrochen werden. Ein derartiger Umbruch zu mehr Eigenverantwortung und größerer Freiheit in kleineren Einheiten läuft kaum reibungsbzw. geräuschlos ab. Auch wenn die Aus- und Weiterbildungsprogramme in den Unternehmen zur Weiterentwicklung der Potenziale der Mitarbeiter und Führungskräfte forciert werden, bedarf es zusätzlich eines Wandels in der Unternehmenskultur. Talentmanagement kann dazu einen Beitrag leisten. PMS stellen in diesem Kontext Instrumente des Change Managements dar, dabei geht es um die Verzahnung von Führungsaufgaben und den im engeren Sinne wertschöpfenden Tätigkeiten zur Durchführung einerseits und der Verzahnung zwischen Potenzialen und Ergebnissen andererseits.

— In diesem Zusammenhang spielt auch das HRM eine wichtige Rolle. Wenn nur solche Formen der Arbeitsorganisation als zeitge mäß gelten können, die neben sog. Hygienefaktoren wie Einkommen und soziale Absicherung vor allem auch Entscheidungsfreiräume zu eigenverantwortlichem Handeln bieten, dann spielen die Kompetenzen jedes Einzelnen eine tragende Rolle im System der Organisation. Je kompetenter Mitarbeiter als Elemente des Systems sind, desto leichter ist deren Selbstorganisation möglich. Motivation zur Performance durch ein Klima der Leistung und Anerkennung und nicht zuletzt eine Persönlichkeitsentwicklung des Einzelnen, die den Schlüssel zum Kompetenzvorsprung im Wettbewerb darstellt, sind wichtige Erfolgsfaktoren einer progressiven Unternehmenskultur. Diese Kultur muss maßgeblich durch das HRM mitgeprägt werden, z. B. durch Maßnahmen der Personalentwicklung und eine Ausrichtung von Anreizsystemen. Dies ist nicht nur notwendig, um die Leistungspotenziale der Mitarbeiterinnen und Mitarbeiter effizient nutzen zu können, sondern auch um die Grundlage für eine bessere Leistungsfähigkeit der gesamten Organisation zu legen.

## Literatur

Allen, R. W. (2000). *A behavior known as performance*. Orlando: The Dryden Press Series in Management.

Argyris, C., & Schön, D. A. (1974). *Theories in practice*. San Francisco: Jossey-Bass.

Arnold, R. (1999) Die ermöglichungsdidaktische Wende in der Berufsbildung. Anmerkungen zur Integration von erfahrungsorientiertem und intentionalem Lernen. Berufsbildung, Nr. 57 (6), S. 2.

Arnold, R. & Schüßler, I. (2000). Deutungslernen in der Erwachsenenbildung. In: Cuvry, A.; Haeberlin, F.; Michl, W. & H. Breß (Hrsg.), Erlebnis Erwachsenenbildung. Zur Aktualität handlungsorientierter Pädagogik. Neuwied: Luchterhand-Verlag, S. 314–326.

Arnold, R. & Siebert, H. (1995). Konstruktivistische Erwachsenenbildung. Von der Deutung zur Konstruktion von Wirklichkeit. Baltmannsweiler: Schneider.

Baecker, D. (1994). *Postheroisches Management*. Berlin: Merve.

Baecker, D. (Hrsg.). (2003). *Kapitalismus als Religion*. Berlin: Patmos.

Barker, R. A. (1997). How can we train Leadership if we do not know what Leadership is? *Human Relations*, 50, 4, 343–362.

Bauer, J. (2008). *Prinzip Menschlichkeit. Warum wir von Natur aus kooperieren*. München: Heyne.

Bea, F. X., & Haas, J. (2005). *Strategisches Management*. Stuttgart: Lucius & Lucius.

Boltansky, L., & Chiapello, E. (2003). *Der neue Geist des Kapitalismus* (franz. Original 1999). Konstanz: Universitäts Verlag Konstanz.

Boss, P., & Hildenbrand, A. (2008). *Verlust, Trauma und Resilienz: Die therapeutische Arbeit mit dem »uneindeutigen Verlust«*. Stuttgart: Klett-Cotta.

Bourdieu, P. (1983). Ökonomisches Kapital – Kulturelles Kapital – Soziales Kapital. In P. Bourdieu (Hrsg.), *Die Verborgenen Mechanismen der Macht* (S. 49-80). Hamburg: VSA.

Cunliffe, A. L. (2009). The philosopher leader: On rationalism, ethics and reflexivity. – A critical perspective to teaching. *Management Learning*, 40, 1, 87–101.

Davidson, P., & Honig, H. (2003). The rule of social and human capital among nascent entreprencurs. *Journal of Business Venturing*, 18, 2, 310–331.

Dohne, K. D. (2009). *Gute Führung merkt man nicht*. Unveröffentlicher Artikel. www.kddohne.de

Dörr, S. (2007). Fit für den Wandel durch transaktionale und transformationale Führung. *Wirtschaftspsychologie aktuell*, 1, 23-26.

Duggan, W. (2007). *Strategic intuition: The creative spark in human achievement*. Columbia Business School Publishing.

Eck, C. D. (1999). Charisma zwischen Religion und Management. Über die Zusammenhänge von Charisma und Führung. In W. Jacob (Hrsg.), *Charisma. Revolutionäre Macht im individuellen und kollektiven Erleben* (139–174). Zürich: Chronos.

Eck, C. D. (2003a). *Den Tiger reiten. Vom Umgang mit Dilemmata und Paradoxien des Managements* (Workshop-Unterlagen). Zürich: IAP (ZHAW).

Eck, C. D. (2003b). *Die Inszenierung von Beratung und Entwicklung. Zur Dramaturgie psychosozialer Interventionen in Organisationen – eine Skizze*. Zürich: IAP (ZHAW).

Eck, C. D. (2006). Ethische Fragen im Coaching von Führungskräften. In: E. Lippmann (Hrsg.), *Coaching*.

*Angewandte Psychologie für die Beratungspraxis* (S. 262–278), 2. Aufl. Heidelberg: Springer.

Eck, C. D. (2007a). *Der Chef muss Navigator sein. Eine Chautauqua zum 10-jährigen Jubiläum des ABB-CH »General Management Programm«.* Baden: ABB-CH und Zürich: IAP (ZHAW).

Eck, C. D. (2007b). Führung – Leadership: Thesen und Hypothesen zu einem Irrlicht der Praxis und Theorie der Organisationsgestaltung. In R. Ballreich, M. W. Fröse & H. Piber (Hrsg.), *Organisationsentwicklung und Konfliktmanagement. Innovative Konzepte und Methoden.* Bern: Haupt.

Eck, C. D. (2009a). Endzeit des Neoliberalismus? *Theologie und Praxis,* 35, 1, 3–18.

Eck, C. D. (2009b). *Seafarer or Soldier: which metaphor grasps the complexity of PM better?* Zürich: IPMA Expert Seminar 2009.

Eck, C. D. (2010a). Kompetenzen modellieren. In B. Werkmann-Karcher & J. Rietiker (Hrsg.), *Angewandte Psychologie für das Personalmanagement* (im Druck). Heidelberg: Springer.

Eck, C. D. (2010b). Human Resource Development – die Funktion, welche Kompetenzen entwickelt und fördert. In: B. Werkmann-Karcher & J. Rietiker (Hrsg.), *Angewandte Psychologie für das Human Resources Management* (im Druck). Heidelberg: Springer.

Eck, C. D. (2010c). *Klugheit (Prônesis) – Freimut (Parrésia) – Eingreifendes Denken. Ein Beitrag zur Stilbildung in der Management-Entwicklung.* (im Druck).

Eck, C. D., Jöri, H., & Vogt, M. (2007) Die Assessment-Center-Methode. Heidelberg: Springer.

Edvinsson, L. (2000). Some perspectives on intangibles and intellectual capital. *Journal of Intellectual Capital, 1,* 12-16.

Elkjaer, B., & Vince, R. (2009). Teaching from critical perspectives. *Management Learning,* 40,1, 5–101.

Felfe, J. (2005). *Charisma, transformationale Führung und Commitment.* Köln: HSV.

Foucault, M. (1972). L'ordre du discours. Paris: Gallimard (dt. 1974, München: Hanser).

Franzen, A., & Freitag, M. (2007). *Sozialkapital – Grundlagen und Anwendungen.* Sonderheft 47 / 2007 der Kölner Zeitschrift für Soziologie und Sozialpsychologie. Wiesbaden: VS.

Galdynski, K., & Kühl, S. (Hrsg.). (2009). *Black-Box Beratung? Empirische Studien zu Coaching und Supervision.* Wiesbaden, VS.

Goldstein, N. J. (2009). Die 10 besten Ideen. So nutzen Sie sozialen Druck. *Harvard Business Manager,* 2, 2-14

Goleman, D., & Boyatzis, R. (2009). Soziale Intelligenz – Warum Führung Einfühlung bedeutet. *Harvard Business Manager,* 1, 35- 44.

Götz, K. (2009). *Wettbewerb um Wissen.* Augsburg: Ziel.

Götz, K. & Bleher, N. (2006). Toward the Transnationalization of Corporate Culture. In C. Mann & K. Götz (Hrsg.), *Borderless business. Managing the far-flung enterprise* (S. 295-311). Westport (USA): Praeger.

Götz, K., & Bleher, N. (2007). Zur Entwicklung transnationaler Unternehmensidentitäten in einer Weltgesellschaft. *Zeitschrift für Personalforschung, 21* (2), 118-137

Götz, K., & Weßner, A. (2010). *Von der Zukunftsforschung zum Strategic Foresight.* Frankfurt/Main: Lang.

Grint, K. (2000). *The art of leadership.* Oxford: Blackwell.

Gris, R. (2008). *Die Weiterbildung – Warum Seminare und Trainings Kapital vernichten und Karrieren knicken.* Frankfurt/Main: Campus.

Hannan, M. T., & Freeman, J. (1989). *Organizational ecology.* Cambridge/Mass.: Harvard University Press.

Hassenzahl, M. (2005). Interaktive Produkte wahrnehmen, erleben, bewerten und gestalten. In M. Eibl, H. Reiterer, P. F. Stephan & F. Thissen (Hrsg.), *Knowledge Media Design – Grundlagen und Perspektiven einer neuen Gestaltungsdisziplin* (S. 151-171). München: Oldenbourg.

Hausammann, F. (2007). *Personal governance. Als unverzichtbarer Teil*

*der Corporate Governance.* Bern: Haupt.

Heintel, P. (1991). Personalentwicklung in der Spannung von Organisation, Funktion und Person. Eine Skizze. In A. Bammé, W. Berger & E. Kotzmann (Hrsg.), *Klagenfurter Beiträge zur Technikdiskussion,* Heft 55. Klagenfurt: IFF.

Hinterhuber, H., Schnorrenberg, L., Reinhardt, R., & Pircher-Friedrich, A. M. (2006). *Servant Leadership: Prinzipien dienender Unternehmensführung.* Berlin: Schmidt.

Hoffmann, O. (2000). *Performance Management. Systeme und Implementierungsansätze* (3., unveränd. Aufl.). Bern: Haupt.

Hüther, G. (2004). Die Macht der inneren Bilder, Vandenhoeck & Ruprecht, Göttingen.

Huysman, M. (1999). Balancing biases: a critical review of the literature on organizational learning. In M. Easterby-Smith, L. Araujo & J. Burgoyne (Hrsg.): Organizational learning and the learning organization. London: Sage.

Iles, P. & Preece, D. (2006). Developing leaders or developing leadership? *Leadership,* 2, 3, 317–340.

Izzy, Joel B. (2006). *Im Zaubergarten des Erzählens.* Herder, Freiburg.

Jetter, W. (2000). *Performance Management. Zielvereinbarungen. Mitarbeitergespräche. Leistungsabhängige Entlohnungssysteme.* Stuttgart: Schäffer-Poeschel.

Jones, O. (2005). Manufacturing regeneration through corporate entrepreneurship: Middle managers and organizational innovation. *International Journal of Operations and Production Management,* 25, 5, 491–511.

Jordan, S., Messner, M., & Becker, A. (2009). Reflection and mindfulness in organizations: Rationales and possibilities for integration. *Management Learning,* 40, 4, 465–473.

Jullien, F. (2005). *Conférence sur l'efficacité.* Paris: PUF.

Jungk, R. (1952). Die Zukunft hat schon begonnen. Stuttgart: Scherz.

Kälin, K., & Müri, P. (2005). *Sich und andere Führen. Psychologie für Füh-*

rungskräfte, Mitarbeiterinnen und Mitarbeiter, 15. Aufl. Bern: h.e.p.

Kanungo, R., & Misra, S. (1992). Managerial resourcefulness: a reconceptualization of management skills. *Human Relations, 45,* 12, 1311–1332.

Kaplan, R. S., & Norton, D. P. (1997). *Balanced Scorecard: Strategien erfolgreich umsetzen.* Stuttgart: Schaeffer-Poeschel.

Kerschreiter, R., Brodbeck, F., & Frey, D. (2006). Führungstheorien. In H.-W. Bierhoff & D. Frey (Hrsg.), *Handbuch der Sozialpsychologie und Kommunikationspsychologie* (S. 619-628). Göttingen: Hogrefe.

Kittsteiner, H. D. (2008). *Weltgeist – Weltmarkt – Weltgericht.* München: Fink.

Koestenbaum, P. (2002). *Leadership – the inner side of greatness. A philosophy for leaders.* San Francisco: Jossey-Bass.

Krause, O. (2006). *Performance Management. Eine Stakeholder-nutzenorientierte und Geschäftsprozessbasierte Methode.* Wiesbaden: Gabler.

Kühl, S. (2007). Die geringe Hebelwirkung von Personalentwicklung. *Organisationsentwicklung, 26,* 1, 42–45.

Küttner, A. (2009). *Neue Lernformate in der Führungskräfteentwicklung – eine explorative Studie über Erfolgskonzepte der Zukunft.* Unveröffentlichte Diplomarbeit, Universität Koblenz-Landau.

Leidenfrost, J. (2006). *Kritischer Erfolgsfaktor Körper? Leistung neu denken: Ressourcenpflege im Management.* München: Hamp.

Leidenfrost, J., Götz, K. & Hellmeister, G. (1999). *Persönlichkeitstrainings im Management. Methoden, subjektive Erfolgskriterien und Wirkfaktoren.* München: Hampp.

Lorenzer, A. (1974). *Die Wahrheit der psychoanalytischen Erkenntnis. Ein historisch-materialistischer Entwurf.* Frankfurt/Main: Suhrkamp.

Lorenzer, A. (1977). *Sprachspiele und Interaktionsformen.* Frankfurt/Main: Suhrkamp.

Lyotard, J.-F. (1979). *La condition postmoderne.* Paris: Editions de Minuit (dt. Das postmoderne Wissen, 3. Aufl., 1994. Wien: Passagen).

Martin, A. (2009). *Global trends impacting leaders and leadership development. World Leadership Survey.* Center for Creative Leadership. www.ccl.org

McGregor, D. (1960). *The human side of enterprise.* New York: McGraw-Hill.

McLuhan, M., & Fiore, Q. (1968). *War and peace in the global village.* New York: Bantam.

McLuhan, M., & Powers, B. R. (1989). *The global village. Transformations in world life and media in the 21st century.* Oxford: Oxford University Press.

Mertens, D. (1974). Schlüsselqualifikationen. Thesen zur Schulung für eine moderne Gesellschaft. *Mitteilung aus der Arbeitsmarkt- und Berufsforschung,* 1, 36–43.

Mertens, D. (1977). Schlüsselqualifikationen. In H. Siebert (Hrsg.), *Begründungen gegenwärtiger Erwachsenenbildung.* Braunschweig: Westermann.

Mintzberg, H. (1973). *The nature of managerial Work.* New York: Harper & Row.

Mintzberg, H. (1989). *Mintzberg on Management: Inside our strange world of Organizations.* New York: Free Press.

Mintzber, H., Simons, R., & Basu, M. (2002). Distanzierendes versus Integratives Management. *Sloan Management Review,* 44. [Übersetzung C. D. Eck, IAP, Zürich]

Nicholls, J. (1994). The »heart, head and hands« of transforming leadership. *Leadership & Organization Development Journal,* 15, 8-15.

Olve, N.-G., Roy, J., & Wetter, M. (1999). *Performance drivers. A practical guide to using the balanced scorecard.* Chichester: Wiley & Sons.

Ortenblat, A. (2002). Organizational learning: a radical perspective. *International Journal of Management Review,* 4, 1, 71–85.

Perriton, L., & Reynolds, M. (2004). Critical management education: From pedagogy of possibility to pedagogy of refusal? *Management Learning,* 35, 1, 61–77.

Pettigrew, A., Thomas, H., & Whittington, R. (Hrsg.). (2002). *Handbook of strategy and management.* London: Sage.

Pulley, M. L. (1997). *Losing your job – reclaiming your soul: Stories of resilience, renewal, and hope.* San Francisco: Jossey-Bass.

Pümpin, C. (1992). *Strategische Erfolgspositionen.* Bern: Haupt.

Ruh, H. (2010). *Auf dem Weg zu einer Wirtschaftsordnung mit menschlichem Antlitz* (im Druck). Zürich: Verso.

Schust, G. H. (1994). *Total Performance Management. Neue Formen der Leistungs- und Potentialnutzung in Führung und Organisation.* Stuttgart: Schäffer-Poeschel.

Siegel, D. J. (2007). *Das achtsame Gehirn.* Freiburg: Arbor.

Spangenberg, H. (1994). *Understanding and implementing performance management.* Plumstead: Kenwyn.

Staudt, E., & Kriegsmann, B. (2002). Weiterbildung: Ein Mythos zerbricht (nicht so leicht). In E. Staudt et al. (Hrsg.), *Kompetenzentwicklung und Innovation* (S. 71–125). Münster: Waxmann.

Sternberg, R. J. (2003). WICS: a model of leadership in organizations. *Academy of Management. Learning and Education,* 2, 4, 386–401.

Taylor, B. (2007). Learning for tomorrow: Whole person learning for the planetary citizen. West Yorkshire, UK: Oasis Press.

Tichy, N. M., & Devanna, M. A. (1995). *Der Transformational-Leader. Das Profil der neuen Führungskraft.* Stuttgart: Klett-Cotta.

Vitale, M., & Marinac, S. (1995). How effective is your performance measurement system? *Management Accounting,* 8, 38–47.

Whipp, R. (1997). Creative destruction: strategy and organizations. S. R. Clezg, C. Hardy & W. R. Nord (Hrsg.), *Handbook of Organizations Studies,* 2. Aufl. (S. 261–275). London: Sage.

Whitley, R. (1999). *Divergent capitalism.* Oxford: Oxford University Press.

Wren, D. A. (1993). *The evolution of management thought* (4. Aufl.). New York: Wiley & Sons.

Wunderer, R., & Bruch, H. (2000). *Umsetzungskompetenz. Diagnose und Förderung in Theorie und Unternehmenspraxis.* München: Vahlen.

# Wandel in Organisationen – Grundlagen und Prinzipien des Change Managements aus systemischer Perspektive

*Volker Kiel*

Organisationen werden aus systemischer Perspektive als lebende offene Systeme beschrieben, die in Wechselwirkung mit ihrer jeweiligen Umwelt stehen. Die Umwelt ist durch steigende Komplexität, hohe Dynamik und häufige Turbulenzen gekennzeichnet. Wandel in Organisationen ist eine geplante und zielgerichtete Anpassung der Strategie, Struktur und Kultur an die sich kontinuierlich verändernde Umwelt, um die Legitimität und somit die Lebensfähigkeit zu erhalten. Je nach Auslöser und Notwendigkeit kann der Wandel eher eine radikale oder evolutionäre Form annehmen, wobei zwischen der sachlogischen Ebene – dem Gegenstand der Veränderung – und der psychosozialen Ebene – den tatsächlichen Auswirkungen der Veränderungen im sozialen System – unterschieden wird. Change Management ist die bewusste und zielgerichtete Gestaltung und Steuerung von Veränderungsprozessen in sozialen Systemen. Auf der Basis systemtheoretischer Ansätze können Veränderungen nicht direkt verordnet oder instruiert werden, sondern werden durch das soziale System selbstorganisiert hervorgebracht. Berater in Veränderungsprozessen sollten dabei bestimmte Prinzipien beachten, um die Selbstorganisation des sozialen Systems zu nutzen und damit die notwendigen Veränderungen langfristig in der Kultur zu verankern.

## 11.1    Phänomene des Wandels – Wechselwirkungen zwischen Umwelt und Organisation

» Ich glaube, dass es auf der Welt einen Bedarf von vielleicht fünf Computern geben wird. (Thomas Watson, Chef von IBM, 1943) «

» Es gibt bereits über 15 verschiedene ausländische Automarken auf dem Markt. Da haben die Japaner überhaupt keine Chance mehr. (Business Week, 1968) «

**Sicherung der Lebensfähigkeit in einem immer komplexer werdenden Umfeld**

Wandel und Entwicklung sind wesentliche Phänomene aller Lebewesen und notwendige Voraussetzung dafür, durch Anpassung an die sich stetig verändernden Umweltbedingungen die **Lebensfähigkeit** zu sichern. An sich geschieht Wandel kontinuierlich und autonom. Organisationen befinden sich in einem äußerst dynamischen und immer komplexer werdenden **Umfeld.** Die Umweltbedingungen bewegen sich im ständigen Fluss und sind nicht als statische Größe festzumachen.

Seit den 90er Jahren ist die Umwelt z. B. durch die demografische Entwicklung, Internationalisierung der Märkte und Produktionsstätten, transparente und gesättigte Märkte, steigende Kundenanforderungen, verschärfenden Konkurrenzdruck und schnellere Produktlebenszyklen, rasanten technologischen Wandel, steigende Vernetzung und atemberaubenden Informationsfluss gekennzeichnet.

Gerade die weltweite Vernetzung, der rasante Informationsfluss und die hierdurch steigende Komplexität führen dazu, dass Wandel sich immer schneller vollzieht. Organisationen stehen in immer kürzeren Intervallen vor der Fragestellung, wie sie auf die Instabilitäten im Umfeld angemessen reagieren können.

Eine **Anpassungsleistung** vieler Organisationen ist die Neuausrichtung der Strategie und Optimierung der Struktur, um langfristig den Kundennutzen und somit zukünftige Erfolgspotenziale zu sichern. Dies führt zu massiven Kostensenkungsprogrammen, Restrukturierungen, Akquisitionen oder Verkäufen von Organisationseinheiten, zu Konzentration auf Kerngeschäfte und Veränderung des Produktportfolios. Zusammengefasst liegt der Veränderungsfokus auf 4 Bereichen:

- Innovationen (neue Entwicklungen, Dienstleistungen, Produkte und Produktdifferenzierungen)
- Qualität (Auslieferqualität, Termintreue, Produktqualität, Image)
- Zeit (Fertigungszeiten, Durchlaufzeiten, Prozesszeiten, flexible Zeitmodelle)
- Finanzen (Fixkostenoptimierung, Personalabbau, Outsourcing, Verlagerungen, Sanierungen)

Anpassungsleistung

Mögliche **Konsequenzen** dieser Veränderungen für die Betroffenen sind z. B. höhere Führungsspannen, Leistungsverdichtung, mehr Entscheidungs- und Gestaltungsfreiräume, höhere Anforderungsprofile, Tätigkeitsverlagerungen oder auch Standardisierung von Prozessen und Abläufen. Organisationen, die diese Leistung nicht erbringen, können ihre Legitimität verlieren und vom Markt verschwinden.

Konsequenzen

Die digitale Entwicklung hat vielen traditionsreichen Unternehmen die Existenzgrundlage entzogen, da die Entwicklungen nicht frühzeitig erkannt wurden und der trügerische Schein der damals bestehenden Erfolge die Notwendigkeit einer Anpassung an neue Technologien nicht erkennen ließ. »Die Digitaltechnik ist nur Intermezzo«, wird 2004 der damalige Vorstandschef des Kameraherstellers Leica Hanns-Peter Cohn in einem Spiegelinterview zitiert. So ähnlich werden wahrscheinlich die Vorstände von Grundig, Saba, Nordmende, Agfa und vielen anderen Traditionsunternehmen auf Innovationen im Markt geantwortet haben. (Quelle: Der Spiegel 39/2004)

Weitere Phänomene des Wandels sind **Rückbezüglichkeit** und **steigende Dynamik**. Jede Organisation ist immer auch Bestandteil der Umwelt von anderen Organisationen. Veränderungen und Entwicklungen einer Organisation beeinflussen demnach andere Organisationen und wirken durch deren Veränderungen wieder auf sie selbst zurück. Veränderung ist wechselseitig und dynamisierend. Dies führt insgesamt zu einer zirkulären sich aufschaukelnden Spirale der Veränderung. Organisationen handeln demnach nicht nur reaktiv auf

Rückbezüglichkeit und steigende Dynamik

Umweltbedingungen, sondern gestalten auch gleichzeitig Zukunft mit.

In der schnelllebigen und sehr preissensiblen Telekommunikationsbranche führt jede Tarifveränderung oder Produktinnovation eines Anbieters zu Anpassungen bei den Mitbewerbern, um auf diesem Markt zu bestehen. Die Reaktion der Mitbewerber hat wiederum Auswirkungen auf den Anbieter, der die Veränderung eingeleitet hat.

**Richtige Balance zwischen Veränderung und Stabilität**

Vorausschauende und zielgerichtete Veränderungen sind notwendig, um die Lebensfähigkeit von Organisationen zu erhalten. Das erfordert ein hohes Maß an Veränderungsbereitschaft, Flexibilität und Lernfähigkeit der Menschen innerhalb der Organisation. Menschen haben neben dem Bedürfnis nach **Veränderung und Wandel** auch das Bedürfnis nach **Stabilität und Kontinuität.** Daneben sind routinierte Abläufe, Regelmäßigkeit und Orientierung grundlegende Voraussetzung für hohe Produktivität und Effizienz einer Organisation. Es gilt im Veränderungsprozess die richtige Balance zwischen dem Bedürfnis nach Stabilität und erforderlicher Routine auf der einen Seite und der notwendigen Anpassung und Optimierung der Organisation auf der anderen Seite zu finden.

## 11.2  Wandel in Organisationen aus systemischer Perspektive

» Die Theorie bestimmt, was wir wahrnehmen. (Albert Einstein) «

» Wir wissen nicht, was wir sehen, sondern wir sehen, was wir wissen. (Johann Wolfgang von Goethe) «

Es ist von zentraler Bedeutung, mit welchem theoretischen Ansatz Organisationen betrachtet und beschrieben werden. Je nach Perspektive entsteht ein Modell oder eine Landkarte von der Organisation, wobei bestimmte Aspekte in den Vordergrund und andere in den Hintergrund geraten. Die Perspektive bestimmt auch die Grundannahmen über die Ansätze, Möglichkeiten, Grenzen und Gestaltung von Veränderungen. Im Folgenden wird die Organisation aus einem systemischen Blickwinkel beleuchtet (vgl. z. B. Probst, 1987; Malik, 2003).

### 11.2.1  Systemrelevante Elemente einer Organisation – Strategie, Struktur und Kultur

**Organisationen als lebende offene Systeme**

Organisationen werden aus systemischer Perspektive als **lebende offene Systeme** beschrieben, die sich in einer stetig verändernden Umwelt befinden und mit dieser in Wechselwirkung stehen. Nach der allgemeinen Definition von Hall & Fagen sind Systeme offen, wenn sie mit ihrer Umwelt Stoffe, Energie oder Information austauschen. Ein System ist geschlossen, wenn ein Export oder Import von Energie in irgendeiner Form nicht stattfindet. In geschlossenen Systemen werden demnach keine Bestandteile mit der Umwelt ausgetauscht. Innerhalb der definierten Umwelt erfüllt die Organisation eine **Funktion,** woraus sie ihre Legitimation erhält. Sie erzeugt einen Zweck oder Nutzen für die Umwelt, was sie zur Existenz berechtigt. Eine Veränderung der Funktion kann radikale Auswirkungen auf die gesamte Organisation zur Folge haben.

**Organisationen erfüllen eine Funktion in ihrer jeweiligen Umwelt**

Die Geschichte des deutschen Industriekonzerns Mannesmann geht zurück auf die Brüder Reinhard und Max Mannesmann, die 1885 in der väterlichen Feilenfabrik in Remscheid ein Walzverfahren zur Herstellung nahtloser Stahlrohre erfinden. Mannesmann war bis 1990 im Schwerpunkt ein Industriekonzern der Eisen- und Stahlverarbeitung sowie des Maschinen- und Anlagenbaus. 1990 stieg der Mannesmann-Konzern in ein neues Geschäftsfeld ein. Er erwarb die Lizenz zum Aufbau und Betrieb des ersten privaten Mobilfunknetzes D2 in Deutschland. Der dynamische Bereich der Telekommunikation bekam in den 90er Jahren innerhalb des Mannesmann-Konzerns immer größere Bedeutung. Mit seinen damals hohen Gewinnspannen dominierte er bald alle anderen Geschäftsbereiche. Der Mannesmann-Vorstand beschloss daher 1999, den Konzern auf den Geschäftsbereich Telekommunikation zu konzentrieren und fasste die meisten industriellen Aktivitäten zusammen, die in den kommenden Jahren an der Börse verselbstständigt werden sollten. Jedoch erwarb Anfang 2000 das britische Telekommunikationsunternehmen Vodafone im Rahmen einer spektakulären Übernahmeschlacht die Aktienmehrheit der Mannesmann AG. Der Mannesmann-Konzern verlor nach dem erfolgreichsten Geschäftsjahr seiner Unternehmensgeschichte seine Selbstständigkeit und wurde in der Folge aufgespalten. Im August 2001 fand die letzte Hauptversammlung der Mannesmann AG statt, auf der die Umfirmierung in Vodafone beschlossen wurde. (Quelle: Mannesmann Archiv, Salzgitter AG)

Zur Erfüllung ihrer Funktion entwickelt jede Organisation mehr oder weniger explizit beschrieben eine **Strategie, Struktur und Kultur,** die sich wechselseitig beeinflussen und gegenseitig bedingen.

Die **Strategie** legt die erwünschte mittel- bis langfristige Ausrichtung der Organisation fest, um diese für die Zukunft zu sichern. Folgende Fragen werden z. B. durch die Strategie beantwortet:

**Strategie, Struktur und Kultur als Elemente der Organisation**

- Wie können derzeitige Erfolge gesichert und künftige Erfolgspotenziale aufgebaut werden?
- Welche Märkte sollen künftig erschlossen, durchdrungen oder aufgegeben werden?
- Was ist unser Kerngeschäft? Was sind neue Geschäfte?
- Welche Produkte sollen entwickelt, differenziert oder eingestellt werden?

> Wer sind unsere Kunden bzw. Nichtkunden? Welche Kunden wollen wir halten, neu gewinnen oder vernachlässigen?

Die Strategie beschreibt die Zielrichtung der Organisation, um den derzeitigen und hypothetisch vorausgesetzten künftigen Bedingungen der Umwelt gerecht werden zu können. Gleichzeitig bedeutet Strategie auch Zukunft machen, gestalten, da jede Entwicklung der Organisation künftige Umwelten mitprägt.

Aus der Strategie können die Anforderungen an die **Struktur** hergeleitet werden. Aufbau der Organisation, Prozesse und Abläufe sollten so angepasst werden, dass diese dazu beitragen, dass die Strategie in Zukunft möglichst realisiert werden kann. Aus dieser Perspektive folgt die Struktur der Strategie. Jedoch kann nur selten die künftige Ausrichtung der Organisation »am grünen Tisch« entstehen. Die Strategie erwächst überwiegend auf dem Boden der vorhandenen Struktur. Insofern hat die bisherige Struktur auch immer Einfluss auf die künftige Strategie. Darüber hinaus wird die Strategie auch durch die Struktur, Prozesse und Abläufe realisiert.

**Kultur ist ein emergentes Phänomen**

Ein weiteres systemrelevantes Element ist die **Kultur.** Die Kultur ist die Summe der Überzeugungen und Regeln, die ein soziales System im Laufe seiner Geschichte entwickelt hat. Strategie und Struktur haben zwar erhebliche Auswirkungen auf die Entwicklung der Kultur einer Organisation, können diese jedoch nicht direkt bestimmen. Die Kultur ist ein **emergentes Phänomen** (Emergenz, lat. *emergere*: auftauchen, hervorkommen, sich zeigen), welches aus den Wechselwirkungen und Interaktionen der Menschen innerhalb der Organisation von selbst entsteht. Die hervorgebrachten Werte, Normen, Denk- und Verhaltensmuster sind wesentlich für die Motivation, Produktivität und Effizienz einer Organisation sowie für das Gelingen oder Misslingen erwünschter Veränderungen. Es sind immer Menschen, die durch ihr Verhalten und Handeln die Strukturen und Prozesse kontinuierlich reproduzieren, am Leben erhalten und Veränderungen möglich oder unmöglich machen.

## 11.3 Möglichkeiten und Grenzen von Veränderungen in Organisationen aus systemischer Perspektive

> Wir sehen nun etwas anderes und können nicht mehr naiv weiterspielen. (Ludwig Wittgenstein) «

Die Theorie autopoietischer Systeme von Huberto Maturana und die Theorie der Selbstorganisation nach Hermann Haken haben seit den 90er Jahren das Verständnis von Veränderung offener Systeme und damit auch von sozialen Systemen deutlich geprägt. Beide Ansätze beschreiben die allgemeinen Prinzipien des Funktionierens von offenen Systemen und zeigen die Möglichkeiten und Grenzen von Veränderung auf. Im Folgenden werden beide Ansätze kurz skizziert, da diese als theoretischer Rahmen für das Verständnis vom Wandel in Organisationen grundlegend sind.

### 11.3.1 Die Theorie autopoietischer Systeme

Der Begriff Autopoiese ist aus den griechischen Wörtern *autos* (selbst) und *poiein* (machen) hergeleitet worden und bedeutet wörtlich »Selbstmachung«. Die Theorie autopoietischer Systeme wurde von dem chilenischen Biologen Huberto Maturana (vgl. Maturana, 1985; Maturana & Varela, 1987) entwickelt und hat das Veränderungsverständnis von psychischen und sozialen Systemen weitreichend beeinflusst. Der Begriff der »**Autonomie**« nimmt in der Theorie autopoietischer Systeme einen zentralen Stellenwert ein. Das Konzept der Autonomie beinhaltet, dass psychische und soziale Systeme sich selbst erzeugen, regulieren und erhalten. Autopoietische Systeme sind **operational geschlossen,** das bedeutet, sie können nur mit ihren Eigenzuständen operieren und nicht mit systemfremden Komponenten. Die Außenwelt wird nur soweit zur relevanten Umwelt (und von dort kommende Informationen werden nur soweit zu relevanten Informationen), wie sie im System Eigenzustände anzustoßen, zu »verstören« vermag.

Die Annahme, dass psychische und soziale Systeme autopoietisch sind, hat zur Folge, dass sie nicht direkt beeinflussbar sind. Direkt steuernde bzw. determinierende Interventionen des Beraters führen nicht zwangsläufig zu dem erwünschten Ergebnis.

**Autonomie**

**Operationale Geschlossenheit**

>> Das System spielt seine eigene Melodie und kann nur seine eigene Musik hören. Sogar für Manager mit Linienfunktionen ist die Frage zu stellen, inwieweit sie ihre Mitarbeiter bzw. Organisationen direkt steuern können. (Königswieser et al., 1995, S. 55). <<

Der Berater kann das System nicht direkt beeinflussen, sondern nur Veränderungen anregen, d. h. Informationen in das System geben, die von dem System aufgenommen werden, und innerhalb des Systems gegebenenfalls Veränderungen bewirken.

Als Voraussetzung für den Erfolg von Interventionen gilt deren **operative Anschlussfähigkeit** an die Struktur des Systems und deren Irritationspotenzial, die Befähigung, das System zu »verstören« (vgl. Königswieser et al., 1995, S. 55).

**Operative Anschlussfähigkeit**

### 11.3.2 Die Prinzipien der Selbstorganisation sozialer Systeme

Die Theorie der Selbstorganisation, die von dem Physiker Hermann Haken (1981) unter der Bezeichnung Synergetik (aus dem Griechischen, »die Lehre vom Zusammenwirken«) im naturwissenschaftlichen Bereich ausgearbeitet wurde, hat die **Phänomene der Ordnungsbildung** und die **allgemeingültigen Prinzipien der Selbstorganisation** in offenen Systemen zum Gegenstand. »In diesem Sinne kann die Synergetik als eine Wissenschaft vom geordneten, selbstorganisierten, kollektiven Verhalten angesehen werden, wobei dieses Verhalten allgemeinen Gesetzen unterliegt« (Haken 1981, S. 21). Haken hat einheitliche Gesetzmäßigkeiten herausgearbeitet, die die Dynamik von Chaos auf der Mikroebene zur Struktur auf der Makroebene in offenen Systemen erklären und »sich wie ein roter Faden durch alle Erscheinungen der Selbstorganisation hindurchziehen« (Haken, 1981, S. 19).

Nach den Grundprinzipien der Selbstorganisation wirken in offenen Systemen auf der **mikroskopischen Ebene** die Einzelkomponenten derart zusammen, dass sie auf der **makroskopischen Ebene** sprunghaft ein bestimmtes geordnetes Muster, den sog. **Attraktor** bilden. Kriz definiert »Attraktor« als …

**»** … eine Struktur (auch: »Muster«, »Regel«, »Ordnung« eines dynamischen Prozesses – im Gegensatz z. B. zur statischen Ordnung eines Mosaiks) …, auf die hin sich eine Systemdynamik entwickelt und dann (zumindest über einen gewissen Zeitraum während hinreichend gleicher Randbedingungen) stabil bleibt bzw. sich sogar gegenüber mäßigen Störungen wieder durchsetzt. (Kriz, 1995b, S. 205) **«**

**Mikroskopische Ebene und makroskopische Ebene von Systemen**

**»Attraktor«**

Das Verhalten der Einzelkomponenten wird von einem »Ordner« bestimmt, der das geordnete Muster auf der makroskopischen Ebene hervorbringt und über einen gewissen Zeitraum stabil hält. Dieser dynamische Prozess verläuft in einer **zirkulären Kausalität,** da die Einzelkomponenten des Systems den Ordner selber schaffen, durch welchen sie wiederum in ihrem Verhalten bestimmt werden.

**»** Wir werden erkennen, dass sich die einzelnen Teile wie von einer unsichtbaren Hand getrieben anordnen, andererseits aber die Einzelsysteme durch ihr Zusammenwirken diese unsichtbare Hand erst wieder schaffen. Diese unsichtbare Hand, die alles ordnet, wollen wir den »Ordner« nennen. (…) Der Ordner wird durch das Zusammenwirken der einzelnen Teile geschaffen, umgekehrt regiert der Ordner das Verhalten der Einzelteile. (Haken, 1981, S.19) **«**

**Manifestation der Kultur auf der Makroebene des sozialen Systems**

Das Konzept der Synergetik wird in der systemischen Beratung als Modell verwendet, um die **Prinzipien der Selbstorganisation sozialer Systeme** zu beschreiben und auf diese Weise die Möglichkeiten und Grenzen von Veränderung zu erkennen (vgl. Brunner, 1993; Kriz, 1992, 1995a, 1995b).

In sozialen Systemen sind die Elemente des Mikrobereichs z. B. die vielfältigen Kommunikationen, Kognitionen, Wahrnehmungen, Emotionen, aus deren Wechselwirkungen eine gemeinsame Struktur

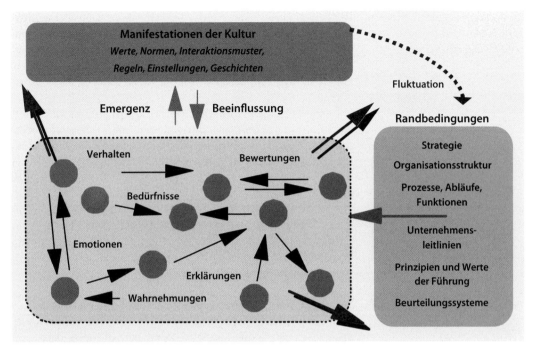

**Abb. 11.1** Prinzipien der Selbstorganisation in sozialen Systemen. (In Anlehnung an Tschacher & Schiepek, 1997, S. 6)

auf der makroskopischen Ebene hervorgeht. Diese Struktur beinhaltet die gemeinsamen Werte, Normen, Rituale, Interaktionsmuster, Regeln oder Geschichten und Legenden, die wiederum die Wahrnehmungen, Gedanken und Verhaltensweisen der Menschen des sozialen Systems regulieren und koordinieren, um ein Gleichgewicht des Systems herzustellen. Die hervorgebrachte Struktur auf der Makroebene ist die **Manifestation der Kultur** des sozialen Systems. Die Stabilität dieser Struktur kann durch Veränderungen innerhalb des Systems oder durch Veränderung der Randbedingungen wie Prozesse, Abläufe, Standards, Funktionen, Unternehmensleitlinien, definierte Prinzipien und Werte oder Beurteilungssysteme gestört werden.

Die **Phase der Instabilität** ist durch auffällige **Fluktuationen** gekennzeichnet, die sprunghaft zu einem neuen Ordnungszustand führen können (**◘** Abb. 11.1).

Der Zusammenhang zwischen der Veränderung der Randbedingungen und der Strukturveränderung des Systems ist dabei nicht linear.

**Phase der Instabilität**

>> Je nach Systemzustand (d. h. der bisherigen »Geschichte« des Systems) können große Umgebungsveränderungen ggf. überhaupt nichts bewirken, während andererseits minimalste Einflüsse große Veränderungen auslösen können – d.h. die »klassische« Regel, daß große Wirkungen auf große Ursachen zurückgehen, gilt für solche Systeme also nicht. (Kriz, 1995a, S. 160) **<<**

**Der Berater hat keinen direkten Einfluss hinsichtlich der Entwicklung des Systems**

Der Berater kann Veränderungen durch **Störung des Gleichgewichts** herausfordern, hat aber in der Phase der Instabilität **keinen direkten Einfluss** hinsichtlich der Entwicklung des Systems. Der Berater wird sich demnach »in Bescheidenheit üben müssen und weniger die Rolle eines ‚Machers' einnehmen als die eines ‚Anregers'« (Brunner, 1993, S. 108).

»Aus der Tatsache, dass selbst das Management keine vollständige Kontrolle haben kann, dass Organisationen ein Eigenleben führen und eine Eigendynamik einwickeln, folgt, dass der Beratung enge Grenzen der Machbarkeit gesetzt sind« (Brunner, 1993, S.107).

## 11.4    Gestaltung und Steuerung von Veränderungen in Organisationen

» Erst wirbeln wir den Staub auf und behaupten dann, dass wir nichts sehen können. (George Berkeley) «

Veränderungen in Organisationen sind komplex, können nicht zuverlässig gesteuert werden und sind nicht eindeutig vorhersagbar. Diese Annahme könnte die Schlussfolgerung nahelegen, dass man nun nichts tun könne, da ja alles von selbst geschehe. Dieser Rückschluss wäre fatal und äußerst wirklichkeitsfremd.

» Die Tatsache, dass man soziale Systeme nicht zuverlässig steuern kann, heißt nicht, dass man sie nicht steuern kann. (Fritz Simon) «

Der Bauer verfällt auch nicht im Frühjahr in Passivität, weil er nicht voraussagen kann, wie seine Ernte im Herbst ausfallen wird. Veränderungen in Organisationen können und müssen trotz der fehlenden Zuverlässigkeit und Voraussagbarkeit gestaltet und gesteuert werden. Die Komplexität und die Kräfte der Selbstorganisation des sozialen Systems sollten sogar genutzt werden. Dabei sind folgende Fragen in Betracht zu ziehen: Wie können Organisationen der Notwendigkeit von Veränderungen gerecht werden? Welche Strategien sind eher erfolgversprechend? Was sind mögliche Stellhebel? Wie können Berater Veränderungen bewirken bzw. auslösen?

**Formen, Strategien und Ebenen der Veränderung**

Das komplexe Feld von Veränderungen lässt sich grob ordnen, indem zwischen **Formen, Strategien und Ebenen der Veränderung** unterschieden wird. Es entsteht eine Landkarte, die die wichtigsten Formen, verschiedene Vorgehensweisen und mögliche Stellhebel von Veränderungen in Organisationen skizziert.

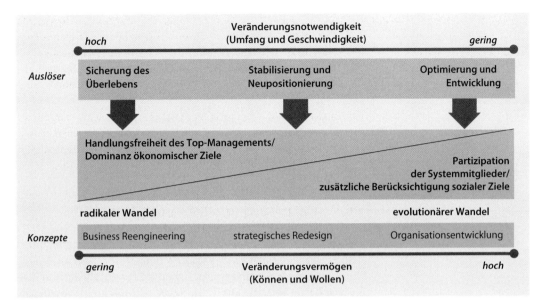

**Abb. 11.2** Merkmale des radikalen und evolutionären Wandels

### 11.4.1 Formen der Veränderungen – radikaler und evolutionärer Wandel

Veränderungen sind entweder eine reaktive Anpassungsleistung der Organisation an die sich stetig verändernden Umweltbedingungen, um den derzeitigen Erhalt zu sichern, oder eine antizipierende Entwicklungsleistung, um künftige Erfolgspotenziale zu schaffen (vgl. ► Abschn. 11.1). Je nach Notwendigkeit der Veränderung erfolgt eher ein radikaler oder eher ein evolutionärer Wandel. Diese unterscheiden sich in ihrem Umfang, in ihrer Dynamik, Gestaltung und Steuerung (◘ Abb. 11.2).

**Auslöser für den radikalen Wandel** sind z. B. Liquiditätskrisen und damit akute Insolvenzgefahr oder das Scheitern von mehreren Veränderungsvorhaben in der Vergangenheit; die Lebensfähigkeit der Organisation ist bedroht. **Anlässe für evolutionären Wandel** sind z. B. kontinuierliche Optimierung der vorhandenen Prozesse, Förderung der Kultur oder die Etablierung von Wissens- bzw. Innovationsmanagement; die Organisation entwickelt sich innerhalb einer relativ beständigen Struktur weiter.

Je nachdem, inwieweit der Wandel eine radikale oder evolutionäre Form annimmt, desto mehr oder weniger sind die betroffenen Menschen an der Gestaltung der Veränderung beteiligt. **Radikaler Wandel** wird vom Topmanagement schnell, straff und ergebnisorientiert im kleinen Kreis geplant und gesteuert, um die Not abzuwenden. Radikaler Wandel ist reaktiv, direktiv und kurzfristig und wird in großen, schnellen Schritten umgesetzt. Die Veränderungen werden in das so-

**Radikaler Wandel**

## Radikaler Wandel

Häufig geht der radikale Wandel mit Macht- und Zwangsstrategien einher, wobei auf die Menschen Druck ausgeübt, gedroht und im Zweifel Personal ausgetauscht wird (▶ Abschn. 11.4.2). Veränderungen werden von den Betroffenen tendenziell aus Furcht vor negativen Konsequenzen umgesetzt. Es ist in bestimmten Situationen gegebenenfalls möglich, durch Macht- und Zwangsstrategien Menschen kurzfristig zu Veränderungen zu bewegen, die Nebenwirkungen und -kosten sind jedoch erheblich. z. B. die Energie, die durch Anweisungen und Kontrolle dauerhaft aufgebracht werden muss, Ängste und Unsicherheiten, die die Produktivität, Effizienz und Innovationskraft mindern, hohe Fluktuation und fehlende Nachhaltigkeit.

ziale System eher hineingedrückt und deren Umsetzung in kurzen Intervallen kontrolliert (▶ Radikaler Wandel).

Das soziale System befindet sich in massiver Instabilität und erstarrt häufig in Angst und Unsicherheit. Die bisherige Selbstorganisation ist gestört, es fehlt Orientierung und Ordnung, wobei Effizienz und Produktivität in der Regel sinken. Paradoxerweise führt gerade der hohe Handlungsdruck nach schnellem Wandel zur Lähmung des sozialen Systems, wodurch die Realisierung der notwendigen Veränderung erschwert wird.

**Evolutionärer Wandel**

Beim **evolutionären Wandel** werden eher viele Menschen der Organisation in der konkreten Ausgestaltung und Umsetzung der Veränderung beteiligt. Die Erfahrungen und das Wissen der Menschen wird genutzt, deren Sichtweisen, Meinungen und Bewertungen werden einbezogen. Evolutionärer Wandel geschieht daher langsamer, vielschichtiger und ist ergebnisoffener. Evolutionärer Wandel ist antizipierend, partizipativ und langfristig und wird in kleinen, kontinuierlichen Schritten durchgeführt. Die Veränderungen sind demnach anschlussfähiger an die bestehende Selbstorganisation des sozialen Systems, wodurch sie eher akzeptiert, integriert und verwirklicht werden.

### 11.4.2  Strategien der Veränderungen – Einsicht, Zwang oder Partizipation

**Rationale Strategien, Macht- oder Entwicklungsstrategien**

Es gibt verschiedene Vorgehensweisen, um Prozesse, Funktionen, Abteilungen oder ganze Organisationen zu verändern. Letztendlich können alle Wege in Anlehnung an Jäger (2004) auf 3 grundlegende Veränderungsstrategien zurückgeführt werden: Auf **rationale Strategien, Macht- oder Entwicklungsstrategien**. In der Praxis entsteht meistens eine Verzahnung dieser Strategien, in Abhängigkeit von der Notwendigkeit und Radikalität sowie dem Veränderungsvermögen der Organisation. Wobei beim radikalen Wandel tendenziell eher Machtstrategien und beim evolutionären Wandel eher Entwicklungsstrategien zum Einsatz kommen.

### ▪▪ Rationale Strategien (Veränderung durch Einsicht)

Die Rationalen Strategien basieren auf der Annahme, dass Menschen primär rational handeln und vorrangig ihren Eigeninteressen folgen. Nach dieser Auffassung werden Veränderungen dann akzeptiert, wenn sie den Betroffenen als vorteilhaft erscheinen und wenn sie von den Veränderungen profitieren. Dementsprechend löst Einsicht allein schon Veränderung aus, wobei Änderungen der Einstellungen oder Werte nicht notwendig sind. Experten analysieren ein Problem und erarbeiten nach sachlichen Aspekten Lösungsvorschläge. Zahlen, Daten, Fakten, empirische Untersuchungen und Expertenmeinungen haben dabei einen hohen Stellenwert. Die Lösungen werden in der Regel im kleinen Kreis mit dem Topmanagement erarbeitet. Die Betroffenen werden erst in der Umsetzungsphase informiert und in den Prozess einbezogen. Die beauftragende Organisation unterstellt dem Fachexperten einen Wissensvorsprung bezogen auf die Sachlage und erwartet eine Präsentation der richtigen Lösung und Vorgehensweise.

### ▪▪ Machtstrategien (Veränderungen durch Einflussnahme und Zwang)

Macht gibt Menschen die Möglichkeit, innerhalb des sozialen Systems Veränderungen gegen den Willen, notfalls auch gegen Widerstand der Betroffenen durchzusetzen. Man unterscheidet formale Macht, die man auch als »Macht kraft der Position« bezeichnen kann, und personale Macht, die an die Persönlichkeit und das Verhalten einer Person gekoppelt ist. Macht in ihren unterschiedlichen Formen und Ausprägungen ist zentraler Bestandteil jedes sozialen Systems (vgl. Jäger, 2004, S. 41). Die Macht in Organisationen kann z. B. durch hierarchische Positionen, Entscheidungskompetenzen oder fachliche Überlegenheit gestützt sein. Kennzeichnend für die Machtstrategie ist, dass eine kleine Gruppe von Personen die Realität für das gesamte soziale System definiert. Die Führung erarbeitet Lösungen und setzt diese mit Macht, Zwang und Druck durch. Häufig wird die Führung durch externe Fachberatung (z. B. Experten, Stabsmitarbeiter, Wissenschaftler) unterstützt und fühlt sich dadurch in der Durchsetzung noch stärker legitimiert. Die Betroffenen werden durch Anweisungen, Verordnungen, Vorschriften, durch enge Kontrollen und gegebenenfalls mit Sanktionen zu Veränderungen bewegt. Im Vordergrund steht die Annahme, dass nur das äußere Verhalten der Menschen beeinflusst werden muss, um das Ziel zu erreichen. Eine Änderung der inneren Einstellungen oder Denkgewohnheiten der Betroffenen erscheint nicht als notwendig, solange das erwünschte Ziel erreicht werden kann.

■ ■ **Entwicklungsstrategien (Veränderung durch Partizipation)**
Die Entwicklungsstrategien basieren auf der Grundannahme, dass
Verhalten nicht allein durch Rationalität erklärt werden kann und
eine reine Sachargumentation daher an Grenzen stößt. Aus diesem
Grunde werden die bestehenden Werte, Normen und Überzeugungen berücksichtigt und emotionale Faktoren des sozialen Systems mit
einbezogen.

Entwicklungsstrategien gehen davon aus, dass die betroffenen
Personen selbst die passenden Lösungen erarbeiten können, da die
Fähigkeiten, Erfahrungen und das Wissen im sozialen System vorhanden sind. Die Betroffenen werden möglichst früh an dem Prozess
der Veränderung beteiligt, so dass die Lösungen gemeinsam erarbeitet
werden und somit die Akzeptanz steigt. Darüber hinaus erhöht sich
die Bereitschaft bei den Betroffenen, die Umsetzung aktiv zu lenken
und bewusst mitzutragen. Die Berater liefern keine inhaltlichen Problemlösungen, sondern sind Experten für die methodische Gestaltung
und Architektur des Veränderungsprozesses. Fachexperten werden
bei Bedarf situativ zu bestimmten Fragestellungen eingeladen, um
sachbezogene Impulse zu geben.

Entwicklungsstrategien entsprechen am ehesten dem Verständnis
der Autonomie und den Prinzipien der Selbstorganisation von sozialen Systemen und kommen tendenziell beim evolutionären Wandel
stärker zum Tragen.

### 11.4.3  Ebenen der Veränderungen – sachlogische und psychosoziale Aspekte

Aus systemischer Perspektive ist Wandel in offenen Systemen vielschichtig und kann nicht instruiert oder zuverlässig gesteuert werden,
sondern wird durch Impulse von außen selbstorganisiert von dem
System hervorgebracht. Selbst dann, wenn Menschen durch hohen
Druck oder Drohungen sich verändern, geschieht diese Veränderung
autonom. Jede Reaktion auf die äußere Welt ist immer eine durch den
Organismus selbstbestimmt hervorgebrachte Antwort.

Die Komplexität von Wandel in Organisationen wird überschaubarer, indem zwischen der sachlogischen und der psychosozialen
Ebene der Veränderungen unterschieden wird.

**Sachlogische Ebene der Veränderung**

Auf der **sachlogischen Ebene** handelt es sich um den Gegenstand
und das Ziel der Veränderung: welche Prozesse, Abläufe, Funktionen,
Tätigkeiten, Technologien usw. mit welchem Ziel verändert werden
sollen. Dabei können auch Aspekte der Kultur wie z. B. Unternehmensleitlinien oder Werte und Prinzipien der Führung und Zusammenarbeit Gegenstand der Veränderung sein. Die sachlogische Ebene
beschreibt die geplante Veränderung, den erwünschten und optimier-
ten Zustand der Organisation in der Zukunft.

Es geht um die inhaltliche Konzeption und das Design der künftigen Organisation, um die organisierte und zielgerichtete Gestaltung

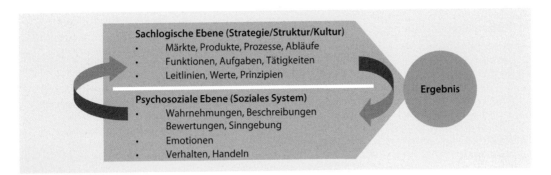

**Sachlogische Ebene (Strategie/Struktur/Kultur)**
- Märkte, Produkte, Prozesse, Abläufe
- Funktionen, Aufgaben, Tätigkeiten
- Leitlinien, Werte, Prinzipien

**Psychosoziale Ebene (Soziales System)**
- Wahrnehmungen, Beschreibungen Bewertungen, Sinngebung
- Emotionen
- Verhalten, Handeln

Ergebnis

**▣ Abb. 11.3** Sachlogische und psychosoziale Ebene der Veränderung

von Strategien und Strukturen, Produkten und Technologien oder von Elementen der Kultur. Diese Veränderungen betreffen die Strategie, Struktur und Kultur einer Organisation: **das Was und Wozu der Veränderung.**

Die **psychosoziale Ebene** beinhaltet die Auswirkungen dieser Veränderungen auf die Werte, Einstellungen, Emotionen, auf das Verhalten und Handeln der Menschen innerhalb der Organisation, wie die sachlogischen Veränderungen sich auf das soziale System auswirken: **das Wie des Verarbeitungsprozesses der Veränderung.**

Die psychosoziale Ebene beleuchtet, in welcher Beziehung die Menschen zu der geplanten Veränderung stehen, wie sie auf das Veränderungsvorhaben reagieren und dieses integrieren (▣ Abb. 11.3).

Die psychosoziale Ebene beschreibt den **kognitiv-emotionalen Verarbeitungsprozess** der Veränderung auf individueller und kollektiver Ebene im sozialen System. Der kognitive Prozess beinhaltet z. B. die individuellen und kollektiven Wahrnehmungen, Beschreibungen, Bewertungen, Sinngebungen, Erklärungen und Schlussfolgerungen der geplanten Veränderungen. Der kognitive Prozess wird begleitet von emotionalen Reaktionen. Diese werden einerseits durch den kognitiven Verarbeitungsprozess ausgelöst, andererseits beeinflussen sie diesen, indem die Emotionen z. B. die Wahrnehmungen und Bewertungen der äußeren Ereignisse einfärben. Der kognitive und der emotionale Verarbeitungsprozess beeinflussen sich gegenseitig und können nicht unabhängig voneinander betrachtet werden. Des Weiteren wird dieser Prozess wesentlich durch die bisherigen Erfahrungen, die persönlichen Wertvorstellungen sowie durch den Grad der Betroffenheit bestimmt. Der individuelle Verarbeitungsprozess mündet in sichtbares Verhalten, welches vom Protagonisten subjektiv als angemessene Reaktion auf die erlebten Ereignisse bewertet wird. Darüber hinaus bereitet der Verarbeitungsprozess den Referenzrahmen, innerhalb dessen die Veränderungen in Gesprächen mit Mitarbeitern, Kollegen oder Vorgesetzten beschrieben, kommentiert und bewertet werden. Aus der Interaktion entstehen gemeinsame Erklärungen, Sinngebungen und Geschichten als emergentes Phänomen der **kollektiven Konstruktion von Wirklichkeit,** wobei sich einige durchset-

**Psychosoziale Ebene der Veränderung**

**Kognitiv-emotionaler Verarbeitungsprozess**

**Kollektive Konstruktion von Wirklichkeit als ordnungsbildendes Phänomen**

## Konstruktivismus

Der erkenntnistheoretische Ansatz des Konstruktivismus vertritt die grundlegende Annahme, dass wir Menschen die Wirklichkeit nicht erfassen können, sondern dass wir ein Modell von Wirklichkeit konstruieren. Das Modell ist nicht die Wirklichkeit selbst, sondern ein kognitives Konstrukt von der Wirklichkeit, das als Orientierungsgrundlage für Wahrnehmung, Denken und Handeln dient.

»Das vermeintlich *Gefundene* ist ein *Erfundenes*, dessen Erfinder sich des Aktes seiner Erfindung nicht bewußt ist, sondern sie als etwas von ihm Unabhängiges zu entdecken vermeint und zur Grundlage seines 'Wissens' und daher auch seines Handelns macht« (Watzlawick, 1991, S. 9).

Maturana & Varela (1987; Maturana, 1985) zeigen auf, dass Erkennen auf der Basis biologischer Mechanismen nicht als eine Repräsentation der »Welt da draußen« zu verstehen ist, sondern »als ein andauerndes Hervorbringen einer Welt durch den Prozess des Lebens selbst« (Mantura & Vartela, 1987, S. 7).

Die Erfahrung von der Welt spiegelt nicht die Welt wider, wie sie ist, sondern wird durch die Struktur des Menschen determiniert. Erkennen wird folglich als Handlung verstanden, dessen Ergebnis von der Struktur des Erkennenden bestimmt wird.

»Die Erfahrung von jedem Ding 'da draußen' wird auf eine spezifische Weise durch die menschliche Struktur konfiguriert, welche 'das Ding', das in der Beschreibung entsteht, erst möglich macht« (Mantura & Vartela, 1987, S. 31).

---

zen und als **Attraktor** den weiteren Verarbeitungsprozess bestimmen. Die Attraktoren dienen im Sinne der Theorie der Selbstorganisation als **ordnungsbildendes Phänomene,** die aus dem Zusammenwirken der einzelnen Interaktionen von selbst hervorgebracht werden und die weiteren Verarbeitungsprozesse und Interaktionen bestimmen (► Abschn. 11.3.2). Dabei gibt es keinen direkten Zusammenhang damit, wie die Veränderungen auf der sachlogischen Ebene tatsächlich gemeint sind. Es besteht ein Unterschied zwischen den Absichten der Gestalter und Begleiter von Veränderungen auf der einen Seite und den Bedeutungszuschreibungen durch die Betroffenen auf der anderen Seite. Die Erfahrung von der Welt spiegelt nicht die Welt wider, wie sie ist, sondern wird durch die Struktur des Menschen bestimmt (► Konstruktivismus).

**Eigendynamik und Eigenlogik von Wirklichkeitskonstruktionen**

Die Beschreibungen, Erklärungen und Geschichten, die über die Veränderungen konstruiert werden, entwickeln sich häufig unabhängig von dem auslösenden Ereignis in einer **eigenen Dynamik und Logik** weiter. Die Auswirkungen dieser individuellen und sozialen Realitätskonstruktionen auf die Akzeptanz und Bereitschaft, die Veränderungen mitzutragen, und damit auf die Ergebnisse des Veränderungsprojekts werden in den meisten Fällen von dem verantwortlichen Management unterschätzt. Da durch diese Eigendynamik und -logik 2 Welten nahezu unabhängig voneinander hervorgebracht werden, ist es besonders herausfordernd, Veränderungsprozesse zu initiieren und zu begleiten. Folglich sollten Veränderungen auf beiden Ebenen mit verschiedenen Schwerpunkten durch Beratung unterstützt werden.

## 11.5    Beratung bei Veränderungsprozessen in Organisationen

>> Im Leben gibt es keine Lösungen. Es gibt nur Kräfte, die in Bewegung sind: Man muss sie aktivieren und die Lösungen werden folgen. (A. de Saint-Exupery) <<

Veränderungen in Organisationen geschehen auf 2 Ebenen und können jeweils durch externe oder interne Berater begleitet werden. Beratung auf der sachlogischen Ebene legt den Fokus darauf, die Handlungsfelder, Inhalte und Ziele der Veränderung zu definieren und konsistent aufeinander abzustimmen. Strategie, Prozesse, Abläufe, Technologien, IT-Systeme oder Kulturaspekte sind z. B. der Gegenstand der Beratung. Hier geht es um **Expertenberatung bezüglich der Inhalte.** Beratung auf der psychosozialen Ebene setzt den Schwerpunkt auf die Umsetzung der Veränderung, die Veränderung gemeinsam mit den Betroffenen wirksam zu gestalten und in der Kultur langfristig zu verankern. Hier geht es um **Expertenberatung bezüglich der methodischen Umsetzung** von Veränderungen im sozialen System. Berater können bei entsprechender Qualifikation auf beiden Ebenen tätig sein. Der Schwerpunkt wird durch den Beratungsauftrag definiert.

**Expertenberatung bezüglich der Inhalte**

**Expertenberatung bezüglich der methodischen Umsetzung**

### 11.5.1    Beratungsauftrag im Veränderungsprozess

Die Rolle des Beraters und die damit verbundenen Aufgaben und Schwerpunkte werden durch den Beratungsauftrag definiert, wodurch die Komplexität im zu beratenden Feld erheblich reduziert werden kann. Der Auftrag stellt die Grundlage für die Zusammenarbeit dar und enthält alle wesentlichen Bedingungen, die **Ziele, Beiträge, Verantwortlichkeiten, Erwartungen, Verpflichtungen und Grenzen.** Der Auftrag ergibt sich aus der langfristigen Strategie, der Notwendigkeit der Veränderung und dem derzeitigen Bedarf der Organisation sowie aus den Kompetenzen und Fähigkeiten des Beraters. Der Berater ist dafür verantwortlich, dass er einen klar definierten und abgegrenzten Auftrag erhält, der in der Regel durch ein Gespräch mit dem Auftraggeber geklärt wird. Der Sinn und die Bedeutung der Veränderung müssen für den Berater verständlich, nachvollziehbar und vertretbar sein, da er diese im Veränderungsprozess glaubwürdig darstellen muss. Im Allgemeinen sorgt der Auftrag für Transparenz, Sicherheit, Verbindlichkeit und Grenzen in der Kooperation zwischen Berater und Auftraggeber (vgl. Schwing & Fryszer, 2007, S. 104 ff.).

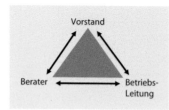

**Abb. 11.4** Beispiel für Vertrags-Dreieck

**Checkliste: Sinn und Zweck eines Auftrags**

- **Transparenz:** Die Beteiligten wissen, wer was tut oder lässt.
- **Sicherheit:** Die Beteiligten wissen, auf was sie sich einlassen, was von ihnen erwartet wird.
- **Verbindlichkeit:** Die Beteiligten verpflichten sich, die vereinbarten Spielregeln einzuhalten.
- **Grenzen:** Die Beteiligten wissen, wer was leistet, was erreicht werden kann, was nicht zu erwarten ist.

Der Auftrag vom Topmanagement ist vor allem bei evolutionärem Wandel und Entwicklungsstrategien bezogen auf die konkrete Umsetzung der Veränderung häufig vage und allgemein formuliert. Er dient als Rahmen für den Veränderungsprozess, innerhalb dessen eine Konkretisierung oder Lösungen gemeinsam mit den Betroffenen erarbeitet werden können. Für den Klärungsprozess dieser vielschichtigen Auftragslage dient das **Vertrags-Dreieck** von Fanita English (1987) aus der Transaktionsanalyse als äußerst nützliche Orientierungshilfe (■ Abb. 11.4).

**Vertrags-Dreieck als Orientierungshilfe**

Die Personalentwicklung eines international agierenden Konzerns der pharmazeutischen Industrie hat vom Vorstand den Auftrag erhalten, neue Arbeitsstrukturen in allen Produktionsbetrieben des Standorts Deutschland einzuführen, um die Produktivität um mindestens 5% zu erhöhen. Die neuen Arbeitsstrukturen und die methodische Vorgehensweise der Einführung waren dabei in Form von Kernelementen nur vage formuliert. Insgesamt handelte es sich um ca. 160 Betriebe. Das Vertrags-Dreieck diente im ersten Schritt als Modell zur Klärung des Auftrags zwischen dem Konzernvorstand und der Personalentwicklung. Im nächsten Schritt wurden zwischen den Beratern der Personalentwicklung und den jeweiligen Betriebsleitern die konkrete Zielsetzung sowie die inhaltliche und methodische Vorgehensweise der Implementierung im Rahmen der vorgegebenen Kernelemente definiert. Dieses Gespräch wurde als Orientierungsgespräch bezeichnet. Vor diesem Orientierungsgespräch hat der Vorstand auf Wunsch der Personalentwicklung die Erwartungen und allgemeinen Zielsetzungen der Veränderung mit den Betriebsleitern geklärt. Die Betriebsleiter und Mitarbeiter der Betriebe hatten eine hohe Bereitschaft, die neuen Strukturen einzuführen, da sie im vorgegebenen Rahmen aktiv bei der Gestaltung der Veränderung beteiligt waren und sich mit dem Ergebnis im hohen Ausmaß identifizieren konnten.

**Der Auftrag vom Topmanagement als Leitplanke für den Umsetzungsprozess**

Der Auftrag vom Topmanagement und damit der Rahmen, innerhalb dessen die Veränderungen von den Betroffenen konkretisiert und gestaltet werden können, dienen als **Leitplanken** für den Umsetzungsprozess. Diese Leitplanken sollten sehr sorgfältig erarbeitet werden, da sie als Orientierung für das Handeln der Betroffenen dienen.

Der vom Topmanagement definierte Rahmen ist eine Einschränkung, innerhalb dessen die Betroffenen Freiheitsgrade und Wahlmöglichkeiten bezogen auf die konkrete Gestaltung und Umsetzung der Veränderungen haben. Je weiter oder enger die Leitplanken definiert werden, desto mehr oder weniger werden die Autonomie des sozialen Systems berücksichtigt und dessen Selbstorganisation genutzt.

### 11.5.2 Prinzipien für die Beratung bei Veränderungsprozessen

Prinzipien regeln die Wahrnehmung, das Denken und Handeln von Beratern. Prinzipien sind grundlegend dafür, mit welcher Haltung und Einstellung Berater den Veränderungsprozess begleiten, wie sie die Beziehung zu den Beteiligten gestalten und worauf sie die Aufmerksamkeit fokussieren. Je nachdem, nach welchen Prinzipien Berater bewusst oder nicht bewusst ihr Verhalten regulieren, ergeben sich verschiedene Beratungsansätze, die z. B. eher dem »Macher« oder eher dem »Entwickler«, eher dem »Sherlock Holmes« oder eher dem »Columbo« entsprechen können.

Im Folgenden werden auf der Grundlage der Theorie autopoietischer Systeme sowie der Prinzipien der Selbstorganisation Prinzipien für die Beratung bei Veränderungsprozessen in sozialen Systemen dargestellt. Es geht um das Umsetzen von geplanten Veränderungen im Sinne einer Entwicklungsstrategie, wobei der Rahmen, in welchem die Veränderung durch die Betroffenen konkretisiert werden kann, durch das Topmanagement vorgegeben ist.

Change Management ist in diesem Sinne die Gestaltung und Steuerung von Veränderungsprozessen in sozialen Systemen. Change Management sorgt dafür, dass notwendige Veränderungen von den Betroffenen gestaltet, nachhaltig umgesetzt und gelebt werden (Verankerung in der Kultur).

Die folgende Darstellung hat keinen Anspruch auf Vollständigkeit. Weitere Prinzipien und Hinweise zur Vorgehensweise in Veränderungsprozessen werden z. B. von Doppler & Lauterburg (1997) oder von Kotter (1996) beschrieben.

#### ▪▪ An die inneren Landkarten »ankoppeln«

Eine grundlegende Voraussetzung für wirksames Change Management ist, das die Gestaltung und Durchführung der Veränderung der bestehenden Kultur der Organisation entspricht, um die eigenständige und selbstgesteuerte Konkretisierung und Umsetzung der Veränderungsvorhaben durch die Beteiligten zu ermöglichen. Die Kultur besteht aus den latenten Wahrnehmungen und Sinngebungen und Glaubenssätzen, die durch Sprache und Handeln zum Ausdruck gebracht werden. Die Aufgabe des Beraters besteht darin, sich an die **innere Landkarte** einzelner Personen zu koppeln, um möglichst passende und annehmbare Lösungen gemeinsam entwickeln zu können. **»Ankoppeln«** bedeutet hier, dass der Berater durch Aufmerksamkeit, sensibles Wahrnehmen und Fragen die Perspektive der Beteiligten er-

**»Ankoppeln« an die inneren Landkarten einzelner Personen**

fährt, nachvollzieht und diese anerkennt und respektiert. Bezogen auf die Veränderung können die in der Checkliste aufgeführten Fragen gestellt werden.

---

**Checkliste: Fragen zur Erschließung der inneren Landkarte**
- Was glauben Sie, was sich konkret für Sie verändern wird?
- Was befürchten Sie durch die Veränderung? Was erhoffen Sie sich? Was erwarten Sie?
- Wie bewerten Sie die Veränderungen (erwünscht oder unerwünscht, nützlich oder schädlich)?
- Welche Risiken und Chancen sehen Sie?
- Was glauben Sie, wozu diese Veränderung Sinn macht?
- Welche Schlussfolgerungen ziehen Sie daraus?
- Welche Geschichten werden über die Veränderung erzählt?
- Welchen Preis bezahlen Sie für die Veränderung? Welchen Nutzen könnten Sie davon haben?
- Durch welches Bild oder durch welche Metapher wird die Veränderung für Sie am ehesten zum Ausdruck gebracht?

---

Voraussetzung für den Prozess des »Ankoppelns« ist, dass der Berater sich fragend, neugierig und offen zu den beteiligten Personen verhält. Er hat dabei eine forschende und lernende Haltung; er ist offen für Überraschungen in dem Sinne, dass er nicht vorgedachte Konstruktionen und Hypothesen bestätigt sehen oder hören will. Die weiteren Interventionen werden auf dem Hintergrund der Perspektive bzw. inneren Landkarte des sozialen Systems durchgeführt.

#### ▪▪ Sinn und Bedeutung erzeugen

Menschen sind bereit, umfangreiche und tiefgreifende Veränderungen mitzutragen, Opfer zu bringen und einen hohen Preis dafür zu bezahlen, wenn sie den dahinterliegenden Sinn und die Bedeutung erkannt haben. »Wer ein Warum im Leben kennt, der erträgt fast jedes Wie« wird Friedrich Nietzsche zitiert. Die Betroffenen konstru

**Informationen**

ieren sich aufgrund der **Informationen,** die sie erhalten oder selber erzeugen, ein eigenes inneres Bild oder Modell von der geplanten Veränderung. Dieses Bild impliziert, in welcher Beziehung der Betroffene zu der Veränderung steht, ob er diese akzeptiert oder ablehnt, welche Bedeutung diese für ihn hat und wie sinnvoll oder sinnlos diese für ihn erscheint. Das Bild oder Modell ist eine **individuelle Konstruk-**

**Individuelle Konstruktion von der äußeren Welt**

**tion von der äußeren Welt**. Antworten auf innere oder offen gestellte Fragen fließen in das Bild mit ein (▶ Checkliste; vgl. Doppler & Lauterburg, 1997, S. 89 f.).

**Checkliste: Fragen des Beraters zur Fokussierung auf Lösungen**

- Wozu diese Veränderung?
- Weshalb kann nicht alles so bleiben, wie es ist?
- Was machen denn andere, die sich in einer ähnlichen Lage befinden?
- Was ist eigentlich das konkrete Ziel des Vorhabens?
- Gibt es keine Alternativen?
- Warum gerade so vorgehen und nicht anders?
- Was würde passieren, wenn wir nichts verändern würden?
- Welche Risiken kommen da auf uns zu? Was können wir verlieren?
- Was werden wir künftig anders oder neu machen müssen?
- Gibt es überhaupt eine Zukunft für uns, für mich?
- Welche Rolle sollen wir bei dieser Veränderung spielen?
- Können wir uns diesen Veränderungsschritt zutrauen?
- Können wir denen vertrauen, die das Ganze geplant haben?
- Könnten wir uns nicht noch etwas Zeit lassen?

Mit solchen oder ähnlichen Fragen setzen sich Menschen auseinander, wenn sie mit einem bestimmten Veränderungsvorhaben konfrontiert werden. Durch Austausch und Gespräche mit anderen Betroffenen entstehen gemeinsame Beschreibungen, Bedeutungen und Bewertungen der Situation, ein **gemeinsames Konstrukt von der Wirklichkeit,** das als **Ordner** künftige Wahrnehmungen wiederum beeinflusst. Der Berater sollte auf diese Art von Fragen gut vorbereitet sein, um bei der Sinngebung und Bedeutungszuschreibung mitwirken zu können. Der Berater hat die Möglichkeit, durch Informationen wie z. B. durch Aufzeigen von Trends, Entwicklungen, Szenarien, Vergleiche, Fokussierung auf aktuelle Probleme und künftige Herausforderungen den Sinn und die Bedeutung der geplanten Veränderungen mit zu prägen. Durch diese Impulse kann das gemeinsame Bild bzw. Konstrukt des sozialen Systems in die erwünschte Richtung beeinflusst werden. Gerade in der Anfangsphase der Veränderung scheint es besonders wichtig zu sein, durch häufige und konstant wiederholte Informationen, durch zahlreiche Gespräche und Workshops auf den Prozess der Sinngebung und Bedeutungszuschreibung einzuwirken, so dass es für die Betroffenen sinnvoll erscheint, den Veränderungsprozess aktiv mitzutragen und auszugestalten. Erst durch Sinn und Bedeutung wird die Bereitschaft erzeugt und Energie in die erwünschte Richtung mobilisiert. Der Sinn von Veränderungen lässt sich letztendlich von der Strategie ableiten, den Erhalt und die Lebensfähigkeit der Organisation zu sichern.

**Gemeinsames Konstrukt von der Wirklichkeit als Ordner**

**Wahrnehmung, Denken und Empfinden als Ergebnis der Fokussierung von Aufmerksamkeit**

■■ **Auf Ressourcen und Lösungen fokussieren**

Wahrnehmung, Denken und Empfinden sind das Ergebnis der **Fokussierung von Aufmerksamkeit** (vgl. Schmidt, 2008, S. 34 ff.). Der Berater kann durch Fragen und Kommentare den Scheinwerfer auf bestimmte Aspekte der Wirklichkeit richten und gleichzeitig andere unbeachtet lassen. Der Berater sollte die Wahrnehmungen auf die vorhandenen Ressourcen, Stärken und künftigen Lösungen fokussieren, gleichzeitig die bisherige Geschichte, das bisher Erreichte würdigen. Auf der einen Seite werden die Betroffenen in ihrer vergangenen und gegenwärtigen Leistung anerkannt und gestärkt, auf der anderen Seite werden sie eingeladen, sich konstruktiv mit den künftigen Veränderungen auseinander zu setzen. Die Fokussierung findet innerhalb des vorgegebenen Rahmens der geplanten Veränderung und der im Auftrag definierten Ziele statt.

— Welche Lösungen schlagen Sie vor?
— Was ist Ihr Ziel im Rahmen dieser Veränderung?
— Was kann aus Ihrer Sicht optimiert werden?
— Welche Vorteile könnte die Veränderung für Sie haben?
— Welche vorhandenen Stärken und Fähigkeiten können Sie für die künftige Veränderung nutzen?
— Was möchten Sie künftig bewahren? Wozu?
— Was würde mittel- oder langfristig passieren, wenn wir nichts verändern würden?
— Unter welchen Bedingungen bzw. Voraussetzungen wären Sie bereit, den Veränderungsprozess mitzutragen?

**Respekt und Respektlosigkeit**

Die Wahrnehmungen richten sich auf die künftigen Entwicklungen, wobei Leistungen der Vergangenheit anerkannt und gewürdigt werden. **Respekt** vor dem, was die Menschen erfolgreich in der Vergangenheit hervorgebracht haben, und eine gewisse **Respektlosigkeit** in dem Sinne, dass diese Anpassungsleistung künftig nicht mehr genügen könnte. Im Kontext der Vergangenheit waren die Prozesse, Abläufe, Funktionen, aber auch Einstellungen und Werte effizient und nützlich. Sie waren eine adäquate Anpassungsleistung an die Bedingungen vergangener Umwelten und haben dazu beigetragen, dass die Organisation sich bis in die Gegenwart entwickeln und erfolgreich funktionieren konnte. Unter den gegenwärtigen oder antizipierten Bedingungen der Zukunft erscheinen die gleichen Prozesse in einem anderen Licht.

**Bedürfnis nach Eigenständigkeit und Selbstbestimmung**

■■ **Autonomie berücksichtigen und Selbstorganisation nutzen**

Menschen sind autonom und haben individuell unterschiedlich mehr oder weniger stark ausgeprägt das **Bedürfnis nach Eigenständigkeit und Selbstbestimmung.** Gerade in Veränderungen regt sich häufig Widerstand, da sich Menschen gestaltet und fremdbestimmt fühlen und infolgedessen ihre Autonomie gefährdet sehen.

Um Menschen für die erforderlichen Veränderungen zu mobilisieren, deren Motivation in die erwünschte Richtung zu unterstützen,

ist es wesentlich, ihre Autonomie so weit wie möglich zu berücksichtigen. Der Berater sollte die **Handlungsfreiheiten und Wahlmöglichkeiten** innerhalb des vorgegebenen Rahmens der geplanten
Veränderungen nutzen und hier die Betroffenen so weit wie möglich
aktiv einbeziehen. Im Folgenden sind Beispiele aufgeführt, wie die
Betroffenen beteiligt werden können:

Handlungsfreiheiten und
Wahlmöglichkeiten

- Gestaltung der Veränderung so, dass möglichst viele vorhandene
  Stärken und Fähigkeiten sowie die Erfahrungen und das Wissen
  der Betroffenen aktiviert und gefordert werden
- Verantwortung für Aufgaben oder Teilprojekte an die Betroffenen übertragen
- Möglichkeiten eröffnen, sich selbst Ziele zu setzen und zu erfahren, ob diese Ziele auch erreicht werden
- Möglichkeiten, Wege zum Ziel selbst zu bestimmen und sich
  selbst zu organisieren

Die Beteiligung hat auf der einen Seite den Vorteil, dass die Betroffenen sich in ihrer Autonomie berücksichtigt fühlen und dadurch eher
die Bereitschaft zeigen, die Veränderungen aktiv mitzutragen, und
folglich sich mit dem Ergebnis in höherem Maße identifizieren. Auf
der anderen Seite wird die Energie, die Erfahrung und das Wissen
des sozialen Systems genutzt, um die Veränderungen konkret auszugestalten, von Menschen an der Basis, die sich wohl als Experten für
die jeweiligen Prozesse oder Abläufe bezeichnen dürfen, im Sinne von
Experten für die Konkretisierung der Veränderungsvorhaben auf der
sachlogischen Ebene. An dieser Stelle schließt sich der Kreis:

Change Management berücksichtigt die psychosoziale Ebene der
Veränderung, um die Selbstorganisation des sozialen Systems für die
Konkretisierung der notwendigen Veränderungen auf der sachlogischen Ebene zu nutzen. Die Komplexität des sozialen Systems wird
für das Erschließen konkreter Lösungen genutzt.

### ▪▪ Loyalität zeigen und Ambivalenzen anerkennen

Loyalität bedeutet im Kontext von Veränderungsprozessen, dass der
Berater sich den vom Topmanagement definierten Zielen und dem
vorgegebenen Rahmen der Veränderung verpflichtet fühlt und diese
Bedingungen nach außen transparent und glaubwürdig vertritt. Daher sollte der Berater während der Auftragsklärung genau prüfen, ob
er den Sinn und die Bedeutung der Veränderung aus der Perspektive
des Topmanagements verstehen, nachvollziehen und vertreten kann,
ob die Veränderungsvorhaben mit seinen persönlichen Werten im
Einklang sind und glaubwürdig befürwortet werden können.

Auf der anderen Seite hat jede Veränderung für die Betroffenen
Anstrengungen und gegebenenfalls erhebliche Opfer und Einbußen
zur Folge. **Loyalitätskonflikte** können dann entstehen, wenn der Berater gleichzeitig die Perspektive der Betroffenen nachvollziehen kann
und für die mit der Veränderung verbundenen individuellen oder
gemeinsamen Schicksale Verständnis hat. In dieser Situation ist es

Loyalitätskonflikt

von besonderer Bedeutung, den vom Topmanagement vorgegebenen Rahmen der Veränderung nicht in Frage zu stellen und gleichzeitig die möglichen Anstrengungen, Opfer und Einschränkungen der Beteiligten ernst zu nehmen und zu würdigen. Nach dem Motto: »Ich kann gut nachvollziehen, dass Ihnen die Veränderungen schwer fällt, viele Opfer und Anstrengungen verlangt; *und* sie sind notwendig und unvermeidbar für den langfristigen Erhalt der Organisation. Wie können wir mit dieser Situation umgehen?«

»Sowohl-als-auch«

Der Berater macht das »**Sowohl-als-auch**« der Situation transparent. Er zeigt Verständnis für die individuelle Situation der Betroffenen und bleibt loyal gegenüber den vorgegebenen Rahmenbedingungen der Veränderung. Der Berater macht die Ambivalenz zwischen den persönlichen Bedürfnissen und Interessen der Betroffenen auf der einen Seite und den Notwendigkeiten und Erfordernissen der Organisation auf der anderen Seite deutlich. Er würdigt, dass es für die Betroffenen schwer ist, diesen Weg zu gehen, und bewertet die Anstrengungen als Beitrag für den Erhalt der Lebensfähigkeit der Organisation. Er fokussiert die Aufmerksamkeit auf das Suchen nach Lösungen, mit dieser Ambivalenz künftig umzugehen. Hierdurch wird gleichzeitig bei den Betroffenen die Selbstverantwortung für den Umgang mit der Veränderung gestärkt.

## Beispiel für die Begleitung eines Veränderungsprozesses

### ▪▪ Ausgangslage
Die Fortbildungsabteilung eines international agierenden Konzerns wurde vom Leiter der internen Berufsausbildung angefragt, einen Veränderungsprozess zu begleiten.

Die Berufsausbildung befand sich mit ca. 60 Mitarbeitenden in einem radikalen Wandel, der durch Personalabbau, räumliche Veränderungen und tiefgreifende Einsparungen gekennzeichnet war. Diese Maßnahmen waren notwendig, weil sich die Rahmenbedingungen, in welchem Ausbildung geleistet wurde, erheblich gewandelt hatten.

### ▪▪ Aspekte und Ausmaß des Wandels
Auf den ersten Blick konnten die neuen Rahmenbedingungen vereinfacht mit dem Begriff »erhöhter Kostendruck« beschrieben werden. Bei einer genaueren Betrachtung ließ sich jedoch leicht erkennen, dass die Veränderungen im Umfeld und die damit verbundenen Konsequenzen für die Ausbildung viel weitreichender waren. Nach einer radikalen Umstrukturierung des gesamten Konzerns war die Berufsausbildung nicht mehr integraler Bestandteil des Konzerns, der die Ausbildung als zentrale Funktion für alle Teilbereiche mit kostendeckendem Budget finanzierte, sondern ein externer Dienstleister, der die Kosten nach dem Verursacherprinzip mit den jeweiligen Kunden (Produktionsbetriebe) verrechnet.

Die Ausbildung wurde zu einer streng durchkalkulierten Investition der Betriebe. Folglich wurde die Ausbildung nach klaren Vorgaben in Auftrag gegeben; der Ausgebildete als »fertiges Produkt« sollte an die Betriebe geliefert werden. Die Anforderungen der Kunden an die Berufsausbildung stiegen erheblich. Die Betriebe formulierten genaue Vorstellungen über den künftigen ausgebildeten Mitarbeiter, damit dieser möglichst reibungslos und effektiv in den vorhandenen Produktionsprozess integriert werden kann. Zum Beispiel sollte der Ausgebildete neben einer hervorragenden fachlichen Qualifikation auch verstärkt bestimmte soziale Fähigkeiten besitzen. Die Ausbildung selbst konnte als Produktionsprozess bezeichnet werden, für dessen Produkt auch ein erhöhtes Marketing erforderlich wurde. Des Weiteren hatte eine neue Ausbildungsordnung zur Folge, dass die Auszubildenden ihre Ausbildung selbstständig, autonom, eigeninitiativ und selbstverantwortlich mitgestalten sollten. Der Ausbilder sollte dafür Sorge tragen, dass die nötigen Rahmenbedingungen vorhanden sind, um eine qualifizierte selbstgesteuerte Ausbildung zu ermöglichen. Seine Rolle änderte sich vom autoritären, machtvollen Meister zum partnerschaftlichen kooperativen Coach, der den Auszubildenden die geforderte Unterstützung zu leisten hat.

Die Ausbildung geriet in Gefahr, ihre Legitimation im Konzern zu verlieren, wenn sie nicht den neuen strategischen, strukturellen und kulturellen Anforderungen genügen würde. Der Konzernvorstand hatte die Ausbildung auf den Prüfstand gestellt und in Betracht gezogen, diese an externe Unternehmen zu vergeben.

#### ▪▪ Begleitung des Veränderungsprozesses

Der Auftrag zur Begleitung des Veränderungsprozesses wurde in einem 3-stündigen Gespräch zwischen dem projektverantwortlichen Bildungsreferenten der Fortbildung und dem Leiter der Ausbildung geklärt. Der Bildungsreferent erhielt den Auftrag, die Ausbilder für den schwerwiegenden Veränderungsprozess zu sensibilisieren und zu öffnen sowie deren Bereitschaft zu fördern, den notwendigen Wandel kreativ und aktiv mitzugestalten. Das erforderte neben der Veränderung von Einstellung, Haltung und Verhalten zu den Auszubildenden auch eine Veränderung in der Zusammenarbeit mit den Kollegen. Hier stand vor allem das selbstorganisierte und teamorientierte Funktionieren der Ausbildung im Vordergrund. Es sollte aber auch der Mut zur unverblümten konstruktiven Kritik gestärkt werden, die Bereitschaft, Risiken einzugehen, Selbstverständliches, Unberührbares offen in Frage zu stellen und Begeisterung für neue Wege zu erzeugen.

Einerseits beriet der Bildungsreferent den Ausbildungsleiter bei der methodischen Vorgehensweise der Einführung der geplanten Veränderungen im sozialen System. Andererseits war er in der operativen Umsetzung als Moderator und Seminarleiter tätig. Er moderierte z. B. Informationsveranstaltungen mit dem Ausbildungsleiter und den betroffenen Ausbildern, um Erwartungen, Befürchtungen, Ängste und die verschiedenen Perspektiven auszutauschen. Diese Veranstaltungen bewirkten auch, dass vorhandene Strukturen, Denkmuster und Verhaltensweisen in Frage gestellt sowie die Entwicklung einer gemeinsamen sinnvollen Sichtweise auf die notwendigen Veränderungen unterstützt wurde. Die Notwendigkeit, der Sinn und die Bedeutung des Wandels wurden herausgearbeitet. Der Bildungsreferent moderierte verschiedene Workshops mit den betroffenen Ausbildern, um gemeinsam die notwendigen Veränderungen innerhalb der vorgegebenen Leitplanken konkret auszugestalten. Die vorhandenen Freiheitsgrade wurden genutzt, um dem Bedürfnis der Selbstbestimmung und Autonomie der Betroffenen gerecht zu werden und eigene Lösungen auf die aktuellen Herausforderungen zu finden. Der Fokus richtete sich auch auf vorhandene Stärken und Ressourcen sowie auf das, was bewahrenswert ist. In Seminaren sensibilisierte der Bildungsreferent die Teamleiter für die Notwendigkeit von Veränderungen, vermittelte Methoden und Modelle, um Menschen durch Zeiten der Veränderungen zu führen und Veränderungen mit dem eigenen Team wirksam zu gestalten.

**■■ Ergebnisse**

Die Anwendung der oben aufgeführten Beratungsprinzipien während der gesamten Begleitung des Veränderungsprozesses hat erheblich dazu beigetragen, dass die Betroffenen sich für die tiefgreifenden Veränderungen öffneten sowie ihre Expertise und Erfahrungen aktiv zur konkreten Ausgestaltung einbrachten. Die Bereitschaft der Betroffenen, die Veränderungen trotz der schmerzhaften Einschnitte zu akzeptieren und aktiv mitzugestalten, war die Grundlage dafür, dass die Berufsausbildung den umfangreichen Wandel erfolgreich bewältigen konnte.

**Zusammenfassung**

━ Aus systemischer Perspektive sind vorausschauende und reaktive Veränderungen in Organisationen notwendig, um deren Lebensfähigkeit durch Anpassungsleistung in einem turbulenten Umfeld zu sichern. Strategie, Struktur und Kultur, die sich wechselseitig beeinflussen und bedingen, sind auf der sachlogischen Ebene der inhaltliche Gegenstand der Veränderung. Der Fokus des Managements von Veränderungen richtet sich auf die psychosoziale Ebene, auf die Auswirkungen der geplanten Veränderungen im sozialen System und auf deren langfristige Verankerung in der Kultur. Berater auf dieser Ebene sind eher Experten für die methodische Vorgehensweise der Implementierung der erwünschten Veränderungen im sozialen System.

━ Die Charakterisierung psychischer und sozialer Systeme als autopoietisch und selbstorganisierend beinhaltet, dass instruktive Interventionen nicht möglich sind. Veränderungen in psychischen und sozialen Systemen können nur angeregt werden, wobei die Art und das Ausmaß der Veränderung allein durch die Struktur des Systems bestimmt wird.

▬ Veränderungen können in Organisationen radikal oder evolutio-
när verlaufen und folgen in der Grundrichtung entweder rationalen Strategien, Macht- oder Entwicklungsstrategien. Evolutionärer
Wandel, ausgerichtet nach einer Entwicklungsstrategie, ist im
Wesentlichen dadurch gekennzeichnet, dass die betroffenen
Menschen mit ihren bestehenden Werten, Überzeugungen und
Verhaltensmustern berücksichtigt und im Veränderungsprozess
innerhalb definierter Rahmenbedingungen möglichst früh bei der
konkreten Ausgestaltung der Veränderung eingebunden werden.
Das Wissen und die Erfahrungen der Menschen an der Basis und
die Komplexität des sozialen Systems werden für die Konkretisierung der sachlogischen Ebene der Veränderung genutzt. Der Berater sollte bestimmte Prinzipien beachten, um die Menschen für
die vom Topmanagement als notwendig erachtete Veränderung
zu mobilisieren und die Selbstorganisation des sozialen Systems
in die erwünschte Richtung zu fördern. Die Prinzipien beinhalten,
dass der Berater an bestehende Denk- und Verhaltensmuster
anknüpft, Sinn und Bedeutung der Veränderung vermittelt, auf
Lösungen und Ressourcen fokussiert, Autonomie berücksichtigt
und die Kräfte der Selbstorganisation nutzt sowie Loyalität zum
Auftrag beachtet und mögliche Ambivalenzen anerkennt.

## Literatur

Brunner, E. J. (1993). Organisationsdy-
namik. In: Schönig, W., Brunner, E.
J. (Hrsg.), *Organisationen beraten.
Impulse für Theorie und Praxis*
(S. 95–110). Freiburg: Lambertus.

Doppler, K., & Lauterburg, C. (1997).
*Change Management – Den Unter-
nehmenswandel gestalten.* 6. Aufl.
Frankfurt/Main: Campus.

English, F. (1987). Der Dreiecksvertrag.
*Zeitschrift für Transaktionanalyse in
Theorie und Praxis*, 2, 99–111.

Haken, H. (1981). *Erfolgsgeheimnisse
der Natur. Synergetik: Die Lehre
vom Zusammenwirken.* 2. Aufl.
Stuttgart: DVA.

Hall, A. D., & Fagen, R. E. (1956). Definition of system. *General Systems
Yearbook*, 1, 18–28.

Jäger, R. (2004). *Kompetent führen in
Zeiten des Wandels.* Weinheim:
Beltz.

Königswieser, R., Exner, A., & Pelikan,
J.(1995). Systemische Intervention
in der Beratung. *OE*, 14/2, 52–65.

Kotter, J. P. (1996) *Leading change.*
Boston, Mass.: Harvard Business
School Press.

Kriz, J. (1992). *Chaos und Struktur.
Grundkonzepte der Systemtheorie.*
München: Quintessenz.

Kriz, J. (1995a). Naturwissenschaftliche
Konzepte in der gegenwärtigen
Diskussion zum Problem der Ord-
nung. *Gestalt Theory*, 17/2, 153–163.

Kriz, J. (1995b). Probleme bei der Beschreibung von Strukturbildung
im psychosozialen Bereich mittels
naturwissenschaftlicher Konzepte.
*Gestalt Theory*, 17/3, 205–216.

Malik, F. (2003). *Systemisches Management, Evolution und Selbstorganisation. Grundprobleme, Funktions-
mechanismen und Lösungsansätze
für komplexe Systeme.* 3. Aufl. Bern:
Haupt.

Maturana, H. R. (1985). *Erkennen: Die
Organisation und Verkörperung von
Wirklichkeit.* 2. Aufl. Braunschweig:
Vieweg.

Maturana, H. R., & Varela, F. (1987). *Der
Baum der Erkenntnis.* 2. Aufl. München: Goldmann.

Probst, G. J. B. (1987). *Selbstorganisa-
tion. Ordnungsprozesse in sozialen
Systemen aus ganzheitlicher Sicht.*
Berlin: Parey.

Schmidt, G. (2008). *Einführung in die
hypnosystemische Therapie und
Beratung.* 2. Aufl. Heidelberg: Carl-
Auer-Systeme.

Schwing, R., & Fryszer, A. (2007). Systemisches Handwerk. Werkzeuge für
die Praxis. Göttingen: Vandenhoeck & Ruprecht.

Tschacher, U., & Schiepek, G. (1997).
Eine methodische Einführung in
die Synergetische Psychologie.
In: G. Schiepeck & U. Tschacher
(Hrsg.), Selbstorganisation in Psy-
chologie und Psychiatrie (S. 3–31).
Braunschweig: Vieweg.

Watzlawick, P. (1991) In: Watzlawick, P.
(Hrsg.) *Die Erfundene Wirklichkeit.
Wie wissen wir, was wir zu wissen
glauben?* 7. Aufl. München: Piper.

# Gesellschaftliche Aspekte und Einflüsse auf das Lernen

*Bärbel Schwalbe*

In diesem Kapitel sollen einige ausgewählte Aspekte des Zusammenhangs zwischen Arbeitsgesellschaft und Bildungspolitik aufgezeigt werden. Dabei geht dieser Beitrag zunächst von einer Wissensgesellschaft aus, endet aber bei der Diskussion darüber, dass die Entwicklung unserer Gesellschaft gegenwärtig stark in Richtung Weiterbildungsgesellschaft läuft. Diese Entwicklung wird auch mit der Aufgabe unserer Bildungssysteme in Zusammenhang gebracht, Arbeit und Lernen miteinander zu verknüpfen. Die konkreten Beispiele beziehen sich auf die Bildungslandschaften der Schweiz und Deutschlands. Dabei werden Unterschiede und Gemeinsamkeiten deutlich. Abschließend weitet sich der Blick auf europäischen Wandel und damit auf den Stellenwert der Bildung und der zu vermittelnden Schlüsselqualifikationen.

Über kulturelle Einflüsse auf das Lernen wurde in ▶ Abschn. 3.1 (Lernpsychologie) bereits gesprochen. Aus ▶ Kap. 11 muss auch klar werden, dass Organisationen durch den gesellschaftlichen Kontext entscheidend geprägt werden und dass Organisationen ihrerseits auch gesellschaftliche Entwicklungen beeinflussen.

Geht beispielsweise eine Organisation wie die Swissair in Konkurs und man spricht von einem »Grounding«, so werden gesellschaftlich-kulturelle Haltungen und Überzeugungen der Schweizer Bürger betroffen sein, z. B. wird die Identifikation der Bürgerinnen und Bürger mit ihrem Land, ihrem Staat und ihren bedeutenden Unternehmen infrage gestellt. Die **Identifikation** von Individuen und von Organisationen mit ihrem Land ist eine wesentliche Grundlage für gesellschaftliche Lernprozesse, die wiederum z. B. das individuelle Verhalten des einzelnen mitbestimmen.

Ähnlich deutlich zeigt sich dieser Zusammenhang am Beispiel der jüngsten wirtschaftlichen Entwicklung der Jahre 2006–2009: »Die Wirtschaftskrise, der ruinöse Preiswettbewerb und das fehlende Einhalten von Kundenversprechen haben dazu beigetragen, dass das Vertrauen von Kundinnen und Kunden in die Leistungsfähigkeit vieler Unternehmen gelitten hat« (Hafner, 2009, S. 1), und die Kunden fragen sich unter anderem: »Will ich mit den Menschen, die dieses Unternehmen repräsentieren, zusammenarbeiten?« (Hafner, 2009, S. 1). Fazit: Organisationen müssen lernen, mit diesen Phänomenen umzugehen, z. B. im Rahmen ihrer Bildungspolitik Begriffe wie Kundenpflege, Kundenorientierung u. Ä. zu einer wirklichen Haltung ihrer Mitarbeitenden werden zu lassen und das mittel- bis langfristig zu einem strategischen Weiterbildungsziel zu machen.

**Arbeitsgesellschaft und Bildungspolitik stehen in Wechselwirkung zueinander**

In diesem Kapitel soll aus den vielfältigen gesellschaftlichen Aspekten die **Arbeitsgesellschaft** herausgegriffen werden und ihr Zusammenhang und ihre **Wechselwirkung mit der Bildungspolitik** beleuchtet werden. Schließlich spricht man ja auch von einer »lernenden Gesellschaft« und kann Gesellschaft als »System« auffassen, in dem Vernetzung, Interdependenz und Komplexität kennzeichnend sind. Unsere Arbeitsgesellschaft wird auch bezeichnet als »Postindustrielle Gesellschaft« (Daniel Bell), als »Gespaltene Gesellschaft« (Axel Honneth), als »Mediengesellschaft« (Neil Postman), »Flexible Gesellschaft« (Richard Sennett), »Postmoderne Gesellschaft« (Ronald Inglehard), »Informationsgesellschaft« (Scott Lash) sowie »**Wissensgesellschaft**« (Helmut Willke, Karin Knorr-Cetina) (vgl. Höhne, 2003, S. 53). Hier soll der Begriff Wissensgesellschaft exemplarisch herausgegriffen und definiert werden:

---

**Wissensgesellschaft**

Wissensgesellschaft ist »eine Gesellschaft, in der Wissen zur wichtigen, wenn nicht zur wichtigsten Ressource und zunehmend zum Produkt wird« (Schneider, 1999, S. 292).

---

> In der Wissensgesellschaft wird Wissen zur wichtigsten Ressource

Geht man also davon aus, dass Wissen zur wichtigsten Ressource in unserer Gesellschaft geworden ist, dass sich z. B. Mitarbeitende und ganze Organisationen über ihr Wissen definieren, dann wird klar, dass »**ein tief greifender Wandel von Systemgrenzen und eine zunehmende gegenseitige Wechselwirkung von Bildungswesen und Arbeitswelt**« (Hansen et al., 1999, S. 9) existiert.

Die Organisationsmitglieder – d. h. die Organisationen als Ganze, als lernende Systeme – sind durch diese Veränderungen mit hohen Anforderungen an ihr Lernen konfrontiert. Und das betrifft zunehmend nicht nur klassische Wirtschaftsorganisationen, sondern auch den Non-Profit-Bereich, Verwaltungen und Hochschulen (▶ Abschn. 12.1.1 und ▶ Abschn. 12.1.2).

## 12.1 Entwicklung der Arbeitsgesellschaft und Bildungspolitik in der Schweiz und in Deutschland

### 12.1.1 Allgemeine Entwicklungstendenzen

Immer stärker wird also die Anforderung an die Organisationsmitglieder, sich kontinuierlich aktuelles Wissen anzueignen, d. h. zeitnah und bedarfsgerecht. **Das zwingt die Bildungssysteme, Konzepte zu liefern, die »Arbeiten und Lernen integrieren«** (vgl. Sonntag & Stegmaier, 2007, S. 12). Natürlich ist diese Erkenntnis nicht neu, aber verstärkt zu berücksichtigen (▶ Kap. 5). Für die Schweiz und Deutschland – wie auch für die meisten anderen europäischen Länder – gelten folgende Entwicklungen:

> Bildungssysteme müssen Konzepte liefern, die Arbeit und Lernen integrieren

‒ Entwicklung in Richtung **Wissensgesellschaft**; geringere Beschäftigtenzahl im produzierenden Bereich, mehr Beschäftigte im Dienstleistungsbereich

- Entwicklung von Berufsbiografien mit **Patchwork-Charakter,** d. h. Aufgaben mit unterschiedlichen beruflichen und zeitlichen Voraussetzungen und Begrenzungen; Mitarbeitende müssen sich Wissen und Kompetenzen »selbstorganisiert« aneignen
- **Organisationsstrukturen** müssen zunehmend **flexibel** auf gesellschaftliche und sozioökonomische Veränderungen reagieren: dezentrale Strukturen, flache Hierarchien, Netzwerke, Projektarbeit; Kompetenzen müssen bildungspolitisch stärker gewichtet werden
- Veränderung der **Zusammensetzung der Belegschaften,** nämlich unter Berücksichtigung des demografischen Wandels durch die Alterung der Gesellschaft; grundsätzlich sollte in den Mitarbeiterteams ein Generationenmix angestrebt werden, dieses ist aber verbunden mit Vorurteilen und Stereotypen verschiedenster Art zwischen älteren und jüngeren Mitarbeitenden, z. B. muss die kontinuierliche Weiterbildung bis zum Pensionierungsübergang einen neuen Stellenwert bekommen. »Altersdifferenzierte Lern- und Entwicklungsmöglichkeiten in der Arbeit« (vgl. Sonntag & Stegmaier, 2007, S. 12) müssen angeboten werden.

**Bildungspolitische Aufgaben: Beschreibung von Lernprozessen und Gestaltung der Lernumgebung**

Die bisherigen Ausführungen zeigen also, dass die Arbeitsgesellschaft und ihre Veränderungen einerseits und die Bildungspolitik andererseits ineinander greifen und von ständiger Wechselwirkung gekennzeichnet sind. Dies bedeutet, dass **Lernen und Arbeit** miteinander und ineinander stattfinden und dass dies in den Bildungspolitiken berücksichtigt werden muss. **Die Beschreibung der stattfindenden Lernprozesse und die Gestaltung der Lernumgebungen in den Organisationen müssen bildungspolitisch ins Zentrum gerückt werden.**

**Von der Input-Steuerung des Lernens zum Learnig Outcome**

Betrachtet man die europäische Entwicklung der Bildung, so fällt insbesondere auf, dass die grenzüberschreitenden Bemühungen verstärkt ihre Wirkung zeigen. So wurde beispielsweise ein Europäischer Qualifikationsrahmen (EQF) geschaffen, der sich auf das Konzept des »Lifelong Learning« auswirkt. Es wurde ein zentrales Dokument des »Kopenhagen-Prozesses« erstellt (im Zentrum stehen hier Transparenz und Beratung, Anerkennung von Kompetenzen und Qualifikationen und Qualitätssicherung), und die Klassifikation von Kompetenzen wurde unabhängig von nationalen Abschlüssen. Im Übrigen konzentriert man sich vermehrt auf den sog. Learning Outcome, also das Ergebnis von Lernen, und weniger auf die Input-Steuerung. Über Europas Grenzen hinaus kommt der internationale Trend hinzu, dass »Credits (Leistungspunkte) und gemeinsam geteilte Klassifizierung und Begrifflichkeiten, wie Lernen, Kompetenz, Qualifikationsrahmen« (Gonon, 2009, Slide 5–8) angestrebt werden, und hierbei ist besonders hervorzuheben, dass »Mobilitätsaspekte, gegenseitige Anerkennung, Anrechnung und Durchlässigkeit zwischen dem Allgemeinen und den Beruflichen Bildungssystemen« (Gonon, 2009,

Slide 5–8) immer stärkeres Gewicht bekommen und international umgesetzt werden.

## 12.1.2 Entwicklung der Arbeitsgesellschaft und Bildungspolitik in der Schweiz

Die europäischen und internationalen Entwicklungen haben auch die Entwicklung der Bildungspolitik in der Schweiz nicht unberührt gelassen, obwohl die Schweiz nicht Mitglied der EU ist. Die Schweiz arbeitet mit den EU-Ländern eng zusammen, indem sie sog. bilaterale Verträge mit den EU-Ländern aushandelt, und »versteht sich als außenpolitisch neutral« (Schläfli & Sgier, 2008, S. 11).

Um die gegenwärtige Entwicklung in der Schweiz zu verstehen, sollte man sich einige Fakten über die schweizerische Bildungslandschaft vor Augen halten: Für die Durchsetzung von Veränderungen – vor allem gesetzlicher Veränderungen – ist es wichtig zu berücksichtigen, dass die Schweiz ein föderalistischer Bundesstaat ist und sich in 26 Kantone gliedert, in denen 7,5 Mio. Menschen wohnen, 22% davon sind ausländische Staatsangehörige (vgl. Schläfli & Sgier, 2008, S. 10). Drei Viertel der Erwerbstätigen sind im Dienstleistungssektor tätig.

**Bildungslandschaft Schweiz**

Die Schweiz ist eine **direkte Demokratie,** was alle wesentlichen Veränderungsprozesse, die politische Auswirkungen haben, in hohem Maße mitbestimmt. Die 26 Kantone haben im Bildungswesen einen hohen Grad an Verantwortung, der Bund ist vor allem – in enger Zusammenarbeit mit den Kantonen – für die Berufsbildung zuständig und hat ebenso ein gewichtiges Wort mitzureden bei Anerkennung von Maturität, Förderung der Hochschulen und Fachhochschulen und der Ausbildung an den 2 Eidgenössischen Technischen Hochschulen (ETH) in Zürich und Lausanne. Universitäre Weiterbildung und Weiterbildung der Mittelschullehrerinnen und -lehrer werden ebenso vom Bund gefördert. Die kantonale Zuständigkeit ist dagegen im Primarbereich eindeutig, was dazu führt und geführt hat, dass es im Prinzip 26 schweizerische **Schulsysteme** gibt. Eine stärkere Vereinheitlichung ist gegenwärtig politisch stark umkämpft (Projekt »Harmos«).

Wie in einigen anderen europäischen Ländern existiert auch in der Schweiz die Lehre als **Berufsausbildung,** die gestaltet ist nach dem dualen Berufsbildungssystem: praktische berufliche Tätigkeit als Lernende(r) im Unternehmen kombiniert mit dem Besuch einer Berufsschule. Zusätzlich kann freiwillig eine sog. Berufsmittelschule (BMS) besucht werden, die zum Abschluss mit der sog. Berufsmatura führt und das Studium an einer Fachhochschule direkt ermöglicht (vgl. Schläfli & Sgier, 2008, S. 14).

An der im Exkurs (▶ Erwachsenenbildung und Weiterbildung: ein Integrationsprozess) zitierten Definition ist deutlich abzulesen, dass hier Arbeit und Bildung bzw. Lernen zusammengeführt werden, und

## Erwachsenenbildung und Weiterbildung: ein Integrationsprozess

Für die Weiterbildungsszene interessant ist die Tatsache, dass in der Schweiz die Begriffe »Weiterbildung« und »Erwachsenenbildung« bis in die 90er Jahre hinein 2 verschiedene Lernbereiche bezeichneten. Es bestand eine Trennung in allgemeine Bildung und berufsorientierte Bildung. Diese Trennung ließ sich aber in der Praxis nicht halten, schon gar nicht dann, wenn man die Begriffe »Wissensgesellschaft« und »lebenslanges Lernen«

ernst nehmen wollte. (vgl. Schläfli & Sgier, 2008, S. 13)

Der Weiterbildungsbegriff stellt sich heute so dar:

»Weiterbildung ist die Fortsetzung oder Wiederaufnahme organisierten Lernens nach dem Abschluss einer ersten Bildungsphase in Schule, Hochschule und Beruf mit dem Ziel, die erworbenen Kenntnisse, Fähigkeiten und Fertigkeiten zu erneuern, zu vertiefen und zu erweitern oder neue Kenntnisse,

Fähigkeiten und Fertigkeiten zu erlernen. Weiterbildung ist intendiertes, gezieltes Lernen: vom Selbststudium mit Hilfe von Fachliteratur bis hin zur institutionalisierten Lernform, dem Weiterbildungskurs. Weiterbildung erfolgt institutionell oder außerhalb von Bildungsträgern in informellen Formen am Arbeitsplatz, in der Freizeit und bei sozialer oder kultureller Aktivität.« (Schläfli & Sgier, 2008, S. 11)

**Formale Bildung, non-formale Bildung und informelles Lernen gleichberechtigt und kombiniert einsetzen**

das ist ja eine der wichtigsten Maßnahmen in der gegenwärtigen Bildungspolitik (vgl. ▶ Abschn. 12.1.1).

Borkowsky & Zuchuat (2006, S. 9) unterscheiden unter dem Begriff Weiterbildung noch zusätzlich **3 verschiedene Lernformen**:

- Formale Bildung (innerhalb des nationalen Bildungssystems
- Non-formale Bildung (außerhalb des formalen Bildungssystems, z. B. Kurse, Seminare, Konferenzen, Fernstudien etc.)
- Informelles Lernen (außerhalb einer Lernbeziehung, mit explizitem Lernziel, z. B. Lehrmittel, Beobachten anderer, On-the-job-Lernen)

Werden diese 3 Formen des Lernens in der Weiterbildung gleichberechtigt und kombiniert eingesetzt und anerkannt, so kann von einer echten Möglichkeit der Integration von Arbeit und Lernen gesprochen werden.

Garanten für diese Integrationsleistung sind die Weiterbildungsträger. In der Schweiz existieren die unterschiedlichsten Anbieter von Weiterbildung, die sich in der Reihenfolge ihres jeweiligen Gewichts im Markt folgendermaßen zusammensetzen:

1. Öffentlich-rechtliche Träger
2. Betriebe
3. Privatrechtliche, gewinnorientierte Träger
4. Privatrechtliche, nicht gewinnorientierte Träger
5. Politische, sozialpartnerschaftliche, konfessionelle oder weltanschauliche Träger
6. Selbstständig erwerbende Trainer
7. Weiterbildung in selbstorganisierten Gruppen

Zur Gewichtung kann hier noch die quantitative Verteilung der Kursstunden im Jahr 2006 nach Trägern herangezogen werden (◘ Tab. 12.1).

**Europäische und internationale Kontakte intensivieren!**

Lenken wir den Blick noch einmal zurück auf ▶ Abschn. 12.1.1, in dem von europäischen und internationalen Trends und Entwick-

**Tab. 12.1** Kursstunden 2006 nach Trägern (Schläfli & Sgier, 2008, S. 32)

| | |
|---|---|
| 1. Hochschulen, höhere Fachschulen | 12% |
| andere öffentliche Schulen | 7% |
| 2. Betriebe oder Arbeitgeber | 21% |
| 3. Privatschulen, inkl. Migros | 20% |
| 4. Andere Institutionen, mehrheitlich private | 31% |
| 5. Selbstständige Trainer/innen | 10% |

lungen in der Bildung gesprochen wurde. Schaut man auf die Empfehlungen, die von den herausragenden Fachexperten Schläfli und Sgier gegeben und in diesem Kapitel mehrfach zitiert wurden, so fällt Folgendes auf: Die Autoren geben 9 Empfehlungen für Maßnahmen zur Weiterentwicklung des Weiterbildungsbereichs in der Schweiz. Die letzte dieser Empfehlungen heißt: »**Intensivierung der internationalen Kontakte**« (vgl. Schläfli & Sgier, 2008, S. 76). Hier ist zu diskutieren, welche Priorität man dieser Maßnahme geben will, um den schweizerischen Weiterbildungsbereich europäisch und international zu vernetzen.

Abschließend zu diesem Abschnitt soll noch ein kurzer Einblick in die schweizerische Szene der **Ausbildung der Lehrerinnen und Lehrer** gegeben werden. Diese Szene kann immerhin eine Art Metapher sein für die gegenwärtige Situation der Bildungspolitik der Schweiz.

### Ausbildung der Lehrerinnen und Lehrer in der Schweiz

»Gegen 2000 Personen schliessen jährlich eine Pädagogische Hochschule ab, doch ganze dreissig Prozent, so die Schätzung von Lehrer-Präsident Zemp, geben gar nie Unterricht oder steigen nach kurzer Zeit wieder aus. Wie lässt sich das verhindern? Was macht den Beruf in Zukunft attraktiver? Mehr Lohn? Kaum. Umfragen zeigen, dass sich die Schweizer Lehrer nicht an der Höhe des Lohnes stören, sondern daran, dass ihnen die Politik immer mehr Aufgaben zumutet, aber nicht einmal den Teuerungsausgleich gewährt. Es geht nicht um ein paar Franken mehr, sondern um das Signal: Die Wertschätzung fehlt.

Dann also Leistungslöhne? Solche will etwa die Thurgauer Regierung ab 2011 einführen. Auch der Kanton Zürich will weg vom alten Modell, bei dem der Lohn automatisch mit dem Dienstalter stieg – völlig unbesehen von der Leistung. Doch diese genau zu messen und gerecht zu entlöhnen, ist »mit sehr grossem Aufwand« verbunden, wie der Zürcher Bildungsforscher Urs Moser sagt. Er ist skeptisch gegenüber Leistungslöhnen und hält andere Faktoren für dringlicher, zum Beispiel die beruflichen Perspektiven. Es braucht Aufstiegsmöglichkeiten, zum Beispiel als Schulleiter, aber auch »horizontale Laufbahnperspektiven«, wie es die Experten nennen, also etwa von der Unterstufenlehrerin zur Heilpädagogin. Denn auch geborene Lehrer werden künftig nicht mehr vierzig Jahre lang vor derselben Wandtafel unterrichten, sondern sie wollen sich weiterentwickeln.« (Beglinger, 2009, S. 38)

Auch in der Lehrerbildung werden also z. B. die Trends zur »Berufsbiografie mit Patchwork-Charakter« und zur »Forderung von flexiblen Organisationsstrukturen« (in Bezug auf die Schule und auf die Pädagogischen Hochschulen), die in ▶ Abschn. 12.1.1 erwähnt wurden, deutlich.

### 12.1.3 Entwicklung der Arbeitsgesellschaft und Bildungspolitik in Deutschland

**Geografische Lage und Teilung nach dem 2. Weltkrieg**

Es sind 2 unterschiedliche Faktoren, welche die Entwicklung der gegenwärtigen deutschen Arbeitsgesellschaft und damit auch der Bildungspolitik stark beeinflusst haben:
1. die zentrale geografische Lage inmitten Europas und
2. die Teilung Deutschlands nach dem 2. Weltkrieg in Ost- und Westdeutschland (und deren Vereinigung seit 1989).

Die **Lage in der Mitte Europas** brachte einen ständigen **wechselseitigen Austausch mit den europäischen Nachbarn** (insbesondere seit der Gründung der Europäischen Wirtschaftsgemeinschaft EWG 1957) Italien, Frankreich, den Benelux-Staaten, aber auch mit den Nachbarn im Norden (Skandinavien). Und nicht zuletzt brachte diese geografische Lage auch Einflüsse aus dem Osten mit dem indirekten Einfluss der Sowjetunion und des Warschauer Pakts über die ehemalige Deutsche Demokratische Republik. Auch nach der Wende und Vereinigung der beiden deutschen Staaten sind bis heute »gerade auch im Bildungsbereich und in der Weiterbildung« (Nuissl & Brandt, 2009, S. 7) diese 2 oben genannten wechselseitigen Einflüsse spürbar. Die **Unterschiede zwischen den alten und neuen Bundesländern** in Richtung »Demokratieverständnis« einerseits und »Real existierendem Sozialismus« andererseits beginnen sich erst seit etwa 10 Jahren einander anzunähern und anzugleichen.

Das Verständnis von **Motivation** in einer zentral gelenkten Planwirtschaft wird zwangsläufig ein fundamental anderes sein als in einer sozialen Marktwirtschaft, denn die Rolle von Angebot und Nachfrage erfordert z. B. vollkommen unterschiedliches Entscheidungsverhalten von Arbeitgebern und Arbeitnehmern.

**Integrationsaufgaben der Weiterbildung**

Zu den beiden oben genannten Einflussfaktoren der Arbeitsgesellschaft auf die Bildungspolitik kommt ein weiterer hinzu mit dem zunehmenden **Anteil von Migrantinnen und Migranten** an der Bevölkerung. In Deutschland leben ca. 82 Mio. Menschen (2008), der Anteil von Migrantinnen und Migranten beträgt 19%. Die notwendigen »Integrations- und Bildungsaktivitäten hatten einen wesentlichen Anteil an der Erwachsenenbildung in Deutschland in den letzten Jahrzehnten« (vgl. Nuissl & Brandt, 2009, S. 9 und 53).

Wie in der Schweiz hat sich auch in Deutschland der Übergang zur Dienstleistungsgesellschaft stark ausgewirkt, die **Arbeitslosenzahlen** in Deutschland sind aber seit Jahren mehr als doppelt so hoch wie in der Schweiz. Deutschland hat durchschnittlich ca. 10%, die Schweiz im 1. Halbjahr 2009 3,7%, prognostiziert 5% für 2010 (vgl. Daum, 2009, S. 1). Der Wandel hin zur Dienstleistungsgesellschaft ist für diese Arbeitslosenzahlen natürlich nur einer der Gründe.

Ebenso wie in der Schweiz ist die deutsche Bildungspolitik vom **föderalistischen Gedankengut** geprägt. Die Hoheit der Bildungs- und Kulturpolitik liegt im Wesentlichen bei den 16 deutschen Bundesländern. Die Bundesregierung entscheidet vor allem im Rahmen der Förderung von Forschungsprojekten, in diesem Bereich findet daneben eine Koordination mit den Ländern statt. Ansonsten bestehen keine wesentlichen Koordinationen bezüglich Bildungspolitik zwischen Bund und Ländern.

**So ist insgesamt das Engagement des Staates für Weiterbildung in Deutschland rückläufig.** Weiterbildung ist hier ein Dienstleistungsbereich, der sich am Markt orientiert, wo also Angebot und Nachfrage die zentralen Einflussgrößen sind. Das dokumentiert auch die geschätzte Zahl von 25.000 Weiterbildungsanbietern (vgl. Dietrich & Schade, 2008, S. 3). Im Übrigen gab es 2006 eine Föderalismusreform, durch die den Bundesländern eine noch verstärkte Zuständigkeit zugeschrieben wurde. Der Bund übernahm lediglich noch Aufgaben in der beruflichen Bildung und in der Bildungsforschung (vgl. Nuissl & Brandt, 2009, S. 21).

Ähnlich wie in der Schweiz sind Träger der Weiterbildung: der Staat, gesellschaftliche Großgruppen (z. B. Kirchen, Gewerkschaften u. a.) und Private (z. B. Betriebe und Einzelpersonen). In Deutschland spielen besonders die Volkshochschulen eine bedeutende Rolle als Träger. Im Jahr 2007 gab es fast 1000 Volkshochschulen in ganz Deutschland. Das entspricht 23,5% aller Anbietertypen, im Vergleich zu privaten Anbietern mit 41,3%. Die Volkshochschulen bieten traditionell ein breites inhaltliches Angebot, legen großes Gewicht auf Sprachen, Kultur und Allgemeinbildung (vgl. Nuissl & Brandt, 2009, S. 30–33).

Die Hochschulen sind, wie auch in der Schweiz, zu Weiterbildung verpflichtet. Hierbei kooperieren viele Hochschulen mit Weiterbildungseinrichtungen, Gewerkschaften und Betrieben, was in der Schweiz in diesem Maße nicht vorhanden ist.

So kooperiert die Universität Koblenz-Landau seit Jahren mit der Leadership-Kultur-Stiftung in Landau/Pfalz. Im Rahmen dieser Kooperation ist es auch für Nichtabiturientinnen und -abiturienten z. B. möglich, durch Erfüllen bestimmter Voraussetzungen und Leistungen im Weiterbildenden Stu-

*Vielfalt von privaten und öffentlichen Trägern der Weiterbildung, Spezialität: Volkshochschulen*

diengang Betriebspädagogik ein Universitätsstudium bis hin zur Promotion abzuschließen. Dies ist ein eindrückliches Beispiel für Durchlässigkeit und Wertschätzung und Anerkennung von praktischer Berufserfahrung.

**Enorme Zunahme der beruflichen Weiterbildung auf fast 30%**

Die **betriebliche Weiterbildung** hat seit den 80er Jahren enorm zugenommen, die berufliche Weiterbildung hat sich von 1979 bis 2007 laut einer Infratest-Umfrage von 10% Teilnamequote der 19- bis 64-Jährigen auf 26% erhöht. Einer der Gründe ist hier die bereits erwähnte Vereinigung von alten und neuen Bundesländern, denn die Menschen in den neuen Bundesländern nahmen in großem Ausmaß an Qualifizierungsmaßnahmen teil (vgl. Nuissl & Brandt, 2009, S. 52).

### 12.1.4  Einflüsse auf das Lernen

Die Schilderung ausgewählter Aspekte der Arbeitsgesellschaften und der bildungspolitischen Situationen in der Schweiz und in Deutschland macht zusammengefasst die folgenden wichtigen Einflüssen deutlich:

- Enge Zusammenarbeit mit den europäischen Ländern und internationale Zusammenarbeit
- Einfluss des Föderalismus, vor allem der direkten Demokratie in der Schweiz und Integrationsarbeit alter und neuer Bundesländer in Deutschland
- Zuständigkeit des Bundes für die berufliche Bildung
- So viele Schulsysteme wie Kantone bzw. Länder
- Duales Bildungssystem Schule–Wirtschaft
- Kombination von formaler und non-formaler Bildung und informellem Lernen sorgen für Integration von Arbeit und Lernen
- Vielfältige Anbieter/Träger von Weiterbildung; sich ergänzende und auch konkurrierende private und öffentliche Anbieter
- Integrationsaufgaben für Migrantinnen und Migranten
- Berufsbiografien mit Patchwork-Charakter, verbunden mit Identitätsfindungsaufgaben

**Bildungspolitische Fähigkeiten sind Kooperation, Integration, Umgang mit Unterschieden und Wandel**

Es ergeben sich generell gesagt aus diesen Einflüssen grundlegende Aufgaben im Bereich des Lernens. Das heißt für die Bildungspolitik, dass sie ihre Fähigkeit zu **Kooperation, Integration und Umgang mit Unterschieden und Wandel** weiterhin entwickeln muss in kontinuierlichen Lernprozessen.

## 12.2    Gesellschaftlicher Wandel und Wertewandel in Europa

Der gesellschaftliche Wandel – und dazu parallel der Wertewandel – soll hier am Beispiel der Einflüsse auf das Lernen dargestellt werden. In den vorangegangenen Teilen dieses Kapitels wurde darauf schon verschiedentlich hingewiesen. Oskar Negt (1998) stellte schon vor mehr als 10 Jahren folgende **zentrale Fragen**:

>> Was benötigt ein Mensch, der heute geboren wird und jene Aus-
bildungsgänge wahrzunehmen imstande und bereit ist, die ihm die
gegenwärtigen Bildungseinrichtungen anbieten, an Kompetenzen,
um mit den Problemen einer Gesellschaft des ausgehenden Jahrhunderts und des 21. Jahrhunderts im Interesse einer befriedigenden
eigenen Lebensgestaltung zurechtzukommen? Was sollen also unsere
Kinder lernen? Wie und wofür sollen sie etwas lernen? Was ist, wenn
der Bildungsökonomie die ökonomischen Grundlagen abhanden gekommen sind? (Negt, 1998, S. 26) <<

Diese letzte Frage nach der Finanzierbarkeit stellt sich im Jahre der weltweiten Finanzkrise seit 2008 in existenzieller Weise. Jetzt wird sich einmal mehr zeigen, welchen Stellenwert und welche Wertschät-zung Bildung in der politischen Landschaft erfährt.

> **Stellenwert der Bildung steht momentan stark infrage**

Vier wesentliche Aspekte gesellschaftlichen Wandels und Werte-wandels sollen hier noch einmal zusammengestellt werden:

1. Die Entwicklung in Richtung **Verwissenschaftlichung** einerseits und das rasche **Veralten erworbener Fähigkeiten** andererseits. Das Beispiel der Medizin-Wissenschaft sticht hier besonders heraus, wo z. B. ärztliches Wissen in weniger als 10 Jahren über-holt ist.
2. Die fehlende **Antizipation** künftig **zu erwartender Probleme** der Gesellschaft.
   Es besteht das künftig verschärft zu erwartende Problem, dass Pflegende im gerontologischen Berufsfeld in angemessener Zahl und Qualifikation fehlen. Ein Grund hierfür ist die fehlende Anerkennung und Wertschätzung dieser Pflegeleistungen – und der alten Menschen allgemein –, die zu unangemessen geringen Löhnen führte und Generationenkonflikte generiert.
   Wird das Konzept des Lebenslangen Lernens ernst genommen, so könnte die Weiterbildung hier institutionalisierte, berufsbe-gleitende Lernangebote in ausreichender Zahl machen, die sich an künftigen Aufgaben orientiert, z. B. auch in der Ökologie.
3. Der zu geringe Stellenwert der Forschung, insbesondere auch der Bildungsforschung.
4. Die nicht mehr ausreichende Ausbildung für einen einzigen, be-stimmten Arbeitsplatz.
   Dies ist keine hinreichende Investition mehr in die Zukunft von Individuen, wie z. B. in akademischen Berufen oder Handwerks-berufen (vgl. Negt, 1998, S. 25).

Negt nennt 5 neue gesellschaftliche Schlüsselqualifikationen, die das Lernen ausmachen (vgl. Negt, 1998, S. 33–44):

1. **Identitätskompetenz** als wesentliche Grundlage für die folgen-den 4 Kompetenzen

Identitätskompetenz
Technologische
Kompetenz, Sensibilität für
Enteignungserfahrungen
Ökologische Kompetenz
Historische Kompetenz als
Schlüsselqualifikationen

2. **Technologische Kompetenz:** Gesellschaftliche Wirkungen begreifen und Entscheidungsvermögen entwickeln
3. **Sensibilität für Enteignungserfahrungen:** Wahrnehmungsfähigkeit für Recht und Unrecht, für Gleichheit und Ungleichheit (Gerechtigkeitskompetenz)
4. **Ökologische Kompetenz:** der pflegliche Umgang mit Menschen, der Natur und den Dingen
5. **Historische Kompetenz:** Erinnerungs- und Utopiefähigkeit

Von der Wissensgesellschaft
zur Weiterbildungsgesellschaft

Wenn man diese Schlüsselqualifikationen gemeinsam in den Blick nimmt, so wird klar, dass Weiterbildung schon seit mehr als 10 Jahren »zu einem wesentlichen Entwicklungselement sowohl des gesellschaftlichen Wandels als auch der individuellen Identitäts- und Biografiearbeit« (Arnold, 1998, S. 231) geworden ist. Wir leben in diesem Sinne nicht in einer Wissensgesellschaft, sondern in einer **Weiterbildungsgesellschaft.**

Dass sich dieses Bewusstsein und diese Einschätzung unserer Gesellschaft längst nicht auf allen Ebenen durchgesetzt hat, zeigt ein aktuelles Ereignis: 150 Weiterbildungsorganisationen der Schweiz machten eine Eingabe an die Bundesbehörden, sie sollten ihrem verfassungsmäßigen Auftrag nachkommen, ein Gesetz zur Regelung der Weiterbildung zu erlassen. Dieser Auftrag bestehe seit 2006, der Bundesrat habe das Weiterbildungsgesetz jedoch auf Eis gelegt. Das Gesetz soll dazu dienen, Transparenz in die Vielfalt der Weiterbildungsangebote zu bringen und deren Qualität zu sichern (vgl. Tages-Anzeiger Zürich, 8/2009, S. 2).

**Zusammenfassung**
- Arbeitsgesellschaft und Bildungspolitik stehen in Wechselbeziehung zueinander, daher müssen Bildungssysteme Arbeit und Lernen integrieren.
- Bildungspolitik von Organisationen muss das Beschreiben von Lernprozessen und die Gestaltung der Lernumgebung ins Zentrum rücken.
- Die unterschiedlichen Formen der Bildung müssen gleichberechtigt und kombiniert eingesetzt werden.
- Bildungspolitik muss sich international, vor allem auch europäisch, vernetzen und bestehende Kontakte intensivieren.
- Integrations- und Bildungsaktivitäten für Migrantinnen und Migranten, deren Anteil in der Schweiz und in Deutschland zunimmt, haben einen wesentlichen Anteil an der Erwachsenenbildung.
- Das Engagement des Staates für Weiterbildung ist in der Schweiz wie in Deutschland rückläufig; die öffentlichen Träger von Weiterbildung werden durch eine Vielfalt von privaten Trägern ergänzt; Hochschulen sind in beiden Ländern zu Weiterbildungsangeboten verpflichtet.

- Stellenwert und Wertschätzung der Bildung stehen in Frage, dies vor allem vor dem Hintergrund der gegenwärtigen Finanz- und Wirtschaftskrise.
- Aktuelle gesellschaftliche Schlüsselqualifikationen sind: Identitätskompetenz, technologische Kompetenz, Sensibilität für Enteignungserfahrungen, ökologische Kompetenz und historische Kompetenz.
- Wir leben nicht (mehr) in einer Wissensgesellschaft, sondern in einer Weiterbildungsgesellschaft.

## Literatur

Arnold, R. (1998). Weiterbildung – notwendige Utopie oder Stiefkind der Gesellschaft? In: H. Dieckmann & B. Schachtsiek (Hrsg.), *Lernkonzepte im Wandel – Die Zukunft der Bildung*. Stuttgart: Klett-Cotta.

Beglinger, M. (2009). Werdet Lehrer! *Tages-Anzeiger Zürich, Das Magazin*, 17, 22.4.09, 30–38.

Borkowsky, A., & Zuchuat, J.-C. (2006). *Lebenslanges Lernen und Weiterbildung, Bestandsaufnahme der internationalen Indikatoren und ausgewählten Resultate*. Neuchâtel: Schweizerische Arbeitskräfteerhebung 2006

Daum, T. (2009). Bald über 200.000 arbeitslos. *Finanz und Wirtschaft* 63, 1.

Dietrich, S., & Schade, H. J. (2008). *Mehr Transparenz über die deutschen Weiterbildungsanbieter*. www.die-bonn.de/doks/dietrich 0802.pdf

Gonon, P. (2009). *Europäische Entwicklungen und die Positionierung der Höheren Berufsbildung*. Vortrags-Unterlage v. 4. Mai 2009. Zürich.

Hafner, N. (2009). Gefährdetes Gut festigen. *Tagesanzeiger Zürich: Alpha* v. 20./21.6. 2009, 1.

Hansen, H. et al. (Hrsg.). (1999). *Bildung und Arbeit – Das Ende einer Differenz?* Aarau: Sauerländer.

Höhne, T. (2003). *Pädagogik der Wissensgesellschaft*. Bielefeld: Bertelsmann.

Negt, O. (1998). Lernen in einer Welt gesellschaftlicher Umbrüche. In: H. Dieckmann & B. Schachtsiek (Hrsg.), *Lernkonzepte im Wandel – Die Zukunft der Bildung*. Stuttgart: Klett-Cotta.

Nuissl, E., & Brandt, P. (2009). *Porträt Weiterbildung Deutschland*. Bielefeld: Bertelsmann.

Schläfli, A., & Gonon, P. (1998). *Weiterbildung in der Schweiz*. Frankfurt a. Main: DIE

Schläfli, A., & Sgier, I. (2008). *Porträt Weiterbildung Schweiz*. Bielefeld: Bertelsmann.

Schneider, U. (1999). Die Wissensgesellschaft weiss nicht, was sie weiss. In: Hansen, H. et al. (Hrsg.), *Bildung und Arbeit – Das Ende einer Differenz?* Aarau: Sauerländer.

Sonntag, K., & Stegmaier, R. (2007). *Arbeitsorientiertes Lernen – Zur Psychologie der Integration von Lernen und Arbeit*. Stuttgart: Kohlhammer.

*Tagesanzeiger Zürich* (2009). Ohne Autor. Ausgabe v. 18.8.2009

# Stichwortverzeichnis

# Handbuch Angewandte Psychologie für Führungskräfte

**T.M. Steiger; E.D. Lippmann (Hrsg.)**
3. A. 2008. 856 S. 155 Abb. Geb. im Schuber,
2bändig. € (D) 119,95; € (A) 123,31; sFr 174,00
ISBN 978-3-540-76339-0

# Nachhaltige Weiterbildung

**S. Kauffeld**
2010. 230 S. 317 Abb. Mit online Files. Geb.
€ (D) 39,95; € (A) 41,07; sFr 58,00
ISBN 978-3-540-95953-3

# Change Management

**K. Stolzenberg, K. Heberle**
2.A. 2009. 238 S.81 Abb. Geb.
€ (D) 39,95; € (A) 41,07; sFr 58,00
ISBN 978-3-540-78854-6

# Angewandte Psychologie für Projektmanager

**M. Wastian; I. Braumandl;**
**L. von Rosenstiel (Hrsg.)**
2009. 365 S. 32 Abb. Geb.
€ (D) 49,95; € (A) 51,36; sFr 72,50
ISBN 978-3-540-76818-0

# Online-Assessment

**H. Steiner (Hrsg.)**
2009. 317 S. 35 Abb. Geb.
€ (D) 49,95; € (A) 51,36; sFr 72,50
ISBN 978-3-540-78918-5

# Assessment-Center

**C.D. Eck, H. Jöri, M. Vogt**
2.A. 2010. 340 S. 50 Abb. Mit online Files. Geb.
€ (D) 49,95; € (A) 51,35; sFr 72,50
ISBN 978-3-642-12997-1

# Coaching

**E.D. Lippmann**
2.A. 2009. 222 S. 54 Abb. Geb.
€ (D) 34,95; € (A) 35,93; sFr 51,00
ISBN 978-3-642-12997-1

# Wissen – Erfahrung – Training

Printing and Binding: Stürtz GmbH, Würzburg